Datenqualität mit SPSS

von

Dipl.-Psych. Christian FG Schendera

Oldenbourg Verlag München Wien

Bibliografische Information der Deutschen Nationalbibliothek

Die Deutsche Nationalbibliothek verzeichnet diese Publikation in der Deutschen Nationalbibliografie; detaillierte bibliografische Daten sind im Internet über <http://dnb.d-nb.de> abrufbar.

Rosenheimer Straße 145, D-81671 München
Telefon: (089) 45051-0
oldenbourg.de

Lektorat: Wirtschafts- und Sozialwissenschaften, wiso@oldenbourg.de
Herstellung: Anna Grosser
Coverentwurf: Kochan & Partner, München
Gedruckt auf säure- und chlorfreiem Papier
Druck: Grafik + Druck, München
Bindung: Thomas Buchbinderei GmbH, Augsburg

ISBN 978-3-486-58214-7

Vorwort

Nicht nur bei der Arbeit mit SPSS gilt:
Datenqualität ist nicht alles, aber ohne Qualität der Daten ist alles nichts.

Seit knapp 20 Jahren bin ich u.a. mit der professionellen Arbeit mit Daten konfrontiert. „Konfrontation“ deshalb, weil die Analyse von Daten tatsächlich eine Herausforderung darstellt, genau betrachtet sogar auf drei Ebenen der Arbeit mit Daten: Datenmanagement – Datenqualität – Datenanalyse (Überschneidungen sind möglich). Datenmanagement ist dabei das eher allgemeine Aufbereiten von Daten, Datenqualität das eher kriteriengeleitete Bereitstellen von Daten, Datenanalyse die (vorrangig) inferenzstatistische Analyse von Daten. Bereits während meines Studiums an der Universität Heidelberg hatte ich zahlreiche Gelegenheiten, meine Analysefertigkeiten (damals noch an Großrechnern) anzuwenden und zu erweitern. Etwas fiel mir dabei immer wieder auf: Lehrbücher (z.B. zu SPSS oder zur Statistik) bezogen sich immer nur auf *ideale* Datensituationen. Wenn ich eine Erfahrung während all dieser Jahre, Hunderten von Projekten und unzähligen Analysen, gemacht habe, dann ist es die, dass Daten *üblicherweise nicht ideal* sind: Daten sind fehlerhaft, haben Ausreißer, Lücken, Doppelte und weisen alle denkbare und undenkbaren Arten von Fehlern auf. *Daten sind „schmutzig“.* Saubere Daten sind die Ausnahme, verunreinigte Daten die Regel.

Was ich mir damals oft gewünscht hatte, war eine Zusammenstellung von Regeln, sowie ein übergeordnetes Konzept, das mir gesagt hätte: „So, wenn Du mit Daten arbeitest, können u.a. folgende Probleme auftreten. Wenn Du dieses Problem mit Deinen Daten hast: Prüf' dieses. Wenn Du jenes Problem hast, prüf' jenes.“ Erstens wäre das jedoch schon mal die falsche Herangehensweise gewesen: Datenqualitätsproblemen begegnet man nicht erst *reaktiv* bei erkennbaren Fehlern, sondern *proaktiv* wegen der Möglichkeit nicht per Augenschein erkennbarer Probleme. Zweitens, leider, gab es ein solches Buch bzw. Konzept nicht. Im Gegenteil könnte dieses Buch, das Sie gerade in Händen halten, vielleicht sogar das erste Buch zu SPSS überhaupt sein, das sich ausschließlich mit ausgewählten Problemen im Zusammenhang mit Datenqualität und ihrer praktischen Lösung beschäftigt. Ich wünsche mir selbst aufrichtig, dieses Buch hätte es schon vor zwanzig Jahren gegeben. Was glauben Sie, wieviel Arbeit, Ärger und Zeit auch mir erspart worden wäre? Und was glauben Sie, welche Datenaspekte überhaupt Probleme und Fallstricke bereiten könnten? Der nächste Abschnitt verrät es Ihnen.

Dieses Buch führt zunächst ein in Kriterien und Maßnahmen zur Gewährleistung einer definierbaren und nachweisbaren optimalen Datenqualität mit SPSS. Die Kriterien wurden aus anerkannten Standards, wie auch Vorschlägen und Empfehlungen von Freunden und Kollegen aus dem DWH- und Methodenbereich zusammengestellt. Trotz des Umfangs dieser

Veröffentlichung muss betont werden, dass es sich nur um eine *Auswahl* von Kriterien und Empfehlungen handeln kann.

Das Buch ist so allgemein gehalten, dass die zusammengestellten Kriterien auf SPSS Datensätze, aber im Prinzip auch auf Data Warehouses (z.B. mittels Clementine, vgl. Kapitel 16) angewandt werden können. Mögliche Unterschiede in der Definition von Daten (z.B. Geschäftsdaten vs. Daten der Grundlagenforschung) und im Ablauf ihrer Prüfung werden in Kapitel 2 angesprochen. Aspekte wie z.B. die Analyse von komplexen (Geschäfts-, Daten-, usw.)Prozessen oder auch die konkrete Planung von Datenqualitätsprojekten können nur angedeutet werden. Auf Data Warehousing oder Data Mining im Zusammenhang mit speziellen Anforderungsbereichen (z.B. Basel II) kann aus Platzgründen leider nicht eingegangen werden.

Kapitel 1 führt in die am häufigsten auftretenden Problembereiche ein, z.B. Vollständigkeit, Einheitlichkeit, Doppelte, Missings, Ausreißer und Plausibilität. Ein erstes, schematisches Konzept verdeutlicht die Zusammenhänge der Kriterien untereinander und die grundsätzliche Bedeutung der Qualität von Daten. Weitere Kriterien für die Qualität von Daten, sowie ihre Kommunikation werden in den Kapiteln 13 und 19 vorgestellt.
Kapitel 2 skizziert grundsätzliche Rahmenbedingungen zur Herstellung von Datenqualität, u.a. Ressourcen, die Priorisierung von Zielen (Relevanz) und Kontrolle durch Protokolle (SPSS Syntax).
Kapitel 3 beschreibt erste Kontrollmöglichkeiten der Vollständigkeit von Datensätzen, Fällen (Zeilen), Variablen (Spalten) und Werten bzw. Missings.
Kapitel 4 stellt zahlreiche Möglichkeiten vor, Uneinheitlichkeit zu identifizieren bzw. in numerischen Werten, Zeiteinheiten und Strings zu vereinheitlichen.
Kapitel 5 führt in das Problemfeld des Erkennens, Interpretierens und (ggf.) Ausfilterns von mehrfachen Werten bzw. Datenzeilen ein. Dieser Abschnitt ist um Hinweise zur Identifikation von Doppelten beim Einlesen von gruppierten sowie genesteten Daten ergänzt.
Kapitel 6 stellt das Umgehen mit fehlenden Daten (Missings) vor. Nach der Beurteilung von Missings im Hinblick auf Ursachen (Muster), Folgen, Ausmaß und Mechanismen werden zahlreiche Methoden der Rekonstruktion und des Ersetzen von Missings beschrieben: U.a. über die Cold deck-Imputation, zufallsbasierte bzw. logische Ansätze, univariate Schätzung, multivariate Ähnlichkeit (Hot deck-Imputation) oder auch multivariate Schätzung (Ansatz der internen Konsistenz, Missing Value Analysis, MVA).
Kapitel 7 erläutert das Erkennen, Interpretieren und Umgehen von bzw. mit Ausreißern. Im Zusammenhang mit den Merkmalen von Ausreißern wird zunächst die besonderen Rolle der Erwartungshaltung („Frames") diskutiert. Im Anschluss an die Identifikation von univariaten bzw. multivariaten Ausreißern über Maße, Regeln, Tests und Diagramme werden Möglichkeiten des Umgehens mit Ausreißern vorgestellt.
Kapitel 8 beschreibt qualitative und quantitative Ansätze zur Überprüfung der Plausibilität. Die Überprüfung der Qualität von Daten in der Praxis wird zunächst an einer einzelnen Variablen erläutert (mit Beispielen für eine kategoriale Variable, eine Stringvariable und eine metrische Variable). Im Anschluss daran wird die Überprüfung der multivariaten Qualität von Daten anhand eines qualitativen, sowie eines genuin quantitativen Ansatzes (Anomalie-Ansatz) vorgestellt.

Kapitel 9 stellt das effiziente Überprüfen mehrerer Variablen und Kriterien mittels Prüfregeln vor. Dieses Kapitel stellt den seit SPSS 14 verfügbaren (sofern lizenziert), mächtigen Menüpunkt „Validierung“ bzw. die SPSS Prozedur VALIDATEDATA vor. Das Kapitel führt zunächst in die Ansteuerung per Maus ein; abschließend wird auf die Erweiterung durch selbstgeschriebene Prüfprogramme in SPSS Syntax übergegangen.
Kapitel 10 umfasst zahlreiche weitere Beispiele für das Überprüfen mehrerer Werte, Zeilen und Spalten *in einem Datensatz* auf einmal. Von besonderem Interesse dürften u.a. die zahlreichen Varianten der vorgestellten Zählvariablen (Counter) sein, sowie weitere spezielle Anwendungen, z.B. das Umbenennen zahlreicher Variablennamen (Präfixe, Suffixe).
Kapitel 11 umfasst zahlreiche weitere Beispiele für die Arbeit *mit mehreren (separaten) Datensätzen* auf einmal. Von besonderem Interesse dürften u.a. die diversen Makros zum Screenen, Aufteilen oder auch Zusammenfügen mehrerer Datensätze sein. Auch werden diverse Anwendungsmöglichkeiten der Optionen des SPSS Befehls DATASET vorgestellt.
Kapitel 12 befasst sich mit zeit- bzw. datumsbezogenen Problemen, und ihrem Erkennen und Lösen. Von besonderem Interesse dürfte u.a. der Abschnitt zum Zeitstempel sein.
Kapitel 13 stellt weitere Kriterien für die Qualität von Daten vor, u.a. Menge, Eindeutigkeit, Relevanz, Genauigkeit oder auch Verständlichkeit. Die Einhaltung dieser Kriterien kann üblicherweise eher vom Anwender bzw. Auftraggeber anhand genau formulierter (semantischer) Zielvorstellungen beurteilt werden als seitens SPSS mittels formeller Prüfregeln.
Die *Kapitel 14 bis 18* enthalten eine kleine Übungsaufgabe (Kapitel 14), ein Programmbeispiel für die Umsetzung einer ersten Strategie (Kapitel 15), Hinweise für SPSS Syntax und Datenqualität in Clementine (Kapitel 16) und Macintosh User (Kapitel 17), sowie eine Checkliste (Prüfdokumentation). Diese weniger mit Kriterien, sondern eher mit der konkreten Arbeitspraxis mit SPSS befassten Kapitel bilden zusammen auch eine Abgrenzung zum sich anschließenden Kapitel zur Planungs-, Analyse- und Ergebnisqualität. Kapitel 16 demonstriert insbesondere, wie Clementine über das Einbinden von SPSS Syntax und Prozeduren allgemein und insbesondere hinsichtlich der Gewährleistung von Datenqualität erweitert werden kann. Kapitel 18 enthält eine kopierfähige Liste ausgewählter Kriterien, anhand der Anwender die Art und Weise der Umsetzung von Qualitätskriterien protokollieren können.
Kapitel 19 stellt kommentierte Kriterien für die *Kommunikation* der Qualität von Daten, Erhebungen und Analysen zusammen. Wenn man sich während der Analysephase um die Qualität von Daten und Ergebnissen bemüht, ist zu vermeiden, diesen positiven Impetus durch eine suboptimale Kommunikation zunichte zu machen. Ein separates Kapitel ist den „Todsünden“ professionellen Arbeitens vorbehalten. Der Sinn dieses Kapitels ist, bereits im Ansatz zu vermeiden, dass bestimmte Praktiken oft gar nicht erst als unseriös oder auch als unprofessionell erkannt werden, bis es zu spät ist. Mit diesem Kapitel soll auch der zunehmenden Qualitätsabnahme in wissenschaftlichen Veröffentlichungen entgegengetreten werden, die vom professionell arbeitenden Teil der Wissenschaft mit wachsender Sorge beobachtet wird. Es gilt zu vermeiden, dass wissenschaftliche Arbeit von der Öffentlichkeit und auch von Teilen der scientific community selbst nicht mehr ernst genommen wird. Ich erlaube mir bereits an dieser Stelle alle Leser aufzufordern, durch Rückmeldungen und Vorschläge zur Ergänzung oder Verbesserung dieses Buches gerade für dieses Kapitel (aber nicht nur) in zukünftigen Auflagen beizutragen (vgl. Kapitel 21).

Die *Kapitel 20 bis 24* enthalten die Literatur, die Aufforderung zur Rückmeldung Ihrer Meinung zu diesem Buch, eine Kurzvorstellung des Autors, sowie abschließend die Verzeichnisse zur SPSS Syntax, sowie zu den Stichworten.
Am Ende dieses Buches sollten Sie zahlreiche Kriterien für Datenqualität, und die wichtigsten Funktionen von SPSS für ihre Gewährleistung kennen, anhand Ihres Optimalitätsstandards definieren und über Maus- oder Syntaxsteuerung auf Ihre Daten anwenden können. Anwender können dabei bereits vorliegende Daten ex post daraufhin prüfen, ob sie definierten Kriterien entsprechen, wie auch über die Entwicklung eines Standards (Regeln) vor der Dateneingabe bzw. –migration auch antizipierend dafür Sorge tragen, dass neue Daten erst gar nicht fehlerhaft ins Analysesystem gelangen können, z.B. bei der Integration von Filtern bereits beim Datenzugriff oder bei der Dateneingabe.

Die Maßnahmen zur Gewährleistung von Datenqualität werden in der Literatur unter den verschiedensten Oberbegriffen zusammengefasst. Die Begriffe variieren vom Beschreiben des *Prozesses* (u.a. Datenbereinigung, Datensäuberung, Datenstandardisierung, Datenprüfung, Data Cleaning/Cleansing, Deduplikation, Datenveredelung, Datenhygiene, Preprocessing, Plausibilitätsanalyse, Plausibilitätsprüfung, Data Scrubbing, Data Stewardship) bis hin zu dem des *Zieles* (u.a. Datenplausibilität, Datenqualität, Datenintegrität, Qualitätssicherung, Qualitätsmanagement, Quality Assurance). Diese Begriffe stammen v.a. aus dem Kontext des Data Warehousing, das ein weites Feld (oder eher: eine Spielwiese?) für viele weitere technizistisch anmutende -ing und -ung-Anglizismen (v.a.) zu sein scheint (vgl. u.a. Matching, Parsing, Householding, Konsolidierung, Standardisierung uam.). Die Maßnahmen unterstützen Sie nicht nur beim Gewährleisten der Qualität quantitativer Einträge, sondern auch qualitativer Einträge, z.B. Buchstaben oder Texten. Als eine allererste Anwendung wäre z.B. die Überprüfung auf bzw. Gewährleistung der Einheitlichkeit von Produktnamen oder anderer qualitativer Informationen oder Kodierungen zu nennen.
Allen Maßnahmen zur Gewährleistung von Datenqualität ist jedoch gemeinsam, dass sie allererste Priorität vor der eigentlichen Analyse haben und anstrengend, aufwendig, aber auch gefährlich sein können. „Gefährlich“ im wahrsten Sinne des Wortes: Gerade Langeweile oder Stress verursachen aufgrund nachlassender Konzentration oder Motivation schnell Fehler.
Sie werden daher sehr gefordert sein: Das Anspruchsvolle der Maßnahmen zur Gewährleistung von Datenqualität zielt im Gegensatz zum allgemein recht unkomplizierten Hypothesentest nicht darauf ab, bekannte Faktoren oder Variablen auf erwartete Zusammenhänge oder Unterschiede zu untersuchen, sondern unbekannte Faktoren oder Variablen auf auch unerwartete Effekte zu untersuchen. Denken Sie bei all der Detektivarbeit und Ursachenforschung an eine Maxime von Sherlock Holmes: „Wenn man das Unmögliche ausschließt, dann ist das, was übrig bleibt – und sei es noch so unwahrscheinlich – unabdingbar die Wahrheit.“

Bei der Datenanalyse ist es dabei nicht viel anders wie im realen Leben. „Schmutz“, „Nebel“ oder „Rauschen“ (welches Bild auch immer Sie für Datenverunreinigungen wählen mögen) lassen die eigentliche „Natur der Dinge“ erst dann erkennen, wenn sie nicht mehr da sind. Ich verbinde daher mit diesem Buch die Hoffnung, dass Sie später feststellen können: Dieses Handbuch *kann* eine Art Filter, eine Art Türöffner sein, mit dem Sie über Fehler- oder auch Plausibilitätsanalysen die „schmutzige Schicht“ von den Daten nehmen und an die wahren

Phänomene gelangen können. Ich würde mich freuen, wenn dieses Buch Anwender ebenfalls dabei unterstützen und anregen könnte, auch die (in diesem Buch notwendigerweise nur gestreiften) Möglichkeiten komplexer multivariater Statistik auszuschöpfen, zu interpretieren und wirkliche Phänomene zu entdecken. Die Sicherstellung und Gewährleistung von Datenqualität gleicht einer Kunst und ist der „eigentlichen" Analyse von Daten im Hinblick auf Aufwand und Komplexität mindestens ebenbürtig, wenn nicht sogar oft anspruchsvoller (vgl. Schendera, 2005). Nicht nur Wilcox (1999) fragt sich, wieviele Phänomene *nicht* entdeckt wurden, nur weil Anwender nicht in der Lage waren und sind, die Möglichkeiten komplexer multivariater Statistik im Hinblick auf Datenanalyse und Datenqualität anzuwenden und auszuschöpfen. Der Leser wird auch dringend auf frühzeitig einzuplanende und nicht zu unterschätzende Ressourcen für die Datenqualität hingewiesen (Kapitel 2).

Die Qualität von Daten ist kein Selbstzweck. Daten am Ende eines Qualitätsprozesses sind somit immer auch Informationen. Wenn Information die Grundlage von Wissen ist, Wissen wiederum Macht bedeutet, dann sollte klar sein, was fehlerhafte Daten bedeuten. Datenqualität kommt vor Analysequalität und ist die allererste Grundlage der Wissenskonstruktion, also der Objektivität, Zuverlässigkeit und Gültigkeit von Wissen u.a. auch mittels Forschungsmethoden und Statistik. Mit der Qualität von Daten steht und fällt demnach nicht „nur" eine Doktor- oder Diplomarbeit. Die Qualität von Daten entscheidet *auch* über den Ruf ganzer Disziplinen, Unternehmen oder auch Forschungsbereiche, über wissenschaftliche Professionalität und Glaubwürdigkeit per se (vgl. dazu auch Kapitel 19).

Der hier vertretene Begriff der „Qualität" (zur Elaboration dieses Begriffes vgl. die weiteren Kapitel) wird mithin als unabhängig von der Strategie wissenschaftlicher Forschungsausrichtung verstanden, also ob es sich z.B. um „quantitative" Ansätze oder „qualitative" Forschungssätze handelt. Diese begriffliche Dichotomie „quantitativ vs. qualitativ" ist in Bezug auf die eigentlich methodisch differenzierenden Merkmale nur artifiziell trennscharf, realiter jedoch irreführend (z.B. Kromrey, 2005). Die Methodik beider Disziplinen ist z.T. durch grundlegende Gemeinsamkeiten ausgezeichnet: Verschiedene Fragestellungen erfordern notwendigerweise unterschiedliche methodische Ansätze, was diese Disziplinen und ihre Verfahren gleichberechtigt macht und sie einander i.S. eines Methodenpluralismus konstruktiv ergänzt. Verschiedene Fragestellungen erfordern zwar eine differentielle, aber jeweils immer auch eine professionelle (also regel- und kriteriengeleitete) Vorgehensweise. Einige qualitative Ansätze skizzieren in ihrem Vorgehen sogar eine explizite Quantifizierbarkeit (z.B. Mayring, 1990), während umgekehrt quantitative Ansätze durchaus in der Lage sind, auch mit qualitativen „Daten", in unterschiedlichem Maße quantifiziert, zu arbeiten (siehe Beispiele dazu unten). Beide Forschungsrichtungen setzen z.B. selbstverständlich jeweils auch optimal hochqualitative „Daten" (Messungen, Texte, Interviews, Bilder usw.) i.S.v. Abbildungen der empirischen Realität in der Folge einer Gegenstands(vorverständnis)-Methoden-Interaktion voraus. Beiden Disziplinen sind z.B. auch Problembereiche gemeinsam, die die Qualität des jeweiligen Ansatzes einzuschränken vermögen, z.B. Bias, Subjektivität oder Selektivität (v.a. Wilson, 1981, 57–61). Qualitativ- wie auch quantitativbasierte Veröffentlichungen können bei kritischer Betrachtung z.T. massive Fehler zutage treten lassen. In wissenschaftlichen Einrichtungen ist das kritische Lesen solcher Veröffentlichungen z.T. Bestandteil der Methodenausbildung. Dem Verfasser liegen sogar Veröffentlichungen vor, die z.T. mit Preisen ausgezeichnet wurden, die aber noch nicht einmal in der Lage waren, einen Pearson Korrelationskoeffizienten korrekt zu interpretieren.

Die vorgestellten Qualitätskriterien (z.B. Vollständigkeit, Einheitlichkeit, oder auch die abschließend später vorgestellten Kriterien, wie z.B. Aktualität, Menge oder Relevanz) können uneingeschränkt auch auf die Arbeit mit qualitativen Daten angewandt werden. Ein weiterer Grund ist, wie oben bereits angedeutet, dass die Semantik qualitativer „Daten" (z.B. Texte, Interviewtranskriptionen) oft auch mittels Software weiterverarbeitet werden können, sowohl „qualitativ", wie auch „quantitativ":

- z.B. in SPSS als standalone-Tool (vgl. z.B. Schendera, 2005, Kapitel 7)
- z.B. in speziellen Lösungen der SPSS Predictive Text Analytics-Familie: Je nach Fragestellung und Anwendungsbereich können Anwender z.B. die Lösungen einsetzen und kombinieren: „Text Mining" für Clementine (Aufschlüsselung auf Freitextdaten verschiedenster Art mittels „Natural Language Processing"-Techniken), „LexiQuest Mine" (Elaborieren zentraler Themen und Konzepte in großen Textmengen) „LexiQuest Categorize" (Kategorisieren von Texten) oder auch „Text Mining Builder" (für das Fein-Tuning linguistischer Analysen).
- z.B. im Zusammenspiel mit Tools von Drittanbietern, z.B. als Anwendung auf die Inhaltsanalyse, z.B. MAXqda (früher: WinMax), atlas.ti oder NUD*IST.

Für beide methodischen Zugänge (Disziplinen) gilt daher gleichermaßen: Datenqualität kommt vor Analysequalität. Die vorgestellten Kriterien sind daher auch für die Arbeit mit qualitativen „Daten" (Texten, Strings) geeignet und (je nach Kriterium, Maß und Ansatz) auch für große bis sehr große Datenmengen, wie sie z.B. im Data Mining mit Clementine anfallen können.

Das Buch wurde überwiegend auf der Grundlage von und für SPSS Syntax (derzeit Version 15) entwickelt. Einsteiger in SPSS für Windows sollten dabei wissen, dass SPSS Syntax über Mausklicks automatisch angefordert werden kann bzw. selbst einfach zu programmieren ist, vgl. dazu „Datenmanagement mit SPSS" (Schendera, 2005). Dieses Buch und „Datenqualität mit SPSS" (Schendera, 2007) wurden übrigens von Anfang an als separate, aber einander ergänzende Handbücher entwickelt. „Datenmanagement mit SPSS" bietet dabei eine tragfähige Einführung in die Arbeit mit SPSS Syntax einschließlich einem ersten Programmieren von Makros; „Datenqualität mit SPSS" umfasst darauf aufbauend eine vielschichtige und praxisorientierte Anwendung der SPSS Syntax auf die Überprüfung von Daten und ggf. der Optimierung ihrer Qualität. Erfahrene SPSS Anwender kennen vermutlich bereits die zahlreichen Vorteile der Arbeit mit SPSS (vgl. Kapitel 2). Für sie soll schon an dieser Stelle darauf hingewiesen werden, dass sie mittels SPSS Syntax die Möglichkeit haben, auch in Clementine zu arbeiten. Clementine Anwender könnten es evtl. von Vorteil finden, dass sie über die Knoten „SPSS Transform" und „SPSS Output" über SPSS Syntax und Prozeduren in der Lage sind, die Performanz von Clementine im Hinblick auf die kriteriengeleitete Überprüfung und Gewährleistung von Datenqualität deutlich zu erweitern, und zwar sowohl durch das Einbinden von einfachen SPSS Funktionen (wie z.B. REPLACE), komplexen, von Anwendern entwickelten Syntaxprogrammen, als auch über das Einbinden der Performanz spezieller SPSS Prozeduren, wie z.B. VALIDATEDATA. Da dadurch Daten, Ergebnisse und Modellierungen geliefert werden können, die auf einem systematischen Kriterienkanon für die Qualität der zugrundeliegenden Daten aufbauen (und dies jederzeit nachweisbar ist), erhöht dies nachhaltig die Transparenz, Glaubwürdigkeit und damit auch der Professionalität des Data Mining mit Clementine. Das Kapitel zu Clementine wurde auf der Grundlage der Version 11.1 (englisch) verfasst.

In den vorangegangenen Abschnitten sind auch die Begriffe von „Wahrheit" und „Professionalität" gefallen. Die zentrale Absicht dieses Buch ist es, klare und überprüfbare Kriterien, eindeutige einzuhaltende Standards und zu unterlassende Verhaltensweisen zusammenzustellen. Diese Anforderungen sind selbstverständlich kein Selbstzweck, sondern Ausdruck einer professionellen Ethik, der Verantwortung gegenüber professioneller wissenschaftlicher Arbeit. Ich verbinde mit den zusammengestellten Kriterien, Standards und (zu unterlassenden) Verhaltensweisen auch den Wunsch, dass eindeutig und nachhaltig kommuniziert werden konnte, welche grundlegenden Erwartungen an die Qualität von Daten, Analysen und Forschung im Allgemeinen gestellt wurden und auch zukünftig gestellt werden.
In einem Punkt bitte ich um Nachsicht und möchte deutlich hervorheben: Trotz der Fülle des zusammengestellten Materials kann es sich *nicht* um eine erschöpfende Darstellung handeln. Im Gegenteil, es handelt sich nur um eine, durchaus von einer gewissen Subjektivität geleiteten *Auswahl* der wichtigsten Aspekte. Über die Auswahl der Aspekte, wie auch die ihre jeweilige Gewichtung ließe sich sicherlich diskutieren, wozu ich alle Anwender ausdrücklich auffordern möchte.
Ich möchte bereits an dieser Stelle nochmals alle Leser einladen, durch Rückmeldungen und Vorschläge zur Ergänzung oder Verbesserung dieses Buches in zukünftigen Auflagen beizutragen (vgl. Kapitel 21).
Auf keinen Kompromiss würde ich mich jedoch einlassen wollen, würde ein Leser annehmen, dass er bzw. sie nach dem Lesen dieses Buch *alles* über die Qualität von Daten, Analysen oder auch Forschung wüsste. Ich muss dieser Annahme deutlich entgegentreten: Im Gegenteil, dies ist nur ein Anfang, ein erster Versuch einer explorativen Systematisierung, ein erster Ausgangspunkt für interessierte Leser und professionell arbeitende Wissenschaftler.

执子之手,与子偕老---献给我珍爱的中国公主 .

Ebenfalls gewidmet meinen Großeltern Lore & Albert Schmid und Klara Schendera

Zu Dank verpflichtet bin ich für fachlichen Rat und/oder auch einen Beitrag in Form von Syntax, Daten und/oder auch Dokumentation unter anderem: Prof. Gerd Antos (Martin-Luther-Universität Halle-Wittenberg), Prof. Johann Bacher (Johannes-Kepler-Universität Linz, Österreich), Prof. Vijay Chatterjee (Mount Sinai Medical School, New York University, USA), Prof. Mark Galliker (Universität Bern, Schweiz), Werner E. Helm (FH Darmstadt), Prof. Jürgen Janssen (Universität Hamburg), Raynald Levesque (Boucherville QC, Canada), Prof. Roderick J.A. Little (University of Michigan USA), Prof. Daniel McFadden (University of Berkeley USA), Dr. James W. McNally (University of Michigan USA), Prof. Theo Van der Weegen (Radboud Universität Nijmegen, Niederlande), Prof. Rainer Schlittgen (Universität Hamburg), Dr. Jonathan D. Shanklin (Head of Meteorology & Ozone Monitoring Unit,

British Antarctic Survey, Madingley Road, Cambridge, England, United Kingdom), Prof. Stephen G. West (Arizona State University USA), Matthew M. Zack (Centers for Disease Control, Atlanta, Georgia (USA).

Mein Dank gilt auch Herrn Alexander Bohnenstengel, sowie Frau Sabine Wolfrum und Frau Ingrid Abold von der Firma SPSS GmbH Software (München) für die großzügige Bereitstellung der Software und der technischen Dokumentation. Herrn Dr. Schechler vom Oldenbourg Verlag danke ich für das Vertrauen, auch dieses Buch zu veröffentlichen, sowie die immer großzügige Unterstützung. Volker Stehle (Eppingen) gestaltete die Druckformatvorlage. Stephan Lindow (Hamburg) entwarf die Grafiken. Falls in diesem Buch noch irgendwas unklar oder fehlerhaft sein sollte, so liegt die Verantwortung alleine beim Autor.

Forschen zu dürfen ist ein *Privileg*. Forschen zu können ein *Wert*.

Verleihen Sie beidem Nachhaltigkeit.

Heidelberg, Juli 2007
CFG Schendera

Inhalt

1 Einführung: Sechs erste Kriterien

Datenqualität ist essentiell und allgegenwärtig

- z.B. in Regierungen, Ämtern und Behörden (Office of Management and Budget, 2007, Chapter III, 2006; US Census Bureau, 2006; United Nations, 2003, 1995, 1983; OECD, 2003; Eurostat, 2004, 2003, 2002, 1999/1998; Statistische Ämter des Bundes und der Länder, 2003; Körner & Schmidt, 2006; Blanc et al., 2001 uam.)
- z.B. in Banken und Unternehmen (Lee et al., 2006; Konno, 2006; Willeke et al., 2006; Bettschen, 2005; Goerk, 2005, 2004; Infeld & Sebastian-Coleman, 2004; McKeon, 2003; Wan et al., 2002; Ofori-Kyei et al., 2002; English, 1999; Internationaler Währungsfond (IMF, z.B. Carson & Liuksila, 2001; Carson, 2000) uam.)
- z.B. in Forschungsverbänden (z.B. DFG, 2005, 1998; DeGEval, 2004, Bundesärztekammer, 2003; Wilkinson & APA Task Force on Statistical Inference, 1999 uam.).

Die Qualität von Daten ist jedoch nichts Selbstverständliches. Nur wenn die Qualitätskriterien bzw. die zu ihrer Überprüfung erforderlichen Maßnahmen bekannt sind, kann die Qualität von Daten hergestellt werden. Anders formuliert: Nur wer weiß, wonach er suchen soll, hat auch die Chance, die Fehler in seinen Daten zu finden und (hoffentlich) rechtzeitig zu korrigieren. Dieses Buch geht von der Annahme aus, dass die Qualität von Daten nicht etwas automatisch Gegebenes, sondern ein Produkt ist, das nur durch explizite Definitionen, Maßnahmen, sowie Kriterien gezielt herbeigeführt und nachgewiesen werden kann.

Datenqualität ist ein genuin interdisziplinäres Thema. Die im Buch vorgestellten Qualitätskriterien stammen u.a. aus der Umfrageforschung (primäres Ziel: Datenerhebung), aber auch dem Bereich der Data Warehouses (primäres Ziel: Datenhaltung). Die Statistik liefert jeweils weitere Kriterien, Annahmen und dazugehörigen Hintergrundkonzepte. Entsprechend heterogen ist die Literatur, vgl. z.B. Batini & Scannapieco, 2006, Kap. 2; Lee et al., 2006; Gackowski, 2004; Laliberté et al.; 2004; Fugini et al., 2002; Pernici & Scannapieco, 2002; English, 2002, 1999; Helfert et al., 2001; Carson & Liuksila, 2001; Carson, 2000; Berry & Linoff, 2000; Naumann & Rolker, 2000; Brackstone, 1999; Chapman et al., 1999; Garvin, 1998; Wang & Strong, 1996 uam.

Die folgende Anekdote mag ein banales Beispiel sein, ist aber aufschlussreich für ein notwendigerweise sinnvoll aufeinander abzustimmendes Zusammenspiel von Datenqualität, Data Warehouses und Expertise bereits in grundlegenden Konzepten der Statistik. In einem DHW eines großen Unternehmens war die Implementierung eines Prüfalgorithmus geplant, der auf dem Nullhypothesen-Test basiert. Die Überlegung des verantwortlichen Projektleiters war dabei folgende: Wenn ein bestimmter Wert sich zu sehr von allen übrigen Werten im DWH unterscheidet, erreicht der Wert statistische Signifikanz und kann dadurch als Fehler identifiziert werden. Übersehen wurde dabei, dass das DWH Millionen an Einträgen enthielt und annähernd jeder geprüfte Wert alleine schon aufgrund der riesigen Datenmenge „Signifikanz" erzielte (vgl. zum Signifikanz-Konzept auch Kapitel 19.3.), weniger wegen des absoluten Abweichens von den übrigen Werten. Nach Rücksprache mit statistisch erfahrenen Data Analysten wurde ein Prüfalgorithmus implementiert, der fehlerhafte Werte unabhängig von der Menge der Daten erfolgreich identifizierte. Der Fairness halber muss betont werden, dass der verantwortliche Projektleiter top-level Managementinformationen „aufsaß", in denen die Funktionsweise des klassischen Signifikanztests nicht korrekt dargestellt war.

Je nach primärem Ziel gibt es derzeit noch anwendungsbedingt unterschiedliche Akzentuierungen inerhalb der einzelnen Systematisierungen und Hierarchisierungen in den jeweiligen Disziplinen. Es kann jedoch angenommen werden, dass sie sich im Laufe der Zeit annähern werden, sind sie doch letztlich Elemente ein und desselben Prozesses: Eine Datenerhebung erfordert immer eine Datenhaltung für die gewonnen Daten. Eine Datenhaltung setzt somit immer voraus, dass überhaupt eine Datenerhebung stattfand bzw. erhobene Daten vorliegen. Beide Seiten setzen jedoch voraus bzw. setzen sich idealiter proaktiv dafür ein, dass Datenqualität gegeben ist. Die meisten Methodologien, sei es als systematische Erfassung der subjektiven Einschätzung der Datenqualität durch die Anwender (z.B. als IQA Survey), sei es als objektive Prüfregel auf der konkreten Datenebene (z.B. als Codd Integrity Constraint) prüfen mehr oder weniger denselben Kriterienkanon (z.B. Lee et al., 2006, Kap. 3, 4, sowie Appendix 3; Batini & Scannapieco, 2006, Ka. 7.2.; Laliberté et al.; 2004; Long et al., 2004, 201–203; Gackowski, 2004; Statistics Canada, 2000; Carson, 2000; Davies & Smith, 1999c, d). Auch augenscheinlich theoretisch divergente Hintergrundrahmen, wie z.B. empirische, semiotische, ontologische oder auch TDQM (Total Data Quality Management) Ansätze weisen in Bezug auf die konkreten Kriterien weite Überschneidungen auf, die sich dann aber im Einzelnen dann z.T. doch wiederum völlig unterschiedliche Definitionen aufweisen (vgl. Gackowski, 2004, 127–130). Die Terminologie für die Kriterien im Einzelnen, sowie als Oberbegriff, ist derzeit noch alles andere als einheitlich. Diverse Veröffentlichungen verwenden z.B. den Begriff „Dimension" (u.a. Lee et al., 2006; Batini & Scannapieco, 2006, z.B. Kap. 2; Redman, 2004, 2001), manche dagegen *auch* „Attribut" (Gackowski, 2004; O'Brien & Marakas, 2003) usw. Diese Begriffe repräsentieren jedoch (statistische) Konzepte, die in Bezug auf Komplexität über einzelne, eher aus der Informatik stammende (techno)logische Begriffe, wie z.B. des datensatzzentrierten Terms „integrity constraint," z.T. deutlich hinausgehen.

Sechs erste Kriterien

Von den zahlreichen Qualitätskriterien (vgl. zu weiteren Kriterien die Kapitel 13 und 19) werden zunächst Vollständigkeit, Einheitlichkeit, Missings, Doppelte, Ausreißer, sowie Plausibilität vorgestellt. Viele weitere Kriterien bauen auf diesen auf. Die Kriterien „Vollständigkeit“, „Einheitlichkeit“, „Doppelte“, sowie „Missings“ bilden z.B. eine Basis. Die Überprüfung dieser Kriterien setzt jedoch unter Umständen das Gegebensein weiterer Rahmenbedingungen voraus, z.B. dass u.a. ein Plan und genug Zeit für die Überprüfung mit SPSS vorliegen (vgl. Kapitel 2). Vor dem Einsatz von SPSS wird empfohlen, sich einen Überblick über die anderen Kriterien und ihr Erfülltsein zu verschaffen. Die in den folgenden Kapiteln vertieften sechs Kriterien für Datenqualität

- Vollständigkeit (Kapitel 3) bzw.
- kontrollierte Missings (Kapitel 6),
- Vermeidung von doppelten Daten (Kapitel 5),
- Einheitlichkeit (Kapitel 4),
- Beurteilung von Ausreißern und (Kapitel 7)
- Plausibilität (Interpretierbarkeit) (Kapitel 8)

sind eng miteinander verwoben. Diese Kriterien, sowie weitere, die in Kapitel 13 vorgestellt werden, bilden zusammen die Grundlage der Checkliste in Kapitel 18.

Vollständigkeit ist z.B. so definiert, dass die Anzahl der Daten in einem schlussendlich vorliegenden Analysedatensatz exakt der Summe der gültigen und fehlenden Angaben in einer strukturierten Umgebung entspricht, also z.B. in einer Erhebung (Fragebogen) oder auch den Teildatensätzen, aus denen er gebildet wurde. Fehlen z.B. in einem Fragebogen Angaben, so sollten diese kontrollierten Missings im Datensatz entsprechen. Liegen im Analysedatensatz mehr Daten bzw. Missings vor, als erhoben bzw. geliefert wurden, so wird von (zu vermeidenden) Doppelten gesprochen. Unkontrollierte Missings und Doppelte sind nach der Gewährleistung von Vollständigkeit sorgfältig zu prüfen.

Für viele Analyse-, Transformations- und Prüfmaßnahmen ist die Einheitlichkeit der Daten, v.a. wenn sie aus verschiedenen Quellen stammen, eine unabdingbare Voraussetzung. Erst wenn die Einheitlichkeit der Daten gegeben ist, z.B. von Währungen oder Zeiteinheiten, ist eine Überprüfung auf Ausreißer möglich.
Das folgende Diagramm soll das Konzept vorstellen, dass diesem Buch zugrunde liegt.

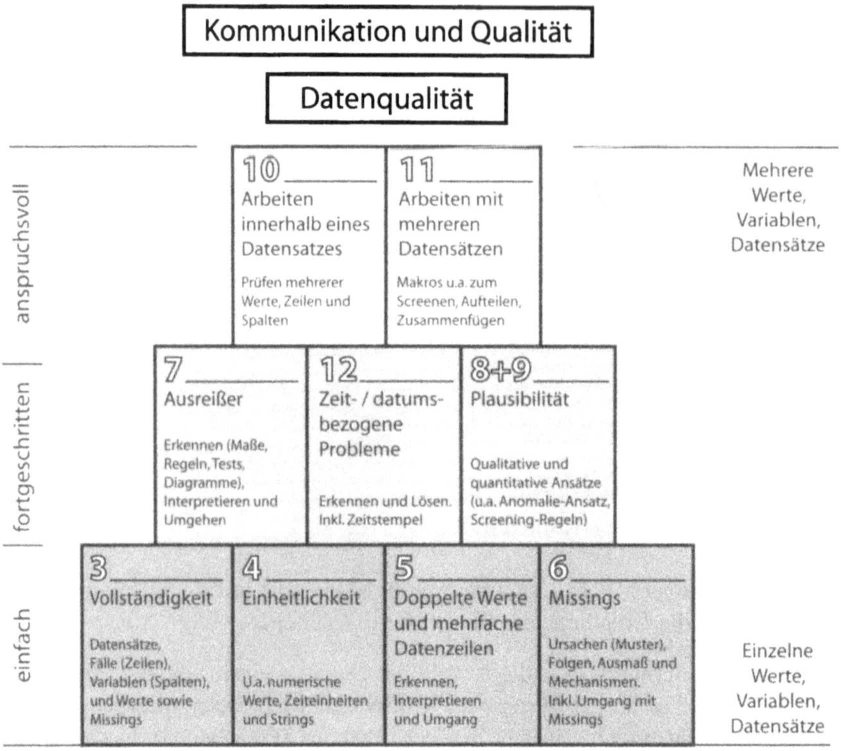

Die Kriterien „Vollständigkeit", „Einheitlichkeit", „Doppelte", sowie „Missings" bilden die Basis (vgl. die unterste Ebene im obigen Diagramm). Alle weiteren Kriterien bauen darauf auf (für andere Hierarchien vgl. z.B. Gackowski, 2004, 139–140; Oliveira et al., 2005). Die Pyramide ist somit von unten nach oben zu lesen; die Basis selbst ist von links nach rechts zu lesen (wie auch die darüberliegende, nicht jedoch die dritte Schicht): Vollständigkeit ist Voraussetzung für die Gewährleistung von Einheitlichkeit, den Ausschluss von doppelten Zeilen bzw. Werten, sowie den angemessenen Umgang mit möglichen Missings.

Wird die Pyramide von unten nach oben zu lesen, macht sie evident, dass solange z.B. keine vollständigen, einheitlichen usw. Daten vorliegen, es wenig Sinn macht, Daten auf weitere Kriterien zu überprüfen (z.B. Plausibilität), geschweige denn inferenzstatistische Analysen durchzuführen oder etwaige „Ergebnisse" (voreilig) zu kommunizieren. Wird die Pyramide von unten nach oben gelesen, kann sie somit eine erste Orientierung sein, die eigenen Datenprüfungen in sinnvoll aufeinander aufbauende Schritte zu organisieren. Die Pyramide kann jedoch auch von oben nach unten gelesen werden: Angefangen von der „Krone" des professionellen wissenschaftlichen Arbeitens, einer Veröffentlichung oder eines Berichts z.B. an das Management oder Vorgesetzte, kann bereits die Publikation bzw. der Report selbst auf das Einhalten von Qualitätsstandards überprüft werden, bis hinunter zum konkreten professionellen Umgehen mit weiteren Kriterien, wie z.B. Ausreißern, Missings oder auch Vollständigkeit. Mit der „bottom-up"-Perspektive wird die Hoffnung verbunden, dass diese Pyramide bereits den *Prozess* des wissenschaftlichen Arbeitens und Kommunizierens in Bezug auf ausgewählte Aspekte der Qualität von Daten optimiert bzw. eine gewisse Sicherheit verleiht. Die „top-down"-Perspektive kann u.a. helfen, ein *Produkt* wissenschaftlichen Arbeitens und Kommunizierens (ggf. vor einer Veröffentlichung bzw. Weiterleitung) zu evaluieren und ggf. rechtzeitig zu optimieren (zu einer differenzierteren Interpretation der Pyramide in Bezug auf das Kriterium „Plausibilität" wird auf Kapitel 8 verwiesen).

Dieses Diagramm versucht auch zu verdeutlichen, nach welchen Dimensionen dieses Buch aufgebaut ist. Das Buch ist nach *Qualitätskriterien* unterteilt: Jedes Kapitel stellt ein Qualitätskriterium vor. Kapitel 3 behandelt z.B. die Vollständigkeit, Kapitel 4 die Einheitlichkeit usw. Manche Kapitel behandeln dasselbe Kriterium, die Kapitel 8 und 9 befassen sich z.B. jeweils mit der Plausibilität. Kapitel 8 führt in das Grundprinzip und zunächst einfache Ansätze ein; das Kapitel 9 stellt den Einsatz deutlich anspruchsvollerer Screening-Programme vor. Manche (spätere) Kapitel behandeln die Arbeit mit mehreren Kriterien, bzw. stellen weitere Kriterien vor (z.B. die Kapitel 9, 13, 16 und 19). In Kapitel 13 werden Kriterien vorgestellt, für die der Einsatz von SPSS nicht notwendigerweise erforderlich ist, z.B. Menge, Eindeutigkeit, Relevanz, Genauigkeit oder auch Verständlichkeit; nichtsdestotrotz sind diese Kriterien für die professionelle Arbeit mit Daten relevant. In Kapitel 19 werden z.B. Kriterien für die *Kommunikation* der Qualität von Daten, Erhebungen und Analysen vorgestellt. Jedem Kapitel zu den Qualitätskriterien wird eine solche Pyramide vorangestellt, um die Vernetzung des vorgestellten Kriteriums (hervorgehoben durch einen dezenten 3d-Effekt) mit den anderen nochmals zu veranschaulichen. Eine weitere Dimension des Aufbaus des Buches ist die *Komplexität* der SPSS Programme; diese wurde, sofern möglich, immer von einfach bis anspruchsvoll geordnet. Mit Komplexität in Zusammenhang stehen auch die *Anwendungsmöglichkeiten* von SPSS; diese beginnen bei einzelnen Werten, Variablen und Datensätzen und laufen auf das durchaus anspruchsvolle Arbeiten mit bzw. Programmieren für mehrere Werte, Variablen bzw. Datensätze hinaus (z.B. die Kapitel 10 bzw. 11). Weil die Pyramide nach Qualitätskriterien aufgebaut ist, enthält das Diagramm nicht alle Kapitel dieses Buches, z.B. werden nicht die Kapitel zu Clementine (Kapitel 16), MacIntosh (Kapitel 17), sowie zur Kommunikation von Daten- und Analysequalität (Kapitel 19) wiedergegeben. Kapitel 12 ist das einzige Kapitel bzw. Kriterium (für *zeit- bzw. datumsbezogene* Probleme), dessen Abfolge in der Hierarchie der Pyramide nicht mit der Abfolge im Inhaltsverzeichnis des Buches übereinstimmt. Dieses Kapitel hat deshalb eine Sonderstellung, weil der Faktor „Zeit" nicht immer geprüft werden muss. Damit ist gemeint: Kapitel 12 ist nur dann erforderlich, wenn die zu prüfenden Daten tatsächlich auch Zeit- bzw. Datumsvariablen enthalten. In diesem Falle sind die Kriterien aus Kapitel 12 *vor* der Überprüfung der allgemeinen Plausibilität im Sinne der Kapitel 8 bzw. 9 anzuwenden (vgl. Diagramm). Da Datensätze jedoch nicht immer Zeit- bzw. Datumsvariablen enthalten, wurde das Kapitel 12 nach den Kapiteln 10 bzw. 11 platziert, weil es u.U. weniger häufig eingesetzt wird als die anderen Kapitel (vgl. Inhaltsverzeichnis).

Plausibilität

Alle Maßnahmen zur Gewährleistung von Datenqualität streben zusammen zunächst das Ziel der Plausibilität an. Plausibilität ist so definiert, dass der Inhalt der Daten in einem Datensatz nicht nur exakt dem Inhalt einer bereits vorliegenden Datenhaltung oder auch Angaben in einer strukturierten Erhebung entspricht, also z.B. in einem Datensatz oder einem Fragebo-

gen, sondern qualitativ darüber hinausgeht, indem z.B. auch versehentlich (oder auch absichtlich) gemachte Fehler identifiziert, korrigiert oder entfernt werden konnten. Daten mit höherer Qualität sind somit genauer und semantisch eindeutiger interpretierbar. Abgeleitete Informationen sind exakter und besser begründbar bzw. ohne Unschärfe und Unsicherheit. Daten am Ende eines Qualitätsprozesses *sind* Informationen.
Plausibilität ist am anspruchsvollsten zu prüfen und setzt (wie in der Pyramide zu sehen) u.a. Vollständigkeit, Einheitlichkeit und weitere formale Korrektheit der Daten voraus (tatsächlich können die diversen Kriterien im Prinzip konkreten „Graden" von „Plausibilität" zugewiesen werden, vgl. Kapitel 8). Die Plausibilität der zu prüfenden Daten setzt die Plausibilität *anderer* Daten zur Rekonstruktion von Missings oder zur Überprüfung von Ausreißern voraus. Jeder Ansatz zur Sicherung von Plausibilität basiert darauf, dass die Daten, die die eigentliche Entscheidungsgrundlage für die Plausibilität bilden, selbst plausibel sind. Insofern sind solche Prüf- und Korrekturmaßnahmen mit großer Sorgfalt vorzunehmen. Mit der Plausibilität von Daten, Analysen, sowie Ergebnissen ist jedoch noch nicht die Arbeit im Hinblick auf Qualität beendet. Qualität muss auch korrekt kommuniziert werden (vgl. Kapitel 19); es ist unbedingt zu vermeiden, dass suboptimale Kommunikation einen dilettantischen Eindruck vom eigentlich professionellen Arbeiten vermittelt.

Die Überprüfung der Datenqualität mit SPSS geht von der Annahme aus, dass Datenqualität objektiv definierbar, messbar und somit nachweisbar ist. Vollständigkeit ist z.B. objektiv definierbar, messbar und nachweisbar: Entweder liegt in einem Feld ein Eintrag vor (i.S.v. gültiger Wert) oder nicht (i.S.v. Missing). Dasselbe gilt für alle Werte einer Datenhaltung: Entweder ist eine Datenhaltung zu 100% vollständig oder nur zu 95%, 88% usw. Dieselbe Sichtweise lässt sich auf doppelte Einträge usw. übertragen: Entweder eine Datenhaltung enthält keine unzulässigerweise Doppelte oder falls doch, dann in einem objektiv und genau quantifizierbaren Ausmaß. Anders sieht es jedoch mit den Anforderungen an die Qualität von Daten aus. Anforderungen an Daten können durchaus subjektiv sein und von optimalen objektiven Größen abweichen. Je nach Anwendung kann z.B. eine Datenhaltung aus der Sicht eines Entscheiders nur zu 95% vollständig sein, ist nach Maßgabe eines Sachverständigen bei bestimmten Größen eine gewisse Streubreite zulässig usw. Die *subjektiven* Anforderungen an Datenqualität sollten jedoch nicht mit ihrer *faktisch objektiven Messbarkeit* verwechselt werden. Welche Gründe, Kriterien oder Ursachen auch immer von Anwendern vorgebracht werden, um die Abweichung von einer optimalen Datenqualität zu erklären, die Konsequenzen sind dieselben:

- Jede Abweichung von einer perfekten Datenqualität ist immer eine suboptimale Datenqualität.
- Eine suboptimale Datenqualität ist daher immer mittels der vorgebrachten subjektiven Gründe, Kriterien oder Ursachen seitens der Anwender zu erklären bzw. zu verantworten.
- Eine (sub)optimale Datenqualität ist kein Selbstzweck, sondern eine Eigenschaft mit Folgen.

Datenqualität: Definition
Als klassische Definition für Datenqualität gilt „data to be of high quality if they are fit for their intended uses in operations, decision making and planning" (Juran & Godfrey, 1999[5], 2;

vgl. dazu die Definition des US Census Bureau, 2006, 1: „The Census Bureau defines quality as 'fitness for use'."). So zutreffend diese Definition in ihrer Allgemeinheit ist, so ungenau ist sie gleichermaßen, da diese Definition nicht angibt, welches *Kriterium* die Qualität von Daten ausmacht (z.B. Genauigkeit, Einheitlichkeit usw.) und auch, in welchem Ausmaß.

Die Qualität von Daten ist ein mehrstelliges Relationsprädikat, das sich aus der Art und Anzahl der *erforderlichen* Kriterien („Kriterienkanon"), den Methoden ihrer Prüfung, den dabei eingesetzten Toleranzen/Grenzwerten der jew. Kriterien (z.B. 100%, 3Sigmas usw.), sowie den auch jeweils *ausgeschlossenen* Kriterien usw. ergibt. Der Anwender hat dabei nicht nur das Optimum zu definieren; dies ist selbstverständlich. Die eigentliche Herausforderung wird jedoch sein, jede (ggf. durchaus notwendige) Abweichung vom Optimum zu vermeiden, falls aus pragmatischen Gründen jedoch nicht unumgänglich, zu begründen und die damit verbundenen Konsequenzen zu rechtfertigen. Um hier einem Missverständnis gleich von vorneweg entgegenzutreten: Datenqualität ist nicht relativ. Jeder Kontext mag durchaus eine *gegenstands- bzw. datenangemessen notwendigerweise eigene* Definition von Datenqualität vertreten. Die jeweilige Definition und Gewährleistung von Datenqualität sind zentrale Aufgaben des Anwenders. Die einzufordernde Begründung dient dem Nachweis der Gegenstandsangemessenheit der Qualitätsdefinition und mithin auch dem Nachweis ihrer Objektivität, also in der Praxis auch dem Ausschluss willkürlicher Maßnahmen. Dieses Buch wird daher keine Definition der Qualität von Daten i.S. eines Globalkriteriums vorgeben, jedoch ein Rahmenkonzept bzw. einen Kriterienkanon, die es erlauben sollten, jegliche Definition von Datenqualität zu analysieren. Der Ausgangspunkt hierfür ist die Gesamtheit aller Kriterien, optimaler Methoden bzw. Toleranzen/Grenzwerten als Ziel. Jedes Ausklammern von Kriterien, jeder Einsatz (Verzicht) auf Prüfmethoden, wie auch jedes angewandte Toleranzkriterium ist jedoch explizit transparent zu machen und zu begründen.

Datenqualität vor Analysequalität I : Erfahrungen mit DWH

Datenqualität kommt vor Analysequalität. Dass schmutzige Daten verzerrte Ergebnisse nach sich ziehen, ist sachevident und kann, je nach Art der „Verschmutzung", z.B. für Vollständigkeit (Kapitel 3), Doppelte (Kapitel 5), sowie Ausreißer (Kapitel 6) an zahlreichen spezifischen Beispielen ausführlich demonstriert werden. Ohne konkrete Art, Ursache und Ausmaß der Datenfehler zu kennen, sind ihre Auswirkungen uneinheitlich und nicht vorhersagbar (z.B. Haughton et al., 2003, 69–75 anhand einer Simulation mittels Kreditdaten). Entscheidungen auf der Grundlage solcher Daten können somit entspechend völlig inkorrekt sein. Datenqualität schafft erst die Grundlage und Voraussetzung für sinnvolle Analysen. Die Sicherung und Gewährleistung von Datenqualität ist nicht selbstverständlich; Komplexität oder Aufwand können die der geplanten „eigentlichen" Analysen ohne weiteres übertreffen. In manchen Projekten sind die Phasen der Datenmanagement und Datenbereinigung um ein Vielfaches aufwendiger als die Analyse selbst. Berry & Linoff (2000, 177) bezeichnen daher „dirty data" als den „curse of data mining". In Data Warehouses entfallen ca. 90% des Zeitaufwandes auf die Datenvor- und -nachbearbeitung (Cabena et al. 1998, 43); circa 70% der Kosten werden z.B. durch Maßnahmen zur Sicherung der Datenqualität verursacht. Die dazu erforderlichen Ressourcen und Fähigkeiten sollten keinesfalls unterschätzt werden. Eckerson (2002) zitiert eine Studie des Data Warehouse Institute, wonach „managing data quality and consistency" und „reconciling customer records" zu den größten Herausforderungen in

CRM-Projekten gehören. Data Warehouses scheitern oft an einer nicht ausreichenden Datenqualität. Die FleetBoston Financial Corp. (USA) scheiterte z.B. 1996 trotz eines millionenschweren Budgets daran, Kundendaten zusammenzuführen, weil unterschätzt wurde, wie schwierig und zeitaufwendig es sein kann, Daten aus 66 Systemen zu vereinheitlichen und zusammenzuführen (Eckerson, 2002, 7). Neben Einschnitten in das eigentlich zur Verfügung stehende Budget ist die Gewährleistung von Datenqualität das Top 2 Problem (Peterson, 2003). Der Verfasser hat z.B. ein anfangs völlig verfahrenes Projekt übernommen, bei dem die erforderlichen Maßnahmen der Qualitätssicherung zum Aufwand der eigentlichen Analyse schlussendlich in einem Verhältnis von ca. 20:1 standen. Ursache waren v.a. Datensätze und -banken mit uneinheitlichen Formaten und Inhalten. Eine Herabsetzung zu „Fußarbeit" ist daher eine völlige Verkennung des Stellenwerts dieser Tätigkeit und ihrer Komplexität (vgl. auch Lee et al., 2006, 2). Ein Anliegen dieses Buches ist es daher auch, diese zu oft vernachlässigte Tätigkeit und ihre Bedeutung in den Vordergrund zu rücken.
Ein professionell durchgeführtes Datenqualitätsprojekt ist demgegenüber durchaus in der Lage, über einen Zeitraum von mehreren Jahren mehrere hundert Millionen an Euros einzusparen. Batini & Scannapieco (2006, 188–199) führen z.B. einen Fall an, bei dem ein Budget von ca. 6 Millionen € für Architektur und Wartung über einen Zeitraum von drei Jahren Einsparungen von mindestens von 600 Milionen € ermöglichen sollte, je nach Rechenweise sogar bis zu 1,2 Milliarden €.

Datenqualität vor Analysequalität II : Erfahrungen in der Forschung
Forscher betreiben oft größten Aufwand, um ihre Analysen möglichst anspruchsvoll auswerten und publizieren zu können. Im Gegensatz dazu steht ein oft erschreckend naiver und konzeptloser Umgang mit ihrem Fundament, der Qualität der Daten. Man könnte fast formulieren, als ob manche Anwender auf diesem Auge (der Datenqualität) blind sind und nur die Qualität der Analyse im (anderen) Auge haben. Der Verfasser könnte in diesem Zusammenhang zahlreiche, ziemlich drastische Beispiele aus der eigenen Erfahrung vorbringen.
Der Verfasser wurde z.B. vor nicht allzu langer Zeit beauftragt, die Sicherung und Gewährleistung der Datenqualität einer von Dritten betreuten multizentrischen klinischen Studie mit einer mehrjährigen Laufzeit zu prüfen. Der konkrete Anlass war, dass wichtige Veröffentlichungen anstanden, aber per Zufall Widersprüchlichkeiten in den Daten festgestellt wurden, die man weder zu prüfen, noch zu erklären verstand. Nach einer mehrere Tage dauernden Prüfung von Daten und Dokumentation stand fest, dass die Studienleiter und ihre Mitarbeiter fast alle Fehler begangen hatten, die sie hatten begehen können. Als massivste Fehler fielen sofort u.a. doppelte Datensätze und -zeilen auf, aber auch Datenlücken im Masterdatensatz trotz kompletter Einzeldatensätze. Unbemerkt wurden auch Kodierungen für Missings als reale Werte in die Analyse einbezogen. Beim Überprüfen der Programme für Datenmanagement und Datenanalyse (sog. Code-Review) im Detail fielen weitere Fehler logischer oder statistischer Art auf. Am Ende kam eine seitenlange Liste an Fehlern und Versäumnissen zusammen, die jedoch gleichzeitig die Voraussetzungen für einen konstruktiven Anfang schuf. Anhand dieser Liste wurden im Rahmen eines trouble-shooting nacheinander alle möglichen Fehlerquellen systematisch eliminiert. Analysen der nunmehr qualitativ optimierten Datenlage ergaben dann abschließend zahlreiche aufschlussreiche Effekte, deren Nuanciertheit und Differenziertheit in zahlreichen internationalen Veröffentlichungen Eingang

fanden. Während dieses Projekt noch mit einem „blauen Auge“ davonkam, sind dem Verfasser allerdings aufgrund eigener Reanalysen weitere Projekte bekannt, deren nicht korrekte Ergebnisse z.T. bis in Veröffentlichungen auf Regierungsebene einfließen konnten. Manche Projekte konnte man nur noch als unrettbar gescheitert erklären. Über die Konsequenzen mag sich jeder Leser selbst so seine Gedanken machen. Die eingangs skizzierten Beispiele verdeutlichen hoffentlich, dass man nicht davon ausgehen kann, dass die Daten in Ordnung sind, nur weil man seine Daten oder auch ihre Transformation nicht überprüft. Mangelnde Datenqualität ist keine Fiktion, sondern kann jederzeit und in jeder Größenordnung passieren, von der studentischen Hausarbeit bis hin zum Data Warehouse.

Lohnt sich der Aufwand für Datenqualität? Kosten-Nutzen-Überlegungen
„Ob sich der Aufwand lohnt?“, sicher ist die nächste, aber eindeutig absurde Frage. Man schnallt sich im Auto ja auch deshalb an, weil es sicherer ist, aber nicht deshalb, weil ein Unfall passieren wird (dieser Logik dürften sich auch Gurtgegner anschließen). Natürlich lohnt sich der Aufwand. Daten mit höherer Qualität sind genauer und interpretierbarer. Enthalten die Daten z.B. geldwerte Informationen, dann gewährleistet Datenqualität genauere Analysen (z.B. Kundengruppen, Kundenbeziehungsphasen), konkretere Vorhersagen (z.B. Produktakzeptanz, künftiges Kaufverhalten), begründbare Entscheidungen, letztlich einen Wettbewerbsvorteil. Jede Ungenauigkeit kostet bares Geld, z.B. wenn z.B. ein Unternehmer mit ungenauen Absatzdaten oder Einkaufsprofilen seiner Kunden arbeitet und diese Informationsunschärfe in Strategien einfließen sollte. Datenqualität führt zu mehr (weil korrekter) Information und somit auch zu mehr Umsatz und Gewinn. Datenqualität hilft, den Nutzen-Faktor zu optimieren und unterstützt eine präzisere Identifikation von potentiellen Kunden (Target-Marketing, Up-/Cross-Selling), erhöhte Trefferquoten beim Direkt-Marketing, und somit Senkung von Werbekosten. Datenqualität schützt somit auch vor Fehlverhalten und Fehlinvestitionen. Im CRM (Customer Relationship Management) verhindert Datenqualität z.B., dass mit Kunden falsch umgegangen wird. Im Marketing verhindert Datenqualität z.B., dass Aktionen auf der Basis doppelter, ungenauer oder fehlerhafter Informationen einen Imageschaden produzieren oder Interessenten abschrecken (z.B. Anschreiben mit falsch geschriebenen Nachnamen, Bewerbung unerwünschter Produkte oder Leistungen, oder auch Ausstellen fehlerhafter Rechnungen). Optimierte Prozesse, Produkte und Strategien unterstützen Nachfrage bzw. Angebotsakzeptanz, Kundenzufriedenheit und Kundenbindung. Fehlgeleitete Marketinginvestitionen (z.B. durch mehrfaches Mailing an dieselbe Adresse) können unmittelbar eingespart, Verluste durch falsch berechnete oder übermittelte Preise direkt verhindert werden (vgl. für zahlreiche Beispiele u.a. Redman, 2004, 2001; Eckerson, 2002 passim). Mangelhafte Daten verursachen auch fehlerhafte Analysen, die wiederum zu falschen Entscheidungen und letztlich einer Verweigerungshaltung der Entscheider gegenüber den Datenhaltungen führen (Helfert, 2000, 65).
Das Arbeiten mit qualitativ hochwertigen Daten erhöht nicht nur die Transparenz innerhalb des Unternehmens, sondern führt auch zu einem Qualitätsbewusstsein, das sich wiederum positiv auf das Arbeits- und Geschäftsklima bis hin zum Interessenten auswirken wird. Besonders eine nach außen getragene Dokumentation von Qualitätssicherungsmaßnahmen und ihre Erfüllung unterstützt das Vertrauen von Interessenten in die Datenqualität. Der Return of Invest (ROI) zeigt sich also in zwei Seiten: Vermeiden von Kosten (Fehlinvestitionen, Fehl-

entscheidungen) und Erhöhung des Nutzen (Gewinn, Wettbewerbsvorteil, Konkurrenzfähigkeit). Der Aufwand für die Gewährleistung von Datenqualität lohnt sich also solange, wie diese Maßnahmen Fehlinvestitionen und Fehlentscheidungen verhindern und Gewinne und Wettbewerbsvorteile maximieren helfen. Der ROI für die Sicherung von Datenqualität dürfte sich nicht nur bei Unternehmensdaten schnell amortisiert haben. An Datenqualität sind letztlich eindeutige materielle Konsequenzen gekoppelt, vor allem auch die Glaubwürdigkeit zur Befähigung des eigenen Tuns. Um abschließend einmal Fakten zu nennen: Redman (2004) entwickelte z.B. im Laufe der Jahre den COPDQ-Faktor (COPDQ, Cost of poor data quality) und geht davon aus, dass der COPDQ-Faktor die Kosten verzehnfacht. Wenn z.B. Maßnahmen mit Daten, die in Ordnung sind, 1€ kosten, dann würden diesselben Maßnahmen mit Daten, die nicht in Ordnung sind, 10€ kosten. Redman schätzt jedoch, dass die wahren Kosten deutlich höher liegen und dass suboptimale Datenqualität die Industrie mindestens 10%, wenn nicht sogar zwischen 20% an Einkünften kostet. Das Data Warehousing Institute schätzt, dass z.B. amerikanischen Firmen alleine 2001 durch „schmutzige" Daten über 610 Milliarden Dollar an Einnahmen entgangen sind; die wahren Kosten seien jedoch wahrscheinlich viel höher anzusetzen (Eckerson, 2002, 5; Peterson, 2003).

Ursachen suboptimaler Datenqualität

Die Ursachen suboptimaler Datenqualität sind vielschichtig und v.a. bei zunehmend großen heterogenen Datenhaltungen auch technisch gesehen ausgesprochen komplex. Bei Data Warehouses sind u.a. folgende Ursachen möglich (vgl. auch Lee et al., 2006, 80–108; Eckerson, 2002):

- suboptimale (zu restriktiv/zu tolerant), nur temporär arbeitende oder gar keine Prüfalgorithmen oder –tools.
- subjektive Faktoren bei der Datenlieferung: z.B. un-/absichtliche Verzerrungen.
- schwammige Definitionen („fuzzy definitions"): In Datenhaltungen muss mit präzisen Datendefinitionen gearbeitet werden. „Alt" kann jedoch z.B. relativ sein. Im Lebensmittelhandel werden z.B. Waren möglichst schnell umgesetzt, weil sie sonst nicht mehr verzehrt werden können. Eine fehlerhafte Definition von „Alter" in der Datenbank eines großen Lebensmittelhändlers führte dann jedoch dazu, dass auch Weine noch schnell zu einem günstigen Preis verkauft wurden. Hochklassige „alte" Weine gelangten wegen diesem Fehler zu einem Bruchteil ihres eigentlichen Werts in den Verkauf.
- hohe Volatilität des Inhalts der Datenhaltung: Bestimmte Datenarten sind invariant, z.B. Geburtsdaten, Veröffentlichungs- oder Gründungsdaten), während andere dagegen hochvolatil sein können (z.B. Aktienkurse, Fahrpläne, Umsatzdaten). Personendaten unterliegen z.B. einer permanenten Dynamik (z.B. Heirat, Umzug, Adressänderung usw.).
- uneinheitliche Repräsentation von Daten: z.B. bei Namen in der Form Vorname-Mittelname-Nachname im Gegensatz zu Nachname-Vorname-Mittelname.
- komplexe Repräsentationen von Daten: z.B. in Form von Grafiken oder ausführlichen Texten anstelle von komprimierten (numerischen) Kodierungen.
- gestiegene oder inhaltlich geänderte Anforderungen an die Daten: Lässt die Datenhaltung keine flexible Änderung von Daten zu, besteht das Risiko, dass Daten „provisorisch" an das DWH übergeben werden, mit der Folge, dass u.a. Inkonsistenzen auftreten können.

- verschiedene Speicherorte bzw. –formate für Daten: z.B. Ablage von Daten u.a. in dBASE, Microsoft Access, ORACLE und Microsoft Excel (z.T. verursacht durch einen Umstieg auf eine andere Software, durch geänderte Organisations- oder Abteilungsstrukturen usw.).
- unzureichende Hard- und Software: z.B. unzuverlässige Rechner (Server, Systeme), Datenübertragungen, ungenaue Statistikprogramme oder Algorithmen (z.B. Keeling & Pavur, 2007; Knusel, 2005; McCullough & Wilson, 2005, 2002, 1999; McCullough, 1999, 1998; Davies & Smith, 1999b).
- Konflikte innerhalb und zwischen Hardware- und Software: Die Funktionalität von Zugriffen (z.B. SQL-Queries) kann z.B. von Hardware, Betriebssystem oder auch dem Format der Daten abhängen, auf die zugegriffen werden soll. Die Daten können somit selbst in Ordnung sein, jedoch kann ihre (technisch gesehen: komplexere) Umgebung die Probleme verursachen, v.a. wenn es sich um (geographisch) verteilte Systeme handelt.
- riesige Datenmengen: Je mehr Daten sich z.B. ansammeln, desto weniger Zeit bleibt oft für gründliche Prüfung und Implementierung langfristiger Lösungen für die Gewährleistung von Datenqualität.
- unzureichendes Verständnis von Datenqualität (u.a. von Eingebern, Anwendern oder Entscheidern): z.B. die Identifikation, Interpretation und Behebung möglicher Fehler (z.B. Laliberté et al., 2004, 16), sowie in Bezug auf realistische, aber durchaus komplexe Kosten-Nutzen-Beurteilungen (vgl. auch Lee et al. 2006, 13–26; Batini & Scannapieco, 2006, 88–95; Eppler & Helfert, 2004).

Reichweite von Wirkungen: Über Signifikanzen hinaus (Fact vor Fiction)
Über Ursachen, Dunkelziffern und Folgen unentdeckter Fehler zu spekulieren ist müßig. In jedem Fall wurde die Richtigkeit des eigenen Tuns entweder (vom jeweiligen Anwender oder von anderen) nicht hinterfragt oder Korrekturprozesse wurden (vom jeweiligen Anwender oder von anderen) nicht (effektiv) daraufhin überprüft, ob sie denn richtig oder erfolgreich waren.

In den Grundlagenwissenschaften dürfte z.B. interessieren, wie die Anwender und andere den erzielten Ergebnissen vertrauen können. In einem auf „publish or perish" aufbauenden Wissenschaftsbetrieb ist nichts so sehr gefürchtet, als wenn nach der Veröffentlichung festgestellt wird, dass die Ergebnisse auf Daten- oder einfachsten Rechenfehlern beruhen (vgl. auch Schendera, 2006; Höding et al., 2005; Friedmann et al., 2004; McKinsey & Company, 2004). Enthalten die Daten z.B. klinische Informationen, dann riskieren Patienten, Ärzte und Pharmaunternehmen bei fehlerhaften Daten nicht selten darüber hinaus Ruf, Vertrauen und Gesundheit, was bei einer verantwortungsvoll gesicherten Datenqualität von vorneherein ausgeschlossen ist und oft genug der Nutzen die Kosten überwiegt (vgl. Richardson & Chen, 2001; McFadden, 1998; Gassman et al., 1995).

Effekte können also nicht bloß in Richtung Alpha- oder in Richtung Beta-Fehler gehen, also Unterschiede vorgaukeln, wo keine sind, oder Effekte verdecken, die höchst interessant wären (vgl. auch Haughton et al., 2003, 72). Bei Gewährleistung der Datenqualität hat man auch nicht bloß die Gewissheit, dass die vorliegenden Ergebnisse (unabhängig davon, ob sie in Richtung Signifikanz oder Nichtsignifikanz gehen) nicht durch eine mangelhafte Daten-

qualität beeinträchtigt sind. Andere haben nicht nur die Sicherheit, ihre Entscheidungen auf der Grundlage zuverlässiger Informationen treffen zu können. Manche szientistisch-beschönigenden Formulierungen gaukeln vor, dass evtl. nicht gegebene Datenqualität nur über feine Nuancen in der Korrektheit von Überlegungen oder Hypothesentests entscheidet, die auch durchaus hätten anders, aber zumindest hätten ähnlich ausfallen können. Um es in aller Deutlichkeit zu sagen: „Suboptimale" Datenqualität kann auch bedeuten, dass die Daten und alles, das darauf aufbaut, völliger Schrott sein kann. Unrettbar verloren, nicht recyclingfähig, eine völlige Verschwendung an Ressourcen mit Konsequenzen bis in den Regress oder Rechtsstreit.
Mangelhafte Datenqualität kann mitunter weit verheerendere Auswirkungen haben: Falsch konvertierte Daten verursachten z.B. den Absturz der ersten Ariane 5 Rakete am 4. Juni 1996. Falsche Adressdaten verursachten den versehentlichen Angriff der chinesischen Botschaft im Kosovokrieg am 8. Mai 1999 durch die NATO. Aufgrund eines falschen Signals verlor die US-Weltraumbehörde Nasa im November 2006 den Kontakt zur Mars-Sonde „Mars Global Surveyor". Die Bundesagentur für Arbeit meldete z.B. in den Monaten Dezember 2006 bis April 2007 falsche Arbeitslosenzahlen (SPIEGEL ONLINE, 2007). Falsche Daten gefährden Jahresberichte von Unternehmen und schrecken u.U. Investoren ab, gefährden das Vertrauen in demokratische Wahlen (z.B. Auszählung von Wählerstimmen), den Kampf gegen Armut, Terrorismus oder Kriminalität usw. (vgl. auch Atherton, 2007; Beikler, 2005; HEISE online news, 2005; Klotz, 2005; IMF Survey, 2004; Redman, 2004, 2001; Bange & Schinzer, 2001; Eurostat, 1999/1998).

Plausibilitätsanalysen machen nicht nur Sinn: Plausibilitätsanalysen schaffen Sinn. Plausibilitätsanalysen schaffen erst die Glaubwürdigkeit von Daten. Ohne Datenplausibilität keine Analyse. Plausibilitätsanalysen machen Sinn für Datenmengen jeder Größenordnung bis zum Data Warehouse: Bei sehr kleinen Datensätzen schließen Plausibilitätsanalysen aus, dass sich ein einzelner Datenfehler massiv nachteilig auf die Ergebnislage durchsetzen kann. Bei sehr großen Datensätzen schließen Plausibilitätsanalysen aus, dass sich scheinbar vereinzelte Fehler zu unüberschaubaren Fehlinvestitionen aufsummieren. Nicht nur bei sehr großen Datenhaltungen hat Datenqualität Priorität. Die Gewährleistung und Bereitstellung von Datenqualität ist ein Element von Phase 2 („Datenverständnis") der CRISP-DM Methodologie (vgl. SPSS, 2000; Chapman et al., 1999). Erfahrungsgemäß hat man es (auch) im Data Mining mit Daten ungeprüfter Qualität zu tun, bei denen sich die diversen Fehler und Probleme oft erst im Moment der Anlayse bzw. Modellierung zeigen (Berry & Linoff, 2000, 177–181). „Data Cleaning" gehört zu den Best Practises, das Unterlassen zum eindeutigen „Mistake" (Rud, 2001). Plausibilitätsanalysen bewahren das professionelle Data Mining vor einem Data Mülling und schaffen die Grundlage für glaubwürdige Ergebnisse, Überlegungen und Entscheidungen. Und das Beste ist: Datenqualität ist keine Glaubenssache, sondern eine überprüfbare Tatsache. Kriterien der Datenqualität (z.B. Vollständigkeit) können objektiv und messbar sein (entweder liegt z.B. ein Wert vor oder nicht). Wie, zeigen die folgenden Maßnahmen zur nachweisbaren Gewährleistung einer optimalen Datenqualität in den am häufigsten auftretenden Problembereichen Vollständigkeit, Einheitlichkeit, Doppelte, Missings, Ausreißer und Plausibilität. Daten, die erfolgreich diesen Maßnahmen unterzogen wurden, können begründet und nachweisbar als von hoher Qualität bezeichnet werden.

Optimale Datenqualität spielt vor allem bei Studien mit extremen Konsequenzen (Letalität), Aufwand (Ressourcen) und Phänomenen in Grenzbereichen eine fundamentale Rolle. Möglichen Konsequenzen von suboptimaler Datenqualität lassen sich am Beispiel eines Falles zeigen, das sicher auf optimaler Datenqualität basiert. Im Jahr 2004 wurde z.B. im Skandal um das Schmerzmedikament Vioxx und dessen Nebenwirkungen (u.a. Verdoppelung von Herzattacken und Schlaganfällen bei einer Medikamenteneinnahme von mehr als 18 Monaten) ein großer Pharmakonzern von Konsumenten und Angehörigen tatsächlicher und angeblicher Todesopfer bei der US-Börsenaufsicht SEC wegen „falschen und fehlleitenden Angaben bezüglich des Sicherheitsprofils" angezeigt. Nur wenige Minuten nach der Meldung rauschte der Aktienkurs des Unternehmens in den Keller. Einige Wochen später schaltete sich sogar das US-Justizministerium ein. Laut der US-Gesundheitsbehörde Food and Drug Administration (FDA) gab es zwar bei der Zulassung des Medikaments ein sogenanntes „Signal" auf eine potenzielle Nebenwirkung, aber in einem statistisch nicht signifikanten Ausmaß. Einige Monate später schätzt die FDA, dass alleine in den USA zwischen 88.000 und 140.000 Menschen durch die Einnahme von Vioxx seit seiner Zulassung im Jahre 1999 schwere Herz-Kreislauf-Krankheiten davongetragen haben könnten (vgl. auch Graham et al., 2005). Ende September 2004 wurde das Medikament vom Markt genommen. Laut eigenen Angaben sieht sich der Pharmakonzern mit mehreren tausend Klagen konfrontiert. Im August 2006 wurde der Arzneimittelhersteller von einem US-Gericht nach einer Klage zu einer Millionenentschädigung verurteilt, weil er Medizinern wissentlich falsche Angaben gemacht und fahrlässig gehandelt habe, weil er nicht ausreichend über die Risiken bei der Einnahme von Vioxx aufgeklärt habe. In einem weiteren Fall hob das Oberste Gericht des US-Bundesstaates New Jersey ein zugunsten des Pharmakonzerns ausgefallenes Urteil auf und ordnete eine neue Verhandlung an. Das Gericht begründete sein Urteil damit, dass seit dem ersten Urteil neue Beweise dahingehend aufgetaucht seien, dass der Arzneimittelhersteller gewusst habe, dass Patienten auch dann Herzinfarkte erleiden konnten, wenn sie Vioxx weniger als 18 Monate eingenommen hatten.

Die Literatur zu Datenqualität ist heterogen, meist theorielastig und nicht selten auch widersprüchlich. Analog zum Impetus der sog. Good Clinical Practise, Qualitätsprobleme zu identifizieren und zu beheben (z.B. in Gestalt der ICH Guidelines), gibt es immer wieder Bestrebungen, im Zusammenhang mit Qualitätssicherung und -management auch Normen für Datenqualität (inter)national festzulegen, z.B. in Gestalt von DIN- bzw. ISO-Standards (z.B. ISO 9000, ISO 8402). Bisher hat sich jedoch kein Standard durchsetzen können, weil es anscheinend schwierig ist, sich auf eine Auswahl und Hierarchisierung von Qualitätskriterien zu einigen und diese dann auch als verbindlich durchzusetzen. Das u.a. von der Bundesärztekammer (2003) herausgegebene „Curriculum Qualitätssicherung / Ärztliches Qualitätsmanagement" betont z.B. einerseits, dass „klinische Studien ein Höchstmaß an Datenqualität erfordern" (vgl. p. 78), definiert jedoch andererseits an anderer Stelle Datenqualität ausgesprochen nichtssagend als die „Eigenschaft eines Datums in bezug auf die Gütekriterien Objektivität, Validität und Reliabilität" (p. 72). Wie später auch zu sehen sein wird, ist diese Definition eindeutig nicht korrekt. Die ISO 9000 ist z.B. eine Normenreihe (ISO 9001 – ISO 9004, vgl. auch: ISO 10011–ISO 10013) mit Empfehlungen und Standards zum Qualitätsmanagement. Konkrete Vorgaben zur Qualität eines Produkts oder einer Dienstleistung und den vorzunehmenden Maßnahmen gehören nicht zum Inhalt dieser Normen. Die Definition

des Begriffs der Qualität sowie die zur Zielerreichung erforderlichen Kriterien und Prozesse legt die zu zertifizierende Einrichtung fest. Die ISO 9000 besagt also nur, dass eine zertifizierte Einrichtung lediglich in der Lage ist, gewisse Abläufe und Dokumentationsformen anzubieten, jedoch frei in der eigenen Ausgestaltung ist und auch nicht dazu verpflichtet ist, diese einzuhalten.
Das nächste Kapitel wird nun erste Hinweise für die Planung eines Datenqualitätsprojektes einschl. der Priorisierung erster Teilschritte geben.

2 Zielsetzung, Konzept und Grundlagen

Grundsätzlich: Stellen Sie sicher, dass Ihnen für Ihre Arbeit die notwendige Zeit, Ruhe und Ressourcen zur Verfügung stehen (z.B. Batini & Scannapieco, 2006, 7.5.; Lee et al., 2006, Kap. 2, 7 und 10; Redman, 2004, 2001; OECD, 2003; Berry & Linoff, 2000, Part Three; Kimball & Merz, 2000, Kap. 15; Calvert & Ma, 1996, Part II).

Zielsetzung und Konzept

Bevor Sie sich an die Arbeit machen, stellen Sie sicher, dass Zielsetzung und Konzept vorliegen und akzeptiert sind. Als übergeordnetes Ziel kann z.B. die Verbesserung eines Produktes, einer Dienstleistung oder eines Prozesses (Behandlung, Marketing, Produktion) gesetzt sein. Als konkretes Ziel ist dann gemeint, dass die zur Verfügung stehenden Daten zu Produkt, Dienstleistung oder Prozess auf ihre Qualität hin geprüft und optimiert werden. Dieser Vorgang der Prüfung der Datenqualität kann somit auch nur von jemand mit Sachnähe durchgeführt werden. Dieses Expertenwissen ist dabei einerseits notwendig für die Beurteilung der inhaltlichen Plausibilität von Daten über ein Produkt, eine Dienstleistung oder eines technischen bzw. Geschäftsprozesses (Abgleich mit inhaltlichen Erwartungen). Andererseits ist dieses Expertenwissen notwendig für das Verstehen des Zustandekommens (Erfassung, Transformation, Migration usw.) der Daten selbst und ihrer Variations- und Fehlerquellen. Datenqualität als Wert ist das Ziel und somit gleichzeitig auch Anreiz bzw. Motivation.

Überblick, Priorisierung und Konfliktlösung

Verschaffen Sie sich einen Überblick über die vorzunehmenden Prüfungen und Datentransformationen. Schaffen Sie dabei Prioritäten. Jeder Anwendungsbereich kann dabei andere Prioritäten haben. Generell haben *relevante* Daten Vorrang vor *interessanten* Daten. In der klinischen Forschung haben z.B. sog. Primärvariablen Vorrang vor Sekundär-, sowie weiteren Variablen. In Data Warehouses haben u.a. Daten mit hohem ROI Vorrang vor Daten mit niedrigem ROI usw. Versuchen Sie mit allen Parteien eine allgemein akzeptierte Prioritätenliste abzusprechen. Da unterschiedliche Wünsche (schnelle Maßnahmenumsetzung vs. gründliche Maßnahmen) i.S.v. unterschiedlichen Kriterien (timeliness vs. consistency) oft konfligieren können bzw. ein und derselben Anforderung oft unterschiedliche Prioritäten zugewiesen werden (z.B. 100% vs. 75% Elimination von Inkonsistenzen), ist dies in der Praxis nicht immer ganz einfach (vgl. weiter unten auch die Anmerkungen unerfüllbaren

Maimalforderungen und ihrer Auflösung). Ein damit zusammenhängendes Problem ist, dass Kriterien der Datenqualität zwar objektiv und kontextunabhängig sein können, die Anforderungen seitens der Beteiligten an diese Kriterien jedoch oft subjektiv und kontextabhängig. Die Festlegung von Kriterien gehört zu den höchsten Anforderungen, der erfahrungsgemäß oft gleich mehrere Schwierigkeiten entgegenstehen können:

- Entscheider und manchmal auch Analysten können oder wollen nicht immer den Status Quo vor einer Datenqualitätsmaßnahme beurteilen. Ursachen sind oft mangelnde Zeit, fehlende Geduld und/oder nicht genügend technisches Verständnis für die Komplexität der erforderlichen Maßnahmen (Lee et al., 2006).
- Entscheider und manchmal auch Analysten können oder wollen nicht immer die erforderliche Komplexität der Datenqualitätsmaßnahmen kommunizieren. Besonders schwierig ist diese Situation, wenn diese Maßnahmen externen Dritten kommuniziert werden sollten, z.B. Finanzierern oder Kunden, die gar kein technisches Wissen oder oft (viel schlimmer) ein Pseudo-Verständnis mitbringen (Kromrey, 1999).
- Eine Folge ist letztlich, dass erforderliche Datenqualitätsmaßnahmen oft nicht genügend priorisiert werden können. Manche Entscheider wollen dann entweder oft alles auf einmal, und zwar möglichst sofort, was aber de facto nicht funktionieren kann. Manche Entscheider begnügen sich u.U. mit kurzsichtigen, weil scheinbar kostengünstigen Kriterien, langfristig jedoch unzureichenden und ggf. noch teureren Folgen, was nur als strategischer bzw. selbstberuhigender Pseudoaktivismus anstelle der eigentlich erforderlichen Maßnahmen verstanden werden kann. Dies kann auf Dauer ebenfalls nicht funktionieren.

Setzen Sie Prioritäten (z.B. Ersetzen von Missings) in konkrete Einzelmaßnahmen um (z.B. Ersetzen von Missings in Namen, Datumsangaben und Werten). Wenn keine Einigung auf die jeweiligen Maximalanforderungen möglich ist, dann sollten wenigstens Mindesterfüllungsanforderungen formuliert sein. Prüfen Sie Ihre Maßnahmen auf Erfolg und Akzeptanz, z.B. von Maßnahmen, Kodierungen oder Labels; z.B. ist es für international ausgerichtete Unternehmen eine Überlegung wert, ob z.B. Datumsformate zunächst auf europäisch oder amerikanisch standardisiert werden sollen.

ex post-Prävention

Die Überprüfung auf Datenqualität ist ein Prozess, der oft erst dann einsetzt, wenn die Daten bereits vorliegen, sozusagen ein ex post-Prozess. Das bei dieser Gelegenheit gewonnene Wissen kann jedoch in ein Präventionskonzept umgesetzt werden, das zukünftige Qualitätssicherungsmaßnahmen auf ein Minimum zu reduzieren erlaubt. Wenn z.B. bei der Qualitätskontrolle festgestellt wird, dass bestimmte Prozessphasen fehleranfällig sind, dann können z.B. diese Phasen gezielt optimiert werden und somit die Fehlerhäufigkeit drastisch reduzieren. Wenn z.B. festgestellt wurde, dass einer der am aufwendigsten zu korrigierende Fehler die uneinheitliche Schreibweise von z.B. Produktbezeichnungen war, dann können präventive Maßnahmen (z.B. standardisierende Kodierungen, Hinweise, Schulungen) das Fehlerausmaß ebenfalls drastisch reduzieren. Je früher Fehlerquellen identifiziert und behoben sind, desto besser.

Prozessorientiertes vs. zustandsorientiertes Vorgehen
Bei den Maßnahmen kann zwischen einem eher *prozessorientierten* oder einem eher *zustandsorientierten* Vorgehen unterschieden werden. Beim eher *prozessorientierten* Vorgehen gelangen fehlerhafte Daten über geeignete Maßnahmen (z.B. Filter) gar nicht erst in die Analyse. Beim eher *zustandsorientierten* Vorgehen werden die fehlerhaften Daten bereits in der Datenhaltung korrigiert. Der Unterschied ist, dass das *prozessorientierte* Vorgehen bei jedem Zugriff/Prozess auf die Daten abläuft (und entsprechend mehrfach Ressourcen benötigt), das *zustandsorientierte* Vorgehen dagegen nur einmal notwendig ist. Das prozessorientierte Vorgehen ist für einen einzelnen Prozesses effizienter (weil keine Filterungen usw. vorgenommen werden müssen), jedoch nicht für iterative bzw. verschiedene Abläufe. Das *zustandsorientierte* Vorgehen ist für einen singulären Prozess oft zu aufwendig, v.a. wenn die Korrektur der kompletten Datenhaltung recht umfangreich ist, jedoch nicht für iterative bzw. wechselnde Abläufe.

Relevanz
Trennen Sie ggf. in einem ersten Schritt relevante bzw. aktuelle und somit zu prüfende Daten von Daten, die weder aktuell, noch relevant sind, noch jemals in die Analyse(n) eingehen werden. Denken Sie dabei langfristig. Wenn Sie nicht sicher sind, ob bestimmte Daten nicht doch irgendwann einmal relevant werden könnten, dann ist es ökonomischer, diese bei dieser Gelegenheit gleich mit zu prüfen. Vergegenwärtigen Sie sich: Während Sie die vorliegenden Daten überprüfen, machen Sie eigentlich nichts anderes, als ein Konzept für die Sicherung der Datenqualität zu entwerfen. Der Prüfprozess, der nun durchaus Tage oder Wochen in Anspruch nehmen kann, bis die Daten einsatzbereit sind, wird beim nächsten Durchlauf nur noch wenige Stunden in Anspruch nehmen.

Zwei mögliche Vorgehensweisen
Beim Überprüfen auf Datenqualität kann oft zunächst nach folgendem (eher *datengeleiteten*) Schema vorgegangen werden. Das Grundprinzip gilt dabei für kleinere SPSS Datensätze, wie auch komplette Data Warehouses (z.B. Batini & Scannapieco, 2006, 170–188, Lee et al., 2006, 65ff.; Eckerson, 2002):

- Definition der Daten
- Erstellen eines Prüfplans (inkl. Ressourcen, Datenprozessen usw.)
- Überprüfen der Daten (anhand festgelegter Kriterien, Maßnahmen und Toleranzen)
- Diagnose der Ursachen (bei Abweichungen von Definitionen)
- Entwicklung einer Lösung für Daten und Ursachen (Planung, Kalkulation)
- Korrektur der Daten
- Überprüfen der Daten (nach Korrektur)
- Monitoring der Daten und ihrer Qualität (idealerweise inkl. Präventionsmaßnahmen und Auditing der Projektaktivitäten)

Ein (sehr einfaches) Beispiel für dieses Schema kann z.B. die Ersetzung von zweistelligen Jahreswerten durch vierstellige Jahreswerte sein (sog. Y2K-Problem). Dieses Schema kann jedoch nicht immer angewendet werden. Ein Beispiel ist z.B. die Grundlagenforschung.

Wenn hier z.B. unerwartete Daten auftreten, dann sind nicht notwendigerweise die Daten, sondern unter Umständen die dahinterstehende Theorie, die Definition der Daten, anzupassen. In diesem Falle könnte ein (eher *theoriegeleitetes*) Schema folgendermaßen aussehen:

- Definition der Daten
- Erstellen eines Prüfplans (inkl. Ressourcen, Datenprozessen usw.)
- Überprüfen der Daten (anhand festgelegter Kriterien, Maßnahmen und Toleranzen)
- Diagnose der Ursachen (bei Abweichungen von Definitionen)
- Entwicklung einer Lösung für Daten und Ursachen (Planung, Kalkulation)
- Re-Definition der Daten (z.B. anhand optimierter Theorien)
- Überprüfung der Theorie (Ursache)
- Monitoring der Daten und ihrer Qualität (Prozesskontrolle und Auditing der Projektaktivitäten)

Ein Beispiel für dieses Schema kann z.B. die geänderte Sichtweise auf die Entwicklung der Ozon-Konzentration über der Antarktis sein. Ausreißer sind demnach nicht mehr Fehler i.S.v. Abweichungen von einer erwarteten Entwicklung, sondern empirisch gültige Repräsentationen eines unerwarteten Verhaltens der (veränderten) Wirklichkeit (vgl. Kapitel 7 und 8).

Kontrolle und Protokolle

Protokollieren Sie jede Ihrer Maßnahmen so ausführlich, dass ggf. bestimmte Korrekturen auch für Dritte nachvollziehbar sind und ggf. auch wieder rückgängig gemacht werden können. Nehmen Sie an Daten keine Änderungen von Hand vor. Änderungen von Hand können Sie nicht oder nur aufwendig protokollieren und sich schon gar nicht merken. Arbeiten Sie bei der Sicherung von Datenqualität also nur mit Syntax (vgl. Schendera, 2005).

Der Hauptgrund ist: Ein Syntax-Protokoll bzw. ein Syntax-Programm ist die einzige Möglichkeit, die getätigten Mausklicks zu kontrollieren; es gibt dazu keine Alternative. Die Abfolge von Mausklicks wird sonst in keiner anderen Form protokolliert. Anzunehmen, dass am Ergebnis, einer SPSS-Ausgabe, die Art und Abfolge von Mausklicks kontrolliert werden kann, ist ein grundlegender Irrtum. Eine Ausgabe gibt nur das deskriptive, grafische oder inferenzstatistische Ergebnis wieder, protokolliert jedoch nicht alle SPSS-Voreinstellungen, z.B. den Umgang mit Missings. Auch ist es eine Fehleinschätzung davon ausgehen zu können, sich immer die getätigten Mausklicks merken zu können; das geht schon gar nicht in der Situation, wenn man sich verklickt hat. Die Maussteuerung ist typischerweise dafür sehr anfällig. Letztlich soll dies auch eine Schulung dafür sein, sich bei Analysen nicht ergebnisorientiert am Ausgabefenster, sondern ablauforientiert mit dem ausgegebenen Syntax-Protokoll und dem selbst entwickelten Syntax-Programm zu arbeiten. Die Ergebnisse sind erst dann einzusehen, wenn Optionen und Art ihrer Anforderung überprüft und für in Ordnung befunden sind.

- Validierung: Syntax-Steuerung birgt in sich den konstruktiv zu sehenden Zwang zur inhaltlichen Validierung einer Analyse; damit ist gemeint, dass Programmieren eher dazu zwingt nachzudenken, warum und wieso etwas von SPSS ausgeführt werden soll als Maussteuerungen, die durchaus auch mal gedankenlos erfolgen können. Die mechanische Anwendung von Menüs, Buttons und Optionen ist generell nicht zu empfehlen.

- SPSS als Syntaxgenerator: SPSS kann so eingestellt werden, dass es zu den Mausklicks und Eingaben den im Hintergrund generierten Befehlssyntax ausgibt, den Sie dann für eigene Zwecke abspeichern, kopieren, umschreiben und was auch immer können.
- Automatisierbarkeit und Wiederverwendbarkeit: Einmal geschrieben oder gespeichert, können Sie ein Syntaxprogramm immer wieder verwenden. Darüber hinaus können Sie aus einem SPSS Programm heraus über INSERT (ab Version 13; stoppt bei Fehlern, kann aber mittels ERROR=CONTINUE auch so eingestellt werden, dass es weiterläuft) bzw. INCLUDE (alte Version, stoppt bei Fehlern) weitere SPSS Programme ausführen lassen. Über SCRIPT können Sie aus einem SPSS Programm heraus ebenfalls weitere Befehle ausführen lassen.
- Geschwindigkeit: Die Abarbeitung eines Syntaxprogramms ist um ein Vielfaches schneller als das (wiederholte) Anklicken von Menüs.
- Offenheit: Sie können ein Programm immer wieder durch direktes Hineinkopieren von Codezeilen oder auch von Hand erweitern bzw. überarbeiten.
- Effizienz: Sie können Programmcode zu Makros umschreiben, die die Automatisierbarkeit und Effizienz von Prozessabläufen noch weiter erhöhen. Mit zunehmender Professionalisierung sind Sie mit Syntax in der Lage, (u.a. über Makros) Programme zu schreiben, die z.B. mit nur einem Bruchteil an Codezeilen denselben Leistungsumfang erreichen.
- Flexibilität: Syntaxsteuerung ist flexibler und bietet mehr Möglichkeiten des Datenmanagements als eine Menüsteuerung; es gibt in SPSS einige Funktionen, die Sie nicht über die Maus-, sondern nur über die Syntaxsteuerung ansprechen können (z.B. MANOVA, Ridge Regression).
- Übersichtlichkeit und Systematisierung: Syntax-Steuerung bietet Übersichtlichkeit bei der Auswertung auch von mehreren hundert Variablen. Syntax ist für die Analyse großer Datensätze weitaus geeigneter als Maussteuerung.
- Einheitlichkeit: Syntax ist eine einheitliche und technisch klar definierte Sprache, und erklärt im Prinzip stets selbst. Eine Anleitung für die Syntaxsteuerung ist insofern auch eine Anleitung für die Maussteuerung.
- Der Austausch von prinzipiell selbsterklärender Syntax zwischen oder innerhalb international arbeitender Forschungsprojekte erleichtert die Kommunikation, Evaluation und Interaktion, und trägt zu ihrer Präzisierung bei. Der Leistungsumfang der diversen SPSS-Prozeduren kann über die dazugehörige Syntax differenzierter erläutert werden als über Abbildungen (Screenshots).
- Individualisierung: Syntaxsteuerung erlaubt, anhand der Syntax jede eingestellte Option zu überprüfen; das bedeutet, Sie entdecken dadurch auch (zwar gutgemeinte) Voreinstellungen seitens SPSS, die aber gerade für Ihre individuelle Datensituation definitiv dysfunktional sein können. Vertrauen ist gut, Kontrolle besser.
- Austausch: Syntaxprogramme können als Textdokumente in alle Welt verschickt werden; falls Sie z.B. Fragen zur Angemessenheit einer Analyse haben, kopieren Sie einfach die Syntax in eine E-Mail und ab dafür. Versuchen Sie das mal mit Mausklicks......
- Protokollierung und Dokumentation: Dieser Aspekt ist nicht unwichtig, und kann v.a. bei Peer-Reviews und Evaluationen peinliche Situationen verhindern helfen. Falls Sie z.B. eine langwierige Analyse per Maussteuerung vorgenommen haben und jemand möchte sehen, wie Sie die Analyse gerechnet haben, und Sie haben dann kein Syntaxprogramm

parat, dann sehen Sie in dieser Situation nicht unbedingt gut aus. Manche Institutionen fordern standardmäßig die Analysesyntax mit ein, um Arbeiten oder Projekte begutachten zu können.

- Permanenz: Jahrelanges Mausklicken können Sie nicht speichern. Aber jahrelanges Syntaxprogrammieren. Wenn Sie einmal ein Programm geschrieben haben, können Sie es auch Jahre später unverändert wieder verwenden. Einmal seitens SPSS angebotene Syntax wird auch nicht „weggeworfen". Wird über die Menüsteuerung eine Syntax (z.B. LOGLINEAR, gibt keine Abweichungsresiduen aus) durch eine andere ersetzt (z.B. GENLOG, gibt Abweichungsresiduen aus), kann dennoch auf die Vorteile der ersetzten Verfahren zurückgegriffen werden. LOGLINEAR ermöglicht z.B. im Gegensatz zu GENLOG die Kategorien eines Faktors über Kontraste zu reparametrisieren. Was man also mit GENLOG nicht über den Maus- und Syntaxzugriff berechnen kann, schafft LOGLINEAR über die Syntaxsteuerung.
- Unabhängigkeit: SPSS-Syntax ist aufwärtskompatibel und weitestgehend plattformunabhängig. Ist einmal ein SPSS-Programm geschrieben, läuft es auf jeder höheren SPSS-Version (was auch bedeutet, dass einmal geschriebene Syntax automatisch auch ggf. optimierte Algorithmen anspricht). Schließt das SPSS-Programm keine hardwarebezogenen Spezifika mit ein, ist der SPSS-Code darüber hinaus plattformabhängig. Wenn Sie andere Betriebssysteme anschaffen, können Sie SPSS-Programme weiterverwenden.
- Fehleranfälligkeit: Syntax ist generell weniger fehleranfällig, sondern funktioniert auch dann, wenn Buttons oder Menüs bei der Maussteuerung versagen (siehe z.B. bei MAPS). Bei mausgesteuerter Analyse können nicht selten Fehler in der Programmierung der Buttons „dazwischenfunken".
- Lernerleichterung: Das erleichterte Lernen auch anderer Programmiersprachen (z.B. C, GPL, Python, .NET, SaxBasic, XML) ist ebenfalls eine zusätzlich qualifizierende Investition in die Zukunft. Kenntnisse in weiteren externen Programmiersprachen können auch für das Erweitern des Leistungsumfangs von SPSS oder auch Clementine nützlich sein. Python kann z.B. auch in Clementine zum Einsatz kommen.
- Erweiterbarkeit: Sie können den regulären Leistungsumfang von SPSS erweitern, indem Sie über vorgefertigte SPSS Makros, SPSS Programme oder Skripte zusätzliche Funktionen in SPSS integrieren (z.B. über Sax Basic).
- Customizing: SPSS ist z.B. auch über eigene Programmierungen in .NET oder Python individuell erweiterbar. Mit Python können z.B. eigene SPSS Prozeduren entwickelt werden, z.B. vergleichbar zu REGRESSION bzw. SPSS Daten zur weiteren Verarbeitung an externe Programmiersprachen übergeben werden (z.B. Levesque, 2007[4], Part II). Mittels BEGIN PROGRAM – END PROGRAM können Anweisungen und Daten an weitere Programmiersprachen übergeben werden, z.B. Python. Für Python werden dazu das SPSS-Python Integration Plug-In (ab SPSS Version 14.0.1 oder später), für andere externe Sprachen wie z.B. .NET u.a. die Installation des Microsoft .NET Frameworks benötigt.
- Clementine-Qualifikation: Von Programierkenntnissen in SPSS profitieren Sie in zweifacher Hinsicht, da Sie SPSS Programmierkenntnisse, sowie SPSS Programme auch in Clementine (vgl. dazu Kapitel 16) einbringen können. In Clementine kann SPSS Syntax über spezielle Knoten erstellt bzw. der Inhalt bereits erstellter SPSS Syntaxprogramme eingefügt und in den gewünschten Analyseablauf (Stream) integriert werden. Die Arbeit

mit SPSS Syntax in Clementine entspricht der Arbeit in der gewohnten SPSS Umgebung. In Clementine entwickelte Syntax kann wie in SPSS abspeichert und (automatisiert) wiederverwendet werden.

- Erweiterung von Clementine: Clementine berechnet als Qualitätsmaße (je nach Version) den Anteil der Missings (Vollständigkeit) in Prozent, die Anzahl der fehlenden Werte und Leerzeiche), sowie Ausreißer und Extremwerte (basierend auf der Standardabweichung bzw. dem Interquartilbereich). Über SPSS Syntax und Prozeduren (wie z.B. VALIDATEDATA) kann die Performanz von Clementine im Hinblick auf die Überprüfung von Datenqualität, sowie auch anderen Anwendungszwecke deutlich erweitert werden.

Kopien, Kopien und nochmals Kopien
Legen Sie grundsätzlich Sicherheitskopien der Originaldaten, sowie Ihrer Programme an. Arbeiten Sie grundsätzlich nur mit Sicherheitskopien. Entwerfen Sie „Worst Case", sowie „Data Recovery" Szenarios. Entwickeln Sie z.B. über einfache Backups hinausgehende Strategien. Legen Sie vor Transformationen etc. von Variablen oder Werten immer Kopien der Originalvariablen an; legen Sie nach Transformationen immer Sicherheitskopien des Outputs an, um z.B. bei Versionswechseln (Upgrades) undokumentierte Veränderungen der Softwarealgorithmen und damit Ihrer Ergebnisse entdecken zu können. Nehmen Sie Transformationen etc. systematisch und immer nur an den Kopien der Originalvariablen vor. Zur Orientierung können Sie diese Variablenkopien z.B. vor dem numerischen Suffix mit einem „T" für „Transformiert", einem „N" für „Neu", oder einem „C" für „Corrected" o.ä. versehen (vor dem numerischen Suffix deshalb, weil dieser u.U. noch für Vektoren (SPSS-Befehl VECTOR) benötigt wird). Überprüfen Sie jeden Ihrer Schritte mehrfach. Nehmen Sie von Zeit zu Zeit Vergleiche zwischen den transformierten Daten und den Originaldaten vor; bei komplexen Transformationen nach jedem Einzelschritt. Ihre Arbeit ist die Grundlage für jede darauf aufbauende Arbeit, Analyse und Entscheidung.

Vermeiden Sie ad hoc-Ansätze (Effizienz und Konsequenz)
Ad hoc-Ansätze sind Vorgehensweisen, die sich durch folgende Merkmale auszeichnen können:

- Das Vorgehen ist konzeptlos. Dem Vorgehen liegen weder Plan, logische Folge der Arbeitsschritte, noch Ziel zugrunde. Suboptimale Arbeitsbedingungen (z.B. Terminzwänge) werden z.B. auch nach der Installation völlig neuer Systeme suboptimale Datenqualität verursachen.
- Es werden nicht alle relevanten Kriterien überprüft, sondern nur eine willkürliche Auswahl. Es werden also weniger Kriterien überprüft als erforderlich wäre.
- Die zur Überprüfung der ausgewählten Kriterien eingesetzten Maßnahmen sind banal, z.B. nur ein univariates Rekonstruieren von Missings anstelle des erforderlichen multivariaten Ansatzes.
- Die eingestellten Kriterien sind zu tolerant. Anstelle von z.B. von 100% korrekten Daten werden die Daten nur zu 75% korrigiert, und dies auch ohne weitere Begründung.

- Die Ad hoc-Maßnahme(n) erfolgen über Mausführung und sind nirgendwo dokumentiert. Anstelle eines prozessorientierten Vorgehens per Syntax wird ein zustandsorientierter Ansatz per Maus gewählt.
- Die eigentlichen Ursachen der Datenprobleme werden nicht identifiziert und behoben. Die Datenprobleme treten weiterhin auf und müssen immer wieder von vorne behoben werden bzw. werden zunehmend „toleriert".

Unterlassen Sie von vorneherein ad hoc-Ansätze. Ad hoc-Ansätze sind nicht nur langfristig ineffektiv, sondern verursachen immer mehr und immer neue Kosten (Zeit, Geld). Unterstützende Ursachen können u.a. sein: eine Ignoranz gegenüber der Komplexität des Problems und einer Illusion des Geschütztseins vor seinen weitreichenden materiellen Konsequenzen, eine irrationale Fehlertoleranz gegenüber immer noch bzw. wieder auftretenden (ungeklärten) Datenproblemen, sowie auch eine gewisse Frustration anstelle der eigentlich erforderlichen Motivation.

Gehen Sie ein Datenqualitätsprojekt mit den erforderlichen Ressourcen an, als allererste zählt Professionalität. Konzipieren Sie Lösungen bzw. vermeiden Sie Probleme, indem Sie langfristig und vorausschauend planen. Berücksichtigen Sie dabei je nach Art Ihres Projekts u.a. folgende Faktoren (vgl. u.a. Lee et al., 2006; Totterdell, 2005; Dravis, 2004, u.a. Appendix A; OECD, 2003; United Nations, 2003):

- Management (Anzahl, Hierarchien, Kompetenzen, Verfügbarkeit, Unterstützung),
- Personal (Anzahl, Kompetenzen, Verfügbarkeit, Unterstützung),
- finanzielles Budget (Volumen, Verfügbarkeit, Flexibilität),
- Zeitrahmen (Wochen, Monate; Dringlichkeit, Flexibilität),
- Computer (Hardware, Programmversionen, Support),
- Daten (Volumen, Speicherort, Kontaktpersonen, Primär-/Sekundärvariablen, usw.),
- Projektphasen und –komplexität (z.B. Informationen über u.a. Projektabläufe, Qualitätskriterien, Lösungsansätze),
- bereits vorhandene Materialien (u.a. Dokumenationen oder Standards zu Datenqualität bzw. Datenproblemen), Programme (Module) oder auch SPSS Syntax),
- ggf. erforderliche Ressourcen für Monitoring und Auditing und ggf.
- zu beschaffendes bzw. einzukaufendes Know-How (Workshops, Schulungen, externer Support usw.).

Nehmen Sie im Bereich Datenqualität (zunächst) nichts für selbstverständlich an; stellen Sie grundsätzlich alles in Frage. Praktizieren Sie die Maxime: „Vertrauen ist gut, Kontrolle ist besser". Entwickeln Sie eine umfassende und detaillierte Dokumentation. Entwickeln Sie eine Ablaufstruktur (z.B. entweder nach Qualitätskriterien, nach Variablen oder Datenhaltungen). Berücksichtigen Sie im Projektablauf ggf. Alternativen. Betreiben Sie permanentes Monitoring, z.B. zwischen geplanten und tatsächlich notwendigen Projektphasen, z.B. einen Abgleich zwischen geplanter und tatsächlicher Zeit usw.

Warum Sie „Optimale Datenqualität in kürzester Zeit bei minimalem Aufwand" vermeiden sollten

Abschließend nochmals: Stellen Sie sicher, dass Ihnen für Ihre Arbeit die notwendige Zeit und Ruhe zur Verfügung steht. Stress schlägt sich immer negativ auf die Qualität von Daten durch. Vermeiden Sie ein Zerriebenwerden zwischen den drei „Mühlsteinen" eines möglichen Anspruchs in der Form (1) *optimale Datenqualität* (2) in *kürzester Zeit* (3) bei *minimalem Aufwand*. Dieser Anspruch ist leicht dahingesagt, alle drei Kriterien können jedoch unmöglich gleichzeitig erfüllt werden. Optimale Datenqualität erfordert nun mal den notwendigen (maximalen) zeitlichen, sowie materiellen Aufwand. Vordergründig können immer nur zwei beliebige Seiten dieses Anspruchs erfüllt werden, ist im Prinzip eine beliebige dritte als nicht erfüllt in Kauf zu nehmen. Da das Arbeitsziel jedoch *optimale Datenqualität* lautet, sind nur Auflösungen in Richtung (a) nur minimaler Kosten (bei maximaler Zeit), (b) nur maximaler Kosten (in minimaler Zeit) oder auch (c) maximal erforderlichen Kosten und Zeit zulässig. Wird diese Maximalforderung nicht nach einer Seite aufgelöst, endet man in maximalen Kosten (bis hin zum persönlichen Zusammenbruch), indiskutabler Datenqualität und/oder nicht eingehaltenen Deadlines. Stehen nicht die erforderlichen Ressourcen für den notwendigen Aufwand zur Verfügung, ist damit die Datenqualität jedoch noch nicht direkt gefährdet, sofern zumindest genug Zeit zur Verfügung steht. Positiv formuliert lauten die Auflösungen: Maximaler Aufwand (Kosten) und maximale Zeit bedingen maximale Datenqualität. Maximaler Aufwand (Kosten) und höchste Datenqualität bedingen nicht notwendigerweise eine lange Projektzeit. Höchste Datenqualität in maximaler Zeit verursacht nicht notwendigerweise maximalen Aufwand (Kosten). Kommunizieren Sie mit Vorgesetzten (Betreuern), Mitarbeitern oder Angestellten die drei Seiten der Maximalforderung und legen Sie eine verbindliche Auflösung fest. Ist eine verbindliche Auflösung der Maximalforderung nicht durchsetzbar, so sollten die Seiten zumindest priorisiert werden.

Haben Sie nun Ihr Projekt strukturiert und geplant, können Sie mit der Überprüfung der einzelnen Kriterien beginnen, naheliegenderweise mit dem Kriterium „Vollständigkeit" (vgl. das nächste Kapitel).

3 Vollständigkeit

Vollständigkeit ist so definiert, dass die Anzahl der Daten in einem schlussendlich vorliegenden Analysedatensatz exakt der *Summe der gültigen und fehlenden Angaben* in einer strukturierten Umgebung entspricht, also z.B. in einem Fragebogen, einer Kundendatei, Textsammlungen, Teildatensätzen usw. Diese erste Definition von externer Vollständigkeit bezieht sich auf die vollständige Abbildung *externer* Informationen durch eine Datenhaltung. Eine weitere, quantifizierende Definition von *interner* Vollständigkeit bezieht sich auf das *Verhältnis der gültigen Werte und (idealerweise: kontrolliert) fehlenden Angaben (Missings)* innerhalb der Datenhaltung. Diese Unterscheidung erlaubt, Vollständigkeit besser zu kontrollieren und zu beurteilen. Wenn z.B. alle verfügbaren Daten ohne Angaben sind, dann sind diese Daten insgesamt extern vollständig, aber intern unvollständig, also komplett leer.

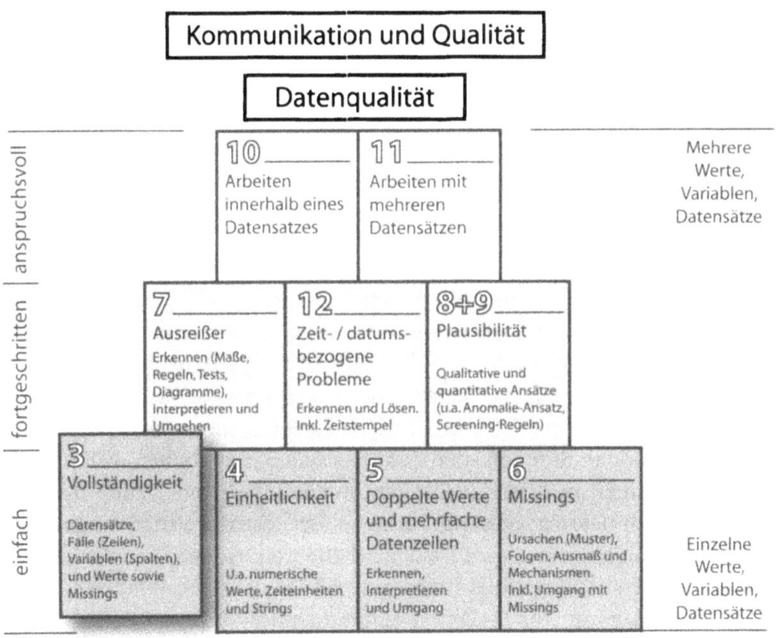

„Vollständigkeit" gehört neben „Einheitlichkeit", „Doppelte", sowie „Missings" zu den grundlegenden Kriterien von Datenqualität, zu deren Prüfung SPSS eingesetzt werden kann. Die Prüfung aller weiteren Kriterien baut auf diesen auf. Vollständigkeit ist wiederum Voraussetzung für die Gewährleistung von Einheitlichkeit, den Ausschluss von doppelten Zeilen bzw. Werten, sowie den angemessenen Umgang mit möglichen Missings. Vollständigkeit ist sozusagen die wichtigste Voraussetzung, die sine non qua-Bedingung (mit *einer* Präzisierung!): es muss sich um den *richtigen* Datensatz handeln. Den *falschen* Datensatz (u.a. auf Vollständigkeit) zu überprüfen ist einer der größten Fehler, die passieren können.

Vollständigkeit lässt sich auf mehreren Ebenen prüfen:

- Die Anzahl der einzelnen Datensätze (z.B. Updates), die in einen Masterdatensatz eingegangen sind.
- Die Anzahl der Fälle (Beobachtungen), die in Form von Datenzeilen in den Datensatz eingegangen sind.
- Die Anzahl der Variablen, die in Form von Datenspalten in den Datensatz eingegangen sind.
- Die vorhandenen (gültigen) Werte bzw. kontrollierten Missings für jeden Fall, z.B. Teilnehmer an einer Erhebung.

Anmerkung:
Im Data Mining werden oft auch Fälle als „Datensätze" bezeichnet. Dieses Buch reserviert den Begriff „Datensatz" ausschließlich für eine Datei (z.B. einen SPSS Datensatz). Für eine Datenzeile verwendet dieses Buch ausschließlich die Begriffe „Fall" bzw. „Zeile" (je nach Kontext) und nicht den Terminus „Datensatz". Der Begriff „Datensatz" ist ausschließlich für die Bezeichnung der Gesamtheit an Zellen vorbehalten (auch wenn diese Datei nur eine Zeile enthalten sollte).

3.1 Kontrollmöglichkeiten auf der Ebene der Anzahl der Datensätze

Mit Vollständigkeit auf der Ebene der Datensätze ist im Folgenden definiert, dass alle Datenhaltungen vorliegen, also z.B. alle SPSS Dateien. Die Frage, ob diese Dateien auch wie erwartet Daten enthalten, wird in einem nächsten Schritt überprüft. Zunächst wird aber überprüft, ob alle Datenhaltungen vollständig vorliegen. Die Frage, ob alle Dateien vorliegen, scheint ein triviales Problem zu sein, ist es aber nicht; wenn gleich komplette Datensätze fehlen, dann fehlen auch gleich eine Menge Daten. Die Konsequenzen können weitreichend sein. Die Bundesagentur für Arbeit meldete z.B. in den Monaten Dezember 2006 bis April 2007 falsche Arbeitslosenzahlen. Die Ursache war, dass bei der Datenübertragung ein kompletter Datensatz verloren gegangen war. Das für solche Fälle vom System erstellte Fehlerprotokoll wurde jedoch anscheinend ebenfalls übersehen (SPIEGEL ONLINE, 2007). Ein Computertechniker der Steuerbehörde von Alaska löschte im Juli 2006 versehentlich Daten im Wert von ca. 38 Milliarden Dollar; als eigentliches Problem kam hier hinzu, dass die nächtlichen Sicherungsbänder nicht lesbar waren (Sutton, 2007). Das Zentrum für das Nachrichtenwesen der Bundeswehr, gebaut für die sensibelsten Daten Deutschlands (u.a. für Geheimdienstberichte, Meldungen von CIA und anderen Nachrichtendiensten), verlor Ende 2004, nach dem gegenwärtigen Kenntnisstand im Zusammenhang mit einem defekten Datensicherungsroboter, militärisch äußerst sensible Daten und löste damit einen politischen, sowie auch IT-bezogenen Skandal aus (REPORT MAINZ, 2007) (vgl. 6.1.2.).

Komplette Datensätze können schneller verloren gehen als man vermutet; mögliche Ursachen können z.B. sein: Abspeichern auf defekten Festplattensektoren, beim Versand über Email/Internet (z.B. Antivirenprogramme oder Firewalls) oder auch Konflikte mit anderer Software, z.B. Zipp-Programmen. Die verschiedenen Datensätze in einem Projekt sollten auf jeden Fall in mehr als einer Form protokolliert sein, z.B. als Syntax, Log, Projektdokumentation (Audit Trail) oder auch als regelmäßige Kopie der Festplatte oder des Servers.

Kollegen passierte in diesem Zusammenhang ein recht interessantes Problem mit einem Zipp-Programm. Ein Zipp-Programm dient im Allgemeinen dazu, die Größe von Dateien zu komprimieren. Wenn mehrere Dateien gleichzeitig gezippt werden, sind zusammengehörige Dateien auch gleich zusammen in einem Ordner, was praktisch und übersichtlich ist. Eine Abteilung eines Unternehmens packte nun mehrere Dateien in eine einzelne Zipp-Datei und schickte diese zur Überprüfung in eine andere Abteilung. Dummerweise kam die zweite Abteilung immer zu anderen Ergebnissen als die erste Abteilung. Die Aufregung war groß. Bis sich nach langwierigem Suchen und nur durch Zufall herausstellte, dass es sich zwar um die korrekten Kommunikationswege, die korrekten Analyseverfahren und auch die korrekte Zipp-Datei handelte, dass aber die Zipp-Datei selbst ein „Eigenleben" führte. Das Zipp-Programm "verschluckte" Daten. Nach dem Entzippen war, von ursprünglich drei gezippten Dateien, nur noch eine vorhanden. Wurden die Dateien dann einzeln gezippt und versandt, waren die Daten vollständig und die Analysergebnisse stimmten überein.

Die Vollständigkeit eines Datensatzes definiert sich als die Summe seiner Teile, also z.B. die Anzahl von Teildatensätzen, Updates, Variablen usw. Die Vollständigkeit von Datensätzen ist üblicherweise nicht ohne weiteres *innerhalb* einer Datenhaltung überpüfbar. Üblicherweise *sollte* auf externe Information zurückgegriffen werden können (vgl. die obigen Hinweise auf die Protokollierungen). Die Anzahl der Variablen kann je nach Anwendungsbereich auf unterschiedliche Weise überprüft werden, z.B. über den Abgleich mit einer Datendokumentation (z.B. Projektplan, Metadaten) oder den Abgleich mit anderen, bereits vorliegenden Datensätzen. Einzelne Datensätze sollten auf ein Teil-Ganzes-Verhältnis überprüft werden, z.B. wenn sich einzelnen Datensätze (sog. Masterdatensätze) aus anderen Teildatensätzen zusammensetzen. Diese Situation liegt oft dann vor, wenn z.B. innerhalb eines Unternehmens Informationen aus verschiedenen Abteilungen zusammengeführt werden, z.B. Marketing und Controlling, oder wenn z.B. Wissenschaftler mehrere Fragebögen einsetzen und diese dann bei der Analyse zusammen in einer Datei auswerten wollen.

- *Prüfmöglichkeit Augenschein:* Überprüfen Sie anhand der Variablen- und Datenansicht die Vollständigkeit aller Zeilen und Spalten per Augenschein. SPSS nummeriert am jeweils linken Rand der Variablen- und Datenansicht die vorhandenen Einträge durch. Für relativ geringe Datenmengen kann diese Methode ausreichend sein, für grosse bis sehr große Datenmengen sollten andere Ansätze gewählt werden.
- *Prüfmöglichkeit Metadaten:* Anhand von Projektdaten (z.B. Projektplan, Fragebogen, Kodierungsliste usw.) wird geprüft, wie viele Variablen der Datensatz mindestens enthal-

ten müsste. Ist z.B. die Anzahl der Variablen (Spalten) geringer, so ist der geprüfte Datensatz vermutlich nicht vollständig.

- *Prüfmöglichkeit Vergleichsdatensatz:* Der vorliegende Datensatz wird hinsichtlich seiner Vollständigkeit mit einem anderen Datensatz (z.B. aus dem Vorjahr) verglichen, z.B. hinsichtlich der Anzahl seiner Variablen (Spalten). Ist z.B. die Anzahl der Spalten geringer, so ist der geprüfte Datensatz vermutlich nicht vollständig. Wenn man es ganz genau wissen will, kann man mit SPSS auch zwei strukturell gleiche Datensätze auf absolut identische Inhalte überprüfen (vgl. 11.5.).
- *Prüfmöglichkeit Syntax:* Die (Teil)Datensätze in einem Masterdatensatz lassen sich z.B. an der ausgeführten Syntax oder auch an ID-Variablen kontrollieren. Unabhängig davon, ob UPDATE, ADD FILES oder MATCH FILES eingesetzt wurde: Am Programm selbst kann zwar abgelesen werden, welche Datensätze zusammengefügt wurden, nicht notwendigerweise, wie oft. Prüfen Sie auch, ob die Ausgabe (Log) irgendwelche Fehler rückmeldet.

Makroprogramme können ihre eigenen Tücken aufweisen, z.B. wenn zentrale Variablen für die Makrosteuerung Missings enthalten. Kapitel 11.7.1. zeigt ein Beispiel, in dem ein Datensatz z.B. deshalb nicht angelegt werden konnte, weil die erforderliche Variable einen Missing enthielt. Fügt nun ein späterer Schritt des Makros alle automatisch angelegten Dateien ebenfalls automatisch zusammen, dann durchaus, ohne dass dabei die gar nicht angelegte Datei entdeckt wird.
Selbst an einem korrekten Programm kann nicht abgelesen werden, wie oft die Datensätze zusammengefügt wurden. Ein mehrfaches Ausführen eines ADD FILES-Befehls hängt z.B. den neuen Datensatz mehrfach an den Masterdatensatz an; es besteht die Möglichkeit, dass Datensätze zu oft aufgenommen wurden. ADD FILES oder MATCH FILES erlauben nur das Handling von maximal 50 Datensätzen auf einmal; es besteht die Möglichkeit, dass die übrigen Datensätze nicht aufgenommen wurden. Um diese und andere Möglichkeiten auszuschließen, stehen weitere Optionen zur Verfügung:

- *Prüfmöglichkeit Zeilenzahl*: Enthalten die Updates immer dieselbe Zeilenzahl, kann die Zeilenzahl mit der Anzahl der Updates multipliziert werden, um zu der Gesamtzeilenzahl zu gelangen, die der Masterdatensatz aufweisen müsste. Enthalten die Update-Datensätze Kontrollvariablen (sog. „Counter“ für die Nummer des Update, vgl. dazu 10.1), kann anhand der Analyse dieser Zählvariablen das korrekte einmalige (oder evtl. versehentlich mehrmalige) Zusammenfügen überprüft werden. Liegen keine Zählvariablen oder unregelmäßige Variablenstrukturen vor, können doppelte Datensätze über die Identifikation von Doppelten identifiziert und entfernt werden. Speichern Sie einen aktualisierten Masterdatensatz immer unter einem anderen Namen wie den alten Masterdatensatz ab. Es wäre verheerend, wenn der Masterdatensatz eventuell versehentlich mit den falschen Werten überschrieben werden würde, aber keine Kopie mehr zur Verfügung stünde.
- *Prüfmöglichkeit Variablen:* Die Vollständigkeit der einzelnen Datensätze kann anhand der Bezeichnung der enthaltenen Variablen kontrolliert werden. Übliche Bezeichnungen sind dabei systematisch Prä- oder Suffixe in den Datensatzbezeichnungen. Die Bezeichnungen der Datensätze aus dem Sozio-Ökonomischen Panel (SOEP) des Deutschen Instituts für Wirtschaftsforschung sind z.B. nach den Präfixen variiert, z.B. „AHBRUTTO“,

„BHBRUTTO", „CHBRUTTO" usw. Die Präfixe „A", „B" und „C" repräsentieren das jeweilige Jahr der Erhebungswelle, in diesem Falle 1984, 1985 und 1986. Die restliche Zeichenfolge „BRUTTO" bezeichnet den wesentlichen Inhalt der jährlich erhobenen Datensätze, in diesem Falle der jährliche Personen-Bruttobestand. Alternativ wären Datensatzbezeichnungen denkbar, an denen die Präfixe konstant bleiben und nur die Suffixe variieren, z.B. HBRUTO84, HBRUTO85, HBRUTO86, usw. Für beide Varianten gilt: Für jeden Datensatz, der vorliegen sollte, muss auch die Bezeichnung in der Syntax vorkommen. Liegen die erwarteten Teildaten (z.B. aus dem Jahr 1985) nicht im Gesamtdatensatz vor, war entweder die Bezeichnung in der Syntax falsch oder die Syntax war richtig, aber der Datensatz versehentlich falsch bezeichnet.
- *Grenzen der Prüfbarkeit:* Eine Aussage über die Vollständigkeit einer Datenhaltung steht und fällt mit der Qualität (Vollständigkeit) ihrer Dokumentation (Metadaten). Wenn eine Datendokumentation keine Aussage über die SOLL-Vollständigkeit zulässt, dann ist eine Überprüfung nicht in der Lage, eine abweichende IST-Vollständigkeit bzw. Un- bzw. Nicht-Vollständigkeit abzuleiten.

Die praktische Arbeit mit mehreren Datensätzen gleichzeitig wird im Allgemeinen zu den anspruchsvolleren Anforderungen im Bereich Datenmanagement/Datenanalyse gezählt und daher in diesem Buch im Kapitel 11 behandelt.

3.2 Kontrollmöglichkeiten auf der Ebene der Anzahl der Fälle (Zeilen)

Dateien setzen sich u.a. aus Zeilen (Fälle, Beobachtungen, Fragebögen, usw.) zusammen, ggf. auch in Form zeilenweiser Updates. Die Kontrolle der Vollständigkeit von Spalten (Variablen) wird in 3.3. behandelt.

- *Prüfmöglichkeit Augenschein:* Überprüfen Sie anhand der Datenansicht die Vollständigkeit aller Zeilen per Augenschein. SPSS nummeriert am linken Rand der Datenansicht die vorhandenen Einträge durch. Für relativ geringe Datenmengen kann diese Methode ausreichend sein, für grosse bis sehr große Datenmengen sollten andere Ansätze gewählt werden.
- *Prüfmöglichkeit Metadaten:* Anhand von Projektdaten (z.B. Rücklaufprotokollierungen, Posteingangslisten, Strichlisten, elektronischen Protokollen usw.) wird geprüft, wieviele Fälle (Zeilen) der Datensatz mindestens enthalten müsste. Ist z.B. die Anzahl der Fälle (Zeilen) geringer, so ist der geprüfte Datensatz vermutlich nicht vollständig.
- *Prüfmöglichkeit Zählvariable:* Die Anzahl der Fälle (syn.: Zeilen, Beobachtungen, Fragebögen) kann über das Anlegen einer systematisch hochzählenden Zählvariablen (sog. Counter, vgl. 10.1) kontrolliert werden, die für jeden neu aufgenommenen Fragebogen um eine Einheit ansteigt. Entspricht die Anzahl der (vollständigen) Fragebögen dem Stand der Zählervariablen, so sind die Fragebögen vollständig eingegeben. Die Zählvariable kann ebenfalls kontrolliert werden. Sofern eine Zählvariable bei 1 beginnt und bis

zum Höchstwert lückenlos ist, braucht nur die Zeilennummer des letzten Datensatzes mit dem Counter verglichen werden; stimmen beide überein, sind die Daten lückenlos, also alle Fragebögen aufgenommen. Sofern eine Zählvariable nicht bei 1 beginnt, sind die Lücken sorgfältig zu prüfen.
Für zeilenweise Updates (s.o.) kann die Zeilenzahl mit der Anzahl der Updates multipliziert werden, um zu der Gesamtzeilenzahl zu gelangen, die der Masterdatensatz aufweisen müsste. Enthalten die Update-Datensätze Kontrollvariablen, kann anhand der Analyse dieser Zählvariablen die Vollständigkeit der zeilenweisen Updates überprüft werden (zum auch gruppenweisen Zählen von Zeilen vgl. 10.1).

- *Prüfmöglichkeit Syntax:* Prüfen Sie auch, ob die Ausgabe (Log) irgendwelche Fehler rückmeldet. SAVE bzw. XSAVE sollten z.B. nach einem Schreibvorgang die Anzahl der gespeicherten Fälle zurückmelden; fehlt diese Rückmeldung, besteht die Möglichkeit, dass der Datensatz nicht vollständig gespeichert wurde.
- *Grenzen der Prüfbarkeit*: Auch hier steht und fällt ein Vollständigkeitsurteil mit der Qualität (Vollständigkeit) der Datendokumentation (Metadaten). Wenn eine Datendokumentation keine SOLL-Aussage zur Vollständigkeit zulässt, dann ist eine Überprüfung nicht in der Lage, eine abweichende IST- bzw. Nicht-Vollständigkeit abzuleiten.
Die Analyse von Daten aus Datenhaltungen und Erhebungen Dritter kann besondere Probleme in sich bergen. Aufgrund erfahrungsgemäß eingeschränkter Kontrolle ist es empfehlenswert, genau festgelegte, vollständige und eindeutige Absprachen zu treffen, auch über Kontrollmöglichkeiten hinsichtlich Vollständigkeit, Bias usw. Beauftragen Sie z.B. einen Drittanbieter, die Daten online zu erheben, besteht die Möglichkeit, dass er nur komplette Datenzeilen bereitstellt, aber z.B. nicht die der Abbrecher oder auch Daten, die außer der ID komplett fehlen. Wenn Sie nur die „vollständigen" Datenzeilen vorliegen haben, haben Sie nicht ohne weiteres die Möglichkeit, das quantitative und qualitative Ausmaß der Vollständigkeit abschätzen zu können. Sie wissen einfach nicht, wieviel fehlt (evtl. feststellbar an einer lückenhaften ID). Sie wissen auch nicht, was (aus welchen Gründen) fehlt. Mit der Vollständigkeit der Daten ist das Problem der Interpretierbarkeit der Daten eng verknüpft; es ist ohne einen Rückgriff auf die fehlenden Daten nicht sicher auszuschließen, dass die vorhandenen Daten einen Bias aufweisen, dessen Art und Ausmaß gerade deshalb nicht rekonstruiert werden kann, weil die Missings nicht zur Verfügung gestellt wurden. Auch die Vollständigkeit von Missings hat ihren Sinn, wie der Abschnitt zum Umgang mit Missings zeigen wird.

3.3 Kontrollmöglichkeiten auf der Ebene der Anzahl der Variablen (Spalten)

Die Vollständigkeit von Variablen (Spalten; im Data Mining auch: Felder) wird üblicherweise über die Anzahl von Variablen bestimmt. Die Vollständigkeit von Variablen ist ebenfalls üblicherweise nicht nicht ohne weiteres innerhalb einer Datenhaltung überpüfbar. Üblicherweise *sollte* auf externe Information zurückgegriffen werden können. Die Anzahl der Variablen kann je nach Anwendungsbereich auf unterschiedliche Weise überprüft werden (vgl. 3.1.):

- *Prüfmöglichkeit Augenschein:* Überprüfen Sie anhand der Variablenansicht die Vollständigkeit aller Spalten per Augenschein. SPSS nummeriert am linken Rand der Variablenansicht die vorhandenen Einträge durch. Für relativ geringe Datenmengen kann diese Methode ausreichend sein, für grosse bis sehr große Datenmengen sollten andere Ansätze gewählt werden.
- *Prüfmöglichkeit Metadaten:* Über den Abgleich mit einer Datendokumentation (z.B. Kodierungsliste, Projektplan, Metadaten usw.) wird geprüft, wieviele Variablen (Spalten) der Datensatz mindestens enthalten müsste. Ist z.B. die Anzahl der Spalten (Variablen) geringer, so ist der geprüfte Datensatz vermutlich nicht vollständig.
- *Prüfmöglichkeit Variablen:* Sind die enthaltenen Variablen nach einer bestimmten Systematik vergeben (z.B. ITEM_1, ITEM_2, usw.), dann sind Brüche in der Systematik ein Hinweis darauf, dass Variablen fehlen. Solche Brüche sind v.a. auch über das Prüfen von Syntaxprogrammen zu erkennen.
- *Prüfmöglichkeit Syntax:* Prüfen Sie auch, ob die Ausgabe (Log) irgendwelche Fehler rückmeldet.
- *Prüfmöglichkeit Vergleichsdatensatz:* Der vorliegende Datensatz wird hinsichtlich seiner Vollständigkeit (Anzahl seiner Variablen) mit anderen, bereits vorliegenden Datensätzen, oder auch über das Anlegen eines Testdatensatzes als Maske zur Eingabe für einen Fragebogen geprüft. Können anhand des Testdatensatzes nicht alle Angaben aus dem Fragebogen untergebracht werden, so ist der Datensatz nicht vollständig, sondern muss um die fehlenden Variablen ergänzt werden. Dieses Vorgehen empfiehlt sich v.a. bei Fragebögen, die leichte Variationen aufweisen (was in der Praxis allerdings von vorneherein vermieden werden sollte). Diese Vorgehensweise ist v.a. für das rechtzeitige Entdecken von Eingabeproblemen bei Mehrfachantworten zu empfehlen.
- *Grenzen der Prüfbarkeit:* Eine Aussage über die Vollständigkeit einer Datenhaltung steht und fällt der Qualität (Vollständigkeit) ihrer Dokumentation (Metadaten). Der Abgleich mit einem vollständigen Testdatensatz ist z.B. erfahrungsgemäß aufwendiger als der Abgleich mit einem Kodierungsplan, jedoch wesentlich sicherer, da der Abgleich mit einem Kodierungsplan von einer Vollständigkeit abhängt, die ja gerade überprüft werden soll. Der „Qualitätsknoten" in Clementine 9 berechnet z.B. als Qualitätsmaß u.a. die Vollständigkeit von Variablen (Feldern) in Prozent. Clementine 9 überprüft allerdings nicht, ob die *Anzahl der Variablen* vollständig ist, sondern die Lückenlosigkeit der Einträge, also im Prinzip die *Vollständigkeit der Werte.*

3.4 Kontrollmöglichkeiten auf der Ebene von Werten bzw. Missings

Die Vollständigkeit der vorhandenen Werte bzw. Missings kann über einfache Prüfprogramme ermittelt werden. Die Vollständigkeit von Werten ist in zweierlei Hinsicht zu überprüfen. Erstens, sind die Wertereihen lückenlos (also ohne Missings) und zweitens, sind auch die Daten vollständig (es fehlen also keine bestimmten Werte) (vgl. 10.2.).

Der „Qualitätsknoten" in Clementine 9 berechnet z.B. als Qualitätsmaß die Vollständigkeit von Variablen (Feldern) in Prozent, sowie die Anzahl der fehlenden Werte und Leerzeichen. Die Qualität einer Variablen wird somit über die Lückenlosigkeit der Einträge hergeleitet.

Die folgenden Prüfprogramme ermitteln z.B. die Summe der systemdefinierten Missings, das Programm darunter die Summe der system- **und** benutzerdefinierten Missings (vg. Schendera, 2005). Entspricht die Anzahl der vorhandenen Werte der Anzahl der Variablen, dann sind die Daten vollständig (vgl. 10.3.).
Ein weiterer Ansätz wäre, Quersummen zu bilden, z.B. über die Funktion SUM. Diese Quersummen können untereinander oder auch mit externen Referenzwerten (z.B. Summen anderer Datenhaltungen) verglichen werden. Übereinstimmende Summen weisen dann darauf hin, dass z.B. die gültigen Werte innerhalb der ausgewählten Variablen, die in die Summenbildung einbezogen werden, einander entsprechen und somit vollständig sind, sofern davon ausgegangen werden kann, dass die herangezogenen Referenzwerte selbst valide sind. Unterschiede zwischen Quersummen können auf fehlende Variablen bei der Berechnung und/oder fehlende Werte zurückgeführt werden. Die mit der Berechnung von Vollständigkeitsindizes zusammenhängende Problematik fehlender Werte und eines häufigen Fehlers bei ihrer Berechnung werden im Kapitel 6 zu den Missings vorgestellt.

```
count SYSMISUM=ITEM1 ITEM2 ITEM3 (SYSMIS).
exe.

count MISSUM =ITEM1 ITEM2 ITEM3 (MISSING).
exe.

compute SYSMISUM=SYSMIS(ITEM1) + SYSMIS(ITEM2) +
        SYSMIS(ITEM3).
exe.

compute MISSUM=MISSING(ITEM1) + MISSING(ITEM2) +
        MISSING(ITEM3).
exe.
```

Eine Voraussetzung für dieses Vorgehen ist, dass bereits bei der Dateneingabe fehlende Werte mit einem anwenderdefinierten Kode versehen wurden. Dieses Vorgehen gewährleistet, dass zum Zeitpunkt der Analyse zwischen Missings unterschieden werden kann, die als bekannt, also *kontrolliert*, fehlen, und solchen, die sich der Kontrolle bei der Dateneingabe entzogen hatten und nochmals überprüft werden müssten. Dieses Vorgehen könnte auf einen Index für ein Qualitätskriterium im Allgemeinen (für einen Vollständigkeitsindex vgl. 6.1.2.) bzw. die Plausibilität, also Datenqualität im Besonderen (vgl. Kapitel 8 und 9) erweitert werden. Hierbei werden die Inhalte verschiedener Variablen zunächst auf Plausibilität überprüft. Ist ein Wert korrekt, erhält eine Indexvariable einer ersten geprüften Variablen den Wert 1, andernfalls den Wert 0. Sind alle Variablen geprüft, werden alle Indexvariablen aufaddiert und durch ihre Anzahl dividiert. Der entstehende Quotient gibt das Ausmaß der korrekten Werte pro Fall (Zeile an). Andere Berechnungsvarianten sind möglich, z.B. 1 minus Anzahl der fehlerhaften Einträge dividiert durch ihre Anzahl usw. (vgl. auch Batini &

Scannapieco, 2006, Kap. 2). Dieses Vorgehen gilt für Strings nur mit Einschränkungen, nämlich nur für Strings bzw. Missings bis zu 8 Zeichen Länge.

Die Überprüfung der Vollständigkeit zu erwartender Werte lässt sich am besten an einer Kategorialvariable erläutern, im Prinzip gilt dieses Vorgehen auch für Variablen höherer Skalierung. Für eine Kategorialvariable werden die vorliegenden Werte mittels einfacher Häufigkeitstabellen angefordert. Die meisten Kategorialvariablen weisen eine überschaubare Anzahl von Werten auf und können insofern auch gleich listenweise angefordert und überprüft werden. Anhand dieser Häufigkeitstabellen wird überprüft, ob alle zu erwartenden Werte vorliegen. Werden z.B. bei der Überprüfung der Variable ALPHABET nur die Ausprägungen „A" und „C" angezeigt, obwohl „B" vorliegen müsste, dann ergeben sich zwei übliche Möglichkeiten: Die „B"-Werte fehlen komplett oder wurden versehentlich einer anderen Kategorie zugewiesen, z.B. „A" oder „C". Unterschiede in den Häufigkeiten lassen oft schnell erkennen, welche Möglichkeit vorliegen könnte (ein weiterer Schritt wäre die Untersuchung auf Redundanz).

All die vorgestellten Möglichkeiten der Überprüfung der Vollständigkeit setzen jedoch voraus, dass die Daten überhaupt erfasst und in irgendwelchen Datenhaltungen vorliegen. Oft genug kommt es jedoch vor, dass festgestellt wird, dass die Daten noch gar nicht erhoben (erfasst, gemessen), eingegeben oder gespeichert wurden. Die grundlegende Prüfung ist also, ob die *vorliegenden* Daten überhaupt vollständig i.S.v. zugänglich sind.
Sind die Daten vollständig, sollte nicht nur bei großen, unübersichtlichen Datensätzen überprüft werden, ob Daten doppelt vorkommen.

Eine spezielle Form von Vollständigkeit für Werte kann dann erforderlich werden, wenn für eine ID mehrere (doppelte) Datenzeilen vorliegen, die jedoch unterschiedlich vollständig sind. Der folgende Ansatz (vgl. auch den Ansatz der LAG-Funktion unter 10.3.6.) zeigt, wie doppelte Datenzeilen identifiziert, sortiert und bei Lücken (Missings) mit dem betreffenden Inhalt der ersten (vollständigen) Datenzeile aufgefüllt werden können. Dieser Ansatz funktioniert in dieser Form nur für numerische Werte; Strings können über die unter 10.3.6. vorgestellte LAG-Funktion vereinheitlichend ersetzt werden.
Im folgenden Beispiel liegen Datenzeilen für ein und dieselbe ID (z.B. „111") auf drei Zeilen verteilt vor. Man beachte die fehlenden PLZ-Angaben. Das Ziel ist, die PLZ-Angaben in den lückenhaften Zeilen aufzufüllen. Werden die Daten entsprechend der ID- und gleichzeitig der aufzufüllenden Variablen sortiert, werden die Lücken über den vorhandenen (und durch das Sortieren vorangestellten) Wert aufgefüllt. Die Variante (a) zeigt, wie unkompliziert Lücken durch einheitliche Werte geschlossen werden können. Die Variante (b) zeigt einen häufigen Fehler; nämlich, was dieses Programm nicht leistet.

```
data list list (",")
/ID (F3.0) PLZ (F5.0) ORT (A10)  PRODNR (F5.0).
begin data
111,, Hamburg, 655
111, 20245, Hamburg, 541
111,, , Hamburg, 41
111,, Hamburg, 652
222, 60598, Frankfurt, 3412
```

```
222,, Frankfurt, 3221
333, 81669, München, 65464
333,, München, 64623
333,, München, 65435
end data.
list.

* (Beispiel a) Absichtliches einheitliches Auffüllen:
Auffüllen von PLZ *.
sort case ID(a) PLZ(d) .
add files file=*
        / by ID / first=start1 .
      if start1 eq  1   #tmpPLZ=PLZ .
      if start1 eq 0 PLZ=#tmpPLZ .
exe .
list.

ID   PLZ ORT        PRODNR start1

111 20245  Hamburg      541     1
111 20245  Hamburg      655     0
111 20245                 .     0
111 20245  Hamburg      652     0
222 60598  Frankfurt   3412     1
222 60598  Frankfurt   3221     0
333 81669  München    65464     1
333 81669  München    64623     0
333 81669  München    65435     0

Number of cases read:  9    Number of cases listed:  9
```

Mittels der Variante (a) wurden die PLZ-Lücken pro ID korrekt durch einheitliche Werte aufgefüllt. Pro ID (z.B. „111") liegen vollständige und einheitliche PLZ vor (z.B. 20245).

```
* (Beispiel b) Potentiell fehlerhaftes Vereinheitlichen:
Auffüllen von PRODNR *.
sort case ID(a) PRODNR(d) .
add files file=*
    / by ID / first=start2 .
      if start2 eq  1   #tmpPNR=PRODNR .
      if start2 eq 0 PRODNR=#tmpPNR .
exe .
list.
```

```
 ID   PLZ ORT          PRODNR start1 start2

111 20245  Hamburg        655     0      1
111 20245  Hamburg        655     0      0
111 20245  Hamburg        655     1      0
111 20245                 655     0      0
222 60598  Frankfurt     3412     1      1
222 60598  Frankfurt     3412     0      0
333 81669  München      65464     1      1
333 81669  München      65464     0      0
333 81669  München      65464     0      0

Number of cases read:  9    Number of cases listed:  9
```

Im Gegensatz zum ersten Beispiel werden mittels der Variante (b) die verschiedenen PRODNR-Lücken durch einheitliche Werte (nach der Ersetzung z.B. 655) überschrieben; dies ist jedoch dann ein Fehler, wenn die Wertevariationen (vor der Ersetzung: 541, 655, 652) bei PRODNR nicht durch Tippfehler verursacht, sondern korrekte Einträge waren. Die vorgestellte Variante zum Auffüllen von Missings bei mehrfachen Datenzeilen ist also sehr geeignet, solche Tippfehler unkompliziert aufzufüllen und gleichzeitig korrigierend zu vereinheitlichen, sofern sichergestellt ist, dass pro ID und dazugehöriger PRODNR keine Wertevariation auftreten darf. Dieser Ansatz zur Gewährleistung von Einheitlichkeit ist recht allgemeiner Natur und könnte auch bei einheitlich zu ersetzenden Missings, beim Umgang mit doppelten Datenzeilen, wie auch der Einheitlichkeit von Eintragungen Verwendung finden.

4 Einheitlichkeit – Vereinheitlichen von u.a. Zahlen, Zeiteinheiten und Strings

Einheitlichkeit muss bei der Datenanalyse auf mehreren Ebenen gewährleistet sein: auf der Ebene von Datensätzen, von numerischen Variablen, Labels für Variablen und Werte, und besonders von einzigartigen Angaben (meist in Stringform) und Datumsvariablen.

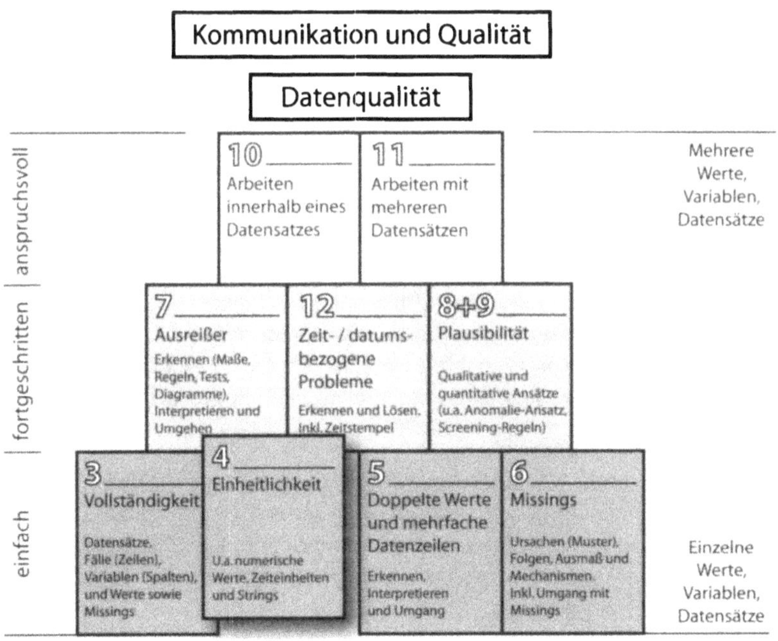

„Einheitlichkeit" gehört neben „Vollständigkeit", „Doppelte", sowie „Missings" zu den grundlegenden Kriterien von Datenqualität, zu deren Prüfung SPSS eingesetzt werden kann. Die Prüfung aller weiteren Kriterien baut auf diesen auf. Einheitlichkeit setzt jedoch mind. Vollständigkeit voraus.

Einheitlichkeit bedeutet auf der Ebene eines **einzelnen Datensatzes**, dass der Typ einer Variablen (Variablenansicht) mit dem Inhalt einer Datenspalte (Datenansicht) übereinstimmt. Damit ist gemeint, dass z.B. Variablen, die ausschließlich numerische Werte enthalten (z.B. Alter), nicht als String definiert sind, sondern als „numerisch". Vor allem bei Daten von Drittanbietern bzw. nach Daten-Migrationen ist dies keine Selbstverständlichkeit. Einheitlichkeit bedeutet auf der Ebene von mehreren Datensätzen, die z.B. hintereinandergehängt werden sollen (z.B. Updates), dass Namen, Typ (z.B. String/numerisch), Format und Label der Variablen in allen Datensätzen absolut identisch sind. Eine Variable, die z.B. in einem Masterdatensatz ITEM237 heißt, numerisch ist, das Format 8.2 besitzt, und das Label „Testvariable" aufweist, muss auch in einem Updatedatensatz ITEM237 heißen, numerisch sein, das Format 8.2 besitzen, und das Label „Testvariable" aufweisen.
Einheitlichkeit bedeutet auf der Ebene von numerischen **Variablen**, dass die Variablen im Updatedatensatz dieselben Kodierungen und Wertelabels wie im Masterdatensatz besitzen müssen. Eine Variable ITEM237 muss im Updatedatensatz dieselben Kodierungen (z.B. 0-1-2) und dieselben Wertelabels wie im Masterdatensatz besitzen. Bei Stringvariablen beschränkt sich die Einheitlichkeit auf Namen, Typ, Label und Länge.
Einheitlichkeit bedeutet auf der Ebene von **Labels für Variablennamen und -werte** meist, dass diese richtig geschrieben sind. Dies ist scheint's in der Praxis nicht selbstverständlich. Der Verfasser bekam vor nicht allzu langer Zeit einen Datensatz überlassen, in dem mehr als jedes zehnte Variablenlabel orthographisch falsch war, darunter ca. zehn (!) Variationen des Wortes „Inanspruchnahme" (vgl. dazu auch die Ausführungen zur professionellen Repräsentation wissenschaftlicher Arbeit unter 4.14.1.).

Besonders wichtig, mitunter aber auch ziemlich kompliziert ist die **Einheitlichkeit von Werten** (v.a. Strings, aber nicht nur), vor allem in einzigartigen Angaben in Schlüsselvariablen (sog. „Keys"), wie z.B. Namen von Personen, Orten und Medikamenten, oder auch von Datumsangaben, Telefon- oder auch Personalnummern. Da gerade Namen (z.B. Personen, Produkte oder Orte) oft auch als Schlüsselvariablen verwendet werden, ist besondere Sorgfalt bei ihrer Eingabe und Kontrolle geboten. Die Folgen uneinheitlich geschriebener Strings können gravierend sein.

- SPSS ist nicht in der Lage, groß- wie auch kleingeschriebene Strings („SPSS", „spss") i.S.d. Variante derselben Zeichenfolge automatisch auch als semantisch gleich (einheitlich) in eine Analyse einzubeziehen. Werden keine Vorkehrungen zur Vereinheitlichung getroffen, werden groß- und kleingeschriebene Varianten als verschieden ausgewertet, obwohl sie eigentlich zusammengehören.
- Werden z.B. „dieselben" Strings groß und klein geschrieben, so werden diese über SORT CASES nicht einheitlich sortiert, sondern großgeschriebene Strings (z.B. „SPSS") werden vor kleingeschriebene Strings (z.B. „spss") sortiert, was spätestens beim Zusammenfügen von Datensätzen massive Probleme nach sich ziehen kann, sollte es sich bei diesen Strings z.B. um Keyvariablen handeln.

- Das automatische Umkodieren mittels AUTORECODE setzt z.B. ebenfalls eine einheitliche Schreibweise voraus. Groß- und kleingeschriebene Strings werden nicht einheitlich, sondern verschieden umkodiert. Die Folge ist eine Variable, die falsche Umkodierungen enthält. Das Anwenden eines fehlerhaft arbeitenden AUTORECODE **Umkodierungsschema** auf andere Variablen kann ebenfalls eine verheerende Tragweite annehmen.

Übliche Variationsquellen bei Strings sind Tippfehler, Umlaute, das dreifache S, Groß- und Kleinschreibung, das Hereinfallen auf Namensstereotype, Bindestrich-Begriffe, Leerstellen, Sonder- und Betonungszeichen (Akzente), Fremdsprachen oder auch der Wandel von Namen, z.B. durch Heirat o.ä.
Für all diese Variationsquellen (und auch andere) sollte bereits von Anfang an bereits vor der Dateneingabe eine Richtlinie (Standard) entworfen werden, besonders dann, wenn von vorneherein klar ist, dass über einen längeren Zeitraum mehrere (wechselnde) Personen mit der Eingabe bzw. Dokumentation der Daten betraut sein werden. Das Unkomplizierteste ist, die Namen im Namensfeld ganz links beginnend (!) richtig (!) in Großbuchstaben (Uppercase) ohne Umlaute (also anstelle UE von Ü) und ohne irgendwelche weiteren Sonderzeichen, Leerstellen oder Abstände zu schreiben, z.B. „MUELLERTHURGAU“ anstelle von „Müller-Thurgau“. Diesen einheitlichen Strings i.S.v. Keys kann anschließend über ein Makro oder einen Kontrolldatensatz die gewünschte Schreibweise mit allen erforderlichen sprachlichen oder technischen Nuancen zugewiesen werden.

Labels von Namen bzw. Werten von Variablen sind keine Daten im eigentlichen Sinne, repräsentieren jedoch Daten und ihre Qualität nach außen hin. Oft genug passiert es jedoch, dass in Outputs oder sogar erst während einer Präsentation uneinheitlich oder falsch geschriebene Labels entdeckt werden. Solche Fehler an der Oberfläche verleiten oft genug zu dem manchmal nicht unberechtigten Schluss: Wenn die Labels an der Oberfläche von Daten schlampig aufbereitet wurden, dann ist die dahinter stehende Qualität der Daten selbst vergleichbar schlecht. Besonders peinlich sind solche scheinbar nur kosmetischen Beeinträchtigungen, wenn Namen von Auftraggebern, Produkten, Leistungen, also den Primärvariablen schlechthin betroffen sind. Da es also unproduktiv sein kann, richtige Datenwerte zu haben, diesen aber uneinheitliche oder sogar falsch geschriebene Labels zuzuweisen, ist es für orthographisch richtige bzw. einheitliche Labels für Namen und Werte von Variablen nützlich, ein Rechtschreibkorrekturprogramm zu verwenden; dazu kann z.B. das betreffende Syntaxprogramm oder auch ein abgespeichertes Dokument mit den Datendatei-Informationen in ein Rechtschreibkorrekturprogramm geladen und überprüft werden. Aber auch die folgenden Ansätze können weiterhelfen.

Einheitlichkeit in Programmen steht nicht in direktem Zusammenhang mit Datenqualität, unter Umständen jedoch mit dem Kriterium Effizienz. Wird z.B. innerhalb eines SPSS Programmes (ggf. sogar in einem Makro) auf USamerikanische Daten uneinheitlich mit „US“, „USA“, oder „U.S.A.“ referenziert, so wird sowohl die Lesbarkeit des Programme im Allgemeinen, wie auch das Schreiben von Makros im Besonderen erschwert. Verwenden Sie daher auch in Programmen soweit möglich einheitliche Begriffe bzw. Kodes.

Im Folgenden werden mehrere Möglichkeiten der Vereinheitlichung von u.a. Daten vorgestellt. Die Ansätze basieren auf unterschiedlichen Vorgehensweisen, weil sie auf jeweils unterschiedliche Eigenschaften der zu vereinheitlichenden Ausgangsdaten zugeschnitten sind, z.B. String vs. numerisch vs. gemischt, Umlaute vs. ASCII-Zeichensätze, Groß- vs. Kleinschreibung, Ersetzen einzelner Zeichen vs. Ersetzen mehrerer Zeichen(ketten), einzelne vs. mehrere Variablen usw. Einige Korrekturen können unkompliziert über String-Funktionen vorgenommen werden, aber leider sind nicht alle Vereinheitlichungen so unkompliziert, wie z.B. bei gemischten Zeichenketten (z.B. Telefonnummern oder Datumsangaben). Abschliessend werden Möglichkeiten für die Repräsentation von Unternehmen, Einrichtungen oder auch Projekten (‚Corporate Design', 4.14.1.) und der technisch-methodischen Einheitlichkeit von Daten, Analysen etc. (‚Technical Design', 4.14.2.) vorgestellt.

4.1 Ein erstes einfaches Beispiel: Uneinheitliche Daten

Das folgende Beispiel stammt aus der jüngeren Analysetätigkeit des Autors. Bei der Bereinigung einer medizinischen Datenbank fanden sich als Eintragungen für den Befund „positiv" mind. zwei Varianten, z.B. das Symbol „+" und gleichzeitig auch die Zeichenkette „positiv" (vgl. dazu die Werte in der Variablen BEFUND in der u.a. Beispielsyntax). Ursachen für solche uneinheitlichen Eintragungen sind erfahrungsgemäß z.B. fehlende Richtlinien, mehrere (wechselnde) Personen, unleserliche Unterlagen oder auch Zeitdruck, der dann die Eingeber im Moment der Eingabe dazu verführt, das kürzestmögliche Ersatzzeichen für eine längere Formulierung zu verwenden, z.B. das „+"-Symbol anstelle der Formulierung „positiv". Diese scheinbare (individuelle) „Abkürzung" verursacht im Gegenteil einen oft erheblichen Nachbesserungsaufwand und ist somit eher arbeitserschwerend als arbeitserleichternd. Eine proaktive Schulung würde als Präventivmaßnahme das Fehlerausmaß erfahrungsgemäß deutlich einschränken.

Hätte eine Richtlinie für die Dateneingabe (falls überhaupt vorhanden) von vorneherein einen möglichen Zeitdruck berücksichtigt, wäre vielleicht nur „+" als Kode für einen positiven Befund verwendet worden. Die Formulierung „positiv" wäre dann erst gar nicht aufgetaucht. Dasselbe gilt auch für die Formulierung bzw. das Symbol für „negativ". An dieser Stelle kann und soll jedoch keine Empfehlung für eine String- oder die Symbolvariante gegeben werden. Stringvarianten sind aufwendiger und anfälliger für Tippfehler, sind aber dafür verwechslungsresistent, d.h. auch eine falsch geschriebene Variante wie z.B. „psosiiv" kann immer noch als „positiv" interpretiert werden. Kleine Zeichenvariation, keine (klinische) Wirkung. Symbolvarianten sind effizienter; Eintragungen durch Verwechslungen auf der Tastatur führen jedoch zu semantisch radikal anderen Bedeutungen. Anstelle eines „+" können Verwechslungen wie z.B. „++" oder auch „-" aus klinischer Sicht etwas völlig anderes bedeuten. Kleine Zeichenvariation, große (klinische) Wirkung. Einstellige Kodierungen, wie z.B. die Zahl „0", laufen in Strings darüber hinaus oft Gefahr, als z.B. der Buchstabe „O" getippt zu werden.

```
data list
/ID 1-3 BEFUND 5-20 (A) .
begin data
001 positiv
002 +
003 negativ
004 -
005 positiv
006 psosiiv
007 +
end data.
exe.
```

Statistikprogramme wie z.B. SPSS sind nicht „schlau" genug, um von sich aus verschiedene Kodierungen für ein und dieselbe Information als gleichwertig zu verstehen. Man muss SPSS also die Interpretationsarbeit abnehmen und die verschiedenen Kodes vereinheitlichen, damit SPSS diese auch als einheitlich verarbeiten kann. Das folgende Programm zeigt, wie diese Eingabevarianten „positiv", „+", usw. vereinheitlicht werden können. Da Analysten die „orthographische Kreativität" der Eingeber und damit jede Eingabevariante keinesfalls zu 100% vorhersagen können, ist beim vorgestellten Vereinheitlichungsprogramm eine nützliche „Sicherung" in Form eines vorangehenden COMPUTE-Abschnitts eingebaut.

```
compute BEFCODE=999.
exe.
if BEFUND="positiv" BEFCODE=1.
* Erläuterung: Über IF wird die Formulierung "positiv" zum
numerischen Kode "1".*.
exe.
if BEFUND="+" BEFCODE=1.
* Über IF wird das Symbol "+" zum numerischen Kode "1". *.
exe.
if BEFUND="negativ" BEFCODE=0.
* Über IF wird die Formulierung "negativ" zum numerischen Kode
"0". *.
exe.
if BEFUND="-" BEFCODE=0.
* Über IF wird das Symbol "-" zum numerischen Kode "0". *.
exe.
value labels
/BEFCODE
1 "positiv"
0 "negativ".
exe.

frequencies variables=BEFCODE  .
list variables=ID BEFUND BEFCODE  .
```

Das eigentliche Vereinheitlichungsprogramm besteht nach COMPUTE aus vier IF-Befehlen (die man auch hätte eleganter programmieren können, aber hier geht es zunächst um die Transparenz der Vorgehensweise und erst dann um eine Ästhetik des Programmierens). Das Vereinheitlichungsprogramm beginnt mit einer „Sicherung" in Form eines COMPUTE BEFCODE=999. COMPUTE legt eine numerische Variable BEFCODE an, die ausschließlich die Werte 999 enthält. Das erste IF vergibt für jeden String „positiv" in der Variablen BEFUND eine 1 und überschreibt damit in BEFCODE alle vorhandenen 999-Werte. Das zweite IF überschreibt für das Symbol „+" mit Einsen die 999 in BEFCODE. Die weiteren IFs überschreiben Eintragungen in BEFCODE mit Nullen. Die „Sicherung" besteht also darin, dass das Ersetzen von Strings erfolgreich war, wenn BEFCODE keine 999 mehr enthält. Abschließende FREQUENCIES- und LIST-Abschnitte nehmen zu diesem Zweck eine Überprüfung vor. Zuvor werden die vergebenen 0 und 1 mit den (hoffentlich richtigen) Labels für „positiv" und „negativ" versehen.

BEFCODE

		Häufigkeit	Prozent	Gültige Prozente	Kumulierte Prozente
Gültig	negativ	2	28,6	28,6	28,6
	positiv	4	57,1	57,1	85,7
	999,00	1	14,3	14,3	100,0
	Gesamt	7	100,0	100,0	

Der FREQUENCIES-Schritt zeigt, dass an irgendeiner Stelle der 999-Kode vorkommt (aber nicht genau, wo). Der LIST-Schritt zeigt dann, dass der 999-Kode bei ID 6 deshalb vorkommt, weil in BEFUND nicht nur die Formulierung „positiv", sondern auch eine weitere Variante vorkommt, nämlich „psosiiv". LIST kann bei sehr großen Datenmengen etwas unpraktisch sein, ggf. sollte ein Anwender auf ein (vorgeschaltetes) SELECT IF als Alternative ausweichen.

```
ID BEFUND              BEFCODE

  1 positiv              1,00
  2 +                    1,00
  3 negativ               ,00
  4 -                     ,00
  5 positiv              1,00
  6 psosiiv            999,00
  7 +                    1,00

Number of cases read:  7    Number of cases listed:  7
```

Für die Variante „psosiiv" müsste dann nur noch ein zusätzlicher IF-Schritt analog zum Vereinheitlichungsprogramm angelegt werden, um auch den letzten 999-Code zum Verschwinden zu bringen. Liegen viele Schreib- bzw. Fehlervarianten vor, könnte jedoch eine der weiteren Varianten eingesetzt werden, vgl. z.B. 4.3., 4.4., 4.7. oder auch 4.9.

4.2 Identifizieren von Uneinheitlichkeit: Prüfen auf Variationen bei Strings

Nicht immer springen Variationen i.S.v. unerwünschter Uneinheitlichkeit so schnell ins Auge wie im Beispiel 4.1. Im Normalfall sind die Anwender gezwungen, pro relevanter Variable die Einheitlichkeit jede ihrer Zeichen(ketten) einzeln zu überprüfen. Das Vorgehen ist dabei von der Theorie her recht unkompliziert. Man legt ein SOLL als Schablone fest (z.B. ANTWORT="ja") und prüft, ob es irgendwelche Abweichungen i.S.e. (unerwünschten) IST gibt (z.B. ANTWORT="jain"). Da es sicher mehr Überprüfungsvarianten wie Schablonen (SOLL) gibt, werden im Folgenden einige der unkomplizierteren, aber sehr effektiven Ansätze (SELECT IF, INDEX, VALUE LABELS) zum Identifizieren von Abweichungen (Uneinheitlichkeit) mehr oder weniger knapp kommentiert zusammengestellt. Das Beheben von Stringvariationen ist Thema der sich anschließenden Kapitel. Die folgenden Syntaxbeispiele sind jeweils ohne SPSS Ausgabe.

Abweichungen bei einer String-Variablen

Dieser SELECT IF-Ansatz gibt alle Fälle aus, die in GENDER weder als „m", noch als „w" kodiert sind.

```
get file data="C:\IHREDATEN.SAV".
select if not any (GENDER,'m','w') .
exe.
```

Dieser SELECT IF-Ansatz gibt alle Fälle aus, die in STATUSG andere als die angegebenen Kodierungen aufweisen.

```
get file data="C:\IHREDATEN.SAV".
select if not any (statusg,'ISEF','JIOJ','KERK','LPMS','MEDE',
                  'OJFW','OWJG','P2PC','PMKO','STST','TEKL',
                  'UHNS','WERE').
exe.
```

Eine Besonderheit beim Aufspüren von Abweichungen bei String-Variablen (INDEX-Funktion)

Dieser INDEX-Ansatz gibt alle Fälle aus, die in STATUSG andere Zeichen als in der vorgegebenen Liste (ohne Blank) enthalten. Wären z.B. Ziffern in Strings unerwünscht, so würde über die INDEX-Funktion im String „P2PC" die „2" entdeckt werden. Enthält also die Variable ERROR irgendeine Zahl, so ist dies ein Hinweis darauf, dass der untersuchte String (z.B. STATUSG) mind. einen unerwünschten Wert enthält.

```
compute ERROR=index(STATUSG,'0123456789',1)   .
exe.
```

Abweichungen bei mehreren String-Variablen (multivariat)
Natürlich ist es auch möglich, mehrere Variablen auf einmal zu überprüfen. Dieser SELECT IF-Ansatz mit OR gibt alle Fälle aus, die in GENDER oder in STATUSG andere als die vorgegebenen Kodierungen aufweisen.

```
get file data="C:\IHREDATEN.SAV".
select if not any (GENDER,'m','w') or
          not any (statusg,'ISEF','JIOJ','KERK','LPMS','MEDE',
                   'OJFW','OWJG','P2PC','PMKO','STST','TEKL',
                   'UHNS','WERE').
exe.
```

Abweichungen bei mehreren String-Variablen einschl. Missings (multivariat)
Für den Fall, dass auch Missings eine unerwünschte Variation darstellen sollten, ist es mit diesem Ansatz möglich, mehrere Variablen nicht nur auf Abweichungen von vorgegebenen Kodierungen, sondern auch auf Missings überprüfen. Dieser SELECT IF-Ansatz gibt alle Fälle aus, die neben Abweichungen in GENDER oder STATUSG möglicherweise auch Missings („") enthalten.

```
get file data="C:\IHREDATEN.SAV".
select if not any (GENDER,'m','w', '') or
          not any (statusg,'ISEF','JIOJ','KERK','LPMS','MEDE',
            'OJFW','OWJG','P2PC','PMKO','STST','TEKL','UHNS',
            'WERE', '').
exe.
```

Multivariate OR-Ansätze sind erfahrungsgemäß oft zu weitmaschig, da sie Fälle ausfiltern, die irgendwo einen abweichenden Wert aufweisen. Der Output ist oft nicht leicht zu überschauen. Multivariate AND-Ansätze sind dagegen oft zu strikt, da sie ausschließlich Fälle ausfiltern, die in allen angegebenen Variablen einen abweichenden Wert aufweisen. Eine Alternative wäre evtl. der folgende Ansatz.

Ein völlig anderer Ansatz: Formatieren (VALUE LABELS am Beispiel von Strings)
Der Vollständigkeit halber soll noch ein Ansatz vorgestellt werden, der auf der Zuweisung von Labels zu erwarteten korrekten Werten basiert. Wird z.B. den erwarteten Labels ausschließlich das Format „korrekt" zugewiesen, so fallen in einer anschließenden Häufigkeitstabelle die Abweichungen von den erwarteten korrekten Schreibweisen schnell auf.

```
value labels
/STATUSG
"ISEF" "korrekt"
"JIOJ" "korrekt"
"KERK" "korrekt". usw.
```

Alle vorgestellten Programme unterscheiden zwischen Groß- und Kleinschreibung und setzen eine absolut korrekte Schreibweise der Schablonen voraus. Können die Schablonen einheitlich groß geschrieben werden, kann z.B. die Stringfunktion UPCASE eingesetzt werden (vgl. 4.4.); können die Schablonen nicht vereinheitlicht werden (weil z.B. eine Großschreibung etwas anders repräsentiert wie ein kleingeschriebener String), so können z.B. groß-, wie auch kleingeschriebene Schablonen in die IN-Listen aufgenommen werden.

4.3 Vereinheitlichung von Strings 1: REPLACE

Die Funktion REPLACE (seit Version 14) ist v.a. für das regelmäßige Suchen und Ersetzen von Strings geeignet, wenn nicht allzu viele Schreib- bzw. Fehlervarianten in den Strings vorkommen. Liegen mehrere Stringvarianten vor bzw. eine SPSS Version vor Version 14, dann helfen die Lösungsansätze unter 4.4. weiter.

REPLACE geht in nur zwei Schritten vor. In einem ersten Schritt muss über STRING eine Stringvariable angelegt werden, in die das Ergebnis der REPLACE-Funktion abgelegt werden kann. Hierbei ist zu beachten, dass die mittels SRING definierte Stringvariable *lang genug* ist, um die Änderungen aufnehmen zu können. Dies ist v.a. dann zu beachten, falls REPLACE eine *Verlängerung* der Originalvariablen verursachen kann (vgl. in den nachfolgenden Beispielen u.a. die angelegten Stringvariablen TEST_RP1 bis TEST_RP6).

In einem zweiten Schritt werden vier Parameter festgelegt. Zunächst wird die Ausgangsvariabe definiert. Die Ausgangsvariable ist die Variable, an der Änderungen (z.B. Vereinheitlichungen) vorgenommen werden sollen. Bei der Ausgangsvariablen muss es sich um eine Stringvariable handeln. In den nachfolgenden Beispielen ist u.a. die Variable TESTWORT die Ausgangsvariable. Als nächstes wird die Zeichenkette festgelegt, die gesucht werden soll; anschließend wird die Zeichenkette festgelegt, die die gefundene Zeichenkette ersetzen soll. Bei den zu suchenden bzw. einzusetzenden Zeichenketten ist zu beachten, dass REPLACE nach Groß- und Kleinschreibung unterscheidet. REPLACE ist auch für das Suchen und Ersetzen von Interpunktionszeichen (vgl. auch 4.12.), sowie Missings (sofern Strings, s.u.) geeignet. Abschließend kann mit einem vierten Parameter (ganzahliger Wert) festgelegt werden, wie oft der Ersetzungsvorgang ablaufen soll. Wird keine Ganzzahl angegeben, wird jeder gefundene String ersetzt.

Beispiel: Vorher	REPLACE-Ansatz	Beispiel: Nachher
“HELLO“	string TEST_RP1 (A8). compute TEST_RP1= replace(TESTWORT,"L","Y",1). exe.	“HEYLO“

REPLACE ersetzt ein gefundenes, großes „L“ durch ein großes „Y“. Der Ersetzungsvorgang soll nur einmal stattfinden. Werden weitere “L“ in einem String der Ausgangsvariablen TESTWORT gefunden, werden diese nicht durch ein „Y“ ersetzt.

Beispiel: Vorher	REPLACE-Ansatz	Beispiel: Nachher
“HEyLO“	string TEST_RP2 (A8). compute TEST_RP2= replace(TESTWORT, "y", "L") . exe.	“HELLO“

REPLACE ersetzt ein gefundenes, kleines „y“ durch ein großes „L“. Der Ersetzungsvorgang ist nicht eingeschränkt, wird also so oft stattfinden, wie „y“ gefunden werden. Werden weitere “y“ in einem String der Ausgangsvariablen TESTWORT gefunden, würden diese auch durch ein „L“ ersetzt werden.

Beispiel: Vorher	REPLACE-Ansatz	Beispiel: Nachher
“HEL:LO“	string TEST_RP3 (A8). compute TEST_RP3= replace(TESTWORT, ":", "-") . exe.	“HEL-LO“

REPLACE funktioniert auch für das Suchen und Ersetzen von Interpunktionszeichen. REPLACE ersetzt ein gefundenes „:“durch ein „-“. Der Ersetzungsvorgang ist nicht eingeschränkt, wird also so oft stattfinden, wie „:“ gefunden werden (vgl. auch 4.12.).

Beispiel: Vorher	REPLACE-Ansatz	Beispiel: Nachher
“ “	string TEST_RP4 (A8). compute TEST_RP4= replace(TESTWORT," ", "_BLANK!_") . exe.	“_BLANK!_“

REPLACE funktioniert auch für das Suchen und Ersetzen von Missings durch Strings. REPLACE ersetzt ein gefundenes “   “ durch ein “_BLANK!_“. Der Ersetzungsvorgang ist nicht eingeschränkt, wird also so oft stattfinden, wie “   “ gefunden werden (sofern der Ausgangsstring lang genug ist).

Beispiel: Vorher	REPLACE-Ansatz	Beispiel: Nachher
“12345678“	string TEST_RP5 (30). compute TEST_RP5= replace(TEST_S30,"12345678","---", 3) . exe.	“---“

REPLACE funktioniert auch für das Suchen und Ersetzen in Strings, die länger als 8 Zeichen sind. Die Ausgangsvariable TEST_S30 ist z.B. 30 Zeichen lang. Der Ersetzungsvorgang soll dreimal stattfinden. Das obige Beispiel ersetzt eine 8stellige Suchkette “12345678“ durch einen 3stelligen Ersatzstring “---“. Die Einträge in der Ausgangsvariablen werden daher verkürzt, nicht die Länge der Ausgangsvariablen selbst.

"1234567890"	string TEST_RP6 (A40). compute TEST_RP6= replace(TEST_S30,"1234567890", "12345678901234", 2) . exe.	"12345678901234"

REPLACE funktioniert auch für das Suchen und Ersetzen durch Strings, die länger als 8 Zeichen sind. Im obigen Beispiel wird eine 10stellige Suchkette "1234567890" durch einen 14stelligen String ersetzt. Die Einträge der Ausgangsvariablen werden dadurch verlängert. Die Ablagevariable (vgl. STRING) muss daher ausreichend groß sein, um die Verlängerung der Ausgangsvariablen aufnehmen zu können. Der Ersetzungsvorgang soll zweimal stattfinden.

Die SPSS 15 bzw. 14 Einführungen zu den Stringfunktionen („Universals") sind nicht ganz korrekt. Die Ausgangsvariable darf in der REPLACE-Funktion nicht in Anführungszeichen angegeben werden. REPLACE ist recht komfortabel einzusetzen und eignet sich daher hervorragend zum Vereinheitlichen unterschiedlicher Stringvarianten.

4.4 Vereinheitlichung von Strings 2: UPCASE, LTRIM, DO-IF, IF, INDEX und SUBSTR

Die beiden folgenden Beispiele vereinheitlichen Strings und zwar, wenn viele Schreib- bzw. Fehlervarianten v.a. von Namen vorkommen.

Die erste Vereinheitlichung geht in drei Schritten vor. Die Strings der Variablen WEIN werden zunächst über die Funktion UPCASE einheitlich großgeschrieben. Anschließend werden die Strings über die Funktion LTRIM einheitlich nach links gerückt. Am Ende werden die Strings über die Funktion INDEX auf einen durchgängig auftretenden Textstring abgesucht, z.B. „SILVA" in „SILVANER" oder „SILVAHNER"; dessen konstante Position im String wird als Kode in eine numerische Variable abgelegt und kann im Datensatz eingesehen werden. Über mehrere IFs werden diesen Kodes die einheitlichen Schreibweisen zugewiesen. Die Funktionalität dieses Programms ist unabhängig von der Reihenfolge der Vereinheitlichungen der jew. Strings; würden Sie die Programmschritte umstellen, würde das Programm dennoch fehlerfrei funktionieren.

```
data list
/ID 1-3 WEINO 5-30 (A) .
begin data
001 Müller-Thurgau
002   Müller-Thurgau
003 Mueller-Thurgau
004 Müller Thrugau
005 MÜLLER-THURGAU
006 Riesling
```

```
007 RIESLING
008 Silvaner
009 SILVANER
010 Silvahner
end data.
exe.
string WEIN1 (A16) .
compute WEIN1=upcase(WEIN0).
*Erläuterung: Alle Strings werden großgeschrieben*.
exe.
string WEIN2 (A16) .
compute WEIN2=ltrim(WEIN1).
*Alle Strings werden nach links gerückt*.
exe.
compute INDEXS=index(WEIN2,"SILVA").
exe.
compute INDEXT=index(WEIN2,"GAU").
exe.
compute INDEXR=index(WEIN2,"SLING").
exe.
string WEIN3 (A16) .
if INDEXT > 0 WEIN3 = "MUELLERTHURGAU".
*Über den Index INDEXT wird "Müller-Thurgau" vereinheitlicht*.
exe.
if INDEXR > 0 WEIN3 = "RIESLING".
*Über den Index INDEXR wird "Riesling" vereinheitlicht*.
exe.
if INDEXS=1 WEIN3="SILVANER".
*Über den Index INDEXS wird "Silvaner" vereinheitlicht*.
exe.
list variables=WEIN0 WEIN1 WEIN2 WEIN3  .
frequencies variables=WEIN0 WEIN1 WEIN2 WEIN3  .
exe.
```

WEIN3

		Häufigkeit	Prozent	Gültige Prozente	Kumulierte Prozente
Gültig	MUELLERTHURGAU	5	50,0	50,0	50,0
	RIESLING	2	20,0	20,0	70,0
	SILVANER	3	30,0	30,0	100,0
	Gesamt	10	100,0	100,0	

In der folgenden Vereinheitlichung werden die Strings der Variablen WEIN zunächst ebenfalls über UPCASE einheitlich großgeschrieben und einheitlich nach links gerückt. Das weitere Vorgehen unterscheidet sich vom oben vorgestellten Ansatz. Über die Funktion INDEX werden die „SILVANER"-Varianten auf einen durchgängig auftretenden Textstring abgesucht (dem Positionskode wird jedoch erst am Programmende die einheitliche Schreibweise zugewiesen). Über das anschließende DO-IF wird allen „RIESLING"-Varianten in WEIN2 einheitlich die Schreibweise „RIESLING" in WEIN3 zugewiesen (was augenscheinlich redundant ist, jedoch „RIESLING-Varianten vor einem versehentlich falschen Überschreibenwerden im nächsten Schritt bewahrt). Anschließend werden in den verbleibenden Strings, also den „MÜLLER..."- *und* den „SILVANER"-Varianten ab der Position des Umlauts in „MÜLLER..." die Reststrings vereinheitlicht (die „SILVANER" heißen also bis zum nächsten Schritt „SUELLERTHURGAU"). Mittels des Positionskodes wird jedoch abschließend diese falsche Schreibweise mit dem richtigen „SILVANER" überschrieben.

```
data list
/ID 1-3 WEIN0 5-30 (A) .
begin data
001 Müller-Thurgau
002   Müller-Thurgau
003 Mueller-Thurgau
004 Müller Thrugau
005 MÜLLER-THURGAU
006 Riesling
007 RIESLING
008 Silvaner
009 SILVANER
010 Silvahner
end data.
exe.

string WEIN1 (A16) .
compute WEIN1=upcase(WEIN0).
* Alle Strings werden großgeschrieben. *.
exe.
string WEIN2 (A16) .
compute WEIN2=ltrim(WEIN1).
* Alle Strings werden nach links gerückt. *.
exe.
compute INDEX=INDEX(WEIN2,"SILVA").
exe.
string WEIN3 (A16) .
compute WEIN3=WEIN2.
exe.
```

```
do if WEIN2="RIESLING".
* Erläuterung: Strings werden nach Bedingungen geändert. *.
      compute WEIN3="RIESLING".
else .
      compute substr(WEIN3,2,14)="UELLERTHURGAU".
* Erläuterung: Mit dem Umlaut wird auch der Reststring von
"Müller-Thurgau" vereinheitlicht. *.
end if.
if INDEX=1 WEIN3="SILVANER".
* Über den Index INDEX wird "Silvaner" vereinheitlicht. *.
exe.
list variables=WEIN0 WEIN1 WEIN2 WEIN3  .
frequencies variables=WEIN0 WEIN1 WEIN2 WEIN3  .
exe.
```

Bei diesem Vorgehen ist der Zeitpunkt der Vereinheitlichung entscheidend; anders ausgedrückt ist die Funktionalität des Programms abhängig von der Abfolge der Programmschritte. Dieses Programm vereinheitlicht in der Abfolge „RIESLING", „MUELLERTHURGAU" und „SILVANER". Würden Sie die Programmschritte unverändert umstellen, z.B. „SILVANER" als erstes vereinheitlichen wollen, würde das Programm nicht mehr fehlerfrei funktionieren.

WEIN3

		Häufigkeit	Prozent	Gültige Prozente	Kumulierte Prozente
Gültig	MUELLERTHURGAU	5	50,0	50,0	50,0
	RIESLING	2	20,0	20,0	70,0
	SILVANER	3	30,0	30,0	100,0
	Gesamt	10	100,0	100,0	

Der Wandel von Namen (z.B. nach Heirat) kann z.B. über Vornamen, Wohnort oder auch über das Geburtsdatum gegengeprüft werden. Beim Geburtsdatum setzt dies jedoch voraus, dass dieses und andere Datumsvariablen geprüft und für in Ordnung befunden wurden.

4.5 Vereinheitlichung von Symbolen oder Sonderzeichen

Die vorangegangenen Techniken vereinheitlichten komplette Zeichenketten. Die folgenden Beispiele ermöglichen es, unkomplizierte punktuelle Vereinheitlichung von Sonderzeichen vorzunehmen.

Das folgende Programm erlaubt z.B., das $-Zeichen durch das €-Zeichen zu ersetzen.

```
data list
/ID 1-3 PREISE 5-15 (A) .
begin data
001 $100000
002  $10000
003   $1000
004    $100
005     $10
end data.
exe.
string PREISE2 (A10) .
compute PREISE2=PREISE. /* Kopie von PREISE wird angelegt.
exe.

set mxloops=1.
loop if index(PREISE2,"$")>0.
      compute substr(PREISE2, index(PREISE,"$"),1)="€".
end loop.
exe.
list.
```

Über das SUBSTR-Argument wird festgelegt, Strings in die Variable PREISE2 mit einem €-Zeichen anstelle des $-Zeichens abzulegen. MXLOOPS legt fest, dass LOOP IF maximal einmal ausgeführt werden soll. Kommen mehrere $-Zeichen vor, sollte der MXLOOPS-Wert entsprechend angepasst werden.

```
ID PREISE      PREISE2

  1 $100000      €100000
  2  $10000       €10000
  3   $1000        €1000
  4    $100         €100
  5     $10          €10

Number of cases read:  5    Number of cases listed:  5
```

Im folgenden Beispiel soll Ziffernfolgen (Ausgangsvariable PARAGRAF, numerisch) ein Symbol vorangehen. Die Zielvariable ist PARAMIT (String-Format).

```
data list free
/PARAGRAF(F3).
begin data
123
456
```

```
789
end data.
string PARAMIT (A4).
compute PARAMIT = concat('$',string(PARAGRAF,F3)).
exe
list.

PARAGRAF PARAMIT

     123    $123
     456    $456
     789    $789

Number of cases read:  3     Number of cases listed:  3
```

Über CONCAT wird PARAGRAF in einen Stringbestandteil umgewandelt, der mit einem vorangestellten Symbol (hier z.B. $) zusammengefügt und in die Variable PARAMIT abgelegt wird.

4.6 Vereinheitlichung von Währungen und Messeinheiten

Vor einer Analyse sind Messeinheiten (z.B. Kilometer, Meile, Liter, Gallone, Pint usw.), wie auch Währungen (z.B. DM, Dollar, Euro, usw.) zu standardisieren. Die Einführung des Euro im Jahr 2002 führte z.B. dazu, dass manche Datenbestände DM- und Euro-Währung gleichzeitig (sog. „Doppelwährungsphase") enthielten (z.B. die Variable PREIS). Das folgende DO IF-Programm vereinheitlicht die Währung von PREIS auf Euro und legt die Ergebnisse in der Variable EPREIS ab.

```
data list free
/JAHR PREIS .
begin data
1998 1 1999 10 2000 100 2001 1000 2002 5000 2003 10000 2004
15000
end data.
exe.

compute EPREIS=PREIS.
exe.
do if (JAHR < 2002).
compute EPREIS=(PREIS/1.95583).
end if.
exe.
```

```
format JAHR PREIS EPREIS (F7.1).
list.
```

4.7 Vereinheitlichung über Akronyme

Die vorangegangenen Techniken vereinheitlichten Zeichenketten, ohne sie in Semantik oder Länge zu verändern. Im Laufe einer historisch gewachsenen Geschäftsentwicklung können in einer Datenbank unterschiedliche Bezeichnungen ein und desselben Unternehmens vorkommen, z.B. „MB“, „Daimler-Benz“, „Mercedes-Benz“ bzw. „Daimler-Chrysler“. Eine Vereinheitlichung über Akronyme (aus Anfangsbuchstaben mehrerer Wörter gebildete Abkürzungen, z.B. „IBM“) grenzt die Wahrscheinlichkeit für Lese- und Tippfehler ein, und führt bei großen Datenmengen zu besser genutzten Verarbeitungsgeschwindigkeiten und -kapazitäten. Das LOOP-Beispiel vereinheitlicht eine Gruppe von Varianten. Das Makro-Beispiel kann prinzipiell beliebig viele Namensvarianten vereinheitlichen. Für eine Einführung in die Makroprogrammierung wird z.B. auf Schendera (2005, Kap. 9) verwiesen.
Anm.: Das folgende Beispiel wurde zwischenzeitlich (Juni 2007) durch die Realität bestätigt. Nach dem Verkauf von Chrysler wird jedoch nicht der Name „Daimler-Chryler“, sondern derzeit u.a. der Markenname „Daimler AG“ diskutiert.

```
data list
/ID 1-3 KONZERN 5-25 (A) .
begin data
001 Daimler-Benz
002 Mercedes-Benz
003 Daimler-Chrysler
004 MB
005 Benz-Daimler
end data.
exe.

string KONZERN2 (A25) .
compute KONZERN2=KONZERN.  /* Kopie von KONZERN wird angelegt.
exe.
loop if index(KONZERN2,"Daimler") > 0 .
        compute substr(KONZERN2,1,25)="Daimler-Chrysler".
end loop.
loop if index(KONZERN2,"Mercedes") > 0 .
        compute substr(KONZERN2,1,25)="Daimler-Chrysler".
end loop.
exe.

list.
```

Dieses Programm basiert im Wesentlichen auf einer Abfolge von zwei LOOP IF-Anweisungen, die mit einem END LOOP abgeschlossen werden. Wird irgendwo in einem String „Daimler“ oder „Mercedes“ gefunden (vgl. ID 005), so wird dieser komplett durch den String „Daimler-Chrysler“ ersetzt. Die langen Strings im Beispiel können durch beliebige Abkürzungen ersetzt werden. „MB“ wird nicht ersetzt, weil das Programm nicht danach sucht.

```
ID KONZERN                   KONZERN2
  1 Daimler-Benz              Daimler-Chrysler
  2 Mercedes-Benz             Daimler-Chrysler
  3 Daimler-Chrysler          Daimler-Chrysler
  4 MB                        MB
  5 Benz-Daimler              Daimler-Chrysler

Number of cases read:  5    Number of cases listed:  5
```

Das folgende Makro-Beispiel kann im Gegensatz zum LOOP-Beispiel beliebig viele Namensvarianten vereinheitlichen. Im Makro FINDEN werden die Schablonen und die Zielakronyme festgelegt.

```
data list
/ KONZERN 1-50 (a).
begin data
IBM
Industrial Business Machines
IBM Ltd.
Industrial Business Machines International
MB
Daimler-Benz
DaimlerChrysler
Mercedes-Benz
Daimler-Chrysler
end data.


define FINDEN (!pos !charend('/') / !pos !tokens(1)).
!do !i !in (!1).

string AKRONYM (A20).
if (index(upcase(KONZERN), (!quote(!upcase(!i)))) ne 0)
AKRONYM = (!quote(!2)).
exe.
!doend.
!enddefine.
FINDEN IBM Industrial Business Machines / IBM.
FINDEN MB Daimler Benz Chrysler Mercedes / DC.

list variables = AKRONYM.
```

Im Vergleich zum Ausgangsdatensatz ist die Ausgabe des Makros einheitlich und überschaubar.

```
AKRONYM

IBM
IBM
IBM
IBM
DC
DC
DC
DC
DC

Number of cases read:  9    Number of cases listed:  9
```

Dieses Makro ist auch sehr gut für die Analyse freier Textantworten geeignet. Enthalten kurze Texte nur eine Antwort, so kann dieses Makro die Strings abscannen und mit einheitlichen numerischen Kodes versehen. Voraussetzung ist, dass unter FINDEN alle auftretenden Antwortvarianten vorgegeben werden. Enthält das Ergebnis in einem ersten Durchlauf noch Lücken, besteht immer noch die Möglichkeit, das Programm um weitere FINDEN-Zeilen zu ergänzen.
Eine Programmversion, die die Werte darüber hinaus in einheitlich gefilterte Datensätze separat ablegt, findet sich im Abschnitt zur Arbeit mit mehreren Datensätzen.

SPSS gibt beim wiederholten Anlegen der Akronyme eine Warnmeldung aus; diese kann ignoriert werden.

```
>Error # 4822 in column 8.  Text: AKRONYM
>A variable with this name is already defined.
>This command not executed.
```

4.8 Vereinheitlichung über Entfernen von identischen Zeichenfolgen

Nach Datentransfers kommt es u.U. vor, dass an Strings uniforme Zeichen anhängen, z.B. „0" (vgl. die u.a. Demonstration).

```
data list
/ STRING 1-20 (a).
begin data
STRINGA0
STRINGB000
```

```
STRINGC0000
STRINGD00000
end data.
```

Das COMPUTE-Programm entfernt z.B. alle überflüssigen Nullen.

```
string STRING2 (A20).
compute STRING2=
ltrim(rtrim(lpad(rtrim(STRING,' '), 20,' '),'0'),' ').
list.
```

Die Strings sind nun ohne angehängte Nullen.

```
STRING                  STRING2

STRINGA0                STRINGA
STRINGB000              STRINGB
STRINGC0000             STRINGC
STRINGD00000            STRINGD

Number of cases read:  4    Number of cases listed:  4
```

Ein alternativer Ansatz wäre die REPLACE-Funktion (vgl. 4.3.).

4.9 Vereinheitlichung über Zählen von String-Schablonen

Kommen in Strings identische Zeichenfolgen (z.B. „Daimler“) vor, können diese auch gezählt werden. Der ZAEHLER-Wert braucht dann nur noch mit einem einheitlichen Wertelabel versehen werden.

4.9.1 Vereinheitlichung über eine Schablone (Schleife, LOOP)

Dieses Programm prüft auf das Vorkommen einer Schablone („Daimler“) und unterscheidet zwischen Groß- und Kleinschreibung.

```
data list / ID 1-3 KONZERN 5-20 (A).
begin data
001 Daimler
002 Benz-Daimler
003 Daimler-Chrysler
004 MB-Daimler
```

```
005  Daimler-Benz
end data.
exe.

compute ZAEHLER= 0.
loop #i=1 to 6.
compute ZAEHLER = ZAEHLER +
INDEX (SUBSTR(KONZERN,#i,7),'Daimler').
end loop.
exe.
list.
```

Der angelegte Kode ZAEHLER braucht jetzt nur noch mit einem einheitlichen Wertelabel versehen werden (nicht mehr dargestellt).

```
 ID KONZERN              ZAEHLER

  1 Daimler                 1,00
  2 Benz-Daimler            1,00
  3 Daimler-Chrysler        1,00
  4 MB-Daimler              1,00
  5  Daimler-Benz           1,00


Number of cases read:  5    Number of cases listed:  5
```

4.9.2 Vereinheitlichung über mehrere Schablonen (Makro)

Das folgende Makro funktioniert für mehrere Schablonen (z.B. „daimler", „benz") und kann wegen UPCASE eine unterschiedliche Groß- und Kleinschreibung ignorieren.

```
data list / ID 1-3 KONZERN 5-20 (A).
begin data
001 Daimler
002 Benz-Daimler
003 Mercedes-Benz
003 Daimler-Chrysler
004 MB-Daimler
005  DAIMLER-Benz
006     Benz
end data.
exe.

define mactext (!pos !charend('/')).
!do !i !in (!1).
```

```
if (index(upcase(KONZERN), (!quote(!upcase(!i)))) ne 0)
ZAEHLER = 1.
exe.
!doend.
!enddefine.

mactext daimler benz /.
list.
```

Der angelegte Kode ZAEHLER braucht jetzt nur noch mit einem einheitlichen Wertelabel versehen werden (nicht mehr dargestellt).

```
 ID KONZERN              ZAEHLER

  1 Daimler                 1,00
  2 Benz-Daimler            1,00
  3 Mercedes-Benz           1,00
  3 Daimler-Chrysler        1,00
  4 MB-Daimler              1,00
  5  DAIMLER-Benz           1,00
  6     Benz                1,00

Number of cases read:  7    Number of cases listed:  7
```

Zu beachten ist die Logik dieser Programmversion: Für den Fall, dass in einem String beide Suchbegriffe auftreten (vgl. ID 2), wird nur ein (erster) Kode zugewiesen.

4.10 Vereinheitlichung von gemischten Zeichenketten (Telefonnummern)

Die Vereinheitlichung von gemischten Zeichenketten, z.B. Einträgen in einem Telefonverzeichnis, kann ziemlich mühsam sein. Je uneinheitlicher die Zeichenketten sind, umso umfangreicher sind die erforderlichen Korrekturen. Die LOOP-Variante setzt z.B. nur voraus, dass im Telefonverzeichnis alle drei Felder (internationale Vorwahl, Ortsvorwahl und Durchwahl) ausgefüllt wurden und dass alle Strings bzw. Sonderzeichen entfernt werden dürfen.

4.10.1 Vollständig ausgefüllte Felder (LOOP-END LOOP)

Sind Telefonfelder zwar uneinheitlich, aber vollständig ausgefüllt, kann die Schreibweise von Telefonnummern mittels des folgenden Programms vereinheitlicht werden.

```
data list
    / TNUMMER (A20).
begin data
(491) 234-567
(+4912)3-4567
+49/123-4567
+49+123-4567 PRIV
49 123 4567
49-1234567
+49 123-4567
+491234567
end data.
list.

string TNALT (A20).
compute TNALT=TNUMMER.
exe.
loop .
compute #I
 = INDEX(TNUMMER,"+()-/.\ABCDEFGHIJKLMNOPQRSTUVWXYZÄÖÜß ",1) .
if #I > 0
 TNUMMER=concat(substr(TNUMMER,1,#I-1), substr(TNUMMER,#I+1)).
end loop if #I=0 .
list variables TNALT TNUMMER.
```

Über „compute TNALT“ wird eine Kopie der Telefonnummern angelegt. Die Korrekturen basieren im Wesentlichen auf INDEX, SUBSTR und CONCAT. Über INDEX werden Sonderzeichen und Strings, wie z.B. Blanks, Buchstaben, Umlaute, und Symbole wie z.B. „+“, „(“ und „)“ aus den Strings der Telefonnummern entfernt; dabei wird mittels „#I“ die Position des ersten Auftretens eines entfernten Zeichen gezählt. Über SUBSTR werden die einzelnen Ziffernabfolgen als Strings mit unterschiedlicher Länge definiert (für die Bestimmung der jeweiligen Länge ist die Position der entfernten Zeichen wichtig) und über CONCAT zu einem Gesamtstring zusammengefasst.

```
TNALT                 TNUMMER
(491) 234-567         491234567
(+4912)3-4567         491234567
+49/123-4567          491234567
+49+123-4567 PRIV     491234567
49 123 4567           491234567
49-1234567            491234567
+49 123-4567          491234567
+491234567            491234567

Number of cases read:  8    Number of cases listed:  8
```

Das LOOP-END LOOP-Programm funktioniert unabhängig von der Anzahl der ausgefüllten Felder. Bei unverändertem Programm sieht das Ergebnis für fünf Felder z.B. so aus:

```
TNALT                TNUMMER

(491) 234-567-8-910  4912345678910
(+4912)3-4567-8-910  4912345678910
+49/123-4567-89-10   4912345678910
+49+123-4567-89-10 P 4912345678910
49 123 4567-89 10    4912345678910
49-1234567-89+10     4912345678910
+49 123-4567-8910    4912345678910
+491234567-8910      4912345678910

Number of cases read:  8    Number of cases listed:  8
```

Genau betrachtet funktioniert das LOOP-END LOOP-Programm sogar unabhängig von der Vollständigkeit der ausgefüllten Felder (vgl. Zeilen 7 und 8). Wichtig ist im Endeffekt nur, dass die numerischen Informationen in der richtigen Reihenfolge stehen; es ist unerheblich, ob diese auf drei, vier oder fünf Felder mit oder ohne Lücken verteilt sind. Das LOOP-END LOOP-Programm würde z.B. für die folgenden Daten nicht funktionieren (vgl. Zeile 5).

4.10.2 Unvollständig ausgefüllte Felder (IF)

Sind die Felder weder vollständig, noch einheitlich ausgefüllt, ist die Vereinheitlichung umständlicher. Das Programm muss im Prinzip für jede einzelne Schreibvariante eine separate Korrektur berücksichtigen. Dem LOOP-END LOOP-Programm würde an den Daten des folgenden Beispiels in Zeile 5 ein Fehler unterlaufen.

```
DATA LIST
      / TNALT (A14).
BEGIN DATA
(+49) 123-4567
(+49)123-4567
+49/123-4567
123-4567 PRIV
123-4567/9876
123 4567
1234567
+49 123-4567
+491234567
END DATA.
LIST.
```

```
STRING TNUMMER (A14).

if (index(TNALT, "(") = 1 and index (TNALT, " ") =6)
      TNUMMER = substr (TNALT, 7, 8).
if (index(TNALT, "(" )= 1 and index (TNALT, " ") =14)
      TNUMMER = substr(TNALT, 6, 8).
if (index (TNALT, "1") =1)
      TNUMMER = substr (TNALT, 7,8).
if (index (TNALT, "/")=4 and index (TNALT, " ") =13)
      TNUMMER = substr (TNALT, 5, 8).
if (index (TNALT, "-")= 4 and index (TNALT, " ") =9)
      TNUMMER = substr (TNALT, 1, 8).
if (index (TNALT, "-") =4 and index (TNALT, "/")=9)
      TNUMMER = substr (TNALT, 1, 8).
if (index (TNALT, "-") =4 and index (TNALT, "-")=9)
      TNUMMER = substr (TNALT, 1, 8).
if (index (TNALT, " ") =4 and length (rtrim (TNALT))=8)
TNUMMER = concat (substr(TNALT,1,3), "-",substr (TNALT, 5,4)).
if (length (rtrim (TNALT))=7)
TNUMMER = concat (substr(TNALT,1,3), "-",substr(TNALT, 4,4)).
if (index (TNALT, " ")=4 and length (rtrim (TNALT)) >= 12)
TNUMMER = concat (substr(TNALT,5,3), "-",substr (TNALT, 9,4)).
if (length (rtrim(TNALT))=10)
TNUMMER = concat (substr (TNALT,4,3),"-", substr(TNALT, 7,4)).
exe.

list.
```

Die Korrekturen basieren im Wesentlichen auf INDEX, CONCAT und SUBSTR und wurden im vorangegangen Beispiel erläutert. Über RTRIM werden Zeichen rechts neben der Telefonnummer abgeschnitten und mit einer Leerstelle ersetzt. Über LENGTH wird die Länge des Strings ermittelt.

```
TNALT           TNUMMER

(+49) 123-4567 123-4567
(+49)123-4567  123-4567
+49/123-4567   123-4567
123-4567 PRIV  123-4567
123-4567/9876  123-4567
123 4567       123-4567
1234567        123-4567
+49 123-4567   123-4567
+491234567     123-4567

Number of cases read:  9    Number of cases listed:  9
```

4.11 Vereinheitlichung von Zeit- und Datumsangaben

Datums- und Zeitangaben sind besonders anfällig für Probleme. Während Stringvariablen noch einigermaßen über ihre Semantik „gelesen" werden können, ist die Einheitlichkeit von Datums- und Zeitangaben oft eine sehr mühsame und undankbare Angelegenheit (von der Identifikation und Korrektur anderer Datumsfehler, z.B. Tippfehlern, ganz zu schweigen), obwohl sie gerade in zeit- bzw. datumsbezogenen Datenanalysen absolut zentral ist, weil ihre Plausibilität das Fundament der Analyse darstellt.

Der Verfasser hat in jüngerer Vergangenheit eine Patientendatenbank zur Sichtung und ggf. zur Korrektur und Analyse überlassen bekommen. Eine der darin enthaltenen Variablen erfasste die Dauer vom Unfallzeitpunkt bis zur Erste-Hilfe-Maßnahme. Eine genauere Prüfung ergab, dass die Einträge zwar alle numerisch waren, dass aber die Einheiten unterschiedliche Zeiteinheiten protokollierten, nämlich Sekunden, Minuten oder sogar Stunden. Eine „1" konnte z.B. als eine Sekunde, Minute oder Stunde interpretiert werden. Eine direkte Analyse war nicht möglich; zuvor war eine aufwendige Vereinheitlichung dieser Angaben in einheitliche Minuten erforderlich.

Während bei Datumsangaben (z.B. „20-DEC-2005") v.a. ein einheitliches Datumsformat (4.11.1.) eine zentrale Rolle spielt, ist die Protokollierung einheitlicher Zeitangaben (z.B. „11:07") gleich für mehrere Probleme anfällig (4.11.2.). In Variablen, die Datum und Uhrzeit gleichzeitig protokollieren (z.B. als „20-DEC-2005 11:07", sog. DATETIME-Format), können sich solche Probleme unter Umständen aufaddieren.

4.11.1 Datumsangaben: Die besondere Rolle des Datumsformats

Für Datumsvariablen gelten alle Anforderungen wie für numerische Variablen. Dies bedeutet z.B.: Eine Variable, die in einem Masterdatensatz GEBDATUM heißt, eine Datumsvariable ist, ein bestimmtes Datumsformat besitzt (es gibt viele verschiedene) und das Label „Geburtsdatum" aufweist, muss auch in einem Updatedatensatz GEBDATUM heißen, eine Datumsvariable sein, dasselbe Datumsformat besitzen und das Label „Geburtsdatum" aufweisen.
Bei Datumsvariablen können darüber hinaus besondere Probleme auftreten:

- Die Datumsvariablen sind uneinheitlich im europäischen (TT.MM.JJJJ) oder im amerikanischen Format (MM.TT.JJJJ).
- Die Datumsvariablen sind uneinheitlich in den ausgegebenen Stellen, z.B. TT.MM.JJJJ oder TT.MM.JJ.
- Die Datumsvariablen sind uneinheitlich in der Interpunktion, z.B. TT.MM. JJJJ oder TT-MM-JJJJ (vgl. 4.12.3.).
- Die Datumsvariablen sind uneinheitlich in der angegebenen Zeit, z.B. TT.MM.JJJJ, MM.JJJJ oder JJJJ usw.

Das folgende Syntax-Beispiel enthält Datumsangaben in einem scheinbar einheitlichen Format. Tatsächlich ist die Datensituation im Einleseschritt (nach BEGIN DATA) gar nicht so eindeutig, wie sie vielleicht zunächst aussehen sollte. Die abschließende Ausgabe in amerikanischem (MMTTJJJJ) und europäischem (TTMMJJJJ) Format wird auf die damit verbundenen Probleme aufmerksam machen.

```
data list free
/ MIXDATEN (A10).
begin data
1/7/99 12/11/98 1/12/01
10/1/98 12-8-2002
10-7-00 1.12.99
end data .

compute L=index(MIXDATEN,'/.-,',1).
compute R=rindex(MIXDATEN,'/.-,',1).
compute T=number(substr(MIXDATEN,L+1,R-L-1),F2).
compute M=number(substr(MIXDATEN,1,L-1),F2).
compute J=number(substr(MIXDATEN,R+1),F4).

compute DATEUS=date.dmy(M,T,J).
format DATEUS (date).
compute DATEEU=date.dmy(T,M,J).
format DATEEU (date).
list
variables= DATEUS DATEEU.
```

Die zentralen, zu berücksichtigenden Aspekte sind: (a) Das Ausgangsformat der Daten muss bekannt sein, um rekonstruierbar zu sein. Das Ausgangsformat sollte idealerweise einheitlich sein; uneinheitliche, also europäische und amerikanische Formate gleichzeitig kommen wegen unterschiedlichen Tages- und Monatsangaben einer Datenkatastrophe gleich. (b) Das Zielformat sollte festgelegt und auf das Ausgangsformat der Datumsdaten abgestimmt sein.

```
     DATEUS      DATEEU

01-JUL-1999 07-JAN-1999
12-NOV-1998 11-DEC-1998
01-DEC-2001 12-JAN-2001
10-JAN-1998 01-OCT-1998
12-AUG-2002 08-DEC-2002
10-JUL-2000 07-OCT-2000
01-DEC-1999 12-JAN-1999

Number of cases read:  7    Number of cases listed:  7
```

Unterschiedlich vollständige Datumsvariablen sind schwierig zu vereinheitlichen. Sofern es keinen Informationsverlust bedeutet, können z.B. Datumsvariablen in verschiedenen Formaten auf den „kleinsten gemeinsamen Nenner" vereinheitlicht werden, z.B. TT.MM.JJJJ und MM.JJJJ auf MM.JJJJ.

Viele Studien erfassen über zwei Datumsangaben (Anfang, Ende) die Dauer einer Kampagne, Behandlung oder auch eines (Klinik)Aufenthalts. Die Überprüfung in Form einer Subtraktion des Anfangsdatums vom Enddatum muss einen positiven Wert ergeben. Negative Werte sind v.a. durch Eingabefehler verursacht, die z.B. durch eine Prüfvariable FEHLER identifiziert werden können. Der Fehlerindex FEHLER braucht nur noch über FREQUENCIES oder LIST abgefragt werden (z.B.):

```
data list
     /ZEIT1 1-8 (EDATE) ZEIT2 10-17 (EDATE) .
begin data
13/08/90 21/10/90
end data.
if ZEIT1 <= ZEIT2 FEHLER=1.
exe.
```

In manchen Analysen müssen Daten vom exakt gleichen Zeitpunkt vorliegen; uneinheitliche Datumsangaben werden als Hinweise auf fehlerhafte Erhebungen verstanden. Manchmal reicht es jedoch schon aus, wenn die Datumsangaben innerhalb (oder auch außerhalb) eines definierten Bereiches liegen. Für weitere Möglichkeiten des Umgangs mit Datumsvariablen wird auf die Einheit zum Datenmanagement verwiesen (vgl. auch Schendera, 2005).

Abschließend noch ein Hinweis zur Einheitlichkeit in Bezug auf die Zeit selbst. In verteilten Systemen kann u.U. der Zeitstempel (sog. time stamp) von Belang sein, mit dem bestimmte (automatisch erstellte) Datenpakete an einen Masterdatensatz gesandt werden. Hier wäre zur Gewährleistung der Einheitlichkeit der Zeit sicherzustellen, dass die angeschlossenen Arbeitsrechner auch die identische Systemzeit eingestellt haben. Zeitstempel werden in 12.4. vorgestellt.

Die Vereinheitlichung der Interpunktion von Datumsvariablen im Allgemeinen wird im Abschnitt 4.12.3. behandelt.

4.11.2 Zeitangaben: Drei klassische Fehler: Ein typisches Beispiel für uneinheitliche Zeitangaben

Bei der Protokollierung von Zeitangaben können ähnlich zu Datumsangaben leicht Fehler auftreten. Das folgende Beispiel anhand der Protokollierung von Messungen innerhalb von vierundzwanzig Stunden möchte für drei klassische Fehler sensibilisieren.

```
data list free
/ MIXDATEN (A6).
begin data
0h 1:30 12 18 20"15' 24h
end data .
```

Diese augenscheinlich sechs korrekten Zeitangaben weisen drei Fehler auf. Die drei fast schon klassisch zu nennenden Fehler sind die uneinheitliche Vergabe einer Einheit, die uneinheitliche Interpunktion und eine uneinheitliche Definition der Endpunkte des 24h-Messzeitraums.

- Fehler 1: Die Angabe der Einheit „h" ist uneinheitlich (0 ist mit, 12 ohne „h").
  Abhilfe: Protokollierung der Angaben ohne „h".
- Fehler 2: Die Interpunktion ist uneinheitlich. Die Angabe „1:30" wird mit einem Doppelpunkt, die Angabe „20"15'" wird mit dagegen mit Hochkommatas protokolliert.
  Abhilfe: Vereinheitlichung der Interpunktion (vgl. 4.12.).
- Fehler 3: Die Protokollierung von „0h" und „24h" ist uneinheitlich. Bei einer Messung innerhalb von 24 Stunden entspricht eine Messung um 24h einer Messung um 0h.
  Abhilfe: Vereinheitlichung der Protokollierung, entweder 24h oder 0h.

Bei der Protokollierung von Zeitangaben im Stringformat können weitere Probleme auftreten. Übliche Fehlermöglichkeiten sind z.B. das absichtliche Eingeben von ursprünglich hilfreichen Kommentaren (z.B. das Platzieren eines „?" um darauf hinzuweisen, dass diese Eingabe evtl. nochmals überprüft werden müsste), Tippfehler bei der Eingabe von Buchstaben (anstelle der Einheit „h" wird versehentlich „s" oder ein Sonderzeichen eingegeben) oder ein Tippfehler bei der Eingabe von Zahlen (Zahlendreher, z.B. anstelle von 23:59 wird 23:95 eingegeben).

Bei Zeitangaben spielt das Format einer Zeit ähnlich der Unterscheidung in eine amerikanische (z.B. 3 PM) oder europäische Angabe (z.B. 15 Uhr) für die korrekte Anzeige eine ähnlich wichtige Rolle. Der intern gespeicherte numerische Wert „12994157300" wird z.B. mittels des Formats TIME8 als „3609488:08" angezeigt, mittels des Formats DATETIME17 jedoch als „21-JUL-1994 08:08". Würde man nun eine Differenz zwischen den Werten „3609488:08" und „21-JUL-1994 08:08" vornehmen, so würde das Ergebnis „0" sein (beide Angaben sind ja identisch als „12994157300" gespeichert).
Dennoch kann es passieren, dass bei der Differenzbildung zwischen zwei identisch angezeigten Datumsangaben nicht die zu erwartende Null, sondern positive, aber auch negative Differenzen die Folge sind. Würde man im folgenden Beispiel eine Differenz zwischen den beiden Werten „21-JUL-94" vornehmen, so ist die Differenz nicht Null, sondern „-1".

```
data list free
/ DATUM3 (F15) DATUM4 (F15).
begin data
12994157300 12994157301
end data .
exe.
formats DATUM3 (date9) DATUM4 (date9).
compute DIFF3=DATUM3-DATUM4.
exe.
list.
```

```
   DATUM3      DATUM4      DIFF3

21-JUL-94 21-JUL-94     -1,00

Number of cases read:  1    Number of cases listed:  1
```

Die Erklärung ist, dass die Angaben „21-JUL-94" jeweils auf einer Formatierung der Werte 12994157300 bzw. 12994157301 aufbauen. Diese beiden Werte unterscheiden sich an der letzten Stelle um eine Einheit. Bei der Anzeige werden die sich unterscheidenden Werte sozusagen gerundet und erscheinen so in der Anzeige als gleich, obwohl sie es tatsächlich nicht sind. Die Differenzbildung verwendet jedoch die nichtgerundeten Werte und gelangt so zu einer Differenz zwischen den augenscheinlich identischen Datumsangaben.
Sollen also mit Datumswerten arithmetische Operationen durchgeführt werden, so sollte sichergestellt sein, dass Werte aus unterschiedlichen Quellen und mit unterschiedlichen Formaten im Ergebnis einheitlich sind und zu exakt übereinstimmenden Ergebnissen führen.

4.12 Einheitlichkeit von Interpunktion bzw. Nachkommastellen

Die Vereinheitlichung von Interpunktion ist meist ein recht unkomplizierter Prozess, da Interpunktionen normalerweise regelmäßig, in einer einheitlichen Weise (Komma, Punkt, etc.) und gleich häufig auftreten (vgl. 4.12.1.). Das Entfernen der Interpunktion aus Strings ist u.U. programmiertechnisch bzw. logisch ein etwas kniffligerer Prozess, weil Interpunktionen erfahrungsgemäß unregelmäßig, auf verschiedene Arten und unterschiedlich häufig auftreten können (vgl. 4.12.2.).

4.12.1 Hinzufügen von Interpunktion bzw. Nachkommastellen

In der Praxis kann durchaus das Problem auftretenden, dass in (Teilen von) Datenhaltungen die Interpunktion (Kommas, Dezimalpunkte) entweder nicht aufgenommen wurde, im Verlaufe von Migrationen verlorengegangen oder im Rahmen von neuen Datendefinitionen anzupassen ist. Verlieren Werte (z.B. 3.14) ihre Dezimalpunkte, nehmen sie ganz andere Größenordnungen an (z.B. 314). Da diese Werte so jede Analyse verzerren würden, muss eine einheitliche und korrekte Interpunktion rekonstruiert werden. Explizite Annahme des folgenden Ansatzes ist, dass die Zahl der Zeichen vor dem Komma bekannt und v.a. einheitlich ist. Für eine uneinheitliche Anzahl der Zeichen vor dem Komma müssten die Werte separaten Vereinheitlichungsschritten unterzogen werden.

```
data list free
/NOKOMMA(F11).
begin data
1
```

```
123
12345
12345678
end data.
string NSTRING (A11).
compute NSTRING =
rpad(rtrim(ltrim(string(NOKOMMA,F8))),8,'0').
exe.
compute KOMMA = number(concat(substr(NSTRING,1,5),'.',substr
(NSTRING,1,2)),F5.2).
exe.
list variables= NOKOMMA KOMMA.

     NOKOMMA    KOMMA

           1   100,00
         123   123,00
       12345   123,45
    12345678   123,45

Number of cases read:  4    Number of cases listed:  4
```

Das Vorgehen beruht in einem ersten Schritt auf einem Umwandeln der eingelesenen numerischen Werte (Variable NOKOMMA) in links ausgerichtete Strings (NSTRING), die mittels Nullen auf Ziffernfolgen mit einheitlicher Länge gebracht wurden. In einem zweiten Schritt werden mit dem ersten SUBSTR die Ziffern für die Vorkomma- und mit dem zweiten SUBSTR die Ziffern für die Nachkommastellen aus diesem String herausgelesen. CONCAT platziert diese extrahierten Ziffernfolgen vor und nach dem benötigen Dezimalpunkt. Abschließend wird über F5.2 das Format für diese Variable (KOMMA) festgelegt. Dieses Format darf nicht größer sein als die Gesamtlänge der extrahierten Zeichen. Übersteigt der „F-Wert" die Summe der Zeichen, so löst dies eine Fehlermeldung aus und SPSS vermag keine Variable KOMMA anzulegen. Diese Variante basiert darauf, dass die Ziffern links ausgerichtet wurden und bis zur vorgegebenen Länge mit sog. „trailing zeros" aufgefüllt wurden (aus „1" wurde z.B. „10000").
Mittels SPSS ist es auch möglich, Ziffern rechts auszurichten und bis zur vorgegebenen Länge mit sog. „leading zeros" aufzufüllen; in diesem Fall kann z.B. aus „1" „00001" werden). Voraussetzung ist, dass die betreffende Variable numerisch ist; anschliessend braucht dieser Variablen über FORMATS bzw. im COMPUTE-Ausdruck (vgl. rechts „N8") nur noch das N-Format zugewiesen werden. Das N-Format („restricted numeric format)" ist nur für ganzzahlige Werte ohne Vorzeichen zulässig.

```
data list free
/NOKOMMA(F11).
begin data
1
```

```
123
12345
12345678
end data.
formats NOKOMMA (N8.0).
string NSTRING2 (A11).
compute NSTRING2 =
rpad(rtrim(ltrim(string(NOKOMMA,N8))),8,'0').
exe.
list var NOKOMMA NSTRING2 .

 NOKOMMA NSTRING2

00000001 00000001
00000123 00000123
00012345 00012345
12345678 12345678

Number of cases read:  4    Number of cases listed:  4
```

Derselbe Ansatz kann verwendet werden, um auch mehrere Punkte in eine Ziffernfolge einzusetzen. Mehrere Punkte einzusetzen kann z.B. dann erforderlich sein, wenn z.B. Produktkodierungen von einer einstelligen auf eine zweistellige Interpunktion erweitert wurden und entsprechend die bereits vorliegenden Datenhaltungen angepasst werden müssen. Bei diesem Ansatz kann die resultierende Variable nur eine Stringvariable sein. Die Anzahl der Zeichen vor, zwischen und nach der jeweiligen Interpunktion ist bekannt und einheitlich.

```
data list free
/NOKOMMA(F11).
begin data
1
123
12345
12345678
end data.
string NSTRING (A11).
compute NSTRING =
rpad(rtrim(ltrim(string(NOKOMMA,F8))),8,'0').
exe.
string KOMMAS (A11).
compute KOMMAS = concat(substr(NSTRING,1,3),'.',
substr(NSTRING,4,2),'.',substr(NSTRING,6,2)).
exe.
string KOMMAS2 (A11).
compute KOMMAS2 = concat(substr(NSTRING,1,3),':',
```

```
substr(NSTRING,4,2),':',substr(NSTRING,6,2)).
exe.
list variables= NOKOMMA KOMMAS KOMMAS2.

   NOKOMMA KOMMAS        KOMMAS2

         1 100.00.00     100:00:00
       123 123.00.00     123:00:00
     12345 123.45.00     123:45:00
  12345678 123.45.67     123:45:67

Number of cases read:  4    Number of cases listed:  4
```

Die Variante KOMMAS2 setzt anstelle des Punktes einen Doppelpunkt. Die angelegten Zeichenfolgen KOMMAS und KOMMAS2 sind Strings. Mittels einer ähnlichen Methode können in separaten Variablen abgelegte Vor- und Nachnamen oder auch Monats- und Jahresangaben in eine einzelne Stringvariable zusammengezogen werden (mit bzw. ohne Interpunktion).

Ein leicht abgewandelter Ansatz kann eingesetzt werden, um aus den einzelnen Werten mehrerer Variablen die Ausprägungen einer Stringvariable zu bilden. Dieses Vorgehen ist dann nützlich, wenn z.B. aus den Ausprägungen mehrerer Variablen eine neue Klassifikationsvariable gebildet werden soll. Bei zwei bis drei Variablen ist über die Einbindung von *Werten* in Strings somit z.B. auch die Anzeige der Position in einem 2- bis 3dimensionalen Koordinatensystem möglich (siehe unten).

```
data list free
/VARX(F3) VARY(F3).
begin data
123 123
124 124
125 125
126 126
127 127
128 128
end data.
string LABEL2 (A7).
compute LABEL2= concat((string(VARX,F3.0)),":",
(string(VARY,F3.0))) .
exe.
list variables= LABEL2.

LABEL2

123:123
124:124
```

```
125:125
126:126
127:127
128:128

Number of cases read:  6    Number of cases listed:  6
```

Die angelegte Zeichenfolge LABEL2 ist ein String. Bei der Definition des Strings ist zu beachten, dass das vergebene Format (z.B. A7) genau der Summe der einzelnen Stringelemente entspricht, z.B. 2 x F3.0 und eine Position für das Zeichen (z.B. „:"). Ist der „A"-Wert kleiner als die Summe der zusammengefassten Zeichen, so wird zwar eine Variable LABEL2 angelegt, die Strings werden jedoch abgeschnitten.

```
GRAPH
  /SCATTERPLOT(BIVAR)=
   VARX WITH VARY BY
   LABEL2 (NAME)
  /MISSING=LISTWISE .
```

Über das Verbindung von Zahlen zu Strings ist die Anzeige einer Position in einem Koordinatensystem möglich.

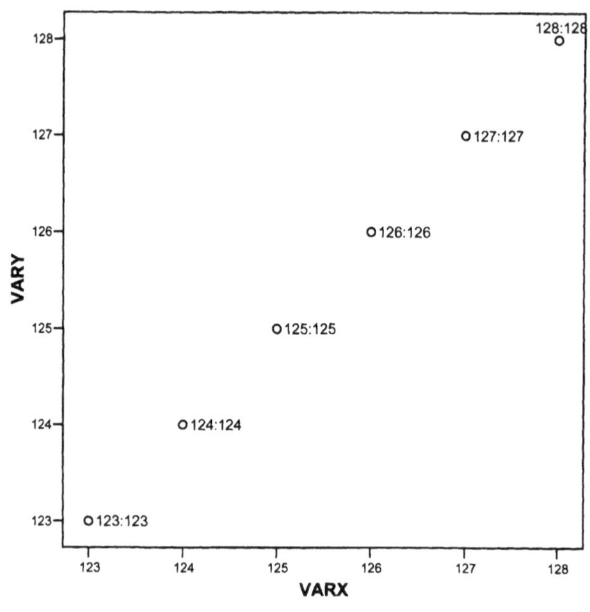

Mittels einer ähnlichen Methode können in separaten Variablen abgelegte Vor- und Nachnamen in eine einzelne Stringvariable zusammengezogen werden.

Oft ist es auch notwendig, für sehr große Datenmengen bzw. bei vielen Variablen mit jew. vielen Ausprägungen Gruppierungsvariablen zu bilden, die für jede Merkmalskombination aus den jew. einbezogenen Variablen genau einen einzelnen Wert bzw. Kode aufweist, z.B. folgendermaßen:

```
if (VAR1='AA' & VAR2='AA' & VAR3='AA' & VAR4='AA') KODE = 1 .
exe.
if (VAR1='AA' & VAR2='AA' & VAR3='AA' & VAR4='BB') KODE = 2 .
exe.
```

Die Ermittlung über IF-Befehle ist zwar theoretisch möglich, aber bei vielen Variablen, Merkmalsausprägungen, und –kombinationen ziemlich aufwendig bzw. seitens des Programmierens fehleranfällig. Auch setzt ein IF-Ansatz implizit die Konsistenz von vergebenen Kodes voraus, während man den CONCAT/STRING-Ansatz eher als einen Automatismus betrachten könnte, für den es eher sekundär ist, wie die Daten kodiert sind. Der CONCAT/STRING-Ansatz könnte einen IF-Ansatz komplett ersetzen oder zumindest nachhaltig unterstützen. Im Falle einer bereits feststehenden (also nicht weiter aktualisierten bzw. veränderten) Datenmenge könnte z.B. mittels dieses Ansatzes zunächst exploriert werden, welche der theoretisch möglichen Merkmalskombinationen tatsächlich überhaupt (empirisch) vorliegen. Wenn schon mittels eines IF-Ansatzes programmiert werden muss, dann kann sich eine solche Programmierung auf diejenigen Merkmalskombinationen beschränken, die tats. auch in den Daten auftreten.

Der folgende Ansatz wurde für vier kurze Strings (idealerweise in gleicher Länge) entworfen, kann jedoch unkompliziert auf beliebige viele bzw. beliebig lange Strings erweitert werden.

```
data list free
/VAR1(A2) VAR2(A2) VAR3 (A2) VAR4 (A2).
begin data
AA AA  AA BB BB BB CC CC CC AA BB CC
AA BB CC AA BB BB BB CC AA AA BB AA
AA AA  AA BB BB BB CC CC CC AA BB CC
AA BB CC AA BB BB BB CC AA AA BB AA
end data.
string KODE (A11).
compute KODE= concat(substr(VAR1,1,2),':',
substr(VAR2,1,2),':',substr(VAR3,1,2),':',substr(VAR4,1,2)) .
exe.
AUTORECODE
  VARIABLES=KODE  /INTO KODENUM
/PRINT.
list variables= KODE KODENUM .
```

Das Vorgehen entspricht im wesentlichen den bereits vorgestellten Ansätzen und wird daher nicht weiter erläutert. Der Übersicht halber wurde diese CONCAT/SUBSTR-Kombination um einen abschließenden AUTORECODE-Schritt ergänzt (zu seinen Schwächen vgl. Schendera, 2005). Die Interpunktion erleichtert die Lesbarkeit der zusammengefügten Strings.

```
KODE          KODENUM

AA:AA:AA:BB     1
BB:BB:CC:CC     5
CC:AA:BB:CC     6
AA:BB:CC:AA     3
```

```
BB:BB:BB:CC     4
AA:AA:BB:AA     2
AA:AA:AA:BB     1
BB:BB:CC:CC     5
CC:AA:BB:CC     6
AA:BB:CC:AA     3
BB:BB:BB:CC     4
AA:AA:BB:AA     2

Number of cases read:  12    Number of cases listed:  12
```

Jeder KODE- bzw. jeder KODENUM-Wert repräsentiert eine einzigartige Kombination der zusammengestellten Variablen. „1" repräsentiert z.B. die Kombination „AA:AA:AA:BB" und damit alle Fälle, die in der Variablen VAR1 die Strings „AA", in der Variablen VAR2 und VAR3 ebenfalls die Strings „AA" und in der Variablen VAR4 die Strings „BB" besitzen. Der Kode „1" wurde nur dieser Kombination vergeben und keiner anderen. Der höchste KODENUM-Wert repräsentiert die Variabilität der Kombinatorik. Im Beispiel repräsentiert der Wert „6", dass z.B. die zeilenweise Kombination von vier Variablen letztlich sechs verschiedene Kombinationen ergibt. Oder, in anderen Worten ausgedrückt, die Fälle/Zeilen lassen sich anhand ihrer Ausprägungen in den Variablen VAR1 bis VAR4 in sechs verschiedene Gruppen einteilen.

Die Kombination der Ausprägungen mehrerer Variablen ist im Prinzip nichts anderes als das Anlegen eines sog. zusammengesetzten Index (syn.: Indikator). Ein Indikator wird z.B. dann eingesetzt, wenn ein Datensatz z.B. nach den Ausprägungen mehrerer, aber immer denselben Variablen sortiert wird. Es ist informationstechnisch v.a. bei sehr großen Datenhaltungen viel effektiver, einen Datensatz nur über einen Indikator zu sortieren als über die Variablen auf einmal, aus denen er sich zusammensetzt. KODENUM setzt sich z.B. aus den Variablen VAR1 bis VAR4 zusammen und kann so als Index anstelle dieser Variablen eingesetzt werden. Die resultierende Sortierung ist in jedem Falle dieselbe, nur die Geschwindigkeit um ein vielfaches schneller. Die Performanz bei der Arbeit mit großen Datensätzen kann so sehr einfach erhöht werden.

4.12.2 Entfernen der Interpunktion aus Strings

Das Entfernen der Interpunktion aus Strings ist u.U. programmiertechnisch bzw. logisch ein kniffligerer Prozess, weil Interpunktionen unregelmäßig, in verschiedenen Arten und unterschiedlich häufig auftreten können.
Wenn bei der Entfernung sehr vieler verschiedener Interpunktionen bzw. Symbole keine bestehenden Interpunktionen etc. berücksichtigt werden brauchen, so kann der in Abschnitt 4.10.1. vorgestellte Ansatz auch auf Interpunktionen etc. angewandt werden. Dieser Ansatz entfernt die angegebene Interpunktion restlos, unabhängig von der Stelle ihres Auftretens.

```
data list free
/KOMMA (A9).
begin data
1:2.3456 12.:3456 1.23:45.6
1.234:56 1.23.45:6
end data.
string KOMMA2 (A9).
compute KOMMA2=KOMMA.
exe.
loop .
  compute #I = INDEX(KOMMA,".;,:",1) .
  if #I > 0
  KOMMA=concat(substr(KOMMA,1,#I-1),substr(KOMMA,#I+1)).
end loop if #I=0 .
list variables KOMMA KOMMA2 .
```

Wichtig ist die zweite COMPUTE-Zeile; in dieser können nach INDEX die zu elimierenden Interpunktionen etc. angegeben werden.

```
KOMMA      KOMMA2

123456     1:2.3456
123456     12.:3456
123456     1.23:45.6
123456     1.234:56
123456     1.23.45:6

Number of cases read:  5    Number of cases listed:  5
```

Einen ähnlichen Effekt hätte auch ein zweimaliges Durchlaufen einer REPLACE-Funktion. REPLACE ist z.B. auch für das Suchen und Ersetzen von Interpunktionszeichen geeignet, steht jedoch erst in SPSS ab der Version 14 zur Verfügung (vgl. 4.3.).

Sollen jedoch nur bestimmte Zeichen entfernt werden, wird das Entfernen der Interpunktion aus Strings etwas kniffligerer. Explizite Annahmen des folgenden Ansatzes sind, dass ein bearbeiteter String jeweils nur ein Zeichen aufweist und dass (zunächst) nur eine Zeichenart (Komma, Doppelpunkt, etc.) standardmäßig bei der Interpunktion verwendet wird.

```
data list free
/KOMMA (A7).
begin data
1:23456 12:3456 123:456
1234:56 12345:6
end data.
compute STELLE=index (KOMMA,':').
exe.
```

```
string VORKOMMA (A7).
compute VORKOMMA=substr(KOMMA,1,STELLE-1).
exe.
string NACHKOMMA (A7).
compute NACHKOMMA=substr(KOMMA,STELLE+1,7-STELLE).
exe.

string OHNEKOMMA (A12).
compute OHNEKOMMA=concat ((rtrim(VORKOMMA,' ')),
(rtrim(NACHKOMMA,' '))).
exe.
list.
```

In einem ersten Schritt wird über INDEX die Position des (einheitlichen) Interpunktionszeichens festgestellt und als Wert in der Variablen STELLE abgelegt. In einem zweiten Schritt werden über SUBSTR alle Zeichen der betreffenden Strings bis zum Interpunktionszeichen (STELLE) ausgelesen und in der Variablen VORKOMMA abgelegt. In einem dritten Schritt werden alle Zeichen nach der STELLE ausgelesen und in der Variablen NACHKOMMA abgelegt. In einem vierten Schritt werden die Vor- und Nachkommastrings zusammengefügt und in die Variable OHNEKOMMA abgelegt.

```
KOMMA      STELLE VORKOMMA NACHKOMMA OHNEKOMMA

1:23456      2,00 1        23456     123456
12:3456      3,00 12       3456      123456
123:456      4,00 123      456       123456
1234:56      5,00 1234     56        123456
12345:6      6,00 12345    6         123456


Number of cases read:  5    Number of cases listed:  5
```

Dieser Ansatz funktioniert auch dann, wenn die Strings verschiedene Interpunktionszeichen aufweisen (vorausgesetzt, es tritt pro String nur ein Zeichen auf). Die ausgegebene Fehlermeldung kann ignoriert werden. Würde z.B. die o.a. Syntax über leicht veränderte Beispieldaten geschickt werden, die an einer Stelle einen Punkt anstelle des üblichen Doppelpunkts aufweisen, so werden in die angelegte Variable OHNEKOMMA alle Strings mit einer Ausnahme bereinigt abgelegt.

```
                         KOMMA        STELLE VORKOMMA NACHKOMMA OHNEKOMMA
begin data
1:23456 12:3456 1:23456       2,00 1        23456     123456
123:456          12:3456       3,00 12       3456      123456
1234:56 12345.6 123:456       4,00 123      456       123456
end data.        1234:56       5,00 1234     56        123456
                 12345.6        ,00          12345.6   12345.6

                 Number of cases read:5     Number of cases listed:5
```

Für die Ausnahme „12345.6“ braucht dann das Programm nur noch so anpasst werden, dass es anstelle der Einträge von KOMMA auf „:“ nun die Einträge von OHNEKOMMA auf „.“ absucht. – Sollen jedoch von vorneherein nur Punkte eliminiert werden, braucht in der INDEX-Zeile des obigen Programms anstelle des Doppelpunkts nur ein Punkt-Symbol angegeben werden. Das Entfernen von Punkten lässt die korrekt platzierten Doppelpunkte unverändert. Die Daten dieses Beispiels enthielten pro String nur jeweils eine Interpunktion. Falls mehrere gleiche Interpunktionen (z.B. zwei Doppelpunkte) vorkommen, gilt der INDEX-Ansatz nur unter der Voraussetzung, dass bei mehreren Interpunktionen immer nur das jeweils erste ersetzt bzw. entfernt werden kann. Die INDEX-Funktion sucht immer das erste Auftreten einer bestimmten Zeichenkette auf. Ist die Interpunktion jedoch unregelmäßig (ein String enthält z.B. zwei Zeichen, wovon das *erste* Zeichen korrekt ist), so würde die INDEX-Funktion das eigentlich *richtige* Zeichen entfernen und das danach auftretende falsche Zeichen stehen lassen. Die RINDEX-Funktion, die im Gegensatz dazu das letzte Auftreten einer bestimmten Zeichenkette aufsucht, hat bei unregelmäßigen Interpunktionen dasselbe Problem. Enthält ein String z.B. zwei Zeichen (wobei z.B. das *zweite* Zeichen korrekt ist), so würde die RINDEX-Funktion das eigentlich *richtige* Zeichen entfernen und das davor auftretende falsche Zeichen stehen lassen (vgl. das Beispiel zu „1:234:56“ unten). – An dieser Stelle gehen wir davon aus, dass die RINDEX-Funktion, die das letzte Auftreten einer bestimmten Zeichenkette angibt, nicht weiterhelfen würde; dies nur als Annahme; für diese Beispieldaten könnte es eine erste Lösung sein. – Darüber hinaus tritt eine besondere Schwierigkeit auf: Mehrere Interpunktionen bei gleicher Anzahl an Ziffern bedeuten, dass die Strings länger werden; entsprechend muss in CONCAT bzw. der jeweiligen Definition der Strings die größere Länge der Strings berücksichtigt werden. Würden z.B. leicht veränderte Beispieldaten an einer Stelle zwei anstelle des einen üblichen Doppelpunkts aufweisen, so legt die entsprechend angepasste Syntax alle Strings mit einer Ausnahme bereinigt ab. Das folgende Beispiel soll dies an dem Wert „1:2324:56“ veranschaulichen. Wichtig ist hier nur, dass in diesem String zwei Symbole vorkommen; die Interpunktion in den anderen Strings ist nebensächlich.

```
begin data      KOMMA        STELLE VORKOMMA NACHKOMMA OHNEKOMMA
1:23456
12:3456         1:23456        2,00 1        23456     123456
123:456         12:3456        3,00 12       3456      123456
1:234:56        123:456        4,00 123      456       123456
12345:6         1:234:56       2,00 1        234:56    1234:56
end data.       12345:6        6,00 12345    6         123456

                Number of cases read: 5  Number of cases listed: 5
```

Angenommen, im Wert „1:234:56" ist tats. der erste Doppelpunkt überflüssig; in diesem Fall hat das Programm korrekt gearbeitet und diesen korrekt aus dem String entfernt. Wäre jedoch der zweite Doppelpunkt überflüssig, hätte das Programm jedoch den falschen Doppelpunkt aus dem String entfernt. Dasselbe gilt für die RINDEX-Funktion: Wäre der erste Doppelpunkt überflüssig, hätte das Programm falsch gearbeitet; wäre jedoch der zweite Doppelpunkt überflüssig, hätte das Programm korrekt gearbeitet. Um solchen Fallstricken zu entgehen, könnte (wiederum eine Regelmäßigkeit mehrfach auftretender Symbole vorausgesetzt) der Wert der Variablen STELLE um einen Korrekturfaktor versehen werden, der z.B. in folgender Weise auf einer Kombination von INDEX- und RINDEX-Funktion basiert:

```
data list free
/KOMMA (A8).
begin data
1:23456 12:3456 123:456
1:234:56 12345:6
end data.
compute STELLE=index(KOMMA,':').
exe.
compute STELLE1=index(KOMMA,':').
exe.
compute STELLE2=rindex(KOMMA,':').
exe.
do if (STELLE2 > STELLE1) .
compute STELLE=2 .
end if.
string VORKOMMA (A9).
compute VORKOMMA=substr(KOMMA,1,STELLE-1).
exe.
string NACHKOMMA (A9).
compute NACHKOMMA=substr(KOMMA,STELLE+1,8-STELLE).
exe.
string OHNEKOMMA (A9).
compute OHNEKOMMA=concat ((rtrim(VORKOMMA,' ')),
(rtrim(NACHKOMMA,' '))).
exe.
list.
```

Bei mehr als zwei Doppelpunkten pro String, z.B. drei Doppelpunkten, müsste dieser Korrekturfaktor wieder genau auf seine Funktionalität hin überprüft werden, genauer: daraufhin, ob die falschen Doppelpunkte *immer* am Anfang, in der Mitte, oder am Ende eines Strings auftreten bzw. *falls nicht, unter welchen Bedingungen* sie an diesen Positionen auftreten.

```
KOMMA       STELLE   STELLE1  STELLE2  VORKOMMA  NACHKOMMA  OHNEKOMMA

1:23456       2,00     2,00     2,00   1         23456      123456
12:3456       3,00     3,00     3,00   12        3456       123456
123:456       4,00     4,00     4,00   123       456        123456
1:234:56      6,00     2,00     6,00   1:234     56         1:23456
12345:6       6,00     6,00     6,00   12345     6          123456

Number of cases read:  5    Number of cases listed:  5
```

4.12.3 Vereinheitlichung der „Interpunktion" von Datumsvariablen

Ein und dasselbe Datum kann in unterschiedlicher Interpunktion geschrieben werden. Der 14. August 2005 kann z.B. nicht nur als „14.08.2005", aber auch „14-08-2005" oder „14/08/2005", sondern auch völlig unregelmäßig als „14.08-2005" oder „14/08.2005" geschrieben werden. Liegen (z.B. in externen Textfiles) uneinheitliche Datumsschreibweisen vor (vgl. z.B. die Variable MIXDATUM, s.u.), so können diese über das nachfolgende Programm vereinheitlicht werden.

```
data list free
 / MIXDATUM  (A10).
begin data
14/8/2005 14-8-2005 14.8.2005 14.8/2005
14.8-2005 14-8/2005 14/8.2005 14/8/2005
14-8.2005 14/8-2005 14.8-2005 14/8.2005
end data .
compute #x=index(MIXDATUM,'/.-,',1).
compute #y=rindex(MIXDATUM,'/.-,',1).
compute TAG=number(substr(MIXDATUM,1,#x-1),F2).
compute MONAT=number(substr(MIXDATUM,#x+1,#y-#x-1),F2).
compute JAHR=number(substr(MIXDATUM,#y+1),F4).
format TAG MONAT (F2.0) JAHR (F4.0).
compute DATUM=DATE.MDY(MONAT,TAG,JAHR).
format DATUM (edate).
list.
```

Die im Wesentlichen verwendeten INDEX-, RINDEX- und SUBSTR-Funktionen wurden bereits an früherer Stelle erläutert (zur weiteren Arbeit mit Zeit- und Datumsvariablen vgl. Schendera, 2005).

```
MIXDATUM    TAG MONAT JAHR       DATUM

14/8/2005   14    8  2005 14.08.2005
14-8-2005   14    8  2005 14.08.2005
14.8.2005   14    8  2005 14.08.2005
14.8/2005   14    8  2005 14.08.2005
14.8-2005   14    8  2005 14.08.2005
14-8/2005   14    8  2005 14.08.2005
14/8.2005   14    8  2005 14.08.2005
14/8/2005   14    8  2005 14.08.2005
14-8.2005   14    8  2005 14.08.2005
14/8-2005   14    8  2005 14.08.2005
14.8-2005   14    8  2005 14.08.2005
14/8.2005   14    8  2005 14.08.2005

Number of cases read:  12    Number of cases listed:  12
```

Bei Zeit- und Datumsvariablen ist das Format zu beachten, z.B. europäisches vs. amerikanisches Format (vgl. 4.11.).

4.13 Einheitlichkeit von Missings

Missings können in mind. dreierlei Hinsicht uneinheitlich sein:

- Variante 1: Es liegen Kodes für anwenderdefinierte Missings vor, die z.T. noch nicht an SPSS übergeben wurden.
- Variante 2: Es liegen für dasselbe Phänomen unterschiedliche Kodes vor (auch der umgekehrte Fall, gleiche Kodes für unterschiedliche Phänomene, wäre zu prüfen).
- Variante 3: Es liegen sowohl systemdefinierte, als auch anwenderdefinierte Missings vor.

Variante 1:
Für alle Kodes für anwenderdefinierte Missings wäre zu prüfen, ob sie an SPSS übergeben wurden. Überblick verschafft z.B. eine Syntax (sofern überhaupt eine vorliegt):

```
MISSING VALUES VAR_1 (98,99) VAR_2 (99) VAR_STRG ('  ').
```

Sind einzelne Kodes (z.B. 98 in VAR_2) oder sogar komplette Variablen (z.B. VAR_3, vgl. „Vollständigkeit") nicht enthalten, so müssen sie in diese Definition der anwenderdefinierten Missings aufgenommen werden (vgl. Variante 2).

Variante 2:
Es liegen unterschiedliche Kodes für dasselbe Phänomen vor (oder auch umgekehrt). Eine vereinheitlichende Kodierung erzielt man entweder von vorneherein bei der Dateneingabe bzw. im Nachhinein über vereinheitlichende IF-, RECODE- oder DO IF-Anweisungen (vgl. Schendera, 2005). Eine vereinheitlichende Definition bzw. Übergabe an SPSS kann mit folgender Syntaxanweisung erfolgen.

```
MISSING VALUES VAR_1 VAR_2 VAR_3 (98,99) VAR_STRG ('Missing').
```

Hinweis: Oft werden bei der Dateneingabe sowohl 0 oder auch eine leere Zelle (‚Blank') als ‚Kodes' für fehlende Werte gleichzeitig verwendet. Weil hier der Wert *0* fälschlicherweise mit der *Information* „Zelle ist leer" gleichgesetzt wird, entsteht ein durchaus ernsthaftes Problem, weil erfahrungsgemäß diese Daten üblicherweise nicht mehr im Nachhinein auseinandergehalten und über Syntaxanweisungen korrigiert bzw. vereinheitlicht werden können. Darüber hinaus ist beim paarweisen Vereinheitlichen (z.B. von VAR_1 und VAR_2) von Nullen und leeren Zellen ein Abfolgeproblem von SPSS zu beachten.

Sollen z.B. VAR_1 und VAR_2 dann auf Missing gesetzt werden, wenn VAR_1 und VAR_2 jeweils Nullen oder Blanks enthalten, dann ist zwar die erste folgende SPSS Anweisung logisch richtig, aber nur die zweite Anweisung funktioniert für beide Variablen.

```
* (a) Anweisung funktioniert nicht *.
if any (VAR_1, 0, SYSMIS) & any(VAR_2, 0, SYSMIS)
VAR_1=$SYSMIS .
exe.
if any (VAR_1, 0, SYSMIS) & any(VAR_2, 0, SYSMIS))
VAR_2=$SYSMIS .
exe.

* (b) Anweisung funktioniert *.
if any (VAR_1, 0, SYSMIS) & VAR_2 <=0  VAR_1=$SYSMIS .
exe.
if SYSMIS(VAR_1) & VAR_2 <=0  VAR_2=$SYSMIS .
exe.
```

Variante 3:
Liegen sowohl systemdefinierte, als auch anwenderdefinierte Missings vor, so ist das kein Fehler. Aus Ökonomiegründen wäre jedoch zu überlegen, ob eine einheitliche Definition, also *nur* systemdefinierte oder *nur* anwenderdefinierte Missings für die Umsetzung der vorliegenden Anforderungen nicht effizienter wäre.

4.14 Einheitlichkeit von Analysen und Designs (SET, SHOW und anderes)

Bereits im Abschnitt zu korrekt geschriebenen Namen von Auftraggebern, Produkten oder Leistungen wurde der wichtige Aspekt der Repräsentativität von Labels von Namen bzw. Werten von Variablen angedeutet. Die damit zusammenhängende Repräsentation von Unternehmen, Einrichtungen oder auch Projekten durch ein einheitliches Design wird oft auch als sog. ‚Corporate Design' bezeichnet. Das optisch einheitliche ‚Corporate Design' dient dabei der Selbstdarstellung von Unternehmen, Einrichtungen oder auch Projekten durch einheitliche Kommunikation ihrer Werte, Ziele und Qualitäten (‚Corporate Identity'). Zum ‚Corporate Design' wiederum zählen u.a. Designs, Farben, Slogans, Anagramme usw.
Auch für Analysen ist oft ein einheitliches Vorgehen notwendig. Einheitlichkeit ist hier z.B. dann wichtig, wenn für (Teil)Analysen mit SPSS trotz verschiedener Plattformen (z.B. Macintosh, Windows), Versionen (z.B. SPSS 15, 14, 13, 12, 11 etc.), (verstreuten) Arbeitsplätzen und/oder (wechselnden) Anwendern intern und extern eine Einheitlichkeit u.a. von Dezimalstellen, Messniveaus oder auch Währungseinheiten etc. gewährleistet werden muss. Im Gegensatz zum ‚Corporate Design' (4.14.1.) könnte man diesen Aspekt der eher technisch-methodisch und nur nachgeordnet repräsentativen Einheitlichkeit dem ‚Technical Design' (4.14.2.) zuordnen.

SPSS erlaubt über den Befehl SET einheitliche Designs bzw. Analysen gleich in mehreren Dimensionen selbst zu entwickeln oder über einheitliche Verwendung von SPSS-Optionen bzw. Einstellungen zu gewährleisten:

- Einheitliche Farbdefinitionen und -abfolgen.
- Einheitliche Schriften (Fonts, Größe, Formatierungen).
- Vorlagen für Pivot-Tabellen, ggf. je nach Typ.
- Vorlagen für Diagramme, ggf. je nach Art.
- Einheitliche Einstellungen (z.B. Speicherung, Sprache usw.).

Man muss es sich klarmachen: SET ermöglicht, über vielfältige Möglichkeiten der Voreinstellung von SPSS das Datenmanagement und die Datenanalyse so maßzuschneidern, dass (1) Nachbearbeitungen nur noch marginal notwendig werden, und (2) Abstimmungsprobleme zwischen verschiedenen Arbeitsplätzen, Mitarbeitern oder auch Projektphasen weitestgehend ausgeschlossen sein sollten. Das Vorgehen ist dabei so einfach wie effektiv: Man entwickelt zusammen eine SET-Datei auf die sich alle am Projekt Beteiligten einigen können, evtl. die dazu passenden Schablonen für Diagramme und Tabellen, installiert diese auf jedem Rechner und schon besteht optimale Austauschbarkeit. Um zwischendurch zu überprüfen, welche SPSS-Voreinstellungen bzw. ob alle anwenderdefinierten Einstellungen noch wirksam sind, braucht es nur einen einfachen Befehl. Alle aktuell wirksamen SET-Optionen können über einen einfachen SHOW-Befehl eingesehen werden.

```
SHOW.
```

Dieser Befehl gibt z.B. alle aktuellen Einstellungen in alphabetischer Reihenfolge aus (die nachfolgende Ausgabe ist gekürzt). Die Bedeutung der jeweiligen SET-Optionen wird später im Einzelnen erläutert.

Systemeinstellungen

Schlüsselwort	Beschreibung	Einstellung
BLANKS	Wert, in den Leerwerte umgewandelt werden	Systemdefiniert fehlend
CACHE	Datencache-Einstellung	5 (2 Datenquelle(n) derzeit verwendet)
CCA	Benutzerdefiniertes Währungsformat A	"-,,€,", z. B. -1,234.56€
... Ausgabe gekürzt ...	...	...
WEIGHT	Variable für die Fallgewichtung	Datei ist nicht gewichtet
WIDTH	Seitenbreite für Textausgabe	80
WORKSPACE	Spezielle Arbeitsbereich-Speichergrenze (KB)	6148

a. Dies wird vom System gesteuert und kann von den Benutzern nicht geändert werden.

Üblicherweise bleiben die Einstellungen so lange wirksam, bis sie von einer neuen SET-Vorgabe überschrieben werden. Übrigens, nicht alles, was SHOW ausgibt (z.B. LICENSE), entspricht einer SET-Option. Die installierte Lizenz kann z.B. über SHOW LICENSE. eingesehen werden, aber z.B. nicht über SET LICENSE eingestellt werden.

SPSS bietet weitere Möglichkeiten für die Einheitlichkeit von ‚Corporate Design' bzw. ‚Technical Design' an, z.B. die Abfolgen von Farben, Mustern oder Markierungen. Diese sind gegenwärtig jedoch nicht direkt über die SPSS Command Syntax ansteuerbar, sondern über die Mauslenkung (in SPSS V15 z.B. unter Bearbeiten → Optionen in der Registerkarte "Diagramme") und von dort über die SET-Option CTEMPLATES wieder speicher- und automatisierbar.
Im Folgenden werden die wichtigsten Möglichkeiten der Option SET für das sog. ‚Corporate Design' vorgestellt (für weitere Möglichkeiten wird auf die SPSS Command Syntax Reference verwiesen).

4.14.1 Repräsentative Einheitlichkeit (‚Corporate Design')

In diesem Abschnitt werden verschiedene Möglichkeiten für die Gestaltung einer repräsentativen Einheitlichkeit (‚Corporate Design') vorgestellt.

Über die Option OLANG kann z.B. für die meisten Elemente der SPSS-Ausgabe die Sprache eingestellt werden.

```
SET OLANG=German.
```

Dieser SET-Befehl bewirkt z.B. eine einheitliche Ausgabe in deutsch. OLANG ist nicht auf einfache Textausgaben und interaktive Diagramme (IGRAPH) oder Karten (MAPS) anwendbar. SPSS bietet verschiedene Ausgabesprachen an. Sollte eine gewünschte Ausgabesprache nicht verfügbar sein, kann über DEFOLANG auch auf die softwareseitig vorgesehene Sprachvoreinstellung zurückgegriffen werden.

Über die Option TLOOK können für Pivot-Tabellen entweder von SPSS angebotene Tabellenvorlagen oder selbst entworfene Vorlagen angegeben werden. Die unter TLOOK angegebene Vorlage kann u.a. Umrandungen, Platzierung von Überschriften, Zeilen- und Spaltenlabel und den Font des Textes steuern.

```
SET TLook 'C:\Eigene Dateien\Akademisch.tlo' .
```

Dieser SET-Befehl vergibt z.B. über TLOOK ein einheitliches Tabellendesign, in diesem Fall ein von SPSS angebotenes Design.

```
SET TLook 'C:\Eigene Dateien\Kunde ABC-Design2.tlo' .
```

Dieser SET-Befehl vergibt z.B. über TLOOK ein einheitliches Tabellendesign, in diesem Fall ein vom Anwender selbst entwickeltes und mit einer eigenen Bezeichnung versehenes Design. Die Voreinstellung für TLOOK ist NONE.

Über die Option CTEMPLATE können vom Anwender selbst entworfene Vorlagen für Diagramme angegeben werden. Die unter CTEMPLATE angegebene Vorlage kann u.a. Linien, Farben, Füllmuster und den Font des Textes steuern.

```
SET CTEMPLATE 'C:\Eigene Dateien\SPSS\Looks\Balkendiagramm-
Design12.sgt' .
```

Dieser SET-Befehl definiert z.B. über CTEMPLATE und die benutzerdefinierte Diagrammvorlage „Balkendiagramm-Design12.sgt" ein einheitliches Design für Diagramme. Die Voreinstellung für CTEMPLATE ist NONE. SET CTEMPLATE hat denselben, nur generelleren Effekt wie ein /TEMPLATE='...' [TEMPLATE ohne ‚C'!] in einem GRAPH-Programm. CTEMPLATE gilt für alle Diagramme, /TEMPLATE= nur für dasjenige, für das die Vorlage explizit angefordert wurde.

Über die Option TFIT kann für Pivot-Tabellen die Art und Weise der Spaltenbreite vorgegeben werden.

```
SET TFIT both .
```

Dieser SET-Befehl vergibt z.B. über BOTH eine einheitliche Spaltenbreite, die sowohl für Labels, wie auch für Werte breit genug ist. Über LABELS würde die Spaltenbreite nur für Labels genügend breit sein; Werte, die länger als Labels sein sollten, werden in diesem Fall als Sternchen dargestellt.

Über die Optionen ONUMBERS und OVARS bzw. TNUMBERS und TVARS kann für Pivot-Tabellen vorgegeben werden, wie Variablen dargestellt werden sollen. Über die Optionen TNUMBERS und TVARS wird die Anzeige der Werte und Variablen in der Tabelle selbst eingestellt. Über die Optionen ONUMBERS und OVARS wird die Anzeige der Werte und Variablen im Rahmen (‚Outline') der Tabelle eingestellt. Möglich sind die Anzeige von Variablen mit Namen (NAMES), Werten (VALUES), Labels (LABELS) oder beidem (BOTH, Labels und Werte bzw. Namen und Werte).

```
SET TNUMBERS values TVARS labels ONUMBERS labels OVARS labels .
```

Dieser SET-Befehl legt z.B. eine einheitliche Anzeige von Variablen fest.

Über die Optionen CCA bis CCE können bis zu fünf eigene Währungs- bzw. sonstige spezielle Ausgabeformate mit Prä- und Suffixen an SPSS übergeben und in Analysen z.B. über FORMATS (s.u., auch: WRITE FORMATS, PRINT FORMATS, WRITE und PRINT) zugewiesen werden. Die Bezeichnungen CCA bis CCE sind für benutzerdefinierte Formate fest vorgeschrieben und können nicht verändert werden.

```
set CCA=',$,,'                     formats VARA(CCA4.0)
    CCB=',,%,%'                          / VARB(CCB4.0)
    CCC='[,mmHg ,,]'                     / VARC(CCC4.0)
    CCD=',€,,'.                          / VARD(CCD4.0).
```

SPSS erlaubt, über vier Vorgaben bis zu fünf eigene (Währungs)Formate zu spezifizieren. Die Trennung innerhalb der festen Abfolge von negativem Präfix, Präfix, über Suffix zum negativen Suffix erfolgt entweder mittels Punkt oder Komma (je nachdem, was nicht als Dezimalpunkt verwendet wird) und enthält somit immer drei Punkte oder Kommas. Eine einzelne Spezifikation kann nicht länger als 16 Zeichen sein. Der Ausdruck wird in Anführungszeichen gesetzt. Das Beispiel CCC verwendet übrigens rechts von „mmHg“ einen Blank; vgl. dazu die u.a. Ausgabe.

	Beispiele für vier anwenderdefinierte Formate			
Formatelement	*CCA*	*CCB*	*CCC*	*CCD*
Negatives Präfix	Kein	Kein	[	Kein
Präfix	$	Kein	mmHg	€
Suffix	Kein	%	Kein	Kein
Negatives Suffix	Kein	%	]	Kein
Trennzeichen	Komma	Komma	Komma	Komma
Pos. Beispiel	$1200	1200%	mmHg 1200	€1200
Neg. Beispiel	$1200	1200%	[mmHg 1200]	€1200

Die Optionen LENGTH (voreingestellt: 59; Minimum: 40, Maximum: 999.999 Zeilen) und WIDTH (voreingestellt: 80; Minimum: 80, Maximum: 255 Zeichen) ermöglichen, die maximale Länge bzw. Breite der Ausgabe von Text einheitlich zu definieren.

```
SET LENGTH=60 WIDTH=100 .
```

Dieser SET-Befehl legt z.B. über LENGTH eine Seitenlänge von 60 Zeilen und eine Seitenbreite von 100 Zeichen eine einheitliche Textausgabe fest.

Über die Option HEADER kann z.B. die SPSS-Ausgabe mit Überschriften versehen werden. HEADER bezieht sich auf systemseitig vergebene, wie auch vom Anwender über TITLE bzw. SUBTITLE vergebene Überschriften.

```
SET HEADER=YES.
```

Dieser SET-Befehl versieht z.B. die SPSS-Ausgabe mit Überschriften. BLANK=NO unterdrückt Überschriften. Die Option BLANK ist insofern interessant, weil damit zwar keine Überschriften, dafür aber ein Seitenumbruch veranlasst werden kann.

4.14.2 Technisch-methodische Einheitlichkeit (,Technical Design')

In diesem Abschnitt werden verschiedene Möglichkeiten für die Gewährleistung einer technisch-methodischen Einheitlichkeit (,Technical Design') vorgestellt.

Einheitliche Analysen, Werte (Blanks) und Dezimalstellen, Wiss. Notation
Über die Option DECIMAL kann für numerische Werte eingestellt werden, ob die Dezimalstellen als Komma oder Punkt ausgegeben werden. Diese Option ist neu in Version 15.

```
SET DECIMAL=COMMA [DOT].
```

Mit DOT werden die Dezimalstellen als Punkt, über COMMA als Komma ausgegeben. DECIMAL kann die Einstellungen seitens des Betriebssystems bzw. eines vorausgegangenen LOCALE-Befehls überschreiben. Ein nachfolgender LOCALE-Befehl kann DECIMAL jedoch wieder überschreiben. LOCALE wird am Ende des Kapitels vorgestellt.

Über die Option FORMAT kann für numerische Variablen das voreingestellte F8.2 Druck- und Schreibformat geändert werden.

```
SET FORMAT=F6.1.
```

Dieser SET-Befehl vergibt z.B. über FORMAT für numerische Variablen ein einheitliches Druck- und Schreibformat und zwar mit sechs Stellen, einschließlich Dezimalpunkt und einer Nachkommastelle. Werden z.B. mittels COMPUTE neue Variablen angelegt, dann werden sie gleich im Format F6.1 und nicht dem voreingestellten F8.2 Format angelegt. Dieses Format bezieht sich auf die Anzeige und nicht die SPSS-interne Speicherung.

Liegen zweistellige Jahresangaben vor bzw. sollen zweistellige Jahresangaben bestimmten Datumsoperationen unterzogen werden, kann mit der SET-Option EPOCH das „Y2K"-Problem vermieden werden. EPOCH gibt SPSS vor, wie es bestimmte zweistellige Zahlen „verstehen" soll, indem es eine „interpretatorische Spannweite" von 100 Jahren vorgibt.

```
SET EPOCH=AUTOMATIC.
```

Diese EPOCH-Option AUTOMATIC veranlasst z.B. SPSS, alle zweistelligen Werte so zu interpretieren, als ob sie in einer Spanne von 69 Jahre nach dem gegenwärtigen Systemjahr und 30 Jahre davor liegen. Ist das Systemjahr z.B. 2005, so wird z.B. von SPSS die Jahresangabe „05" als „2005" und nicht als „1905" interpretiert. Soll die Jahresangabe jedoch „1905" sein, muss EPOCH umgestellt werden, indem der Beginn der 100-Jahrespanne angegeben wird.

```
SET EPOCH=1900.
```

Diese EPOCH-Option übergibt z.B. an SPSS die Information, dass alle zweistelligen Werte im Zeit- bzw. Zahlenraum von 1900 bis 1999 liegen. Die Jahresangabe „05" wird als „1905" und nicht als „2005" interpretiert.
Eine EPOCH-Option, die nicht in einem „Jahrhundert" beginnt, wird von SPSS etwas komplizierter interpretiert.

```
SET EPOCH=1950.
```

Diese EPOCH-Option übergibt z.B. an SPSS die Information, dass alle Werte zwischen 50 und 99 mit „19" beginnen, und alle Werte zwischen 00 und 49 mit „20". Die Jahresangabe „05" wird also als „2005" und nicht als „1905" interpretiert.
Die Option EPOCH ist sehr nützlich für zweistellige Jahresangaben. Aus vielerlei Gründen sollte man jedoch eher versuchen, überhaupt erst keine zweistelligen Jahresangaben in Datenhaltungen zu haben bzw. durch korrekte vierstellige Angaben zu ersetzen (siehe dazu die Beispiele an anderer Stelle).

SPSS ist so eingestellt, dass es beim Einlesen von Textdateien bzw. dem Anlegen von Datensätzen eine leere Stelle bzw. leere Zelle (sog. ‚Blank') als systemdefinierten Missing interpretiert. Über die Option BLANKS kann diese Voreinstellung (BLANKS=SYSMIS) der konkret vorliegenden Datensituation bzw. den Wünschen der Eingeber angepasst werden, wenn z.B. fehlende Daten in Form einer „0" kodiert sind. SPSS darf also bei BLANKS=0 erwarten, dass die solcherart kodierten Daten keine Lücken aufweisen. Kommen dennoch Datenlücken vor, würden diese eine Fehlermeldung auslösen. BLANKS funktioniert nur für leere Zellen bzw. leere Felder für numerische Variablen.

```
SET BLANKS=0.
```

Dieser BLANKS-Befehl veranlasst SPSS, den vergebenen Wert „0" als Platzhalter für einen fehlenden Wert einzulesen (es kann nur jeweils ein einheitlicher Code vergeben werden); „richtige" Blanks würden jetzt beim Einlesevorgang zu Fehlerhinweisen führen. Der Wert „0" wird von SPSS noch nicht als (anwenderdefinierter) Missing interpretiert. Soll dieser von SPSS so „verstanden" werden, so ist der Wert „0" in einem zweiten Schritt z.B. über MISSING VALUE an SPSS als Missing zu übergeben. Beim Einlesen von Daten muss die SET-Option BLANKS=... vor dem Initiieren des Einlesevorgangs vorgenommen werden. SPSS bietet darüber hinaus die Möglichkeit an, bei ungültigen Werten über UNDEFINED eine Warnmeldung ausgeben zu lassen.

```
SET BLANKS=0 /UNDEFINED=WARN.
```

Dieser BLANKS-Befehl veranlasst SPSS eine Warnmeldung auszugeben, wenn etwas anderes als die vorgegebene Zahl bzw. des Blanks an der Stelle des numerischen Wertes auftritt.

Über die Option SMALL kann die Anzeige kleiner numerischen Zahlen eingestellt werden. Die Option SMALL bezieht sich nur auf die Anzeige, nicht auf die Herleitung bzw. interne Speicherung der Werte.

```
SET SMALL=0.000100 .
```

Dieser SET-Befehl gibt über SMALL vor, dass alle Werte kleiner als 0.0001 einheitlich in wissenschaftlicher Notation ausgegeben werden sollen.

```
SET SMALL=0 .
```

Dieses Beispiel gibt z.B. vor, dass kein Wert in wissenschaftlicher Notation angezeigt werden soll.

Einheitliche Funktionalität

Die Option RNG („random number generator") bezieht sich auf den in SPSS integrierten Zufallszahlengenerator (in SPSS-Version 12 oder früher: MC, ab Version 13: MT) und deren Startwerte, die sog. 'Seeds' dieser Zufallszahlengeneratoren (in MC anzugeben über SEED, in MT über MTINDEX). Die RNG-Option ist zusammen mit den SEED- bzw. MTINDEX-Vorgaben v.a. dann nützlich, wenn zufallsabhängige Ergebnisse reproduziert werden sollen; in anderen Worten, wenn man z.B. bei zufallsabhängigen Ziehungen zu gleichen Ergebnissen gelangen will. Dass sich damit der Begriff der Zufallsabhängigkeit als Pseudozufallsabhängigkeit entpuppt (weil er nämlich vom vorgegebenen Startwert abhängt), soll nur am Rande erwähnt werden. Mit der ‚Seed'-Option RANDOM geben MT bzw. MC also jeweils „zufallsabhängige" Ergebnisse aus.

```
SET RNG=MC SEED=4567.
```

Dieser SET-Befehl weist SPSS an, den Zufallszahlengenerator MC (Monte Carlo) und für diesen den Startwert 4567 zu verwenden. Der Startwert muss ganzzahlig sein und zwischen 0 und 2000000 (jew. inkl.) liegen.

```
SET RNG=MT MTINDEX=-123.4.
```

Dieser SET-Befehl weist SPSS an, den Zufallszahlengenerator MT (Mersenne Twister) und für diesen den Startwert -123.4 zu verwenden. Der Startwert kann im Gegensatz zu MC's SEED mit Dezimalstellen angegeben werden und auch negativ sein. RNG=MT reproduziert beim selben Startwert nicht notwendigerweise dieselben Ergebnisse wie RNG=MC (dasselbe gilt auch umgekehrt).

Die Option CACHE speichert nach einer bestimmten Anzahl von Änderungen (voreingestellt: 20) am aktiven Datensatz eine vollständige Kopie in einer temporären Datei. Die Arbeit mit CACHE beschleunigt nicht nur die Arbeit mit SPSS, sondern ist für bestimmte Aufgabenstellungen, z.B. Zugriffe auf Datenbanken mittels SQL, unverzichtbar.

```
SET CACHE 10.
```

Dieser SET-Befehl veranlasst z.B. SPSS nach 10 Änderungen am aktiven Datensatz eine Kopie in eine temporäre Datei zu schreiben.

Die Option COMPRESSION kann ebenfalls die Verarbeitungsgeschwindigkeit beeinflussen. COMPRESSION bestimmt, ob sog. „scratch files" in komprimierter oder unkomprimierter Form angelegt werden. Komprimierte „scratch files" nehmen weniger Speicherplatz ein; unkomprimierte „scratch files" können im Vergleich dazu schneller verarbeitet werden.

```
SET COMPRESSION=ON.
```

Dieser SET-Befehl veranlasst z.B. SPSS, komprimierte „scratch files" anzulegen.

Die folgenden Optionen sind keine Einstellungen für eine einheitliche Arbeitsweise, sondern eher Optionen, wenn einzelne Rechner wegen eines nicht ausreichenden Arbeitsspeichers Gefahr laufen, nicht einheitlich zu funktionieren. Überfordern bestimmte Abläufe den momentan verfügbaren Arbeitsspeicher, kann über die SET-Optionen MXCELLS bzw. WORKSPACE Speicher zur Verfügung gestellt werden, um den betreffenden Vorgang abzuschliessen. SPSS gibt zuvor eine Rückmeldung aus, dass zuwenig Speicher zur Verfügung steht und wieviel mittels MXCELLS bzw. WORKSPACE zugewiesen werden sollte.
Werden z.B. Pivot-Tabellen angefordert, die den verfügbaren Arbeitsspeicher übersteigen, kann über die SET-Option MXCELLS eine kurzfristige Erhöhung des Speichers vorgenommen werden.
Übersteigen z.B. bestimmte Prozeduren den verfügbaren Arbeitsspeicher, z.B. FREQUENCIES oder CROSSTABS, kann über die SET-Option WORKSPACE mehr Speicher zugewiesen werden.
Die SPSS-Dokumentation empfiehlt, WORKSPACE und MXCELLS nur vorsichtig und nur dann einzusetzen, wenn SPSS zuvor eine entsprechende Warnmeldung ausgab, und z.B. MXCELLS nach der Ausgabe der betreffenden Pivot-Tabelle sofort wieder auf die voreingestellten Werte zu setzen.

Einheitliche Abläufe

Die folgenden Optionen sind wichtige Einstellungen für einheitliche Arbeitsabläufe (‚customizing'). Diese Einstellungen sind dann empfehlenswert, wenn Mitarbeiter auch an wechselnden PCs die gewohnte Arbeits- bzw. Analyseumgebung vorfinden möchten. Auf eine solche Weise einheitlich eingestellte SPSS-Sitzungen erhöhen die Effizienz von Arbeitsabläufen.
Die SET-Option MXLOOPS gilt unabhängig von der SPSS-Installation. SORT, MXWARNS, MXERRS, sowie LOCALE sind u.a. dann wichtig, wenn SPSS auf einem Server (SPSSB) installiert ist.

MXLOOPS verhindert mit einem Höchstwert (Voreinstellung: 40) im LOOP-END LOOP Befehl, dass unendliche Schleifen auftreten. Ist der MXLOOPS jedoch zu niedrig, kann es sein, dass eine Schleife verlassen wird, bevor eine Bedingung korrekt abgearbeitet werden konnte. Werden also Programme mit komplexen LOOP-END LOOP Schleifen auf unterschiedlichen Rechnern abgearbeitet, so ist es empfehlenswert sicherzustellen, dass alle angemessene MXLOOPS-Voreinstellungen aufweisen.

SPSS ist so voreingestellt, dass es nicht mit seinem internen Sortieralgorithmus (SORT= SPSS) arbeitet, sondern über die voreingestellte SET-Option SORT = EXTERNAL auf serverbasierte Sortieralgorithmen zuzugreifen versucht. Steht ein SPSSB Server zur Verfügung, auf dem weitere Sortieralgorithmen installiert sind, dann versucht SPSS über die SORT-Option EXTERNAL (syn.: SS) auf die Performanz von serverbasierten Sortieralgorithmen zuzugreifen, um die Verarbeitungszeit großer Datensätze zu reduzieren.

MXERRS gilt nur für eine serverbasierte SPSS-Installation (SPSSB) und z.B. nicht für SPSS for Windows bzw. SPSS for Macintosh. MXERRS zählt Fehler bis zu einer gewissen Höchstgrenze (Voreinstellung: 100). Ist das Limit erreicht, bricht SPSS die Verarbeitung der Befehle ab, scant die Programme jedoch nach weiteren Fehlern ab. In SPSSB hängt MXWARNS mit MXERRS zusammen (s.u.).
MXWARNS limitiert die Anzahl der ausgegebenen Warnungen (Voreinstellung: 10); die Wirkweise von MXWARNS unterscheidet sich je nach installierter Version. Wird z.B. in SPSS for Windows bzw. SPSS for Macintosh das Limit überschritten, werden einfach keine weiteren Warnmeldungen ausgegeben. Wenn also z.B. in SPSS for Windows keine weiteren Warnmeldungen ausgegeben werden, darf dies also nicht ohne weiteres so interpretiert werden, dass keine weiteren Fehler vorkommen. Wird z.B. in SPSSB das MXWARNS-Limit überschritten oder übersteigt die Gesamtzahl der Warnungen und Fehler das MXWARNS-Limit, so bricht SPSS die Verarbeitung der Befehle ab, scant die Programme jedoch nach weiteren Fehlern ab.

Nicht im Detail vorgestellt werden folgende Optionen: Mittels BLOCK und BOX können z.B. die Zeichen eingestellt werden, mit denen eine Box (für Rahmen) bzw. ein Block (in Balkendiagrammen) für den Fall einer Ausgabe im Textformat (z.B. Text-Viewer) gezeichnet werden sollen. SCALEMIN ist nur für SPSS-Datensätze vor Version 8.0 relevant.
Die Optionen ERRORS, MESSAGES, RESULTS und PRINTBACK steuern den Textoutput. Die weiteren Voreinstellungen und Unterbefehle hängen vom Betriebssystem ab; mögliche Aliase sind z.B. ON/YES bzw. OFF/NO. ERRORS (Fehler-, Warnmeldungen; ggf. voreingestellt: LISTING), MESSAGES (u.a. Überschriften und Speicherbedarf; ggf. voreingestellt: NONE) und RESULTS (Ergebnisausgabe im Textformat; ggf. voreingestellt: LISTING) beziehen sich ausschließlich auf Textoutput. PRINTBACK (ggf. voreingestellt: BOTH) bezieht sich dagegen auf über Syntax oder über Dialogboxen übergebene Befehle, z.B. wie sie im Journal (‚Log') protokolliert werden.
MEXPAND, MPRINT, MNEST und MITERATE sind Einstellungen für die Makroprogrammierung und werden z.B. in Schendera (2005) vorgestellt. Um eine einheitliche Funktionalität von Makros zu gewährleisten, sollte natürlich auch hier auf einheitliche Voreinstellungen geachtet werden. Nicht länger unterstützt werden die Befehle EXTENSIONS und MXMEMORY.

Die SET-Option LOCALE ist neu in Version 15. Die SET-Option LOCALE ermöglicht die voreingestellten lokalen Einstellungen (‚Locales', sog. Gebietschemata, u.a. für Land, Systemsprache sowie Zeichensatz) zu ändern, die SPSS oder der SPSS Analytic Server für die Datenanalyse verwenden. Der Vorzug von LOCALE ist also, dass der Anwender Datensätze in anderen Gebietschemata verarbeiten kann, ohne eine Änderung an den Computereinstellungen vornehmen zu müssen. Eine Voreinstellung kann z.B. so aussehen: „German_Germany.1252". Die erste (englische) Angabe gibt die Systemsprache, die zweite das Land und die dritte die sog. Codepage für den verwendeten Zeichensatz an (hier z.B. Windows Latein-1). Die Umstellung auf andere lokale Einstellungen ist dauerhaft und kann nur über einen weiteren expliziten LOCALE-Befehl rückgängig gemacht werden. LOCALE überschreibt lokale Befehle wie z.B. DECIMAL (siehe oben). Für die Definition bzw. Anwendung von serverbasierten Gebietschemata ist es empfehlenswert, mit den Serveradministratoren Rücksprache zu halten.

In SPSS Version 15 wird die SET-Option JOURNAL (auch: LOG) in nicht mehr unterstützt. In früheren SPSS Versionen unterstützte JOURNAL die Qualität und Ablaufgeschwindigkeit von Transformationen und Datenanalysen. Solche Protokolldateien, sog. Logs, fördern das ablauforientierte anstelle eines ergebnisorientierten Arbeitens und tragen nachhaltig zur Sicherung und dem Nachweis von Daten- und Analysequalität bei.

```
SET JOURNAL ON.
```

Dieser SET-Befehl veranlasst z.B. SPSS, ein sog. Log anzulegen. Diese Log-Datei protokolliert alle (Maus)Befehle und Warnmeldungen (seitens SPSS) einer Sitzung. Die protokollierten Befehle können in eine separate Syntaxdatei übernommen oder auch zu Makros umgeschrieben werden (vgl. Schendera, 2005). Warnmeldungen sind Hinweise auf noch auftretende Fehler. Nicht ausgegebene Warnmeldungen sind nicht notwendigerweise eine Garantie, dass keine Fehler vorliegen. Logs sind ein „automatisches Gedächtnis" und besonders nützlich für Phasen des kreativen Ausprobierens verschiedener Syntax- bzw. Rechenvarianten.

```
SET Journal 'C:\Programme\SPSS\projekt17_2005.jnl' Journal On.
```

Dieser SET-Befehl veranlasst SPSS, ein sog. Log mit dem Namen „projekt17_2005" in einem bestimmten Verzeichnis anzulegen. Der Vorteil von anwenderdefinierten Logs ist, dass sie am Anfang einer Sitzung nicht gelöscht, sondern kontinuierlich weitergeführt werden. Sehr lange geführte Logs können jedoch entsprechend umfangreich werden und unter Umständen sogar die Geschwindigkeit des Rechners belasten.

Wird die SET-Option JOURNAL an SPSS V15 übergeben, gibt SPSS die nachfolgende Fehlermeldung aus.

```
SET JOURNAL ON.

>Warning # 802 in column 5.  Text: JOURNAL
>You have attempted to use a SET subcommand which is obsolete.
```

Wurden für ein Projekt einheitliche Voreinstellungen (und ggf. Vorlagen) vereinbart, könnte z.B. jedem SPSS-Programm ein vereinheitlichender SET-Abschnitt vorausgeschickt werden. Ein solches Teilprogramm könnte dann z.B. folgendermaßen aussehen:

```
SET width 80.
SET length none.
SET compression=on.
SET header=no.
SET mxwarns=300000.
SET blanks=sysmis.
SET tlook 'C:\Eigene Dateien\Akademisch2.tlo' .
SET ctemplate 'C:\Eigene Dateien\SPSS\Looks\Balkendiagramm-
Design12.sgt' .
```

Danach könnten sich dann die üblichen SPSS-Syntaxprogramme anschließen (vgl. dazu z.B. Kapitel 15). Als abschließender Hinweis: Man sollte sich bei keinem Programm, auch nicht SPSS, darauf verlassen, dass syntaxbasierte Vorlagen und Einstellungen etc. 100% aufwärtskompatibel bzw. hardwareunabhängig sind. Bei einem Umstieg auf eine neuere Version bzw. nach der Migration auf ein neues Betriebssystem sollte die Funktionalität aller Einstellungen und Vorlagen im Abgleich mit den zuvor erfolgreich funktionierenden Vorgängerversionen sorgfältig geprüft werden.

5 Doppelte Werte und mehrfache Datenzeilen

Erkennen, Interpretieren und (ggf.) Ausfiltern

Sind die Daten vollständig, so ist der nächste Schritt zu überprüfen, ob Daten mehrfach vorkommen (sog. Doppelte, Dubletten, Duplikate, multiple entries/listings). Doppelte sind im Allgemeinen Fälle, die mindestens in einer Schlüsselvariablen (z.B. IDs) dieselben Werte aufweisen (die Richtigkeit der Einträge in der Schlüsselvariablen vorausgesetzt). Mit Doppelten sind im Folgenden also (zunächst) einzelne Werte oder auch komplette Datenzeilen gemeint, die mehr als einmal auftreten. Im Abschnitt 5.5. wird das Attribut „doppelt" weiter diffferenziert in „mehrmalig" und doppelt".

Mehrfach auftretende Einzelwerte (z.B. IDs) bedeuten nicht notwendigerweise, dass gleich die komplette Datenzeile übereinstimmt; jedoch sollte dieser Möglichkeit nachgegangen und als Fehlerquelle explizit ausgeschlossen werden.

Die Überprüfung von Doppelten ist v.a. bei großen, unübersichtlichen Datenbanken bis hin zu Data Warehouses eine Notwendigkeit und sollte auch bei kleinen Datensätzen grundsätzlich überprüft werden.

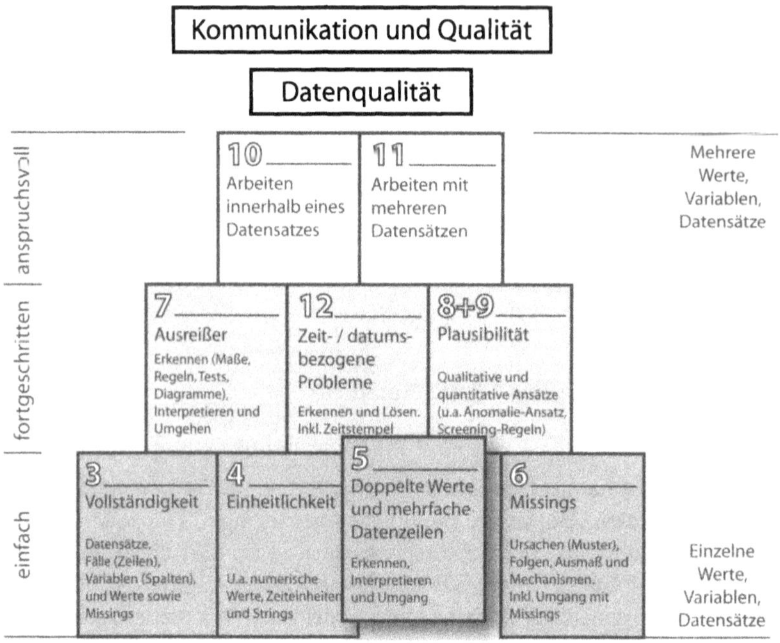

„Doppelte“ gehört neben „Vollständigkeit“, „Einheitlichkeit“ sowie „Missings“ zu den grundlegenden Kriterien von Datenqualität, zu deren Prüfung SPSS eingesetzt werden kann. Die Prüfung aller weiteren Kriterien baut auf diesen auf. Die Überprüfung auf Doppelte setzt jedoch Vollständigkeit und Einheitlichkeit voraus.

5.1 Ursachen und Folgen von Doppelten

Es gibt zahlreiche Ursachen für mehrfach auftretende Daten. Mögliche Ursachen für doppelte Datenzeilen (nicht nur) in großen Datenhaltungen sind u.U.

- das versehentlich mehrfache Hintereinanderhängen identischer Fälle in SPSS (z.B. durch ADD FILES),
- die unterschiedliche Zuordnung (Kodierung) derselben Personen- oder Adressdaten,
- mit der Zeit sich ändernde ID-Variablen bei Längsschnittdaten,
- das automatische mehrfache Abspeichern der Daten eines einzelnen Falles z.B. über fehlerhafte Datenerfassung (v.a. bei Online-Erhebungen),
- oder auch das Erzeugen von Kopien identischer Zeilen (Fälle) oder auch kompletter Datensätze über fehlerhafte Programme.

Auch bei kleinen Datensätzen kann es vorkommen, dass ein und derselbe Fragebogen mehrfach eingegeben wird, v.a. bei verschiedenen Eingebern oder Eingabestationen.

Mehrfach auftretende Daten oder Datensätze sind Beispiele dafür, dass die Definition im „Curriculum Qualitätssicherung / Ärztliches Qualitätsmanagement" der Bundesärztekammer (2003, 72) als „Eigenschaft eines Datums in bezug auf die Gütekriterien Objektivität, Validität und Reliabilität" eindeutig falsch ist. Doppelte (besonders Innerhalbgruppen-Doppelte) sind per definitionem objektiv, valide und reliabel in Bezug auf die Eigenschaften eines einzelnen Falles.

Die praktischen Folgen von doppelten Daten sind keineswegs trivial. Das bloße Auftreten kann Speicherkapazität und Rechnergeschwindigkeit beeinträchtigen. Je nach Art und Funktion doppelter Daten können Duplikate zu mehrfach ablaufenden Prozessen führen, die per se Ressourcen verschlingen, und weitere Folgeschäden nach sich ziehen. Doppelte Adressdaten führen zu mehrfachen Mailings an dieselbe Adresse, und somit auch zu einem Imageschaden. Doppelte Patientendaten führen zu fehlerhaften Abrechnungen gegenüber Patienten oder Kassen. Doppelte Warendaten führen zu fehlerhaften Berechnungen von Umsätzen, zu hohen Einnahmen bzw. Ausgaben usw. Doppelte Triggerdaten führen zu unnötig mehrfachem Ausführen weiterer Aktionen (z.B. Sende-, Speichervorgänge, Schleifen, Clusterungen, usw.).
Aufgrund ihres häufigeren Auftretens haben multiple Fälle eine mind. doppelt so hohe Wahrscheinlichkeit gezogen zu werden wie nur einmal vorkommende Fälle und zwar nicht nur dann, wenn sich Doppelte nur auf eine Liste, Gruppe oder Zelle verteilen (Innerhalbgruppen-Doppelte). Eine kompliziertere Situation liegt vor, wenn Doppelte auf mehrere Gruppen verteilt vorliegen (Zwischengruppen-Doppelte). Doppelte können bereits *aufgrund einer einzigen unterschiedlichen Kodierung* auf zwei unterschiedliche Gruppen verteilt sein, z.B. zwei verschiedene Samplingeinheiten („frame units").

Eine erste Schwierigkeit besteht darin, diese mehrfach auftretenden Fälle überhaupt identifizieren zu können. Wer rechnet schon damit, dass eigentlich separate Gruppen dieselben Fälle i.S.v. Doppelten enthalten? Werden diese Doppelten nicht identifiziert, können diese bei einer entsprechenden Häufung (Gewichtung) weiterer mehrfach auftretender Fälle einen möglichen Unterschied zwischen den beiden Gruppen verringern, eben weil ihre identischen (weil doppelten) Charakteristika auf beide verteilt sind. Eine weitere Schwierigkeit besteht darin, sicher entscheiden zu können, welcher der beiden Fälle der korrekte Fall und welcher der falsche ist. Bei unklaren Kriterien und/oder großen Datenmengen (z.B. > 100.000 Fällen) ist das nicht immer einfach (Kostanich & Haines, 2003; 2002 Kostanich, 2003; Mule, 2002, 2001).
In der Inferenzstatistik bzw. der darauf aufbauenden Wissenskonstruktion (inkl. Data Mining) können die Effekte von doppelten Daten subtiler sein. Doppelte Daten (besonders vom Typ der *Innerhalbgruppen-Doppelten*) gefährden z.B. generell eine Messwertvariation (Varianz). Je häufiger z.B. in der Spalte X der Wert 2 durch doppelte Datenzeilen verursacht wird, desto mehr nähert sich der zu erwartende Mittelwert von X dem Wert 2 an. Ist eine Varianz eingeschränkt, so unterläuft dies ab einem bestimmten Ausmaß z.B. die Anwendung weiterer multivariater Verfahren, z.B. der Korrelations- und Faktorenanalyse. Clusterverfahren gehen z.B. im Allgemeinen von einer Gleichgewichtung von Fällen bzw. Variablen. Die

Übergewichtung mehrfach auftretender Personen- oder Merkmalseigenschaften verzerrt z.B. bei Clusteranalysen die entstehenden Cluster in Richtung des überrepräsentierten Falles bzw. Merkmals. In zahlreichen multivariaten Verfahren wird von einer Unabhängigkeit der Daten ausgegangen, z.B. bei der multiplen linearen Regression. Treten Doppelte auf i.S. von absolut identischen Einträgen ein und desselben Falles auf, so begünstigen diese z.B. Probleme wie Multikollinearität. Data Mining i.S.v. Aufdecken von Datenstrukturen im Allgemeinen, wie auch abgeleitete Kenngrößen wie Vorhersagegenauigkeit im Besonderen sind grundsätzlich durch Doppelte gefährdet.
Doppelte Daten vom Typ der *Zwischengruppen-Doppelten* unterlaufen z.B. Tests auf Unterschiede zwischen Gruppen. Je nach Häufigkeit verschiedener Doppelte in den miteinander zu vergleichenden Gruppen können sich u.a. Lage, Dispersion und Verteilungsform der Vergleichsgruppen einander angleichen. Handelt es sich um einen mehrfach auftreten intervallskalierten Wert (im Extremfall: eine Konstante), so strebt bei einer parametrischen Varianzanalyse der F-Wert z.B. einen Minimalwert und die Signifikanz einen Maximalwert an. Ist der mehrfach auftretende Wert z.B. kategorialskaliert (im Extremfall: eine Konstante), so strebt bei einer Tabellenanalyse der Chi²-Wert z.B. gegen einen Minimalwert und die Signifikanz gegen einen Maximalwert.

Doppelte Daten gefährden z.B. differenzierte Gewichtungen von Daten. Üblicherweise kommt einer Datenzeile das Gewicht 1 (weight, $w = 1$) zu; Doppelte führen nun dazu, dass betroffenen Daten(gruppen) ein höheres Gewicht ($w > 1$) beigemessen wird. Doppelte gefährden dadurch die Repräsentativität und damit die grundsätzliche Interpretierbarkeit der Daten, innerhalb der sie auftreten. Der infolgedessen auftretende Bias kann dabei in eine positive oder auch eine negative Richtung gehen, und je nach Untergruppe variieren (nicht zu verwechseln mit over- oder undercoverage; Rothhaas, 2002; Mariotte, 1999; Prewitt 2000). Unabhängig davon, ob ein Datensatz- bzw. Datenbankinhalt „eigentlich" entweder eine Stichprobe oder eine Vollerhebung sein sollte: Weil der Datensatzinhalt durch Doppelte verzerrt ist, repräsentieren die Daten genau besehen keine Stichprobe oder Vollerhebung mehr. Gleich zwei Maßzahlen für die Ausschöpfung von Stichproben, Ausschöpfungsfehler (coverage error) und Ausschöpfungsqualität (coverage efficiency), werden somit durch Doppelte pseudoplausibel. Weil somit auch keine repräsentative Zufallsauswahl an Daten vorliegt, ist somit auch eine grundsätzliche Voraussetzung des Signifikanztests nicht mehr erfüllt. Weil auch Samplingeinheiten („frame units") verzerrt sind, ist eine weitere zuverlässige Weiterverarbeitung und Analyse der Daten nicht mehr möglich, da die Daten nicht mehr zuverlässig gefiltert, geschichtet bzw. verknüpft werden können.
Vor allem bei der Arbeit mit Zeitreihen- und Paneldaten besteht die Gefahr, dass für Personen in verschiedenen Datensätzen unterschiedliche Kodierungen vorliegen (weil sich diese z.B. mit der Zeit ändern können) und dass somit beim Zusammenfügen der Daten Personen mehrfach anstelle nur einmal im schlussendlich entstehenden Datensatz vorkommen. Um diese Probleme zu vermeiden, bemühen sich z.B. landesweite Vollerhebungen um eine aufwendige, wie auch sorgfältige Un- bzw. Deduplikation ihrer Daten, um das sog. Overcoverage bzw. asymmetrische Gewichtung zu vermeiden (Statistics Canada, 2003, 2000; Rothhaas, 2002, Fay, 2002). Trotz aller Sorgfalt können aber auch hier Fehler auftreten: Eine Evaluation des Census 2000 des US Census Bureau ergab z.B. u.a. falsche Zählungen, v.a. in Form von Doppelten (Kostanich & Haines, 2003; Kostanich, 2003; Mule, 2002, 2001). Eine Ursa-

che war die unterschiedliche Zuordnung (Kodierung) von Adressdaten, die dazu führte, dass ein und dieselbe Person mehrfach gezählt wurde. Im Hinblick auf die Repräsentativität sollte also vor einer Datenlieferung bzw. Analyse sorgfältig überprüft werden, ob die Eigenschaften der Daten auch den unterstellten Eigenschaften der untersuchten Fälle bzw. Variablen entsprechen.

SPSS bietet ab Version 12 auch das Menü „Doppelte Fälle ermitteln" an; die Funktionalität und Flexibilität der folgenden Syntax Programme geht jedoch über dieses Menü hinaus.

5.2 Überprüfung auf Doppelte: Sein oder Nichtsein?

Bei der Überprüfung von Doppelten muss sichergestellt sein, ob der Datensatz nur einen Fall pro Zeile enthalten darf (Situation 1) oder ob z.B. eine Messwiederholung vorliegt und durchaus dieselben Fälle in mehreren Zeilen vorkommen können (Situation 2). Die im Folgenden beschriebenen Ansätze sind im Allgemeinen für die Überprüfung auf Innerhalbgruppen- und Zwischengruppen-Doppelte geeignet.
An dieser Stelle soll auch auf das in Kapitel 9 vorgestellte Modul „Data Preparation" bzw. die VALIDATEDATA-Prozedur verwiesen werden. Dieses SPSS Anwendung für das Screening von Daten ermöglicht neben vielen weiteren Datenprüfungen auch die Überprüfung auf doppelte IDs bzw. Fallbezeichner.

5.2.1 Situation 1: Der Datensatz enthält einen Fall pro Datenzeile

Falls der Datensatz nur einen Fall pro Datenzeile enthält, kann die Überprüfung der Counter- oder ID-Variablen über ein einfaches Balkendiagramm für Häufigkeiten erfolgen. In einem einfachen univariaten Balkendiagramm sind mehrfach auftretende IDs am einfachsten in Form einzelner Spitzen zu erkennen. Normalerweise sollten alle IDs die Häufigkeit „1". Jeder „Ausschlag" über 1 hinaus ist ein Hinweis darauf, dass eine ID mehrfach vorkommt. Kommen Ausprägungen der Counter- oder ID-Variablen mehrfach vor, sind Datenzeilen jedoch nicht notwendigerweise gleich mehrfach im Datensatz vorhanden. Es kann auch nur die ID mehrfach sein (z.B. aufgrund eines Tippfehlers), der Rest jedoch korrekt. Um die Gleichheit von kompletten Datenzeilen zu überprüfen, müsste man auf die weiter unten aufgeführten Ansätze zurückgreifen.

```
data list
/ID 1-3 GRUPPE
5(A) ALTER 7-8
.
begin data
001 a  8
002 a 17
003 b 23
004 b 75
002 a 17
003 b 23
005 a 65
end data.
exe.


FREQUENCIES
VARIABLES=ID
/BARCHART
FREQ
/ORDER=
ANALYSIS .
```

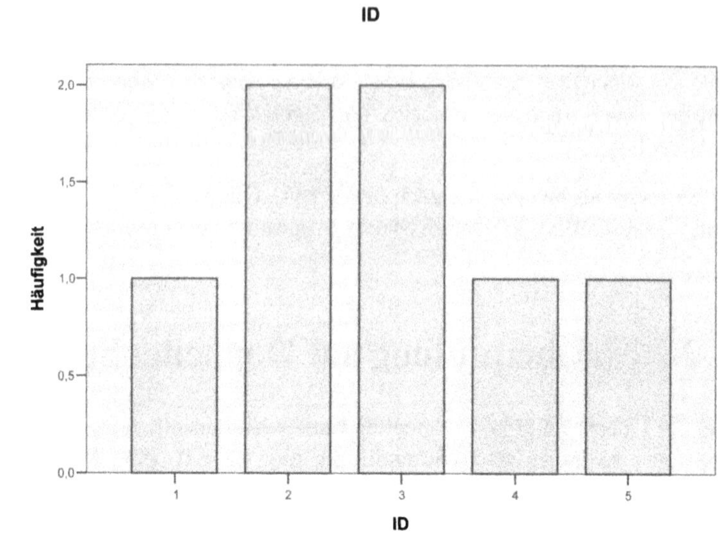

Der Datensatz enthält zwei IDs (vgl. 2, 3) mehrfach. Für diese Datenzeilen wäre in einem weiteren Schritt zu überprüfen, ob nur die IDs (versehentlich) mehrfach auftreten oder ob sogar der Rest der Datenzeilen übereinstimmt, also in anderen Worten: ob nicht nur die ID gleich ist, sondern die darüber hinaus die komplette Zeile. Ein Balkendiagramm ist unübertroffen beim schnellen Überprüfen auf die korrekte einmalige Vergabe von IDs. Für das korrekte Ablesen der konkret doppelten ID erreicht ein Balkendiagramm seine Grenze bei sehr vielen Werten, weil die Lesbarkeit der x-Achse zunehmend schwieriger wird. Balkendiagramme sind jedoch sehr hilfreich zumindest zum Eingrenzen des Wertes. Die konkret doppelte auftretende ID kann dann z.B. einer zusätzlich angeforderten Häufigkeitstabelle entnommen werden.

Enthält der Datensatz keine Counter- oder ID-Variablen oder ist ihre Korrektheit fragwürdig, können mehrfache Datenzeilen über einzigartige Werte identifiziert werden. Das unkomplizierteste Vorgehen für kurze Datensätze ist das listenweise Einsehen einer ausgewählten Stringvariablen. Machen zwei Personen absolut identische Angaben (ggf. einschl. Tippfehlern), handelt es sich vermutlich um die gleiche Datenzeile derselben Person. Das unkomplizierteste Vorgehen für große Datensätze ist das Ausgeben vermutlich einzigartiger numerischer Werte (z.B. eines Laborparameters) in Gestalt eines Balkendiagramms für Häufigkeiten. Kommen Ausprägungen des einzigartigen Laborparameters mehrfach vor, so sind eine oder mehrere Datenzeilen vermutlich mehrfach im Datensatz vorhanden. Für große Datensätze kann es sinnvoll sein, mehrere Prüfkriterien zu kombinieren.

5.2.2 Situation 2: Der Datensatz enthält mehrere gleiche Fälle

Falls der Datensatz legitim mehrere Fälle in den Datenzeilen enthält, kann die Überprüfung der Counter- oder ID-Variablen über ein Häufigkeitsdiagramm erfolgen, das nach der Kodierung für das mehrmalige Auftreten des betreffenden Falles gruppiert ist, z.B. Messzeitpunkt oder auch Gruppenzugehörigkeit. Kommen Ausprägungen der Counter- oder ID-Variablen häufiger vor als Messzeitpunkte kodiert wurden, sind eine oder mehrere Datenzeilen vermutlich mehrfach im Datensatz vorhanden. Zu einem ähnlichen Ergebnis gelangt man über ein Sortieren der Datenzeilen nach der Counter- bzw. ID-Variablen und der Messwiederholungskodierung gleichzeitig, oder ihre Ausgabe als Kreuztabelle.

```
data list
/ID 1-3 GRUPPE
5(A) ALTER 7-8 .
begin data
001 a  8
002 a 17
003 a 23
004 a 74
001 b 75
002 b 17
003 b 23
003 b 65
004 b 46
end data.
exe.

CROSSTABS
/TABLES=GRUPPE
BY ID
/FORMAT= AVALUE
TABLES
/CELLS= COUNT
/COUNT ROUND
CELL
/BARCHART .
```

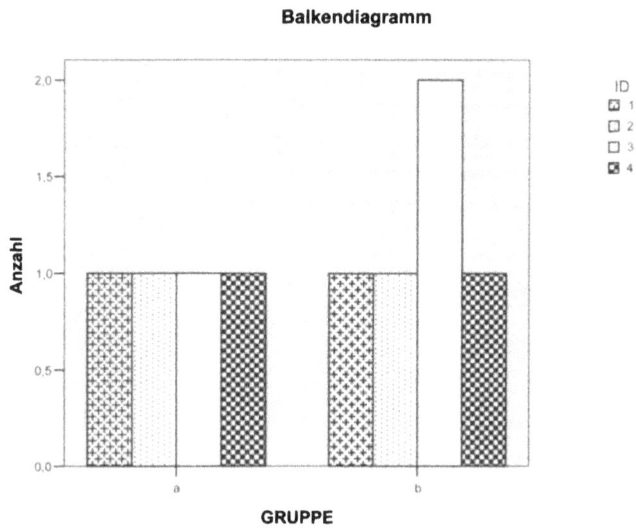

Die Interpretation erfolgt analog zum univariaten Balkendiagramm. Mehrfach auftretende IDs sind am einfachsten an einzelnen Spitzen zu erkennen. Die ID 3 tritt z.B. in Gruppe „b" mehrfach auf. Auch hier wäre in einem weiteren Schritt zu überprüfen, ob nur die ID (versehentlich) mehrfach auftritt oder ob auch der Rest der Datenzeile übereinstimmt.

5.3 Entfernen doppelter Datenzeilen nur über ID-Variable

Wurden mehrfach auftretende IDs identifiziert, ist oft der nächste Schritt, die betreffenden Datenzeilen zu löschen, sog. Un- bzw. Deduplizierung.
Das folgende Programm entfernt über eine ID-Variable alle Datenzeilen, die mehr als einmal dieselbe ID-Variable aufweisen. Dieser Ansatz unterstellt, dass gleiche IDs auch komplett gleiche Datenzeilen bedeuten. Dies ist jedoch nicht selbstverständlich (vgl. ID 4). Ausschließlich ungleiche IDs schließen ebenfalls nicht aus, dass IDs versehentlich falsch, z.B. verschieden, eingegeben worden waren. Sollen die Daten etwas anspruchsvoller auf Doppelte überprüft werden, wird der Einsatz der Programme ab 5.4. empfohlen.
Beim Ausschluss von mehrfachen Datenzeilen haben Sie die Möglichkeit, eine der doppelt auftretenden Datenzeilen zu behalten (Ansatz I) oder alle doppelt auftretenden Datenzeilen komplett zu entfernen (Ansatz II). Der abschließende LAG-Ansatz identifiziert doppelte Werte in einer Variablen auch unabhängig von einer ID-Variablen; hier haben Sie die Möglichkeit, die einfachen oder die mehrfachen Werte zu behalten bzw. zu löschen. Ansatz III kann auch auf ID-Variablen angewandt werden.

```
data list free
/ ID VAR1 VAR2 VAR3 VAR4 .
begin data
1 2 3 4 5
2 3 4 5 6
3 4 5 6 7
4 5 6 7 8
4 6 7 8 9
5 6 7 8 9
end data.
exe.
```

Ansatz I: Behalten einer mehrfachen Zeile
Mittels Ansatz I wird eine der doppelt auftretenden Datenzeilen behalten. Die beiden SPSS Befehle CASESTOVARS und MATCH FILES unterscheiden sich insofern in der Filterung, weil CASETOVARS nur die erste der mehrfachen Zeilen behält, während MATCH FILES-Ansätze darüber hinaus auch für sehr große Datenmengen (Zeilen und Spalten) geeignet sind.

a) CASESTOVARS-Ansatz

```
sort cases by ID.
casestovars
/id = ID
/groupby = variable.
save outfile="C:\DE_DUP.sav"
/rename =(VAR1.1 VAR2.1 VAR3.1 VAR4.1 = VAR1 VAR2 VAR3 VAR4)
```

```
/drop VAR1.2 VAR2.2 VAR3.2  VAR4.2.
get file="C:\DE_DUP.sav".
list.
```

Beim CASESTOVARS-Ansatz braucht unter /ID= nur eine ID-Variable angegeben werden. Alles Weitere läuft vollautomatisch ab. Enthalten die Daten keine doppelten IDs, wird der Datensatz nicht restrukturiert und kann direkt übernommen werden. Enthalten die zu überprüfenden Daten doppelte IDs (siehe oben, ID=4), strukturiert CASESTOVARS den Datensatz um. Hierbei wird von jeder Variablen eine Kopie angelegt, die miteinander abgeglichen werden. Aus dem schlussendlich verbleibenden Datensatz müssen diese Kopien mittels SAVE OUTFILE= über /DROP= entfernt, wie auch die ursprünglichen Bezeichnungen über /RENAME= wiederhergestellt werden.

Ergebnis

```
      ID    VAR1    VAR2    VAR3    VAR4

     1,0     2,0     3,0     4,0     5,0
     2,0     3,0     4,0     5,0     6,0
     3,0     4,0     5,0     6,0     7,0
     4,0     5,0     6,0     7,0     8,0
     5,0     6,0     7,0     8,0     9,0

Number of cases read:  5    Number of cases listed:  5
```

Die Anzahl der Kopien hängt direkt von der Anzahl der doppelten IDs ab. Kommen zwei IDs vor (siehe oben), werden nur zwei Variablen miteinander verglichen; kommen drei IDs vor, werden drei Vergleichskopien angelegt usw. Der Überprüfvorgang mit CASESTOVARS kann bei wenigen Variablen effizient sein. Bei vielen IDs, wie auch vielen Variablen gerät jedoch das Entfernen bzw. Umbenennen der Vergleichskopien ausgesprochen aufwendig.

b1) MATCH FILES-Ansatz

(Behalten der letzten Zeile)

```
sort cases by ID.
match files file=*
/by=ID
/last=LETZTFALL.
exe.
compute FILTER=
   ( (LETZTFALL=1 and
  lag(LETZTFALL)=1)
or ($CASENUM=1 and
      LETZTFALL=1) ).
filter by LETZTFALL.
list.
```

b2) MATCH FILES-Ansatz

(Behalten der ersten Zeile)

```
sort cases by ID.
match files file=*
/by=ID
/first=ERSTFALL.
list.
select if (not(ERSTFALL=0)).
exe.
list
```

b1) MATCH FILES-Ansatz: Behalten der letzten doppelten Zeile

Der MATCH FILES Befehl legt mittels /LAST= eine Variable LETZTFALL an, die für die letzte Zeile der nach ID sortierten Variablen eine 1 vergibt und eine 0 für alle weiteren Zeilen. Zeilen mit denselben ID-Werten weisen somit Nullen und Einsen in der LETZTFALL-Variablen auf. Über COMPUTE wird eine FILTER-Variable angelegt, die einmalig auftretende Datenzeilen mit einer 1 versieht. Über „filter by LETZTFALL" werden anschließend alle nichtdoppelten Datenzeilen bzw. von doppelten Datenzeilen die jew. letzte behalten. Wird im MACTH FILES-Ansatz „filter by LETZTFALL" zu „filter by FILTER" verändert, entspricht seine Wirkweise Ansatz II.

Ergebnis (b1)

```
      ID    VAR1    VAR2    VAR3    VAR4 LETZTFALL FILTER

     1,0     2,0     3,0     4,0     5,0       1      1,0
     2,0     3,0     4,0     5,0     6,0       1      1,0
     3,0     4,0     5,0     6,0     7,0       1      1,0
     4,0     8,0     7,0     8,0     9,0       1       ,0
     5,0     6,0     7,0     8,0     9,0       1      1,0

Number of cases read:  5    Number of cases listed:  5
```

b2) MATCH FILES-Ansatz: Behalten der ersten doppelten Zeile

Der MATCH FILES Befehl legt mittels /FIRST= eine Variable ERSTFALL an, die für die erste Zeile der nach ID sortierten Variablen eine 1 vergibt und eine 0 für alle weiteren Zeilen. Zeilen mit denselben ID-Werten weisen somit Nullen und Einsen in der LETZTFALL-Variablen auf. Über SELECT IF NOT ERSTFALL=0 werden anschließend alle nichtdoppelten Datenzeilen bzw. von doppelten Datenzeilen die jew. erste behalten.

Ansatz II: Ausschluss *aller* mehrfachen Zeilen

Mittels Ansatz II werden alle doppelt auftretenden Datenzeilen gelöscht. Das abschließende SELECT IF entfernt dabei *alle* Datenzeilen mit mehrfach auftretenden ID-Werten.

```
sort cases by ID (A).
compute ZAEHLER=1.
exe.
if ID=lag(ID) ZAEHLER=ZAEHLER+1.
create ID2=LEAD (ID,1).
if ID=ID2 ZAEHLER=ZAEHLER+1.
select if (ZAEHLER = 1).
exe.

list.
```

Ergebnis (b2)

```
   ID    VAR1    VAR2    VAR3    VAR4  ZAEHLER     ID2

  1,0    2,0     3,0     4,0     5,0      1,0    2,0
  2,0    3,0     4,0     5,0     6,0      1,0    3,0
  3,0    4,0     5,0     6,0     7,0      1,0    4,0
  5,0    6,0     7,0     8,0     9,0      1,0      .

Number of cases read:  4    Number of cases listed:  4
```

Da diese Ansätze unterstellten, dass gleiche IDs auch komplett gleiche Datenzeilen bedeuten, wurde eine ID 4 auch dann aus dem Datensatz entfernt, obwohl die weiteren Werte in den Variablen VAR1 bis VAR4 verschieden waren.
Sollen noch Art und Ausmaß des Übereinstimmens der Datenzeilen in weiteren Variablen (ohne oder mit ID) berücksichtigt werden, dann sind die Ansätze im Abschnitt 5.4. geeignet. Zuvor soll noch kurz Ansatz III vorgestellt werden. Ansatz III erlaubt doppelte Werte in einer einzelnen Variablen (z.B. VAR1) unabhängig von einer ID-Variablen zu identifizieren.

Ansatz III: Identifizieren von doppelten Werten in einer einzelnen Variablen
Mittels Ansatz III können doppelte Werte in einer einzelnen Variablen (z.B. VAR1) unabhängig von einer ID-Variablen identifiziert werden. Dieser Ansatz ermöglicht, entweder die einfachen oder die mehrfachen Werte zu behalten bzw. zu löschen. Selbstverständlich kann Ansatz III auch auf ID-Variablen selbst angewandt werden.

```
sort cases by VAR1 (A) .
exe.
compute DUPLICATE = 0 .
exe.
if (lag(VAR1)=VAR1) DUPLICATE = 1 .
exe.
select if (DUPLICATE=0).
* alternativ: select if (DUPLICATE=1). *.
exe.
```

Ergebnis

```
  ID  VAR1  VAR2  VAR3  VAR4 DUPLICATE

   1     2     3     4     5         0
   2     3     4     5     6         0
   3     4     5     6     7         0
   4     5     6     7     8         0
   4     6     7     8     9         0

Number of cases read:  5    Number of cases listed:  5
```

Obwohl Ansatz III unkompliziert erscheint, weist er denselben Nachteil wie die anderen Ansätze auf, nämlich dass er unterstellt, dass gleiche Werte (IDs) auch komplett gleiche Datenzeilen bedeuten. Sollen noch Art und Ausmaß des Übereinstimmens der Datenzeilen in weiteren Variablen (ohne oder mit ID) berücksichtigt werden, dann sind die Ansätze des nächsten Abschnitts zu empfehlen.

5.4 Entfernen doppelter Datenzeilen über mehrere Variablen (auch exkl. ID)

Der folgende Ansatz unterstellt, dass gleiche IDs nicht immer auch notwendigerweise komplett gleiche Datenzeilen sind. Sollen also beim Löschen von Datenzeilen noch weitere Informationen als nur die Einträge in der ID-Variablen alleine berücksichtigt werden, dann ist der folgende Ansatz empfehlenswert.
Im Grunde ist dieser Ansatz eine Ergänzung des unter 5.3. bereits vorgestellten MATCH FILES-Ansatzes mit dem wichtigen Unterschied, dass unter BY außer der ID-Variablen noch weitere Variablen für den Abgleich angegeben werden, z.B. VAR1 bis VAR3.

```
match files
/file = *
/first =
ERSTFALL
/by ID VAR1 VAR2
        VAR3.
select if
(ERSTFALL).
exe.

list.
```

ID	VAR1	VAR2	VAR3	VAR4	ERSTFALL
1,0	2,0	3,0	4,0	5,0	1
2,0	3,0	4,0	5,0	6,0	1
3,0	4,0	5,0	6,0	7,0	1
4,0	5,0	6,0	7,0	8,0	1
4,0	6,0	7,0	8,0	9,0	1
5,0	6,0	7,0	8,0	9,0	1

Number of cases read:6 Number of cases listed:6

Die Berücksichtigung weiterer Informationen für das Ausfiltern von Variablen war erfolgreich; anstelle von 5 Zeilen (vgl. 5.3.), wurden durch diesen Ansatz 6 Zeilen als „einzigartig“ behalten.

Die unter 5.3. und 5.4. vorgestellten Ansätze können auch bei Matching-Aufgaben eingesetzt werden. Beim Matching werden erfahrungsgemäß alle *nicht gepaarten* Datenzeilen (also nicht doppelten Matching-IDs) eliminiert. Das SELECT IF müsste für eine solche Anwendung z.B. auf SELECT IF=2 (für Zeilen*paare*) angepasst werden (z.B. für Fall-Kontroll-Matchings).

Das abschließende Beispiel demonstriert anhand einer weiteren MATCH FILES-Variante das *Behalten*, nicht das Entfernen von Datenzeilen mit übereinstimmenden ID-Werten.

<table>
<tr>
<td>

```
sort cases by ID.
match files
/file=*
/last=LETZTFALL
/by ID.
exe.
if ID=lag (ID)
LETZTFALL= lag
(LETZTFALL).
exe.
select if
(LETZTFALL=0).
exe.
list.
```

</td>
<td>

```
ID    VAR1    VAR2    VAR3    VAR4 LETZTFALL

4,0    5,0     6,0     7,0     8,0      0
4,0    6,0     7,0     8,0     9,0      0

Number of cases read:2 Number of cases listed:2
```

</td>
</tr>
</table>

Der MATCH FILES Befehl legt mittels /LAST= eine Variable LETZTFALL an, die für die letzte Zeile der nach ID sortierten Variablen eine 1 vergibt und eine 0 für alle weiteren Zeilen. Zeilen mit denselben ID-Werten weisen somit Nullen und Einsen in der LETZTFALL-Variablen auf. Über die LAG-Funktion werden für die IDs mit Doppelten alle Einträge auf Null vereinheitlicht und anschließend über SELECT IF LETZTFALL=0 behalten; die anderen Fälle werden dadurch entfernt.

Die in den vorangegangenen Abschnitten vorgestellten Ansätze zeichnen sich dadurch aus, dass sie unmittelbar filtern ohne „direkte“ Kennzahlen darüber zu geben, ob, wie viele und welche Art von doppelten Datenzeilen vorkommen. Wenn (z.B. im Rahmen eines Plausibilitätschecks) zunächst Informationen über die Art und Anzahl von mehrfach (also mehr als einmal) und einmalig vorhandenen Datenzeilen benötigt werden, ist der nachfolgende Ansatz empfehlenswert.

5.5 Informationen über Art und Anzahl von Doppelten (Identifikation)

Das folgende Programm ermittelt Informationen über die Art und Anzahl von Datenzeilen. Zunächst soll jedoch noch der etwas unscharfe Begriff „doppelt“ differenziert werden. Jede Datenzeile hat in Bezug auf ihr Auftreten immer *zwei* Attribute: Häufigkeit und Verschiedenheit. Das Attribut „Häufigkeit“ gibt an, ob eine bestimmte Datenzeile einmalig oder auch häufiger (mehrmalig) vorkommt. Das Attribut „Verschiedenheit“ gibt an, ob eine Datenzeile einzigartig ist oder auch in Kopien auftritt. Häufigkeit und Verschiedenheit stimmen nicht notwendigerweise überein (siehe unten). Das Ergebnis wird dabei u.a. von Datenmerkmalen, aber auch u.a. über eine Variablenliste mitbestimmt. Diese Variablenliste entscheidet, in welchen Variablen und -werten die Datenzeilen miteinander verglichen und als gleich bzw. verschieden gelten. Die Variablenliste definiert somit die Übereinstimmung der Datenzeilen.

Die Variable ID kann, muss aber nicht in diese Liste einbezogen werden. Wird eine ID nicht einbezogen, kann damit u.U. auch die Korrektheit (Einmaligkeit) der ID-Variablen selbst überprüft werden. Im Falle der „Verschiedenheit“ wird die Zuweisung des Attributs „einzigartig“ auch von der Scan- bzw. Sortierrichtung des Datensatzes mitbestimmt (siehe Beispiel weiter unten)

Ist eine Variablenliste nur ein *Ausschnitt* der geprüften Datenhaltung (Variablenmenge), so ist vor dem Eliminieren von Zeilen zu prüfen, ob das Prüfergebnis überhaupt zuverlässig ist. Vor allem bei großen Datenhaltungen mit geringer Messwertvariation ist es empfehlenswert, ausreichend differenzierende Variablen in die Prüfliste aufzunehmen. Aufgrund großer Datenmenge können auch korrekte Übereinstimmungen auftreten. Eine zu gering differenzierende Variablenliste könnte diese jedoch fälschlicherweise als doppelt bezeichnen; es ist daher zu vermeiden, dass doppelt erscheinende Datenzeilen vorschnell eliminiert werden.

Das Programm interpretiert Missings als einen einheitlichen Kode. Für die Auswahl der Variablen für die Prüfliste ist deshalb darauf zu achten, dass diese möglichst keine Missings enthalten.

```
data list
/ID 1-3 GRUPPE 5(A) ALTER 7-8 VARNUM1 to VARNUM3 10-12
    VARCHAR1 to VARCHAR3 14-16 (A).
begin data
001 a  8 101 bca
002 a 17 010 abc
003 b 23 110 abc
004 b 75 010 bac
002 a 17 010 abc
003 b 23 110 abc
005 a 65 100 cba
002 a 17 010 abc
003 b 23 110 abc
005 a 65 100 cba
end data.
exe.

sort cases by GRUPPE (A) ALTER (A) VARNUM1 (A) VARNUM2 (A)
VARNUM3 (A)
VARCHAR1 (A) VARCHAR2 (A) VARCHAR3 (A)   .
match files
  /file = *
  /by GRUPPE ALTER VARNUM1 VARNUM2 VARNUM3 VARCHAR1 VARCHAR2
VARCHAR3
  /first = ZEILANF
  /last = ZEILEND.
do if (ZEILANF).
compute COUNTER = 1 - ZEILEND.
```

```
else.
compute COUNTER = COUNTER + 1.
end if.
leave COUNTER.
compute MEHRFACH = COUNTER > 0.
sort cases MEHRFACH(D).
match files
      /file = *
      /drop = ZEILANF .

variable labels
 MEHRFACH 'Häufigkeit von Zeilen: Einmalig vs. mehrmalig'
 ZEILEND 'Verschiedenheit von Zeilen: Einzigartig vs. doppelt'
 COUNTER 'Übersicht über Häufigkeit doppelter Fälle' .
value labels
      /MEHRFACH
          0 'Einmalige Zeile'
          1 'Mehrmalige Zeile'
      /ZEILEND
          1 'Einzigartige Zeile'
          0 'Doppelte Zeile'   .

frequencies
      variables = MEHRFACH ZEILEND COUNTER .
list.
```

Das Programm besteht aus vier Abschnitten. Der Abschnitt DATA LIST liest einen übersichtlichen Datensatz ein. Die Zeilen mit den IDs „002" und „003" sind z.B. doppelt. Das Programm wird diese und andere Datenzeilen als doppelt identifizieren. Dieser Abschnitt wird nicht weiter erläutert. Der Abschnitt ab SORT CASES bereitet den Identifikationsablauf vor. Dieser Abschnitt wird ausführlich erläutert. Die beiden Abschnitte ab VARIABLE LABELS bzw. FREQUENCIES schließen das Programm mit einer Formatierung der angelegten Variablen und einer Analyse der möglichen Doppelten des Datensatzes ab.

Die Zeile SORT CASES legt die Variablenliste als Kriterium fest, nach denen Datenzeilen auf Doppelte überprüft werden. SORT CASES sortiert die aufgelisteten Variablen einheitlich (in diesem Falle ansteigend). Die Folge dieses einheitlichen Sortierens ist, dass der Datensatz nach doppelten Datenzeilen sortiert ist (falls doppelte Datenzeilen vorliegen). Als „Datenzeile" ist somit im Folgenden eine Abfolge von Variablen und ihrer Werte gemeint, die in SORT CASES in der gleichen Vollständigkeit, Abfolge und Sortierrichtung sortiert und auch entsprechend unter MATCH FILES / BY angegeben sind. Die dort angegebenen Variablen müssen daher exakt mit den unter SORT CASES angegebenen Variablen übereinstimmen.

Im Abschnitt MATCH FILES wird der eingelesene Datensatz mit sich selbst zusammengefügt. Dieser Trick macht sich die Fähigkeit von MATCH FILES zunutze, über FIRST= bzw. LAST= die erste bzw. letzte Datenzeile in den nach BY sortierten Datenzeilen zu identifizieren und zu markieren. Alle Datenzeilen, die nicht markiert sind, sind doppelte Datenzeilen. Die Markierungen werden in die Variablen ZEILANF bzw. ZEILEND abgelegt (diese Bezeichnungen sollen die Arbeitsweise von SPSS transparent machen). Die Variable ZEILANF enthält die Markierungen vom Anfang der nach BY gruppierten Datenzeilen; die Variable ZEILEND enthält die Markierungen vom Ende der nach BY gruppierten Datenzeilen. Die unter BY angegebenen Variablen müssen exakt mit den unter SORT CASES angegebenen Variablen übereinstimmen. **ZEILEND** vergibt daher solange das Attribut „Doppelte Zeile", bis mit dem Attribut „Einzigartige Zeile" die erste Liste gleicher Datenzeilen abgeschlossen wird. Die Liste der nächsten gleichen Zeilen beginnt ebenfalls mit dem Attribut „Doppelte Zeile" und wird mit „Einzigartige Zeile" abgeschlossen usw.

Der MATCH FILES-Abschnitt hat an dieser Stelle bis jetzt nur die Positionen des Anfangs bzw. Endes von mehrfach auftretenden Datenzeilen identifiziert, erlaubt aber noch nicht die Angabe, wieviele doppelte Datenzeilen insgesamt im Datensatz vorkommen, und wie häufig jede dieser Datenzeilen in den unter BY angegebenen Variablen absolut übereinstimmende Werte aufweist. Der Abschnitt ab DO IF (ZEILEND) ermittelt eine Variable **COUNTER**, die die vorher ermittelten Listen gleicher Datenzeilen vom ersten „Doppelte Zeile" bis zum abschließenden „Einzigartige Zeile" durchzählt. Tritt eine mehrmalige Datenzeile das erste Mal auf, erhält sie eine 1. Taucht eine weitere übereinstimmende Zeile auf, erhält diese den Wert 2. Eine dritte gleiche Datenzeile erhält den Wert 3 usw. Einmalig auftretende Datenzeilen erhalten den Wert 0 (nicht 1, dieser ist für mehrmalige Zeilen reserviert). COUNTER verwendet somit eine etwas andere Zählweise wie MEHRFACH bzw. ZEILEND; dies ist auch auch daran zu erkennen, dass die Zeile mit dem Attribut „Einzigartige Zeile" innerhalb mehrmalig auftretender Zeilen nicht den Wert 1 erhält, sondern das jeweils empirische Maximum.

Die abschließend angelegte Variable **MEHRFACH** zeigt an, ob die betreffende Datenzeile ein- oder mehrmalig im Datensatz vorkommt. Stimmen mehrere Datenzeilen in der Liste der Prüfvariablen überein, erhalten alle Variablen das Attribut „Mehrmalige Zeile". Tritt eine Datenzeile nur einmal auf, erhält sie das Attribut „Einmalige Zeile".

Nach den Formatierungen werden über FREQUENCIES mittels der Häufigkeiten für ZEILEND, COUNTER und MEHRFACH deren Informationen über die Art und Anzahl der geprüften Datenzeilen angefordert. Die Variablen können in der Reihenfolge interpretiert werden, in der sie angelegt werden oder auch in der Reihenfolge MEHRFACH, COUNTER und ZEILEND. Für die genauere Prüfung kleinerer Datensätze ist ein LIST empfehlenswert.

Das Programm arbeitet so, dass in der Ausgabe (SPSS Datensatz) zunächst Ergebnisse für (möglicherweise vorhandene) mehrmalige Zeilen angezeigt werden (darin ist die letzte Zeile immer als einzigartige Zeile markiert, siehe dazu auch die Anmerkung unten) und anschließend möglicherweise vorhandene einmalige Datenzeilen. Innerhalb der Attributausprägung „mehrmalige Zeile" sind die Ergebnisse nach den ansteigenden Ausprägungen der Variablen sortiert, ebenfalls die sich anschließenden Ergebnisse für die Attributausprägung „einmalige Zeile".

2	a	17	0	1	0	a	b	c	Doppelte Zeile	1	Mehrmalige Zeile
2	a	17	0	1	0	a	b	c	Doppelte Zeile	2	Mehrmalige Zeile
2	a	17	0	1	0	a	b	c	Einzigartige Zeile	3	Mehrmalige Zeile
5	a	65	1	0	0	c	b	a	Doppelte Zeile	1	Mehrmalige Zeile
5	a	65	1	0	0	c	b	a	Einzigartige Zeile	2	Mehrmalige Zeile
3	b	23	1	1	0	a	b	c	Doppelte Zeile	1	Mehrmalige Zeile
3	b	23	1	1	0	a	b	c	Doppelte Zeile	2	Mehrmalige Zeile
3	b	23	1	1	0	a	b	c	Einzigartige Zeile	3	Mehrmalige Zeile
1	**a**	**8**	**1**	**0**	**1**	**b**	**c**	**a**	**Einzigartige Zeile**	**0**	**Einmalige Zeile**
4	**b**	**75**	**0**	**1**	**0**	**b**	**a**	**c**	**Einzigartige Zeile**	**0**	**Einmalige Zeile**

Terminologie:

Eine Datenzeile weist in Bezug auf ihr Auftreten zwei verschiedene Attribute auf: Häufigkeit und Verschiedenheit. Häufigkeit gibt an, ob eine bestimmte Datenzeile einmalig oder auch häufiger vorkommt. Verschiedenheit gibt an, ob eine Datenzeile einzigartig ist oder auch in Kopien auftritt. *Anm.:* Der Fettdruck der beiden untersten Zeilen dient nur der graphischen Hervorhebung.

Einmalig bedeutet, dass eine Zeile nur einmal, also ohne Kopie/n im Datensatz vorkommt. Einmalige Zeilen sind immer auch einzigartige Zeilen, vgl. z.B. die unterste Zeile („4 b 75...").

Mehrmalig bedeutet, dass eine Zeile mehr als einmal, also mit Kopie/n im Datensatz vorkommt (vgl. z.B. „3 b 23..."). Mehrmalig vorkommende Zeilen enthalten mind. eine einzigartige, sowie weitere Kopie/n dieser Zeile/n.

Einzigartig bedeutet, dass eine bestimmte Abfolge von Werten (i.S.e. Zeile) einzigartig ist; alle weiteren Doppelten sind Kopien dieser einzigartigen Zeile. Einzigartige Zeilen entsprechen nur dann einmaligen Zeilen, wenn die betreffende Zeile nur einmal vorkommt; ansonsten kommt das Attribut „einzigartig" üblicherweise häufiger vor als das Attribut „einmalig".

Doppelte bedeutet, dass von einer einzigartigen Zeile weitere Kopien im Datensatz vorkommen. Doppelte Zeilen sind immer auch mehrmalige Zeilen, nicht jedoch notwendigerweise umgekehrt (s.o.).

Im Gegensatz zum Attribut „Häufigkeit" ist die Zuweisung des Attributs „Verschiedenheit" nicht unmittelbar ein empirisches Phänomen, sondern hängt im Falle mehrmaliger Datenzeilen auch von der Scan- bzw. Sortierrichtung des Datensatzes ab. Wird z.B. der Datensatz von unten nach oben gescannt bzw. sortiert, so ist die unterste der „3 b 23..."-Zeilen die einzigartige Zeile. Würde der Datensatz aber von oben nach unten gescannt, so erhielte die oberste der „3 b 23..."-Zeilen das Attribut „einzigartig".

Aus der Sicht der Ausgabe ist das Vorgehen des Programms zunächst folgendes: Zunächst wird die grundsätzliche Frage geprüft, ob in einem Datensatz überhaupt doppelte Datenzeilen vorkommen. Die zuletzt angelegte Variable **MEHRFACH** (Attribut „Häufigkeit") gibt an, wie viele ein- oder mehrmalige Datenzeilen im Datensatz insgesamt vorkommen. Anschließend gibt dieses Programm differenziert Auskunft über Art und Anzahl der ein- und mehrmalig auftretenden Datenzeilen (vgl. die Variablen ZEILEND, Attribut „Verschiedenheit" bzw. COUNTER, Attribut „Häufigkeit doppelter Fälle"). Der Einsatz dieses Programmabschnitts macht nur Sinn, wenn in dem betreffenden Datensatz überhaupt mehrmalige Datenzeilen vorkommen.

Häufigkeit von Zeilen: Einmalig vs. mehrmalig

		Häufigkeit	Prozent	Gültige Prozente	Kumulierte Prozente
Gültig	Einmalige Zeile	2	20,0	20,0	20,0
	Mehrmalige Zeile	8	80,0	80,0	100,0
	Gesamt	10	100,0	100,0	

Die Variable MEHRFACH gibt an, dass zwei Datenzeilen jeweils nur einmal vorkommen, während die acht weiteren Datenzeilen mehr als einmal vorkommen. MEHRFACH gibt also nur an, welche Datenzeilen nur einmal vorkommen (N=2) und alle weiteren mehrmalig (N=8). MEHRFACH erlaubt jedoch keinen Aufschluss darüber, wieviele verschiedene Datenzeilen hinter den N=8 (weil N=2 bereits auf einmalig auftretende Zeilen entfallen) verborgen sind. Bei N=8 könnte dies z.B. eine Zeile sein, die achtmal vorkommt, zwei verschiedene Zeilen, die jeweils viermal vorkommen, oder (in diesem Fall) drei Zeilen, die zwei- bis dreimal vorkommen.

Da Datenzeilen mehrfach im Datensatz vorkommen, macht es Sinn, mit dem nächsten Programmabschnitt weiter zu arbeiten. Die beiden Variablen ZEILEND und COUNTER können über Art und Anzahl v.a. der mehrmals bzw. doppelt auftretnden Datenzeilen detailliert Auskunft geben. Die Variable **ZEILEND** („Verschiedenheit von Zeilen: Einzigartig vs. doppelt") bezieht sich auf die Häufigkeit *einzigartiger* Datenzeilen. ZEILEND gibt z.B. an, ob eine Datenzeile i.S.e. einzigartigen Abfolge von Variablenwerten im Datensatz einzigartig ist oder ob sie als Doppel einer bereits vorhandenen Datenzeile auftritt.

Verschiedenheit von Zeilen: Einzigartig vs. doppelt

		Häufigkeit	Prozent	Gültige Prozente	Kumulierte Prozente
Gültig	Einzigartige Zeile	5	50,0	50,0	50,0
	Doppelte Zeile	5	50,0	50,0	100,0
	Gesamt	10	100,0	100,0	

Laut ZEILEND kommen im Datensatz demnach fünf verschiedene Zeilen vor; fünf weitere Datenzeilen sind davon Doppelte. ZEILEND informiert also darüber, dass insgesamt fünf verschiedene Datenzeilen i.S.v. gleichen Abfolgen von Variablenwerten vorkommen. Die acht mehrfach auftretenden Datenzeilen (vgl. MEHRFACH) setzen sich demnach aus drei einzigartigen Datenzeilen zusammen (alle weiteren sind Doppelte); zusammen mit den beiden jeweils nur einfach auftretenden Datenzeilen ergibt dies fünf einzigartige (verschiedene) Datenzeilen. Aus ZEILEND geht jedoch nicht hervor, wie häufig die einzigartigen Zeilen im Einzelnen vorkommen. Diese Information liefert die Variable COUNTER.

Die Variable **COUNTER** („Übersicht über Häufigkeit doppelter Zeilen") zählt die ermittelten Listen gleicher Datenzeilen durch und gibt im Gegensatz zu MEHRFACH und ZEILEND an, wie häufig gleiche Zeilen in der geprüften Datenhaltung vorkommen. Am einfachsten sind das Maximum, wie auch das Minimum (Null) der u.a. Tabelle zu interpretieren. Das *Maximum* zeigt an, wie häufig die maximale Anzahl gleicher Zeilen ist. Laut der Tabelle kommen in diesem Falle zwei Zeilengruppen mit je drei Zeilen vor; der unten angegeben Liste ist zu entnehmen, dass es sich dabei um die Zeilen „2a..." und „3b..." handelt

Übersicht über Häufigkeit doppelter Fälle

		Häufigkeit	Prozent	Gültige Prozente	Kumulierte Prozente
Gültig	,00	2	20,0	20,0	20,0
	1,00	3	30,0	30,0	50,0
	2,00	3	30,0	30,0	80,0
	3,00	2	20,0	20,0	100,0
	Gesamt	10	100,0	100,0	

Das *Minimum* (Null) zeigt an, wie häufig die Anzahl einmaliger Zeilen ist. In diesem Falle kommen zwei einmalige Zeilen vor („1a...", „4b..."). Eine Null bedeutet, dass die betreffende Datenzeilen („1a...", „4b...") keine weitere Kopie im Datensatz besitzt (siehe unten).

Die weiteren Werte zwischen dem Minimum und Maximum von COUNTER sind etwas anders zu interpretieren, da sie Zählschritte von Variablen und keine Häufigkeiten wiedergeben. Alle Werte größer als Null repräsentieren Zähler doppelter Datenzeilen.

```
ID GRUPPE ALTER VARNUM1 VARNUM2 VARNUM3 VARCHAR1 VARCHAR2 VARCHAR3 ZEILEND
COUNTER MEHRFACH

 2 a      17     0     1     0     a     b     c     0     1,00     1,00
 2 a      17     0     1     0     a     b     c     0     2,00     1,00
 2 a      17     0     1     0     a     b     c     1     3,00     1,00
 5 a      65     1     0     0     c     b     a     0     1,00     1,00
 5 a      65     1     0     0     c     b     a     1     2,00     1,00
 3 b      23     1     1     0     a     b     c     0     1,00     1,00
 3 b      23     1     1     0     a     b     c     0     2,00     1,00
```

```
 3 b     23    1    1    0    a    b    c    1    3,00    1,00
 1 a      8    1    0    1    b    c    a    1     ,00     ,00
 4 b     75    0    1    0    b    a    c    1     ,00     ,00

Number of cases read:  10    Number of cases listed:  10
```

Im Beispiel kommen im Datensatz zwei Zeilen ohne Doppelte vor (vgl. das COUNTER-Minimum 0). Der Tabelle ist z.B. zu entnehmen, dass der COUNTER-Wert 1 nicht angibt, dass nur eine Zeile vorkommt, sondern eine (nicht notwendigerweise *erste*; Richtungsinterpretation abhängig von der Sortierung) mehrerer gleicher Zeilen. Der COUNTER-Wert 3 repräsentiert analog die Information, dass diese Zeile eine von drei (nicht notwendigerweise letzte; Interpretation abhängig von der Sortierrichtung) gleichen Datenzeilen ist (vgl. z.B. bei den Datenzeilen der IDs „2 a..." und „3 b..."). Das COUNTER-Maximum 3 gibt wegen N=2 nicht nur an, dass zwei Gruppen mit je drei gleichen Zeilen vorkommen (darin also jeweils einmal als einzigartige Abfolge von Werten und zusätzlich zwei Kopien dieser Werteabfolge). Da auf zwei Dreierlisten jeweils auch die niedrigeren Zählerschritte (z.B. 2 und 1) entfallen, verbleiben von den Werten zwischen Minimum und Maximum nur noch jeweils eine 1 und eine 2. Da auch hier der höhere Wert 2 den niedrigeren Wert 1 umschließt, weist COUNTER damit darauf hin, dass im Datensatz noch eine Zweiergruppe verbleibt (vgl. „5a...").

Zusammenfassung

In den Beispieldaten (N=10) kommen fünf einzigartige Zeilen vor. Fünf weitere Zeilen sind Kopien (Doppelte, vgl. ZEILEND). Einzigartig sind die Zeilen „1 a... ", „4 b...", „3 b...", „5 a..." bzw. „2 a...". Nur die Datenzeilen „3 b...", „5 a..." und „2 a..." weisen Doppelte auf. Die beiden Zeilen „1 a" „4 b..." repräsentieren einmalige Datenzeilen, die jeweils nur einmal, also ohne Doppelte auftreten (vgl. MEHRFACH). Die verbleibenden Zeilen treten mehrfach auf, jedoch nicht gleich häufig. Die „Häufigkeit einzigartiger Zeilen" gibt die Häufigkeit des jeweiligen Auftretens der Datenzeilen an (vgl. COUNTER). Die beiden Zeilen „1 a..." und „4 b..." treten jeweils nur einmal auf; die anderen Datenzeilen bis zu dreimal („2 a..." und „3 b..."). Die Zeile „5 a..." kommt zweimal vor.
Dieses Programm kann auch für Matching-Aufgaben eingesetzt werden (vgl. 5.3.). Für weitere Ansäze des „Durchzählens" von Datensätzen kann auf differenziertere Beispiele des Abschnitts 10.1 verwiesen werden.

5.6 Anzeigen von gefilterten und doppelten Datenzeilen

Das folgende Programm erlaubt, gefilterte doppelte Datenzeilen zu ermitteln und in einfachen Listen auszugeben. Bei Datensätzen mit einem massiven Anteil an Doppelten (v.a. bei umfangreichen Variablenlisten) wird empfohlen, zur Sicherheit zunächst nur die Häufigkeitstabelle anzufordern.

```
data list
/ID 1-3 GRUPPE 5(A) ALTER 7-8 VARNUM1 to VARNUM3 10-12
 VARCHAR1 to VARCHAR3 14-16 (A).
begin data
001 a  8 101 bca
002 a 17 010 abc
003 b 23 110 abc
004 b 75 010 bac
002 a 17 010 abc
003 b 23 110 abc
005 a 65 100 cba
end data.
exe.
sort cases by GRUPPE (A) ALTER (A) VARNUM1 (A) VARNUM2 (A)
VARNUM3 (A)
VARCHAR1 (A) VARCHAR2 (A) VARCHAR3 (A)  .
match files
  /file = *
  /by GRUPPE ALTER VARNUM1 VARNUM2 VARNUM3 VARCHAR1 VARCHAR2
VARCHAR3
  /last = NODUP .
exe.

variable labels
      NODUP
      'Verschiedenheit von Zeilen: Einzigartig vs. doppelt'.
value labels
      NODUP
      0 'Doppelte Zeile'
      1 'Einzigartige Zeile'.
frequencies variables=NODUP.
exe.

temp.
select if (NODUP=1).
title "Gefilterte Datenzeilen".
list.

temp.
select if (NODUP=0).
title "Doppelte (ausgeschlossene) Datenzeilen".

list.
```

Das Programm besteht aus vier Abschnitten. Der Abschnitt DATA LIST liest einen übersichtlichen Datensatz ein. Die Zeilen „002“ und „003“ sind doppelt. Das Programm wird diese Datenzeilen als doppelt identifizieren. Dieser Abschnitt wird nicht weiter erläutert. Der Abschnitt ab SORT CASES bereitet den Identifikationsablauf vor. Dieser Abschnitt wird ausführlich erläutert. Nach den Formatierungen wird über FREQUENCIES eine Häufigkeitstabelle und über LIST die Ausgabe der einfachen und doppelten Datenzeilen in Listenform angefordert.

Die Zeile SORT CASES legt die Variablenliste als Kriterium fest, nach denen Datenzeilen auf Doppelte überprüft werden. SORT CASES sortiert die aufgelisteten Variablen einheitlich (in diesem Falle ansteigend). Die Folge dieses einheitlichen Sortierens ist, dass der Datensatz nach doppelten Datenzeilen sortiert ist (falls doppelte Datenzeilen vorliegen).
Im Abschnitt MATCH FILES wird der eingelesene Datensatz mit sich selbst zusammengefügt. Über LAST= wird die erste in den nach BY sortierten Datenzeilen identifiziert und mit einer 0 markiert. Die unter BY angegebenen Variablen müssen exakt mit den unter SORT CASES angegebenen Variablen übereinstimmen. Alle Datenzeilen, die LAST= mit einer 0 markiert hat, sind demnach doppelte Datenzeilen (FIRST= würde anders herum vorgehen; hier würde die letzte der sortierten Datenzeilen mit 0 markiert). Die Markierungen werden in die Variable NODUP abgelegt. Über VARIABLE LABELS bzw. VALUE LABELS wird NODUP formatiert. Über FREQUENCIES wird eine Häufigkeitstabelle und über ein temporär (TEMP.) gefiltertes (SELECT IF=...) LIST wird die separate Ausgabe der einfachen und doppelten Datenzeilen in Listenform angefordert.

Verschiedenheit von Zeilen: Einzigartig vs. doppelt

		Häufigkeit	Prozent	Gültige Prozente	Kumulierte Prozente
Gültig	Doppelte Zeile	2	28,6	28,6	28,6
	Einzigartige Zeile	5	71,4	71,4	100,0
	Gesamt	7	100,0	100,0	

Laut NODUP kommen im Datensatz fünf einzigartige Zeilen vor; zwei weitere Datenzeilen sind davon Doppelte. NODUP informiert also darüber, dass insgesamt fünf verschiedene Datenzeilen i.S.v. gleichen Abfolgen von Variablenwerten vorkommen. Alle weiteren Datenzeilen sind jeweils Doppelte dieser fünf verschiedenen Abfolgen von Variablenwerten.

```
Gefilterte Datenzeilen

ID GRUPPE ALTER VARNUM1 VARNUM2 VARNUM3 VARCHAR1 VARCHAR2 VARCHAR3 NODUP
 1 a          8     1       0       1    b        c        a          1
 2 a         17     0       1       0    a        b        c          1
 5 a         65     1       0       0    c        b        a          1
 3 b         23     1       1       0    a        b        c          1
 4 b         75     0       1       0    b        a        c          1

Number of cases read:  5    Number of cases listed:  5


Doppelte (ausgeschlossene) Datenzeilen

ID GRUPPE ALTER VARNUM1 VARNUM2 VARNUM3 VARCHAR1 VARCHAR2 VARCHAR3 NODUP
 2 a         17     0       1       0    a        b        c          0
 3 b         23     1       1       0    a        b        c          0

Number of cases read:  2    Number of cases listed:  2
```

5.7 Identifikation von Doppelten beim Einlesen von Datenzeilen (gruppierte Daten)

Doppelte Datenzeilen können in einem bereits zur Analyse vorliegenden Datensatz auftauchen; aber auch bereits vorher, beim Zusammenfügen mehrerer Einzeldatensätze, z.B. mittels FILE TYPE GROUPED zu einem gruppierten Datensatz (vgl. 5.8. zu genesteten Daten). Die Option DUPLICATE=WARN wird besonders dann empfohlen, wenn die Fälle vermutlich Missings oder Doppelte aufweisen. Kommen in einem Datensatz mehrere absolut identische Datenzeilen (sog. „records") vor, so wird üblicherweise nur die jeweils letzte eingelesen.

```
FILE TYPE GROUPED
          CASE=PATIENT 1 RECORD=#ABC 3(A) DUPLICATE=WARN.
RECORD TYPE 'A'.
DATA LIST
/ IQ 5-7.
RECORD TYPE 'B' .
DATA LIST
/ ALTER 5-7.
RECORD TYPE 'C' .
```

```
DATA LIST
/ SCL90 5-7.
END FILE TYPE.

BEGIN DATA
1 A 127
1 B  58
1 B  58     /* doppelt
1 C  59
2 A  98
2 B  67
2 C  75
3 A  58
3 B  59
3 C  43
END DATA.

LIST.
```

FILE TYPE GROUPED definiert den anzulegenden Datensatz als gruppierten Datensatz. Voraussetzung für einen gruppierten Datensatz ist, dass alle Daten gruppenweise und vollständig sind. #ABC ist die temporäre Identifikationsvariable für die gruppierten Daten und befindet sich in Spalte 3; die 3 bedeutet also nicht, dass drei Datengruppen eingelesen werden. (A) bedeutet, dass es sich bei den Werten der Gruppenidentifikationsvariablen um Strings handelt. Der Wert der Fallidentifikationsnummer (CASE) befindet sich an Position 1 (Variable PATIENT). Es folgen so viele RECORD TYPE-Anweisungen, wie Datengruppen eingelesen werden. Jede RECORD TYPE-Anweisung enthält einen String als Gruppenidentifikationsvariable. Mittels DATA LIST werden Variablennamen und ihre jeweilige Position im Datensatz angegeben. Mit END FILE TYPE endet die Definition der Datensatzstruktur. Zwischen BEGIN und END DATA werden die gruppierten Daten eingelesen. DUPLICATE=WARN verhindert, dass für einen einzelnen Fall mehr als eine Datenzeile aus den jeweiligen Datengruppen eingelesen werden und gibt folgenden Hinweis aus:

```
>Warning # 517
>A duplicate record has been found while building the indicated
>case. Each occurrence of the record has been processed, and the
>last occurrence will normally take precedence.

>Command line: 495  Current case: 1 Current splitfile group: 1
>Duplicate Record ID:  B
>Case ID:  1
>Start of Record:  1 B  58    /* doppelt
```

```
PATIENT   IQ ALTER SCL90

   1     127   58     59
   2      98   67     75
   3      58   59     43

Number of cases read:  3    Number of cases listed:  3
```

Wird DUPLICATE=WARN weggelassen, verhindert SPSS dennoch das Einlesen doppelter Datenzeilen.

5.8 Identifikation von Doppelten beim Einlesen von Datenzeilen (genestete Daten)

Doppelte Datenzeilen können auch beim Zusammenstellen sog. genesteter Einzeldaten auftauchen, z.B. mittels FILE TYPE NESTED. Genestete Datensätze kann man sich so vorstellen, dass der jeweils vorher eingelesene Datensatz ein Raster für die Daten aus dem darauf folgenden Datensatz öffnet, in das diese dann eingelesen werden. Im Beispiel bilden die Variablen L_HHNR bis DATUM (Quelle: Fragen zum Interview) das Raster, in das der nächste Datensatz von HAUSHALT bis HHNEKOM (Quelle: Fragen zum Haushalt) eingelesen wird. In dieses Raster werden die Variablen PERSONID bis GEBORT des verbleibenden Datensatzes (Quelle: Fragen zur Person) eingelesen.
DUPLICATE=WARN verhindert, dass für einen einzelnen Fall mehr als eine Datenzeile aus den jeweiligen Datengruppen eingelesen werden und gibt eine Warnung aus. Die Angabe DUPLICATE=WARN wird besonders dann empfohlen, wenn die Fälle vermutlich Missings oder Doppelte aufweisen. Der Wert der Fallidentifikationsnummer (CASE) befindet sich an den Positionen 1 bis 4 (Variable L_HHNR). RECORD=#DATEN 6 bedeutet, dass sich der Wert der temporären Identifikationsvariablen an Position 6 befindet. Es folgen so viele RECORD TYPE-Anweisungen, wie Datengruppen eingelesen werden.

```
FILE TYPE NESTED
           CASE=L_HHNR 1-4 RECORD=#DATEN 6 DUPLICATE=WARN.
RECORD TYPE 1.
  DATA LIST
  /HHNR 9-11 INTRVIEW 12-13 INTVCODE 15-16 (A) DATUM 18-27(A).
RECORD TYPE 2.
  DATA LIST
  /HAUSHALT 11-15 (A) FLAECHE 17-19 HHNEKOM 21-25 .
RECORD TYPE 3.
  DATA LIST
  /PERSONID 11-13 (A) ALTER 15-16 GSCHLCHT 18 (A)
   BERUF 20 GEBORT 22-32 (A).
END FILE TYPE.
```

```
BEGIN DATA
0001 1  322 1 CS 11/09/2004
* Typ/Quelle1: Angaben des Interviewers Nummer des Haushalts,
Angetroffen, Interviewercode, Datum)
0001 2    322-1 100 60000
* Typ/Quelle2: Fragen zum Haushalt 322-1
0001 3    1_1 34 F 1 Eppingen
* Typ/Quelle3: Fragen zur Person
0001 2    322-2  80 50000
* Typ/Quelle2: Fragen zum Haushalt 322-2
0001 2    322-2  80 50000
* Hinweis: doppelt:  Fragen zum Haushalt 322-2
0001 3    2_1 25 M 1 Norderney
* Typ/Quelle3: Fragen zur Person
0001 3    2_2 24 F 1 Heidelberg
* Typ/Quelle3: Fragen zur Person
0001 3    2_3 59 F 0 Mutlangen
* Typ/Quelle3: Fragen zur Person
0001 2    322-1 100 60000
* Typ/Quelle2: Fragen zum Haushalt 322-1
0001 3    1_2 39 M 1 Datteln
* Typ/Quelle3: Fragen zur Person
END DATA.
sort cases by HHNR HAUSHALT PERSONID.
exe.
list.
```

Die zwischen BEGIN DATA und END DATA eingestreuten Kommentare weisen auf die Datenquellen, sowie andere Besonderheiten hin. Aus realen SPSS Programmen sind sie jedoch zu entfernen, weil sie sonst Fehler während des Einlesevorgangs verursachen.

Ausgabe

```
>Warning # 517
>A duplicate record has been found while building the in-
>dicated case. Each occurrence of the record has been pro-
>cessed, and the last occurrence will normally take pre-
>cedence.

>Command line: 156  Current case: 2 Current splitfile group: 1
>Duplicate Record ID:  2
>Case ID:      1
>Start of Record:  0001 2    322-2  80 50000
```

Wird DUPLICATE=WARN weggelassen, gibt SPSS keine Warnmeldung aus; das Einlesen doppelter Datenzeilen wird dennoch verhindert.

```
L_HH HHN INTR INTV        HAUSH FLAE HHNEK PERS ALT GSCH
NR   R   VIEW CODE DATUM ALT   CHE  OM    ONID ER  LCHT BERUF
GEBORT

 1  322  1 CS 11/09/2004 322-1 100 60000 1_1 34 F 1 Eppingen
 1  322  1 CS 11/09/2004 322-1 100 60000 1_2 39 M 1 Datteln
 1  322  1 CS 11/09/2004 322-2  80 50000 2_1 25 M 1 Norderney
 1  322  1 CS 11/09/2004 322-2  80 50000 2_2 24 F 1 Heidelberg
 1  322  1 CS 11/09/2004 322-2  80 50000 2_3 59 F 0 Mutlangen

Number of cases read:  5    Number of cases listed:  5
```

Hinweis: Die Variablennamen werden von SPSS zweizeilig umgebrochen. Aus Platzgründen wird GEBORT auf eine dritte Zeile verschoben.

6 Missings

Fehlende Daten: Muster, Mechanismen und Rekonstruktion

Missings sind fehlende Werte in einem Datensatz. Missings sind das Gegenteil von Einträgen (Zahlen, Strings) in einem Datensatz. Während Einträge die Anwesenheit einer Information anzeigen, repräsentieren Missings das Gegenteil, die Abwesenheit von Information. Missings sind daher in der Datenanalyse eher die Regel als die Ausnahme (Peng et al., 2006).

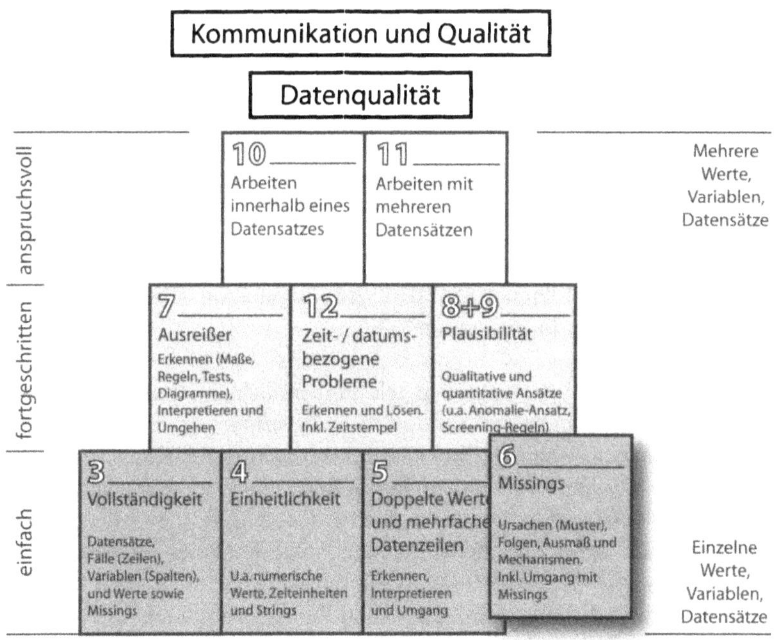

„Missings" gehört neben „Vollständigkeit", „Einheitlichkeit" sowie „Doppelte" zu den grundlegenden Kriterien von Datenqualität, zu deren Prüfung SPSS eingesetzt werden kann. Die Prüfung aller weiteren Kriterien baut auf diesen auf. Die Überprüfung auf Missings setzt jedoch Vollständigkeit, Einheitlichkeit, sowie auch den Ausschluss von Doppelten voraus.

Das Ausmaß des Vorkommens von Missings entscheidet darüber, ob eine Datenhaltung, eine Variable und/oder ein Fall als *vollständig* (ohne jegliche Missings) oder als unvollständig (mit Missings) bezeichnet werden. Enthalten Datenhaltung, Variable und/oder Fall ausschließlich Missings, werden sie als leer bezeichnet.

6.1 Ursachen (Muster), Folgen, Ausmaß und Mechanismen

Die Qualität von Forschung und ihren Ergebnissen hängt direkt mit den Ursachen bzw. Mustern, den Mechanismen von Missings, sowie auch ihrem Ausmaß zusammen (vgl. Little & Rubin, 2002[2]; Cohen et al., 2003[3], Kap. 11; Schafer & Graham, 2002). Ursachen und Muster von Mechanismen stehen miteinander in einem direkten Zusammenhang. Aus Ursachen folgen Muster in den Daten(sätzen); Muster in den Daten(sätzen) lassen wiederum auf Ursachen schließen. Die Rekonstruktion von Missings nimmt darüber hinaus bestimmte Mechanismen an, die v.a. für ihre Interpretation und Rekonstruktion bedeutsam sind. Je nach Ursache bzw. Muster (6.1.1.) können bestimmte (qualitativ zu interpretierende) Mechanismen von Missings (6.1.3.) größere Auswirkungen (6.1.2.) auf Ergebnisse haben als ihr bloßes (quantitatives) Ausmaß.

In einigen Veröffentlichungen zur Beurteilung des Ausmaßes von Missings findet man u.a. folgende „Daumenregeln" zur Frage, wie die Anteile von Missings (Ausmaß) in etwa einzuschätzen seien. Solche Daumenregeln, wie z.B. nachfolgende, argumentieren in etwa so:

- < 1% gelten als trivial
- 1–5% gelten als machbar (z.B. univariate Imputation)
- 5–15% erfordern anspruchsvolle Methoden (z.B. Hot deck-Imputation, EM, Regression)
- >15% beeinträchtigen jede Art von Interpretation.

Jeglicher Anwendung von Rekonstruktionsmethoden geht immer auch eine Interpretation des Problems der Missings voraus. Insofern ist die Abfolge *rekonstruierbar* und dann *nicht mehr interpretierbar* nicht das eigentliche Problem. Eher sinnfrei ist dagegen die Koppelung eines rein formellen Ausmaßes an Missings mit einem bestimmten Grad an Rekonstruierbarkeit/Interpretierbarkeit. Die folgenden Ausführungen werden u.a. zeigen, dass Missings immer von *Ursachen* abhängen und daher entscheiden letztlich auch Ursachen wiederum über das konkrete Ausmaß an Missings. Werden z.B. Werte falsch berechnet (z.B. eine Division durch Null, auch durch technische Effekte o.ä.), dann kann ihr Ausmaß durchaus weit über 15% liegen. Dennoch kann dieser hohe Anteil an Missings reduziert werden, sobald die fehlerhafte Berechnungsvorschrift korrigiert ist. Aber selbst *wenn* weiterhin ein hohes Ausmaß an Missings vorliegen sollte, gibt es immer noch die Information seitens Kovariaten, die eine Interpretation ermöglichen würden. Das Problem der Missings ist etwas komplizierter, als dass es einer solch einfachen, rein quantitativ orientierten „Daumenregel" entlang folgen würde (u.a. Little, 2007).

Zum bloßen Ausmaß an Missings (das, wie nun festgehalten werden kann, keine sichere Beurteilungsgrundlage darstellt) kommen nun Ursachen bzw. Muster des Fehlens der Daten hinzu. Je nachdem, was sich zuerst offenbart, weisen Muster von Missings oft auf Ursachen hin; kennt man zuallererst die Ursachen von Missings, zeigen sich bei genauerer Betrachtung oft auch Missingmuster. Letztlich entscheiden die zugrundeliegenden Mechanismen über Interpretation und Rekonstruierbarkeit von Missings.

6.1.1 Ursachen und Muster von Missings

Missings bzw. Datenverlust sind generell ein Thema, sofern es sich bei den Daten um sensible Informationen, Datenlieferer und/oder Datengenerierungsprozesse (Hochrisiko-, Wettbewerbsstudien) handelt. Umso mehr, wenn die Datenorganisation zahlreiche Messzeitpunkte zu erwarten hat (z.B. Längsschnittstudien), zahlreiche Datenspalten (Variablen, z.B. Datenlücken in unternehmensweiten Projekten bzw. landesweiten Umfragen) und/oder zahlreiche Datenzeilen (Fälle, z.B. Datenlücken in landesweiten Umfragen).

Die konkreten Ursachen für Missings können dabei von allgemeinen gegenstandsfernen **Ursachen** bis hin zur individuellen gegenstandsrelevant-absichtlichen Antwortverweigerung reichen, wie z.B.

- apriori (vor oder während des Erhebungsvorgangs) organisations-, prozess-, oder technikbedingte Datenlücken bzw. Datenverlust: z.B. Studiendesign: Stellen nicht abgesprochener und/oder unangemessener Fragen, Vergessen zentraler Items bei der Fragebogenkonstruktion, z.B. Softwarefehler: fehlerhafte Ableitung-, Übermittlungs-, oder Speicherprozesse (z.B. defekte Laborgeräte, Interferenzen bei kabelloser Übertragung, fehlerhafte Schreib-/Lesevorgänge), usw.
- ex post (nach dem Erhebungsvorgang) bedingte Datenlücken bzw. Datenverlust: u.a. unprofessionelles Datenmanagement (z.B. fehlerhaftes Zusammenfügen von Fällen und/oder Variablen, falsche Berechnung z.B. verursacht durch ein Dividieren durch Null), versehentliches Überschreiben aktueller Daten (z.B. Löschen kompletter Datenhaltungen), z.B. Hardwareprobleme (z.B. Festplattencrashs, Verlust (Diebstahl) von ungesicherten Datenträgern), Softwareprobleme (Zerstörung durch Viren, Verlust von Dateien bei der Übermittlung, Prüfung, Speicherung (e-Mail-Programme, Antivirenprogramme, Zipp-Programm, Firewalls)) usw.
- Datenlieferung: Umfrage bzw. Studie erscheint irrelevant oder den Interessen der Informationsbereitsteller entgegenlaufend: z.B. Vorenthalten/Unterschlagung von Daten seitens Mitarbeitern, Kunden oder Probanden usw., besonders, wenn es sich um eine freiwillig-unkontrollierte im Gegensatz zu einer kontrolliert-verpflichtende Informationsbereitstellung handelt (z.B. individuelle Studienteilnahme, z.B. Organisation von Datenlieferungsprozessen in Netzwerken, Unternehmen oder multizentrischen Studien) usw.
- in Längsschnitt- bzw. Panel-Studien vor allem: Änderung des Gegenstands (z.B. territoriale Veränderung: Wiedervereinigung Deutschlands, z.B. institutionelle Veränderung: (Neu)Bildung von Unternehmensstrukturen, z.B. individuelle Veränderung: Umzug, Heirat, Berufswechsel) und/oder Nichterreichbarkeit für eine Zweitbefragung bzw. Nacherhebung (Umzug, Motivation, Mortalität usw.) usw.

- individuelle bzw. punktuelle Probleme während der Erhebung bzw. Datenerfassung: z.B. versehentliches (zufälliges) Überspringen eines einzelnen Items in einem Fragebogen (Ursache: z.B. Aufmerksamkeit, Zeitmangel), technisch bedingtes (systematisches) Überspringen (z.B. verursacht durch falsch verlinkte Online-Fragebögen), sachliches oder sprachliches Nichtverstehen von Fragen, Instruktionen und/oder Interviewern, und/oder auch absichtliches Verweigern bzw. Überspringen einer zu persönlichen oder sachlich zu schwierigen Frage (Ursache: z.B. Aversion, Überforderung) usw.

Neben konkreten *Ursachen* als direkte sachliche Erklärung von Missings gibt es auch **Muster** in den Daten, die indirekte Hinweise auf Missings sein können und damit wiederum auf bestimmte Ursachen (vgl. Rubin & Little, 2002², 4–11). In den folgenden Beispielen für häufig auftretende Muster kann sich der Leser fehlende Daten als „Nonresponse", „Antwortverweigerung" etc. vorstellen.

Typ: Unspezifische Missingness

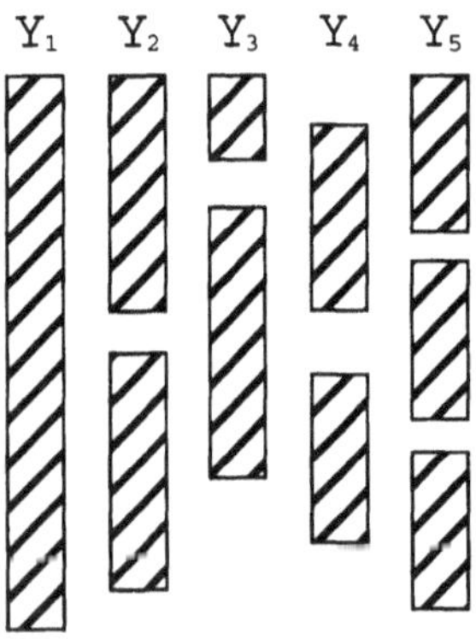

Idealerweise sollte ein Datensatz lückenlos sein, also keine fehlenden Daten aufweisen. Liegen jedoch Missings vor, so sollte das Muster der Missings („Missingness") in den Zeilen und Spalten (z.B. Y_1, Y_2, Y_3, Y_{x4}, Y_{x5}) eines Datensatzes zufällig sein, nichtinformativ sein und keinerlei regelmäßigem Muster folgen. Eine unspezifische Missingness, wie jedoch auch die folgenden Beispiele für typische Missing-Muster, sind in der Analysepraxis nicht so ohne weiteres mit bloßem Auge erkennbar. Oft sind multivariate Sortierungen des Datensatzes notwendig, um solche Muster zutage treten zu lassen.

Typ: Univariate Missings

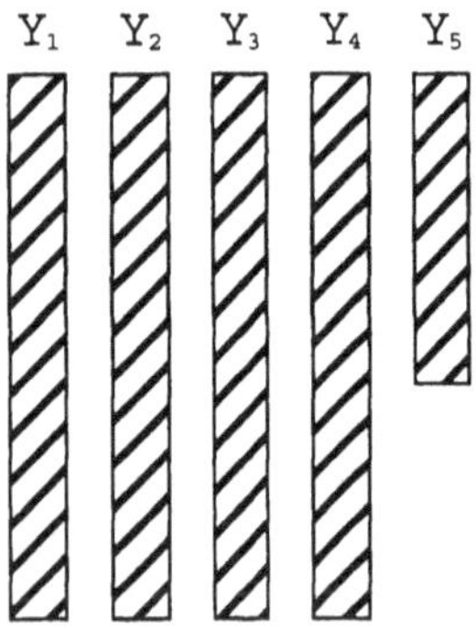

Die Missings aller Fälle sind zu einem Messzeitpunkt auf eine bestimmte Variable Y_x beschränkt. $N_{Missings}$ ist beschränkt auf $Y_{1\,/\,t1}$.
Beispiele: Wenn ein Item in einem Fragebogen für alle Teilnehmer der Studie (oder auch einer Teilmenge) zu einem Messzeitpunkt nicht verfügbar, unverständlich oder unangemessen ist. Wenn in einem landwirtschaftlichen Experiment einzelne Daten nicht gewonnen werden können, weil z.B. in einem Feld bestimmte Saaten nicht aufgehen (sog. missing plot-problem).

Typ: Multivariate Missings

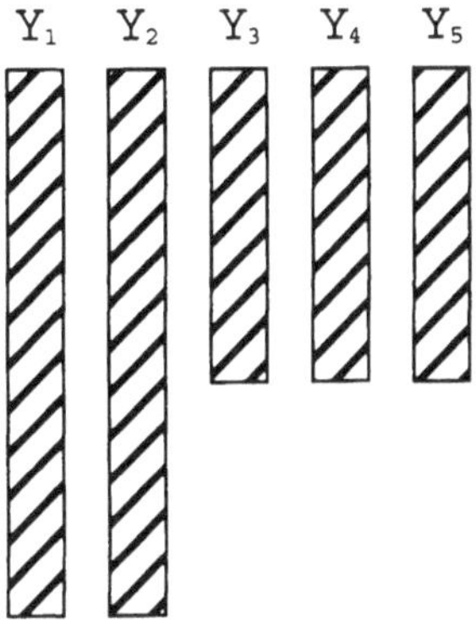

Die Missings einer Teilmenge aller Fälle sind auf mehrere, bestimmte Variablen beschränkt.
Beispiel: Wenn mehrere Variablen für eine Teilmenge der Studie nicht verfügbar, unverständlich oder unangemessen sind. $N_{Missings}$ ist beschränkt auf $Y_{1,\ldots,n\,/\,t1}$.

Typ: Kombination aus gruppen- und itemspezifischen Missings

Anm.: Der Querstrich in Y_1 soll andeuten, dass die Daten darüber bzw. darunter aus verschiedenen Gruppen stammen.

Die Missings der Fälle verteilen sich auf bis zu alle Variablen in einem regelmäßigen, gruppen- und itemspezifischen Muster.
Beispiel: Wenn bestimmte Variablen $Y_{1,\ldots,n}$ für eine erste Teilmenge einer Studie nicht verfügbar, unverständlich oder unangemessen sind und wenn gleichzeitig bestimmte (u.U. auch dieselben) Variablen (aber dann in einem anderen Muster) für eine zweite Teilmenge dieser Studie ebenfalls nicht verfügbar, unverständlich oder unangemessen sind.
Dieses gruppenspezifische Muster kann *unter Umständen* mit dem Muster für datenquellenabhängige Missings völlig übereinstimmen. Wenn die unterschiedlichen Quellen darüber hinaus die Daten verschiedener Gruppen enthalten, sind die konkreten Ursachen für die Missings besonders sorgfältig zu prüfen.

Typ: Monotone Zunahme der Missings (Abnahme der Vollständigkeit der Antworten)

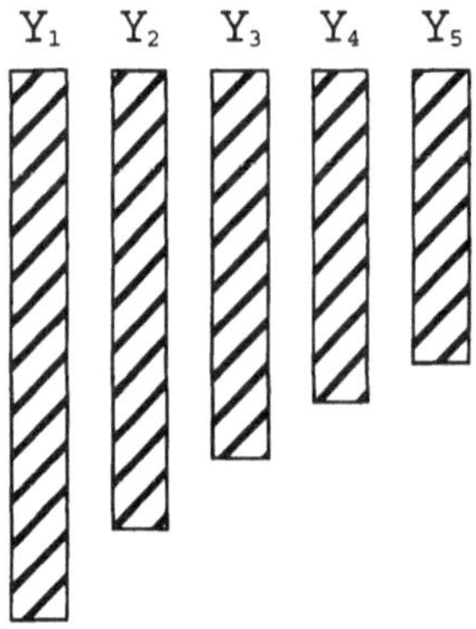

Die Anzahl der Missings nimmt zu.
Längsschnittliches Beispiel: Bei univariaten Messwiederholungen nimmt die Anzahl der Missings in der Responsevariablen zu, z.B. aufgrund von Ausfällen, Mortalität usw. während der Erhebung. $N_{Missings}$ $Y_{1/t1} < Y_{1/t2} \ldots < Y_{1/tn}$. Diese Logik gilt auch für mehrere abhängige Variablen.
Querschnittliches Beispiel: Beim Ausfüllen eines Fragebogens nimmt mit zunehmender Anzahl der Items auch die Anzahl der Missings zu, z.B. aufgrund von zunehmender Müdigkeit oder Demotivation. $N_{Missings}$ $Y_{1/t1} < Y_{2/t1} \ldots < Y_{n/t1}$. Diese Logik gilt auch für Messwiederholungen. Bei reihenartig zunehmenden Missings gilt insbesondere für die Bedingung MAR (s.u.), dass die Art der Missingverteilung („Missingness") immer nur von gültigen Werten vor dem Ausfall abhängt, nicht von jenen danach.

Typ: Datenquellenabhängige Missings

Wenn es beim *Zusammenfügen nach Fällen* (ADD FILES) für eine Untergruppe von Fällen (entweder bereits vorliegend oder neu hinzukommend) keine Werte in einer gemeinsamen Variablen gibt (vgl. Y_2, Y_3), entsteht für die Teilmenge eine systematische leere Spalte (dieser Effekt kann bei Strings auch durch unterschiedliche Längen verursacht sein).
Wenn beim *Zusammenfügen nach Variablen* (MATCH FILES) eine Variable nur in einer Untergruppe von Fällen (entweder bereits vorliegend oder neu hinzukommend) vorkommt, so ist auch hier für eine Teilmenge eine systematische leere Spalte die Folge. Zu beiden zunächst rein technisch erscheinenden Varianten kann jedoch das Problem der Nichtgleichzeitigkeit (Asynchronitizität) der Beobachtung hinzukommen, wenn z.B. die Werte aus beiden Datenquellen zeitlich sehr weit auseinanderliegen, kann es durchaus problematisch sein, diese ohne weiteres in einer gemeinsamen Analyse miteinander in Beziehung setzen zu wollen.

Weitere Typen: Vollständig fehlende („latente") Prädiktoren

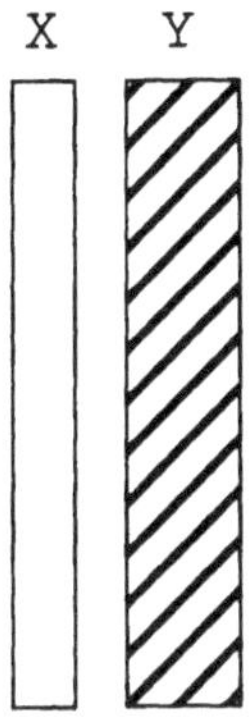

Im Gegensatz zu den bereits vorgestellten Beispielen spielen bei diesem Muster erstmalig Prädiktoren eine Rolle. X beschreibt eine Gruppe von unabhängigen Variablen (X_1, X_2, X_3, usw.). X fehlt vollständig und ist somit „latent". Y beschreibt eine Gruppe von abhängigen Variablen (Y_1, Y_2, Y_3, usw.). Rubin & Little (2002[2], 8) beschreiben dieses Muster als ein Beispiel dafür, wie über die beobachteten Variablen Y die Parameter der nicht beobachteten X inferenzstatistisch (unter Zuhilfenahme einiger Annahmen) geschätzt werden können, z.B. mittels einer Faktorenanalyse.

Typ: Abweichung von Referenzverteilungen

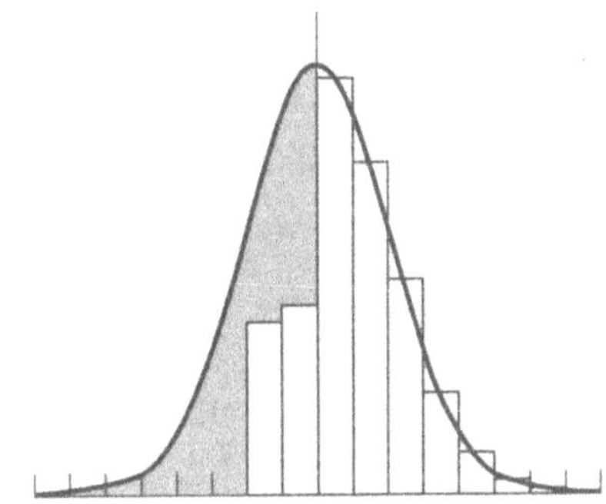

Weichen Verteilungen von Referenzverteilungen ab, z.B. der Normalverteilung, kann ein sog. Ziehungsfehler vorliegen. Ziehungsfehler können z.B. dazu führen, dass Stichproben nicht mehr die Grundgesamtheit repräsentieren und Schlussfolgerungen höchst fragwürdig sein können. Ein Mittelwert auf der Basis einer verzerrten Stichprobe ist somit ein zu korrigierender Schätzer für die eigentlich unverzerrte Grundgesamtheit. Abweichungen von Referenzverteilungen sind u.a. in Histogrammen deutlich erkennbar (vgl. u.a. 7.1.1. zur Rolle von Perspektiven und Erwartungen). Voraussetzung ist, dass die Verteilungsform der Referenzverteilung bekannt ist; nur dann kann die verzerrte Stichprobe um den Ziehungsfehler adjustiert werden.

Bei diesem sog. „Trunkieren" können die Werte unterhalb (vgl. Abbildung), oberhalb, sowie zu beiden Seiten der Verteilung abgeschnitten sein, was v.a. bei Regressionsansätzen Probleme bei der Modellspezifikation verursacht (z.B. Chatterjee & Price, 1995[2], 190; Pedhazur, 1982[2], 30–32). Der Unterschied in der Art der Missingverteilung ist, dass in den vorangegangenen Beispielen Missings anhand von leeren Zeilen, Spalten oder zumind. mehreren Zellen als eine Art Muster in einem Datensatz erkennbar waren. Im letzten Beispiel liegen fehlende Daten nicht i.S.v. leeren Zellen vor (und sind somit auch nicht erkennbar), sondern Daten wurden aufgrund des Ziehungsfehlers erst gar nicht in die Stichprobe aufgenommen. Es liegt somit ein sog. *Mechanismus* vor.

Die Ursachen bzw. Muster von Missings bewirken üblicherweise jeweils ein unterschiedliches Ausmaß. In Bezug auf die Interpretierbarkeit sind die zugrundeliegenden *Mechanismen* von Missings bedeutsamer (6.1.3.).

6.1.2 Folgen von Missings

Was sind die Folgen von Missings? Missings können weitreichende Folgen haben, vom Bias bis zum massiven materiellen Schaden.

Bias

Als das massivste Problem von Missings gilt der sog. „Bias“ (Rubin, 1987). Man stelle sich bei einer Produktzufriedenheitsstudie nur einmal vor, dass ein Teil der Anwender derart unzufrieden ist, dass sie die Teilnahme an der Studie rundweg verweigern. Die Verweigerer (sog. nonrespondents) haben aller Voraussicht nach eine andere Beurteilung des Produkts als diejenigen, die ihre Beurteilung rückmeldeten. Die schlussendlich verbliebene Stichprobe ist daher nicht mehr eine zufällige bzw. repräsentative Ziehung aus der Grundgesamtheit. Das untersuchte Modell enthält damit somit statistisch (z.B. die abgeleiteten Schätzwerte, u.a. Standardfehler, Korrelationen usw.), wie auch inhaltlich einen Bias, eine Verzerrung. Werden nun Schlüsse alleine auf der Grundlage der gemachten Angaben gefolgert, so wären diese eindeutig verzerrt, da sie nicht die Beurteilungen der unzufriedenen Teilnehmer berücksichtigen und somit einseitig positiv wären. Ein Hersteller, der nur positive Rückmeldungen berücksichtigt (z.B. oft verursacht durch interne Marktforschung), läuft aufgrund einer solchen Informationslage Gefahr, die Marktakzeptanz seines Produkts nicht korrekt einzuschätzen.
Als ein klassisches Beispiel für eine Studie mit einem Bias im Rücklauf (aber nicht nur dort) gelten die sog. Hite-Reports zur Sexualität von Frauen und Männern (z.B. Hite, 1981, 1976). “The Times“ erklärte 1998 den ursprünglichen Hite Report zu den 100 wichtigsten Büchern des 20.Jahrhunderts. Die Schlussfolgerungen der auch späteren sog. „Hite-Reports“ werden immer noch kritisiert. Die seriöse methodologische Kritik (z.B. Singer, 1995; Smith, 2003, 1989) bemängelte u.a.

- Methodologie: Inakzeptable methodologische Argumentation und Dokumentation, z.B. möglicherweise hinsichtlich einer strategischen Gewichtung der Daten, Organisation der Umfrage usw.
- Ziehung: eine Art selffulfilling prohecy-Ziehung anstelle einer Zufallsziehung (und damit minimaler Repräsentatvität); die gewonnene Stichprobe war bereits durch die Auswahl der beteiligten Organisationen derart verzerrt, dass die gezogenen Schlussfolgerungen von vorneherein nicht repräsentativ sein konnten.
- Items: Zahlreiche Fragen wurden kritisiert, z.B. traditionalistisch, einseitig, suggestiv oder bestenfalls unklar zu sein. Fragen zur Beziehung zu Müttern wurden z.B. anders formuliert als Fragen zur Beziehung zu Vätern. Im Ergebnis waren daher Unterschiede und Wertungen bereits in der Frageformulierung vorprogrammiert.
- Rücklaufquote: Ein inakzeptabel geringer Rücklauf von zwischen 3 und 6%. Der Rücklauf von an Frauen versandten Fragebögen betrug z.B. nur ca. 3%, der Rücklauf von an Männer versandten Fragebögen betrug ca. 6%. Der Anteil der Nonresponses, also Missings betrug mind. 96%. Der geringe Rücklauf wurde u.a. mit der sensiblen Thematik bzw. der aufwendigen Methodologie verteidigt.
- Antwort- und Selbstselektion: Neben der freien Wahl, nur die Fragen zu beantworten, die man auch beantworten möchte, hat zusätzlich ein Selbstselektionseffekt in Richtung eines

Nonresponse-Bias stattgefunden. Demnach nahmen nur Personen an den Studien teil, die trotz eines durchschnittlichen Aufwands von ca. 4,5h für einen Fragebogen in bis zu (je nach Zählweise) 180 offenen Fragen und Unterfragen ihre emotionale (Un)Zufriedenheit mitteilen wollten. Das Forschungsdesign macht es praktisch nicht möglich, Unterschiede zwischen Teilnehmern und Verweigerern der Studie zu untersuchen.
- Interpretation: Die Interpretation der letztlich dargestellten Ergebnisse litt aufgrund der bereits erwähnten möglichen Antwortselektion unter ständig wechselnden N und damit je nach Item einer anderen (Sub)Stichprobe.

Ein derart geringer Anteil an Antwortenden (ca. 3–6%) lässt keine allgemeingültigen Aussagen zu. Seriöse Umfrageforscher erwarten üblicherweise einen Rücklauf von mind. 60%, weil sonst die gewonnen Ergebnisse zugunsten der mitteilungswilligen Wenigen verzerrt werden. Dennoch wurden die Reports z.B. als Studien zur sexuellen Unzufriedenheit von *Frauen im Allgemeinen* publiziert. Tatsächlich widersprach eine später seitens der „Washington Post" und den „ABC News" durchgeführte Replikation (Rücklauf: ca. 80%; Methode: kurze telefonische Interviews) den Behauptungen Hites in fast allen Punkten.
Bei verfügbaren Daten (jedoch mit Missings) ist zu beachten, dass sich eine Stichprobenzusammensetzung je nach Art und Weise der entstandenen Missings (auch z.B. durch ein unreflektiertes Umgehen mit Missings, z.B. paarweises Löschen) von einer Variablen zur anderen *zusätzlich* massiv unterscheiden kann. Auch hier ist eine Verallgemeinerung einer solchen Ergebnislage auf eine einheitliche Grundgesamtheit nicht mehr möglich. Ein Bias ist somit gleichbedeutend mit Informationslücken und damit dem Fehlen einer der zentralen Voraussetzungen für abgesicherte Schlussfolgerungen und Entscheidungen. Bias können in jedem Forschungsbereich auftreten, z.B. in ökologischen Studien in der Epidemiologie, vgl. z.B. in Cohens ökologischen Studien zu Lungenkrebs und Radon (Jacob et al., 2005, 20–23).

Geringere statistische Power
Missings beeinträchtigen die Freiheitsgrade (df) in inferenzstatistischen Tests, wie z.B. dem t-Test, was wiederum zu geringerer statistischen Power im Vergleich zu zufällig gezogenen Stichproben führt (Cohen et al., 2003[3]; Cool, 2000; Raymond & Robert, 1987).

Verstöße gegen inferenzstatistische Verfahrensvoraussetzungen
Missings sind gleichbedeutend mit einem geringeren N der Datenbasis.
Ein reduziertes N ist bei vielen, besonders multivariaten Verfahren bereits ein hinreichender Verstoß gegen inferenzstatistische Verfahrensvoraussetzungen, z.B. bei der Linearen Regression (Green, 1991; Cohen et al., 2003[3]), der Binären bzw. Multinomialen Logistischen Regression (Hosmer & Lemeshow, 2000, 339–346) und bei Zeitreihenanalysen (Yaffee & McGee, 2000, Kap. 12). Bei den Faktorenanalysen soll z.B. die Anzahl der Beobachtungen deutlich größer sein als die Anzahl der Variablen. Die liberalsten Kriterien fordern mind. fünf Fälle pro Variable, manche Empfehlungen gehen sogar bis 1.000 („exzellent"). Bei den Clusteranalysen hängt die Lösbarkeit eines Clusterproblems u.a. mit der Anzahl der Fälle zusammen. Bei wenigen Fällen, Werteausprägungen und Variablen ist es schwierig, überhaupt Cluster bilden zu können; bei vielen Fällen, Werteausprägungen und Variablen ist es schwierig, wenige Cluster finden zu können.

Ein reduziertes N zieht im Allgemeinen weitere Probleme in Gestalt von Verstössen gegen diverse inferenzstatistische Verfahrensvoraussetzungen nach sich. Oft treten mehrere Probleme gleichzeitig auf, z.B. Verteilungsprobleme (Asymmetrie, Diskontinuität, Nonnormalität, unterbesetzte Tabellenzellen) und/oder auch die fehlerhafte Berechnung von deskriptiven oder inferenzstatistischen Parametern.

- Missings können zu einer Unterbesetzung von Zellen bei Tabellenanalysen führen (vgl. Schendera, 2004); die gilt uneingeschränkt auch für weitere Tests, die auf dem Chi^2-Verfahren aufbauen, z.B. den Hosmer-Lemeshow-Test. In der Überlebenszeitanalyse (Surivalanalyse) nach Kaplan-Meier basieren die Log Rank-, Breslow- und Tarone-Ware-Tests ebenfalls auf der Chi^2-Statistik und sind somit umso ungenauer, je kleiner die Stichprobe ist. Für kategorial skalierte Prädiktoren besteht z.B. bei zuwenigen Daten für die Ordinale bzw. Multinomiale Regression die Gefahr, dass für bestimmte Ausprägungen oder Kombinationen keine Werte der abhängigen Variable vorliegen.
- Missings können die Kontinuität von (kurvi)linearen Funktionen unterbrechen, was u.a. problematisch bei Korrelation, Regression, Reliabilitätsanalyse, Zeitreihenanalyse (Prognose) und Messwiederholung ist (z.B. Fitzmaurice et al., 2004; Cohen et al., 2003^3; Yaffee & McGee, 2000).
- Missings können die Gewichtung von Daten ändern: Missings können asymmetrisch große Gruppen in symmetrisch große Gruppen umwandeln, wie auch umgekehrt. Dies hat z.B. einen Einfluss auf die Auswahl des korrekten statistischen Verfahrens für 2- oder mehr Gruppenvergleiche, z.B. t-Test vs. Mann-Whitney-Test; ANOVA vs. GLM bzw. Kruskal-Wallis-Test (z.B. Keppel & Wickens, 2004^4, 138ff.).
- Missings können die Verteilungen von Daten verändern (z.B. Keppel & Wickens, 2004^4, 146).
- Bei multivariaten Verfahren, z.B. der Familie der Clusteranalysen, können Missings zu disproportial besetzten Datenzeilen (und damit zu verzerrten Clusterungen) bzw. je nach nach Elimination durchaus zu einer drastisch reduzierten Datenbasis führen.
- Missings können bei der binären logistischen Regression dazuführen, dass in der abhängige Variable das interessierende Zielereignis nicht häufig genug bzw. disproportional vorkommt (Hosmer & Lemeshow, 2000, 346–347). Ist das Zielereignis selten, sind üblicherweise die Kosten falscher Negative höher als die Kosten falscher Positive und legen somit Cutoffs weit unter 0.5 nahe.
- Zeitreihenanalysen setzen im Allgemeinen Datenreihen ohne (größere) Lücken (gaps) voraus. Je unregelmäßiger oder je kürzer eine Zeitreihe die Zeitreihen sind, desto problematischer ist die Rekonstruktion von Missings, z.B. über Einsetzen des Mittelwerts der Reihe, der Nachbarwerte vor bzw. nach der Datenlücke, oder ihrer Vorhersage auf der Grundlage der Werte, die der Lücke vorausgehen (Yaffee & McGee, 2000, 3). Bei der Prognose nimmt der Anteil des Vorhersagefehlers zu; die Vorhersagen werden ungenauer und das Konfidenzintervall wird in der Folge immer weiter.

Missings können die Anwendung von statistischen Verfahren somit auch dann einschränken, wenn sie völlig zufällig fehlen. Der Effekt ist natürlich umso größer, wenn die repräsentierte Information in den geringeren vorhandenen Daten zusätzlich durch einen Bias verzerrt ist (Rubin, 1987).

Rechenfehler
Missings können bereits bei einfachen Rechenoperationen zu fehlerhaften Ergebnissen führen. Das folgende Beispiel demonstriert einen fast schon klassisch zu nennenden Fehler bei der Berechnung von z.B. Mittelwerten.

```
data list list (",")
/wert1 miss1 wert2 miss2.
begin data
 1, 1, 1, 1
 1,  , 1, 1
 1,  , 1,
 1,  , 1, 1
 1, 1, 1, 1
end data.
exe.
```

Ein Datensatz wird in SPSS eingelesen. Die Variablen MISS1 und MISS2 enthalten im Gegensatz zu den beiden anderen Variablen Missings. Aus diesen vier Variablen soll ein Mittelwert gebildet werden. Die Bestimmung der Summenvariable SUMME für den Zähler erscheint noch unkompliziert; hierzu wird die Summe aller gültigen Werte über die Funktion SUM ermittelt (es gibt auch andere Möglichkeiten, siehe unten). Liegen jedoch lückenhafte Daten vor, so verursacht bei der Bestimmung des Nenners das Verwechseln von theoretischem Maximum (Anzahl der Variablen) mit der Anzahl der vorliegenden Daten (gültige Werte) einen Fehler.

Bei M_WERT1 erfolgt die Division durch die Anzahl der theoretisch möglichen Fälle. *Interpretiert als Mittelwert* ist das Ergebnis üblicherweise nicht korrekt, da durch mehr Werte dividiert wird als tatsächlich vorliegen (vgl. M_WERT2). Bei M_WERT1 ist der Nenner eine *Konstante*. Je nach Anwendungsbereich kann jedoch das Dividieren durch eine Konstante zulässig bzw. sogar erforderlich sein; die ermittelten Werte sind jedoch nur unter Vorbehalt als Mittelwerte, vielmehr als Indizes abhängig von der Vollständigkeit einer Datenhaltung bzw. –lieferung zu interpretieren. Unter Umständen kann ein solcher Wert sogar direkt als Vollständigkeitsindex interpretiert werden. *Interpretiert als Index für die Vollständigkeit einer Zeile* (vgl. auch 3.4., 6.3.8.) rückt das Ergebnis bei Daten, bei denen z.B. als Einträge nur der Wert 1 oder Missing zulässig sind, korrekt den Grad der Vollständigkeit einer Zeile aus (ggf. kann dieser Wert noch mit 100 multipliziert werden, um als Prozentwert interpretiert werden zu können). 0,75 bzw. 75% würden in diesem Beispiel bedeuten, dass in drei von vier Zellen gültige Werte vorliegen.

Bei Missings überwiegend fehlerhafte Mittelwertbildung

```
compute SUMME = sum(wert1, miss1, wert2, miss2).
exe.
compute M_WERT1 =(SUMME / 4) .
exe.
```

Bei M_WERT2 erfolgt die Division durch die Anzahl der gültigen Fälle; dieser Wert wird zuvor in einem separaten Schritt bestimmt und in der Variablen VALIDE abgelegt. Bei M_WERT2 ist der Nenner somit eine *Variable*. – Liegen in einer Datenzeile ausschließlich Missings vor, würde SPSS in VALIDE den Wert 0 ablegen. Da SPSS bei einer Division durch Null jedoch die Berechnung abbrechen würde, müsste in diesem Fall in VALIDE der Wert 0 durch einen Missing ersetzt werden. – Durch die Teilung von SUMME durch VALIDE liegt nun der korrekte Mittelwert M_WERT2 vor. M_WERT2 kann nicht als *Index für die Vollständigkeit einer Zeile* interpretiert werden, da er korrekt ermittelt immer 1,0 bzw. 100% ergeben würde.

Bei Missings korrekte Mittelwertbildung

```
compute SUMME = sum(wert1,miss1,wert2,miss2).
exe.
count VALIDE =  wert1 miss1 wert2 miss2 (1).
exe.
compute M_WERT2 = SUMME / VALIDE .
exe.


format M_WERT1 M_WERT2 (F4.2).
list.
```

An den mittels LIST angeforderten Ergebnissen ist der Unterschied in der Logik von M_WERT1 im Vergleich zu M_WERT2 leicht zu erkennen. Die COUNT-Variante könnten je nach Daten und Fragestellung z.B. auch durch eine COMPUTE-Variante mit der Option SUM ersetzt werden.

```
wert1 miss1 wert2 miss2  SUMME M_WERT1 VALIDE M_WERT2

    1     1     1     1      4   1,00       4    1,00
    1     .     1     1      3    ,75       3    1,00
    1     .     1     .      2    ,50       2    1,00
    1     .     1     1      3    ,75       3    1,00
    1     1     1     1      4   1,00       4    1,00

Number of cases read:  5    Number of cases listed:  5
```

Sind die Daten lückenlos, stimmen M_WERT1 und M_WERT2 überein. Enthalten die Variablen, die in die Summenbildung einbezogen wurden, an irgendeiner Stelle mindestens einen Missing, unterscheiden sich die ermittelten Mittelwerte deutlich.

Inkommensurabilität von Ergebnissen (variierende Fallzahlen)
Enthalten Daten Missings, so basieren Analysergebnisse unterschiedlicher (v.a.) multivariater Verfahren immer auch auf verschiedenen Fallzahlen. Die erzielten Ergebnisse können nur

ausnahmsweise direkt miteinander verglichen werden, da die konkret zugrundeliegende Datenbasis genau betrachtet jeweils eine andere ist. Die Ursache ist hier im Allgemeinen, dass statistische Verfahren bzw. SPSS Prozeduren mit Missings unterschiedlich umgehen.

Ineffizienz (Ressourcen)

Missings können Anwender auch überfordern, indem Missings als einfaches systematisch-technisches Problem missverstanden werden, und nicht als durchaus komplex-multivariat inhaltliches/statistisches Problem. Gerade die in Software zur Verfügung gestellten „automatischen" Ersetzungstechniken verleiten oft genug dazu, das Rekonstruieren von Missings als einfach „auf Knopfdruck" behebbares, rein technisches Problem misszuverstehen, die Komplexität des (statistischen, inhaltlichen) Problems zu unterschätzen und das Problem (Schaden, Bias, usw.) noch zu vergrößern.

Finanzieller Schaden

Verlorene bzw. verfälschte Daten sind zunächst verlorene Investitionen, ziehen jedoch oft zusätzliche Folgekosten nach sich. Als Beispiele wären hier zunächst z.B. die Methoden der Längsschnittstudien bzw. Panelanalysen zu nennen (z.B. Buu, 1999; Roth, 1994, 538–539). Daten repäsentieren jedoch oft viel mehr als „nur" Fälle, Zeit und Mühe. In Unternehmen repräsentieren Daten oft schlicht und einfach Geld. Für diese gilt insofern umso mehr: Jeder verlorener Kunde ist auch verlorener Gewinn. Verfälschte Daten sind Fehlinvestitionen, deren Konsequenzen weitere Kosten bis hin zum Imageschaden sein können (vgl. Kapitel 1). Gehen Sie in solchen Situationen davon aus, dass ein Fehler nicht unbedingt alleine kommt, sondern gleich ein paar „Freunde" zur „worst case-Party" mitbringt. Ein Computertechniker der Steuerbehörde von Alaska löschte z.B. im Juli 2006 versehentlich sowohl das Daten-, wie auch das Backup-Laufwerk. Das eigentliche Drama begann jedoch, als man auf die Daten der nächtlichen Sicherungsbänder zugreifen wollte und feststellen musste, dass die Bänder nicht lesbar waren. 800.000 gescannte Anträge und Dokumente auf Auszahlungen aus dem Alaska Permanent Fund in Höhe von 38 Milliarden Dollar waren weg und mussten allesamt monatelang neu eingescannt, geprüft und bearbeitet werden (Sutton, 2007).

Weitere Konsequenzen

Mit verlorenen, gelöschten oder auch verfälschten Daten gehen erfahrungsgemäß oft weitere Konsequenzen her. Datenverlust folgt z.B. nicht selten der Vorwurf der Absichtlichkeit. Je nach Art der betroffenen Daten können weitgehende Skandale ausgelöst werden. Dass trotz Sicherungsmaßnahmen Daten verloren gehen konnten, kann auch Misstrauen gegenüber denjenigen provozieren, in deren Verantwortungsbereich ein solcher Datenverlust möglich war. Im Juni 2007 berichtete z.B. die Sendung REPORT MAINZ (25.06.2007), dass das Zentrum für das Nachrichtenwesen der Bundeswehr, gebaut für die sensibelsten Daten Deutschlands (u.a. für Geheimdienstberichte, CIA-Meldungen und Bilder von Spionagesatelliten) während der Archivierung aufgrund eines technischen Defekt des Datensicherungsroboters äußerst sensible Daten verloren hatte. Sollten die Daten verloren bleiben, hat dieser scheinbar simple Datenverlust weitreichende Konsequenzen: Die Untersuchungsausschüsse des Deutschen Bundestages können ihren Auftrag aufgrund fehlender Quellen nicht mehr erfüllen. Für Strafverfolgungsbehörden in Kriegsverbrecherprozessen sind Beweise vernichtet. Nachrichtendienstliche Erkenntnisse auch im Zusammenhang mit Terrorismus sind verloren gegangen. Der ausgelöste Skandal betraf u.a. die Professionalität der Datensicherung, die politische Verantwortlichkeiten, nachrichtendienstliche Konsequenzen, aber auch die Frage der potentiellen Absichtlichkeit, z.B. möglicherweise im Hinblick auf Vertuschung eines anderen Skandals, u.a. der Rolle des KSK bei der Inhaftierung von Deutschen in US-Gefangenenlagern. Zu diesem Zeitpunkt (Juli 2007) ist unklar, ob die Daten wieder rekonstruiert werden können.

6.1.3 Mechanismen von Missings

Missings können neben Ausmaß, sowie Ursachen bzw. Muster (6.1.1.) auch nach zugrundeliegenden Mechanismen beurteilt werden. Diese Mechanismen sind v.a für die Interpretation und Rekonstruktion von Missings bedeutsam.
Verteilen sich Missings völlig zufällig, ist eine Interpretation außer durch ein reduziertes N nicht durch einen zusätzlichen Bias erschwert. Wenn der Anteil der Missings jedoch hoch ist und sich nicht zufällig, sondern systematisch, nach irgendeinem Muster verteilt, ist die Situation besonders schwerwiegend. Die Folge ist eine massiv erschwerte Interpretation von durch einen sog. ‚Bias' verzerrten Ergebnissen. Wichtig ist also zunächst festzustellen, wie viele Missings vorkommen, aber noch mehr, ob sich die Missings systematisch oder zufällig verteilen.

Wie sind die Muster von Missings („Missingness") einzuschätzen? Angenommen, ein fiktiver Datensatz enthält die Angaben von n Probanden in m+1 Variablen, davon sind eine abhängige Variable Y und m unabhängige Variablen X_1, X_2, ..., X_m. Generell wird zwischen den drei möglichen Mustern MCAR, MAR und NMAR unterschieden. Die im Folgenden dargestellte Terminologie und Logik orientiert sich eng an Rubin & Little (2002[2]). Die Muster MCAR und MAR sollten für die weitere Exploration und Analyse von Daten vorliegen; das Muster NMAR gilt dagegen als nicht ignorierbar.

Bei **MCAR** (Missing Completely at Random, völlig zufällig fehlend) hängen Missings in Y weder von beobachteten, noch fehlenden Werten in Y ab (Rubin & Little, 2002[2], 12).
$f(M|Y,\Phi)=f(M|\Phi)$ *für alle* Y, Φ ,
wobei M für die Missings (M_{ij}), Y für die vollständigen Daten (y_{ij}) und Φ für die unbekannten Parameter stehen.
Das Muster der Missingverteilung selbst gilt nicht notwendigerweise als zufällig, sondern nur, dass das die Art der Missingverteilung („Missingness") nicht von den Datenwerten abhängt. Das Zustandekommen des MCAR-Musters braucht nicht weiter untersucht werden. Das Subsample der Probanden-Daten kann somit als zufällig gezogene Substichprobe der Stichprobe aus der Grundgesamtheit betrachtet werden.

Das Vorliegen der MCAR-Bedingung kann mittels Little's MCAR Test exploriert werden. Little's MCAR Test ist in der SPSS MVA Prozedur (6.4.7.2.) implementiert. SPSS bietet jedoch keinen Test auf MCAR vs. MAR an. MCAR (s.u.) ist eine anspruchsvollere Annahme als MAR. Daten mit Missings in einem MCAR-Muster können somit als zufällig gezogene

Substichprobe der potentiell vollständigen Stichprobe aus der Grundgesamtheit betrachtet werden (Little & Rubin, 2002[2], 13).

Bei **MAR** (Missing at Random, zufällig fehlend) hängt die Art der Missingverteilung („Missingness") in der Variablen Y nur von den beobachteten Y-Werten (Y_{beob}) und nicht den Missings in Y (Y_{miss}) ab.

$f(M|Y,\Phi)=f(M|Y_{beob},\Phi)$ *für alle* Y_{miss}, Φ ,

wobei M für die Missings (M_{ij}), Y für die vollständigen Daten (y_{ij}) und Φ für die unbekannten Parameter stehen.

Hängt die Wahrscheinlichkeit für Y, ein Missing zu sein, nicht vom fehlenden Wert selbst ab, aber von beobachteten Y-Werten, dann gilt Y als MAR. Ein fehlender Y-Wert steht demnach nur im Zusammenhang mit vollständigen Y, aber nicht mit einem Y-Wert, der möglicherweise hätte erhoben werden können. Daten mit Missings in einem MAR-Muster können demnach dann nicht als zufällig gezogene Substichprobe der potentiell vollständigen Stichprobe aus der Grundgesamtheit betrachtet werden, wenn die Wahrscheinlichkeit für Missings in Y von den Missings in Y selbst abhängt. Das Zustandekommen des MAR-Musters sollte untersucht und in ein statistisches Modell implementiert werden. Das Subsample der Probanden-Daten kann dann nicht als zufällig gezogene Substichprobe der Stichprobe aus der Grundgesamtheit betrachtet werden; die fehlenden Y-Werte können über eine angemessene statistische Modellierung aus den *vollständigen* X_1, X_2,..., X_m-Variablen rekonstruiert werden. MAR gilt als weniger restriktiv als MCAR. Das Vorliegen der MAR-Bedingung kann mittels eines einfachen t-Tests exploriert werden, bei dem die Mittelwerte der Gruppen mit bzw. ohne Missings miteinander verglichen werden (für kategorial skalierte Daten könnten analog ein Chi²-Test oder als multivariate Varianten u.a. die binäre logistische Regression, die Diskriminanz-, oder auch die Varianzanalyse eingesetzt werden).

An dieser Stelle muss dafür sensibilisiert werden, dass durch diese Art der Prüfung von MAR (z.B. mittels des t-Tests) die Fragestellung genau betrachtet verändert wird: Es ist nicht mehr von Interesse, ob die Daten nichtzufällig fehlen, sondern ob der Effekt der nichtzufällig fehlenden Daten groß genug ist, um die gewonnenen Ergebnisse nachhaltig negativ zu beeinträchtigen. Ein nonsignifikanter t-Test schließt das Vorliegen nichtzufällig fehlender Daten jedoch weder völlig aus, noch sind bei einem (scheinbar) signifikanten Resultat die erzielten Ergebnisse notwendigerweise völlig gegenstandslos (vgl. u.a. die Aspekte der Effektgröße sowie der Alphafehler-Kumulation). Der t-Test ist jedoch nur brauchbar, wenn er die missingverurachenden Variabe/n bzw. konkreten Ursachen tatsächlich auch erfasst. Testet der t-Test (bzw. jedes andere eingesetzte Verfahren, s.o.) nur die Variablen X_1, X_2,..., X_m, die Missings werden jedoch durch Z_1, Z_2,..., Z_m oder durch andere, z.B. technische Defekte, verursacht, so verfehlt ein nonsignifikantes Testergebnis den eigentlichen missingverursachenden Prozess (vgl. dazu auch NMAR). Die kompetente Anwendung statistischer Tests unterstützt zwar die Beurteilung der MAR-Annahme, ist jedoch kein Ersatz für eine sorgfältige Überprüfung auf Muster, Ursachen und Prozesse.

Bei **NMAR** (Not Missing at Random, nicht zufällig fehlend; z.T. auch als „MNAR" oder „nonignorable" in der Literatur zu finden, z.B. Longford, 2000) hängt die Art der Missingverteilung in der Variablen Y nur von den Missings in Y (Y_{miss}) und nicht den beobachteten Y-Werten (Y_{beob}) ab. NMAR ist sozusagen der Gegensatz zu MAR: Bei NMAR verursachen Y_{miss}, bei MAR dagegen Y_{beob} die „Missingness".

$f(Y,M|\theta,\Phi)=f(Y|\Phi)\,f(M|Y,\Phi) = f(y_i|\theta)\;\; f(M_i|y_i,\Phi),$

wobei $f(y_i|\theta)$ die Dichte von y_i bezeichnet (indiziert durch die unbekannten Parameter θ). $f(M_i|y_i,\Phi)$ gibt die Dichte einer Bernoulli-Verteilung für den binären Indikator M_i mit der Wahrscheinlichkeit $pr(M_i=1|y_i,\Phi)$ an, dass y_i ein Missing ist.

Bei MAR kann die Art der Missingverteilung durch andere Variablen erklärt werden, während bei NMAR die Missingness *nur* durch die fehlenden Variablen bzw. Werte erklärt werden kann. MCAR und MAR gelten als ignorierbar und sollten vorliegen; das Muster NMAR ist nicht ignorierbar.

Das Umgehen mit Missings setzt Kenntnis der vorliegenden Muster der Missings voraus (das Löschen z.B. MCAR). MCAR liegt jedoch selten vor; MAR tritt häufiger auf, ist aber nicht immer haltbar. Bei NMAR hängt die Wahrscheinlichkeit, dass Missings vorkommen, von den fehlenden Werten selbst ab. In anderen Worten: Nur Variablen mit Missings können eine Erklärung für die Ursache der Missings liefern.

Die Mechanismen bauen auf einer gemeinsamen Grundannahme auf, die v.a. für die Rekonstruktion von Missings bedeutsam ist: „Missingness indicators hide true values that are meaningful for analysis“ (Little & Rubin, 2002², 8). Nur wenn diese Annahme zutrifft (idealerweise für alle Strata einer Variablen), macht es Sinn, Missings durch imputierte Werte zu ersetzen (vgl. 6.4.). Trifft diese Annahme nicht zu, ist es angemessener, Missings in eine Analyse einzubeziehen (vgl. 6.5.).

Kennt man letztlich die Mechanismen von Missings, können auch ursachenorientiert Maßnahmen zur Fehlerkorrektur eingeleitet werden. Mit Missings kann also auf mehrere Arten umgegangen werden. Löschen (6.3.), Rekonstruktion (inkl. Imputation, 6.4.), weder Löschen, noch Rekonstruieren (6.2.), sowie in eine Analyse einbeziehen (6.5.).

6.2 Welche Missings sollten *nicht* durch Werte ersetzt bzw. gelöscht werden?

Missings sollten dann nicht ersetzt bzw. Daten sollten dann nicht gelöscht werden, wenn sich die Missings aus Inhalt, Technik, Logik oder unterschiedlicher Vollständigkeit von Erhebungsinstrumenten ergeben.

Manche Erhebungen erfassen Wissens- bzw. Faktenfragen; wenn jemand z.B. eine Antwort nicht weiß, ist es nicht legitim, die entsprechenden Missings mit Antworten zu ersetzen, die die befragte Person ja gar nicht angegeben bzw. gewusst hat.

In vielen elektronisch basierten (Online)Erhebungen werden bei bestimmten Antworten andere Fragen(gruppen) übersprungen, z.B. bei der Zugehörigkeit zu einer bestimmten Gruppe o.ä. Die Antworten dieser Gruppe weisen im Datensatz notwendigerweise Missings auf, weil die Fragebogenkonstruktion technisch eine Antwort verhinderte. Führt eine solche Erhebungstechnik (z.B. Überspringen) zu Missings, so sind dies technisch bedingte Missings, die nicht durch Werte ersetzt werden dürfen.

In Erhebungen folgt oft aus der Antwort auf eine erste Frage, dass sich die Beantwortung einer zweiten Frage erübrigt. Wenn z.B. jemand die erste Frage verneint, jemals geraucht zu haben, dann erübrigt sich auch die Antwort auf die Frage, wann sie zu rauchen angefangen

habe. Führt eine solche Fragetechnik zu Missings, so sind dies logisch bedingte Missings, die ebenfalls nicht durch Werte ersetzt werden dürfen.
Bei Messwiederholungen kommen manchmal zu den verschiedenen Messzeitpunkten unterschiedlich vollständige Fragebogenversionen vor. Im Vergleich zu einer ersten Messung wurde z.B. im zweiten Durchgang eine Frage zusätzlich aufgenommen; deren Werte fehlen also für den ersten Messzeitpunkt. Während der Phase der Analyse sollte man nun nicht versucht sein, die fehlenden Angaben zum ersten Messzeitpunkt aus den Angaben zum zweiten Messzeitpunkt z.B. über einen multivariaten hot deck-Ansatz zu rekonstruieren. Der Grund ist, dass neben der multivariaten Interkorreliertheit die zeitabhängige Variabilität der Daten hinzukommt, da der biographische bzw. soziohistorische Kontext ein anderer ist. Dasselbe gilt umso mehr für überhaupt nicht ausgefüllte Fragebögen, z.B. wenn jemand an einem Follow-Up nicht teilnehmen konnte.

Das Auftreten solcher unkontrollierten Missings lässt sich über die Verwendung von sog. Konsistenzkodierungen drastisch verringern, die dann in der Form von anwenderdefinierten Missings aus der Analyse ausgeschlossen werden, z.B.

- „991“ oder auch „-1“ für „weiß Antwort nicht“
- „992“ oder auch „-2“ für „verweigert Antwort“
- „993“ oder auch „-3“ für „Antwort übersprungen“
- „994“ oder auch „-4“ für „Frage niemals gestellt“
- „995“ oder auch „-5“ für „complete drop-out“ etc.

Man sieht Missings im Datensatz nicht an, ob die Werte bereits im Fragebogen fehlten, erst gar nicht in den Datensatz übernommen wurden, oder ob sie korrekt übernommen wurden, aber dann aufgrund einer fehlerhaften Transformation verloren gingen. Bereits bei der Dateneingabe, wie auch später bei Transformationen, sind fehlende Werte mit einem anwenderdefinierten Kode zu versehen (siehe unten). Dieses Vorgehen gewährleistet, dass zwischen kontrollierten und nicht kontrollierten Missings unterschieden werden kann (auch für Strings bis zu 8 Zeichen Länge).

6.3 Löschen von Missings

Um es vorneweg zu sagen: Unter bestimmten Umständen ist ein Ausgleich von Missings über die *Vervielfältigung* von „ähnlichen“ Fällen möglich, sofern u.a. eine gewisse „Ähnlichkeit“ mit den zu ersetzenden Missings gegeben ist und ein gewisser Zufall bei der Ziehung der ähnlichen Fälle berücksichtigt wird (Kish, 1990, 126). Bei der Beurteilung der Häufigkeiten darf die eigentliche (ursprüngliche) Fallzahl jedoch nicht mit der Zahl der vervielfältigen Datenzeilen verwechselt werden (vgl. in ähnlichem Kontext bei der Analyse von Mehrfachantworten; Schendera, 2005). Das Entfernen von Fällen ist technisch gesehen jedoch einfacher (aber statistisch nicht immer besser) als die Vervielfältigung von Fällen. Standardmäßig wird z.B. das paarweise bzw. das listenweise Löschen praktiziert.

6.3.1 Paarweises vs. listenweises Löschen

Missings können gelöscht werden, dabei werden zwei Ansätze unterschieden. Die Ansätze des listenweisen bzw. paarweisen Löschen (vgl. Little & Rubin, 2002², 41–58) sind jeweils schnell und unkompliziert, sind in zahlreichen SPSS-Prozeduren voreingestellt, setzen MCAR voraus und führen eventuell zu Bias, massivem Informationsverlust und u.U. zu weiteren Problemen. Die Ansätze des listen- bzw. paarweisen Löschens setzen voraus, dass mind. zwei Variablen vorliegen. Liegt nur eine Variable vor, ist die Unterscheidung in paar- und listenweises Löschen gegenstandslos.

Das listenweise Löschen von Fällen („listwise", sog. *„complete case analysis"*) wird v.a. in der multivariaten Beschreibung bzw. Analyse vorgenommen. Die Ergebnisse basieren dann nur noch auf kompletten Daten. Alle Fälle, die einen Missing in einer Variablen aufweisen, werden als komplette Datenzeile aus der Analyse ausgeschlossen (also auch die Variablen, in denen Werte vorliegen). Alle Variablen weisen in der Folge dasselbe N auf.
Ein Vorteil des listenweisen Löschens ist seine Einfachheit. Das gemeinsame N erleichtert auch die Vergleichbarkeit separater (auch multivariater) Analysen. Der Nachteil des listenweisen Löschens ist der kumulative Informationsverlust. Je mehr Variablen auch nur punktuelle Missings aufweisen, umso mehr Fälle werden über alle Variablen hinweg insgesamt ausgeschlossen. Je mehr Fälle ausgeschlossen werden, umso wahrscheinlicher sind Bias bzw. zunehmende Ungenauigkeit. Der kumulative Ausschluss unvollständiger Fälle kann beträchtlich sein, bis hin zu 100% der Fälle. Eine Gegenmaßnahme zur Verringerung des Bias wäre die Anwendung von Gewichtungsmethoden.
Das listenweise Löschen ist zulässig, wenn sich die Anzahl ausgeschlossener Fallzahlen in Grenzen halten, es sich um MCAR handelt und die verbleibenden vollständigen Fälle eine Zufallsziehung aller Fälle sind. Das listenweise Löschen von Fällen wäre dann z.B. auch zulässig, wenn nur Werte in einer abhängigen Variable fehlen. Konzentrieren sich die Missings auf nur eine Variable, kann diese gelöscht werden, sofern es sich nicht gerade um die einzige abhängige Variable handelt. An anderer Stelle bezeichnen Little & Rubin (2002², 3) die „Strategie" der sog. „complete-case analysis" als generell unangemessen.

Bei der sog. *„available case analysis"* wird eine Analyse nur mit den bei jeder Variablen jeweils verfügbaren Werten vorgenommen. Das Problem dabei ist, dass das N je nach Variable üblicherweise unterschiedlich ist. Wenn eine dieser unvollständigen Variablen mit einer zweiten Variablen mit einer anderen Art der Missingverteilung in eine (bivariate) Beziehung gesetzt wird, werden Wertepaare, die Missings einschließen, aus der Analyse ausgeschlossen. Bei bivariaten Analysen (z.B. Korrelation, Regression oder t-Test), basieren die Ergebnisse also nur noch auf dem paarweise gemeinsamen N. Je nach bivariater Analyse kann ein anderes (paarweises) N zugrunde liegen und dadurch die Vergleichbarkeit separater bivariater Analysen erschweren. Das paarweise Löschen von Fällen ist dann angebracht, wenn die komplette Analyse nur auf zwei Variablen basiert. Bei mehr Variablen werden u.U. multivariate Interaktionen übergangen und artifizielle Variablenbeziehungen hergeleitet. Auch sollte sich die Anzahl ausgeschlossener Fallzahlen in Grenzen halten, MCAR muss gegeben und die verbleibenden vollständigen Fälle eine Zufallsziehung aller Fälle sein.

Von einem unbedachten Löschen von Fällen oder Variablen wird gerade bei kleinen Datensätzen abgeraten. Das paar- oder listenweise Löschen von Fällen oder Variablen sollte vermieden werden, wenn die MCAR-Annahme nicht sicher ist. Neben einem substantiellen Datenverlust kann die Information der im Datensatz verbleibenden Fälle ohne Missings systematisch verzerrt sein.
Unterschiedliche Analysen (univariat, bivariat, multivariat) von Daten mit Missings führen wegen dem uneinheitlich voreingestellten Löschen von Missings (u.a. paar- vs. listenweise) und den jeweils unterschiedlichen N in den einzelnen Analysen oft zu Irritation. Werden z.B. diesselben lückenhaften Daten einmal mit MEANS und einmal mit EXAMINE beschrieben, so sind die Ergebnisse nicht gleich, sondern im Allgemeinen verschieden. Die Resultate (z.B. die Fallzahlen) unterscheiden sich, weil die beiden SPSS Prozeduren mit Missings unterschiedlich umgehen. EXAMINE verwendet z.B. standardmäßig ein listenweises Löschen, MEANS dagegen ein variablenweises Löschen. Dasselbe gilt auch für im Allgemeinen unterschiedlich voreingestellte inferenzstatistische Verfahren (unabhängig davon, ob es parametrisch oder nichtparametrisch ist). Bei den Statistik-, sowie Graphikprozeduren ist üblicherweise das listenweise Löschen voreingestellt, z.B. 2SLS, CATREG, CLUSTER, EXAMINE, FACTOR, GLM, GGRAPH, GRAPH, MANOVA, QUICK CLUSTER, REGRESSION, XGRAPH usw.; in den Prozeduren CORRELATIONS, NONPAR CORR oder OPTIMAL BINNING ist dagegen das paarweise Löschen voreingestellt. Werden also diesselben lückenhaften Daten inferenzstatistischen Verfahren unterzogen, die mit Missings unterschiedlich umgehen, dann erschweren auch die unterschiedlichen N und Power die vergleichende Interpretation der erzielten Ergebnisse.
Für die Arbeit mit Missings ist somit zu beachten, dass die Behandlung von Missings (falls fehlende Werte vorliegen) sowohl in der Beschreibung von Daten, wie auch in der sich anschließenden inferenzstatistischen Analyse einheitlich ist. In anderen Worten: Fehlende Werte (Missings) sind in *Beschreibung und Inferenzstatistik* gleich zu behandeln, also einheitlich aus der Analyse aus- bzw. einzuschliessen (z.B. über MISSING=LISTWISE bzw. „Fehlende Werte" mittels „Listenweiser Fallausschluss"). Auch um sich deskriptive Parameter für verbundene Messungen anzeigen zu lassen, sollte das Löschen von Missings vereinheitlicht werden, z.B. von fall- auf listenweise. An den Schwächen dieser Strategien ändert eine einheitliche Vorgehensweise jedoch nichts. Keine der beiden Strategien kann der anderen eindeutig vorgezogen werden. Jede weist ihre besonderen Vor- und Nachteile auf.

6.3.2 Technische Probleme als Ursache von Missings – Löschen komplett leerer Zeilen

Im Abschnitt 6.3.1. wurde davon ausgegangen, dass Missings mehr oder weniger zufällig, also nicht durch technische Probleme bedingt entstanden sind. Eine implizite Annahme war auch, dass sich die Missings auf wenige Felder beschränken und z.B. nicht auf komplette Datenreihen, also z.B. vollständige Zeilen einer Datentabelle. Etwas anders ist die Situation, wenn z.B. komplett oder fast vollständig leere Wertezeilen vorliegen. Die allererste Aufgabe bei auffällig vielen leeren Datenfeldern und -zeilen ist, sich einen Überblick über das Muster und das Ausmaß der fehlenden Daten zu verschaffen.

Beispiel: Muster von Daten
Nehmen wir an, Sie übernehmen ein Projekt Ihres Vorgängers und haben es ab sofort mit täglich gelieferten Geschäftsdaten zu tun. Ein Merkmal dieser Geschäftsdaten ist, dass immer (mit Ausnahme von Feiertagen) wochentags Verkaufszahlen vorliegen (hier haben die Geschäfte geöffnet) und samstags bzw. sonntags keine Verkaufszahlen. Für ein Wochenende liegen per (suboptimaler) Konvention nur Missings vor. Sie stellen nun fest, dass für einen Vertriebskanal die Missings auf Montag und Dienstag fallen und nicht auf den Samstag und Sonntag, wie es eigentlich zu erwarten gewesen wäre. Eine eventuelle Ursache könnte (muss aber nicht) ein falsches Mergen der original Daten im DWH oder bereits vor der Aufnahme ins DWH sein. Empfehlenswert wäre in diesem Fall, den Weg der Daten ins DWH zu prüfen.

Beispiel: Ausmaß von Daten
Eine nicht seltene Ursache für komplett leere Datenzeilen kann sein, dass nach dem Einlesen von Datensätzen aus einem nicht-SPSS-Format (z.B. MSEXCEL) noch z.T. mehrere hundert leere Datenzeilen an den eigentlichen Datenteil angehängt sein können. Diese Missings sind auf jeden Fall zu entfernen, v.a. um Speicherplatz zu sparen bzw. die Rechengeschwindigkeit zu erhöhen. Um diese „technischen" Missings von „nichttechnischen" Missings unterscheiden zu können, ist auch ein wenig Ursachenanalyse angebracht.

```
data list list (",")
/wert1 miss1 wert2 miss2.
begin data
 1, 1, 1, 1
 1,  , 1, 1
 1,  , 1,
 1,  , 1, 1
  ,  ,  ,
  ,  ,  ,
 1, 1, 1, 1
end data.
exe.
```

Über COMPUTE und SYSMIS kann z.B. der Anteil der systemdefinierten Missings (N_MISS) ins Verhältnis zur Anzahl der Spalten gesetzt werden. In der u.a. Syntax kommen z.B. vier Datenzeilen vor; daher wird N_MISS durch 4 dividiert und das Ergebnis in PROZENT abgelegt. Diese Division ist im Gegensatz zum klassischen Fehler der Mittelwertermittlung zulässig, da hier nicht durch die Anzahl der gültige Werte (im Prinzip eine Variable), sondern die Anzahl der zulässigen Spalten (im Prinzip eine Konstante) dividiert wird.

```
compute N_MISS = sysmis(wert1) + sysmis(miss1)
               + sysmis(wert2) + sysmis(miss2).
    exe.
compute PROZENT=( N_MISS / 4 )*100 .
    exe.
```

```
list N_MISS PROZENT.
    exe.
```

Zuallererst sollte das Ausmaß der Missings in Augenschein genommen werden. Datenzeilen mit Missings über 50% sind je nach Art und Relevanz der fehlenden Werte eindeutig zweifelhaft. Eine Besonderheit kommt jedoch Datenzeilen zu, die komplett leer sind, also in PROZENT den Wert 100 erreichen.

```
  N_MISS  PROZENT

     ,00      ,00
    1,00    25,00
    2,00    50,00
    1,00    25,00
    4,00   100,00
    4,00   100,00
     ,00      ,00

Number of cases read:  7    Number of cases listed:  7
```

Oft liegt nur bei PROZENT-Werten gleich 100 (wenn also z.B. auch die ID-Variable leer ist, falls vorhanden) der Verdacht nahe, dass technische Probleme die Ursache sein könnten, während PROZENT-Werte unter 100 scheinbar nur durch lückenhafte Angaben oder auch fehlerhafte Eingaben zustande gekommen sein könnten. Tatsächlich muss man hier ein bisschen genauere Ursachenforschung betreiben.

```
select  if (PROZENT < 100 ).
exe.
```

Die Datenzeilen mit PROZENT=100 können z.B. über einen einfachen SELECT IF-Befehl ausgefiltert werden (vgl. dazu jedoch die ergänzenden Anmerkungen). Aber auch bei auffällig hohen Missinganteilen könnten technische Probleme (z.B. von Einlesen von MSEXCEL nach SPSS) die Ursache sein.
Man muss natürlich hervorheben, dass auch bei nicht auffällig hohen Missinganteilen technische Probleme vorliegen können. Es ist immer empfehlenswert, zur Kontrolle mehrere Datenzeilen mit Missings vor und nach dem Einlesen in SPSS Datenzelle für Datenzelle sorgfältig miteinander zu vergleichen; wobei sich dieser Vergleich nicht nur die Werte, sondern auch den Typ und das Format einschließen sollte. Nicht selten auftretende Ursachen sind z.B., wenn bereits in MSEXCEL leere Zeilen vorliegen, wenn spezielle benutzerdefinierte Zellformate vorkommen oder bestimmte Datenspalten gesperrt sind. Gegenmaßnahmen könnten z.B. hier sein, bereits in MSEXCEL überzählige Datenzeilen zu löschen, falls möglich, SPSS-kompatible Zellformate zu definieren und ggf. betroffene Datenspalten zu entsperren. Der Anteil rein technisch bedingter Missings dürfte um einiges geringer ausfallen und könnte ebenfalls durch einen unkomplizierten SELECT IF-Befehl (s.o.) ausgefiltert werden.

Bevor jedoch die leeren Datenzeilen ausgefiltert werden, sollten die Anwender innehalten und zwei Aspekte überprüfen:

- Soll der auszufilternde Datensatz später mit anderen Datensätzen zusammengefügt werden?
- Enthält der auszufilternde Datensatz eine korrekt vergebene ID-Variable?

Nur wenn der betreffende Datensatz später *sicher nicht* mit anderen Datensätzen zusammengefügt werden soll, erübrigen sich die nachfolgenden Anmerkungen. In jedem anderen Fall muss vor dem Ausfiltern der leeren Datenzeilen die Möglichkeit berücksichtigt werden, ob und wie eine ID-Variable berücksichtigt werden könnte.
Liegt im betreffenden Datensatz eine ID-Variable vor, so ist zu überprüfen, ob sie tragfähig ist, also in Bezug auf Name, Inhalt und Format mit ID-Variablen der Datensätze in Beziehung gesetzt werden kann, mit denen der betreffende Datensatz zusammengefügt werden soll. Ggf. sind Anpassungen an die anderen Datensätze vorzunehmen, *bevor* Daten gelöscht werden.
Liegt im betreffenden Datensatz keine ID-Variable vor, sind der betreffende Datensatz und die Datensätze, mit denen er später zusammengefügt werden soll, zunächst auf Strukturgleichheit (also mindestens eine gleiche Anzahl an Zeilen) zu überprüfen, mit oder auch ohne Missings. Liegt eine gleiche Anzahl an Zeilen vor, so ist sicherzustellen, dass diese auch von denselben Fällen (Personen etc.) stammen. Ist eine gleiche Abfolge und Anzahl der Datenzeilen gegeben, muss allen Datensätzen eine ID-Variable vor dem Ausfiltern der Leerzeilen und Zusammenfügen vergeben werden (vgl. auch Schendera, 2005).

```
compute ID=$CASENUM.
exe.
```

Erst nach dem Vergeben einer ID-Variablen dürfen die leeren Datenzeilen gelöscht werden. Würden die Datenzeilen vor dem Anlegen einer ID-Variablen gelöscht werden, würde sich die Struktur des Datensatzes ändern und ein (zeilenweises) Aneinanderfügen von Datensätzen wäre nicht mehr möglich. Es macht nach dem Zusammenfügen keinen Unterschied, wo sich die leeren Datenzeilen befinden (z.B. in der Mitte oder ausschließlich am Ende eines Datensatzes mit/ohne ID-Variable). Wichtig ist nur, ob die Datenzeilen auch nach dem Zusammenfügen immer noch komplett leer sind oder doch Daten eines oder mehrerer (wenn nicht sogar aller) zusammengefügten Daten enthalten. Nur und erst dann, wenn die Datenzeilen auch nach dem Zusammenfügen immer noch eindeutig komplett leer sind, ist ein Löschen der betreffenden Datenzeilen möglich und sinnvoll.

6.4 Rekonstruktion und Ersetzen von Missings

Für die Rekonstruktion und das Ersetzen fehlender Werte gibt es zahlreiche Ansätze (z.B. Little & Rubin, 2002[2]; Wothke, 1998, Roth, 1994, 539–547). Missings können über logisch richtige Angaben und über mehr oder weniger zuverlässige Schätzungen rekonstruiert werden. Der Rekonstruktionsansatz hat unter Umständen einige Vorteile gegenüber dem Löschen: Informationen werden nicht verworfen. Die weitere Analyse basiert auf einem vollständigen Datensatz. Und: Missings in einer Variablen können über andere Variablen im Datensatz erklärt werden, die vermutlich die Ursache der Missings sind. Unter der Voraussetzung, dass die Rekonstruktion selbst plausibel ist, ist das Ersetzen von Missings immer besser als das Löschen von Missings. Nichtdestotrotz soll mit den Worten von Little & Rubin (2002², 59) auf grundsätzliche Risiken beim Rekonstruieren von Missings hingewiesen werden:

> *„The idea of imputation is both seductive and dangerous. It is seductive because it can lull the user into the pleasurable state of believing that the data are complete after all, and it is dangerous because it lumps together situations where the problem is sufficiently minor that it can be legitimately handled in this way and situations where standard estimators applied to the real and imputed data have substantial biases."*

Im Folgenden sollen mehrere Ansätze zur Rekonstruktion von Missings vorgestellt werden, dazu zählen

- die Cold deck-Imputation (6.4.1.)
- das zufallsbasierte Vorgehen (6.4.2.)
- das logische Vorgehen (6.4.3.)
- das stereotypengeleitete Vorgehen (6.4.4.)
- die univariate Schätzung (6.4.5.)
- die Hot deck-Imputation (6.4.6.) und
- die multivariate Schätzung (EM, Regression) (6.4.7).

Alle Ansätze (vielleicht mit Ausnahme der zufallsbasierten Ansätze) setzen die Plausibilität der anderen Angaben im Datensatz voraus: Ist also ein Wert in einer Ausgangsvariable für die Ermittlung des fehlenden Wertes falsch, so ist auch der ermittelte Ersatzwert falsch. In der Praxis werden oft auch mehrere Ansätze miteinander kombiniert, um Missings mit zuverlässigen Werten zu ersetzen (Little & Rubin, 2002², 61; siehe auch dort zur Einteilung in implizite und explizite Modellierungsstrategien).

6.4.1 Cold deck-Imputation

Die Cold deck-Imputation basiert auf einem recht brachial erscheinenden Ansatz. Alle Missings werden durch eine Konstante ersetzt. Welcher Wert dabei eingesetzt wird, muss zuvor geeigneten Quellen entnommen werden, z.B. einem Wert aus einer vorangegangenen oder vergleichbaren Umfrage usw. Dieser recht einfache Vorgang wird als Cold deck-Imputation bezeichnet. Die zusammenfasssende Beurteilung von Little & Rubin (2002², 60–61) lautet entsprechend: „Satisfactory theory for the analysis of data obtained by cold deck imputation is either obvious or lacking". Das folgende Beispiel übertreibt ein bisschen, indem es z.B. jeden Missing durch eine 3 ersetzt, um das Fragwürdige dieses Ansatzes hervorzuheben.

```
data list
/VAR1 1-2 VAR2 4-5 VAR3 7-8 VAR4 10-11 .
begin data
   11 65
 5    67 92
 7 15    94
end data.

define COLDECK (!pos!charend('/')).
!do !i !in (!1).
if sysmis(!i)!i = 3.
!doend
!enddefine.

COLDECK VAR1 VAR2 VAR3 VAR4 /.
list.


VAR1 VAR2 VAR3 VAR4

   3   11   65    3
   5    3   67   92
   7   15    3   94


Number of cases read:  3    Number of cases listed:  3
```

In vielen Datenhaltungen kann der Cold deck-Ansatz jedoch brauchbar sein, v.a. wenn es um das *effiziente* Auffüllen von Missings in Konstanten oder das *grobe* Auffüllen sogenannter lokaler Maxima handelt. Lokale Maxima sind Variablen mit Werten, die in geringer Variation und überwiegend in einer Ausprägung auftreten, z.B. Nullen (sog. „Zero Spikes“) usw. (ggf. können die Ersetzungsvorgänge an die Anforderungen angepasst und entsprechend etwas verfeinert werden). Die sog. Hot deck-Imputation ist z.B. im Vergleich dazu etwas anspruchsvoller (6.4.6.).

6.4.2 Zufallsbasiertes Vorgehen

Die Variante des zufallsbasierten Vorgehens basiert im Moment der Auswahl der einzusetzenden Werte auf dem Zufall. Die Werte selbst, zwischen denen per Zufall gewählt wird, sind jedoch vordefiniert und nicht zufällig. Die einzige Voraussetzung des Ansatzes ist also, dass der Werterange der einzusetzenden Werte festgelegt wird. Im Beispiel sind dies die Werte 1, 2 und 3.

Im Beispiel enthält z.B. die Variable MIT_MISS Missings und sonst nur Werte im Range von 1 bis 3. Die Variable REFERENZ ist dagegen lückenlos. Die Missings in MIT_MISS werden über die Angaben in der vollständigen Variablen REFERENZ aufgefüllt. Für diese Variante wird eine Zufallsvariable ZUFALL mit dem Range zwischen 0 und 1 angelegt (über COMPUTE). ZUFALL enthält Werte einer zufallsgenerierten uniformen Verteilung. Über DO IF-Bedingungen werden für alle REFERENZ-Werte größer als Null und einem systemdefinierten Missing in OHNE_MIS die OHNE_MIS-Werte 1, 2 bzw. 3 vergeben, je nachdem, in welchem Bereich der zufällige Wert der Variablen ZUFALL liegt.

```
data list list (",")
/REFERENZ MIT_MISS .
begin data
21,  2,
31,  ,
41,  3,
21,   ,
23,  2,
12,  1,
11,  ,
end data.
exe.

compute OHNE_MIS=MIT_MISS .
exe.
do if (REFERENZ gt 0 & sysmis(OHNE_MIS)).
compute ZUFALL= rv.uniform(0,1).
   if (ZUFALL gt 0 and ZUFALL le .333) OHNE_MIS=1.
   if (ZUFALL gt .33 and ZUFALL le .666) OHNE_MIS=2.
   if (ZUFALL gt .666) OHNE_MIS=3.
end if.
exe.
list.
```

Über die Funktion MISSING können auch anwenderdefinierte Missings ersetzt werden.

```
REFERENZ MIT_MISS OHNE_MIS ZUFALL

    21,0       2,0       2,0        .
    31,0        .        2,0       ,5
    41,0       3,0       3,0        .
    21,0        .        1,0       ,1
    23,0       2,0       2,0        .
    12,0       1,0       1,0        .
    11,0        .        3,0       ,9

Number of cases read:  7    Number of cases listed:  7
```

Im folgenden Beispiel sind sowohl der Moment der Ziehung, wie auch die eingesetzten Werte zufällig.

```
compute OHNE_MIS=MIT_MISS .
exe.
do if (REFERENZ gt 0 & sysmis(OHNE_MIS)).
compute ZUFALL= rv.uniform(0,1).
compute ERSATZ=rnd(rv.uniform(1,100)).
   if (ZUFALL gt 0 and ZUFALL le .333) OHNE_MIS=ERSATZ .
   if (ZUFALL gt .33 and ZUFALL le .666) OHNE_MIS=ERSATZ .
   if (ZUFALL gt .666) OHNE_MIS=ERSATZ .
end if.
exe.
list.
```

Diese Variante legt zwei Zufallsvariablen an. ZUFALL bestimmt den Moment der Ziehung, ERSATZ den einzusetzenden Wert. ZUFALL enthält Werte einer zufallsgenerierten uniformen Verteilung zwischen 0 und 1. ERSATZ enthält gerundete Werte einer zufallsgenerierten uniformen Verteilung zwischen 1 und 100.

```
REFERENZ MIT_MISS OHNE_MIS ZUFALL ERSATZ

    21,0      2,0      2,0       .      .
    31,0       .      28,0      ,5    28,0
    41,0      3,0      3,0       .      .
    21,0       .      65,0      ,6    65,0
    23,0      2,0      2,0       .      .
    12,0      1,0      1,0       .      .
    11,0       .       7,0      ,9     7,0

Number of cases read:  7    Number of cases listed:  7
```

Die Nachteile des zufallsbasierten Vorgehens sind grundsätzlich, dass die schlussendlich aufgefüllten Variablen inhaltlich schwer zu interpretieren sind, wie auch, dass der genaue Vorgang des Ersetzens schwer zu replizieren bzw. zu rekonstruieren ist, eben weil er zufallsabhängig ist. Hilfreicher wäre auf jeden Fall ein theoriegeleitetes, z.B. logisches Vorgehen beim Ersetzen von Missings (vgl. 6.4.3.).

Dieses Kapitel zum zufallsbasierten Ersetzen von Missings soll mit einem multivariaten Ansatz abgeschlossen werden, der einem Hot deck-Ansatz (6.4.6.) augenscheinlich sehr ähnlich sieht. Aufgrund seiner Zufallsabhängigkeit weist dieser Ansatz jedoch Besonderheiten auf, die es ratsam erscheinen lassen, ihn unter den zufallsbasierten Ansätzen zu behandeln und auch mit der gebotenen Vorsicht einzusetzen. Dieser Ansatz basiert auf der SPSS-Funktion RMV („replace missing values“, vgl. ausführlicher 6.4.5.). Mittels RMV können Missings durch Schätzwerte ersetzt werden, z.B. durch Mittelwert oder Median.

Dieser Ansatz geht von der Annahme aus, dass gleiche Werteabfolgen einen sequentiellen Determinismus implizieren. Ein Wert am Ende einer Reihe wird durch die vorangegangenen determiniert; ein Wert am Anfang einer Sequenz kann im gleichen Sinne durch die nachfolgenden Werte qua rückwärts-Determinismus rekonstruiert werden. Werden also zwei Zeilen nebeneinander gestellt, die einander perfekt entsprechen, dann kann entsprechend dieses Determinismus die Lücke einfach durch das Übernehmen des Wertes aus der vollständigen Zeile geschlossen werden.
Zuerst wird zu Vergleichszwecken die Variable VORHER als eine Kopie der aufzufüllenden Variablen ITEM4 angelegt. Anschließend werden die Daten sortiert. Das Ziel hierbei ist, die Daten so zu sortieren, dass über bzw. unterhalb den lückenhaften Datenreihen Zeilen mit idealerweise (oder zumindest annähernd) gleichen Werten liegen. Über RMV wird nun (z.B. über MEDIAN) der Median der Werte über und unter dem Missing berechnet, in die Variable REPLACE abgelegt und über COMPUTE an die Stelle des Missings in ITEM4 abgelegt. Die Zahl in der Klammer gibt an, wieviele Nachbarwerte in die Schätzung einbezogen werden sollen. Im Beispiel wird von oben bzw. unten jeweils ein Wert verwendet.

```
data list
/ITEM1 1 ITEM2 3 ITEM3 5 ITEM4 7 .
begin data
1 2 3 5
1 2 4 5
1 2 3 5
4 1 2
4 1 2 3
4 1 3 3
1 2 3
end data.
exe.
compute VORHER=ITEM4.
exe.
sort cases by ITEM1 ITEM2 ITEM3 (a) .
exe.
rmv REPLACE=median(ITEM4,1).
compute REPLACE=rnd(REPLACE).
exe.
if SYSMIS(ITEM4) ITEM4=REPLACE .
exe.
list.
ITEM1 ITEM2 ITEM3 ITEM4 VORHER REPLACE

  1     2     3     5      5,0   5,0
  1     2     3     5      5,0   5,0
  1     2     3     5       .    5,0
  1     2     4     5      5,0   5,0
  4     1     2     4       .    4,0
```

```
   4      1      2      3      3,0   3,0
   4      1      3      3      3,0   3,0

Number of cases read:  7    Number of cases listed:  7
```

Wie man an der Ausgabe erkennen kann, ist der erste Ersatzwert ist gut getroffen (vgl. dritte Zeile). Die vollständige Reihe entspricht allen anderen Reihen darüber. Der zweite Ersatzwert (vgl. fünfte Zeile) ist etwas „spekulativ", angesichts der Abfolge 4-1-2-3 in den Nachbarzeilen wäre eigentlich eher eine 3 anstelle der imputierten 4 zu erwarten gewesen.
Obwohl dieser Ansatz im Prinzip einen Determinismus unterstellt, wird er trotzdem unter den zufallsbasierten Ansätzen aufgeführt, weil der Zufall dennoch in der Praxis eine nicht zu unterschätzende Rolle spielt. Zuallererst ist z.B. nicht gesagt, dass der Datensatz so sortiert werden kann, dass die Datenzeilen um den Missing herum so angeordnet werden können, dass ein geeigneter Missing geschätzt und übernommen werden kann. Können die Daten entsprechend sortiert werden, so ist dies ein (günstiger) Zufall, nicht notwendigerweise eine daten(satz)inhärente Eigenschaft. Befinden sich Missings am oberen oder unteren Ende eines Datensatzes, kann ein Ersatzwert wegen nicht ausreichender Nachbarwerte nicht ermittelt und anstelle des Missing gesetzt werden. Dies wäre ebenfalls ein (dieses mal aber: ungünstiger) Zufall. Dass die theoretische Annahme eines sequentiellen Determinismus auf einen empirischen Gegenstand angewandt werden kann (oder nicht), muss kein notwendiger Aspekt des untersuchten Gegenstands sein, sondern oft ebenfalls nur Zufall.

6.4.3 Logisches Vorgehen

Das logische Vorgehen basiert auf Faktenwissen und logischen Verknüpfungen. Wenn z.B. jemand ein Mensch schwanger ist, dann ist ihr Geschlecht weiblich. Beim logischen Vorgehen werden Missings über die Kenntnis einer ersten Variable in einer oder mehreren anderen Variablen ersetzt.

Szenario:
In einem Datensatz fehlen die Angaben in der Variablen „Geschlecht", aber es liegen Angaben über Schwangerschaft (SCHWANGR, JA/NEIN) vor. Liegt also eine Schwangerschaft vor, kann das Missing in SEX („Geschlecht") durch die Kodierung „W" (für weiblich) ersetzt werden.

```
data list
    /ID 1 SEX 3 (A) SCHWANGR 5-8 (A).
begin data
1 M NEIN
2 . JA
3 M NEIN
4 . JA
5 W NEIN
end data.
exe.
```

```
if SCHWANGR="JA" SEX="W".
exe.
list.
```

Dieses einfache Beispiel für Stringvariablen ersetzt z.B. über die Kenntnis der Variablen SCHWANGR die Missings in der Variablen SEX. Ähnlich könnte über Vornamen auf das Geschlecht geschlossen werden (am besten sucht man sich hier noch weitere unterstützende Informationen).

Das folgende Beispiel ist eine etwas komplexere Anwendung auf logisch bzw. zeitlich konsistente Angaben. In einer klinischen Studie sollten Probanden angeben, nach wievielen Minuten sie im Selbstversuch die erste Wirkung einer aufmerksamkeitsbeeinträchtigenden Medikation feststellen. In der Variablen OHNE_MISS waren Werte zwischen 0 und 60 Minuten möglich. Die Variable OHNE_MISS ist lückenlos, also ohne Missings, weil die Probanden noch aufmerksam genug waren. Gegen später sollten die Probanden nochmals angeben, wann sie die erste Wirkung einer aufmerksamkeitsbeeinträchtigenden Medikation feststellten. Dieses mal sollten sie in der kategorial gestuften Variablen ORIGINAL nur angeben, ob die Wirkung zwischen 0 und 20, 21 und 40, oder 41 und 60 Minuten eintrat. In der Variablen ORIGINAL waren daher nur die Kodes 1, 2 sowie 3 möglich. Weil die Probanden nun aber nicht mehr aufmerksam genug waren, ist die Variable ORIGINAL lückenhaft, also mit Missings. Die Angaben in ORIGINAL bzw. MIT_MISS können über die Angaben in der vollständigen Variablen OHNE_MISS aufgefüllt.

```
compute MIT_MISS=ORIGINAL .
exe.
do if (OHNE_MISS gt 0 and sysmis(MIT_MISS)).
   if (OHNE_MISS ge 41 and OHNE_MISS le 60) MIT_MISS=3.
   if (OHNE_MISS ge 21 and OHNE_MISS le 40) MIT_MISS=2.
   if (OHNE_MISS ge 1 and OHNE_MISS le 20) MIT_MISS=1.
end if.
exe.
list.
```

Von der Variablen ORIGINAL wird zunächst eine Kopie in Gestalt der Variablen MIT_MISS angelegt (über COMPUTE). Die weiteren Schritte sind ein bedingungsgeleitetes (bedingtes) Suchen und Ersetzen (über DO IF). Für alle OHNE_MISS Werte größer als Null und einem systemdefinierten Missings (über die Funktion MISSING können auch anwenderdefinierte Missings ersetzt werden) in MIT_MISS sollen die MIT_MISS-Kodes 1, 2, bzw. 3 vergeben werden, sofern MIT_MISS Werte zwischen 0 und 20, 21 und 40, bzw. 41 und 60 aufweist.

```
ohne_miss original MIT_MISS

     21,0        2,0        2,0
     31,0         .         2,0
     41,0        3,0        3,0
     21,0         .         2,0
     23,0        2,0        2,0
     12,0        1,0        1,0
     11,0         .         1,0

Number of cases read:  7    Number of cases listed:  7
```

Das logische Vorgehen muss vom stereotypengeleiteten Vorgehen abgegrenzt werden. Der Nachteil des logischen Vorgehens ist, dass es bei vielen Missings aufwendig sein kann und die Plausibilität der anderen Angaben im Datensatz voraussetzt (vgl. dazu Kapitel 8). Sind z.B. die Angaben unter SCHWANGR=JA (erstes Beispiel) bzw. die Werte unter OHNE_MISS falsch (zweites Beispiel), dann ist logischerweise auch der eingesetzte Wert falsch.

6.4.4 Stereotypengeleitetes Vorgehen

Ein stereotypengeleitetes Vorgehen unterscheidet sich vom logischen Vorgehen darin, dass die Begründung für den eingesetzten Wert nur auf einer vermuteten höheren Wahrscheinlichkeit einer von mehreren Annahmen beruht, nicht jedoch auf ihrem tatsächlichen Wahrheitsgehalt. Wenn z.B. beim Antwortfeld „Telefonnummer am Arbeitsplatz" ein Eintrag fehlt, dann könnte man einerseits daraus schließen, dass wahrscheinlich spezifische Bevölkerungsgruppen vorliegen, wie z.B. Hausfrauen, Heimarbeiter, Arbeitslose oder Rentner; andererseits besteht durchaus die Möglichkeit, dass die Befragten deshalb keinen Wert eintrugen, weil sie am Arbeitsplatz kein Telefon haben oder dort nicht angerufen werden können oder wollen. Ein Rückgriff auf weitere demographische Merkmale, wie z.B. Alter, Beruf und Geschlecht, könnte jedoch ein stereotypengeleitetes Vorgehen in ein stärker abgesichertes Vorgehen, ein noch wahrscheinlicheres Resultat überführen; der Wahrheitswert einer logischen Aussage kann jedoch nur approximiert werden.

6.4.5 Univariate Schätzung

Ein häufiges Vorgehen ist die sog. „Mean Substitution". Für die vorhandenen Werte wird der Parameter (z.B. Mittelwert, falls metrische Daten; Modus, falls kategorial) berechnet und anstelle der Missings eingesetzt.

Szenario:
In einem Datensatz fehlen einige Angaben in der Variable „Alter" (ca. 1%); weitere Variablen werden für die Schätzung nicht herangezogen. Für das Beispiel ist der Anteil der Missings strenggenommen bereits zu groß.

RMV-Lösung:

```
data list
/ID 1 ALTER 3-4 .
begin data
1 05
2 10
3
4 60
5 75
end data.
exe.

rmv MEANALT=MEAN(ALTER).
rmv MEANLIN=LINT(ALTER).
rmv MEANMED=MEDIAN(ALTER).
exe.
list.

ID ALTER MEANALT MEANLIN MEANMED

 1    5     5,0     5,0     5,0
 2   10    10,0    10,0    10,0
 3    .    37,5    35,0    35,0
 4   60    60,0    60,0    60,0
 5   75    75,0    75,0    75,0

Number of cases read:  5    Number of cases listed:  5
```

Über RMV („replace missing values") können Missings in Variablen durch Schätzwerte verschiedener Funktionen ersetzt werden, z.B. Mittelwert (MEAN), lineare Interpolation (LINT) oder Median (MEDIAN). Für MEAN und MEDIAN berechnet RMV die Missings nicht auf der Basis der kompletten Datenreihe, sondern verwendet per Voreinstellung (wie im Beispiel) nur jeweils zwei Werte vor (5, 10) und nach (60, 75) dem Missing (LINT: ein Wert vor bzw. nach dem Missing). Befindet sich ein Missing am Ende eines Datensatzes und weist somit nicht genügend Nachbarwerte links und rechts auf, kann kein Ersatzwert ermittelt und anstelle des Missing eingesetzt werden.

AGGREGATE-Lösung:

```
compute STRUKTUR=1.
exe.
save outfile='C:\test1.sav'.
compute STRUKTUR=1.
exe.
aggregate
```

```
/outfile=*
/break = STRUKTUR
/AMEAN=mean(ALTER).
exe.
match files
  /file = 'C:\test1.sav'
  /table =*
  /by STRUKTUR .
exe.
if sysmis(ALTER) ALTER=AMEAN.
exe.
list.
```

```
ID ALTER STRUKTUR    AMEAN

 1    5       1,00    37,50
 2   10       1,00    37,50
 3   37,50    1,00    37,50
 4   60       1,00    37,50
 5   75       1,00    37,50

Number of cases read:  5    Number of cases listed:  5
```

Dieses Beispiel ermittelt über AGGREGATE für die ALTER-Werte den Durchschnittswert AMEAN, spielt diesen dem Datensatz zurück (wofür die trickreiche COMPUTE-Anweisung sehr hilfreich ist), und setzt den ermittelten AMEAN-Wert an die Stelle der Missings.
Das Spekulative dieses Vorgehens zeigt sich an der Inhomogenität der Ausgangsdaten; ob der eingesetzte Mittelwert der richtige ist, erscheint ohne das Einbeziehen der Informationen weiterer Variablen etwas zweifelhaft. Das Einsetzen eines Mittelwerts auf der Basis gruppierter Daten wäre womöglich angemessener (wozu jedoch eine zweite Variable, die Gruppierungsvariable, nötig wäre).

Vom univariaten Berechnen und Einsetzen (Imputation) eines Parameters wird aus mehreren Gründen abgeraten. Der Hauptgrund ist, dass der univariate Ansatz unrealistischerweise andere Variableninteraktionen ausklammert (siehe Beispiel). Die Varianz in der ersetzten Variable und die Kovarianzen mit anderen Variablen werden durch diesen Vorgang künstlich reduziert. Darüber hinaus wird ein Schätzwert mit einem Beobachtungswert (Unsicherheit) gleichgesetzt. Vor allem bei metrisch skalierten Werten mit einem großen Range muss dieser Ansatz als spekulativ und artifiziell bezeichnet werden, weil keine Überprüfung von Interaktionen mit anderen Variablen vorgenommen wurde. Da sich die spekulativ eingesetzten Werte bereits bei bivariaten Analysen als kontraproduktiv entpuppen können, sollte dieser Ansatz nur dann zum Einsatz kommen, wenn kein anderes Verfahren zur Verfügung steht, oder der Anteil der fehlenden Werte wirklich sehr klein ist (< 5%).

6.4.6 Multivariate Ähnlichkeit (Hot deck-Imputation)

Das Verfahren der Hot deck-Imputation basiert darauf, Datenreihen mit Missings mit Datenreihen ohne Missings abzugleichen. Das hot deck-Verfahren kommt z.B. beim Nachbarbeiten von Umfrage- und Zensusdaten („Volkszählung") zum Einsatz (z.B. Zajac, 2003; Fay, 2000 für den Census 2000). Stimmen die Werte in den Datenreihen weitgehend bzw. absolut überein (sind sie also „ähnlich"), wird aus der Datenreihe ohne Missings der Wert als Ersatzwert für die Datenreihe mit Missings übernommen. Für Varianten der Imputation in der Umfrageforschung kann z.B. auf den Census 2000 verwiesen werden; hier wurde z.B. zwischen der Übertragung (assignment, eines Wertes innerhalb einer Person), Zuweisung (allocation, eines Wertes innerhalb desselben oder eines ähnlichen Haushalts) und Ersetzung (substitution, alle Werte aus einem ähnlichen Haushalt) unterschieden (vgl. Zajac, 2003, vi-vii). Imputationsmethoden können die Standardfehler beeinflussen und sind daher zu prüfen (vgl. Kearney, 2002).
Im Kontrast zur wahrscheinlichkeitsbasierten (probabilistischen) multivariaten Schätzung kann der Hot deck-Ansatz als eher deterministisch beschrieben werden (vgl. 6.4.2.): Entspricht beim Hot deck-Ansatz die Lücke (Missing) einem Wert in einer Datenreihe ohne Missings, so wird der Ersatzwert mit Sicherheit übernommen; beim probabilistischen Ansatz basiert der Ersatzwert dagegen auf Wahrscheinlichkeiten.

Szenario:
In einem Datensatz liegen drei Fälle vor. In Fall 3 taucht in der Variablen „Item4" ein Missing auf. Die Hot deck-Imputation geht nun zunächst so vor, dass sie zur Datenzeile von Fall 3 eine weitestgehend ähnliche Datenzeile sucht.

Matrix mit Missing				
Fall	Item1	Item2	Item3	Item4
1	4	1	2	3
2	1	2	3	5
3	1	2	3	

Die Datenzeile von Fall 2 ist der Wertereihe von Fall 3 ist sehr ähnlich. Der Wert "5" in „Item4" wird von Fall 2 nach Fall 3 übertragen.

Matrix ohne Missing				
Fall	Item1	Item2	Item3	Item4
1	4	1	2	3
2	1	2	3	5
3	1	2	3	**5**

Einfaches Beispiel:
Das folgende Beispiel soll einen ersten Eindruck davon geben, wie eine Hot deck-Imputation aussehen könnte. An diesem Vorgehen gehen viele Informationen über die vorliegenden Daten ein, z.B. ist wichtig, dass die Zusammenstellung der Variablen eine inhaltlich plausible Abfolge bildet (evtl. über KEEP oder DROP ausfiltern). Exakt gleiche Datenzeilen erlauben den fehlenden Wert für die letzte Variable ITEM4 abzuleiten. Die Variable mit den

fehlenden Werten muss sich daher am Ende der Liste befinden. Im Datensatz dürfen auch keine einzigartigen Werte vorkommen (z.B. ID-Variablen), da diese die Identifikation von doppelten Datenzeilen verhindern würden. Die Lag-Funktion fordert abschließend für das Missing in ITEM4 den Wert an, der eine Zeile vorher bei den doppelten Datenzeilen vorkommt. Dieses Programm funktioniert für verschiedene doppelte Datenzeilen, ersetzt jedoch nur jeweils einen Wert für eine charakteristische Werteabfolge.

```
data list
/ITEM1 1 ITEM2 3 ITEM3 5 ITEM4 7 .
begin data
1 2 3 5
1 2 3 5
1 2 3 5
4 1 2
4 1 2 3
4 1 2 3
1 2 3
end data.
exe.

sort cases by ITEM1 ITEM2 ITEM3 ITEM4 .
exe.
match files
  /file = *
  /by ITEM1 ITEM2 ITEM3 ITEM4
  /last =MATCH .
exe.
sort cases by ITEM1 (D) ITEM2 (D) ITEM3 (D) ITEM4 (D) MATCH
(D) .
exe.
recode MATCH (0=1) (1=0).
exe.
compute MATCH2=lag(MATCH,1).
exe.
do if MATCH2=1.
compute ITEM4=lag(ITEM4,1).
end if.
exe.

list.
```

Hot deck-imputierte Werte

```
ITEM1 ITEM2 ITEM3 ITEM4 MATCH    MATCH2

   4     1     2     3     0       .
   4     1     2     3     1      ,00
   4     1     2     3  ← 0     1,00
   1     2     3     5     0      ,00
   1     2     3     5     1      ,00
   1     2     3     5     1     1,00
   1     2     3     5  ← 0     1,00

Number of cases read:  7    Number of cases listed:  7
```

Komplexes Beispiel:
Das folgende, etwas komplexere Beispiel wurde freundlicherweise von Prof. Van der Weegen (Radboud Universität Nijmegen, Niederlande) zur Verfügung gestellt. Vom Verfasser wurden neben einer Anpassung an die deutsche Version des SPSS-Datensatzes „Employee data.sav" nur kleinere Formatierungen vorgenommen.

```
* (1) Datenzugriff.
get file='C:\Employee data.sav'.

* create some missing values.
if range(id,1,40) gehalt=0.
exe.
rename variables
(id, ausbild, gehalt = respnr, stratum, x).
match files file=*
/keep=respnr, stratum, x.
descriptives var=x.

* (2) Datenmanagement (v.a. für Rekonstruktion der ursprüngli-
chen Sequenz).
recode x (missing=1)(else=0) into xnew.
exe.
recode x (missing=1)(else=0) into xmis.
exe.
compute seqnbeg=$casenum.
exe.
sort cases
by stratum, xmis,seqnbeg.
exe.
compute #strat=lag(stratum).
exe.
```

```
if ($casenum=1 or #strat ne stratum) seqnstr=1.
exe.
compute #volg=lag(seqnstr).
exe.
do if (missing(seqnstr)).
+ compute seqnstr=#volg+1.
end if.
exe.
formats seqnbeg, seqnstr(f7.0).
exe.

* (3) Zählen der validen Kodes für X innerhalb eines jeden
Stratum.
aggregate
outfile='$hot.sav'
/presorted
/break=stratum
/stratn=n(stratum)
/stratm=nmiss(x).
match files table='$hot.sav'
/file=*
/by stratum
/keep=respnr, stratum, x, seqnbeg, seqnstr, xnew, xmis,
stratn, stratm.

* (4) Falls Missing, dann Abfolgenummern ab Stratum.
if (xmis=1) seqnstr=trunc(1+uniform(stratn-stratm)).

* (5) Sortieren der Abfolgenummern.
sort cases by stratum,seqnstr,xnew.
do if (xnew=0).
+ compute xnew=x.
else if (seqnstr=lag(seqnstr) and stratum=lag(stratum)).
+ compute xnew=lag(xnew).
else.
+ compute xnew=$sysmis.
end if.
exe.

* (6) Einsetzen der Ergebnisse in die Originalabfolge.
sort cases by seqnbeg.
compute x=xnew.
exe.
descriptives var=x.
save outfile='hotresult.sav'
```

```
/keep=respnr, stratum, x.
list.
```

Die Hot deck-Imputation hat den Vorzug, für Daten ab dem nominalen Skalenniveau geeignet zu sein. Bei der sog. Hot deck-Imputation besteht jedoch auch die Gefahr des stereotypengeleiteten Vorgehens (vgl. 6.4.4.). Der Nachteil der Hot deck-Imputation ist die vom Anwender an die Syntax übergebene Definition von „Ähnlichkeit“, wie auch, dass es dazu derzeit keine Implementierung in die SPSS Software gibt; nichtsdestoweniger sind Hot deck-Imputationen in Standardsoftware per Syntax möglich (z.B. SAS: McNally, 1997; Iannacchione, 1982; weitere kommerzielle Software: PRELIS; SOLAS: vgl. zu letzterer kritisch Allison, 2000). Das Übergeben der Definition von „Ähnlichkeit“ an ein Analyseprogramm und das punktgenaue Einsetzen der ermittelten Werte macht jedoch einen gewissen Planungs- und Programmieraufwand erforderlich.

6.4.7 Multivariate Schätzung

Die folgenden Schätzverfahren sind Beispiele aus der multivariaten Statistik. Im Gegensatz zu den vorangegangenen (mathematischen, logischen) Verfahren liegen diesen Ansätzen komplexe (statistische) Annahmen über die Verfahren selbst, sowie der Stichprobe zugrunde. Der Ansatz der internen Konsistenz (6.4.7.1.) stammt aus dem Bereich der Fragenkonstruktion bzw. Reliabilitätsanalyse, und kann auf 1/0 kodierte Daten nur über Syntaxsteuerung angewandt werden. Die beiden weiteren Ansätze (Regression, Erwartungs-Maximierung, vgl. 6.4.7.2.) können auch auf andere Skalenniveaus angewandt werden. Die beiden letzten Ansätze können auch mit dem SPSS-Menü *„Analyse fehlender Werte...“* angesteuert werden. Die sog. Missing Value Analysis (SPSS-Prozedur MVA) dient z.B. der Erkennung und Beschreibung eines möglichen Musters fehlender Daten unter Einbeziehung weiterer Variablen. Über mehrere Ansätze (listenweise bzw. paarweise, Regression, Erwartungs-Maximierung) können Häufigkeiten (nur bei paarweiser Methode), Mittelwerte, Standardabweichung, Kovarianzen und Korrelationen ermittelt und anstelle der Missings eingesetzt werden. In AMOS sind u.a. FIML-Möglichkeiten implementiert.
Weitere Ansätze sind je nach Datenlage möglich, z.B. mittels einer Clusteranalyse. Auf der Grundlage vollständiger Daten kann z.B. mittels einer Clusteranalyse die geringste Distanz zwischen mehreren Fällen ermittelt werden. Die Missings könnten dann durch die Werte des Falles ersetzt werden, der jeweils die geringste Distanz aufweist.

6.4.7.1 Ansatz der internen Konsistenz

Wenn Personen in einem Fragebogen drei Items angekreuzt haben und ein viertes Items nicht (Missing), so kann mittels dieses Ansatzes ein Ersatzwert für diese Lücke ermittelt werden, der auf der durchschnittlichen Antwort der übrigen Items im Fragebogen basiert.
Dieser erste multivariate Ansatz stammt aus dem Bereich der Fragenkonstruktion bzw. Reliabilitätsanalyse und setzt insofern tau-Äquivalenz, ausschließlich 1/0-kodierte Items und interne Konsistenz (Cronbach's Alpha) von mindestens 0.7 voraus. Je mehr Zeilen denselben Wert enthalten, also jeweils konsistent sind, umso eher nähert sich Alpha dem theoretischen Maximum von 1.0 an. Im Beispiel beträgt die interne Konsistenz 0.76. Tau-Äquivalenz be-

deutet, dass die Messungen gleichwertig sind und auch eine vergleichbare Messgenauigkeit haben. Der Messfehler (Fehlervarianz) variiert nicht.
Dieser Ansatz geht von der Annahme aus, dass die Konsistenz von Wertereihen eine Art statistischer Determinismus impliziert. Ein Wert an einem beliebigen Punkt innerhalb einer Reihe ist durch die Konsistenz aller anderen Werte determiniert. Sind also die Voraussetzungen von tau-Äquivalenz und interne Konsistenz erfüllt, so kann eine Lücke innerhalb einer Zeile durch das Einsetzen des gerundeten Mittelwerts (also 1 oder 0) aller anderen Werte dieser Zeile geschlossen werden. Beträgt die Ausgangskonsistenz jedoch nicht mind. 0.7, so sind die ermittelten Werte keine konsistenten Schätzungen und infolgedessen ungeeignete Ersatzwerte.

```
DATA LIST LIST (",")
/ NUM1 NUM2 NUM3 NUM4 .
begin data
1, 1, 1, 1,
1, 1, 1, 0,
0, 0, 0, 1,
0, 0, 1, 0,
1, 1, 1,  ,
0, 0, 1,  ,
0, 1, 0, 0,
1, 1, 1, 1,
0, 0, 0, 0,
end data.
exe.

reliability
  /variables=NUM1 NUM2 NUM3 NUM4
  /scale('NUM1 bis NUM4') all
  /model=ALPHA.

compute VORHER=NUM4.
exe.
do if (sysmis(VORHER)).
compute ERSATZ=rnd(mean(NUM1 to NUM4)).
compute NUM4=ERSATZ.
end if.
exe.
compute SKALA1=sum(NUM1,NUM2,NUM3,NUM4).
exe.
compute SKALA2=sum(NUM1,NUM2,NUM3,VORHER).
exe.
list.

list var=SKALA1 SKALA2.
```

Zuallererst wird das Cronbach's Alpha bestimmt; anschließend wird eine Kopie der Variable mit dem Missing angelegt (VORHER). Im nächsten Schritt wird der Ersatzwert ERSATZ als gerundeter Mittelwert von NUM1 bis NUM4 ermittelt und als NUM4-Wert abgelegt, sofern dort ein systemdefinierter Missing auftritt (vgl. DO IF). Abschließend werden zwei Skalensummen berechnet, einmal ohne Missings (SKALA1), einmal mit Missings in ITEM4 (SKALA2).

```
SKALA1 SKALA2

   4,0    4,0
   3,0    3,0
   1,0    1,0
   1,0    1,0
   4,0    3,0
   1,0    1,0
   1,0    1,0
   4,0    4,0
    ,0     ,0

Number of cases read:  9    Number of cases listed:  9
```

Für diesen Ansatz müssen besondere Eigenschaften von Cronbach's Alpha berücksichtigt werden. Die Höhe von Cronbach's Alpha hängt z.B. von der Anzahl der Items ab: Je weniger Items die Skala enthält, umso niedriger ist Cronbach's Alpha; je mehr Items, umso höher. Die weitere Bestimmung der Reliabilität baut auf Korrelationen, insofern gelten für Cronbach's Alpha auch alle Voraussetzungen an eine Korrelation, z.B. sachlich plausibler Zusammenhang, keine negative Korrelationen (senken Alpha), ausreichend viele Messwertpaare (z.B. mind. N=50) und möglichst wenige Missings. Nach dem Ersetzen der Missings steigt Cronbach's Alpha infolgedessen auf 0.78.

6.4.7.2 Missing Value Analysis (MVA): Erwartungs-Maximierung und Regression

Das Erwartungs-Maximierung (EM) Verfahren basiert auf zwei Schritten. Im E-Schritt werden mittels eines geeigneten Verfahrens (z.B. lineare Regression) anfänglich vorgesagte Werte ermittelt. Im M-Schritt werden die vorgesagten Werte aus dem E-Schritt an die Stelle der fehlenden Werte gesetzt und so lange einer iterativen Schätzfunktion unterzogen, bis sich die Kovarianzmatrizen maximal entsprechen.

Beim rechnerisch einfacheren Regressionsverfahren wird im Vergleich dazu für jede Variable mit Missings eine Gleichung mit allen anderen Variablen als Prädiktoren entwickelt. Auf der Basis der vorhandenen Daten werden über diese Gleichung die unbekannten Ersatzwerte für die Missings vorhergesagt.

Der Übersicht halber werden beide Verfahren vergleichend vorgestellt.

Szenario:

In einem Datensatz fehlen einige Angaben in der Variablen „Alter" (ca. 1%); weitere Variablen werden für die Schätzung herangezogen. Über die Regression und Erwartungs-

Maximierung werden die Missings durch abgeleitete Werte ersetzt. Im Folgenden werden zum Vergleich die Daten aus dem Hot deck-Beispiel einer MVA mittels Regression und EM unterzogen, wobei der Einfachheit angenommen wird, dass die Daten intervallskaliert sind.

```
MVA
  item1 item2 item3 item4
  /EM item4  WITH item1 item2 item3
  (TOLERANCE=0.001 CONVERGENCE=0.0001
  ITERATIONS=25 OUTFILE="C:\EM-MVA.sav")
  /REGRESSION item4  WITH item1 item2 item3
  (TOLERANCE=0.001 FLIMIT=4.0
  ADDTYPE=RESIDUAL OUTFILE="C:\REG-MVA.sav")  .

get file="C:\EM-MVA.sav".
list.
get file="C:\REG-MVA.sav".
list.
```

EM-Werte

```
ITEM1 ITEM2 ITEM3 ITEM4

  1     2     3     5
  1     2     3     5
  1     2     3     5
  4     1     2     3 ←
  4     1     2     3
  4     1     2     3
  1     2     3     5 ←

Number of cases read:  7
Number of cases listed:  7
```

Regression-Werte

```
ITEM1 ITEM2 ITEM3 ITEM4

  1     2     3     5
  1     2     3     5
  1     2     3     5
  4     1     2     3 ←
  4     1     2     3
  4     1     2     3
  1     2     3     5 ←

Number of cases read:  7
Number of cases listed:  7
```

Die über EM bzw. Regression multivariat ermittelten Schätzwerte stimmen untereinander und mit den Ergebnissen der Hot deck-Imputation überein (vgl. 6.4.6.).
Ansätze der multivariaten Schätzung (Erwartungs-Maximierung, EM) oder des Full Information Maximum Likelihood-Modells (FIML) sind der Regression vorzuziehen, weil sie Interaktionen zwischen Variablen grundsätzlich in die Schätzung einbeziehen, und u.a. um Probleme der Unsicherheit, Varianz und Konsistenz zu adjustieren erlauben. Die einzelnen Verfahren unterscheiden sich in verfahrensspezifischen Bias, wie z.B. Berücksichtigen von Zufalls- oder Fehleranteilen, Einschätzung von Varianzen, Standardfehlern, aber auch Voraussetzungen, wie z.B. dass sich die Missings multivariat normal verteilen, was ein Problem ist, wenn die Daten nicht normal verteilt, kategorial skaliert usw. sind.

Das Verfahren der multiplen Regression versieht im Vergleich zur univariaten Imputation den geschätzten Wert mit mehr Unsicherheit, setzt jedoch voraus, dass die Schätzung von guten Prädiktoren und einer Linearität des Modells abhängt. Sind diese erfüllt bzw. liegen keine weiteren Probleme vor (z.B. Multikollinearität), bringt die regressionsanalytische Vorgehensweise dennoch Nachteile mit sich, nämlich eine a priori-Korreliertheit der Schätzwerte mit den anderen Variablen (weil sie daraus abgeleitet werden), eine künstlich reduzierte Variation der Werte, wie auch ihrer Wahrscheinlichkeiten (wo sie doch als geschätzte Werte weitaus weniger sicher sein sollten).

Eine relativ aktuelle Evaluation von SPSS' MVA (Hippel, 2004) kommt zum darüber hinaus zum Schluss, dass das Verfahren unter bestimmten Umständen gebiaste Schätzungen liefern kann. Wenn z.B. bivariat-normalverteilte Werte zufällig fehlen (MAR), kann bereits das listen- bzw. paarweise Löschen von Fällen zu gebiasten Schätzungen führen. Daher muss damit gerechnet werden, dass die Ergebnisse gebiast sein können, da diese Regressionsvariante das paarweise Ausschließen anwendet. Die Punktschätzungen seitens MVA für Mittelwerte, Varianzen und Kovarianzen können also unter Umständen gebiast sein, wenn die Werte zufällig fehlen (MAR); im Gegensatz dazu liefere die EM-Variante ML-Punktschätzer für Mittelwerte, Varianzen und Kovarianzen und könne zur Imputation von Missings verwendet werden. Keine der MVA-Varianten berücksichtigt bei der Imputation von Missings die Streuung von Residuen bzw. ermöglicht nicht die Schätzung von Standardfehlern. Die Erfahrung zeigt, dass die Imputation von Missings mittels MVA zu einem Bias einer eingeschränkten bzw. unterschätzten Variabilität/Varianz führt. SPSS selbst empfiehlt, EM-Werte ohne weitere Überprüfung bzw. Modifikation nicht zu verwenden. Eine für bivariate Ansätze einfache Überprüfungsmöglichkeit ist, die Kovarianzen bzw. Varianzen der vervollständigten Datensätze zum einen mit einem Korrelationsansatz zu ermitteln (z.B. CORRELATIONS) und zum anderen mit dem EM-Ansatz. Unterscheiden sich die Kovarianzen bzw. Varianzen nicht substantiell, liegt kein Bias vor. Die Reduktion des daraus entstehenden, durchaus beträchtlichen Aufwands für alternative Ansätze, z.B. die auf EM basierenden imputierten Werte zusätzlich „von Hand" mit einer zufallsbedingten Variabilität zu versehen, ist Ziel weiterer Entwicklungen und Erweiterungen im Bereich der multiplen Imputationsansätze.

6.4.8 Fazit

Das Löschen von Missings ist unsicher, sofern nicht die Annahme des MCAR erfüllt ist. Die Ansätze des Rekonstruierens gewährleisten lückenlose und valide Daten, sofern die jeweiligen verfahrensspezifischen Voraussetzungen erfüllt bzw. dem Gegenstand angemessen sind. Unter den multivariaten Verfahren sollten EM, Hot deck-Imputation und FIML-Methode der linearen Regression vorgezogen werden (vgl. Rubin & Little, 2002², 19–20). Für alle rekonstruierenden Ansätze gilt, dass vergleichende Analysen an Datensätzen mit ausschließlich ersetzten Werten und Datensätzen ohne Missings durchgeführt werden sollten, v.a. dann, wenn der Anteil der ersetzten Werte im Verhältnis zur Größe des Datensatzes substantiell ist. Gehen die Ergebnisse auseinander, so ist der Grund dafür zu prüfen; stimmen die Ergebnisse überein, stützen sie das gewählte Verfahren der Rekonstruktion.
Das Rekonstruieren von Missings ist im Prinzip strukturgleich zur Gewährleistung der Vollständigkeit von Daten. Die Rekonstruktion von durch *Variablen* verursachten Missings ist möglich, wenn die Missings verursachenden Variablen *in Form von Daten(sätzen)* bekannt

sind. Die Rekonstruktion von durch außerhalb von Daten(sätzen) wirksame *Prozesse* verursachten Missings ist möglich, wenn die Missings verursachenden *systematischen Prozesse* (z.B. technische Defekte) bekannt sind. Gleichermaßen gilt, dass das Rekonstruieren von Missings immer auch eine *reaktive* Methode ist. *Proaktiv* gesehen ist jedoch generell die beste Lösung, das Entstehen von Missings (z.B. bei der Datenerhebung bzw. –übertragung usw.) bereits im Ansatz so weit wie möglich zu vermeiden.
Missings können rekonstruiert werden. Je nach Ansatz sind auf der Grundlage von gegenstands- bzw. ursachenangemessenen Annahmen sind zuverlässige Schätzungen bzw. Ersatzwerte möglich. *Den* universellen Lösungsansatz gibt es jedoch nicht. Je nach Mustern, Ursachen, sowie Annahmen ist das jeweils geeignete Verfahren begründet zu wählen. An dieser Stelle setzt auch ein Übergang zur Plausibilität von Daten ein. Jeder Ansatz zur Ersetzung von Missings mit plausiblen Werten basiert darauf, dass die Daten (und Annahmen), die die eigentliche Entscheidungsgrundlage für die Plausibilität bilden, selbst plausibel sind.

6.5 Rechnen mit Missings

Es gibt zahlreiche Möglichkeiten, Analysen mit Missings durchzuführen (vgl. Little & Rubin, 2002², 8–11). Diese Ansätze sind v.a. dann geeignet, wenn das Ersetzen von Missings durch imputierte Werte nicht möglich ist, z.B. wenn die dazu notwendige Grundannahme nicht oder nur für bestimmte Strata erfüllt ist, dass Indikatoren für die Art der Missingverteilung wahre Werte verbergen, die für die Analyse bedeutungsvoll sind. Der erste Ansatz beschreibt ein Vorgehen bei der multivariaten Modellspezifikation, das man, wenn überhaupt, als rein formell-quantitativ umschreiben könnte, jedoch höchst problematisch ist, sofern die MCAR-Annahme nicht gegeben sein sollte. Alle weiteren sich anschließenden Ansätze beschreiben Möglichkeiten der Analyse mit Missings.

- **Vorgehen bei der multivariaten Modellspezifikation:** Bei der multivariaten Modellspezifikation (z.B. bei der multiplen linearen oder logistischen Regression) wird z.B. oft so vorgangegangen: Zunächst die *Fälle mit Missings in der einzigen abhängigen Variablen* des Modells zu löschen, anschließend die Fälle zu löschen, die *Missings in allen Prädiktoren* im Modell aufweisen, anschließend alle Prädiktoren, die *ausschließlich* Missings aufweisen (also im Prinzip überhaupt keine Daten enthalten), dann alle Prädiktoren, die *überwiegend* Missings aufweisen, dann alle Konstanten, dann alle unterbesetzten Zellen bzw. Zellen mit geringer Messwertvariation usw.

- **dichotome Kodierung:** Ein erster Ansatz wäre, alle Fälle mit bzw. ohne Missings jeweils mit einer unterschiedlichen Kodierung zu versehen, und diese beiden Kodes als dichotome Kontrollvariable in die Analyse einzubeziehen.
  Dieser Ansatz setzt voraus, dass die Missings nicht auf extrem unterschiedlich große Fallgruppen verteilt sind, wie auch, dass ihre multivariate Verteilung völlig zufällig ist, was eigentlich erst geprüft werden sollte.

- **Stratifizierung bei Analysen:** Eine weitere Möglichkeit wäre, Fälle mit Missings mit Kodes zu versehen. Die Art der Missingverteilung wird demnach als Möglichkeit verstanden, die Daten für eine Analyse zu definieren (stratifizieren) und als eine gültige Gruppe (Schicht) in die Analyse einzubeziehen, z.B. in eine multinomiale Analyse bzw. in eine Survivalanalyse.
  Dieser Ansatz setzt jedoch voraus, dass die Missings nicht auf extrem wenige Zellen bzw. Strata konzentriert sind.

- **Pattern-Mixture-Modell:** Der dritte Ansatz, das sog. Pattern-Mixture-Modell (Hedeker & Gibbons, 1997) fasst verschiedene Muster von Missings in einer Prädiktorvariablen zusammen. Wird die Prädiktorvariable dann in die gewünschte Analyse einbezogen, kann überprüft werden, ob die Missing-Muster einen Effekt (Erklärungsgehalt) haben.
  Der Vorteil des Pattern-Mixture-Modells ist, dass weder MAR, noch MCAR gegeben zu sein brauchen. Das Verfahren setzt jedoch voraus, dass die Anzahl von Missing-Mustern bzw. Variablen mit Missings in einem akzeptablen Verhältnis zur Verfügung stehenden Datenmenge stehen. Der Nachteil dieses Vorgehens ist, dass es dazu derzeit keine Standardanalysesoftware gibt. Das Übergeben der Missing-Muster an ein Analyseprogramm macht einen gewissen Programmieraufwand erforderlich.

7 Ausreißer – Erkennen, Interpretieren und Umgehen

Das unscheinbare Ausreißerproblem gilt als so alt wie die Statistik selbst, birgt es doch in sich das Risiko, die Robustheit statistischer Verfahren massiv zu unterlaufen. Die Ergebnisse von Datenanalysen können z.B. durch einige wenige Ausreißer völlig verzerrt werden, z.B. in der Linearen Regression, dem Linearen Modell, Designed Experiments und Zeitreihenanalysen (vgl. z.B. Barnett & Lewis, 1994[3]; Cohen et al., 2003; Hawkins, 1980; Zumbo & Jennings, 2002; Yaffee & McGee, 2000).

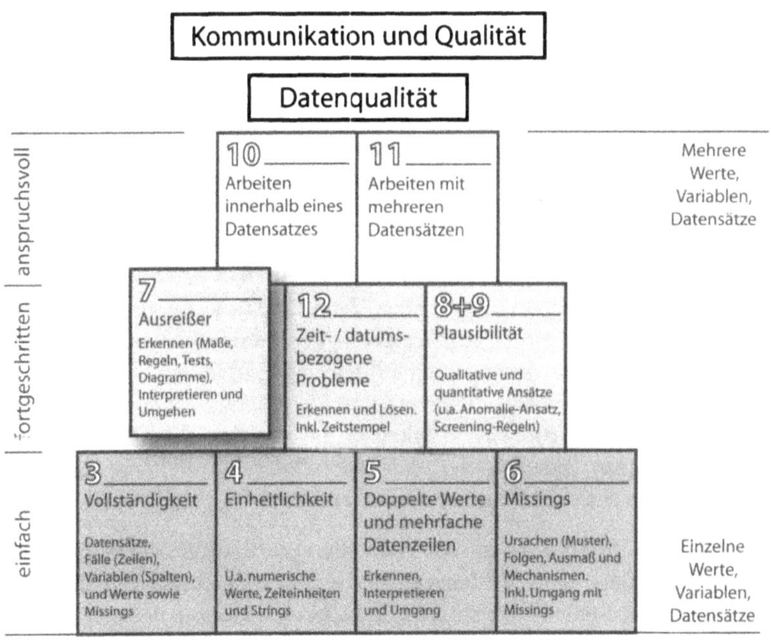

Das Überprüfen des Kriteriums „Ausreißer" setzt voraus, dass die Kriterien „Vollständigkeit", „Einheitlichkeit", „Doppelte", sowie „Missings" bereits überprüft und in Ordnung sind.

Der Mittelwert sollte z.B. dann nicht berechnet werden, wenn Ausreißer vorliegen, weil er dadurch als Lokationsmaß für die eigentliche Streuung der Daten verzerrt werden wird. Auch

der scheinbar robuste t-Test wird durch Ausreißer verzerrt. Bei vielen multivariaten Verfahren, z.B. einer Clusterzentrenanalyse, sollten Ausreißer aus der Analyse ausgeschlossen werden. Die Clusterzentrenanalyse reagiert z.B. wegen ihrer Startwert-Methode bzw. der darauf aufbauenden Quadrierung der Abweichungen zwischen den Fällen und den Clusterzentren sehr empfindlich auf Ausreißer und verzerrt in der Folge die Cluster. Verteilungen sollten daher vor einer Analyse unbedingt auf Ausreißer überprüft werden.
Bei der Regressionsanalyse können Ausreißer Regressionskoeffizienten, ihre Standardfehler, das R^2, sowie letztlich die Gültigkeit der getroffenen Schlussfolgerungen beeinträchtigen. Ausreißer können bei der Regressionsanalyse zwei völlig verschiedene „Gesichter" und entsprechend zwei diametrale Konsequenzen auf die Schätzung der Regressionsgeraden haben:

- Ausreißer können querab einer tats. vorliegenden linearen Verteilung liegen und dadurch die Schätzung einer solchen Verteilung teilweise oder völlig unterlaufen (wie z.B. in diesem Beispiel angedeutet). Im Extremfall kann keine brauchbare Regressionsgleichung geschätzt werden, obwohl eine Linearität vorhanden ist. Das Entfernen der Ausreißer ermöglicht die optimierte Schätzung des linearen Zusammenhangs.
- Ausreißer können zufällig linear angeordnet sein und das Vorliegen einer linearen Verteilung suggerieren, während die übrigen Daten tatsächlich diffus bzw. punktwolkenartig verteilt sein können. Die Linearität wird also durch wenige Ausreißer gebildet und nicht durch den Großteil der Daten. Das Ergebnis einer solchen Schätzung ist, dass wenige linear angeordnete Ausreißer ausreichen, eine Linearität vorzutäuschen bzw. einen fehlenden Zusammenhang zu kaschieren. Im Extremfall wird eine Regressionsgleichung geschätzt, obwohl keine Linearität vorhanden ist. Das Entfernen der Ausreißer ermöglicht festzustellen, dass keine Linearität vorliegt. Eine scheinplausible Regressionsgleichung wird vermieden.

Bei beiden Varianten können sehr wenige Ausreißer, z.B. bereits 4–5 Ausreißer auf 1000 Werte, völlig ausreichen, die Schätzung der eigentlichen Verteilung (linear oder nicht) völlig zu verzerren (umso mehr natürlich bei einem ungünstigeren Verhältnis zwischen Ausreißern und den übrigen Daten). Es kann beim sukzessiven Prüfen und Entfernen von Ausreißern übrigens durchaus vorkommen, dass anfangs die eigentliche Verteilung noch nicht (grafisch, zumind. bei einfachen linearen Regressionen) zu erkennen ist und dass das Entfernen von Ausreißern zunächst Nonlinearität andeutet und nach dem Entfernen weiterer Ausreißer dagegen Linearität. Und es kann auch der umgekehrte Fall auftreten.

Dem nachgewiesen negativen Einflusspotential von Ausreißern steht jedoch die befremdlich wirkende Tatsache gegenüber, dass viele der deutsch- und englischsprachigen Standardwerke zu Forschungsmethoden und Statistik, wenn sie überhaupt den Begriff der „Ausreißer" bzw. „Outlier" erwähnen, dann jedoch keinem Fall die Art und Weise des Umgehens mit ihnen (vgl. Bortz & Döring, 1995[2], 28; Bortz, 1993[4], 198; Diehl & Arbinger, 2001[3], Diehl & Kohr, 19991[2]; Keppel & Wickens, 2004[4], 145; Litz, 2000, 113; Neter, Wasserman & Whitmore, 1988[3], 83; Roth et al., 1999[5], 553; Schnell et al., 1999[6] usw.). Cleveland (1993) wies z.B. nach, dass selbst ein klassischer Datensatz, der immer wieder analysiert und veröffentlicht wurde, unentdeckte massive Fehler enthielt.

Was sind denn nun aber Ausreißer? Barnett und Lewis (1994[3], 7) geben z.B. folgende Definition an: "We shall define an outlier in a set of data to be an observation (or subset of observations) which appears to be inconsistent with the remainder of that set of data."
Die unbestimmt erscheinende Formulierung "appears to be inconsistent" betont einerseits den Ermessensspielraum des Anwenders, einen Wert als Ausreißer (oder auch nicht) bezeichnen zu dürfen, aber andererseits auch die Notwendigkeit, sich gerade dazu Gedanken machen zu müssen, was denn einen Ausreißer auszeichne. Ausreißer sind demnach nicht notwendigerweise ausschließlich falsche bzw. ungenau erfasste Werte, sondern u.U. auch Werte, die richtig und genau, aber erwartungswidrig sind. Erstere würden nahe legen, den Vorgang der Messung zu überprüfen, letztere die Theoriebildung. Auch einen „fließenden Übergang" zwischen echten Ausreißern und normalen Daten schließt diese Definition nicht aus.

7.1 Merkmale von Ausreißern

Ausreißer haben mehrere Dimensionen, die sowohl in Kombination, als auch alleine auftreten können:

- Ausreißer können univariat und multivariat (syn.: hochdimensional) auftreten.
- Ausreißer können semantisch (qualitativ) oder formell (quantitativ) auffallen.
- Ausreißer können nur bei einem Fall, aber auch in bestimmten Gruppierungen auftreten.
- Ausreißer können nur vereinzelt, aber auch massiv auftreten.
- Ausreißer können relativ zur Datenmenge (Stichprobengröße) sein.
- Ausreißer können unterschiedliche Ursachen haben.

Ausreißer können also mehrere Gesichter haben: Ausreißer können univariat-qualitativ als z.B. ein Einzelwert auftreten, der durch die falsche Protokollierung einer klinischen Diagnose verursacht wurde, z.B. „Hormontherapie" anstelle von „Homöopathie". Ausreißer können z.B. aber auch als (mehrere) multivariat-quantitative Ausreißer auftreten, die z.B. durch die gleichzeitig fehlerhafte Aufzeichnung mehrerer Variablen verursacht wurden. Ein solcher Fall tritt auf, wenn z.B. eine Datenableitung über mehrere drahtlose EKG-Sonden durch Mobilfunkinterferenzen beeinträchtigt wird.

7.1.1 Die Perspektive entscheidet mit („Frames")

Univariate Ausreißer sind auffällig hohe (oder, je nach Gegenstand, auch auffällig niedrige) Werte in einer einzelnen Variablen, z.B. der höchste Pegelstand bei Hochwasser. Ein solcher Einzelwert fällt einfach aus dem Rahmen („Frame") der „üblichen" Werte. Die Begriffe „Frame" und „üblich" sind absichtlich in hervorhebenden Anführungszeichen. Warum, das werden die folgenden Ausführungen klären. Ein „Frame" kennzeichnet den Rahmen (oder für intervallskalierte Daten gesprochen: den Range), für den bestimmte (qualitative) Ereignisse oder auch (quantitative) Werte erwartet werden. Liegt ein Ereignis oder Wert innerhalb

dieses „Frames“, so gilt er als „üblich“. Liegen Ereignis oder Wert außerhalb dieses „Frames“, so sind sie „unüblich“, also Ausreißer. Barnett & Lewis (1994, 4–7) ist z.B. ein aufschlussreiches Beispiel zur Interpretation überdurchschnittlich langer Schwangerschaftsdauern beim Menschen zu entnehmen. Der „übliche“ „Frame“ (Range) reicht bis 48 Wochen (Mittelwert: ca. 40 Wochen). Schwangerschaften bis 48 Wochen galten demnach als „üblich“. Höhere Werte, z.B. bis zu 50 Wochen lange Schwangerschaften, wurden oft aufgrund ihrer Abweichung von „üblichen“ Werten als Hinweise auf Ehebruch gewertet (und damit als Scheidungsgrund) und erst in den späteren Jahren (auch gerichtlich) als Ausreißer einer empirisch möglichen Variabilität akzeptiert. Interessant an diesem Beispiel ist, dass auch seitens eines Gerichts versucht wurde, die Höchstdauer einer „gültigen“ Schwangerschaft festzulegen.
Dieses Beispiel versuchte zu verdeutlichen, dass der Begriff „Ausreißer“ immer relativ zu den jeweiligen raumzeitlich verorteten Erwartungen („Frame“) ist, die nicht notwendigerweise immer mit der „empirischen Normalität“ (vielleicht besser: Variabilität) zusammenfallen. Verkomplizierend kommt nun hinzu, dass dieser „Frame“ geändert werden kann, wie auch, dass sich auch die empirische Normalität (nicht notwendigerweise langsam) ändern kann.

Bei der Beurteilung von Ereignissen oder Werten, wie z.B. der Beurteilung sehr langer Schwangerschaften (siehe oben), spielt der dazugehörige „Frame“ eine große Rolle. Ein veränderter Blickwinkel kann daher auch dazu führen, scheinbare Auffälligkeiten mit anderen Augen, als etwas Normales zu sehen. Ein Hochwasserrekord (z.B. 10,69 m, Rhein bei Köln, 1995) unterscheidet sich natürlich z.B. von den anderen Pegelständen eines Jahres, die bei Niedrigwasser bis auf knapp 2,5 m oder darunter fallen können. Auf die Jahresdaten als „Frame“ bezogen ist dieser Pegelstand notwendigerweise ein Ausreißer. Der Hochwasserrekord aus dem Jahr 1995 muss sich aber nicht notwendigerweise von anderen Hochwasserrekorden unterscheiden, z.B. betrug der höchste Pegelstand des Rheins (bei Köln) im Jahr 1993 fast identische 10,63 m („Jahrhunderthochwasser“, Datenquelle: Hochwasserschutzzentrale Köln). Ein veränderter Interpretationsrahmen kann ausreichen, auffällige Ausreißer in unauffällige Normalität zu überführen. Die Kunst besteht wahrscheinlich auch darin, von den eigenen Erwartungen abweichen zu können.

Ausreißer können auch Anzeichen für Veränderungen sein. Das genauere Untersuchen von Ausreißern (in diesem Falle auffällig niedrige Werte) führte z.B. dazu, dass Klimatologen das Ozonloch über der Antarktis entdeckten.

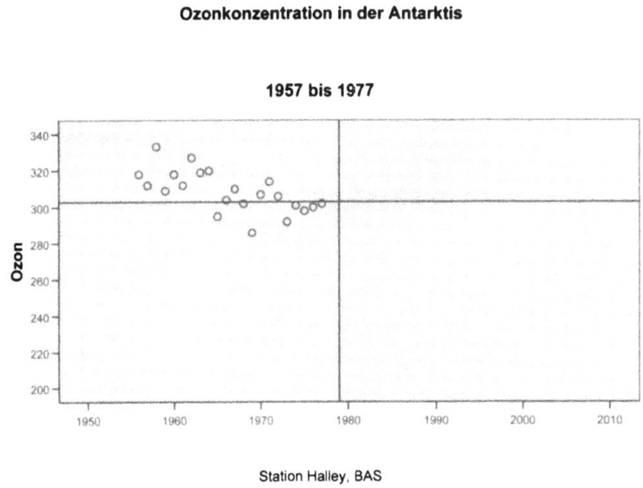

Im Jahr 1957 begannen Wissenschaftler das Ozon über der Antarktis zu messen. Die Werte der Ozonkonzentrationen sollten dabei einem regelmäßigen saisonalen Muster folgen, was sie auch über 20 Jahre lang taten.

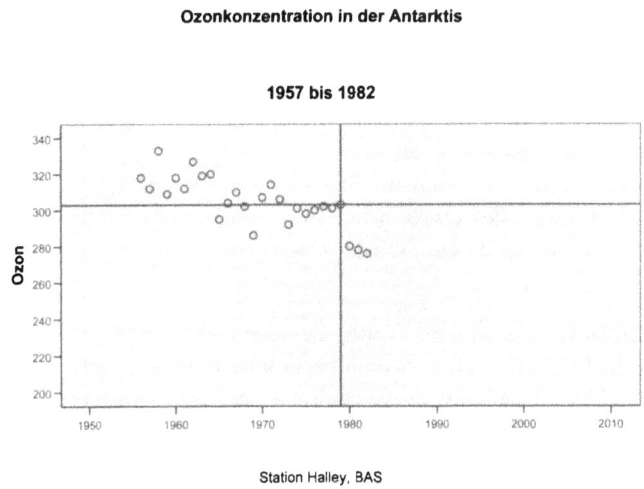

Danach wurden erste Abweichungen festgestellt. Jedes Frühjahr war die Ozonschicht schwächer als im Frühjahr zuvor. Anfangs wurden die neuen Messergebnisse zunächst nur als unerwartet niedrige Werte, als mehr oder weniger gut erklärbare Ausreißer interpretiert und publiziert. Im Jahr 1984 war schließlich klar, dass sich die antarktische Stratosphäre allmählich veränderte.

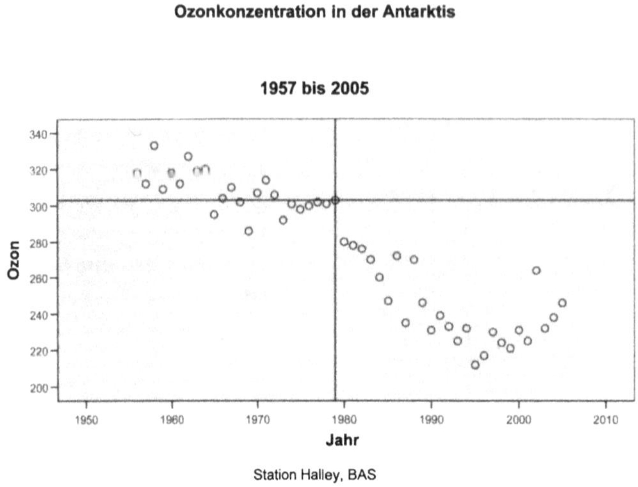

Die zunächst als einzelne Ausreißer interpretierten Werte waren Vorläufer einer veränderten Entwicklung der Ozonkonzentration.

Hinweise: Zur besseren Lesbarkeit wurden die Streudiagramme mit einer einheitlich skalierten x- und y-Achse versehen. Darüber hinaus enthalten sie eine Referenzlinie im Jahr 1979 und eine Referenzlinie für den Wert (303) jenes Jahres. Den Hinweis auf dieses Beispiel verdanke ich Prof. Stephen G. West (New York, pers. Kommunikation 05.09.2006). Die Daten selbst verdanke ich Dr. Jonathan D. Shanklin, Head of Meteorology & Ozone Monitoring Unit, British Antarctic Survey, Cambridge, England. Die Daten der Messstation Halley geben den mittleren jährlichen Gesamtwert des Ozons wieder und sind annähernd an Bass-Paur korrigiert. Alle Messungen wurden mit einem Dobson Ozonspektrophotometer durchgeführt.

Als vierte Variante gibt es diejenigen Ereignisse oder Werte, die ohne jeglichen Maßstab und Vergleich sind; damit ist nicht unbedingt gemeint, dass man bestimmte Ereignisse oder Werte empirisch ausschließen möchte. Der Grund ist eher psychologischer Natur. An bestimmte Ereignisse oder Werte möchte man einfach nicht denken; auch hier spielen also „Frames" eine Rolle, die jedoch eher in der menschlichen Natur zu suchen sind. Man vergegenwärtige sich nur als traurigen „Rekord" die Anzahl der Menschenleben, die das Seebeben im Indischen Ozean am 26. Dezember 2004 forderte. Die letzten Schätzungen zu den Opferzahlen liegen bei ca. 232.050 Menschenleben (Juni 2005).

Wie diese Beispiele zeigen, ist ein auffällig hoher Wert nicht immer ein Fehler, sondern kann immer auch eine genaue Wiedergabe der empirischen Realität sein, ohne dass dieser in eine Reihe oder einen „Frame" passt. Diese Tragödie ist auch ein Beispiel dafür, dass Ausreißer auch nur in einem Fall (bislang) auftreten können. Beispiele für Ausreißer in Form einer Gruppe (oder mehreren Gruppen) wären, wenn z.B. ein weltweit operierendes Unternehmen seine Spitzenerträge in nur in einigen wenigen Ländern, z.B. den westlichen Industriestaaten, erzielen würde oder wenn z.B. sich die Todesrate durch Aids auf bestimmte geographische Regionen konzentrieren würde.

7.1.2 Univariat oder/und multivariat

Bei Ausreißern wird u.a. zwischen univariaten und multivariaten Ausreißern unterschieden. Univariate Ausreißer sind extreme Werte in einer einzelnen Variablen, z.B. der höchste Pegelstand eines Hochwassers. Multivariate Ausreißer sind Wertekombinationen mehrerer „qualitativer" Variablen, wobei die Werte der einzelnen Variablen jeweils u.U. unauffällig, jedoch in Kombination ungewöhnlich sind, z.B. ein 14jähriges Mädchen mit einem Jahreseinkommen von 130.000 € und drei Kindern im Alter von 10 bis 17 Jahren. Für sich genommen sind die Angaben „weiblich", „Alter: 14 Jahre", „Jahreseinkommen: 130.000 €", „Eigene Kinder: 3" absolut unauffällig. Ihr wahres Gesicht als Ausreißer zeigen diese Daten erst in ihrer Kombination. Dieses letzte Beispiel sollte auch deutlich machen, dass Ausreißer nicht notwendigerweise durch quantitativ hohe Werte, sondern auch durch besondere semantische Eigenschaften auffallen können (z.B. „Mädchen mit Kindern, die älter sind als es selbst", „schwangere Männer" oder auch „alte Kinder"). Solche semantischen „Qualitäten" zeigen sich nur dann, wenn man danach sucht. Multivariate Ausreißer bei ausschließlich quantitativen Größen sind unter Umständen noch schwieriger zu erkennen. Mehrere Ausreißer in abhängigen Variablen (y-Dimension) können z.B. (gleichzeitig!) auf völlig unterschiedliche Weise zustande kommen. Ein (erster) solcher Ausreißer kann z.B. dadurch entstehen, dass *eine* Messung völlig fehlerhaft ist, und/oder dass sich *mehrere* kleinere Messungen systematisch aufaddieren und sich im Effekt auf den (zweiten) y-Wert kumulieren.
Die besondere Problematik der üblichen Methoden für die Ausreißeranalyse ist, dass sie nur selten theoriegeleitet (qualitativ), sondern überwiegend formell (quantitativ) arbeiten. Aus diesem Grund wird die Überprüfung von qualitativen (aber nicht notwendigerweise unplausiblen) Ausreißern vorrangig im Abschnitt zur Plausibilität (Kapitel 8 bis inkl. 8.2.2.) behandelt. Die Ausführungen des folgenden Abschnitts beziehen sich daher ausschließlich auf die Überprüfung formeller (quantitativer) Ausreißer; ein anspruchsvollerer, genuin multivariater Ansatz zur rein formellen Überprüfung auf sog. „Anomalien" wird in Abschnitt 8.2.3. vorgestellt.

7.1.3 Die Daten sind schuld: Welche Daten?

Ausreißer können nur vereinzelt, aber auch massiv auftreten. Je nach Gegenstand bzw. Forschungskontext kann der Anteil von Ausreißern von 0 bis zu 20% reichen (z.B. Hampel et al., 2005). Je höher der Anteil von Ausreißern ist, umso eher muss man anstelle von richtigen von falschen Ausreißern (z.B. Tipp- oder Ziehungsfehlern) ausgehen. Ein Beispiel für einzelnen Ausreißerwert wäre das Seebeben-Beispiel (realer Wert, vgl. 7.1.1.) bzw. das Protokollbeispiel („Hormontherapie" anstelle von „Homöopathie", falscher Wert, vgl. 7.1.). Als Beispiel für einen großen Anteil an Ausreißern (Fehlern) könnte man das EKG-Beispiel interpretieren. Ein überwiegender Anteil an Ausreißern i.S.v. richtigen Werten wäre insofern mit Vorsicht zu interpretieren. Nicht der große Anteil der Ausreißer könnte falsch sein, sondern stattdessen vielleicht der Interpretationsrahmen („Frame"), z.B. die zunehmende Menge an „Ausreißern" beim Ozonloch-Beispiel. Der Begriff der Ausreißer wurde hier in Anführungszeichen gesetzt, weil es sich bei genauerer Betrachtung nicht mehr um einzelne Ausrei-

ßer, sondern um einen unerwarteten, aber dennoch konsistenten Verlauf einer Zeitreihe handelte.
Technisch ausgedrückt lässt sich formulieren, dass Ausreisser nicht modellinvariant sind: Ausreißer in einem Modell sind nicht notwendigerweise immer auch Ausreißer in einem anderen. Ein Ausreißer in einem Anwendungszusammenhang ist nicht notwendigerweise ein Ausreißer in einem anderen Zusammenhang (vgl. Barnett & Lewis, Lewis, 1994[3], 271, 298). Das Auftreten von Ausreißern (und z.T. ihre Ursache) ist immer auch relativ zur Größe der Datenmenge bzw. des Verhältnisses der Stichprobe zur Grundgesamtheit. Je kleiner (umso mehr: nichtrepräsentativer) eine Stichprobe ist, umso eher können Ausreißer vom Rest der vorliegenden Werte abweichen, weil z.B. aufgrund zu weniger Werte Lücken in den Daten einer ansonsten empirisch validen Messwertvariabilität auftreten. Je größer (unabhängig von der Repräsentativität) eine Datenmenge ist, umso anfälliger ist diese für Ausreißer i.S.v. Mess- oder Transkriptionsfehlern.

Ausreißer können Fehler oder auch eine Reflexion der empirischen Realität sein.
Ausreißer können somit entweder ein Hinweis auf suboptimale Datenqualität oder auch auf interessante (also auch: erwartungswidrige) empirische Phänomene sein. Ein Problem bei Ausreißern ist daher, zuverlässig zwischen Datenfehlern und „realen" Ausreißern unterscheiden zu können (wie z.B. beim Hochwasser-Beispiel). Nicht jeder Wert, der formal auffällt, ist automatisch gleich falsch. Die Identifikation von Ausreißern setzt im Allgemeinen die Zuverlässigkeit (Korrektheit, Plausibilität) der anderen Variablen im Datensatz voraus.
Die Überprüfung von Ausreißern ist somit zugleich auch die Überprüfung der semantischen Plausibilität der Daten generell. Diese Überprüfung kann daher im Prinzip nur jemand mit Sachnähe vornehmen. Nur Fachleute (z.B. Mediziner) können Implausibilitäten in spezifischen (z.B. medizinischen) Daten finden. Für Personen ohne oder mit eingeschränkten Fachkenntnissen sind diese nicht notwendigerweise erkennbar. (Medizinisches) Fachwissen kann aber z.B. in standardisierte (z.B. automatische) Prüfregeln (syn.: Relationenschemata, Constraints) einfließen, die für die Gewährleistung der Datenqualität zusammen mit Fachpersonal definiert werden.

7.2 Univariate Ausreißer

Für alle folgenden Maße und Tests gilt: Nicht jeder Wert, der formal auffällt, ist gleich automatisch auch falsch. Es gibt kein Omnibusmaß bzw. –verfahren zur Identifikation von univariaten Ausreißern. Die Wahl eines Maßes muss mit aller Sorgfalt geschehen, um keinem Willkürverdacht anheimzufallen (vgl. Barnett & Lewis, Lewis, 1994[3], 271–272). Der Abschnitt 7.2.1. stellt die Identifikation von Ausreißern über Maße vor (einschließlich einem Exkurs zu robusten Schätzern, vgl. 7.2.2.), Abschnitt 7.2.3. über Regeln, 7.2.4. über Tests und 7.2.5. über Diagramme.

7.2.1 Identifikation über Maße

Univariate quantitative Ausreißer sind auffällig hohe bzw. niedrige Werte (Extremwerte) der Verteilung einer einzelnen Variablen. Für uni-, wie auch multivariate Überprüfungen kann zuallererst die COUNT-Funktion explorativ eingesetzt werden. COUNT gibt die Anzahl bestimmter Werte (0,1,8,9) oder außerhalb eines Wertebereiches an, z.B. mittels LOWEST und HIGHEST.

```
data list free
/ID var1 to var20 .
BEGIN DATA
1 0 5 3 4 5 6 7 3 4 5 6 7 3 4 5 6 7 3 4 5
2 5 6 7 3 4 5 6 7 3 4 5 7 3 4 5 6 8 8 9 9
3 5 3 1 6 4 2 8 0 4 5 3 2 4 3 5 6 7 8 9 1
4 1 2 4 3 6 5 7 8 9 0 4 3 5 6 7 8 9 0 1 4
end DATA.
count AUSREIS1=var1 to var20 (0,1,8,9) .
count AUSREIS2=var1 to var20 (lowest thru 1, 8 thru highest) .
exe.
format ID var1 to var20 AUSREIS1 AUSREIS2 (F2.0) .
list variables=ID AUSREIS1 AUSREIS2.
```

```
ID AUSREIS1 AUSREIS2

 1      1         1
 2      4         4
 3      6         6
 4      8         8

Number of cases read:  4    Number of cases listed:  4
```

Zur weiteren (univariaten) Überprüfung auf Ausreißer, v.a. deren Effekt, kann auf die üblichen Streuungsmaße zurückgegriffen werden: Range, Quartilsabstand, die Mittlere bzw. Mediane absolute Abweichung vom Median, Varianz, Standardabweichung und Variationskoeffizient (vgl. auch Schendera, 2004).

Spannweite R

Die Spannweite R (auch: Variationsbreite V, Range R) wird durch die Breite des Streubereichs, genauer: durch den größten und kleinsten Wert einer Verteilung bestimmt.

$$R = x_{max} - x_{min}$$

R basiert auf allen Werten einer Verteilung. Ein Ausreißer reicht aus, um dieses Streuungsmaß erheblich zu verzerren. Auffällig hohe R-Werte sind Hinweise darauf, dass Ausreißer vorliegen, v.a. dann, wenn mehrere Messwertreihen mit anderen Streubreiten zum Vergleich vorliegen.

Quartilsabstand und Q1 bzw. Q3
Ebenfalls über den Streu*bereich* informieren die Quartile bzw. der Quartilsabstand. Q1 bzw. Q3 werden wie der Range von Ausreißern verzerrt.

$$I_{50} = Q_3 - Q_1$$

Q_1 gibt die Grenze des I. Quartals an (25%-Grenze). Q_3 gibt die Grenze des III. Quartals (75%-Grenze) an. Der Quartilsabstand liefert die Breite des Bereichs, in dem in etwa die Hälfte aller Beobachtungen liegt.
Das Verhältnis von Q1 zu Q3 kann somit ebenfalls einen Hinweis auf Ausreißer geben. Range und Quartile informieren nur über den Streu*bereich*, nicht jedoch über das *Ausmaß* der Streuung.

Mittlere absolute Abweichung vom Median
Die mittlere absolute Abweichung vom Median (sog. ‚MAD') misst die Streuung anhand der Entfernungen der einzelnen Merkmalswerte zum Median. Die Summe dieser Entfernungen wird durch die Anzahl der Merkmalswerte geteilt. Als Bezugsgröße wird der Median verwendet. Bei gerader Messwertzahl ist der Median der Durchschnitt aus den beiden mittleren Werten. Bei Verwendung des Medians gilt:

$$\delta_Z = \frac{\sum_{i=1}^{n} |x_i - Z|}{n}$$

Die MAD-Statistik kann in SPSS über die Prozedur RATIO STATISTICS mit der Option AAD ermittelt werden. Ausreißer können auch dieses Streumaß verzerren. Verteilungen mit hohen MAD-Werten sind auf Ausreißer zu überprüfen. Bis einschließlich des MAD-Maßes basieren alle vorgestellten Streuungsparameter auf einer Häufigkeitsverteilung. Das Abstandsmaß ist die betragliche Differenz. Alle folgenden Streumaße basieren auf dem arithmetischen Mittel einer Beobachtungsreihe und dem Abstandsmaß des quadratischen Abstands.

Varianz
Die Varianz basiert auf der Abweichung der Messung, hier z.B. vom Mittelwert. Für jeden Messwert gibt es eine entsprechende Abweichung. Eine Abweichung ist positiv, falls die Abweichung über dem Stichprobenmittelwert liegt, und negativ, falls sie darunter liegt. Die Summe aller Abweichungen vom Mittelwert ergibt notwendigerweise Null. Die Varianz s_x^2 ist also die Summe aller quadrierten Entfernungen der jeweiligen Messwerte vom Mittelwert, geteilt durch die um 1 verminderte Anzahl der Messwerte. Je größer die Variabilität um den Mittelwert in der Datenmenge ist, umso größer ist auch die Varianz. Die Quadrierung wird eigentlich nur vorgenommen, um die gegenseitige Aufhebung von positiven und negativen Zahlen zu verhindern. Ausreißer bedingen jedoch auch Ausreißerabweichungen und können wegen der Gewichtung die Varianz verzerren, v.a. wenn mehrere Ausreißer in den Daten vorkommen. Vor der Berechnung einer (unauffälligen) Varianz ist eine Verteilung auf Aus-

reißer zu überprüfen. Auffällig hohe Varianzen sind durch Ausreißer verzerrt, die überprüft werden sollten.

$$s_x^2 = \frac{SQ}{FG} = \frac{\sum_{i=1}^{n}(x_i - \bar{x})^2}{n-1} \quad \left(= \frac{\sum_{i=1}^{n}(x_i)^2}{n-1} - \bar{x}^2 \right)$$

Zur Interpretation bzw. zum Vergleich verschiedener Varianzen wird auf die Ausführungen zu den Standardabweichungen verwiesen.

Standardabweichung
Die Standardabweichung (auch als Streuung bezeichnet) wird üblicherweise aus der Varianz abgeleitet. Die Standardabweichung ist die positive Wurzel der Varianz und hat damit im Gegensatz zur Varianz wieder dieselbe Dimension der Daten, aus denen sie errechnet wird. Auch hier gilt: Je größer die Variabilität um den Mittelwert ist, umso größer ist die Standardabweichung. Je weniger Extremwerte in einem Datensatz vorkommen, umso geringer wird die Standardabweichung.

$$s_x = \sqrt{s_x^2} = \sqrt{\frac{\sum_{i=1}^{n}(x_i - \bar{x})^2}{n-1}}$$

Eine Standardabweichung kann nicht direkt beurteilt werden; es ist der Rückgriff auf weitere Informationen bzw. Transformationen erforderlich. Die wichtigste Zusatzinformation liefert der Mittelwert; daneben ist der empirische bzw. theoretisch mögliche Range der vorliegenden Messwerte informativ. Der Vergleich mehrerer Standardabweichungen muss immer den jeweiligen Mittelwert mit einbeziehen. Verschiedene Standardabweichungen basieren jedoch nur ausnahmsweise auf identischen Mittelwerten, so dass sie nur in den seltensten Fällen direkt miteinander verglichen werden können. Zwei identische Standardabweichungen (auch: Varianzen) können dann miteinander verglichen werden (auch wenn der Mittelwert verschieden ist), wenn die Daten zuvor einer z-Transformation unterzogen wurden. Auffällig hohe (z-standardisierte) Standardabweichungen können durch Ausreißer verzerrt sein, die überprüft werden sollten. Eine weitere Maßzahl für den Vergleich zweier Verteilungen auf der Basis der Standardabweichung ist der Variationskoeffizient.

Variationskoeffizient
Die Standardabweichung ist ein Maß für die *absolute* Variabilität innerhalb eines Datenbereiches. Die *relative* Variabilität ist jedoch ein bedeutsameres Maß und wird durch den Variationskoeffizienten ausgedrückt. Der Variationskoeffizient (CV, coefficient of variation; z.T. auch als Variabilitätskoeffizient V bezeichnet) ist eine einfache Maßzahl für den direkten Vergleich zweier Verteilungen. Der CV basiert auf der Relativierung der Standardabweichung einer Stichprobe am jeweiligen Mittelwert. Beim Variationskoeffizienten werden die

Standardabweichung in den Zähler, das arithmetische Mittel in den Nenner eingesetzt, und mit 100 multipliziert (manche CV-Formeln enthalten nicht die Multiplikation).

$$cv = \frac{s}{|\bar{x}|} \quad \text{bzw.} \quad cv_{\%} = \frac{s}{|\bar{x}|} \cdot 100\,\%$$

Je höher CV ist, umso größer ist die Streuung. Hohe CV-Werte sind Hinweise darauf, dass die Verteilung durch Ausreißer verzerrt ist (v.a. im Vergleich mit anderen Messwertreihen). Im Gegensatz zur Standardabweichung als ein Maß für die *absolute* Variabilität gibt CV die *relative* Variabilität innerhalb eines Datenbereiches an (vgl. auch Schendera, 2004). Der Variationskoeffizient sollte nur für Variablen verwendet werden, die ausschließlich positive Werte enthalten. Der CV kann nicht bei einem Mittelwert gleich Null berechnet werden.

7.2.2 Identifikation über Regeln

Die Statistik stellt einige sog. Regeln zur Beurteilung von Ausreißern zur Verfügung, die jedoch z.T. recht kritisch diskutiert werden (vgl. Barnett & Lewis, 1994[3]).
Ausreißer können z.B. anhand von „Vertrauensintervallen" identifiziert werden. Befindet sich ein Wert außerhalb dieses Intervalls, wird er als Ausreißer eliminiert. Übliche Ranges sind z.B. der Median +/- 4MAD, der Mittelwert +/- 2Sigmas, oder auch der sog. α%-getrimmte Mittelwert. Beim α%-getrimmten Mittelwert (syn.: α%-gestutzter Mittelwert) werden z.B. die Werte einer Variablen, die die Ausreißer enthält, der Größe nach sortiert und anschließend der Durchschnitt der mittleren (100-2α)% Werte genommen. Bei α=20 werden also 60% (100-2*20) der mittleren Werte für die Berechnung benötigt. Dieser Wert kann als 20%-getrimmter Mittelwert bezeichnet werden. Manche Verfahren basieren auf solchen getrimmten Verteilungen. Der Moses-Test auf Extremreaktionen basiert z.B. auf einer um Ausreißer getrimmten Kontrollgruppe.
Als vielversprechend gilt auch das Bruchpunkt-Konzept (BP, Breakdown Point, vgl. z.B. Hampel, 1985, 1971) als globaler quantitativer Index von Robustheit. Der BP gibt die Grenze für den Anteil an Ausreißern in einer Stichprobe i.S.e. kleinsten Anteils an „Rauschen" an, ohne dass sich dadurch der Schätzer ändert. Der Bruchpunkt beträgt z.B. für den Mittelwert BP=0, für den Median BP=0,5, für den Interquartilbereich BP=0,25 und für den α%-getrimmten Mittelwert BP=α. Ein Verfahren zur Berechnung des Bruchpunkts ist derzeit nicht in SPSS implementiert (vgl. jedoch 7.2.2. für robuste M-Schätzer). M-Schätzer haben einen Bruchpunkt BP=0,5 (sofern die jeweiligen Voraussetzungen erfüllt sind).

7.2.3 Identifikation über Tests

Die Statistik stellt auch einige sog. Ausreißertests zur Verfügung. Ihre unreflektierte Anwendung ist jedoch ausgesprochen problematisch. Weniger, weil ein auffälliger Wert nicht notwendigerweise ein falscher Wert sein muss, sondern vor allem deshalb, weil auch nichtsignifikant ausfallende Ausreißertests das Vorkommen von Ausreißern nicht mit Sicherheit, sondern nur mit einer bestimmten Wahrscheinlichkeit ausschließen. Hier gilt ganz klar: „Die Anwendung von Ausreißertests ist kein Ersatz für gewissenhaften Umgang mit

Daten und für Plausibilitätskontrollen" (Rasch et al., 1996, 571). Ausreißertests sind deshalb, wenn überhaupt, nur explorativ einsetzen, um z.B. erste Hinweise auf mögliche Daten- oder Erhebungsfehler zu finden.

Hartung (1999[12], 343–347) stellt z.B. mehrere univariate Tests vor, den David-Hartley-Pearson-Test, den Grubbs-Test und auch die Ausreißertests nach Dixon. Stellvertretend soll hier der David-Hartley-Pearson-Test (oft auch kurz: David-Test) vorgestellt werden (vgl. auch Barnett & Lewis 1994[3]).

$$Q = \frac{R}{s}$$

Die Prüfgröße Q wird als Quotient aus Spannweite R und Standardabweichung s berechnet und mit einem Tabellenwert Qn verglichen. Der David-Hartley-Pearson-Test prüft die Nullhypothese, dass die (oberen oder unteren) Extremwerte der Verteilung zur Stichprobe gehören (also keine Ausreißer sind). Ist $Q < Q_n$, kann die Nullhypothese nicht zurückgewiesen werden. Die Extremwerte gehören demnach zur Stichprobe, sind also keine Ausreißer. Die Verteilung kann demnach als ausreißerfrei angesehen werden. Der David-Hartley-Pearson-Test setzt dabei wie der Grubbs-Test und die Ausreißertests nach Dixon voraus, dass die zu prüfenden Messwerte Realisationen aus einer Normalverteilung sind. Da der David-Hartley-Pearson-Test nicht implementiert ist, sollen hier einige kritische Q_n-Werte des Tests angegeben werden. Die Angaben sind Hartung (1999[12], 344) entnommen.

N	$Q_{n,\,0.95}$	$Q_{n,\,0.99}$
3	2,00	2,00
4	2,43	2,45
5	2,75	2,80
6	3,01	3,10
7	3,22	3,34
8	3,40	3,54
9	3,55	3,72
10	3,69	3,88
12	3,91	4,13
15	4,17	4,43
20	4,49	4,79
30	4,89	5,25
40	5,15	5,54
50	5,35	5,77
100	5,90	6,36

Um es nochmals abschließend zu wiederholen: Weder signifikant, noch nicht signifikant ausfallende Ausreißertests ersetzen sorgfältige Plausibilitätsprüfungen.

7.2.4 Identifikation über Diagramme

Die Statistik stellt zur graphischen Exploration auf Ausreißer verschiedene Diagrammtypen zur Verfügung. Boxplots, Fehlerbalkendiagramme, Histogramme (dichotom gruppiert: sog. „Bevölkerungspyramide") und auch Stem-and-Leaf Plots (Stengel-Blatt Plot) sind dabei die in SPSS standardmäßig implementierten Diagrammtypen für die univariate Exploration. Über einen kleinen Trick liefert SPSS jedoch auch recht anschauliche „eindimensionale" Streudiagramme.
(Univariate) Häufigkeits- und Punktdiagramme sind für die grafische Exploration auf Ausreißer weniger geeignet. Beide Diagrammtypen geben nicht das Ausmaß des „Ausreißens" wieder, sondern nur die Anzahl der Werte; für das Punktdiagramm ist darüber hinaus eine Sortierung der Werte erforderlich.
Die graphische Exploration von Ausreißern und ihr (verzerrender Effekt) auf die Diagrammparameter wird im Folgenden anhand der Quadratmeterzahlen (Variable: QKM) natürlicher Seen in Deutschland (Variable: SEE) vorgestellt. Vorneweg wird darauf hingewiesen, dass der auffällige Wert eine Reflexion einer real existierenden Entität und kein Fehler ist (Datenquelle: Länderarbeitsgemeinschaft Wasser, Stand: 01.06.2003). Die Variable DUMMY (eigentlich müsste es richtig heißen: DUMMY-Konstante) wird mit eingelesen, um SPSS für die Exploration einer einzelnen Variablen mittels Syntax „auszutricksen".

```
data list
/SEE 1-17 (A)  QKM 19-24 DUMMY 26 .
begin data
Bodensee          571,5  1
Müritz             109,2 1
Chiemsee           79,9  1
Schweriner See    61,5   1
Starnberger See   56,4   1
Ammersee            46,6 1
Plauer See          38,4 1
Kummerower See    32,5   1
Steinhuder Meer    29,1  1
Großer Plöner See 30,0   1
Schaalsee           22,8 1
Selenter See        22,4 1
Kölpinsee            20,31
end data.
formats QKM (F5.1).
exe.
variable labels
DUMMY "Natürliche Seen"
QKM "Km²".
exe.
```

Boxplot
Das Boxplot ist ein Streuungsdiagramm, das auf dem Median und den Quartilen basiert. Bei der Box handelt es sich um einen "Kasten", der durch das erste und dritte Quartil (25 bzw. 75%-Perzentil) der Verteilung begrenzt ist. Dieser sog. Interquartilbereich (IQR) umfasst somit 50% der Werte. Die Querlinie in der Box repräsentiert den Median (Q2, 50%-Perzentil). Die von der Box nach oben bzw. unten ausgehenden Linien („whisker") führen jeweils zum jeweils beobachteten höchsten bzw. niedrigsten Wert innerhalb des 1.5fachen Interquartilbereiches, sofern dieser kein Ausreißer ist. Außerhalb der Whisker liegende beobachtete Werte werden u.a. als Ausreißer bzw. Extremwerte bezeichnet. Werte, die mehr als anderthalb Kastenlängen (IQR) außerhalb liegen (Ausreißer), werden in einem Boxplot mit einem Kreis gekennzeichnet. Werte, die mehr als drei Kastenlängen (IQR) außerhalb liegen (Extremwerte), werden mit einem Stern markiert.

```
EXAMINE
  VARIABLES=QKM BY DUMMY
 /PLOT=BOXPLOT
 /STATISTICS=NONE
 /NOTOTAL
 /ID=SEE .
```

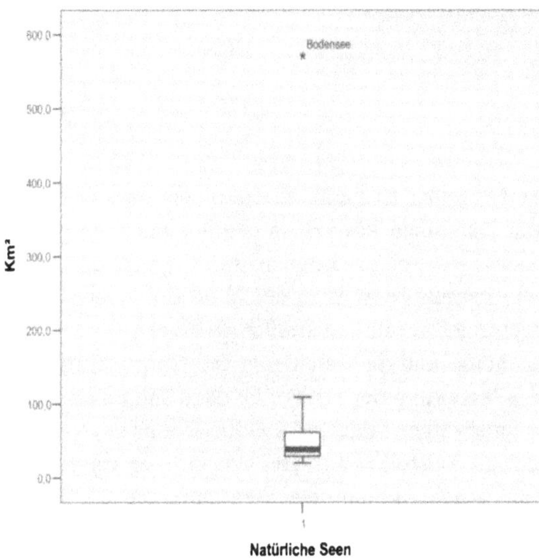

Der Ausreißer (genauer: Extremwert) „Bodensee" ist im Boxplot daran zu erkennen, dass er außerhalb der sog. Whisker durch einen Stern markiert ist. EXAMINE erlaubt den Ausreißer zu kennzeichnen (Option: ID=). Die y-Achse zeigt den absoluten Wert des Ausreißers an. Extreme Ausreißer bewirken, dass die „Box" proportional gestaucht wird und kaum mehr zu interpretieren ist. Die weiteren Parameter von Box und Whisker (Quartile, Median) sind nicht beeinträchtigt.

Histogramm
Histogramme gelten als die Standarddarstellung für Häufigkeitsverteilungen einer metrisch skalierten Variablen und sind von daher auch hilfreich für das Entdecken von Ausreißern jenseits der „eigentlichen" Verteilung. Beim Histogramm werden die einzelnen Fälle in Klassen eingeteilt und durch Balken dargestellt. Die Fläche der Balken entspricht der Anzahl der jeweils repräsentierten Häufigkeiten.

```
GRAPH
  /HISTOGRAM(NORMAL)=QKM.
```

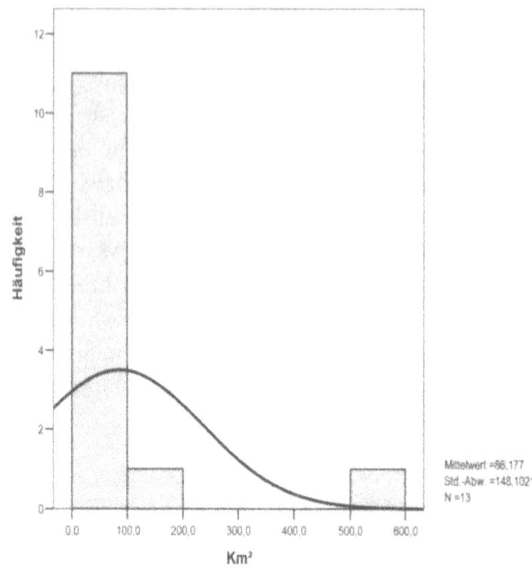

Der Ausreißer ist daran zu erkennen, dass er oberhalb der „eigentlichen" Verteilung liegt (je nach Datenlage können Ausreißer auch unterhalb oder zu beiden Seiten einer Verteilung liegen). Ausreißer können nicht gesondert gekennzeichnet werden. Die x-Achse des Histogramms zeigt nicht den Wert des Ausreißers an, sondern die Grenzen der Klasse, der er zugeordnet wurde. Ausreißer verzerren die berechneten Parameter (Mittelwert, Standardabweichung) und die Schätzung der Normalverteilung. Beim Histogramm ist zu beachten, dass die Klassierung der Fälle u.U. dazu führen kann, Ausreißer zu „verschlucken". Bei sehr breiten Intervallen fallen u.U. hohe (niedrige) Werte in die Nachbarkategorie und somit nicht mehr als Ausreißer auf. Bei sehr breiten Intervallen ist ein Histogramm für die Identifikation von Ausreißern nicht geeignet. Dasselbe gilt für die von SPSS angebotene „Bevölkerungspyramide", die nichts anderes ist als ein an der y-Achse gespiegeltes, also dichotom gruppiertes Histogramm.

```
XGRAPH
CHART=[HISTOBAR]
 BY erzieh[s]
 BY kathol[c]
   /COORDINATE
SPLIT=YES
   /BIN
START=AUTO
 SIZE=AUTO.
```

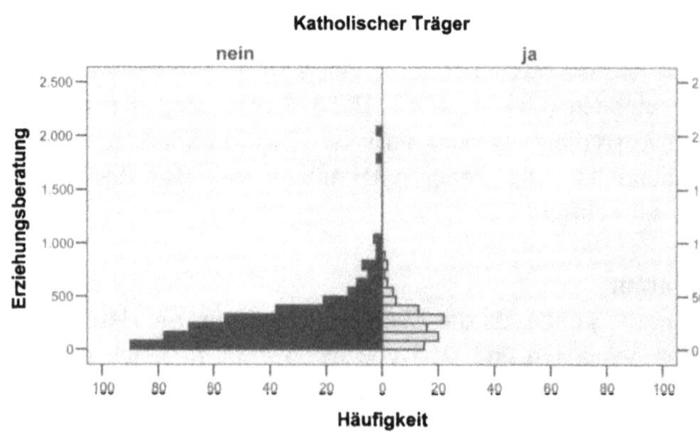

Fehlerbalkendiagramm

In SPSS können mit Fehlerbalkendiagrammen verschiedene Streuungsmaße um den Mittelwert dargestellt werden. Als Streuungsmaße stehen die Statistiken der Standardabweichung, der Standardfehler und Konfidenzintervalle zur Verfügung, die letztlich die Länge der Balken bestimmen.

```
GRAPH
  / ERRORBAR(STDDEV 1)
       =QKM BY DUMMY .
```

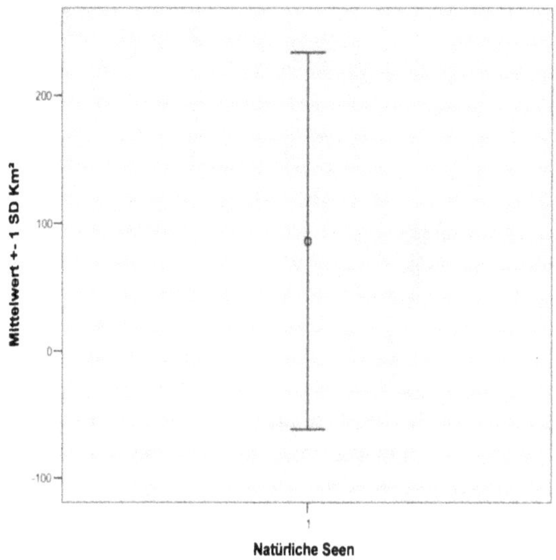

Der Ausreißer ist nicht konkret zu erkennen (vgl. Boxplot, Histogramm) und auch nicht gekennzeichnet. Allerdings zeigt sich der Ausreißer „indirekt“ in der auffällig hohen Standardabweichung. Ausreißer verzerren die Parameter (Mittelwert, Standardabweichung). Wie das Fehlerbalkendiagramm ohne Ausreißer aussieht, finden Sie unten. Vergleichen Sie dabei die „Lage“ des Mittelwerts und auch die proportionale „Länge“ der Standardabweichung.

```
GRAPH
  / ERRORBAR(STDDEV 1)
      =QKM BY DUMMY .
```

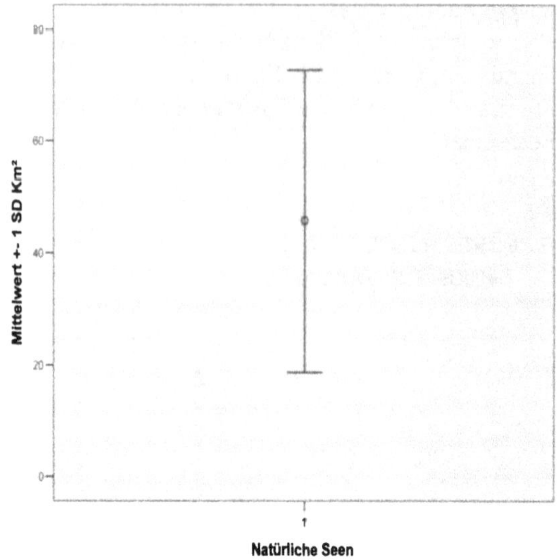

Beachten Sie bei der Interpretation von Fehlerbalkendiagrammen (v.a. beim Vergleich mehrerer Skalen bzw. Diagramme) die vorausgegangenen Anmerkungen zum Vergleich von (nicht) standardisierten Standardabweichungen.

„Eindimensionales" Streudiagramm

Streudiagramme bilden normalerweise Messwertpaare zweier intervallskalierter, metrischer Variablen in einem gemeinsamen Koordinatensystem ab (‚Punkteschwarm'). Wegen des Tricks mit der DUMMY-Variablen liegen alle QKM-Werte auf einer Linie (würden in der Syntax QKM und DUMMY vertauscht werden, würde die Linie senkrecht angezeigt werden).

```
GRAPH
  /SCATTERPLOT(BIVAR)=
   QKM WITH DUMMY
  /MISSING=LISTWISE .
```

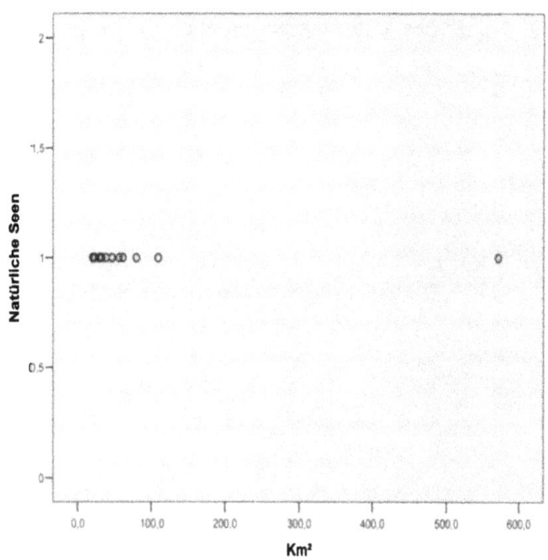

Der Ausreißer ist daran zu erkennen, dass er oberhalb der „eigentlichen" Verteilung liegt. Je nach Datenlage können Ausreißer auch unterhalb oder zu beiden Seiten einer Verteilung liegen. Ausreißer können im Gegensatz zu einer IGRAPH-Variante (s.u.) nicht gesondert gekennzeichnet werden. Die x-Achse des Streudiagramms zeigt den absoluten Wert des Ausreißers an (vgl. dagegen das Histogramm). Weitere Parameter werden nicht berechnet und sind daher auch nicht beeinträchtigt. Beim Streudiagramm ist die Möglichkeit zu überprüfen, ob evtl. mehrere exakt gleiche Werte übereinander liegen könnten.

```
IGRAPH
/VIEWNAME='Streudiagramm'
/X1 = VAR(DUMMY) TYPE = SCALE
/Y = VAR(QKM) TYPE = SCALE
/COORDINATE = VERTICAL
/POINTLABEL = var(SEE) ALL
/X1LENGTH=3.0 /YLENGTH=3.0
/X2LENGTH=3.0
/CHARTLOOK='NONE'
/SCATTER COINCIDENT = NONE.
```

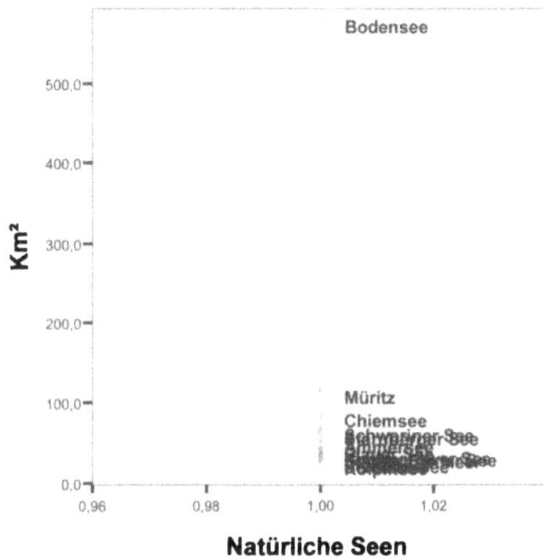

Stem-and-Leaf Plot (Stengel-Blatt Plot)

Stem and Leaf-Plots sind im Prinzip auf die Seite gedrehte histogrammähnliche Diagramme. Im Gegensatz zum Histogramm werden in Stem and Leaf-Plots die Werte selbst balkenartig übereinander gestellt. Die Zahlenstapel repräsentieren die vorliegenden Werte und sind deshalb informativer als Balkendiagramme (inkl. Histogramme). Stem and Leaf-Plots "verschlucken" jedoch im Gegensatz zu Balkendiagrammen mögliche Lücken in den Daten, und sollten daher sorgfältig nach fehlenden Kategorien abgesucht werden. Stem and Leaf-Plots werden v.a. zur Identifikation von Ausreißern und Extremwerten eingesetzt.

Wie das folgende Beispiel zeigen wird, sind Stem and Leaf-Plots für geringe Datenmengen weniger geeignet, wie z.B. N=13 im Seen-Beispiel. Das folgende Beispiel basiert auf N=711 Hüftdaten.

```
EXAMINE
  VARIABLES = taille
  /PLOT STEMLEAF
  /COMPARE GROUP.
```

```
Taillenumfang Stem-and-Leaf Plot

 Frequency    Stem &  Leaf
```

```
   19,00        6 .  0223444
   55,00        6 .  5555667788888899999
  118,00        7 .  0000000011111122222222223333333334444444
  105,00        7 .  55555566666667777777888888888999999
  119,00        8 .  00000000001111111122222222333333333444444
   89,00        8 .  55555566666777777788999999999
   66,00        9 .  00000111111222233344444
   61,00        9 .  555555666666777888899
   36,00       10 .  000001233344
   14,00       10 .  67789
   10,00       11 .  034&
    2,00       11 .  &
   17,00 Extremes    (>=117)

 Stem width:         10
 Each leaf:        3 case(s)

 & denotes fractional leaves.
```

'Stem' gibt die erste Ziffer in den Wertestapeln an; steht also im ‚Stem' eine 6, so ist den Zahlen im ‚Leaf' immer eine 6 voranzustellen. 'Stem Width' gibt die Einheit der Säulen an; eine 'Stem Width' von 10 bedeutet, dass in den Säulen jeweils ganze Zehner-Einheiten stehen. Zusammengenommen ('Stem' x 'Stem Width') bedeutet dies, dass die (im Beispiel zweizeiligen) Stapel 60er, 70er, 80er etc. Werte enthalten. 'Leaf' gibt an, welche Werte genau in den jeweiligen Säulen enthalten sind. Die 'Leaf'-Einheit liegt immer eine Einheit unter der 'Stem Width' (eine noch niedrigere Einheit wird nicht angezeigt; bei mehrstelligen Daten sind die angezeigten Werte also immer gerundet). War z.B. die 'Stem Width' zweistellig, z.B. 10, dann geben die 'Leafs' die einstelligen Werte an. 'Frequency' gibt an, wieviele Werte in den jeweiligen Säulen enthalten sind. Bei umfangreichen Datenmengen kann jedes 'Leaf' u.U. nicht jeden Fall einzeln darstellen; in diesem Fall verweist die Information 'Each leaf: 3 case(s)' darauf, wie viele Fälle ein 'Leaf' repräsentiert. Ein 'Stem' von 6 und ein 'Leaf' von 02234445555667788888899999 (zu Illustrationszwecken zusammengefasst) würde z.B. bei einer 'Stem Width' von 10 bedeuten, dass in den beiden Säulen (N=74, 19 plus 55) Werte von 60 bis 69 enthalten sind, nämlich die Werte 1 x 60 (6x10+0) *x 3['Each leaf'-Faktor]*, 2 x 62 (6x10+2) *x 3*, 1 x 63 *x 3*, 3 x 64 *x 3*, 4 x 65 *x 3*, 2 x 66 *x 3*, 2 x 67 *x 3*, 5 x 68 *x 3* und 5 x 69 *x 3*. Die Zeile für den ersten „6"-Stem ist also nicht so zu lesen, dass der Wert 0223444 19mal vorliegt. Liegen Extremwerte vor, wird in einer letzten Zeile darauf verwiesen. In diesem Fall liegen 17 Extremwerte >= 117 vor. Extremwerte sind in einem Stem and Leaf-Plot Werte, die mehr als 1,5 IQRs unter dem 1. Quartil bzw. über dem 3. Quartil liegen. Diese Definition unterscheidet sich von den Definitionen für Ausreißer (> 1,5 – 3 IQRs) und Extremwerte (> 3 IQRs) im Boxplot. Das Stem and Leaf-Plot unterscheidet somit nicht zwischen Ausreißern und Extremwerten, darüber hinaus werden diese weder einzeln aufgelistet, noch gekennzeichnet. Das Stem and Leaf-Plot weist also nur daraufhin, dass auffällig hohe Werte vorkommen, macht sonst aber keine genaueren Angaben.

Für Analysen auf Ausreißer i.S.e. Abweichung von einer Referenzverteilung können u.a. auch QQ-Plots eingesetzt werden (nicht weiter vorgestellt). QQ-Plots sind Streudiagramme, in denen die empirisch erhobenen Messwerte einer Variablen (grafisch als Punkte dargestellt) mit den gemäß einer Referenzverteilung (z.B. Normalverteilung) zu erwartenden Werten (grafisch als Diagonale dargestellt) verglichen werden. Ausreißer kommen in solchen Diagrammen als Punkte neben der Referenzdiagonale zum Liegen. Weitere Diagramme speziell zum Identifizieren von Ausreißern, z.B. sog. Andrew- oder Influence-Plots (vgl. Schnell, 1994, 122–123; Barnett & Lewis, 1994, 308–309), werden von SPSS (noch) nicht angeboten.

7.3 Multivariate Ausreißer

Ausreißer sind bei multivariaten Verfahren, z.B. Cluster-, Diskriminanz- oder Regressionsanalyse, Wertekombinationen der zu analysierenden Variablen, im Gegensatz z.B. zum Boxplot, bei dem ein Ausreißer nur ein Einzelwert ist. Der Abschnitt 7.3.1. stellt die Identifikation von Ausreißern über Maße vor, Abschnitt 7.3.2. Besonderheiten bei Zeitreihendaten (z.B. bivariat) und 7.3.3. die Identifikation von Ausreißern über Diagramme.
Auch für multivariate Daten gibt es kein Omnibusmaß bzw. -verfahren zur Identifikation von Ausreißern. Die Wahl eines Maßes muss mit aller Sorgfalt geschehen, um keinem Willkürverdacht anheimzufallen (vgl. Barnett & Lewis, Lewis, 1994[3], 271–272).

7.3.1 Identifikation über Maße

Für die Beurteilung des Einflusses von Beobachtungen auf multivariate Modelle wurden verschiedene Maße entwickelt und als Ausreißer (Residuen), Hebel-, Diskrepanz- und Einflussmaße beschrieben (vgl. auch Cohen et al., 2003[3], 394f., 406ff.).
Die **Hebelwirkung** (leverage) bezeichnet den Einfluss eines Falles auf die Bestimmung des Schätzers an dieser Stelle. Hebelwerte messen somit den Einfluss eines Punktes in der x-Dimension auf die Anpassung der Regression. Ein Fall (Ausreißer) hat dann eine große Hebelwirkung, wenn er räumlich weit entfernt vom Zentrum der restlichen Verteilung liegt, unabhängig davon, in welcher Richtung.
Ein Fall weist dann eine große **Diskrepanz** auf, wenn er weit abgelegen neben der (linearen) Verteilung der übrigen Werte liegt, v.a. die Diskrepanz (Distanz) zwischen dem vorhergesagten und dem beobachteten Y-Wert.
Einfluss ist eine Folge von Hebelwirkung und Diskrepanz. Ist von Hebelwirkung und Diskrepanz mind. eine Größe eher gering, so ist auch der Einfluss eher gering. Sind Hebel und Diskrepanz jew. groß, so ist auch der Einfluss des Falles groß. Einflussmaße messen die Wirkung, die das Weglassen eines Punktes aus dem Schätzvorgang für die Schätzung selbst hat.
Diese Werte sind v.a. für die Beurteilung der Modellangemessenheit multivariater Modelle nützlich, z.B. der multivariaten linearen Regression.

Dichotomisiert bilden hohe bzw. niedrige Hebelwirkung sowie hohe bzw. niedrige Diskrepanz in ihrer Kombinatorik eine Vierfeldertafel, die in der nachfolgenden Abbildung exemplarisch visualisiert werden soll. Die hellen Linien symbolisieren die Vergleichsrichtung vom betreffenden Fall zum Zentrum der Verteilung.

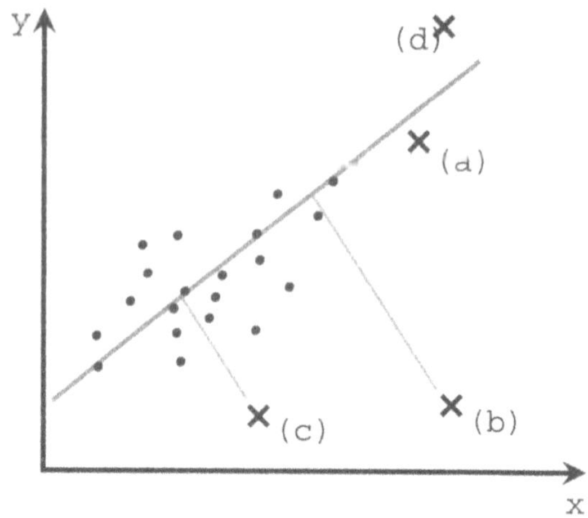

Der Fall ***(a)*** (an der Regressionslinie) hat eine *geringe Hebelwirkung*, da er räumlich nicht weit vom Zentrum der restlichen Verteilung liegt. Die *Diskrepanz* dieses Falles ist *gering*, da er annähernd perfekt auf der linearen Verteilung der übrigen Werte liegt. Der *Einfluss* dieses Falles ist, wenn überhaupt, minimal. Der Fall *(a)* könnte auch als Fortsetzung der restlichen Verteilung interpretiert werden.

Der Fall ***(b)*** (unten rechts) hat eine *hohe Hebelwirkung*, da er räumlich weit entfernt vom Zentrum der restlichen Verteilung liegt. Die *Diskrepanz* dieses Falles ist *hoch*, da er annähernd orthogonal zur linearen Verteilung der übrigen Werte liegt. Der *Einfluss* dieses Falles ist hoch.

Der Fall ***(c)*** (unten links) hat eine *geringe Hebelwirkung*, da er räumlich nicht weit entfernt vom Zentrum der restlichen Verteilung liegt. Die *Diskrepanz* dieses Falles ist *hoch*, da er annähernd orthogonal zur linearen Verteilung der übrigen Werte liegt. Der *Einfluss* dieses Falles ist gering.

Der Fall ***(d)*** (oben rechts) hat eine *hohe Hebelwirkung*, da er räumlich weit entfernt vom Zentrum der restlichen Verteilung liegt. Die *Diskrepanz* dieses Falles ist *gering*, da er annähernd perfekt auf der linearen Verteilung der übrigen Werte liegt. Der *Einfluss* dieses Falles ist eher gering.

Hebelwerte

Die Hebelwirkung (leverage) bezeichnet den Einfluss eines Falles auf die Bestimmung des Schätzers an dieser Stelle. Hebelwerte messen somit den Einfluss eines Punktes in der x-Dimension auf die Anpassung der Regression. Ein Fall (Ausreißer) hat dann eine große Hebelwirkung, wenn er räumlich weit entfernt vom Zentrum (Mittelwert, Zentroiden) der restlichen Verteilung liegt, unabhängig davon, in welcher Richtung. Hebelwerte können somit auch auch am extremen Ende einer geschätzten Gerade liegen und darüber eine große Hebelwirkung ausüben. Parameter für die Hebelwirkung sind u.a. die Mahalanobis-Distanz und die sog. Hebelwerte. Die Mahalanobis-Distanz gibt an, wie sehr sich ein einzelner Fall vom Durchschnitt der anderen Fälle bzgl. der/den erklärenden Variablen unterscheidet. Weist ein Fall eine große Mahalanobis-Distanz auf, so kann davon ausgegangen werden, dass er bei einer oder mehreren Prädiktoren sehr hohe Werte aufweist und somit einen starken Einfluss auf die ermittelte Modellgleichung haben könnte. Beide Statistiken können direkt auseinander abgeleitet werden. Hebelwert = Mahalanobis-Distanz / (N-1). Mahalanobis-Distanz = Hebelwert*(N-1). Hebelwerte wie auch Mahalanobis-Distanzen bewegen sich zwischen 0 und (N-1)/N. Je höher der Wert, desto höher die Hebelwirkung. Fälle (Punkte) mit hohen Hebelwerten sollten auf Einfluss untersucht werden, besonders, wenn sie sich deutlich vom Rest der Verteilung unterscheiden, z.B. in Visualisierungen (vgl. Cohen et al., 2003, 395ff.).

Überprüfung von Hebelwerten:

```
sort cases by LEV_1 (D).
exe.

temp.
list variables= ID LEV_1.
```

Diskrepanzwerte

Ein Fall (Ausreißer) weist dann eine große Diskrepanz auf, wenn er weit abgelegen neben der (linearen) Verteilung der übrigen Werte liegt, v.a. die Diskrepanz (Distanz) zwischen dem vorhergesagten und dem beobachteten Y-Wert. Zu den Diskrepanz-Statistiken gehören u.a. Residuen (Cohen et al., 2003, 398ff.). Residuen geben die Modellangemessenheit in Form der Abweichung einer einzelnen Beobachtung von ihrem dazugehörigen Schätzwert an. Auf ein Residuendiagramm bezogen: Ein Residuum bezeichnet den Abstand eines Punktes von der Linie der eingezeichneten Funktion. Chatterjee & Price (1995², 9) empfehlen immer die Überprüfung standardisierter Residuen. Gemäß der Terminologie von Cohen et al. (2003, 402) sind standardisierte Residuen synonym zu intern studentisierten Residuen. Der Mittelwert von standardisierten Residuen ist gleich Null und ihre Standardabweichung beträgt 1. Laut einer allgemeinen Konvention gelten Absolutwerte über 3 eindeutig als Ausreißer bzw. einflussreiche Fälle; Absolutwerte über 2 sollten genauer untersucht werden. Cohen et al. (2003, 401) empfehlen für größere Datenmengen höherere Cutoffs, z.B. 3 oder 4. Die Brauchbarkeit von Residuen ist auf die Überprüfung einfacher (bivariater) Regressionen beschränkt und ist nicht für multiple Regressionsmodelle geeignet (Chatterjee & Price, 1995², 86).

Überprüfung von Residuen (z.B.):

```
if abs(ZRE_1) >= 2 AUSREISR=2.
exe.
if abs(ZRE_1) >= 3 AUSREISR=3.
exe.

temp.
select if AUSREISR >= 2.
list variables= ID ZRE_1.
```

Beispielhafte Ausgabe (Residuen)
Die Fälle mit den beispielhaft angeforderten Residuen (Beträge >= 3) werden in einer nachfolgend-iterativen Analyse ausgeschlossen. Die Ausgabe und Beurteilung der anderen Maße wird nicht weiter dargestellt.

```
      ID            ZRE_1

    21,00          -4,69092
   392,00          -4,69092
   574,00           3,34377

Number of cases read:  3    Number of cases listed:  3
```

Die Bedeutung von Ausreißern bzw. einflussreichen Werten wird in der Praxis dadurch evaluiert, indem zunächst eine Regression mit und anschließend ohne diese Werte durchgeführt wird. Auch die neu entwickelten Modelle werden anschließend einer Residuenanalyse unterzogen. Die Ausreißer selbst sollten dabei nicht nur aus einer rein formalen, sondern auch aus einer inhaltlichen Perspektive untersucht werden. Oft genug sind auffällige Werte Hinweise auf Messfehler, aber auch möglicherweise inhaltlich Interessantes.

Einflussmaße
Einfluss ist eine Folge von Hebelwirkung und Diskrepanz. Ist von Hebelwirkung und Diskrepanz mind. eine Größe eher gering, so ist auch der Einfluss eher gering. Sind Hebel und Diskrepanz jew. groß, so ist auch der Einfluss des Falles groß. Einflussmaße messen die Wirkung, die das Weglassen eines Punktes aus dem Schätzvorgang für die Schätzung selbst hat. In anderen Worten: Einflusswerte sind ein Maß dafür, wie stark sich die Residuen aller übrigen Fälle ändern würden, wenn ein spezieller Fall von der Ermittlung der Regressionsfunktion ausgeschlossen würde. In der Regel wird immer nur ein Punkt auf einmal aus dem Schätzvorgang ausgeschlossen (Cohen et al., 2003, 402). Im Folgenden werden das Einflussmaß DfFit und die Cook-Distanz vorgestellt. Beide Maße sind nahezu redundant; der einzige Unterschied ist, dass Cook-Werte nicht negativ werden.
Das Einflussmaß DfFit (Abkürzung für „difference in fit, standardized") bezeichnet die Änderung im vorhergesagten Wert, die sich durch den Ausschluss einer bestimmten Beobachtung ergibt. Für standardisierte DfFits gilt die Konvention, alle Fälle mit absoluten Werten größer als 2 geteilt durch die Quadratwurzel von p/N zu überprüfen, wobei p die Anzahl der unabhängigen Variablen in der Gleichung und N die Anzahl der Fälle darstellt. Cohen et al. (2003, 404) empfehlen für mittlere bzw. größere Datenmengen die Cutoffs 1 bzw. 2. Chatterjee & Price (1995[2], 89) empfehlen auch für dieses Einflussmaß die Überprüfung aller Werte mit auffällig hohen Werten.

Überprüfung von DfFit-Statistiken (z.B.):

```
sort cases by DFF_1 (D).
exe.
list variables= ID DFF_1.
exe.
```

Bei der Cook-Distanz handelt es sich um die durchschnittliche quadratische Abweichung zwischen den Schätzwerten des vollen und des um die eine Beobachtung reduzierten Datensatzes im Verhältnis zum mittleren quadratischen Fehler im geschätzten Modell. Eine hohe Cook-Distanz zeigt an, dass der Ausschluss des betreffenden Falles die Berechnung der Regressionsfunktion der übrigen Fälle substantiell verändert. Laut einer allgemeinen Konvention gelten Cook-Distanzen über 1 als einflussreich (Cohen, et al., 2003, 404). Chatterjee & Price (1995[2], 89) empfehlen die Überprüfung aller auffällig hoher Cook-Distanzen.

Überprüfung von Cook-Distanzen (z.B.):

```
temp.
select if COO_1 >= 1.
list variables= ID COO_1.
exe.
```

7.3.2 Identifikation über Regeln

Weitere Ansätze basieren auf der Kenntnis absoluter Zielgrößen bzw. relativ konstanter Proportionen. Beiden Ansätzen ist jedoch gemeinsam, dass sie bestimmte Merkmale eines Gegenstands als invariant voraussetzen und als Prüfkriterium heranziehen.

Absoluter Ansatz: Referenzwert

Die Winkelsumme eines Dreiecks beträgt z.B. 180 Grad. Dieses invariante Merkmal wird im Folgenden als Prüfkriterium eingesetzt. Enthalten z.B. drei Variablen A, B und C jeweils einen Winkelgrad eines Dreiecks, so muss als Prüfsumme dieser drei Variablen 180 herauskommen. Weicht die Prüfsumme von 180 ab, liegt mind. ein Ausreißer (nach unten und/oder nach oben) vor (Barnett & Lewis, 1994, 301). Diese Überprüfung gibt nicht an, in welcher der drei Variablen A, B und/oder C ein Fehler auftritt; außerdem schließt dieser Ansatz keinen Fehlerausgleich aus, z.B. das Auftreten von Werten wie z.B. 0, 180 und wieder 0.

Relativer Ansatz: Proportionen:

Viele Forschungseinheiten bzw. -gegenstände lassen sich in Einheiten beschreiben, deren Merkmale (Größe, Gewicht, Preis usw.) zueinander in einem relativ invarianten, aber gegenstandsspezifischen Verhältnis zueinander stehen.

Ein klassisches Beispiel aus der Medizin ist z.B. der Body-Maß-Index (BMI), der das Verhältnis zwischen Gewicht (z.B. in kg, es gibt auch andere Rechenvarianten) und quadrierter Körpergröße (z.B. in cm) angibt. Wird dieser Quotient z.B. mittels Pounds und Inches berechnet, bewegt sich der Index "üblicherweise" (Frame!) zwischen 25 und 40. Werte darüber und darunter repräsentieren im Allgemeinen extremes Unter- oder Übergewicht. Negative Werte oder Werte über 60 weisen oft aber auf z.B. Ausreißer, Daten- und/oder Rechenfehler hin.

Viele weitere Anwendungsbereiche kennen grundlegende Konstanten. In der Astrophysik beschreibt z.B. die sog. „Hubble-Konstante" das Verhältnis zwischen der Rotverschiebung und den Entfernungen von Galaxien, das sich aus der Expansion des Universums ergibt. Eine der praktischen Anwendungen dieser Konstanten ist der Versuch der Berechnung des Alters des Universums. Wird jedoch die Herleitung der Konstante in Frage gestellt bzw. korrigiert,

ändert sich somit natürlich auch das auf seiner Grundlage berechnete Ausmaß und Alter des Universums (vgl. Bonanos et al. 2006).
Aus der Finanzmathematik sind z.B. der Pay-Performance-Index und eine Zinseszinsregel, die sog. „72er-Regel" bekannt. Der Pay-Performance-Index vergleicht die Gehälter von Managern mit ihrer Leistung (gemessen in Eigenkapitalrendite (Prozentsatz des Firmengewinns bezogen auf das Eigenkapital) und Total Shareholder Return (Wertentwicklung der Aktie einschließlich Dividende)) und ist eine (nicht unumstrittene) Maßzahl für das Verhältnis zwischen Managerlohn und -leistung. Die neutralere „72er-Regel" gibt an der Börse mittels einer Division des Wertes 72 durch eine bekannte Rendite an, wie lange es in etwa dauert, bis sich eine Investition doppelt hat. Beträgt die jährliche Rendite z.B. 7%, so dauert es anhand der „72er-Regel" (72/7=10,3) ca. zehn Jahre, bis sich die Ausgangsinvestition verdoppelt hat. Umgekehrt lässt sich auch hier die Gültigkeit einer Berechnung überprüfen. Beträgt z.B. nach einer zehnjährigen Laufzeit von 7% die erzielte Investition nicht dem Doppelten des Ausgangswertes, dann liegt ein zu überprüfender Rechenfehler vor. Diese Regel wird zur Berechnung bzw. Überprüfung von (erwarteten) Verdoppelungen auch in anderen Bereichen angewandt, z.B. in der Biologie. Eine Bakterienkultur, die 3% pro Stunde wächst, sollte sich z.B. innerhalb eines Tages (24h) verdoppeln. Ist die Bakterienkultur nach 24h nicht doppelt so groß, so können u.a. Wachstums-, Mess- oder Rechenfehler vorliegen.
Die Gesamtlänge von Insekten besteht z.B. oft aus mehreren Segmenten, deren jeweilige Länge sich proportional zueinander wie auch zur Gesamtlänge verhält. Nehmen wir nun an, es gibt eine Insektenart, deren Körperbau aus drei Segmenten besteht, deren Größe zueinander im Verhältnis 2:4:6 Einheiten stehen bzw. auf eine proportionalen Gesamtlänge mit 12 Einheiten hinweisen. Werden nun die einzelnen Segmentlängen aufaddiert und die Summe unterscheidet sich von der proportional erwarteten Gesamtlänge, so ist auch hier eine Abweichung ein Hinweis auf einen Ausreißer.
Auch dieser Ansatz setzt voraus, dass kein Fehlerausgleich vorliegt (s.o.). Im Gegensatz gestaltet sich die Überprüfung im Detail schwieriger, da relative Gesamtwerte auch nur auf scheinplausible Art und Weise zustandegekommen sein können. Ein Wert 12 kann z.B. auch durch die Addition von (inkorrekten) Verhältnissen wie z.B. 4:4:4 zustandegekommen sein. Für die Überprüfung eines relativen Referenzwertes müssen somit die Proportionen der einzelnen Summenelemente paarweise überprüft werden, z.B. A:B, B:C und A:C.

7.3.3 Besonderheiten bei (bivariaten) Messwertreihen

Die Überprüfung von Zeitreihendaten ist in der einfachsten Form eine bivariate Prüfweise. Die wiederholten Messungen des Untersuchungsgegenstands stellen die erste Variable. Der zeitliche Abstand stellt die zweite Variable. Zeitreihendaten bzw. Messwertreihen können mittels einfacher Linien- oder auch Streudiagramme auf grobe Datenfehler überprüft werden (7.3.3.1.). Für eine detailliertere Untersuchung einer zeitabhängig erfassten Messwertreihe, z.B. im Rahmen der Qualitätskontrolle, könnten jedoch auch sog. Regelkarten eingesetzt werden (7.3.3.2.).

7.3.3.1 Explorative Liniendiagramme

Zeitreihendaten weisen *im Allgemeinen* eine Besonderheit auf, die es erleichtert, Datenfehler mittels einfacher Linien- oder auch Streudiagramme zu identifizieren. Zeitreihendaten, wie z.B. das jährlich ermittelte Bruttosozialprodukt, haben die Eigenschaft, im Durchschnitt nur wenig über die Zeit hinweg zu variieren. Drastische Schwankungen sind eher die Ausnahme; das Bruttosozialprodukt kann z.B. in einem Jahr nicht ohne weiteres um 300% ansteigen, um dann im darauf folgenden Jahr wieder um einen annähernd gleich großen Betrag abzufallen. Das folgende Beispiel stellt z.B. den SPSS Datensatz „Trends chapter 10.sav" vor, in den vom Autor zu Demonstrationszwecken ein künstlicher Datenfehler geschmuggelt wurde. Dieser Ausreißer fällt sofort auf.

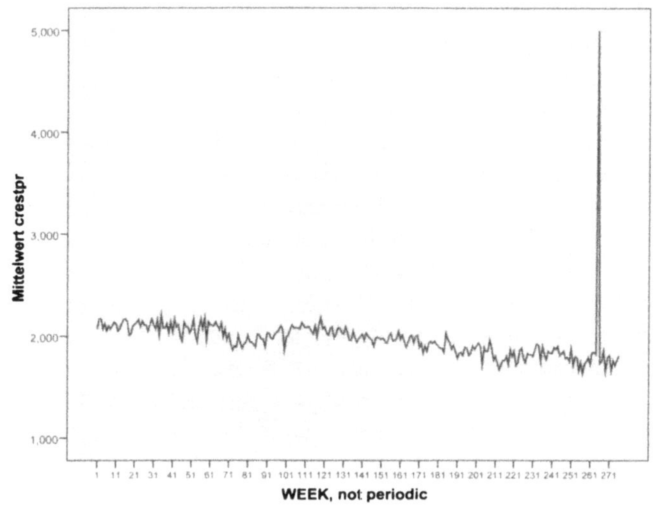


```
GRAPH
/LINE(SIMPLE)=
   MEAN(crestpr)
   BY week_.
```

Fehler in Zeitreihendaten fallen jedoch nicht immer so offensichtlich auf. Liegen Zeitreihendaten komplexe Zyklen bzw. Wertereihen unregelmäßiger Periodizität zugrunde, dann sind auffällige Werte v.a. bei *zu kurzen* Zeitreihen nicht notwendigerweise Hinweise auf fehlerhafte Daten, sondern können unter Umständen auch Hinweise auf noch unidentifizierte Zyklen usw. sein. Wenn Sie z.B. in Vertriebsdaten eines Jahres um Weihnachten herum auffällig hohe Umsatzzahlen feststellen sollten, dann könnte dies einerseits ein Fehler sein; wenn Sie jedoch auch die Umsatzzahlen der Vorjahre um Weihnachten herum überprüfen würden, so könnten Sie u.U. feststellen, dass dies ein ganz übliches (sog. zyklisches) Phänomen ist. Viele Menschen neigen nun mal dazu, überwiegend vor Weihnachten Geld für Geschenke auszugeben. Ist die Zeitreihe jedoch zu kurz oder auch zu volatil, so können auffällige Werte gegebenenfalls nur noch über den Rückgriff auf Kontextwissen und den Einsatz anspruchsvoller (multivariater) Zeitreihenverfahren identifiziert und von „eigentlichen" Fehlern abgegrenzt werden.
Liniendiagramme sind als Prüfinstrument für jede Wertereihe geeignet, bei denen sich die Parameter (Absolutwert, Mittelwert, Häufigkeit etc.) von Daten innerhalb eines bestimmten, bekannten „Frames" bewegen sollten (vgl. dazu auch die Ausführungen zu den etwas an-

spruchsvolleren Regelkarten für laufende Prozesse). Untersuchen Sie nun die Werte (z.B. Absolutwerte) dieser Variablen in einer Reihe oder auch in einem zeitlichen Verlauf, z.B. in einem Liniendiagramm, so sind auffällige Kurvenspitzen zunächst weniger als Hinweise auf empirisch relevante Phänomene, sondern eher auf Datenfehler zu verstehen; auch drastisch schwankende Häufigkeiten von Werten (aber auch von Missings!) können Datenprobleme signalisieren. Eine Ursache kann z.B. sein, dass die Daten in dem einzelnen Datensatz falsch herum gepolt oder kodiert sind. Möglich ist alles.
Die Überprüfung solcher Parameterreihen ist v.a. dann angebracht, wenn Sie aus einer Datenbank jährlich angelegte Einzeldatensätze zu einem Datensatz für eine Zeitreihe zusammenstellen und sich einen unkomplizierten Überblick verschaffen wollen, ob die Messung, Protokollierung, Kodierung o.ä. der betreffenden Werte in Ordnung ist.

7.3.3.2 Regelkarten für die Qualitätskontrolle

Regelkarten beschreiben als Diagramme dynamische Prozesse über die Zeit. Die Regelkarte ist das wichtigste Werkzeug der „Statistical Process Control" (SPC, Statistische Prozesskontrolle), um zu überprüfen, ob ein Prozess statistisch unter Kontrolle ist. Eine Regelkarte ist in der einfachsten Form eine grafische Darstellung einer chronologisch erfassten Messwertreihe, um die obere und untere Intervallgrenzen eingezeichnet sind, die aus der Messwertreihe ermittelt wurden (vgl. die sog. „Six Sigma"-Philosophie). Diese Intervallgrenzen werden in der Prozesskontrolle zunächst als Warn- und bei mehr als punktuellem Über- oder Unterschreiten durch Ausreißer als Interventionsschwellen verstanden. Die Mittellinie repräsentiert den idealen Prozessverlauf mit null Variation („Idealverlauf", oft basierend auf den Werten sondierender Vorläufe). Regelkarten erlauben somit zu beurteilen, ob ein Prozess noch in statistischer Kontrolle ist bzw. über Ausreißer punktuelle Abweichungen oder eindeutige Tendenzen zu identifizieren, rechtzeitig zu intervenieren und Qualität, Ergiebigkeit, oder Ablauf des Prozesses zu optimieren.
Die Qualität eines Produkts oder eines Leistungsmerkmals wird z.B. anhand bestimmter Merkmale beurteilt. Jedes Maß muss dabei vorher festgelegte Toleranzen bzw. Toleranzbereiche (sog. Spezifikationsgrenzen) einhalten, innerhalb dessen noch Abweichungen vom Sollwert akzeptiert werden. Im industriellen Fertigungsprozess wird z.B. der Solldurchmesser von Werkstücken auf Millimeter genau festgelegt. Anhand von Regelkarten kann nun nachgeprüft werden, ob die Soll-Maße bei der Herstellung innerhalb genau spezifizierter Toleranzgrenzen eingehalten werden, oder ob davon abgewichen wird. Mittels Regelkarten können aber auch andere, prozessrelevante Effekte beobachtet werden, die in zyklischer Form auftreten, z.B. Schichtwechsel, Mitarbeiterrotation oder systematische Fehler. Regelkarten sind unerlässlich für die Kontrolle des Einhaltens von Toleranzen, und damit für die Sicherung der Prozessqualität. Grundlegende Kennwerte für die sog. Prozessfähigkeit sind dazu Cp und Ck, PP-Werte für die sog. Prozessleistung. Diese Maße werden an dieser Stelle nicht weiter vorgestellt.
Es gibt viele verschiedene Varianten von Regelkarten. Regelkarten auf der Basis des gleitenden Mittelwerts beziehen auch Informationen des zeitlich vorangegangenen Einzel- oder Untergruppenwertes mit ein und gelten dadurch als sensitiver für auch kleinere Veränderungen der Prozessvariable als die Regelkarten, bei denen sich jeder Kurvenpunkt auf nur einen einzelnen (Untergruppen)Wert beschränkt.

Die Datengrundlage für das folgende (vereinfachte) Beispiel stammt aus der industriellen Materialkontrolle. Im Beispiel wird das Streuverhalten eines pH-Wertes (Variable „ph“, sog. Prozessvariable) im Herstellungsprozess über die Zeit hinweg (Variable „time“) untersucht. Als Sigma sind 3 Sigma eingestellt (vgl. den Hinweis in der Diagrammlegende “Sigmastufe: 3“).

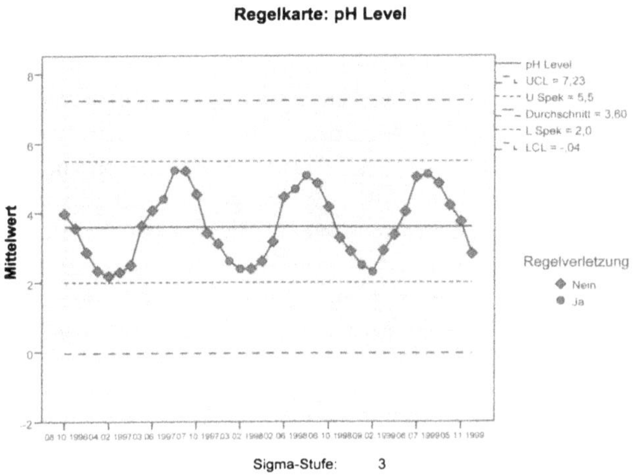


```
SPCHART
/XR=ph BY time
/STATISTICS=
CP CPU CPL K CPM
CZOUT PP PPU PPL
PPM PZOUT AZOUT
/CAPSIGMA=RBAR
/RULES=ALL
/SIGMAS=3
/USL=5.5
/LSL=2.0
/TARGET=5.0
/MINSAMPLE=2.
```

Die Prozedur SPCHART gibt für den Unterbefehl XR zusammen mit RBAR eigentlich zwei Diagramme aus, ein X-Quer-Diagramm für den Mittelwert der verschiedenen Stichproben (siehe oben) und ein R-Diagramm für deren Bereich (nicht dargestellt, ebenfalls nicht die diversen Statistiken). Seit SPSS 15 können Regelkarten um besondere Regeln zur Überprüfung der Messreihen auf auffällige Werte erweitert werden. Mit der Option RULES können nun Regeln für Regelkarten definiert werden, mit denen unkompliziert Punkte identifiziert werden können, die außer statistischer Kontrolle sind. Verstösst ein Punkt gegen eine oder mehrere Regeln (z.B. größer als +3 Sigmas), wird er in einer Regelkarte in einer anderen Farbe und mit einem anderen Symbol dargestellt. Im Beispiel verstoßen die Daten gegen die Regeln „6 Punkte in einer Reihe mit Aufwärtstrend“, sowie „6 Punkte in einer Reihe mit Abwärtstrend“. Für Details wird auf die SPSS Command Syntax Reference verwiesen.

Dem Diagramm für den Mittelwert (X-Quer-Diagramm für die Lage) können folgende Informationen entnommen werden: Bei 3,60 verläuft der ermittelte Durchschnitt der Messwertreihe („pH Level“) auf der Basis der jeweiligen Mittelwerte der verschiedenen Stichproben (Mindestgröße: 2). Das ermittelte UCL (obere Konfidenzgrenze) verläuft bei 7,23. Das ermittelte LCL (untere Konfidenzgrenze) verläuft bei -0,04. Als obere bzw. untere Interventionsschwellen sind 5,5 bzw. 2,0 angegeben (siehe „U Spek“ bzw. „L Spek“). Der Prozess verläuft innerhalb der angegebenen Interventionsgrenzen (es liegen somit keine auffälligen Ausreißer vor) und befindet sich somit allgemein innerhalb statistischer Kontrolle. Auffällig sind jedoch die periodischen Schwankungen, deren sachliche Klärung sicher zur Optimierung der Prozessqualität beiträgt.

Die Arbeit mit Regelkarten stellt diverse Voraussetzungen an Prozess und Daten (z.B. Anzahl der Proben, Normalverteilung, angemessene Toleranzen), auf die an dieser Stelle nicht eingegangen werden kann. Grundsätzlich sollten jedoch zwei Regelkarten angefordert werden, eine Lage- und eine Streukarte, um differenzierte Informationen über systematische Lage- oder Streuungsvariationen erlangen zu können.

7.3.4 Identifikation über Diagramme

Grafische Verfahren gelten als notwendig und hilfreich als erste Screening-Verfahren. Sie enthalten im Gegensatz zu Maßen und Tests selten Annahmen über Verteilungen bzw. Annahmen über Verteilungen, die diese Ausreißer verursacht haben könnten. Was aber konstruktiv gesehen dann ein Vorteil sein kann, wenn z.B. zuverlässige Verteilungsannahmen über die (nichttransfomierten) Daten fehlen (sofern man bei der Interpretation nicht allzu sehr von seinen eigenen Erwartungen geleitet wird) oder wenn bei der Ermittlung der diversen Maße (z.B. M-Schätzer usw.; Barnett & Lewis, Kap. 7.2.) oder Teststatistiken (Kap. 7.3.1–7.3.5.) die diversen Voraussetzungen (z.B. multivariate Verteilungsform) nicht gegeben oder unklar sind.

Eine grafische Analyse multivariater Daten hat jedoch wahrnehmungspsychologisch, wie auch ausreißerkonzeptionell ihre Grenzen. Man kann nicht wie bei einer bivariaten Analyse die Daten überschaubar auf maximal zwei Dimensionen ordnen und dann sagen, „hier liegt ein Punkt besonders weit von den anderen entfernt." Eine grafische Analyse kann multivariaten Daten nicht ohne weiteres eine zuverlässige Ordnung und Struktur bieten, woran sich direkt das Problem anschließt, dass somit auf diese Weise eine Definition der Art und des Ausmaßes des multivariaten „Ausreißerseins" schwierig ist (z.B. über Konzepte wie „Extreme" oder „Distanz"). Hinzukommt, dass bei multivariaten Daten auch zwischen Ausreißern und einflussreichen Beobachtungen unterschieden werden muss. Einflussreiche Beobachtungen können die Schätzung von Parametern verzerren, ohne selbst Ausreißer zu sein. Auch für multivariate Ausreißer stellt die Statistik verschiedene Diagrammtypen für die graphische Exploration bereit. Andrew's Plots bieten nach Barnett & Lewis (1994, 308–309) interessante Möglichkeiten für die multivariate Identifikation von Ausreißern.

In SPSS sind nur wenige Typen multidimensionaler Grafiken implementiert. Mit multivariat ist gemeint, dass graphisch mehrere (n) Dimensionen gleichzeitig wiedergegeben werden können. Ein Punkt setzt sich in einem mehrdimensionalen Raum aus n Koordinaten zusammen. Mehrere Dimensionen sind also nicht mit der einfachen Anzeige mehrerer Variablen in einem univariaten Diagramm zu verwechseln, z.B. in einem multivariaten Boxplot.
Ein klassisches Beispiel für ein mehrdimensionales Diagramm ist das bivariate Streudiagramm. Das bivariate Streudiagramm zeigt, wie der Name schon sagt, zwei Dimensionen gleichzeitig an. Ein Datenpunkt setzt sich dabei aus zwei Koordinaten zusammen, üblicherweise Wertenpaaren der x- und y-Achsen.

```
GRAPH
/SCATTERPLOT(BIVAR)
    = Leukozyten WITH
      Thrombozyten
  /MISSING=LISTWISE
  /TITLE= 'Bivariate
Exploration'.
```

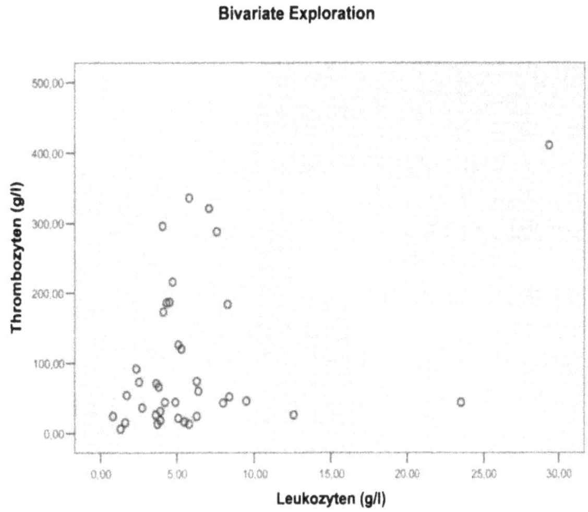

Ein oder mehrere Ausreißer sind immer daran zu erkennen, dass sie räumlich von den anderen Werten entfernt liegen, z.B. die beiden Werte oben bzw. unten rechts.

Anhand eines bivariaten Streudiagramms können Ausreißer anhand dreier regressionsanalytischer Einflusskriterien beschrieben werden (Hebel, Diskrepanz, Einfluss, vgl. 7.3.1.):

- **Hebel** (leverage): Ein Fall (Ausreißer) hat dann eine große Hebelwirkung, wenn er räumlich weit entfernt vom Zentrum (Mittelwert, Zentroiden) der restlichen Verteilung liegt, unabhängig davon, in welcher Richtung. Eine Hebelstatistik ist u.a. die Mahalanobis-Distanz.
- **Diskrepanz** (discrepancy): Ein Fall (Ausreißer) hat dann eine große Diskrepanz, wenn er weit abgelegen neben der (linearen) Verteilung der übrigen Werte liegt. Eine Diskrepanz-Statistik ist u.a. das Residuum.
- **Einfluss** (influence): Einfluss ist eine Folge von Hebel und Diskrepanz. Ist von Hebel und Diskrepanz mind. eine Größe eher gering, so ist auch der Einfluss eher gering. Sind Hebel und Diskrepanz jew. groß, so ist auch der Einfluss des Falles groß. Einfluss-Statistiken sind u.a. die Cook-Distanz, DfFit und DBeta.

Ein einzelner Fall hat somit immer zugleich eine Hebelwirkung, eine Diskrepanz und einen Einfluss (vgl. auch Cohen et al., 2003, 406ff.). Der Wert oben rechts liegt z.B. weit vom Zentrum (Mittelwert) der Verteilung entfernt; er hat somit eine große Hebelwirkung. Wird der Einfachheit halber unterstellt, dass die lineare Verteilung in etwa von links unten nach rechts oben (linkes Drittel) verläuft, dann liegt dieser Wert auch weitab von der Verteilung der übrigen Werte und weist somit eine hohe Diskrepanz auf. Weil der Wert sowohl eine große Hebelwirkung, wie auch eine große Diskrepanz aufweist, besitzt er somit auch einen großen Einfluss.

SPSS bietet jedoch auch ein echtes mehrdimensionales Streudiagramm an. Mittels eines zweiten WITH kann ein dreidimensionales Streudiagramm angefordert werden. Ein Datenpunkt setzt sich dabei aus drei Koordinaten zusammen, in diesem Fall Wertetripeln der x-, y- und z-Achsen.

```
GRAPH
/SCATTERPLOT(BIVAR)=
Leukozyten WITH
Thrombozyten
     WITH pO2
/MISSING=LISTWISE
/TITLE=
'Dreidimensionale
Exploration'.
```

Dreidimensionale Exploration

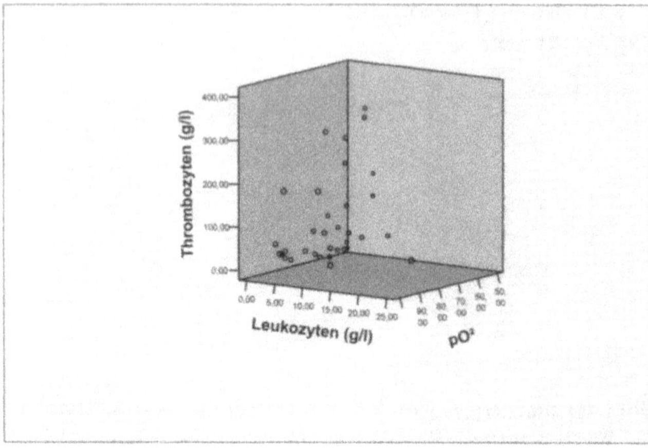

Bei 3dimensionalen Diagrammen ist das „Lesen" der Verteilungen schwieriger. Die 2dimensionale Wiedergabe (z.B. auf Papier) 3dimensionaler Verteilungen verführt das Auge, Verteilungen so wahrzunehmen, wie man sie gerne sehen würde. Um solchen impliziten interpretatorischen Verführungen zu begegnen, ist es z.B. empfehlenswert, die Variablen auf den x-, y- und z-Achsen des Kubus durchzurotieren, also z.B. Variable A zunächst auf der x-Achse anzuzeigen, im nächsten Diagramm dann auf der y-Achse usw. Man hat so die Möglichkeit, ein und dieselbe Verteilung „aus mehreren Blickwinkeln" betrachten zu können.

Dreidimensionale Exploration - 2

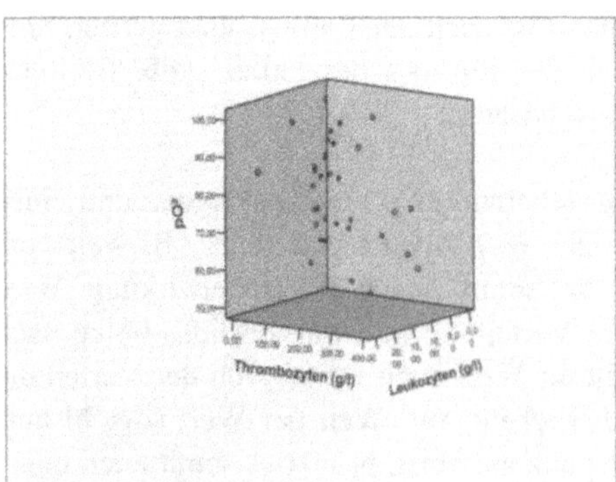

Dreidimensionale Exploration - 3

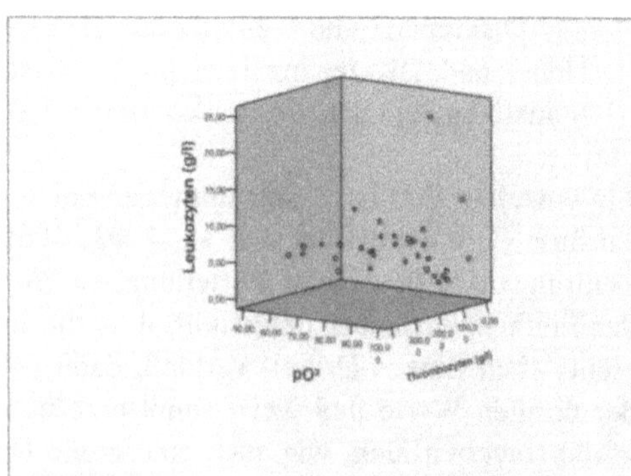

Im Diagramm "Dreidimensionale Exploration – 3" fallen dann im Bereich rechts-oben und rechts-mitte Wertekombinationen auf, die so den anderen beiden Diagrammen nur schwer

bzw. nicht entnommen werden konnten. Weil diese Werte räumlich von den anderen entfernt liegen, sind diese (in diesem Falle) 3dimensionale Ausreißer.
SPSS bietet für multivariate Verfahren weitere mehrdimensionale Diagramme an, z.B. die Territorien bzw. Gebietskarten der Diskriminanzanalyse oder auch die Achsendarstellung für die Faktorenanalyse. Das Grundprinzip ist jedoch dasselbe: Die Anzeige multivariater Wertekombinationen (je nach Ansatz auf der Basis von z.B. Beobachtungen, Diskriminanz- oder Ladungswerten) im n-dimensionalen Raum. Die Statistik bietet für die multivariate Ausreißeranalyse viele weitere Verfahren an, die jedoch außer dem graphischen Design und mathematischen Transformationen auf demselben Prinzip aufbauen und daher nicht weiter vorgestellt werden sollen (vgl. z.B. Schnell, 1994, v.a. Kap. 11.3).

Abschließend ist zu den bislang vorgestellten mehrdimensionalen Diagrammen zu sagen, dass das vorgestellte Beispiel auf ausschließlich intervallskalierten Daten basiert. Die grundlegende Vorgehensweise kann auch für ordinal bis (mit gewissen Einschränkungen) hinunter zu kategorial (nominal) skalierten Daten durchgeführt werden. Im folgenden Beispiel sind z.B. auf der x-Achse Leukozytenwerte abgetragen und auf der y-Achse eine 0- bzw. 1-Kodierung für das Geschlecht.

```
GRAPH
/SCATTERPLOT
(BIVAR)=Leukozyten
WITH Gender
MISSING=LISTWISE
/TITLE= 'Bivariate
Exploration -
Inkl. einer Kate-
gorialvariablen'.
```

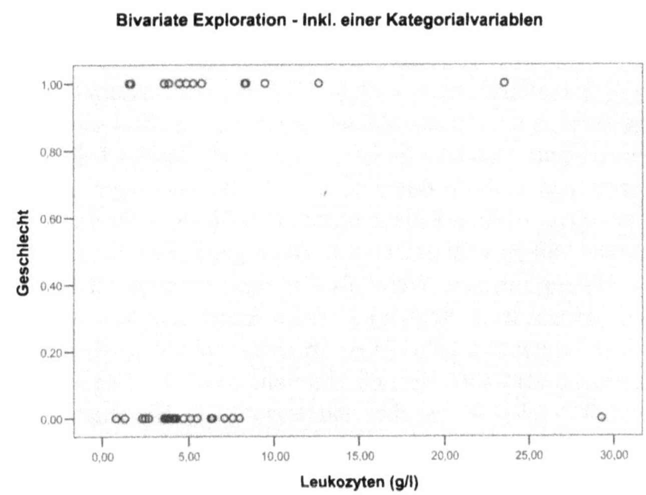

In diesem Diagramm ist deutlich zu erkennen, dass die 0-Werte (für männlich) stärker streuen als die 1-Werte (für weiblich). Bei den 0-Kodes (für männlich) tritt ein einziger und deutlicher Ausreißer in Höhe von ca. 30 auf; alle weiteren Werte liegen dicht beieinander. Bei den 1-Kodes (für weiblich) tritt ein ähnlich deutlicher Ausreißer in Höhe von ca. 25 auf, dazu liegen einige stärker abweichende Werte zwischen 10 und 15 vor.
Bei mehr als zwei kategorial (nominal) skalierten Variablen stösst die graphisch basierte Ausreißeranalyse in SPSS an ihre Grenzen und geht konzeptionell gesehen auch in die Analyse qualitativer Daten über, die in diesem Buch wie bereits angekündigt in der Einheit zur eher inhaltlich geleiteten Plausibilitätsanalyse vorgestellt wird.

7.4 Ursachenforschung: Ausreißer oder nicht?

Die möglichen Ursachen für quantitative oder auch qualitative Ausreißer reichen von der konkreten Wiedergabe empirischer Realität, Sampling-Fehlern über falsches Datenmanagement bis hin zu Fehlern in Analysen oder auch Softwareprogrammen. Mit der Ausnahme „richtiger" Ausreißer i.S.v. korrekter Reflexion empirischer Realität gelten im Prinzip alle anderen Ausreißervarianten als fehlerhafte Werte. Die nachfolgende Beispielen meinen mit Ausreißern vorrangig Beobachtungswerte bzw. generell fehlerhafte Werte. Von „Beobachtung"swerten kann man auch nur schlecht sprechen, wenn man sich z.B. aufgrund technischer Defekte Datenfehler einhandelt. Gütemaße für Modelle oder Schätzungen, z.B. Residuen oder Standardabweichungen, werden nur gestreift.

Auffällige Werte als Reflexion empirischer Realität

Eine allererste Interpretationsmöglichkeit kann sein, dass es sich bei Ausreißern um (z.B.) in numerischer Form repräsentierte und korrekt wiedergegebene empirische Realität handelt. Das einführende Beispiel mit den Hochwasserpegeln sollte dabei herausheben, dass die absoluten Ausprägungen eines „Ausreißer" einerseits immer auch relativ zu den raumzeitlich verorteten Erwartungen („Frame") stehen (ein Nichtbeachten könnte einen Bias in Richtung eines Sampling-Fehlers einführen). Ein Hochwasserrekord unterscheidet z.B. deutlich von den anderen Pegelständen eines Jahres, aber nicht notwendigerweise von anderen Hochwasserrekorden. Andererseits ist zu bedenken, dass sich die empirische Realität ändern kann; würde man z.B. ein durch globale Klimaänderungen verursachtes konstantes Hochwasser annehmen, so würden die täglichen Pegeldaten nicht mehr als etwas Besonderes, sondern als (veränderte) Realität erscheinen. Beim generellen Vergleich von Daten und damit auch von Ausreißern gilt, dass Werte als Reflexion empirischer Realität immer ihren Kontext haben, die diesen Wert aufwerten oder auch relativieren können. Die Spitzengeschwindigkeiten der ersten Rennwagen galten z.B. für ihren technologischen Kontext, sind aber nicht mehr auf den Stand der Fahrzeug- und Motorentechnik der Gegenwart übertragbar. Dasselbe gilt auch für den Bereich der Psycho- und Soziometrie. Ein langes Lebensalter in der Neuzeit hat z.B. einen völlig anderen Kontext wie dasselbe Lebensalter während des Mittelalters, z.B. aufgrund einer im besseren medizinischen Prophylaxe (Hygiene, Impfungen). Ein hoher IQ zu Anfang des 20.Jahrhunderts hat z.B. eine völlig andere Bedeutung als derselbe IQ (mit demselben Instrument) im 21.Jahrhundert, weil der Lernkontext für die individuelle Weiterbildung durch Computer und Internet zwischenzeitlich regelrecht revolutioniert wurde.

Sampling (externe Fehlerquelle):

Beispiel: Anstelle von jungen Personen wurden versehentlich auch ältere Personen in die Stichprobe einbezogen, was in der Analyse mind. die Werte der Variablen „Alter" verzerrt.

Diese Variante des Sampling-Fehlers verursacht einen „Ausreißer, der durch einen Sampling-Fehler verursacht wurde. Dieser Ausreißer ist ein falscher Wert.

Ein völlig anders gelagertes Problem liegt vor, wenn die Person tats. aus der zu untersuchenden Stichprobe stammt, aber dennoch „extrem auffällige" Werte aufweist. Diese Ausreißer-Variante hat somit einen „richtigen" Wert als Ausreißer, es liegt jedoch kein Sampling-

Fehler vor. Eine erste Ursache dieses Problems kann z.B. der „Frame“ sein, z.B. die zum Urteil „extrem auffällig“ führende theoretische Modellverteilung. Möglich wäre, dass z.B. die Normalverteilung als „Frame“ nicht der empirischen Verteilung des Merkmals angemessen ist, in der dieser Ausreißer aufgetreten ist. Diese Fehlervariante wäre die der Art der Referenzverteilung. Bei Stichproben (v.a. je kleiner sie sind), sind solche Fehler oft auch Folgen von Sampling-Fehlern, die durch zusätzliche Erhebungen u.U. kompensiert werden können. Bei Vollerhebungen kann man jedoch nicht notwendigerweise von Sampling-Fehlern ausgehen.

Dateneingabe (externe Fehlerquelle):
Beispiel: Anstelle der Altersangabe für „18“ für einen jungen Menschen wurde versehentlich der Wert „81“ eingegeben.
Das Problem bei der Dateneingabe ist, dass nur Ausreißer sofort als falsche Werte auffallen; Werte, die sich innerhalb eines plausiblen Ranges befinden, können univariat nicht ohne weiteres als Fehler identifiziert werden, unter Umständen jedoch als multivariate Ausreißer. Werden z.B. Kodierungen für verschiedene Krebstherapien mit unterschiedlich starken Nebenwirkungen vergeben, fällt bei der Datenkontrolle kaum auf, ob formal evtl. anstelle einer „1“ eine „3“ vergeben wurde; bei der Analyse könnte es aber *semantisch* sehr wohl zu Problemen führen. Wenn z.B. die „1“ für Chemotherapie und die „3“ für eine Misteltherapie steht, werden Personen mit den eher starken Nebenwirkungen der Chemotherapie der Teilstichprobe der Misteltherapie zugewiesen, was mindestens dazu führt, dass die Trennbarkeit dieser beiden Gruppen abnimmt und somit die Effekte der Therapien nicht mehr eindeutig bestimmbar sind.

Fehlerhaftes Datenmanagement (interne/externe Fehlerquellen):
Im Bereich des Datenmanagements können zahlreiche Fehler auftauchen. Generell sind diese Ursachen der Variante des Logikfehlers zuzuordnen. Ein Programm setzt zwar die Aufgaben so um, wie sie vorgegeben wurden, jedoch sind diese Vorgaben bereits von der Ausgangslogik her falsch (dazu gehört auch die u.a. Variante des Softwarefehlers).

Beispiele:
Berechnen eines Mittelwerts, obwohl die Daten bimodal streuen. Der Mittelwert ist zwar arithmetisch richtig, repräsentiert jedoch nicht die empirische Realität.
Versehentliches Nichtübergeben von Kodes für anwenderdefinierte Missings an die Analysesoftware. Eine Folge kann sein, dass solche Kodes, wie z.B. „9999“, unentdeckt als reale Werte in die Analyse einfließen und die Ergebnisse völlig verfälschen.
Ausreißer können z.B. bei der fehlerhaften Berechnung v.a. von psychometrischen Skalen auftreten, wenn z.B. nicht konform zu den Auswertungsmanualen analysiert wird, oder wenn man z.B. den eingangs vorgestellten klassisch Fehler bei der Berechnung von z.B. Prozentwerten begeht, wenn z.B. nicht durch einen um die Anzahl der Missings korrigierten Nenner dividiert wird.
Daten-Transformationen sind eine häufige Ursache für Ausreißer. Einsteigern in das Datenmanagement wird empfohlen, Transformationen zur Sicherheit von Hand oder auf einem anderen Analysesystem gegenzuprüfen.

Modell-Fehler (interne/externe Fehlerquelle):
Zahlreiche Analysen erlauben es, Modellparameter als Werte in externen Datensätzen abzuspeichern. Ausreißer in z.B. Standardabweichungen können dadurch entstehen, dass die Spezifikation des analysierten Modells nicht korrekt ist (dies gilt für die Residuenanalyse generell). Auffällige Standardabweichungen sind z.B. ein Kennzeichen einer suboptimalen Modellspezifikation bei der binären logistischen Regression. Werden solche „Warnsignale" nicht beachtet, droht die voreilige Veröffentlichung von unzuverlässigen Ergebnissen.

Softwarefehler (interne Fehlerquelle):
Viele Anwender gehen davon aus, dass die verwendete Software zuverlässig ist. Dieser Vertrauensvorschuss ist nicht gerechtfertigt. Alle großen Analysesysteme haben ihre Fehler. Diese Fehler sind bei ihrer Komplexität und der modular unterschiedlichen Entwicklungsgeschwindigkeit unvermeidlich; sie sind jedoch unterschiedlich gut dokumentiert. Ausreißer können also z.B. auch dadurch entstehen, dass die Software durch ein unkontrolliertes „Eigenleben" diese fehlerhaften Werte verursacht. Diese Möglichkeit sollte v.a. dann berücksichtigt werden, wenn die Daten aus Datenhaltungen Dritter stammen. Im Prinzip sollte jeder Anwender prüfen, ob zur gerade angewandten Prozedur ein Fehler und die dazugehörige Lösung (work-around) dokumentiert sind. Dass kein Fehler bekannt ist, bedeutet nicht, dass kein Fehler existiert.
Mehrere Softwarefehler verursachten z.B. im Jahr 2005 sehr viel Unmut gegenüber der Bundesagentur für Arbeit. Eine erste größere „Computerpanne" führte Anfang 2005 dazu, dass von (damals) 2,8 Millionen Hartz-IV-Betroffenen bundesweit ca. 5% Prozent ihr Arbeitslosengeld II (ALG) nicht pünktlich zum 1. Januar erhielten (Beikler, 2005). Ein weiterer Softwarefehler führte im August desselben Jahrs in mehreren hunderttausend Fällen zu falschen Krankenkassenmeldungen (u.a. Anmeldungen, Abmeldungen) von Arbeitslosengeld-II-Empfängern (HEISE online news, 2005). Ähnlich unbeliebt machte sich im Jahr 2007 das britische Finanzamt. Der britische Rechnungshof (National Audit Office, NAO) fand heraus, dass sich die Finzanzämter im Jahr 2006 mehr als 1,6 Millionen mal verrechnet hatten und ca. 1,04 Milionen mal falsche Zahlungen veranlasst hatten. Aufgrund von Bearbeitungsfehlern seien insgesamt 157 Millionen Britische Pfund zu viel und 125 Millionen zu wenig ausgezahlt worden. Diese Fehler waren für beide Seiten mehr als ärgerlich: Die britischen Steuerzahler mussten viel Zeit und Mühe aufbringen, um alles wieder richtig zu stellen (Atherton, 2007). Die britischen Finanzämter hatten im Vorfeld mehr Befugnisse angestrebt, z.B. eigenmächtig Steuern eintreiben zu können. Nach Veröffentlichung des NAO-Reports wurde allerdings gefordert, Steuerzahler besser vor dem Finanzamt zu schützen. Solche Software- bzw. Verarbeitungsfehler gehören zu den sog. processing errors (vgl. 19.1.).

7.5 Das Umgehen mit Ausreißern

Wie kann nun mit Ausreißern umgegangen werden? Diese Frage ist nicht einfach zu beantworten. Die Umgangsweise hängt davon ab, wie die Ausreißer entstanden sind (s.o.). Von pauschalem oder sogar automatisiertem Vorgehen kann nur abgeraten werden, erst recht, wenn dieses unprotokolliert bzw. undokumentiert ablaufen soll. Man muss sich vor Augen halten, dass bereits die Unterscheidung in „reale“ Ausreißer und durch Fehler bedingte Ausreißer auch eine differenzierte Vorgehensweise erforderlich macht.

- Ausreißer können in der Analyse verbleiben, wenn es sich um „reale“ Ausreißer handelt. Ggf. müssen die erwartungsgeleiteten Fragestellungen bzw. ausgewählten Verfahren und Maße daraufhin überprüft werden, inwieweit sie mit den Besonderheiten der festgestellten Ausreißer umgehen können (Robustheit). Ein Mittelwert als Lokationsmaß müsste z.B. durch ein robusteres Maß ersetzt werden (z.B. durch einen M-Schätzer, s.o.). Eine weitere Strategie wäre, den Stichprobenumfang zu erhöhen. Kleine (nichtrepräsentative) Stichproben sind anfälliger für Ausreißer als große (repräsentative) Stichproben.
- Ausreißer können durch die richtigen Werte ersetzt werden, sofern es sich um „falsche“, also durch fehlerhafte Werte verursachte Ausreißer handelt. Ausreißer sind nur dann durch andere Werte zu ersetzen, wenn man sich sicher ist, dass es wirklich die richtigen sind (z.B. über Fragebögen, Dokumentation, Syntax, Metadaten, logische Herleitung, usw.).
- Ausreißer können über Schätzwerte ersetzt werden, z.B. ermittelt über RMV, MVA, Hot deck- oder andere Verfahren. Bei diesen Verfahren ist zu beachten, dass kein Bias eingeführt wird.
- Ausreißer können über festgelegte Werte ersetzt werden. Ausreißer über einem bestimmten Grenzwert werden oft auf einen Wert unterhalb dieser Grenze gesetzt, um damit bestimmte Verfahrensvoraussetzungen einzuhalten. Für geldwerte Daten, aber auch alle anderen Informationsarten, wäre vorher sorgfältig abzuwägen, ob dieses Vorgehen den Verzicht auf den Wert dieser Information rechtfertigt.
- Ausreißer können über eine Kodierung gebündelt werden, d.h. die weitere Analyse erfolgt nicht mehr über den Ausreißer-Wert, sondern die Zugehörigkeit zu einer bestimmten Gruppe. Dieser Ansatz ist natürlich nur dann sinnvoll, wenn die bündelnde Kodierung möglich bzw. überhaupt der Fragestellung der Analyse angemessen ist.
- Ausreißer können ausnahmslos gelöscht werden. Indem alle Ausreißer gelöscht werden, wird auch ihr Einfluss völlig eliminiert. Wichtig ist darauf zu achten, dass sich die Ausreißer zufällig verteilen und einen geringen (idealerweise univariaten) Anteil haben. Bei multivariaten Ansätzen ist darauf zu achten, dass sich Ausreißer nicht auf relevante Prädiktoren (z.B. bei der multiplen Regression) bzw. die Prädiktoren für das seltenere Zielereignis konzentrieren, z.B. bei der binären logistischen bzw. der Poisson-Regression. Der Preis des Löschens von Ausreißern ist, dass mit dem Stichprobenumfang auch die Power von Verfahren verringert wird.
- Ausreißer können reduziert werden. Indem z.B. nicht alle Werte gelöscht werden, sondern nur Werte außerhalb eines bestimmten Ranges, wird der Einfluss von Ausreißern nicht völlig eliminiert, sondern nur reduziert. Die Power von Verfahren wird dadurch weniger verringert als durch das ausnahmslose Löschen von Werten. Übliche Ranges sind z.B. der Median +/- 4MAD, der Mittelwert +/- 2Sigmas, oder auch der sog. α%-getrimmte Mittelwert. Zu beachten ist hier, dass je nach Definition des Ranges u.U. eine unterschiedliche Anzahl an Ausreißern identifiziert und eliminiert wird. Der Moses-Test auf extreme Reaktionen überprüft z.B., ob Extremwerte in der experimentellen Gruppe die Spannweite beeinflussen und führt standardmäßig einmal einen Vergleich mit einer

beobachteten und einmal einen Vergleich mit einer um Ausreißer getrimmten Kontrollgruppe durch. Je nach Definition des prozentualen Anteils bzw. absoluten Anzahl an Ausreißern kommt dieser Test u.U. zu einem anderen Ergebnis.

Bei allen Verfahrensvarianten, außer wenn an den Daten bzw. Werten überhaupt nichts geändert wird, sollte ein komparativer Ansatz gewählt werden, um den Effekt des Löschens, Reduzierens, oder auch Ersetzens usw. von Ausreißern abschätzen zu können. Diese Verfahrensweisen gelten mit wenigen Ausnahmen auch für qualitative Ausreißer, insbesondere, wenn diese numerisch (kodiert) vorliegen. Die eigentliche Überprüfung auf die Korrektheit qualitativer Ausreißer wird im folgenden Abschnitt zur Plausibilität behandelt.

8 Plausibilität

Qualitative und quantitative Ansätze

Das Prüfen auf Plausibilität setzt das Einhalten *aller* bislang vorgestellten Kriterien voraus. Für alle bislang vorgestellten Kriterien gilt, dass Fehler zum Zeitpunkt einer Analyse auf jeden Fall nichts mehr im Datensatz verloren haben. Die Identifikation ihrer Ursache ist dabei zentral (vgl. dazu das Kapitel zu den Missings). Es ist von grundlegender Bedeutung, ob diese Fehler durch absichtliche Falschangaben der Datenlieferer (z.B. Untersuchungsteilnehmer), die Dateneingabe, -migration oder anderes entstanden sind. Die Art der Fehlerursache bzw. -quelle entscheidet über Ausmaß, Systematik und auch (systematische) Korrigierbarkeit und damit der Gewährleistung von Plausibilität.

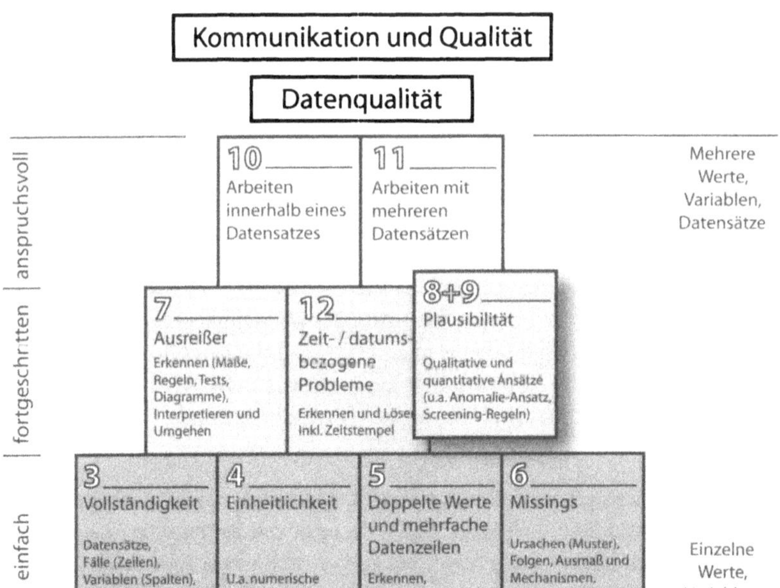

Sollten die zu prüfenden Daten auch Zeit- bzw. Datumsvariablen enthalten, so sind diese *vorher* mittels Kapitel 12 auch auf *zeit- bzw. datumsbezogene* Plausibilität zu prüfen. Wie der Abbildung zu entnehmen ist, wird das Kriterium der Plausibilität durch zwei Kapitel repräsentiert. Das inhaltlich Gemeinsame der Kapitel 8 und 9 ist damit das Kriterium der Plausibilität; das formell Gemeinsame dieser beiden Kapitel ist, dass die Operationen an nur einem Datensatz vorgenommen werden. Kapitel 8 führt dabei in das Grundprinzip ein und stellt zunächst einfache (pragmatische, logische Ansätze) vor, anschließend den multivariaten Anomalie-Ansatz. Das Kapitel 9 stellt den Einsatz deutlich anspruchsvollerer, aber ggf. nur einmalig zu programmierender Screening-Regeln vor.

Der nächste Abschnitt wird zunächst das Konzept der Plausibilität vorstellen. Dazu werden Prüfansätze, Prüfmittel, sowie drei Prüfphasen und ihre spezifischen Ergebnisattribute vorgestellt. Die in den Kapiteln 3 bis 7 (ggf. Kapitel 12) vorgestellten Kriterien der Datenqualität werden unterschiedlichen „Graden" von Plausibilität zugeordnet.

8.1 Formales und inhaltliches Vorgehen

Auch wenn es zunächst widersprüchlich zu sein scheint: Das rein *inhaltlich* anmutende Kriterium „Plausibilität" hat auch *formelle* Eigenschaften, die zu erfüllen sind. Dieser Abschnitt wird die in den früheren Kapiteln vorgestellten Kriterien für Datenqualität so ordnen, so dass diese, aus einem anderen Blickwinkel, unterschiedliche „Grade" von „Plausibilität" bilden. Als plausibel sind letztlich Daten definiert, die external und internal korrekt sind und innerhalb eines theoriegeleiteten Rahmens („frame") inhaltlich plausibel sind. In einer ersten Phase werden für das Überprüfen der externen formalen Korrektheit v.a. die Kriterien Vollständigkeit, Doppelte bzw. Missings herangezogen. In einer zweiten Phase werden für das Überprüfen auf interne formale Korrektheit v.a. die Kriterien Einheitlichkeit bzw. Ausreißer herangezogen. – Haben Sie Ihre Daten anhand der Kriterien aus den Kapiteln 3 bis 7 (ggf. Kapitel 12) überprüft und korrigiert, so haben Ihre Daten bereits zwei Phasen durchlaufen und weisen bereits den Grad „intern formal korrekt" auf (dieser Begriff soll ausdrücklich von „inhaltlich plausibel" abgrenzen). – In der dritten Phase wird die „eigentliche" inhaltliche Plausibilität überprüft; dazu können die nachfolgend bzw. in den Kapiteln 9 und 12 vorgestellten Ansätze und Verfahren verwendet werden. Letztere entsprechen notwendigerweise nicht den „üblichen" Hypothesentests, bei denen Erwartungen über (unangemessene) Daten entscheiden; im Gegenteil, Daten können durchaus auch über (unangemessene) Erwartungen entscheiden. Bei der Prüfung inhaltlicher Plausibilität kann ein gesunder Menschenverstand mit Mut zum kritischen Infragestellen ein regel(ge)rechter Türöffner sein.

I.Prüfansätze:
Daten haben immer zugleich inhaltliche, wie auch formelle Merkmale. Für die Überprüfung und Gewährleistung der Datenqualität innerhalb eines Datensatzes leiten sich daher zwei Ansätze ab, die eines gemeinsam haben: Beide Ansätze folgen Kriterien, die vor der Durchführung der Prüfung explizit formuliert werden (wie auch Strategien für den Fall, wie mit fehlerhaften Daten umzugehen ist).
Das *inhaltliche* Vorgehen orientiert sich an inhaltlichen Kriterien und legt fest, welche inhaltlichen Voraussetzungen von den Daten erfüllt werden müssen, um als plausibel und valide zu gelten. Das *formale* Vorgehen orientiert sich an formalen Maßstäben und legt die formalen Voraussetzungen für die Daten fest, um als plausibel und valide gelten zu können.

Das formale Vorgehen geht dem inhaltlichen Vorgehen oft voran; realiter ergänzen beide Vorgehensweisen einander: Formale Plausibilität nützt nur bei einer gleichzeitigen inhaltlichen Plausibilität, inhaltliche Plausibilität nützt nur bei einer gleichzeitigen formalen Plausibilität. Bei anspruchsvollen Anwendungen ist eine gewisse Iterativität unverzichtbar; dort folgt auf eine inhaltliche Prüfung wieder eine formelle Prüfung usw.

II.Prüfmittel: Prüf- und Analysevariablen

Beide Ansätze stimmen darin überein, dass bei dem Abgleich der Plausibilität von Variablen *immer* mind. zwei Variablen vorliegen müssen. Die zu prüfende Variable ist die sog. Analysevariable („Analyse" in diesem Kontext i.S.v. Plausibilitätsanalyse bzw. -prüfung). Eine zweite Variable dient als sog. Prüfvariable; mit dieser wird überprüft, ob die Werte in der Analysevariable als plausibel gelten können. Die Prüfvariable muss nicht notwendigerweise im Datensatz selbst vorkommen; sie kann auch in der Projektdokumentation, im Studienprotokoll oder auch in anderen Materialien enthalten sein. Bei ausschließlich in einer Datenhaltung enthaltenen Variablen kann man sonst in einen fragwürdigen Teufelskreis geraten, der durchaus so enden kann, dass die eigentliche Analysevariable als Außenkriterium für das Prüfen der Prüfvariablen herhalten muss. Eine weitere Möglichkeit wäre z.B., den aktiven Datensatz um weitere Variablen oder Werte zu ergänzen, entweder von Hand nachgetragen (falls es sich nur um ein paar Werte handeln sollte) oder über das Anfügen eines kompletten Datensatzes. Die Plausibilität der Prüfmaterialien bzw. –variablen selbst muss überprüft und gewährleistet sein. Die Zuverlässigkeit der Prüfvariablen ist dabei eine naheliegende und unabdingbare Voraussetzung für den Prüfvorgang. Ist die Prüfvariable als *Außenkriterium* nicht zuverlässig, so ist logischerweise auch das Ergebnis des Prüfverfahrens unbrauchbar. Eine Plausibilitätsprüfung konzentriert sich zwar auf die zentralste Variable(n) einer Analyse, die sog. Primärvariable(n), beschränkt sich üblicherweise jedoch nicht auf diese.

III.Prüfergebnisse:

Die Überprüfung der Daten entlang der Prüfschritte erfolgt in drei Phasen. Im Ergebnis wird wird entsprechend zwischen drei verschiedenen, möglicherweise leicht zu verwechselnden Datenattributen unterschieden: zwischen external formal korrekten, internal formal korrekten und plausiblen Daten.

External formal korrekt bezieht sich auf die Übernahme von Daten aus externen Datenhaltungen. Als external formal korrekt werden im Folgenden externe Daten verstanden (z.B. Angaben aus Patientenakten, Untersuchungsfragebögen, aber auch aus EXCEL-Tabellenblättern oder auch anderen Datenbanken), wenn sie formal korrekt in einen SPSS Datensatz (intern) übernommen wurden. Die formal korrekt übernommenen Angaben müssen selbst jedoch gar nicht korrekt oder plausibel sein. Die Korrektheit der übernommenen Daten wird in einem zweiten Schritt geprüft.

External formal korrekte Daten sind nicht notwendigerweise auch zuverlässige bzw. gültige Daten. Es gibt viele Ursachen für fehlerhafte Daten, von absichtlich bis versehentlich, von punktuell bis generell. – Ein Datenlieferant (Untersuchungsteilnehmer o.ä.) kann z.B. absichtlich fehlerhafte Angaben in einem Fragebogen machen. In der Hektik der Klinikpraxis können sich unabsichtlich falsche Angaben in eine Patientendokumentation einschleichen. Bestimmte Methoden, z.B. Online-Datenerfassungen, liefern unter bestimmten Umständen generell relativ *unzuverlässige* Daten dann, wenn keine Schutzvorkehrung gegen Manipulation, wie z.B. mittels Prüfregeln oder Autorisierungsmöglichkeiten, getroffen wurde. – Online-Erhebungen sind z.B. vergleichsweise leicht zu manipulieren. Im Februar 2007 musste z.B. der Fernsehsender Hamburg Eins eine Online-Umfrage zur Wahl eines Spitzenkandidaten abbrechen, weil sie offensichtlich manipuliert wurde. SPIEGEL ONLINE wurde z.B. im Frühjahr 2004 ebenfalls Opfer massiv verfälschter Abstimmungen. Der eine oder andere Leser erinnert sich evtl. noch an den regelrechten Manipulationswettbewerb zwischen Kerry- und Bush-Anhängern (Schendera, 2006, 429). – Wenn solche Daten, die eigentlich Fehler enthalten, korrekt übernommen werden, ist der übernommene Wert zunächst nur external formal korrekt (weil er ja mit dem Fehler idealerweise 100% übereinstimmt). Der übernommene Wert ist jedoch nicht plausibel, eben weil es sich um einen Fehler handelt.

Die externale formale Korrektheit ist deshalb grundlegend wichtig für eine Plausibilitätsprüfung, weil damit Fehler während der *ersten Phase*, der Phase der Übergabe an SPSS (z.B. Einlesen/Eingabe, Konvertierung, Migration) ausgeschlossen werden können. Sind die Daten im Ergebnis external formal korrekt, können sowohl die Übergabephase, wie auch die Originaldaten (z.B. Fragebögen etc.) als Fehlerquelle ausgeschlossen werden. Als external formal korrekt werden also Daten verstanden, die korrekt in einen Datensatz übernommen wurden; es ist also kein *externer* Hinweis daraufhin gegeben, dass die Glaubwürdigkeit der Daten anzuzweifeln ist. Für das Überprüfen auf externe formale Korrektheit können u.a. Verfahren für die Kriterien Vollständigkeit, Doppelte bzw. Missings herangezogen werden.

Dass Daten korrekt in eine Datenhaltung übernommen wurden, bedeutet jedoch nicht automatisch, dass diese auch fehlerfrei sind; genau betrachtet wurden ja auch Fehler korrekt übernommen. External formal korrekte Daten sind also einer zweiten Phase der Plausibilitätsprüfung zu unterziehen, ob nämlich die internen Daten formal korrekt sind.

Phase	**I. Externale formale Korrektheit**	**II. Interne formale Korrektheit** (v.a. univariat)	**III. Inhaltliche Plausibilität** (v.a. multivariat)
Vergleich	... der Datenhaltung mit externen Originaldaten.	... der Datenhaltung mit einem (Außen) Kriterium.	... der Datenhaltung mit inhaltlichen Erwartungen.
Kriterien (v.a.)	Vollständigkeit, Doppelte, Missings.	Ausreißer, Einheitlichkeit.	Inhaltl. Plausibilität.
Ergebnis	Die externen Daten einschl. Fehler sind formal korrekt übernommen.	Der Inhalt der Datenhaltung ist intern formal korrekt.	Die Daten entsprechen / widersprechen inhaltsbezogenen Erwartungen.

Bei der *zweiten Phase* werden die vorliegenden Daten mit dem Ziel der Elimination mehr oder weniger offensichtlicher Fehler überprüft. Die zweite Phase der Plausibilitätsprüfung prüft also, ob Daten **internal formal korrekt** sind. Das Ziel dieser Prüfphase ist, möglicherweise (jedoch i.S. von external korrekt) übernommene Fehler identifizieren und beheben zu können. Dieses Vorgehen ist v.a. dann zu empfehlen, wenn die Zuverlässigkeit der Datenquelle (z.B. Datenlieferer, Studienteilnehmer) zweifelhaft erscheint. Das konkrete Vorgehen verläuft dabei üblicherweise von der univariaten zur multivariaten Plausibilitätsprüfung. Wenn z.B. eine Person angibt, dass sie 123 Jahre alt sei, dann ist bereits eine univariate Analyse ausreichend, um dies als Fehler zu identifizieren. Separate univariate Analysen sind jedoch üblicherweise nicht ausreichend, um Datenfehler identifizieren zu können. Würden z.B. die Angaben „Geschlecht“ „weiblich“, „Alter: 14 Jahre“, „Jahreseinkommen: 130.000 €“, „Eigene Kinder: 3“ jeweils separat betrachtet werden, so wäre daran absolut nichts Auffälliges. Anders ist es jedoch, wenn diese Angaben in ihrer Kombination ungewöhnlich sind, z.B. ein 14jähriges Mädchen mit einem Jahreseinkommen von 130.000 € und drei Kindern im Alter von 10 bis 17 Jahren. Nicht immer sind es so auffällige multivariate Ausreißer wie z.B. das eingangs vorgestellte 14jährige Mädchen mit einem Jahreseinkommen von 130.000 € und drei Kindern im Alter von 10 bis 17 Jahren. Auffällige Werte(kombinationen) müssen nicht notwendigerweise durch quantitativ hohe Werte, sondern können auch durch besondere semantische Eigenschaften auffallen (z.B. „ein Mädchen mit leiblichen Kindern, die älter sind als es selbst“). Hervorgehoben werden muss hier, dass in der zweiten Phase explizite Prüfregeln zum Einsatz kommen. Prüfregeln haben eine besondere, andere Bedeutung in der dritten Phase. Für die zweite Prüfphase lässt sich festhalten, dass die dort angewandten Prüfregeln *grob* sind, um das Vorliegen von grundsätzlichen Verstößen gegen Plausibilität auszuschließen. Für das Überprüfen auf interne formale Korrektheit können u.a. Verfahren für die Kriterien Einheitlichkeit bzw. Ausreißer herangezogen werden.

Die *dritte Phase* der Plausibilitätsprüfung ist von der zweiten Phase etwas schwieriger abzugrenzen. Der Unterschied ist eher graduell. Bei der dritten Phase werden die vermutlich korrekten Daten mit Erwartungen („frames“) abgeglichen. Dieses Vorgehen gleicht einer Art informellem Hypothesentest. Das Ziel ist jedoch nicht das Annehmen/Verwerfen von statistischen Hypothesen, sondern das **Überprüfen der inhaltlichen Plausibilität** (Widerspruchsfreiheit, Konsistenz) von Datensätzen/-haltungen. Entsprechen Daten nicht den Erwartungen, so sind sowohl die Daten, aber auch der theoriegeleitete Rahmen, d.h. der angewandte Frame zu hinterfragen. Wo liegt nun der (graduelle) Unterschied z.B. zum unter Phase zwei aufgeführten multivariaten Beispiel? Der Unterschied ist der: In Phase 2 ist man sich beim Anlegen der Prüfregel *vorher* darüber einig, welches Prüfergebnis *eindeutig falsch sein muss*: Die Theorie hinter der Prüfregel muss nicht revidiert werden: „Ein 14jähriges Mädchen *kann keine* leiblichen Kinder haben, die älter sind als es selbst“. In Phase 3 kann das Prüfergebnis jedoch *möglicherweise richtig sein*. Angewandt auf das Ozonloch-Beispiel könnte dies z.B. bedeuten: „Die Daten sind keine Ausreißer (Verwerfen der ursprünglichen Annahme, dass die Ozonkonzentration in etwa invariant ist), sondern zuverlässige Messungen einer kontinuierlichen Zunahme des antarktischen Ozonlochs (neue Annahme: die Ozonkonzentration nimmt ab).“ Auch hier werden Daten mit einem theoriegeleiteten Kriterium abgeglichen. Die Theorie hinter der Prüfregel kann (und sollte) auf jeden Fall kritisch und gründlich hinterfragt (und ggf. begründet revidiert) werden. Nicht alles, was auffällig ist, muss automatisch auch gleich inhaltlich falsch sein. Fehler können viel subtiler sein bzw. manche Auffälligkeiten sind u.U. gar keine Fehler. Wie hoffentlich am Ozonloch-Beispiel in Kapitel 7 gezeigt werden konnte, muss nicht immer ein Fehler (z.B. ein großer Anteil an Ausreißern) falsch sein, es kann auch der Interpretationsrahmen („Frame“) sein. Dieses Vorgehen ist keineswegs naiv als Wegbereiter szientistischer Willkür zu sehen, sondern im Gegenteil als rationalitätssteigerndes Handeln, als konstruktiv-kritische Wahrheitsannäherung über den

Ausschluss von Irrtümern, sei es auf Daten-, sei es auf Annahmenseite. Wissenschaftliche Theorien ändern sich, je nach aktueller Methode und Datenlage. Dies ist übrigens auch einer der wesentlichen Unterschiede zwischen echter Wissenschaft und einer Dogmenlehre: Gelangt man z.B. aufgrund neuer Daten zu dem Schluss, dass eine bisher vertretene Annahme falsch war, wird die Theorie korrigiert. Ein prominentes Beispiel ist z.B. der Physiker Stephen Hawking (z.B. 1988, 71–73), der zunächst die Auffassung vertrat, dass das Universum aus einer Urknall-Singularität („Big Bang") enstanden sei und nun davon überzeugt ist dass das Universum *nicht* aus einer Urknall-Singularität entstanden ist; vergleichbar wurden die Theorien zum Tod der Dinosaurier anhand der jeweiligen Datenlage optimiert (z.B. Gould, 2000², Kap. 11 und 12; Brockman, 1991, 108–122). McClellan & Dorn (2001, v.a. Kap. 10 und 11) und z.B. Feyerabend (1986) beschreiben, wie u.a. Denkmodelle, Methoden (u.a. Fernrohre, Mauerquadranten, exakte Protokolle) und (theoriegeleitete) Beobachtungsdaten den Übergang vom geo- zum heliozentrischen Weltbild einläuteten. Auch die Entwicklungsgeschichte der Molekularbiologie von Mendel's Pflanzenversuchen bis hin zur Genom-Entschlüsselung kann als ein Wechselspiel zwischen Theorien, Forschungsmethoden und der entsprechend gewonnen Datenlage interpretiert werden. „Beobachtung ist stets Beobachtung im Licht von Theorien." (Popper, 1971⁶, 31). Dieses Wechselspiel schritt jedoch nicht immer evolutionär i.S.e. optimierten Wissens fort, sondern beging manchmal auch Irrtümer (z.B. Schendera, 2001). Mit einem weiterführenden Hinweis auf den durchaus komplexen wissenschaftstheoretischen, sowie u.a. wissenschaftshistorischen Hintergrund (z.B. Kuhn, 1976; Albert, 1968; Popper, 1963, 1962; Feyerabend, 1986, 1980; Gould, 1983) soll die Diskussion der praktischen Plausibilitätsprüfung fortgesetzt werden.

Die hinter diesen beiden letzten Phasen stehende Strategie ist eine zu Forschungshypothesen komplementäre Prüflogik. Die „üblichen" Forschungshypothesen fragen danach, wo Unterschiede oder Zusammenhänge etc. bestehen könnten. Diese Art von Prüflogik schließt jedoch jede Möglichkeit aus, dass die festgestellten Unterschiede oder Zusammenhänge künstlich zustande gekommen sind (bei Prüfung *nach* dem eigentlichen Hypothesentest) oder noch zustande kommen werden (bei Prüfung *vor* dem eigentlichen Hypothesentest). In letzter Konsequenz versucht man dabei, auch bestätigte Hypothesen eigenhändig zu widerlegen; denn erst dann, wenn sich auf der Daten- oder Analyseebene kein Argument finden lässt, das gegen das Zustandekommen dieser Befunde spricht, haben diese Ergebnisse tatsächlich Bestand (außerdem ist es immer besser, wenn man diese Prüfung von selbst vornimmt, als wenn einem von Dritten Fehler oder Widersprüche nachgewiesen werden).
Zweckmäßig ist es jedoch, diese Überprüfungen u.a. daraufhin, wo z.B. *kein Auftreten, Unterschied oder Zusammenhang vorkommen darf*, vor dem eigentlichen Hypothesentest durchzuführen. Die Vorteile sind vielfältig: Man ist nicht versucht, aufgrund einer gewissen Ergebnisfixiertheit das Risiko einzugehen, signifikante, aber unüberprüfte Ergebnisse als valide auszugeben; und: man ist nicht enttäuscht, wenn sich die lang ersehnten Ergebnisse als Schall und Rauch entpuppen. Auf der anderen Seite bewahrt man sich die Chance, statistisch nicht signifikante Ergebnisse, die man womöglich unüberprüft „unter den Teppich gekehrt hätte", durch die Datenüberprüfung und -korrektur rechtzeitig in valide und signifikante Ergebnisse überführen zu können. Und man erspart sich Mehrarbeit; es ist durchaus möglich, dass nach den Datenkorrekturen andere Verfahren angemessener sind als die ursprünglich gewählten.

Für das Überprüfen auf inhaltliche Plausibilität können die nachfolgend vorgestellten Ansätze und Verfahren verwendet werden (vgl. auch die Kapitel 9 und 12). Das Überprüfen auf inhaltliche Plausibilität setzt im Gegensatz zu den vorangehenden Kapiteln verstärkt Sachnähe und einen engen inhaltlichen Dialog mit Auftraggebern bzw. Fachleuten voraus. Zuallererst ist immer zunächst der eigene gesunde Menschenverstand hinzuzuziehen, dann erst die Unterstützung seitens SPSS. Die folgenden fünf Beispiele mögen dies veranschaulichen.

Beispiel 1:
In einer Studie mit einem großen Anteil älterer bis sehr alter Menschen fielen mehrere Personen mit Abitur trotz einer kurzen Schulzeit auf, was aus heutiger Sicht als Widerspruch erscheint. Überprüfungen anhand der Projektdokumentation ergaben jedoch, dass es sich nicht um einen Fehler, sondern um das sog. „Kriegsabitur" handelte, ein in Kriegszeiten vorzeitig gegebenes Notabitur. Die Angaben waren also trotz ihrer Auffälligkeit internal korrekt *und* plausibel. Formell und inhaltlich liegen keine Fehler vor und mussten insofern nicht behoben werden.

Beispiel 2:
In einer Studie wurde der Brustkrebsstatus von Frauen untersucht. Die Daten waren insgesamt internal formal völlig unauffällig, bis man auf die Idee kam zu überprüfen, ob überhaupt ausschließlich Frauen im Datensatz vorkamen, da ja die Ergebnisse auch nur für Frauen gelten sollten. Tatsächlich konnte über den Rückgriff auf weitere Variablen festgestellt werden, dass auch mehrere Männer in die Brustkrebsstudie einbezogen worden waren. Die Werte in den unkorrigierten Variablen waren also internal formal unauffällig, aber zum Teil inhaltlich nicht plausibel (akzeptabel). Wären die Daten unkorrigiert in Analysen einbezogen worden, wären die formal richtigen Ergebnisse einer gemischten Stichprobe unzulässigerweise auf eine einheitliche Population generalisiert worden (ein nicht seltener Fehler). Formell liegen in diesem Beispiel keine Fehler vor; inhaltlich gesehen war der Fehler der, dass eine Studie über bzw. für Frauen auch Daten von Männern enthielt. Über das Ausfiltern von Männern konnte dieser Fehler behoben werden. Dieses Beispiel wird in Abschnitt 8.2.1.1. ausführlicher vorgestellt.

Beispiel 3:
In einer Studie zum Langzeiteffekt von Rauchen fiel beim Abgleich mehrerer Variablen (z.B. der Anzahl der Zigaretten pro Tag) eine Häufung von „99"-Werten auf. Raucher sind jedoch nicht dafür bekannt, dass sie sich auf das Rauchen von genau 99 Zigaretten am Tag konzentrieren. Die Überprüfung der Datendokumentation ergab, dass die „99"-Werte Kodierungen für fehlende Daten waren. Die Häufung von „99"-Werten entstand daher, weil von den ursprünglich Verantwortlichen vergessen wurde, die Werte als Kodierungen für anwenderdefinierte Missings an SPSS zu übergeben. Über eine explizite Definition dieser Kodes als anwenderdefinierte Missings konnte dieser Fehler behoben werden. Die ex-post Identifikation von solchen Kodes in intervallskalierten Daten hängt davon ab, inwieweit der Range der Kodierungen vom Range der Daten abweicht. Überschneiden sich beide und ist der Anteil der anwenderdefinierten Missings klein (< 5%), dürfte die ex post Identifikation der Missings (einschl. ihrer Abgrenzung von den „richtigen" 99-Werten) und des durch sie verursachten Effekts (siehe dazu den Abschnitt zu den Missings) kaum möglich sein. Die Werte in den unkorrigierten Variablen sind also formal unauffällig, weil korrekt und widerspruchs-

frei, und hinsichtlich ihrer inhaltlichen Plausibilität nur schwer beurteilbar. Das Problem in diesem Beispiel ist, dass die Fehler nur schwer oder gar nicht mehr von den korrekten Daten abgegrenzt werden können. Weitere Fehler aus dieser Raucherstudie werden in 8.2.2.2. vorgestellt.

Beispiel 4:
In einer Karzinom-Studie fielen zwei Variablen völlig aus dem Rahmen. Die Variable mit der Anzahl der positiven Lymphknoten enthielt systematisch immer mehr Fälle als die Variable mit der Anzahl der untersuchten Lymphknoten. Eine Überprüfung der ursprünglichen Patientendokumentation ergab die Ursache: Die Daten waren zwar richtig eingegeben, aber Variablennamen und -label waren in der Phase der Daten-Migration verwechselt worden. Wären diese Variablen unkorrigiert in Analysen einbezogen worden, wären die formal richtigen Ergebnisse vor dem Hintergrund des jeweils falschen Konstrukts (Lymphknoten insgesamt vs. Lymphknoten positiv) interpretiert worden. Die Werte in den unkorrigierten Variablen waren also internal formal unauffällig, weil korrekt und widerspruchsfrei, aber faktisch inhaltlich völlig unplausibel. Formell liegen in diesem Beispiel sogar zwei Fehler vor, die eine Variable wurde jeweils als die andere betrachtet. Ein korrigierendes Vertauschen von Variablennamen und -label behob diesen subtilen Fehler. Dieses Beispiel wird nochmals in Abschnitt 8.2.2.1. aufgenommen.

Beispiel 5:
Bei der Überprüfung von Zeitreihen in einem Data Warehouse eines Telekommunikationsunternehmens fiel auf, dass Verkaufszahlen auf Sonntage entfielen, obwohl dieser Vertriebskanal Sonntags gar keine Verkäufe tätigte; zusätzlich fiel auf, dass die jeweils darauffolgenden Montage Missings enthielten, obwohl hier eigentlich Verkaufszahlen zu erwarten gewesen wären. Die naheliegende Erklärung war, dass die original Verkaufsdaten fehlerhaft ins DWH aufgenommen wurden, was durch Rücksprache mit den zuständigen Technikern bestätigt und behoben werden konnte.

Jedes dieser fünf Beispiele prüfte zunächst die zentralen Variablen (Geschlecht, Zigarettenkonsum, Abitur, Tumorparameter, Verkaufszyklus). Jedes Beispiel formulierte eine oder mehrere Prüfregeln: Gibt es ein Abitur trotz einer kurzen Schulzeit? Enthält eine Studie zum Brustkrebsstatus von Frauen ausschließlich die Daten von Frauen? Konsumieren Raucher genau 99 Zigaretten am Tag? Usw. Ein gesunder Menschenverstand, Sachnähe und Dialog mit Auftraggebern bzw. Fachleuten sind unverzichtbar. Sind diese nicht gegeben, erscheint auch eine Überprüfung bzw. Analyse mittels SPSS oder anderen Werkzeugen wenig vertrauenswürdig bzw. pseudoplausibel.

8.2 Die praktische Überprüfung der Plausibilität von Daten

Die folgenden Abschnitte stellen das formale, wie auch das inhaltliche Vorgehen anhand zweier häufiger Analysesituationen vor: der Arbeit mit einem Datensatz und darin der Arbeit mit einer oder mehreren Variablen. Für die Arbeit mit mehreren Datensätzen wird eine Reihe von Tipps zusammengestellt. Die im Folgenden aus der Analysetätigkeit des Autors vorgestellten Beispiele wurden für eine bessere Anschaulichkeit vereinfacht; Ähnlichkeiten mit realen Projekten sind zufällig und nicht beabsichtigt. All diesen Beispiel ist gemeinsam, dass eine Prüfregel vorliegt, die festlegt, welches Prüfergebnis eindeutig falsch ist. „Falsch“ kann dabei logisch oder auch empirisch definiert sein.

8.2.1 Plausibilität einer Variablen

Die vorgestellten Ansätze für eine kategoriale, eine String- und eine metrische Variable setzen jeweils die externale formale Korrektheit der Daten voraus und beschränken sich nur noch auf die internale formale Korrektheit und ihre Plausibilität. In diesem Abschnitt werden keine Beispiele mit Missings besprochen.

8.2.1.1 Beispiel für eine kategoriale Variable

Generell:

Für eine Kategorialvariable werden die vorliegenden Werte und die dazugehörigen Missings (falls vorhanden) mittels einfacher (eindimensionaler) Häufigkeitstabellen angefordert. Die meisten Kategorialvariablen weisen eine überschaubare Anzahl von Werten auf und können insofern auch gleich listenweise angefordert und überprüft werden.

Der Blick auf die Daten ist ein dreifacher; in einem ersten Schritt wird überprüft, ob alle zu erwartenden Werte vorliegen. Dieser erste Blick ist der auf die Vollständigkeit. Werden z.B. bei der Überprüfung der Variable ALPHABET nur die Ausprägungen „A“ und „C“ angezeigt, obwohl „B“ vorliegen müsste, dann gibt es zwei übliche Möglichkeiten: Die „B“-Werte fehlen komplett oder wurden versehentlich einer anderen Kategorie zugewiesen, z.B. „A“ oder „C“. Unterschiede in den Häufigkeiten lassen oft schnell erkennen, welche Möglichkeit vorliegen könnte.

Der zweite Blick untersucht das Auftreten von Werten, die gar nicht vorkommen dürften (Redundanz). Werden z.B. bei der Überprüfung der Variable ALPHABET die Ausprägungen „A“, „B“, „C“ und „D“ angezeigt, obwohl die Ausprägung „D“ gar nicht vorkommen dürfte, dann liegt eindeutig ein Datenfehler vor. Solche Fehler sind oft durch eine minimale Häufigkeit ihres Auftretens charakterisiert. Treten solche Fehler jedoch in einem Ausmaß auf, das nicht ignoriert werden kann, dann könnte die Möglichkeit eines Kodierfehlers vorliegen. Treten z.B. bei den Kodes der (üblicherweise dichotomen) Variablen GESCHLECHT drei Kodes auf, z.B. „0“, „1“ und „2“, dann sind meist zwei Kodierungen, z.B. „0/1“ und „1/2“, gleichzeitig verwendet worden. Werden mehrere Kodierungen gleichzeitig verwendet, sollte zusätzlich ihre Konsistenz abgesichert werden. Man kann eher nicht davon ausgehen, dass derselbe Kode in verschiedenen Kodierungen systematisch dasselbe bezeichnet (z.B. das jeweilige Geschlecht). Eine „1“ kann dann sowohl für „männlich“, wie auch für „weiblich“ stehen, was für eine Auswertung, die das Geschlecht einbeziehen würde, sicher verheerend wäre.

Der dritte Blick untersucht das Ausbleiben von Werten, die Missings. Kommen in der Variablen keine Missings vor, erübrigt sich dieser Schritt nicht. An dieser Stelle wäre die angeforderte Häufigkeitstabelle daraufhin zu überprüfen, ob sie überhaupt die Missings anforderte. Anschließend könnte überprüft werden, ob womöglich unterlassen wurden, anwenderdefinierte Kodierungen für Missings an das Analysesystem zu übergeben. Auffällig viele Missings sind nicht generell Hinweise auf suboptimale Datenqualität. Anders ausgedrückt: Die Seltenheit von Ereignissen sollte nicht mit ihrer Irrelevanz gleichgesetzt werden. Die Variable ist per se deshalb nicht qualitativ unergiebig oder irrelevant, nur weil sie keine oder nur marginale Information enthält. Ob die Marginalität von Informationen irrelevant ist, sollte nur jemand mit Sachnähe beurteilen. Mögliche Ursachen können die Datenlage zu auch validen, aber seltenen Ereignissen, oder auch Fehler bei der Datentransformation oder -migration sein.

Ausgangssituation:
An einer Frauenklinik wurde der Brustkrebsstatus von Frauen untersucht. Überprüft werden soll an den schlussendlich vorliegenden Daten die augenscheinlich banale Tatsache, ob überhaupt ausschließlich Frauen im Datensatz vorkommen. Die Analyseergebnisse sollen ja ausschließlich auf Frauen zurückübertragen werden können; daher ist es notwendig sicherzustellen, dass die Stichprobe die notwendigen Ein- und Ausschlusskriterien für die Untersuchungsteilnehmerinnen und -teilnehmer bzw. ihre Daten erfüllt. Die Stichprobe darf also nur Frauen enthalten, bezogen auf den Datensatz bedeutet dies, dass die Variable „Geschlecht" überprüft wird. Dieses Beispiel demonstriert letztlich die Sicherung der inhaltlichen Plausibilität der Variablen „Brustkrebsstatus".

1. Überprüfungsmöglichkeit: Abfrage der Variable „Geschlecht"
Anhand der Datensatzdokumentation des Datensatzes (z.B. in SPSS: „Datendatei-Informationen") wird die Variable „Geschlecht" gesucht. Nehmen wir an, das Ergebnis ist, die Variable „Geschlecht" liegt im Datensatz nicht vor, da implizit davon ausgegangen wurde, dass ausschließlich Frauen im Laufe der Studie untersucht wurden. Ein anderes Vorgehen ist also notwendig.

2. Überprüfungsmöglichkeit: Befragung der Datenerheber
Es werden die mit der Datenerhebung beauftragten Personen (Kriterium außerhalb des Datensatzes) befragt, ob nur Frauen im Laufe der Studie untersucht wurden. Es sind jedoch nicht mehr alle mit der Datenerhebung beauftragten Personen verfügbar; manche sind sich nicht sicher, ob nur Frauen untersucht wurden. Dieses retrospektive Außenkriterium ist unsicher, *exakte* Datenzeilen mit Männern zu identifizieren. Ein anderes Vorgehen ist notwendig.

3. Überprüfungsmöglichkeit: Abfrage der Variable „Vorname"
Anstelle der Variablen „Geschlecht" werden andere Variablen geprüft. Das Ergebnis ist, die Variable „Vorname" liegt im Datensatz vor (Außenkriterium innerhalb des Datensatzes). Die genaue Untersuchung ergibt, dass zweifelsfrei mehrere eindeutig männliche Vornamen vorkommen, z.B. „Hans-Peter". Zu beachten ist, dass es Vornamen gibt, die geschlechtsneutral sind, z.B. ‚Kay' oder ‚Chris'. Dieses Problem kann auch nicht dadurch gelöst werden, in dem die Daten nach dem Nachnamen sortiert werden, um dann einfach den Träger eines eindeutig nicht weiblichen Namens als den männlichen Part eines Ehepaares zu identifizieren. Diesem Vorgehen liegt zwar die Erfahrung zugrunde, dass Menschen oft als Ehepaare gemeinsam eine Klinik aufsuchen. Möglich sind jedoch auch Geschwister mit gleichem Namen, unverheiratete oder auch lesbische Paare. Die Idee war zwar gut, hat jedoch so ihre Tücken, z.B.

das Übergehen von Verheirateten mit verschiedenen Nachnamen. Die Probleme sind vergleichbar zum stereotypengeleiteten Vorgehen (s.o.).

4. Überprüfungsmöglichkeit: Übernehmen anderer Datenquellen
Das Studiendesign sieht vor, von den untersuchten Personen Proben zur Analyse ins Labor zu schicken (Außenkriterium außerhalb des Analysedatensatzes). Ein Anruf im Labor ergibt, dass das Personal bei der Dokumentation der Proben das Geschlecht protokollierte, um die Analytik korrekt einstellen zu können. Die Labordaten werden mit dem Analysedatensatz zusammengefügt. Anhand der Variable „Geschlecht" aus dem Labordatensatz können die männlichen Untersuchungsteilnehmer eindeutig identifiziert und aus dem Datensatz entfernt werden.

Die vorgestellten Prüfmethoden können einfach und unkompliziert in Form idealerweise (alphabetisch) sortierter (SORT CASES) Datenlisten (LIST) oder Häufigkeitstabellen (FREQUENCIES) umgesetzt werden. Das punktuelle Ausfiltern bzw. Eingrenzen über männliche Vornamen könnte z.B. über SELECT IF erfolgen.

8.2.1.2 Beispiel für eine Stringvariable

Generell:
Eine Stringvariable wird üblicherweise als Kategorialvariable behandelt. Insofern gilt das zur Begutachtung von Kategorialvariablen Gesagte im Wesentlichen auch für Stringvariablen.

Ausgangssituation:
An einer Reha-Klinik werden Name und Dosis der postoperativen Schmerzmittelmedikation untersucht. Überprüft werden soll an den schlussendlich vorliegenden Stringdaten die keinesfalls banale Tatsache, ob die als Zeichenketten im Datensatz dokumentierten Medikamentennamen überhaupt einheitlich geschrieben wurden (vgl. auch Rohe & Beyer, 2005). Diese Überprüfung ist notwendig, weil die Ergebnisse einer für später geplanten Häufigkeitsanalyse auf *absolut einheitlich* geschriebenen Strings basieren sollen. Ein Tippfehler (einschließlich Leerstellen) kann daher ausreichen, dass in Häufigkeitsanalysen nicht nur richtige Medikamentennamen, sondern auch falsch geschriebene Bezeichnungen als eigene Medikamentennamen separat aufgeführt und gezählt werden; es ist daher vor der eigentlichen Häufigkeitsanalyse notwendig, über eine sondierende Häufigkeitsanalyse (FREQUENCIES) die einheitliche Schreibweise der Zeichenketten sicherzustellen. Zur Einheitlichkeit (siehe dazu das Kapitel 4) gehören u.a. auch Groß- und Kleinschreibung, Umlaute, wie auch Leer- und Sonderzeichen. Dieser Ansatz prüft also die interne Widerspruchsfreiheit einer Variablen in Gestalt ihrer (klinisch) einheitlichen Schreibweise. Selbstverständlich ist ergänzend zu überprüfen, ob es sich bei den angegebenen Medikamenten überhaupt um Schmerzmittel und nicht um andere Medikamente handelt.

1. Überprüfungsmöglichkeit: Abfrage der Variable „Medikament"
Die Variable „Medikament" kommt im Datensatz vor, da das Studiendesign explizit die Protokollierung der verabreichten Schmerzmedikation vorsah. Eine erste Häufigkeitsanalyse ergibt, dass die Medikamentennamen nicht einheitlich dokumentiert wurden. Klein- wechselt mit Großschreibung. Auch Tippfehler wurden nach einem ersten Screening entdeckt, was bei

den oft recht exotischen Medikamentennamen gar nicht so leicht ist. Die Medikamentennamen werden anschließend vereinheitlicht, z.B. über UPCASE und LTRIM.

2. Überprüfungsmöglichkeit: Überprüfung der Medikamention
Medikamentennamen sind im Gegensatz zu subjektiven Angaben objektive Tatsachen, zu deren Überprüfung nicht unbedingt auf die Befragten zurückgegriffen werden muss. Eine Überprüfung der angegebenen Medikamentennamen (z.B. „Vioxx", „Tramadol", „Dentocaps") anhand der sog. „Roten Liste" (Arzneimittelverzeichnis u.a. für Deutschland) ergibt, dass einige Namen gar keine Schmerzmittel, sondern Laxantien (z.B. „Dulcolax") sind. Diese Überprüfung hat mit der gebotenen Sorgfalt zu geschehen. Als Beispiel für das mögliche Verwechseln von nicht deutlich geschriebenen Medikamentennamen, z.B. „Mevinacor" (einem eher harmlosen cholesterinspiegelsenkenden Mittel) mit „Marcumar", das bei Überdosierung zu gefährlichen inneren Blutungen führen kann, wird auf Rohe & Beyer (2005) verwiesen. Ähnliche Medikamentennamen gibt es vielzuviele: „Cirnelin"/„Cirnedin", „Isicom"/„Insidon", usw. Bei Dosis-kritischen Medikamenten wäre zusätzlich unbedingt die genaue Einheit zu beachten. Dieselbe Zahl kann bei unterschiedlichen Einheiten völlig verschiedene Dosen bedeuten, z.B. 15 **mg** (=1,5ml) im Vergleich zu 15 **ml** (150 mg). Eine genauere Überprüfung im Beispiel ergibt folgendes Bild: Schmerzmittel wurden einerseits richtig angegeben, aber falsch geschrieben („Dentrocaps") und beim Korrekturprozess als Laxantien („Dulcolax") ausgegeben; andererseits wurden manchmal eindeutig Laxantien anstelle von Schmerzmitteln angegeben.

3. Überprüfungsmöglichkeit: Überprüfung der falschen Negative
Ein Laxans (Abführmittel) ist kein Schmerzmittel; für die protokollierten Laxantien kann also überprüft werden, ob diese tats. versehentlich völlig falsch angegeben wurden, oder ob das Laxans als leichte analgetische (schmerzhemmende) Medikation verordnet wurde. Zu diesem Zweck können u.a. neben der „Roten Liste" die verordnenden Ärzte und Ärztinnen befragt werden.

Die vorgestellten Prüfmethoden können einfach und unkompliziert in Form idealerweise (alphabetisch) sortierter (SORT CASES) Datenlisten (LIST) oder Häufigkeitstabellen (FREQUENCIES) umgesetzt werden. Eine Korrektur von häufig auf dieselbe Art und Weise fehlerhaft geschriebenen Werten kann z.B. über IF- oder INDEX-Statements erfolgen. Eine automatische Korrektur über Syntax hat den Vorteil, dass sich dabei keine punktuellen Fehler einschleichen. Falls sich an dieser Stelle ein Fehler einschleichen sollte, dann tritt er gleich so deutlich zutage, dass er unkompliziert erkannt und behoben werden kann.

8.2.1.3 Beispiel für metrische Variablen

Generell:
Eine metrische Variable umfasst auch das Nominalniveau. Insofern gilt das zur Begutachtung von Kategorialvariablen Gesagte uneingeschränkt auch für metrische Variablen.

Ausgangssituation:
An einer Klinik werden Kinder und Jugendliche auf bestimmte Herz-Kreislauf-Parameter untersucht. An den schlussendlich vorliegenden Daten soll eine erste Plausibilität geprüft werden. Im Folgenden werden beispielhaft die Variablen „Alter" und „Blutdruck" geprüft.

1. Überprüfungsmöglichkeit: Boxplots
Der Range (Spannweite) der Variablen „Alter" wird grafisch mit einem Boxplot geprüft. In SPSS können Ausreißer anhand einer ID-Variablen grafisch schnell und unkompliziert identifiziert werden. Deuten Boxplots an, dass Ausreißer vorliegen könnten, werden diese in einem weiteren Schritt genauer daraufhin untersucht, ob es sich um plausible Ausreißer oder eindeutig falsche Daten handelt. Auch eine LIST-Ausgabe, gefiltert über z.B. SELECT IF (ALTER > 18), wäre denkbar.

2. Überprüfungsmöglichkeit: Deskriptive Kennwerte
Der Range (Spannweite) der Variablen „Alter" wird mittels DESCRIPTIVES untersucht. Dieser Ansatz erlaubt nur die Analyse auf Ausreißer, aber nicht die Identifikation anhand einer ID-Variablen. Im Ergebnis liegen als Maxima bei „Alter" Werte über 40 vor. Diese Werte sind inhaltlich eindeutig nicht plausibel. 40jährige Kinder bzw. Jugendliche sind ein Widerspruch in sich.

3. Weitere Möglichkeiten. Rekonstruktion und Dokumentation
Sofern weitere Patientendaten vorliegen, wäre eine Rekonstruktion des konkreten Alters der Kinder zum Zeitpunkt der Untersuchung über ihr Geburtsdatum möglich. Eine weitere Möglichkeit ist eine Überprüfung der fehlerhaften Angaben auf systematische Schreibfehler, z.B. öfters auftretende Zahlendreher, z.B. „41" anstelle von „14". Falls eine Tendenz zu Zahlendrehern als eine mögliche Ursache für fehlerhafte Daten identifiziert werden könnte, sind auch augenscheinlich richtige Daten daraufhin zu überprüfen, ob sie nicht doch eigentlich falsch sind (z.B. „12" anstelle von „21").
Bei Datenhaltungen mit unspezifischen Vorgaben sind die Einträge daraufhin zu prüfen, ob sie auch in derselben Einheit eingegeben worden waren, Zeitdauern z.B. einheitlich in Sekunden oder Minuten oder Stunden. Medikamentendosen sind besonders sorgfältig auf die Verwendung derselben Einheit zu überprüfen, z.B. 15mg im Vergleich zu 15ml.

8.2.2 Plausibilität zweier oder mehr Variablen: „Qualitativer" Ansatz

Die folgenden Beispiele beschränken sich auf zwei Variablen, können jedoch vom Ansatz her auch auf mehrere Variablen erweitert werden.
Diese Varianten werden als „qualitativer Ansatz" bezeichnet, da Fälle ohne Transformation der Ausgangsgrößen, also qualitativ gesehen direkt und unmittelbar beurteilt werden können (vgl. dagegen 8.2.3.).
Auch hier ist das Ziel, zunächst die internale formale Korrektheit und im Anschluss daran die inhaltliche Plausibilität zu überprüfen. Aus Gründen der Übersichtlichkeit und Effizienz werden an dieser Stelle zahlreiche Beispiele aus den vorangegangenen Abschnitten wieder-

holt; die ausführliche Erläuterung kann dort eingesehen werden. In diesem Abschnitt werden auch Beispiele für Missings besprochen.

8.2.2.1 Beispiel für metrische Variablen

Bei zwei metrischen Variablen bieten sich bivariate Streudiagramme einschl. einer ID-Variablen an. Empfohlen werden die interaktiven Streudiagramme (auf die Wiedergabe der verwendeten IGRAPH-Syntax wird verzichtet). Ausreißer sind über die POINTLABEL leicht identifizierbar; dicht beieinander liegende IDs können jedoch unleserlich werden (siehe unten links).

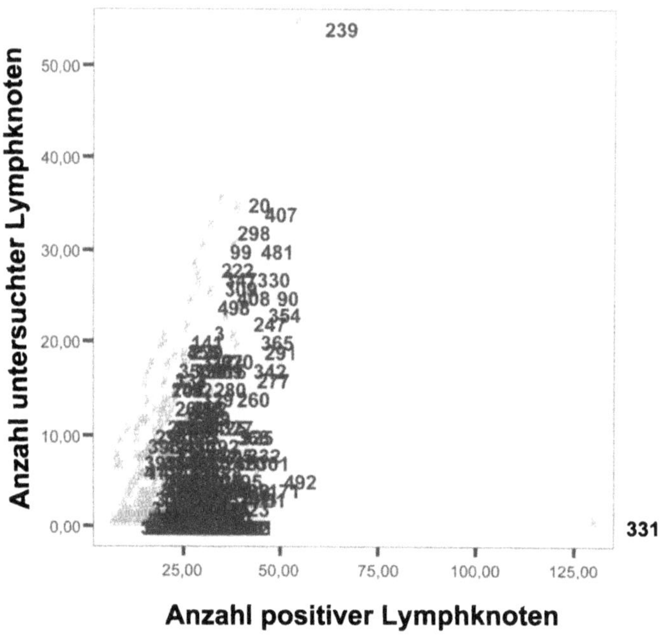

Die Fälle mit den IDs 239 und 331 fallen sofort auf und sind genauer zu untersuchen.

Für gruppierte metrische Variablen gelten gruppierte Boxplots als besonders geeignet, weil diese die auffälligen Fälle anhand einer ID-Variablen bzw. der Zeilennummer (falls keine ID-Variable verfügbar) unkompliziert zu identifizieren erlauben. Die formal auffälligen Fälle sind anschließend auf inhaltliche Plausibilität zu prüfen.

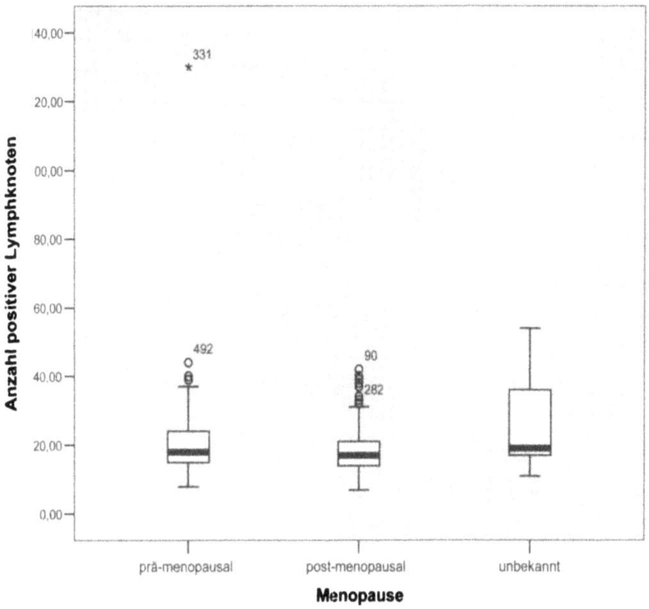

Die Fälle mit den Zeilennummern (wenn keine ID verfügbar) 331 usw. sind genauer zu untersuchen.

Achten Sie auch bei der grafischen Überprüfung auf Missings. Weder die Analysevariablen sollten Missings enthalten (z.B. beim bivariaten Streudiagramm), noch die zur Identifikation notwendigen ID-Variablen.
Beachten Sie auch, dass formal unauffällige Werte nicht notwendigerweise plausibel sind (s.u.).

8.2.2.2 Beispiel für kategoriale Variablen

Bei zwei kategorialen Variablen bieten sich gruppierte Balkendiagramme bzw. Kreuztabellen (nicht dargestellt) an.

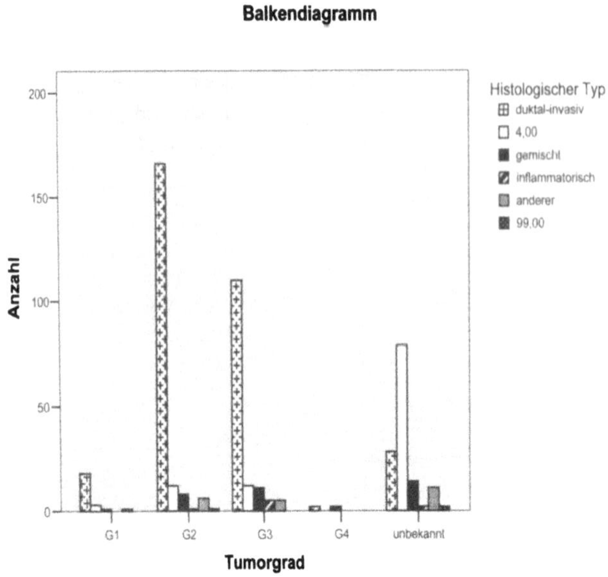

Bei der Variablen „Tumorgrad" sind die „99"-Werte ohne Label. Bei der Variablen „Histologischer Typ" fehlt das Label für den Wert „4,00".

Gerade bei großen Mengen kategorialer, aber auch metrischer Daten wird die formale Unauffälligkeit oft mit inhaltlicher Plausibilität gleichgesetzt, was jedoch voreilig ist. Der Grund ist, dass bei gruppierten grafischen oder tabellarischen Analysen die Daten gruppenweise, aber nicht fallweise geprüft werden. Fehler, die alle Fälle betreffen, z.B. Kodierungen (s.o.), fallen sofort auf. Fallweise Fehler, z.B. widersprüchliche Angaben der Studienteilnehmer, können so nicht identifiziert werden, dazu müssen andere Ansätze gewählt werden.

Beispiel:
In einer Studie wurde u.a. gefragt, ob die Teilnehmer jemals Raucher sind oder waren (RAUCHEN), ob sie zu rauchen aufgehört haben (SMOKSTOP), und wieviele Zigaretten sie pro Tag (ZAHLZIGS) geraucht haben. Formal bzw. univariat betrachtet erscheinen die Werte im Datensatz völlig unauffällig.

```
data list
/ID 1 RAUCHEN 3-6 (A) SMOKSTOP 8-11 (A) ZAHLZIGS 13-14.
begin data
1 NEIN NEIN 20
2 NEIN JA   30
3 JA   NEIN 40
4 JA   JA   20
5 NEIN NEIN 20
6 NEIN JA   30
7 JA   NEIN 40
8 JA   JA   20
9 NEIN NEIN 30
```

```
end data.
exe.
```

Das Bild ändert sich jedoch, wenn die Daten miteinander kreuztabelliert bzw. klassifiziert werden:

RAUCHEN * SMOKSTOP Kreuztabelle

Anzahl

		SMOKSTOP		
		JA	NEIN	Gesamt
RAUCHEN	JA	2	2	4
	NEIN	2	3	5
Gesamt		4	5	9

```
CROSSTABS
/TABLES=RAUCHEN
BY SMOKSTOP
/FORMAT= AVALUE
TABLES
/CELLS= COUNT
/COUNT ROUND
CELL .
```

Jemand, der niemals geraucht hat (RAUCHEN=NEIN), kann z.B. nicht das Rauchen aufhören (SMOKSTOP=JA).

Bericht

ZAHLZIGS

RAUCHEN	Mittelwert	N	Standardabweichung
JA	30,00	4	11,547
NEIN	26,00	5	5,477
Insgesamt	27,78	9	8,333

```
MEANS
TABLES=ZAHLZIGS
BY RAUCHEN
/CELLS MEAN COUNT
STDDEV .
```

Personen, die niemals geraucht haben, können nicht durchschnittlich 26 Zigaretten pro Tag rauchen.
An all diesen bivariaten Widersprüchen (Inkonsistenzen) ist nicht klar, auf welche der einbezogenen Variablen der Fehler zurückzuführen ist bzw. welche Variable zu korrigieren ist, um eine Plausibilität herzustellen. Da im Prinzip auch beide Variablen einen Fehleranteil einbringen können, muss zur Klärung auf andere Kriterien innerhalb oder außerhalb des Datensatzes zurückgegriffen werden.

Weitere typische Prüffragen sind z.B.:
Wenn z.B. jemand angibt, ein bestimmtes Produkt nicht zu kennen, dann sollte diese Person das fragliche Produkt weder besitzen noch Erfahrung damit haben. Zwischen diesen Angaben darf kein Zusammenhang auftreten (z.B. Test über Kreuztabelle).
Wenn z.B. jemand eine Survivalanalyse durchführt, dann darf der Datensatz für Patienten, für die die Information vorliegt, dass sie leben, nicht gleichzeitig auch ein Todesdatum ent-

halten. Diese Angaben dürfen nicht gleichzeitig vorkommen (z.B. logischer Test über IF-Bedingung).

8.2.2.3 Beispiel für Stringvariablen

Das folgende Problem überprüft fehlende Werte (Missings) auf Plausibilität. In einem Datensatz fehlen die Angaben in der Variablen „Geschlecht", aber es liegen Angaben über Schwangerschaft (SCHWANGR, JA/NEIN) vor. Liegt also eine Schwangerschaft vor, könnte das Missing in SEX („Geschlecht") durch die Kodierung „W" (für weiblich) ersetzt werden. Auszuschließen ist jedoch die Möglichkeit, dass SCHWANGR=JA und SEX="M" vorkommt.

```
data list
/ID 1 SEX 3 (A) SCHWANGR 5-8 (A).
begin data
1 M NEIN
2 M JA
3 M NEIN
4 . JA
5 W NEIN
end data.
exe.

compute ERROR=0.
exe.
if SCHWANGR="JA" & SEX="M" ERROR=1.
exe.
if SCHWANGR="JA" & ERROR=0 SEX="W".
exe.

list.
ID SEX SCHWANGR    ERROR

 1 M   NEIN          ,00
 2 M   JA           1,00
 3 M   NEIN          ,00
 4 W   JA            ,00
 5 W   NEIN          ,00

Number of cases read:  5    Number of cases listed:  5
```

Dieses Beispiel ersetzt Missings z.B. über die Kenntnis der Variablen SCHWANGR und dem expliziten Ausschluss von Datenfehlern. Datenfehler werden in die Variable ERROR abgelegt.

Die vorangegangenen Abschnitte stellten Plausibiltätsprüfungen für ein bis zwei Variablen vor. Diese noch einfach erscheinenden bivariaten Fragestellungen können z.B. um eine Variable erweitert werden. Wenn eine Frau z.B. 81 Jahre alt ist, ist das noch nichts Besonderes; ist diese Frau jedoch 81 Jahre alt ist und schwanger, dann kann etwas nicht stimmen. Entweder ist die Zahl „81" ein Zahlendreher oder die Angabe „schwanger" stimmt nicht (oder alle drei Angaben sind falsch). Im Prinzip müsste nun eine vierte (sic) Variable herangezogen werden, z.B. das Geburtsdatum, um Licht in die Angelegenheit bringen zu können.

Ein solch differenziertes Vorgehen ist unumgänglich, für komplexe Variablenkonfigurationen oder für große oder mehrere Datensätze jedoch unter Umständen ausgesprochen aufwendig. Das folgende Kapitel 8.2.3. stellt daher einen ersten Ansatz für ein multivariates Screening auf (auch qualitative) Anomalien vor. Weitere Beispiele für das multivariate Screenen finden sich in den Kapiteln 9 und 10, sowie für die Arbeit mit mehreren Datensätzen gleichzeitig in Kapitel 11. Bei diesen eher automatisiert-quantitativ ablaufenden Ansätzen ist jedoch zu beachten, dass diese auch theoriegeleitet (qualitativ) interpretiert und begründet werden können.

Beim Anomalie-Ansatz sind die als *potentiell* ungewöhnlich identifizierten Werte in einem abschließenden Schritt auch inhaltlich daraufhin zu prüfen, z.B. ob es sich *tatsächlich* um kriteriengeleitet-anomale oder jedoch um kriteriengeleitet-zulässige Werte handelt. Nicht jeder formell auffällige Wert ist auch ein inhaltlich auffälliger Wert.

8.2.3 Multivariate Datenplausibilität (Erkennen von Anomalien): „Quantitativer" Ansatz

Seit Version 14 bietet SPSS unter dem "Daten"-Menüpunkt "Ungewöhnliche Fälle identifizieren..." die Prozedur DETECTANOMALY für die (scheinbar) unkomplizierte Exploration auf "ungewöhnliche" Fälle (sog. Anomalien) in einem Datensatz an. Diese Prozedur basiert auf einem clusteranalytischen Ansatz (TwoStep) und identifiziert ungewöhnliche Fälle (Anomalien) aufgrund ihrer Abweichung von den Normen ihrer jeweiligen Clustergruppen. Die Prozedur DETECTANOMALY wurde für ein allgemeines, anwendungsunabhängiges Auffinden von Datenanomalien entwickelt, d.h. die Definition eines bestimmten Falles als Anomalie ist allgemeiner statistischer Art und nicht anwendungsabhängig-theoriegeleitet. Bei DETECTANOMALY werden qualitative, wie auch quantitative Unterschiede oder Gemeinsamkeiten zwischen Fällen quantifiziert. Diese Prozedur ist daher auch für die Exploration von kategorialen Daten, wie auch gemischten Datenmengen geeignet. Auch Stringvariablen können als Kategorialvariablen in die Analyse einbezogen werden. Dieser Ansatz wird als „quantitativ" bezeichnet, da Fälle nur nach komplexer mehrstufiger Transformation der Ausgangsgrößen, also nur quantitativ direkt, aber qualitativ gesehen nur indirekt und vermittelt beurteilt werden können (vgl. dagegen 8.2.2.). Bei qualitativ-theoriegeleiteten Ansätzen sind somit qualitative bzw. quantitative Unterschiede oder Gemeinsamkeiten zwischen Fällen noch direkt beurteilbar und Statistikkenntnisse nicht notwendigerweise Voraussetzung.

Der Vorteil der Prozedur DETECTANOMALY liegt in einer Vereinfachung der Exploration größerer Variablenmengen, die im Gegensatz zu den theoriegeleiteten Ansätzen mit weniger Planungs- und Programmieraufwand auskommt. Demgegenüber steht die prozedurale Verkomplizierung, im Detail die mehrstufigen mathematischen Prozesse, wie auch im Nachhinein das Rückübertragen der ausgegebenen Statistiken auf die Originalwerte (Interpretation der Plausibilität). Für die Beurteilung des korrekten Ablaufs dieser Prozedur (z.B. ob die statistischen Voraussetzungen erfüllt sind), wie auch ihrer Ergebnisse sind Methoden- und Statistikkenntnisse erforderlich, ansonsten wäre eine „Anomalie" nur ‚per fiat' beurteilbar. Eine statistische Anomalie ist solange eine *potentielle* Anomalie, bis die Plausibilität dieser Annahme durch ein eher theoriegeleitetes Vorgehen bestätigt werden konnte.

8.2.3.1 Annahmen und Algorithmus

Die Prozedur DETECTANOMALY kann bei kontinuierlichen und kategorial skalierten Variablen (auch gemischt) eingesetzt werden, auch wenn Missings vorliegen. Ist eine ID-Variable nicht vorhanden, verwendet die Prozedur statt dessen die Zeilennummern des aktiven Datensatzes. Gewichtungsvariablen werden ignoriert. Die Prozedur DETECTANOMALY setzt das Gegebensein diverser Voraussetzungen voraus:

- *die Abfolge der Fälle im Datensatz ist zufällig.* Die Identifikation eines Falles als potentielle Anomalie kann von der Anordnung der Fälle (Zeilen) im Datensatz beeinflusst werden. Um einen möglichen Abfolgeeffekt auszuschließen bzw. einen Stabilität der Befunde zu gewährleisten, ist es empfehlenswert, die Analyse mehrmals mit unterschiedlich zufallsbasiert-sortierten Fällen durchzuführen.
- *die Variablen sind in Spalten, Fälle sind in Zeilen angeordnet.* Das TwoStep-Verfahren ist (wie auch die Clusterzentrenanalyse) in der Lage, Fälle, wie auch Variablen zu gruppieren. Es muss also sichergestellt sein, dass die richtige Datensatzstruktur gegeben ist, v.a. bei der Analyse von Zeitreihendaten.
- *Kontinuierliche Variablen sind normalverteilt; kategorial skalierte Variable sind multinomial verteilt.* Der Algorithmus berücksichtigt keine Ordinalvariablen; sondern nur nominal und metrisch skalierte Variablen. Die Anwender müssen selbst entscheiden, wie sie ordinalskalierte Variablen in den Analysevorgang einbeziehen. Die Normalverteilung einer stetigen Variablen kann über die explorative Datenanalyse mittels eines Histogramms bzw. eines Kolmogorov-Smirnov-Anpassungstests überprüft werden. Eine multivariate Verteilung der stetigen Variablen ist laut SPSS Technical Support (2004) nicht erforderlich.
- *Das Likelihood-Distanzmaß setzt voraus, dass die Variablen im Clustermodell nonkonstant und unabhängig sind. Mit Unabhängigkeit ist dabei sowohl die Unabhängigkeit der Variablen, aber auch der Fälle gemeint.* Die Unabhängigkeit metrischer Variablen lässt sich mittels bivariater Pearson-Korrelationen überprüfen. Die Unabhängigkeit kategorialer Variablen lässt sich mittels Tabellenmaßen überprüfen, z.B. Phi, Cramer's V usw. Die Unabhängigkeit zwischen einer stetigen und einer kategorialen Variable lässt sich anhand eines statistischen Vergleichs der Mittelwerte überprüfen (evtl. auch Eta-Maß). Zur Überprüfung der Unabhängigkeit gelten wiederum die Voraussetzungen der jeweiligen Verfahren (z.B. Pearson-Korrelation, Eta-Maß bzw. Chi²-Test). Laut SPSS Technical Support (2004) gilt der Algorithmus als insgesamt robust gegenüber einer Ver-

letzung der Voraussetzungen. Interne Tests zeigen, dass die Prozedur wenig anfällig gegenüber Verletzungen hinsichtlich der Unabhängigkeitsannahme und der Verteilungsannahme ist. Dennoch sollte darauf geachtet werden, ob und wie genau diese Voraussetzungen erfüllt sind, und ob TwoStep als Verfahren den Anforderungen der Daten bzw. Klassifikation entspricht.

- *die Fälle (Zeilen) enthalten Werte in den explorierten Variablen. Fälle sind also nicht komplett leer.*

Der DETECTANOMALY zugrundeliegende TwoStep-Algorithmus gewichtet den Einfluss kontinuierlicher und kategorial skalierter Variablen u.U. nicht gleich (vgl. die Option MLWEIGHT).
Das Finden von Anomalien hängt demnach nicht nur von der bloßen Zusammenstellung von Variablen ab, sondern auch von ihrer jeweiligen Skalierung. Wenn also bei einem Durchgang eine Variable intervallskaliert ist, ein anderes mal nach einer Rekodierung aber als kategorialskaliert einbezogen wird, dann kann DETECTANOMALY durchaus unterschiedliche Anomalie-Fälle zur Folge haben. Nach Bacher et al. (2004) sollten die zu prüfenden Variablen wegen dieser Besonderheit des zugrundeliegenden TwoStep-Algorithmus kein gemischtes Skalenniveau aufweisen. Dieser Algorithmus wurde seit SPSS 12 nicht geändert. Allerdings besteht seit Version 14 die Möglichkeit, mittels MLWEIGHT ein relatives Gewicht anzugeben und so den unterschiedlichen Einfluss des Skalenniveaus auszugleichen. Eventuell soll in SPSS 16 der Algorithmus geändert werden (SPSS Technical Support, 2006).

Der Algorithmus der Prozedur DETECTANOMALY läuft in den Phasen Modeling, Scoring und Reasoning ab. Diese drei Stufen durchlaufen jeweils weitere Unterschritte:

I Modeling
Dieser Schritt bildet ein clusterbasiertes Modell, das auf der Basis eines vorgegebenen Sets an Inputvariablen "natürliche" Fallgruppen bzw. Cluster innerhalb eines Datensatzes identifiziert. Das entstehende Clustermodell und damit zusammenhängende Statistiken, z.B. für Normwerte der Clustergruppen, werden für später gespeichert.

1. Bildung des Trainingsdatensatzes: Entfernen von Fällen mit Extremwerten in kontinuierlichen Variablen (falls angegeben). Listenweises Entfernen von Fällen mit Missings, falls ein bestimmtes Umgehen (z.B. Ersetzen) von Missings nicht angegeben ist. Entfernen von Variablen mit ausschließlich konstanten Werten bzw. Missing. Die verbleibenden Fälle und Variablen werden für das Finden der potentiellen Anomalien verwendet. In Tabellen ausgegebene Statistiken basieren auf diesem (u.U. reduzierten) Trainingsdatensatz, Statistiken als Variablen im Datensatz abgespeichert sind für alle Fälle berechnet.
2. Behandlung von Missings (optional): Falls Inputvariablen kontinuierlich sind, wird für jede Inputvariable auf der Basis der gültigen (vorhandenen Werte) ein Mittelwert gebildet und anstelle der Missings eingesetzt. Falls Inputvariablen kategorialskaliert sind, werden alle Missings in einer „Missings“ Kategorie zusammengefasst und als gültige Kategorie in die weiteren Transformationen und Berechnungen einbezogen.

3. Bildung der Variablen „Missing Value Pct“ (optional): Eine neue kontinuierliche Variable “Missing Value Pct” wird ermittelt, die für jeden Fall den Prozentanteil an Variablen (kontinuierlich und kategorial zusammenfassend) mit Missings wiedergibt. Wird die „Missing Value Pct“ für die Modeling-Phase gewählt, ist die Berechnung dieser Variablen auch für die Scoring-Phase festgelegt.
4. Finden von Clustern: Der TwoStep-Clusteralgorithmus bildet auf der Grundlage der vorbereiteten Inputvariablen ein Clustermodell.

Speichern von Statistiken: Das entstehende Clustermodell und damit zusammenhängende Statistiken, z.B. für Normwerte der Clustergruppen, werden für den Scoring-Schritt gespeichert.

II Scoring

In der Scoring-Phase wird das Clustermodell aus der Modeling-Phase angewandt, um für jeden Fall dessen Clusterzugehörigkeit (Clustergruppe) zu identifizieren. Es werden einige Indizes gebildet, die die “Ungewöhnlichkeit“ (Anomalie) des Falles hinsichtlich seiner Clustergruppe messen. Alle Fälle werden nach der Höhe der Anomalie-Werte sortiert; die (oberen) Fälle mit den höchsten Werten gelten als potentielle Anomalien.

1. Screening auf neue gültige Kategorien: Die Scoringdaten sollten dieselben Inputvariablen aus dem Trainingsdatensatz der Modeling-Phase enthalten; auch das Format der Variablen sollte dasselbe sein. Fälle in den Scoringdaten werden ausgeschlossen, wenn sie in Kategorialvariablen neue (gültige) Kategorien enthalten, die nicht im in den Trainingsdaten während der Modeling-Phase vorkommen.
2. Behandlung von Missings (optional): Falls Inputvariablen kontinuierlich sind, wird für jede Inputvariable auf der Basis der gültigen (vorhandenen Werte) ein Mittelwert gebildet und anstelle der Missings eingesetzt. Falls Inputvariablen kategorialskaliert sind, werden alle Missings in einer „Missings“ Kategorie zusammengefasst und als gültige Kategorie in die weiteren Transformationen und Berechnungen einbezogen.
3. Bildung der Variable „Missing Value Pct“ (abhängig von Modeling-Phase): Eine neue kontinuierliche Variable “Missing Value Pct” wird ermittelt, die für jeden Fall den Prozentanteil an Variablen (kontinuierlich und kategorial zusammenfassend) mit Missings wiedergibt.
4. Zuweisen eines Falles zum nächstgelegenen Cluster: Das Clustermodell aus der Modeling-Phase wird auf die aufbereiteten Variablen des Scoringdatensatz angewandt, um für jeden Fall dessen Clusterzugehörigkeit zu identifizieren und mit einer Cluster ID zu versehen. Fälle in Rauschenclustern (noise cluster) werden dem nächstgelegenen Nonnoise-Cluster zugewiesen.
5. Berechnung von Indizes für die Variablenabweichung (VDI).
6. Berechnung eines Index für die Gruppenabweichung (GDI).

Berechnung eines Anomalie-Index und eines Maßes für den Beitrag einer Variablen: Der Anomalie-Index (AI) eines Falles ist definiert über das Verhältnis des GDI des betreffenden Falles zum mittleren GDI des Clusters, dem er angehört. Je höher die individuelle Abweichung vom Durchschnitt ist, desto höher ist der Anomalie-Index. Das Maß für den Beitrag einer Variablen ist definiert über das Verhältnis des VDI der betreffenden Variablen zum GDI des betreffenden Falles und gibt den proportionalen Beitrag einer Variablen zur Abweichung des betreffenden Falles wieder. Je höher der Beitrag einer Variablen zur Abweichung ist, desto höher ist dieses Maß. Jeder Fall hat am Ende der Scoring-Phase einen GDI, AI, und für jede Inputvariable den dazugehörigen VDI.

III Reasoning

Der Zweck der Reasoning-Phase ist die potentiellen Anomalien rangzuordnen und mit den Begründungen dafür zu versehen, warum sie als potentielle Anomalie betrachtet werden. Für jeden "ungewöhnlichen Fall" (Anomalie) werden die Variablen entsprechend der Höhe ihrer jeweiligen VDI-Werte sortiert. Die höchsten Variablen, ihre Werte und die dazugehörigen Normwerte werden als Begründung dafür angegeben, warum ein Fall als potentielle Anomalie identifiziert wurde.

1. Identifizieren der ungewöhnlichsten Fälle: Die Fälle werden in den AI-Werten in absteigender Reihenfolge sortiert. Die höchsten AI-Werte (optional nach % oder N) bilden die Anomalie-Liste. Wird ein AI-Grenzwert (ANOMALYCUTPOINT) angegeben, werden Fälle kleinergleich dieses Wertes nicht als ungewöhnlich betrachtet.
2. Angeben von Gründen dafür, warum ein Fall möglicherweise eine Anomalie ist. Für jeden potentiell ungewöhnlichen Fall werden die Variablen entsprechend ihrer VDI-Werte absteigend sortiert. Die obersten Variablen, ihre Werte und die dazugehörigen Normwerte werden als Begründung dafür angegeben, warum ein Fall als potentielle Anomalie betrachtet wird.

8.2.3.2 Beispiel: Berechnung und Interpretation

Ein statistischer Grund dafür, warum im Folgenden eine Syntaxversion von DETECTANOMALY vorgestellt wird, ist, weil SPSS nur über Syntax die Möglichkeit bietet, mit der Option MLWEIGHT= im Unterbefehl CRITERIA den potentiell unterschiedlichen Einfluss von stetigen und kategorialen Variablen auszugleichen.

A. Beispiel:

In einer Mammakarzinomstudie zum Zusammenhang von Ernährungsverhalten und Brustkrebs bei Frauen (N=663) wurden verschiedene Angaben zu Nahrungsbestandsteilen (u.a. Fettsäuren, Saccharide, Cholesterin usw.) einer Analyse auf ungewöhnliche Fälle unterzogen. Das Ziel war, vor der Analyse eines komplexen multivariaten Prognosemodells rechtzeitig Datenfehler (u.a. Eingabefehler, fehlerhafte Angaben usw.) entdecken und beheben zu können. Alle in DETECTANOMALY einbezogenen Variablen (FOOD2, FOOD4 bis FOOD29) sind intervallskaliert und normalverteilt. Die Ergebnisse dieser Voraussetzungstests werden nicht weiter dargestellt.
Schließt eine Analyse auch kategorial skalierte Variablen ein, weicht die SPSS Ausgabe nicht substantiell vom im Folgenden beschriebenen Output ab.

B. Syntax:

Zuerst werden die kontinuierlichen Variablen auf Normalverteilung (Makro MAC_CORR) und anschließend auf Unabhängigkeit (CORRELATIONS) getestet. Vor der eigentlichen Analyse auf ungewöhnliche Fälle wird eine zufallsgenerierte Variable ZUFALL angelegt und der Datensatz damit sortiert. Abschließend wird mit DETECTANOMALY die Analyse auf ungewöhnliche Fälle durchgeführt. Abschließend wird für den ersten Grund ein bivariates Streudiagramm angefordert. Von den verwendeten Prozeduren wird nur DETECTANOMALY erläutert werden.

```
DEFINE mac_corr (!POS!CHAREND('/')).
!DO !i !IN (!1).
GRAPH
  /HISTOGRAM(NORMAL)=!i .
!DOEND
!ENDDEFINE.
mac_corr  food2 food4 food5 food6 food13 food14 food17 food18
   food19 food20 food21 food22 food23 food27 food28 food29  /.

CORRELATIONS
  /VARIABLES= food2 food4 food5 food6 food13 food14 food17
          food18 food19 food20 food21 food22 food23 food27
          food28 food29
  /PRINT=TWOTAIL NOSIG
  /MISSING=PAIRWISE .

compute ZUFALL= rv.uniform(0,1000).
exe.
sort cases by ZUFALL (A).
exe.

DETECTANOMALY
 /VARIABLES
       SCALE=food2 food4 food5 food6 food13 food14 food17
             food18 food19 food20 food21 food22 food23 food27
             food28 food29
       ID=patnr
 /HANDLEMISSING APPLY=NO
 /CRITERIA ANOMALYCUTPOINT=2 PCTANOMALOUSCASES=5
          MINNUMPEERS=1 MAXNUMPEERS=15 NUMREASONS=3
 /PRINT CPS ANOMALYLIST ANOMALYSUMMARY NORMS REASONSUMMARY
 /SAVE ANOMALY(AnomalieIndex) PEERID(GruppeID)
       PEERSIZE(GruppeGröße) PEERPCTSIZE(GruppePrztGröße)
       REASONVAR(GrundVar) REASONMEASURE(GrundMaß)
       REASONVALUE(GrundWert) REASONNORM(GrundNormwert) .

GRAPH
  /SCATTERPLOT(BIVAR)=GrundMaß_1 WITH AnomalieIndex
                      BY GruppeID BY PatNr  (NAME)
  /MISSING=LISTWISE .
```

```
GRAPH
  /SCATTERPLOT(BIVAR)=GrundMaß_2 WITH AnomalieIndex
                      BY GruppeID BY PatNr  (NAME)
  /MISSING=LISTWISE .
GRAPH
  /SCATTERPLOT(BIVAR)=GrundMaß_3 WITH AnomalieIndex
                      BY GruppeID BY PatNr  (NAME)
  /MISSING=LISTWISE .
```

C. Erläuterung der DETECTANOMALY Syntax:
Der Befehl DETECTANOMALY fordert die Überprüfung einer Variablenmenge bzw. eines Datensatzes auf das Vorliegen ungewöhnlicher Fälle an. Die Prozedur gibt standardmäßig drei Tabellen aus: die Liste der Indizes anomaler Fälle (potentiell ungewöhnliche Fälle und ihre Anomalie-Werte), die Liste der Gruppen-IDs potentiell anomaler Fälle (ungewöhnliche Fälle und Informationen über ihre Gruppen) und die Liste der Gründe für potentiell anomale Fälle (ID, Grundvariablen, Einfluss- und Normwert der Variablen usw.).
Über /VARIABLES werden Variablen an die Prozedur DETECTANOMALY übergeben. Nach SCALE= werden die kontinuierlichen Variablen angegeben, z.B. FOOD2, FOOD4 usw. Nach CATEGORICAL= können kategorial skalierte Variablen oder Strings angegeben werden (nicht im Beispiel). Nach ID= wurde eine ID-Variable angegeben, z.B. PATNR. Mittels EXCEPT wäre es möglich, Variablen aus der Analyse auszuschließen, sofern diese nicht unter SCALE= bzw. CATEGORICAL= bereits angegeben sind (nur über Syntax möglich).
Mittels des /HANDLEMISSING-Unterbefehls wird festgelegt, ob und wie DETECTANOMALY in der Modeling-Phase mit Missings umgehen soll: Nach APPLY=YES wird für jede kontinuierliche Inputvariable ein Mittelwert anstelle der Missings eingesetzt. Bei kategorialskalierten Inputvariablen werden alle Missings zu einer eigenen „Missings"-Kategorie zusammengefasst und als gültige Kategorie in die weiteren Transformationen und Berechnungen einbezogen. Nach APPLY=NO werden alle Fälle mit Missings aus der Analyse ausgeschlossen. Über CREATEMISPROPVAR=YES (NO) (nicht im Beispiel) kann eine zusätzliche Variable „Missing Proportion Variable" angelegt und in weitere Analysen einbezogen werden. Die „Missing Proportion Variable" gibt für jeden Fall die Anzahl der Variablen mit Missings im Datensatz an.

Nach dem /CRITERIA-Unterbefehl werden diverse Einstellungen an DETECTANOMALY übergeben.
Über ANOMALYCUTPOINT=*Zahl* (voreingestellt: 2) wird DETECTANOMALY veranlasst, nur Fälle als potentielle Anomalie zu identifizieren, wenn deren Anomalie-Index größer oder gleich dem angegebenen Grenzwert ist. Der Wert muss eine positive Ganzzahl sein. Der Grenzwert kann zusammen mit der PCTANOMALOUSCASES (Prozentsatz der Fälle; Maximum: 100; im Beispiel: 5) oder NUMANOMALOUSCASES (Feste Anzahl von Fällen; Maximum: N Zeilen des aktiven Datensatzes; nicht im Beispiel verwendet) eingesetzt werden. Beträgt der ANOMALYCUTPOINT=3 und NUMANOMALOUSCASES=100, so kann die Anomalie-Liste maximal 100 Fälle mit einem AI größer oder gleich 2 aufweisen.

Anhand der Vorgaben MINNUMPEERS=*Zahl* (voreingestellt: 1) und MAXNUMPEERS=*Zahl* (voreingestellt: 15) sucht DETECTANOMALY nach der besten Anzahl von Gruppen zwischen dem angegebenen Minimal- und Maximalwert. Die Werte müssen positive Ganzzahlen sein. Der Wert unter MINNUMPEERS= darf nicht größer als bei MAXNUMPEERS= sein. Sind die Werte gleich, setzt die Prozedur eine feste Anzahl von Gruppen voraus. Je nach Datenvariation können u.U. auch weniger Gruppen ermittelt werden, d.h. weniger als unter MINNUMPEERS= vorgegeben. Die Clusterzahl sollte auf Merkmale der Datengrundlage abgestimmt sein (Komplexität des Clustervorgangs in Abhängigkeit von Variablenzahl, Fallzahl und Wertevariation). Bei wenigen Fällen, Werteausprägungen und Variablen ist es schwierig, überhaupt Cluster bilden zu können; bei vielen Fällen, Werteausprägungen und Variablen ist es schwierig, wenige Cluster finden zu können.
Über NUMREASONS=*Zahl* wird voreingestellt, wie viele Gründe maximal in der Anomalie-Liste ausgegeben werden sollen (im Beispiel: 3; voreingestellt: 1; Maximum: N Variablen im aktiven Datensatz). Ein Grund besteht aus dem VDI (Variablen-Einflussmaß), dem Variablennamen für diesen Grund, dem Wert der Variablen und dem Wert der entsprechenden Gruppe. Der Wert muss eine positive Ganzzahl sein. Bei NUMREASONS=0 wird die PRINT-Option REASONSUMMARY unterdrückt.
Über MLWEIGHT=*Zahl* (nur über Syntax; nicht im Beispiel) kann der potentiell unterschiedliche Einfluss von stetigen und kategorialen Variablen ausgeglichen werden (voreingestellt: 6). Der Wert muss eine positive Ganzzahl sein.

Der /PRINT-Unterbefehl ermöglicht, die SPSS-Ausgabe maßzuschneidern. NONE (nicht im Beispiel) unterdrückt z.B. jegliche Ausgabe mit Ausnahme von Warnungen und Anmerkungen.
CPS fordert die Tabelle "Zusammenfassung der Fallverarbeitung" an inkl. Häufigkeiten und Häufigkeiten in Prozent für alle Fälle im aktiven Datensatz, die in die Analyse aufgenommenen und ausgeschlossenen Fälle und die Fälle in jeder Gruppe.
ANOMALYLIST fordert die Anzeige dreier Tabellen an: die Tabellen „Liste der Indizes anomaler Fälle" (IDs potentiell ungewöhnlicher Fälle und ihre Anomalie-Werte), die Tabelle „Liste der Gruppen-IDs anomaler Fälle" (IDs ungewöhnliche Fälle und Informationen über ihre Gruppen) und die Tabelle „Liste der Gründe für anomale Fälle" (ID, Grundvariablen, Einfluss- und Normwert der Variablen usw.). Alle Listen sind entsprechend des AI sortiert; wurde keine ID wird unter VARIABLES ID= spezifiziert, wird die Zeilennummer verwendet.
ANOMALYSUMMARY fordert die Tabelle „Auswertung des Anomalie-Index" an. Diese Zusammenfassung enthält deskriptive Statistiken für die Anomalie-Indizes der als am ungewöhnlichsten identifizierten Fälle.
NORMS fordert die Tabelle „Normwerte der metrischen Variablen" (falls metrisch skalierte Variablen unter SCALE= angegebenen wurden; siehe Beispiel), wie auch die Tabelle „Normwerte der kategorialen Variablen" (falls kategorial skalierte Variablen unter CATEGORICAL= angegeben wurden; nicht im Beispiel). Die Tabelle „Normwerte der metrischen Variablen" gibt Mittelwerte und Standardabweichungen jeder metrischen Variablen pro Gruppe wieder. Die Tabelle „Normwerte der kategorialen Variablen" gibt Modi, Häufigkeiten und Prozentanteile jeder Kategorialvariablen pro Gruppe wieder. Mittelwerte

metrischer Variablen und Modi kategorialer Variablen werden in der Analyse als Normwerte verwendet.
REASONSUMMARY fordert *n* separate Tabellen zur Auswertung der *n* Gründe an. *N* wird über CRITERIA-Einstellung NUMREASONS= festgelegt. Bei NUMREASONS=0 wird REASONSUMMARY ignoriert und eine Fehlermeldung ausgegeben (im Beispiel: 3; voreingestellt: 1; Maximum: N Variablen im aktiven Datensatz). Die *n* Tabellen „Grund *n*" geben pro Grund Häufigkeiten und Prozentanteile des Auftretens jeder Inputvariablen als möglichen Grund an. Die Tabellen enthalten auch Statistiken der Variablenbeeinflussung (u.a. Minimum, Maximum usw.).
Mittels des /SAVE-Unterbefehls kann festgelegt werden, unter welchen Variablennamen die seitens DETECTANOMALY ermittelten Variablen im aktiven Datensatz gespeichert werden sollen. Es gelten hierbei die SPSS Konventionen für das Vergeben von gültigen Variablennamen. Werden vom Anwender keine Variablennamen vergeben, wird ein voreingestellter Variablenname vergeben. Existieren im aktiven Datensatz bereits Variablen, deren Namen den anwender- bzw. systemdefinierten Variablennamen entsprechen, so verhindert DETECTANOMALY durch das Anhängen eines Suffixes an die zu speichernden Variablen das versehentliche Überschreiben der bereits vorliegenden Daten. Die Werte in diesen zusätzlichen Variablen werden allen Fällen zugewiesen, auch wenn diese nicht in der Anomalie-Liste enthalten sind. Der SAVE-Unterbefehl ist unabhängig von Einstellungen in den CRITERIA-Optionen PCTANOMALOUSCASES, NUMANOMALOUSCASES und ANOMALYCUTPOINT. Die Einstellungen bedeuten im Einzelnen:

- "ANOMALY(AnomalieIndex)": Der Anomalie-Index wird in eine Variable mit dem Namen „AnomalieIndex" abgelegt.

Die folgenden zwei Variablen werden für jede Gruppe angelegt. Die Bezeichnungen können individuell vergeben werden; im Gegensatz zur Maussteuerung braucht kein gemeinsamer Stammname berücksichtigt werden.

- "PEERID(GruppeID)": Die Gruppen-ID wird in eine Variable mit dem Namen „GruppeID" abgelegt.
- "PEERSIZE(GruppeGröße)": Die Gruppengröße (N) wird in eine Variable mit dem Namen „GruppeGröße" abgelegt.
- "PEERPCTSIZE(GruppePrztGröße)": Die Gruppengröße (in Prozent) wird in eine Variable mit dem Namen „GruppePrztGröße" abgelegt.

Die folgenden vier Variablen werden für jeden Grund angelegt. Bei n Gründen werden jew. N Variablen angelegt. Bei NUMREASONS=0 wird diese Einstellung ignoriert. Die Bezeichnungen können individuell vergeben werden; im Gegensatz zur Maussteuerung braucht kein gemeinsamer Stammname berücksichtigt werden.

- "REASONVAR(GrundVar)": Die Variable, die mit einem Grund assoziiert wird, wird in eine Variable mit dem Namen „GrundVar" abgelegt. Je nach Anzahl der unter NUMREASONS= eingestellten n Gründe werden maximal n Variablen mit der Bezeichnung „GrundVar_1", „GrundVar_2",..., „GrundVar_n" ausgegeben.

- "REASONMEASURE(GrundMaß)": Das Ausmaß, mit dem eine Variable mit einem Grund assoziiert ist (Einflussmaß), wird in eine Variable mit dem Namen „GrundMaß" abgelegt. Je nach Anzahl der unter NUMREASONS= eingestellten n Gründe werden maximal n Variablen mit der Bezeichnung „GrundMaß_1", „GrundMaß_2",..., „GrundMaß_n" ausgegeben.
- "REASONVALUE(GrundWert)": Der Wert der Grundvariablen wird in eine Variable mit dem Namen „GrundWert" abgelegt. Je nach Anzahl der unter NUMREASONS= eingestellten n Gründe werden maximal n Variablen mit der Bezeichnung „GrundWert_1", „GrundWert_2",..., „GrundWert_n" ausgegeben.
- "REASONNORM(GrundNormwert)": Der Normwert der Gruppe wird in die Variable mit dem Namen „GrundNormwert" abgelegt. Je nach Anzahl der unter NUMREASONS= eingestellten n Gründe werden maximal n Variablen mit der Bezeichnung „GrundNormwert_1", „GrundNormwert_2",..., „GrundNormwert_n" ausgegeben.

D. Ergebnisse:

Anomalie erkennen

Nach der Überschrift "Anomalie erkennen" folgen zunächst die Tabellen der "Zusammenfassung der Fallverarbeitung", die „Liste der Indizes anomaler Fälle", „Liste der Gruppen-IDs anomaler Fälle", und die „Liste der Gründe anomaler Fälle". Diese Listen sind entsprechend des Anomalie-Index sortiert. Wurde keine ID unter VARIABLES ID= angegeben, wird die Zeilennummer verwendet. Abschließend folgen die Tabelle der „Normwerte der metrischen Variablen" wie auch die Tabelle der „Auswertung des Anomalie-Index".

Zusammenfassung der Fallverarbeitung

		N	% von kombiniert	% von gesamt
Gruppen-ID	1	86	13,0%	13,0%
	2	250	37,7%	37,7%
	3	327	49,3%	49,3%
Kombiniert		663	100,0%	100,0%
Gesamt		663		100,0%

Die Tabelle "Zusammenfassung der Fallverarbeitung" zeigt, wie jeder Fall einer Gruppe der „ähnlichen" Fälle angehört. Im Beispiel wurden drei Gruppen ermittelt, die jew. N=86 (13,0%), N=250 (37,7%) und N=327 (49,3%) der Fälle enthalten.

Die Tabelle der „Liste der Indizes anomaler Fälle" gibt einen voreingestellten Anteil (im Beispiel: 5% und einem Anomalie-Index >= 2) der Fälle mit den höchsten Anomalie-Indizes inkl. Zeilennummer und ID-Variable wieder.

Liste der Indizes anomaler Fälle

Fall	patnr	Anomalie-Index
399	727	7,934
527	203	5,831
450	978	3,952
178	2033	3,009
451	980	2,688
511	156	2,670
546	280	2,623
24	2103	2,494
539	245	2,355
596	581	2,340
245	2345	2,169
106	2509	2,144
128	2651	2,140
497	1100	2,132
107	2510	2,095
602	624	2,093
466	1015	2,089
536	242	2,086
313	154	2,080
657	1088	2,074
488	1082	2,035
478	1053	2,007

Die Werte werden vom höchsten Anomalie-Index abwärts inkl. ID (PATNR) dargestellt. Je höher ein Anomalie-Index ist, um so ungewöhnlicher ist ein Fall verglichen mit seiner Gruppe. Von den angezeigten 22 Werten heben sich die oberen zehn Werte deutlich ab, von diesen sind die vier oberen Werte (PATNR 727, 203, 978, 2033) mit hoher Wahrscheinlichkeit anomal. Die Werte ab inkl. PATNR 980 abwärts sind zunehmend homogen und wären im Detail zu prüfen.

Die Tabelle der „Liste der Gruppen-IDs anomaler Fälle" gibt für die potentiell anomalen Fälle (vgl. auch die Tabelle „Liste der Indizes anomaler Fälle") zusätzlich Informationen über die jew. dazugehörigen Gruppen wieder.

Liste der Gruppen-IDs anomaler Fälle

Fall	patnr	Gruppen-ID	Gruppen größe	Gruppengröße in Prozent
399	727	3	327	49,3%
527	203	3	327	49,3%
450	978	3	327	49,3%
178	2033	2	250	37,7%
451	980	3	327	49,3%
511	156	3	327	49,3%
546	280	3	327	49,3%
24	2103	2	250	37,7%
539	245	1	86	13,0%
596	581	2	250	37,7%
245	2345	2	250	37,7%
106	2509	3	327	49,3%
128	2651	2	250	37,7%
497	1100	2	250	37,7%
107	2510	3	327	49,3%
602	624	2	250	37,7%
466	1015	3	327	49,3%
536	242	1	86	13,0%
313	154	2	250	37,7%
657	1088	3	327	49,3%
488	1082	2	250	37,7%
478	1053	2	250	37,7%

Von den obersten vier Fällen (PATNR 727, 203, 978, 2033) gehören z.B. drei zur Gruppe 3 (N=327, 49,3%; vgl. auch die Tabelle "Zusammenfassung der Fallverarbeitung"). Der Fall PATNR 2033 gehört zur Gruppe 2, während die nächsten drei Fälle wieder zur Gruppe 3 gehören.

Die Tabelle der „Liste der Gründe anomaler Fälle“ gibt für die potentiell anomalen Fälle nun Informationen über die jew. dazugehörigen Gründe wieder, also ID, Grundvariablen und Einfluss- und Normwert der Variablen). Je nach Anzahl der angeforderten Gründe (vgl. NUMREASONS) werden *n* Listen ausgegeben (vgl. den Hinweis „Grund 1“, ..., „Grund *n*“ links oben). Zur Analyse der angegeben Grundvariablen wird auf die abschließend ausgegeben Tabellen „Grund 1“ bis „Grund *n*“ verwiesen.
Grundvariablen sind diejenigen Variablen, die am meisten zu einer Identifikation einer Variablen als "ungewöhnlich" beitragen. Bei PATNR 727 wäre dies z.B. die Inputvariable FOOD17.

Für ein besseres Verständnis wird diese Tabelle zunächst von rechts nach links beschrieben. Die abschließende Zusammenfassung erfolgt dann von links nach rechts.

Liste der Gründe anomaler Fälle

Grund: 1

Fall	patnr	Grundvariable	Variablenbe einflussung	Variablenwert	Normwert der Variablen
399	727	food17	,140	234460,43	56735,07
527	203	food2	,230	56,40	11,82
450	978	food5	,222	898,17	172,67
178	2033	food22	,301	4579,21	1948,80
451	980	food22	,211	7965,02	2862,34
511	156	food17	,231	185770,84	56735,07
546	280	food18	,413	212520,44	50787,87
24	2103	food29	,366	2057,28	621,97
539	245	food18	,496	88621,03	24007,28
596	581	food29	,324	1922,64	621,97
245	2345	food29	,338	1899,33	621,97
106	2509	food2	,306	42,01	11,82
128	2651	food29	,359	1932,73	621,97
497	1100	food28	,253	6,03	2,22
107	2510	food22	,634	10981,42	2862,34
602	624	food22	,565	4975,79	1948,80
466	1015	food6	,185	898,27	342,50
536	242	food13	,331	5813,37	2382,36
313	154	food22	,520	4835,35	1948,80
657	1088	food6	,184	895,23	342,50
488	1082	food29	,437	2039,19	621,97
478	1053	food28	,328	6,44	2,22

Für jede Gruppe wird pro Grundvariable ein Normwert ermittelt, angegeben unter "Normwert der Variablen". Die Normwerte repräsentieren in diesem Beispiel Mittelwerte der Inputvariablen, also direkt interpretierbare empirische Größen. Für PATNR 727 beträgt der Normwert der dazugehörigen Gruppe 3 z.B. 56735. Dieser Wert entspricht dem Mittelwert der Disaccharide (vgl. die nachfolgende Tabelle „Normwerte der metrischen Variablen", s.u.). Sind in der "Zusammenfassung der Fallverarbeitung" m Gruppen angegeben, können in der Tabelle „Liste der Gründe anomaler Fälle" bis zu (m Gruppen x n Gründe) Normwerte dargestellt sein. Der "Variablenwert" gibt dagegen den individuellen Wert für den jeweiligen Fall an. Für PATNR 727 beträgt der Variablenwert z.B. 234460. Der individuelle Variablenwert (234460) weicht deutlich vom Normwert (56735) der dazugehörigen Gruppe ab. Die Variable "Variablenbeeinflussung" gibt den proportionalen Beitrag einer Grundvariablen zur Abweichung des betreffenden Falles von dessen Gruppe an. Der Erwartungswert wird dabei über 1/N der jew. Gruppe bstimmt. Da bei Gruppe 3 N=327 beträgt, ergibt sich als Erwartungswert ca. 0.003. Das tats. vorliegende Ausmaß der Variablenbeeinflussung beträgt jedoch 0.140, was um ein Vielfaches höher als erwartet ist. Die Spalte "Grundvariable" gibt letztlich an, welche Inputvariable diesen Einfluss auf PATNR 727 ausübt. Zusammenfassend übt auf PATNR 727 die Variable FOOD17 einen um ein Vielfaches höheren Einfluss (vgl. "Variablenwert" bzw. "Variablenbeeinflussung") aus als zu erwarten gewesen wäre (vgl. "Normwert" bzw. 1/N).

Pro Fall können auch alle weiteren n Gründe angezeigt werden, wenn über Pivot → Pivot-Leisten die Gründe von "Schicht" nach "Zeile" verschoben werden. Eine solche Ansicht erleichtert es, den Einfluss der n Gründe pro Fall miteinander zu vergleichen. Aus Platzgründen wird diese Tabelle nicht vollständig dargestellt.

Liste der Gründe anomaler Fälle

Fall	Grund	patnr	Grundvariable	Variablenbe einflussung	Variablenwert	Normwert der Variablen
399	1	727	food17	,140	234460,43	56735,07
	2	727	food2	,124	49,56	11,82
	3	727	food23	,106	7,42	3,16
527	1	203	food2	,230	56,40	11,82
	2	203	food14	,159	4982,84	1487,78
	3	203	food13	,156	14956,79	5170,72
450	1	978	food5	,222	898,17	172,67
	2	978	food4	,215	287,39	51,46
	3	978	food6	,194	1154,46	342,50
178	1	2033	food22	,301	4579,21	...
	2	2033	food13	,103	...	...
	3	2033	food21	...	...	...

PATNR 727 zeichnet sich hier zusätzlich durch einen um ein Vielfaches höheren Einfluss auch seitens der Inputvariablen FOOD2 und FOOD23 aus. Die Werte der Variablenbeeinflussung liegen hier z.B. bei 0.124 bzw. 0.106. Die zentrale Information dieser Tabelle ist jedoch, dass in den abschließend dargestellten Streudiagrammen für die Grundvariablen unterschiedliche Einflussvariablen dominieren.

Die Tabelle der „Normwerte der metrischen Variablen" ist im Prinzip nichts anderes als die Ausgabe der Mittelwerte und Standardabweichungen jeder metrischen Inputvariablen pro Gruppe. Die Tabelle „Normwerte der kategorialen Variablen" wird nicht ausgegeben, da keine kategorial skalierten Variablen in die Analyse einbezogen wurden. Mittelwerte metrische Variablen und Modi kategorialer Variablen werden in der Analyse als Normwerte verwendet.

Normwerte der metrischen Variablen

		Gruppen-ID			
		1	2	3	Kombiniert
Linolsäure [g]	Mittelwert	4,8447	7,2959	11,8224	9,2104
	Std. Deviation	2,58184	2,59944	6,13842	5,40214
Eicosatriensäure (mg)	Mittelwert	22,1112	34,1825	51,4581	41,1373
	Std. Deviation	12,22562	18,07146	42,20711	33,72241
Eicosatetraensäure/ Arachidonsäure (mg)	Mittelwert	75,3609	118,0614	172,6728	139,4576
	Std. Deviation	35,65714	55,86954	127,45775	102,90244
Cholesterin (mg)	Mittelwert	150,7978	245,4070	342,4960	281,0204
	Std. Deviation	51,56659	76,00221	151,23608	135,37458
Cellulose (mg)	Mittelwert	2382,3558	3223,6624	5170,7182	4074,8462
	Std. Deviation	931,35131	797,19311	1618,083	1696,6683
Lignin (mg)	Mittelwert	610,7591	830,6855	1487,7781	1126,2445
	Std. Deviation	300,93520	282,46025	574,97284	580,09489
Disaccharide (mg)	Mittelwert	24376,79	34652,71	56735,07	44211,088
	Std. Deviation	15198,28	12057,81	26964,73	24606,660
Monosaccharide (mg)	Mittelwert	24007,28	31297,34	50787,87	39964,697
	Std. Deviation	13466,38	14319,18	24844,27	22883,960
Polysaccharide (mg)	Mittelwert	55464,20	88326,49	125719,4	102506,47
	Std. Deviation	14600,06	22535,22	38958,76	39942,413
Stärke [g]	Mittelwert	54,3481	87,0415	124,3179	101,1859
	Std. Deviation	14,52278	22,54739	38,85230	39,83099
Calcium [100 mg]	Mittelwert	4,3531	7,3317	11,7775	9,1381
	Std. Deviation	1,84595	2,94678	5,53611	5,14240
Kupfer (myg)	Mittelwert	1357,3269	1948,7974	2862,3449	2322,6489
	Std. Deviation	304,19898	525,31363	1115,958	1023,0664
Kupfer [mg]	Mittelwert	1,8772	2,3359	3,1622	2,6840
	Std. Deviation	,44534	,46437	,73218	,78346
Vitamin A -Retinoläquiv. (myg)	Mittelwert	705,8472	1026,1352	1729,1481	1331,3244
	Std. Deviation	283,72940	329,56463	667,60671	659,42791
Beta-Carotin [mg]	Mittelwert	1,8572	2,2217	4,2582	3,1788
	Std. Deviation	1,19097	,95196	2,27872	2,05630
Retinol (myg)	Mittelwert	365,9673	621,9725	944,4827	747,8313
	Std. Deviation	185,40915	308,14736	562,01236	489,59219

Die einzige „Schwierigkeit" besteht nur noch darin, die nun mit einem Variablenlabel ausgegebenen Werte den oben nur mit einem Variablennamen ausgegebenen Werten richtig zuzuordnen. Der Normwert 56735 in der Gruppe 3 lässt sich jedoch eindeutig den Disacchariden zuordnen; so gesehen unterscheidet sich PATNR 727 aufgrund der ungewöhnlich hohen Angaben in den Disacchariden von den anderen Mitgliedern der Gruppe.

Die Tabelle der „Normwerte der metrischen Variablen" erleichtert es, die Normwerte pro Gruppe miteinander zu vergleichen und somit auch nachzuvollziehen, welche Variablen zu welcher Gruppenbildung (möglicherweise) beigetragen haben. Sind Mittelwerte über alle drei Gruppen annähernd konstant, kann nicht von einem substantiellen Einfluss der betreffenden Variablen auf die Gruppenbildung ausgegangen werden. Unterscheiden sich die Mittelwerte über die Gruppen hinweg, so kann ein Einfluss der betreffenden Variablen auf die Gruppenbildung vermutet werden.

Man sollte nicht versucht sein, diese Unterschiede mittels Signifikanztests zu „prüfen". Inferenzstatistische Tests können nur für beschreibende Zwecke und nicht zum Test der Nullhypothese verwendet werden, dass keine Unterschiede zwischen den Gruppen in den betreffenden Variablen vorliegen, weil ja die Fälle clusteranalytisch so den Gruppen zugewiesen wurden, dass die Differenzen in den Variablen maximiert bzw. die Varianzen innerhalb der Gruppen minimiert werden. Außerdem wäre das Alpha in Bezug auf die Anzahl der durchgeführten Tests zu korrigieren.
Sind die ausgegebenen Variablenlisten einigermaßen überschaubar, so können die ermittelten Gruppen analog zur Faktorenanalyse entsprechend der Mittelwerte der Variablen vergleichbar einer Faktorenladung beschrieben werden. Ab einer gewissen Menge an Variablen bzw. Gruppen werden diese Beschreibungen, um so mehr inhaltlich plausible (Kausal)Interpretationen, umfangreicher und anspruchsvoller (v.a. bei kategorial skalierten Variablen).

Die Tabelle „Auswertung des Anomalie-Index" gibt für die eingangs zusammengestellten potentiell anomalen Fälle (N=22) deskriptive Statistiken für den Anomalie-Index wieder (u.a. Minimum, Maximum, Mittelwert und Standardabweichung).

Auswertung des Anomalie-Index

	Anzahl anomaler Fälle	Minimum	Maximum	Mittelwert	Std. Deviation
Anomalie-Index	22	2,007	7,934	2,774	1,438

Die Anzahl anomaler Fälle wird folgendermaßen bestimmt: Der Prozentsatz anomaler Fälle ist 5%, und der Trennwert für den Anomalie-Index ist mindestens 2.

In der Legende werden die Kriterien für die Zusammenstellung der 22 Fälle angezeigt (vgl. ANOMALYCUTPOINT bzw. PCTANOMALOUSCASES).

Auswertung der Gründe

Nach der Überschrift "Auswertung der Gründe" folgen je nach Anzahl der Gründe (vgl. NUMREASONS=*n*) *n* Tabellen mit der Überschrift „Grund 1", „Grund 2", ... „Grund n". Aus Platzgründen wird stellvertretend nur eine Tabelle dargestellt und erläutert.

Grund 1

	Auftreten als Grund		Statistiken der Variablenbeeinflussung			
	Häufigkeit	Prozent	Minimum	Maximum	Mittelwert	Std. Deviation
Linolsäure [g]	2	9,1%	,230	,306	,268	,054
Eicosatriensäure (mg)	0	,0%	.	.	.	.
Eicosatetraensäure/ Arachidonsäure (mg)	1	4,5%	,222	,222	,222	.
Cholesterin (mg)	2	9,1%	,184	,185	,184	,000
Cellulose (mg)	1	4,5%	,331	,331	,331	.
Lignin (mg)	0	,0%	.	.	.	.
Disaccharide (mg)	2	9,1%	,140	,231	,186	,065
Monosaccharide (mg)	2	9,1%	,413	,496	,454	,059
Polysaccharide (mg)	0	,0%	.	.	.	.
Stärke [g]	0	,0%	.	.	.	.
Calcium [100 mg]	0	,0%	.	.	.	.
Kupfer (myg)	5	22,7%	,211	,634	,446	,181
Kupfer [mg]	0	,0%	.	.	.	.
Vitamin A -Retinoläquiv. (myg)	0	,0%	.	.	.	.
Beta-Carotin [mg]	2	9,1%	,253	,328	,291	,053
Retinol (myg)	5	22,7%	,324	,437	,365	,044
Insgesamt	22	100,0%	,140	,634	,335	,131

Die Tabelle „Grund 1“ gibt für jede Variable in der Analyse an, wie oft sie in der Tabelle „Liste der Gründe anomaler Fälle“ zu Grund 1 als “Grund 1” genannt wurde. Auch hier besteht eine gewisse Umständlichkeit darin, die nun mit einem Variablenlabel ausgegebenen Informationen den zuvor nur mit einem Variablennamen ausgegebenen Gründen richtig zuzuordnen. In der „Liste der Gründe anomaler Fälle“ zu Grund 1 kommt z.B. FOOD29 fünfmal vor und entspricht z.B. den N=5 Angaben zu “Retinol (myg)” in der Tabelle “Grund 1”. Die Art der derzeitigen Ausgabe birgt in sich jedoch eine gewisse Verwechslungsgefahr, z.B. mit „Kupfer (myg)“ ganz unten. Abhilfe schafft ein rückversichernder Blick in den aktiven Datensatz. Für jede Variable als Grund 1 werden neben Häufigkeit und Prozentanteil Minimum, Maximum, Mittelwert und Standardabweichung angezeigt. Liegt eine Variable nur einmal als Grund 1 vor, kann keine Standardabweichung berechnet werden. Liegt eine Variable nicht als Grund vor, werden keine deskriptiven Statistiken angezeigt.

Mit diesen Tabellen ist die eigentliche Ausgabe von DETECTANOMALY abgeschlossen. Abschließend sollen noch die zusätzlich angeforderten bivariaten Streudiagramme erläutert werden.
Auf der x-Achse wird das Einflussmaß für die Grundvariable 1 abgetragen; auf der y-Achse der Anomalie-Index. Die Fälle sind mit ihrer PATNR-ID versehen und entsprechend ihrer Gruppenzugehörigkeit farblich markiert.

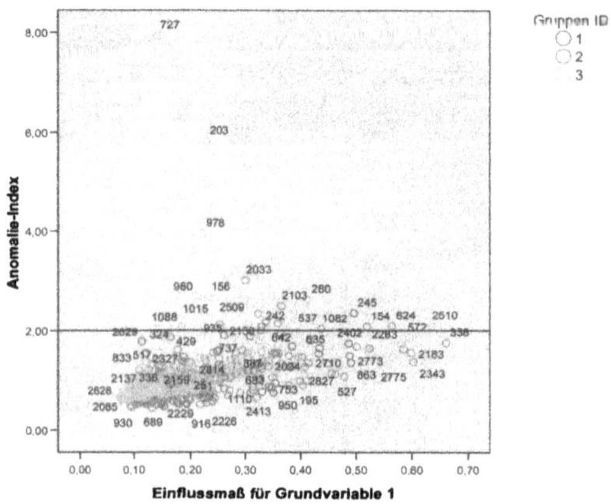

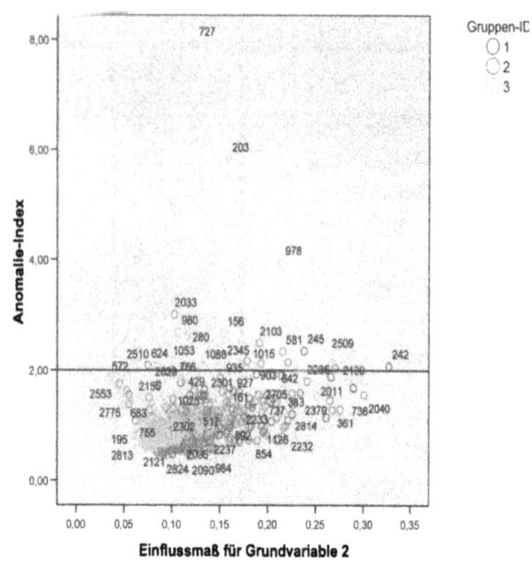

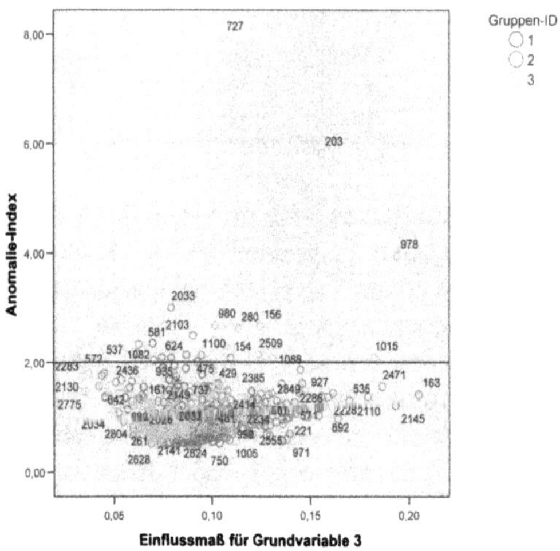

Als zusätzliche Interpretationshilfe wurde eine Referenzlinie in Höhe des Anomalie-Index = 2 eingezeichnet. Bei der Interpretation ist zu beachten, dass die x-Achse einen unterschiedlichen Range hat. Bei der Abbildung zur Grundvariablen 1 reicht der Range z.B. bis 0,7, bei der Abbildung zur Grundvariablen 3 reicht der Range nur bis ca. 0,2.

Wird bei der Interpretation der Grundvariablen 1 nur die x-Achse (Einflussmaß) berücksichtigt, so ist der Einfluss der einzelnen Variable auf den jew. Fall als eher unauffällig zu bezeichnen. Orientiert man sich jedoch auch an der y-Achse (Anomalie-Index), so fallen die PATNR 727, 203 und 978 eindeutig als ungewöhnliche Fälle auf. Alle drei Fälle gehören zur selben Gruppe (GruppenID=3). In den beiden weiteren Streudiagrammen für die Grundvariablen 2 und 3 finden sich die PATNR 727, 203 und 978 ebenfalls als ungewöhnliche Fälle wieder.

Bei der Interpretation dieser Streudiagramme ist zu beachten, dass pro Fall in den jeweils angegebenen Grundvariablen unterschiedliche Einflussvariablen dominieren. Zur Veranschaulichung wird an dieser Stelle die bereits oben angegebene gruppierte Liste der Gründe anomaler Fälle wiederholt.

Liste der Gründe anomaler Fälle

Fall	Grund	patnr	Grundvariable	Variablenbe einflussung	Variablenwert	Normwert der Variablen
399	1	727	food17	,140	234460,43	56735,07
	2	727	food2	,124	49,56	11,82
	3	727	food23	,106	7,42	3,16
527	1	203	food2	,230	56,40	11,82
	2	203	food14	,159	4982,84	1487,78
	3	203	food13	,156	14956,79	5170,72
450	1	978	food5	,222	898,17	172,67
	2	978	food4	,215	287,39	51,46
	3	978	food6	,194	1154,46	342,50
178	1	2033	food22	,301	4579,21	...
	2	2033	food13	,103	...	...
	3	2033	food21	...	...	...

Im ersten Streudiagramm (Grund 1) sind bei den PATNR 727, 203 und 978 die Variablen FOOD17 (Disaccharide), FOOD2 (Linolsäure) und FOOD5 (Eicosatetraensäure/Arachidonsäure) besonders einflussreich. Im zweiten Streudiagramm (Grund 2) sind die Variablen FOOD2 (Ölsäure), FOOD14 (Lignin) und FOOD4 (Eicosatriensäure) besonders einflussreich. Im dritten Streudiagramm (Grund 3) sind die Variablen FOOD23 (Kupfer), FOOD13 (Cellulose) und FOOD21 (Calcium) besonders einflussreich.

Abschließende Anmerkungen:
Der Anomalie-Ansatz ist, vergleichbar zu den Clusteranalysen, *kein* inferenzstatistisches Verfahren. Ein Übertragen der ermittelten Ergebnisse auf andere als die untersuchten Merkmalsträger ist nicht ohne weiteres möglich. Die auf der Grundlage rein formaler Kriterien als „ungewöhnlich" identifizierten Fälle sollten stabil gegenüber kleineren Variationen (z.B. der Abfolge der Fälle im Datensatz, Variablenskalierung, MLWEIGHT usw.) sein. Die schlussendlich konsistent als *potentiell* ungewöhnlich identifizierten Werte sollten in einem abschließenden Schritt auch inhaltlich daraufhin überprüft werden, z.B. ob es sich *tatsächlich* um fehlerhafte Werte, verursacht durch Mess- oder Eingabefehler, kriteriengeleitet-anomale oder jedoch um kriteriengeleitet-zulässige Werte handelt.
Bei der Beurteilung dessen, ob auffällige Werte auch tatsächlich Anomalien sind oder auch nicht, ist auch zu beachten, ob die untersuchten Daten eine Vollerhebung oder eine Stichprobe darstellen. Je kleiner eine Stichprobe ist, umso eher erscheinen einzelne Werte als auffällig. Vor dem Hintergrund einer Vollerhebung (Grundgesamtheit) kann dies im anderen Fall bedeuten, dass auffällige Werte in Stichproben nicht notwendigerweise Anomalien einer Grundgesamtheit darstellen. Wie das Kapitel zu den Ausreißern gezeigt hat, ist nicht jeder formell auffällige Wert auch ein inhaltlich auffälliger Wert.

9 Mehr Effizienz

Prüfen mehrerer Variablen und Kriterien durch mehrere Prüfregeln
Daten validieren durch ein zentrales Screening-Programm (Menüpunkt „Validierung")

SPSS bietet seit Version 14 mit dem Menüpunkt „Validierung" bzw. der Prozedur VALIDATEDATA gleich mehrere Möglichkeiten an, Variablen und Werte auf Korrektheit zu überprüfen. Die weiteren Bezeichnungen des Menüpunkts „Validierung" bzw. der SPSS Prozedur VALIDATEDATA sind je nach SPSS Version verschieden: Die Bezeichnung in SPSS V15 ist „Data Preparation". „Data Validation" ist die Bezeichnung in SPSS V14.

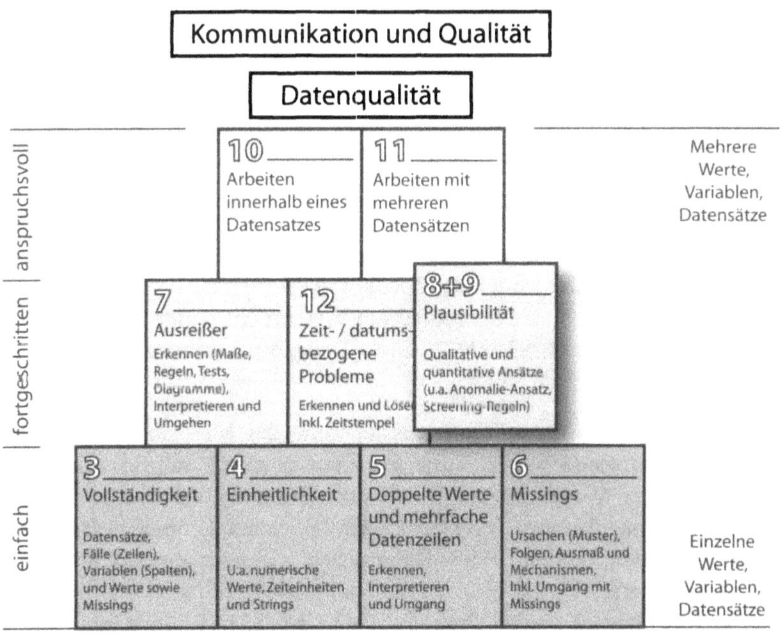

Das Prüfen auf Plausibilität setzt das Einhalten *aller* bislang vorgestellten Kriterien voraus (vgl. Kapitel 8 für den Hinweis auf die etwaige Relevanz von Kapitel 12).

Wie der Abbildung zu entnehmen ist, wird das Kriterium der Plausibilität durch zwei Kapitel repräsentiert. Kapitel 8 führt ein in das Grundprinzip und stellt zunächst einfache, sowie den multivariaten Anomalie-Ansatz vor. Dieses Kapitel stellt den Einsatz deutlich anspruchsvollerer, aber ggf. nur einmalig zu programmierender Screening-Regeln vor. Vorab soll darauf hingewiesen werden, dass mit SPSS Syntax flexibler programmiert werden kann, als es z.B. nach dem Kapitel zu VALIDATEDATA und dem Prüfen höchstens zweier Variablen den Anschein haben könnte (vgl. dazu die Kapitel 10 und 11).

Die je nach Prüfregel uni-, wie auch multivariat überprüfbaren Qualitätskriterien sind dabei Missings, Einheitlichkeit, Ausreißer und Plausibilität bei Analysevariablen, sowie Doppelte bei ID-Variablen bzw. Fallbezeichnern.

Unter der Registerkarte „Grundlegende Prüfungen" können Analysevariablen z.B. grundlegenden Überprüfungen unterzogen werden, u.a. maximaler Prozentsatz fehlender Werte, maximaler Prozentsatz der Kategorien mit der Anzahl 1, oder auch einer minimaler Varianz (Variationskoeffizient, Standardabweichung). Diese Überprüfungen sind voreingestellt und werden auf mehrere, ausgewählte Variablen (automatisch gruppiert nach Skalenniveau) gleichzeitig angewandt (vgl. 9.1.). Je nach Anforderung und Datenmengen können durch Prüfregeln a) ein Kriterium pro Variable, b) mehrere Kriterien pro Variable, sowie c) mehrere Kriterien bei auch mehreren Variablen gleichzeitig überprüft werden.
Unter der Registerkarte „Regeln für eine Variable" können vorinstallierte Prüfregeln auf *einzelne Variablen* angewandt werden. Die Prüfregeln unterscheiden sich nach dem Typ (numerisch, String) von Variablen und überprüfen z.B. auf das Einhalten einer 0/1-Dichotomie usw. Der Abschnitt wird zusätzlich zeigen, wie eigene Prüfregeln, z.B. auch für Datumsvariablen entwickelt und angewandt werden können (vgl. 9.2.).
Unter der Registerkarte „Regeln für mehrere Variablen" können system- oder anwenderdefinierte Prüfregeln auf *mehrere Variablen* angewandt werden. Prüfregeln für mehrere Variablen sind nicht vorinstalliert, sondern müssen erst aus Prüfregeln für einzelne Variablen entwickelt werden. Der Abschnitt 9.3. wird zusätzlich zeigen, wie eigene Prüfregeln u.a. auch für mehrere Datumsvariablen entwickelt und angewandt werden können (vgl. 9.3.).
Unter 9.4. wird das Anlegen und Ausführen eigener Regeln für mehrere Variablen (cross-variable rules, u.a. für Datumsvariablen) mit VALIDATEDATA Syntax vorgestellt. Unter 9.5. finden sich weitere (getestete) Beispiele für Prüfregeln, z.B. für das Aufdecken bestimmter Zeichen innerhalb eines Strings (z.B. STRING). Diese Beispielprogramme sind getestet, werden jedoch nicht weiter erläutert.

Das nachfolgende Kapitel wird zunächst in die Maussteuerung des Menüpunkts „Validierung" einführen; jeweils abschließend wird auf die Erweiterung durch selbstgeschriebene Prüfprogramme in SPSS Syntax übergegangen. Damit die Anwender die Funktionsweise dieses vielseitigen Validierungstool selbst im Detail nachvollziehen können, werden die nachfolgenden Beispiele an den beiden SPSS Datensätzen „Mouse survival.sav" und „Employee data.sav" demonstriert.
Der Menüpunkt „Validierung" bzw. die SPSS Prozedur VALIDATEDATA sind nur verfügbar mit dem Modul „Data Preparation" (Bezeichnung in SPSS V15) bzw. „Data Validation" (Bezeichnung in SPSS V14). Beide Zugänge setzen jedoch auch die korrekte Übergabe des Skalenniveaus an SPSS voraus; dies ist im aktiven Datensatz z.B. in der Variablenansicht in der Spalte „Messniveau" einzusehen. Um gegen ein versehentlich fehlerhaft vergebenes Messniveau (und damit suboptimale Datenprüfungen) geschützt zu sein, wird empfohlen, die

deskriptiven Tests der Analysevariablen um einfache Analysen der Häufigkeiten für Variablen auch auf metrischem Skalenniveau zu ergänzen. Das Messniveau ist auch über Syntax nachträglich einstellbar z.B. über VARIABLE LEVEL (siehe dazu das Beispiel unter 9.1.).

Beispiel

```
VARIABLE LEVEL
Liste metrischer Variablen (SCALE)
/ Liste nominaler Variablen (NOMINAL)
/ Liste ordinaler Variablen (ORDINAL).
```

Der Vorgang der Validierung ignoriert Gewichtungsvariablen und behandelt diese wie jede andere Analysevariable. Die seitens SPSS voreingestellten Werte sind z.T. etwas großzügig; je nach Anforderung an die Datenqualität bzw. Analyserelevanz könnten diese deutlich restriktiver vorgegeben werden.

Als erster Vorteil des Menüpunkts „Validierung" ist z.B. die Staffelung in grundlegende Prüfungen, und dann die zunehmend komplexeren Überprüfungen für eine oder mehrere Regeln. Ein weiterer Vorteil ist, dass unabhängig vom Maus- oder Syntaxzugang einmal erstellte Regeln automatisch als Menüs für die Maussteuerung eingesetzt werden können. Vor allem für den Syntaxzugang bedeutet dies, dass mit der Zeit weitere, maßgeschneiderte single- und cross-variable rules gebündelt werden können. Verstreute, bereits vorliegende SPSS Prüfprogramme können in einem einzelnen, mit der Zeit zunehmend mächtigeren Screening-Programm zentralisiert werden (unter der Voraussetzung, dass es ihre Prüflogik erlaubt, in die VALIDATEDATA Syntax integriert zu werden).
Größere Forschungsabteilungen hätten somit z.B. die Möglichkeit so vorzugehen, dass eine erste Person oder Abteilung die benötigten Regeln über Syntax programmiert (oder ggf. aus anderen Abteilungen zusammenstellt) und testet, während z.B. eine zweite Person oder Abteilung die getesteten Regeln über Mausklicks für die praktische Datenvalidierung anwendet. Für mehrfache bzw. multivariate Überprüfungen größerer, ggf. immer wieder gelieferter Datenmengen ist die regelmäßige Anwendung eines Prüfprogramms in VALIDATEDATA Syntax unbedingt empfehlenswert.
Nicht als eine Art Nachteil, aber zumindest eine im Zusammenhang mit Komplexität stehende Herausforderung ist darin zu sehen, dass je nach Prüflogik die Programmierung über den Maus- oder den Syntaxzugang im Einzelfall durchaus aufwendig und somit ggf. auch fehleranfällig sein könnte, v.a. hinsichtlich der Umsetzung der notwendigerweise nicht immer einfachen Prüflogik in SPSS Syntax in positiv oder negativ formulierte Validierungsregeln.
Auch ist das Programmierumfeld von VALIDATEDATA derzeit nicht flexibel genug, um z.B. viele der anderen Ansätze aus den späteren Kapiteln aufnehmen zu können. Für einfache oder einmalige Überprüfungen könnte der Menüpunkt „Validierung" bzw. die SPSS Prozedur VALIDATEDATA evtl. im Einzelfall zu aufwendig sein. In diesem Fall besteht die Möglichkeit, Ansätze aus anderen Kapiteln anzuwenden.

Auf jeden Fall muss bereits eingangs deutlich darauf hingewiesen werden, dass der Menüpunkt „Validierung" bzw. die SPSS Prozedur VALIDATEDATA nur der *Identifikation* von möglichen Fehlern dienen, nicht jedoch ihrer Interpretation bzw. Korrektur.

Die Interpretation der Ergebnisse sollte sich immer das zweigesichtige Problem der falschen Positive bzw. falschen Negative vergegenwärtigen. Falsche Positive sind z.B. Fehlermeldungen, die sich bei genauerer Betrachtung als Fehlalarm entpuppen. Falsche Negative sind z.B. scheinbar ausbleibende Fehlermeldungen.
Eine sehr einfache Ursache für falsche Positive bzw. falsche Negative kann z.B. das falsche Programmieren eigener Prüfregeln sein. Dies kann dann passieren, wenn Prüfregeln eine *Abweichung* von Kriterien als Fehler anzeigen sollen, jedoch aufgrund einer fehlerhaft umgesetzten Prüflogik versehentlich das *Einhalten* bestimmter Kriterien anzeigen (vgl. 9.2.3. und 9.3.).

Bei VALIDATEDATA geben Prüfregeln im Falle des Erfüllens bestimmter Kriterien eine Fehlermeldung aus (vgl. 9.3.). Das Zutreffen von Regeln wird von VALIDATEDATA im Ergebnis immer als ein *Fehler* interpretiert. Regeln können jedoch *positiv*, aber auch *negativ* formuliert sein, z.B. im Hinblick auf Referenzwerte wie z.B. 95, 96, 97 usw. Bei einer *negativen* Regel löst z.B. jeder andere Wert (also Abweichung: z.B. 91, 92, und 93) eine Fehlermeldung aus. Bei einer *positiven* Regel löst das Zutreffen der Referenzwerte (als Zutreffen: z.B. 95, 96 und 97) ebenfalls eine Fehlermeldung aus: Das Abweichen von einer *negativen* bzw. das Einhalten einer *positiven* Regel führt gleichermaßen zur Rückmeldung des Kodes „1", je nach weiteren Einstellungen zusätzlich 0 und Missing. Bei der Definition von Regeln, ihrer Programmierung, sowie bei der Interpretation des Ergebnisses ist unbedingt der Unterschied zwischen positiv und negativ formulierten Regeln zu beachten.
Wegen möglicher falscher Positiver ist z.B. eine Rückmeldung angezeigter möglicher Fehler zunächst mit einer gewissen Zurückhaltung zu interpretieren. Ein hoher Anteil an Missings muss nicht notwendigerweise ein Fehler, sondern kann z.B. technisch bedingt sein. Bei Online-Erhebungen können z.B. nicht zutreffende Fragen übersprungen worden sein. Auch scheinbar ausbleibende Fehlermeldungen sind eher vorsichtig zu interpretieren, denn hier besteht die Möglichkeit falscher Negative. Ein solches Ergebnis besagt für die geprüfte Variable nicht notwendigerweise, dass sie keine (weiteren) Fehler enthält, z.B. bei anders (strenger) formulierten Prüfregeln, Einstellungen (Grenzwerten) oder auch Kriterien (z.B. Doppelte). Ergebnisse des Menüpunktes „Validierung" bzw. der SPSS Prozedur VALIDATEDATA sind daher immer *im Rahmen der untersuchten Variablen, vorgenommenen Überprüfungen und vorgegebenen Kriterien* zu sehen. Bei der Beschreibung der beispielhaft vorgenommenen Überprüfungen wird auf diesen zentralen Aspekt wiederholt explizit hingewiesen werden.

9.1 Daten validieren: Grundlegende Prüfungen

Öffnen Sie den SPSS Datensatz „Mouse survival.sav". Legen Sie eine Variable „ID" an, z.B. über $CASENUM. Folgen Sie anschließend den weiteren Anweisungen:

Pfad: Daten → Validierung → Daten validieren…

Registerkarte „Variablen:
Ziehen Sie die Variable ID in das Feld „Fallbezeichnervariablen". Nur wenn Fallbezeichnervariablen ausgewählt wurden, können sie auch später Validierungsprüfungen unterzogen werden.
Ziehen Sie alle verbleibenden Variablen in das Feld „Analysevariablen". Nur wenn Analysevariablen ausgewählt wurden, können nachfolgende Validierungsprüfungen vorgenommen werden.

Registerkarte „Grundlegende Prüfungen":
Mit dieser Registerkarte können grundlegende Prüfverfahren für Analysevariablen, Fallbezeichner und bestimmte Fälle gewählt werden. Über Ankreuzen können die voreingestellten Überprüfungen (de)aktiviert werden.

Analysevariablen:
Um Überprüfungen an Analysevariablen vornehmen zu können, muss das Feld „Variablen mit Fehlern in folgenden Prüfungen markieren" angekreuzt sein.

Maximaler Prozentsatz fehlender Werte (gilt für alle Variablen): Gibt Analysevariablen aus, bei denen der prozentuale Anteil fehlender Werte den angegebenen Wert übersteigt (voreingestellt: 70). Der angegebene Wert muss eine positive Zahl kleiner oder gleich 100 sein.

Maximaler Prozentsatz der Fälle in einer einzelnen Kategorie (gilt nur für kategoriale Variablen): Gibt kategoriale Analysevariablen aus, bei denen der prozentuale Anteil der Fälle in einer einzelnen nichtfehlenden Kategorie den angegebenen Wert übersteigt (voreingestellt: 95). Der angegebene Wert muss eine positive Zahl kleiner oder gleich 100 sein. Der Prozentwert basiert auf Fällen der Variablen ohne Missings.

Maximaler Prozentsatz der Kategorien mit Anzahl 1 (gilt nur für kategoriale Variablen): Gibt kategoriale Analysevariablen aus, bei denen der prozentuale Anteil der Kategorien der Variablen, die nur einen Fall enthalten, den angegebenen Wert übersteigt (voreingestellt: 90). Der angegebene Wert muss eine positive Zahl kleiner oder gleich 100 sein.
Diese beiden Prüfkriterien stellen jeweils eine Überprüfung auf das Vorliegen von Konstanten dar, d.h. auf das Vorliegen möglicherweise überbesetzter einzelner Zellen bzw. unterbesetzter mehrerer Zellen. Der maximale Prozentsatz von Fällen in einer einzelnen Ausprägung einer kategoriale Variablen ist im Prinzip ein Screening auf Konstanten, d.h. extrem *häufig vorliegende einzelne Ausprägungen* (möglicherweise überbesetzte einzelne Zellen). Der maximale Prozentsatz der Kategorien mit einem einzelnen Fall repräsentiert im Vergleich dazu das gegenteilige Konstanten-Screening, nämlich auf extrem *selten vorkommende mehrere Ausprägungen* (möglicherweise unterbesetzte mehrere Zellen).

Minimaler Variationskoeffizient (gilt nur für metrische Variablen): Gibt metrische Analysevariablen aus, bei denen der absolute Wert des Variationskoeffizienten kleiner als der angegebene Wert ist (voreingestellt: 0,001). Diese Option betrifft nur Variablen mit einem Mittelwert ungleich Null. Der angegebene Wert muss eine nicht negative Zahl sein; 0 deaktiviert die Überprüfung des Variationskoeffizienten.

Minimale Standardabweichung (gilt nur für metrische Variablen): Gibt metrische Analysevariablen aus, deren Standardabweichung kleiner als der angegebene Wert ist (voreingestellt: 0). Der angegebene Wert muss eine nicht negative Zahl sein; 0 deaktiviert die Überprüfung der Standardabweichung.
Der Variationskoeffizient (vgl. auch 7.2.1.) ist im Gegensatz zur Standardabweichung ein Maß für die *absolute* Variabilität innerhalb eines Datenbereiches und damit auch eine geeignete Maßzahl für den direkten Vergleich zweier Verteilungen. Je der höher der Variationskoeffizient ist, umso größer ist die Streuung. Hohe Werte sind Hinweise darauf, dass die Verteilung durch Ausreißer verzerrt ist (v.a. im Vergleich mit anderen Messwertreihen). Ähnlich gilt für die Standardabweichung: Je weniger Extremwerte in einem Datensatz vorkommen, umso geringer wird die Standardabweichung. Eine Standardabweichung kann nicht direkt beurteilt werden, sie gibt nur die relative Variabilität innerhalb eines Datenbereiches wieder; für einen Vergleich ist der Rückgriff auf weitere Informationen bzw. Transformationen erforderlich (z.B. z-Transformation).

Fallbezeichner:
Mit Fallbezeichnern sind IDs bzw. andere Variablen gemeint, die (ggf. in ihrer Kombination) einen einzelnen Fall (Zeile) zweifelsfrei zu identifizieren erlauben, z.B. Name, Wohnort und Straße. Enthalten Fallbezeichner also Missings, sind sie für die Identifizierung von Fällen nur bedingt geeignet.
Aktivieren Sie „*Unvollständige IDs markieren*“ (voreingestellt): Dadurch werden Fälle (Zeilen) mit unvollständigen Fallbezeichnern ausgegeben. Ein Fallbezeichner gilt als unvollständig, wenn ein Wert leer ist oder fehlt.
Aktivieren Sie „*Doppelte IDs markieren*“ (voreingestellt): Dadurch werden Fälle (Zeilen) mit doppelten Fallbezeichnern ausgegeben. Unvollständige Fallbezeichner sind aus der Menge der möglichen Doppelten ausgeschlossen.

Leere Fälle:
Aktivieren Sie „*Leere Fälle markieren*“: Mittels dieser Option werden diejenigen Fälle ausgegeben, bei denen alle relevanten Variablen leer sind oder fehlen. Zum Identifizieren leerer Fälle können entweder alle Variablen in der Datei (mit Ausnahme von ID-Variablen) herangezogen werden oder nur die auf der Registerkarte "Variablen" angegebenen Analysevariablen. Wählen Sie „*Alle Variablen im Daten-Set ohne ID-Variablen*“.
Starten Sie die Datenprüfung mit „OK“.

Syntax
```
GET
  FILE='C:\Programme\SPSS\Mouse survival.sav'.
compute ID=$casenum.
exe.
VARIABLE LEVEL
      icrf hxm status time icrfsq hmxsq icrfhilo (SCALE)
    / status hxmd icrfd  (NOMINAL) .
```

```
* Daten validieren.
VALIDATEDATA
  VARIABLES=icrf hxm status time hxmd
            icrfd icrfsq hmxsq icrfhilo
  ID=ID
 /VARCHECKS STATUS=ON
            PCTMISSING=20 PCTEQUAL=25
            PCTUNEQUAL=10 CV=0.5 STDDEV=0.5
 /IDCHECKS INCOMPLETE DUPLICATE
 /CASECHECKS REPORTEMPTY=YES SCOPE=ALLVARS
 /CASEREPORT DISPLAY=YES MINVIOLATIONS=1
CASELIMIT=FIRSTN(100).
```

Anm.: Der Befehl VALIDATEDATA initialisiert die SPSS Prozedur zum Prüfen von Daten.

Nach **VARIABLES=** werden alle zu prüfenden Analysevariablen angegeben. Anstelle der Bezeichnungen der einzelnen Variablen kann auch ALL angegeben werden. Regelergebnisvariablen werden ignoriert.
Nach **ID=** werden alle zu prüfenden ID-Variablen bzw. sonstigen Fallbezeichnervariablen angegeben. ID-Variablen werden zur Bezeichnung der fallweisen Ausgabe von Fällen (Zeilen) verwendet. Regelergebnisvariablen werden ignoriert. Werden zwei oder mehr ID-Variablen oder Fallbezeichnervariablen angegeben, wird ihre Kombination als Fallbezeichner verwendet.
Nach **VARCHECKS** werden die individuellen Einstellungen für die Überprüfung der Analysevariablen vorgenommen. Falls keine Analysevariablen unter VARIABLES= angegeben wurden, wird VARCHECKS ignoriert.
STATUS=ON veranlasst SPSS, Validierungsprüfungen durchzuführen. Bei STATUS=OFF werden weitere Einstellungen ignoriert und keine Validierungsprüfungen durchgeführt.
PCTMISSING=20 *Maximaler Prozentsatz fehlender Werte* (gilt für alle Variablen): Berichtet Analysevariablen, bei denen der prozentuale Anteil fehlender Werte den angegebenen Wert übersteigt (eingestellt: 70). Der angegebene Wert muss eine positive Zahl kleiner oder gleich 100 sein.
PCTEQUAL=25 *Maximaler Prozentsatz der Fälle in einer einzelnen Kategorie* (gilt nur für kategoriale Variablen): Berichtet kategoriale Analysevariablen, bei denen der prozentuale Anteil der Fälle in einer einzelnen nichtfehlenden Kategorie den angegebenen Wert übersteigt (voreingestellt: 95). Der angegebene Wert muss eine positive Zahl kleiner oder gleich 100 sein. Der Prozentwert basiert auf Fällen der Variablen ohne Missings.
PCTUNEQUAL=10 *Maximaler Prozentsatz der Kategorien mit Anzahl 1* (gilt nur für kategoriale Variablen): Berichtet kategoriale Analysevariablen, bei denen der prozentuale Anteil der Kategorien der Variablen, die nur einen Fall enthalten, den angegebenen Wert übersteigt (voreingestellt: 90). Der angegebene Wert muss eine positive Zahl kleiner oder gleich 100 sein.
CV=0,5 *Minimaler Variationskoeffizient* (gilt nur für metrische Variablen): Berichtet metrische Analysevariablen, deren absoluter Wert des Variationskoeffizienten kleiner ist als der angegebene Wert (voreingestellt: 0,001). Diese Option betrifft nur Variablen mit einem Mit-

telwert ungleich Null. Der angegebene Wert muss eine nicht negative Zahl sein; 0 deaktiviert die Überprüfung des Variationskoeffizienten.
STDDEV=0,5 *Minimale Standardabweichung* (gilt nur für metrische Variablen): Berichtet metrische Analysevariablen, deren Standardabweichung kleiner als der angegebene Wert ist (voreingestellt: 0). Der angegebene Wert muss eine nicht negative Zahl sein; 0 deaktiviert die Überprüfung der Standardabweichung.

Nach **IDCHECKS** werden Einstellungen für die Überprüfung von Fallbezeichnern bzw. ID-Variablen vorgenommen. Falls keine Fallbezeichner unter ID= angegeben wurden, wird IDCHECKS ignoriert.
NONE An Fallbezeichnern bzw. ID-Variablen wird keine Überprüfung vorgenommen.
INCOMPLETE (voreingestellt) berichtet Fälle (Zeilen) mit unvollständigen Fallbezeichnern. Ein Fallbezeichner gilt als unvollständig, wenn ein Wert leer ist oder fehlt.
DUPLICATE (voreingestellt) berichtet Fälle (Zeilen) mit doppelten Fallbezeichnern. Unvollständige Fallbezeichner sind aus der Menge der möglichen Doppelten ausgeschlossen.

Nach **CASECHECKS** werden Einstellungen für die Überprüfung von leeren Fällen (Zeilen) im aktiven Datensatz vorgenommen.
REPORTEMPTY=YES (voreingestellt) überprüft und markiert alle leeren Fälle. REPORTEMPTY=NO unterdrückt die Überprüfung auf leere Fälle. Bei REPORTEMPTY=NO wird ebenfalls SCOPE ignoriert.
SCOPE=ANALYSISVARS verwendet alle angegebenen Analysevariablen zur Überprüfung auf leere Fälle (voreingestellt, falls Analysevariablen angegeben wurden). SCOPE=ALLVARS verwendet alle Variablen zur Überprüfung auf leere Fälle (voreingestellt, falls keine Analysevariablen angegeben wurden). Bei der SCOPE-Option ALLVARS werden ID-Variablen, SPLIT FILE-Variablen, sowie Regelergebnisvariablen bei der Überprüfung auf leere Fälle ignoriert. Ein Fall (Zeile) gilt dann als leer, wenn alle zur Überprüfung herangezogenen (Analyse)Variablen leer sind oder fehlen.

Nach **CASEREPORT** können Einstellungen für die Ausgabe eines Berichtes zu Regelverstößen einzelner Fälle (Zeilen) vorgenommen werden. CASEREPORT gilt nur dann, wenn Einstellungen auf den Registerkarten "Regeln für einzelne Variable" bzw. "Regeln für mehrere Variablen" vorgenommen wurden und dient der Anzeige von Verstößen gegen Regeln für einzelne bzw. mehrere Variablen. CASEREPORT wird ignoriert, falls keine Einstellungen auf diesen Registerkarten vorgenommen wurden (wie im obigen Beispiel). CASEREPORT wird in den Abschnitten 9.2.3.ff. detaillierter vorgestellt.

Ausgabe:

Daten validieren
Nach der Überschrift „Daten validieren“ wird das Ergebnis der grundlegenden Prüfungen angezeigt.

Warnungen

Einige oder alle der angeforderten Ausgaben werden nicht gezeigt, weil alle Fälle, Variablen oder Datenwerte die angeforderten Prüfungen bestanden haben.

Diese Warnung ist ein wünschenswertes Ergebnis. Dieser Hinweis besagt, dass alle oder einige der geprüften Variablen alle grundlegenden Prüfungen bestanden haben. Im Beispiel ist dies Variable ICRF, diese taucht in der Tabelle „Variablenprüfungen" nicht auf, obwohl sie überprüft wurde. Dieses Ergebnis besagt für ICRF jedoch nicht, dass diese Variable keine (weiteren) Fehler enthält (z.B. Doppelte).

Variablenprüfungen

Kategorial	Fehlende Fälle > 20	hxmd
	Konstante Fälle > 25	status hxmd icrfd
Skala	Fehlende Fälle > 20	icrfhilo
	Variationskoeffizient < 0.5	time

Jede Variable wird bei jeder Prüfung gemeldet, die sie nicht besteht.

Hinweis: Es werden nicht alle angewandten Überprüfungen angezeigt. Die Standardabweichung wird nicht angezeigt, wie auch der maximale Prozentsatz der Kategorien mit Anzahl 1, obwohl sie vorgegeben und angewandt wurden. Der Grund ist, weil alle überprüften Variablen u.a. diese beiden Prüfregeln einhalten. Es werden nur die Prüfregeln aufgeführt, gegen die verstoßen wurde zusammen mit den Variablen, die dagegen verstießen.

Der Tabelle „Variablenprüfungen" kann entnommen werden, welche Variablen den Überprüfungen unterzogen wurden (z.B. HXMD), von welchem Skalenniveau SPSS ausgeht (z.B. kategorial bei HXMD) und welche weiteren Einstellungen die grundlegenden Überprüfungen enthielten. Die Überprüfung „Fehlende Fälle" für die als kategorial interpretierte Variable HXMD war z.B. so eingestellt, dass ab einem Anteil von Missings über 20% eine Fehlermeldung ausgegeben wird.
Dieses Ergebnis besagt also, dass der Datensatz Fehler enthält. Die Variable HXMD enthält z.B. einen Anteil von Missings über 20%. Die Variable STATUS enthält z.B. einen Anteil von Konstanten über 25%. ICRF wird nicht aufgeführt, weil diese Variable die Prüfregeln einhält; dies bedeutet jedoch nicht, dass diese Variable 100% fehlerfrei ist. ICRF sowie auch die anderen Variablen können z.B. auch *andere als die überprüften Fehlerarten* enthalten (z.B. Doppelte). Die Tabelle „Variablenprüfungen" ist also immer *im Rahmen der untersuchten Variablen, vorgenommenen Überprüfungen und vorgegebenen Kriterien* zu interpretieren.

9.2 Laden und Anwenden vordefinierter Validierungsregeln für einzelne Variablen

SPSS ermöglicht den Zugriff auf zahlreiche vorgefertigte Validierungsregeln, die (auch beim ersten Mauszugriff erstmalig) aus der aus der mitgelieferten Datei „Predefined Validation Rules SPSS 14.0.sav“ im SPSS Installationsverzeichnis geladen werden müssen. SPSS unterscheidet dabei zwischen sog. Regeln zur Überprüfung einzelner Variablen (single-variable rules) und Regeln zur Überprüfung mehrerer Variablen (cross-variable rules). Bei cross-variable rules müssen mehrere Variablen bestimmte Bedingungen gleichzeitig einhalten, um keine Fehlermeldung auszulösen. Bei single-variable rules muss nur eine Variable bestimmte Bedingungen erfüllen.
Unter 9.2.1. wird der Zugriff per Maus, unter 9.2.2. bzw. 9.2.3. wird der Zugriff per VALIDATEDATA Syntax erläutert. Unter 9.3. wird das Anlegen und Ausführen eigener Regeln für einzelne Variablen (single-variable rules, u.a. für Datumsvariablen) per Syntax vorgestellt. Unter 9.4. wird das Anlegen und Ausführen eigener Regeln für mehrere Variablen (cross-variable rules, u.a. für Datumsvariablen) mit VALIDATEDATA Syntax vorgestellt.
Hinweis: Der (versehentliche) Zugriff auf andere Validierungsregeln überschreibt bereits vorhandene Verknüpfungen zwischen Variablen und Regeln. Ein naheliegender Schutz dagegen ist das Anlegen eines eigenen Prüfprogramms. Die Datei „Predefined Validation Rules SPSS 14.0.sav“ enthält derzeit keine Validierungsregeln für Datumsvariablen, sowie keine vordefinierten Validierungsregeln für mehrere Variablen (cross-variable rules).

9.2.1 Per Maus

Öffnen Sie den SPSS Datensatz „Mouse survival.sav“. Legen Sie eine Variable „ID“ an, z.B. über $CASENUM. Folgen Sie anschließend den weiteren Anweisungen:

Pfad: Daten → Validierung → Vordefinierte Regeln laden ...

Klicken Sie im erscheinenden Dialogfenster einfach auf OK.
SPSS lädt anschließend die vorgefertigte Validierungsregeln aus der Datei „Predefined Validation Rules SPSS 14.0.sav“. Alternativ kann der Assistent zum Kopieren von Dateneigenschaften verwendet werden, um Regeln aus einer beliebigen Datendatei zu laden.

Pfad: Daten → Validierung → Daten validieren...

Registerkarte „Variablen:
Ziehen Sie die Variable ID in das Feld „Fallbezeichnervariablen“.
Ziehen Sie alle verbleibenden Variablen in das Feld „Analysevariablen“.

Registerkarte „Grundlegende Prüfungen:
Nehmen Sie keine grundlegenden Überprüfungen an Analysevariablen vor. Entfernen Sie das Kreuz aus dem Feld „Variablen mit Fehlern in folgenden Prüfungen markieren". Entfernen Sie das Kreuz aus dem Feld „Leere Fälle markieren".

Registerkarte „Regeln für eine Variable:
Klicken Sie im Feld „Analysevariablen" auf die erste Variable, ICRF. Das Histogramm bzw. Minimum und Maximum sind unterstützende Informationen, um der Verteilungsform von ICRF leichter eine passende Regel zuweisen zu können (siehe unten).
Auf diese Informationen kann sogar verzichtet werden, wenn dem Anwender ein Codebuch vorliegt, das angibt, welche Verteilungseigenschaften die zu untersuchenden Variablen aufweisen müssten. Unter „Regeln" wird die Anzahl der Regeln angezeigt, die auf die betreffende Variable bereits angewendet werden. Enthält eine Variable noch den Wert „0", wurde dieser bislang (evtl. auch versehentlich) noch keine Regel zugewiesen. Benutzer- und systemdefinierte fehlende Werte sind nicht in den Zusammenfassungen enthalten.
Über das Auswahlfeld "Anzeige" links unterhalb des Auswahlfensters „Analysevariablen" kann die Anzeige aller Variablen auf numerische, String-Variablen oder Datumsvariablen eingegrenzt werden, was bei sehr großen Variablenmengen eine deutlich bessere Überschaubarkeit und eine spürbare Arbeitserleichterung sein kann. Dies funktioniert natürlich nur dann, falls ein Datensatz überhaupt gemischte Variablentypen enthält. Der Typ der Variablen im Datensatz hat ebenfalls einen Einfluss auf die angezeigten Regeln. Da der Datensatz „Mouse survival.sav" nur numerische Variablen enthält, werden Regeln für Stringvariablen im Auswahlfenster „Regeln" automatisch nicht angezeigt. – SPSS bietet bislang keine Regeln für Datumsvariablen. Spätere Kapitel werden jedoch zeigen, wie Anwender eigene Regeln für Datumsvariablen programmieren können. Regeln können daher aus zwei Gründen nicht angezeigt werden: Entweder die Regeln liegen nicht (mehr) in der Auswahl vor. Oder Regeln liegen vor, aber Daten weisen nicht das erforderliche Messniveau auf. – Dasselbe gilt für die „Anzeige": Je nach Anzeige werden nur Regeln aufgeführt, die für die ausgewählten Analysevariablen geeignet sind. Wurde z.B. „Numerische Variablen" ausgewählt, werden nur Regeln für numerische Variablen angezeigt. Wurde z.B. „String-Variablen" ausgewählt, werden nur Regeln für String-Variablen im Auswahlfenster angezeigt.
In der Ausgabe werden alle vorhandenen, also auch die nicht angeforderten Regeln, angezeigt. Eine solche Ausgabe erscheint zunächst recht unübersichtlich; daher wird zunächst nur die SPSS Ausgabe vorgestellt, bevor die VALIDATEDATA Syntax erläutert wird.

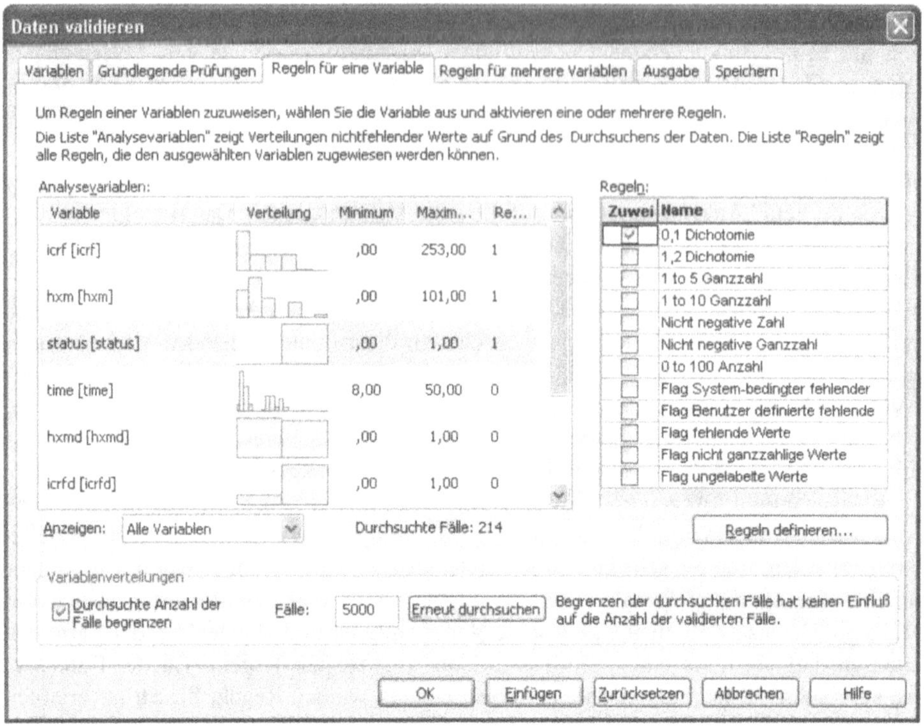

Beispiel
Variable **ICRF**: Aus einem Codebuch bzw. den Informationen aus Histogramm, sowie Minimum und Maximum schließen Sie, dass es sich bei der Variablen ICRF um eine positive, metrische und evtl. ganzzahlige Variable handeln müsste. Sie ordnen dieser Variablen daher nicht z.B. die Regeln „0,1 Dichotomie" oder „1,2 Dichotomie" zu, sondern stattdessen „Nicht negative Ganzzahl". Sobald Sie ein Kreuz in der Spalte „Zuweisung" (links vom Namen der Prüfregel) setzen, wird unter „Regeln" die Anzahl der Regeln um 1 hochgesetzt, in diesem Falle von 0 auf 1.
Variable **HXM**: Aus Codebuch bzw. den Informationen aus Histogramm, Minimum und Maximum schließen Sie, dass es sich bei der Variablen HXM um eine positive, metrische und evtl. ganzzahlige Variable handeln müsste. Sie ordnen dieser Variablen daher die Regel „1 zu 10 Ganzzahl" zu.
Variable **STATUS**: Sie weisen der Variablen STATUS die Regel „0,1 Dichotomie" zu. Variable **TIME**: Sie weisen der Variablen STATUS die Regel „Nicht negative Ganzzahl" zu. Variablen **HXMD** bzw. **ICRFD**: Sie weisen diesen Variablen die Regel „0,1 Dichotomie" zu. Variablen **ICRFSQ, HMXSQ** bzw. **IRFHILO**: Sie weisen diesen Variablen die Regel „Nicht negative Ganzzahl" zu.

Registerkarte „Ausgabe":
Wurden Validierungsregeln für eine oder mehrere Variablen zugewiesen, kann mittels der Registerkarte „Ausgabe" ein Bericht angefordert werden, der die Verstöße gegen Validierungsregeln nach Fällen, Analysevariablen bzw. Validierungsregel protokolliert.

„Fallweiser Bericht“.
Markieren Sie „Verletzungen der Validierungsregeln nach Fall aufführen“.
„Mindestanzahl der Verletzungen, damit ein Fall enthalten ist“: Damit wird die Mindestanzahl der Verstöße gegen die Validierungsregeln angegeben, damit ein Fall in den Bericht aufgenommen wird. Geben Sie „1“ ein.
„Höchstanzahl der Fälle im Bericht“: Geben Sie „10“ ein. Für sehr große Datenmengen und gleichzeitig häufigen Verstößen gegen Validierungsregeln kann die Ausgabe u.U. unüberschaubar werden. Das näherungsweise Setzen von Parametern ist empfehlenswert.

„Validierungsregeln für eine Variable“:
Markieren Sie „Verletzungen nach Analysevariable zusammenfassen“. Damit werden pro Analysevariable alle verletzten Validierungsregeln ausgegeben, sowie die Anzahl der Werte, die gegen die einzelnen Regeln verstießen, und die Gesamtzahl der Regelverstöße (bei mehreren Regeln).
Markieren Sie „Verletzungen nach Regel zusammenfassen“. Damit werden pro Validierungsregel alle Analysevariablen ausgegeben, die gegen die Regel verstießen, sowie die Anzahl der ungültigen Werte pro Variable und die Gesamtanzahl aller Regelverstöße (bei mehreren Variablen).
Markieren Sie *nicht* „Deskriptive Statistik für Analysevariablen anzeigen“.
Markieren Sie *nicht* „Fälle, die Validierungsregeln verletzen, an den Anfang der Arbeitsdatei verschieben.“
Starten Sie die Datenprüfung mit „OK“.

Ausgabe:

Daten validieren
Nach der Überschrift „Daten validieren“ wird das Ergebnis des Anwendens von Regeln auf einzelne Variablen angezeigt

Regeln für eine Variable
Die Tabelle „Regelbeschreibung“ beschreibt die *Regeln*, gegen die verstoßen wurde. Die Tabelle „Variablenauswertung“ gibt die *Variablen* wieder, die mindestens gegen eine Regel verstießen. Die Tabelle „Fallbericht“ listet die *Fälle* auf, die mindestens gegen eine Regel verstießen.

Regelbeschreibung

Regel	Beschreibung
1 to 10 Ganzzahl	Typ: Numerisch Domäne: Bereich Benutzerdefinierte fehlende Werte markieren: Nein Systemdefiniert fehlende Werte markieren: Nein Minimum: 1 Maximum: 10 Werte ohne Label im Bereich markieren: Nein Nicht-ganzzahlige Werte im Bereich markieren: Ja $VD.SRule[4]: Regel
Nicht negative Ganzzahl	Typ: Numerisch Domäne: Bereich Benutzerdefinierte fehlende Werte markieren: Nein Systemdefiniert fehlende Werte markieren: Nein Minimum: 0 Werte ohne Label im Bereich markieren: Nein Nicht-ganzzahlige Werte im Bereich markieren: Ja $VD.SRule[6]: Regel

Es werden alle Regeln gezeigt, die mindestens einmal verletzt wurden.

Die Tabelle „Regelbeschreibung" beschreibt die Regeln, gegen die verstoßen wurde. Der Vorzug dieser Darstellungsweise ist natürlich, dass man schnell einen ersten Überblick über die Qualität der untersuchten Daten gewinnt. Die Tabelle „Regelbeschreibung" gibt nicht diejenigen Regeln an, die eingehalten wurden. Der Nachteil ist somit natürlich, dass man in Form dieser Ausgabe nicht weiß, welchen Fehler man bereit war in Kauf zu nehmen. Eingehaltene und damit nicht angezeigte Regeln bedeuten ja nicht notwendigerweise, dass die Daten fehlerfrei sind (siehe oben).

Im Folgenden sollen die Eigenschaften einer Regel exemplarisch an der ersten Regel, $VD.SRule[4], erläutert werden; für Details sei vorab auf die Erläuterung der VALIDATEDATA Syntax für Regeln unter 9.2.3. verwiesen. *Typ: Numerisch* weist diese Regel nur numerischen Variablen zu. *Domäne*: Bereich überprüft die Zielwerte in Form eines Bereiches (Ranges). *Benutzer- bzw. systemdefiniert fehlende Werte markieren: Nein* verhindert, dass anwender- bzw. system-definierte Missings als ungültig angezeigt werden. *Minimum: 1 bzw. Maximum: 10* bezeichnen die Extrempunkte des zulässigen Ranges. *Werte ohne Label im Bereich markieren: Nein* verhindert, dass Werte ohne Labels als ungültig markiert werden. *Nicht-ganzzahlige Werte im Bereich markieren: Ja* bewirkt, dass nicht-ganzzahlige Werte als ungültig markiert werden. *$VD.SRule[4]: Regel* gibt den Namen dieser Regel wieder; links wird das Label angegeben, „1 to 10 Ganzzahl".

Variablenauswertung

	Regel	Anzahl der Verletzungen
icrf	Nicht negative Ganzzahl	40
	Gesamt	40
hxm	1 to 10 Ganzzahl	214
	Gesamt	214
icrfsq	Nicht negative Ganzzahl	40
	Gesamt	40
hmxsq	Nicht negative Ganzzahl	40
	Gesamt	40
icrfhilo	Nicht negative Ganzzahl	40
	Gesamt	40

Die Tabelle „Variablenauswertung" gibt die Variablen wieder, die mindestens gegen eine Regel verstießen. Zusätzlich wird mit angegeben, gegen welche Regel sie verstießen und wie oft diese Variable gegen die betreffende Regel verstieß. Die Variable HXM verstieß z.B. gegen die Regel „1 to 10 Ganzzahl" (zur Definition siehe die Tabelle „Regelbeschreibung"). Unter „Anzahl der Verletzungen" wird die Anzahl der Verstöße gegen die betreffende Regel wiedergegeben. HXM verstößt z.B. 214mal gegen die Regel „1 to 10 Ganzzahl". Falls auf eine Variable mehrere Prüfregeln angewandt wurden, wird unter „Gesamt" die Summe der Verstöße der Variablen gegen alle angewandten Regeln angegeben.

Die Erklärung dieses Befunds bei HXM ist einfach: Die Variable HXM ist zwar ganzzahlig, die Werte liegen jedoch ausschließlich außerhalb des Ranges von 1 bis 10. Man könnte ein solches Ergebnis somit auch heranziehen, um die Angemessenheit der angewandten Regel gegenzuprüfen. So gesehen erscheint die Anwendung der Regel „1 to 10 Ganzzahl" auf die Variable HXM nicht angemessen.

Fallbericht[b]

Fall	Verletzungen von Eine Variable[a]
1	1 to 10 Ganzzahl (1)
2	1 to 10 Ganzzahl (1)
3	1 to 10 Ganzzahl (1)
4	1 to 10 Ganzzahl (1)
5	1 to 10 Ganzzahl (1)
6	1 to 10 Ganzzahl (1)
7	1 to 10 Ganzzahl (1)
8	1 to 10 Ganzzahl (1)
9	1 to 10 Ganzzahl (1)
10	1 to 10 Ganzzahl (1)

a. Nach jeder Regel wird die Anzahl der Variablen gezeigt, die die Regel verletzt haben.

b. Es sind mehr als 10 Fälle mit Verletzungen von Validierungsregeln aufgetreten. Es werden nur die ersten 10 gezeigt.

Die Tabelle „Fallbericht" listet die Fälle auf, die mindestens gegen eine Regel verstießen und dazu die Prüfregel, gegen die der jeweils aufgelistete Fall verstieß. Mit „Fall" ist die Zeilennummer gemeint; wäre eine ID-Variable angegeben worden, würde diese explizit als Spalte mit der Überschrift „Identifizierung" ausgegeben werden. Nach der jew. Prüfregel wird in der Klammer angegeben, wie häufig die untersuchten Variablen insgesamt gegen die betreffende Regel verstießen. Für die erste Zeile bedeutet dies, dass die untersuchten Variablen bei Fall 1 nur einmal gegen die Regel „1 to 10 Ganzzahl" verstießen. Aus der Tabelle „Variablenauswertung" ist bekannt, dass es sich hier ausschließlich um die Variable HXM handelt. Würden mehrere untersuchte Variablen gegen die Regel „1 to 10 Ganzzahl" verstoßen, wäre die Tabelle weniger einfach zu interpretieren. Aufgrund der vorgenommenen Voreinstellungen listet die Tabelle „Fallbericht" nur die ersten zehn Fälle auf, die mindestens gegen eine Regel verstießen; es sind somit mehr als zehn Fälle mit Regelverstößen aufgetreten.

9.2.2 Per Syntax

Für eine bessere Überschaubarkeit sind die entsprechenden Abschnitte im Programm mit Ziffern versehen; die so bezeichneten Programmabschnitte werden im Abschnitt 9.2.3. erläutert. Für Programmiertipps sei vorab auf 9.3, 9.4., sowie 9.5. hingewiesen.

Syntax

** (1) Öffnen des SPSS Datensatzes „Mouse survival.sav". *.*

```
GET
  FILE='C:\Programme\SPSS\Mouse survival.sav'.
```

** (2) Vorbereiten weiterer Variablen. *.*

```
compute ID=$casenum.
exe.
VARIABLE LEVEL
icrf hxm status time icrfsq hmxsq icrfhilo (SCALE)
/ status hxmd icrfd  (NOMINAL) .
```

** (3) Laden der Prüfregeln aus „Predefined Validation Rules SPSS 14.0.sav". *.*
** Vorgang: Vordefinierte Regeln laden ... *.*

```
APPLY DICTIONARY FROM
'C:\Programme\SPSS\Predefined Validation Rules SPSS 14.0.sav'
  /FILEINFO ATTRIBUTES=MERGE
  /VARINFO.
```

** (4) Vorhandene Verknüpfungen zwischen Variablen und Regeln löschen. *.*

```
VARIABLE ATTRIBUTE VARIABLES=ALL DELETE=$VD.SRuleRef.
```

** (5) Anwenden der mausgesteuert angewandten Prüfregeln. *.*
** Vorgang: Daten validieren... *.*

** (6) Vorhandene Validierungsregeln für eine Variable löschen. *.*

```
DATAFILE ATTRIBUTE DELETE=$VD.SRule.
```

** (7) Vorhandene Verknüpfungen zwischen Variablen und Regeln löschen. *.*

```
VARIABLE ATTRIBUTE  VARIABLES=ALL  DELETE=$VD.SRuleRef.
```

** (8) Validierungsregeln für eine Variable (erneut) definieren. *.*
** Alle aktuell implementierten Regeln ($VD.SRule[1] bis [24]) werden angezeigt. *.*

```
DATAFILE
ATTRIBUTE ATTRIBUTE=

$VD.SRule[1]("Label='0,1 Dichotomie', Type='Numeric',
              Domain='List', FlagUserMissing='No',
              FlagSystemMissing='No', FlagBlank='No',
              CaseSensitive='No', List='0' '1")
```

```
$VD.SRule[2]("Label='1,2 Dichotomie', Type='Numeric',
             Domain='List', FlagUserMissing='No',
             FlagSystemMissing='No', FlagBlank='No',
             CaseSensitive='No',List='1' '2' ")


$VD.SRule[3]("Label='1 to 5 Ganzzahl', Type='Numeric',
             Domain='Range', Minimum='1', Maximum='5',
             FlagUserMissing='No', FlagSystemMissing='No',
             FlagBlank='No', FlagNoninteger='Yes',
             FlagUnlabeled='No' ")


$VD.SRule[4]("Label='1 to 10 Ganzzahl', Type='Numeric',
             Domain='Range', Minimum='1', Maximum='10',
             FlagUserMissing='No', FlagSystemMissing='No',
             FlagBlank='No', FlagNoninteger='Yes',
             FlagUnlabeled='No' ")


$VD.SRule[5]("Label='Nicht negative Zahl', Type='Numeric',
             Domain='Range', Minimum='0', Maximum='',
             FlagUserMissing='No', FlagSystemMissing='No',
             FlagBlank='No', FlagNoninteger='No',
             FlagUnlabeled='No' ")


$VD.SRule[6]("Label='Nicht negative Ganzzahl', Type='Numeric',
             Domain='Range', Minimum='0', Maximum='',
             FlagUserMissing='No', FlagSystemMissing='No',
             FlagBlank='No', FlagNoninteger='Yes',
             FlagUnlabeled='No' ")


$VD.SRule[7]("Label='0 to 100 Anzahl', Type='Numeric',
             Domain='Range', Minimum='0', Maximum='100',
             FlagUserMissing='No', FlagSystemMissing='No',
             FlagBlank='No', FlagNoninteger='No',
             FlagUnlabeled='No' ")


$VD.SRule[8]("Label='Flag System-bedingter fehlender Wert',
             Type='Numeric', Domain='Range', Minimum='',
             Maximum='', FlagUserMissing='No',
             FlagSystemMissing='Yes', FlagBlank='No',
             FlagNoninteger='No', FlagUnlabeled='No' ")
```

```
$VD.SRule[9]("Label='Flag Benutzer definierte fehlende Werte',
             Type='Numeric', Domain='Range', Minimum='',
             Maximum='', FlagUserMissing='Yes',
             FlagSystemMissing='No', FlagBlank='No',
             FlagNoninteger='No', FlagUnlabeled='No' ")


$VD.SRule[10]("Label='Flag fehlende Werte', Type='Numeric',
              Domain='Range', Minimum='', Maximum='',
              FlagUserMissing='Yes', FlagSystemMissing='Yes',
              FlagBlank='No', FlagNoninteger='No',
              FlagUnlabeled='No' ")


$VD.SRule[11]("Label='Flag nicht ganzzahlige Werte',
              Type='Numeric', Domain='Range', Minimum='',
              Maximum='', FlagUserMissing='No',
              FlagSystemMissing='No', FlagBlank='No',
              FlagNoninteger='Yes', FlagUnlabeled='No' ")


$VD.SRule[12]("Label='Flag ungelabelte Werte', Type='Numeric',
              Domain='Range', Minimum='', Maximum='',
              FlagUserMissing='No', FlagSystemMissing='No',
              FlagBlank='No', FlagNoninteger='No',
              FlagUnlabeled='Yes' ")


$VD.SRule[13]("Label='Geschlecht (1 Zeichen)', Type='String',
              Domain='List', FlagUserMissing='No',
              FlagSystemMissing='No', FlagBlank='No',
              CaseSensitive='No', List='M' 'W' ")


$VD.SRule[14]("Label='Geschlecht (voll)', Type='String',
              Domain='List', FlagUserMissing='No',
              FlagSystemMissing='No', FlagBlank='No',
              CaseSensitive='No',List='männlich' 'weiblich'")


$VD.SRule[15]("Label='Wochentag (3 Zeichen)', Type='String',
              Domain='List', FlagUserMissing='No',
              FlagSystemMissing='No', FlagBlank='No',
              CaseSensitive='No', List='Mon' 'Die' 'Mit'
             'Don' 'Fre' 'Sam' 'Son' ")
```

```
$VD.SRule[16]("Label='Wochentag (voll)', Type='String',
               Domain='List', FlagUserMissing='No',
               FlagSystemMissing='No', FlagBlank='No',
               CaseSensitive='No',
List='Montag' 'Dienstag' 'Mittwoch' 'Donnerstag' 'Freitag'
'Samstag' 'Sonntag' ")


$VD.SRule[17]("Label='Monat (3 Zeichen)', Type='String',
               Domain='List', FlagUserMissing='No',
               FlagSystemMissing='No', FlagBlank='No',
               CaseSensitive='No',
List='Jan' 'Feb' 'Mär' 'Apr' 'Mai' 'Jun' 'Jul' 'Aug' 'Sep'
'Okt' 'Nov' 'Dez' ")


$VD.SRule[18]("Label='Monat (voll)', Type='String',
               Domain='List', FlagUserMissing='No',
               FlagSystemMissing='No', FlagBlank='No',
               CaseSensitive='No',
List='Januar' 'Februar' 'März' 'April' 'Mai' 'Juni' 'Juli'
'August' 'September' 'Oktober' 'November' 'Dezember' ")


$VD.SRule[19]("Label='U.S. Bundesstaaten (2 Zeichen)',
               Type='String', Domain='List',
               FlagUserMissing='No', FlagSystemMissing='No',
               FlagBlank='No', CaseSensitive='No',
List='AL' 'AK' 'AZ' 'AR' 'CA' 'CO' 'CT' 'DE' 'FL' 'GA' 'HI'
'ID' 'IL' 'IN' 'IA' 'KS' 'KY' 'LA' 'ME' 'MD' 'MA' 'MI' 'MN'
'MS' 'MO' 'MT' 'NE' 'NV' 'NH' 'NJ' 'NM' 'NY' 'NC' 'ND' 'OH'
'OK' 'OR' 'PA' 'RI' 'SC' 'SD' 'TN' 'TX' 'UT' 'VT' 'VA' 'WA'
'WV' 'WI' 'WY' ")


$VD.SRule[20]("Label='U.S. Bundesstaaten (voll)',
               Type='String', Domain='List',
               FlagUserMissing='No', FlagSystemMissing='No',
               FlagBlank='No', CaseSensitive='No',
List='Alabama' 'Alaska' 'Arizona' 'Arkansas' 'California'
'Colorado' 'Connecticut' 'Delaware' 'Florida' 'Georgia'
'Hawaii' 'Idaho' 'Illinois' 'Indiana' 'Iowa' 'Kansas'
'Kentucky' 'Louisiana' 'Maine' 'Maryland' 'Massachusetts'
'Michigan' 'Minnesota' 'Mississippi' 'Missouri' 'Montana'
```

```
'Nebraska' 'Nevada' 'New Hampshire' 'New Jersey' 'New Mexico'
'New York' 'North Carolina' 'North Dakota' 'Ohio' 'Oklahoma'
'Oregon' 'Pennsylvania' 'Rhode Island' 'South Carolina'
'South Dakota' 'Tennessee' 'Texas' 'Utah' 'Vermont' 'Virginia'
'Washington' 'West Virginia' 'Wisconsin' 'Wyoming' ")


$VD.SRule[21]("Label='Provinzen Kanada (2 Zeichen)',
              Type='String', Domain='List',
              FlagUserMissing='No', FlagSystemMissing='No',
              FlagBlank='No', CaseSensitive='No',
List='AB' 'BC' 'MB' 'NB' 'NL' 'NT' 'NS' 'NU' 'ON' 'PE' 'QC'
'SK' 'YT' ")


$VD.SRule[22]("Label='Provinzen Kanada (voll)', Type='String',
              Domain='List', FlagUserMissing='No',
              FlagSystemMissing='No', FlagBlank='No',
              CaseSensitive='No',
List='Alberta' 'British Columbia' 'Manitoba' 'New Brunswick'
'Newfoundland and Labrador' 'Northwest Territories'
'Nova Scotia' 'Nunavut' 'Ontario' 'Prince Edward Island'
'Quebec' 'Saskatchewan' 'Yukon' ")


$VD.SRule[23]("Label='UK post codes', Type='String',
              Domain='List', FlagUserMissing='No',
              FlagSystemMissing='No', FlagBlank='No',
              CaseSensitive='No',
List='AB' 'AL' 'B' 'BA' 'BB' 'BD' 'BH' 'BL' 'BN' 'BR' 'BS'
'BT' 'CA' 'CB' 'CF' 'CH' 'CM' 'CO' 'CR' 'CT' 'CV' 'CW' 'DA'
'DD' 'DE' 'DG' 'DH' 'DL' 'DN' 'DT' 'DY' 'E' 'EC' 'EH' 'EN'
'EX' 'FK' 'FY' 'G' 'GL' 'GU' 'GY' 'HA' 'HD' 'HG' 'HP' 'HR'
'HS' 'HU' 'HX' 'IG' 'IM' 'IP' 'IV' 'JE' 'KA' 'KT' 'KW' 'KY'
'L' 'LA' 'LD' 'LE' 'LL' 'LN' 'LS' 'LU' 'M' 'ME' 'MK' 'ML' 'N'
'NE' 'NG' 'NN' 'NP' 'NR' 'NW' 'OL' 'OX' 'PA' 'PE' 'PH' 'PL'
'PO' 'PR' 'RG' 'RH' 'RM' 'S' 'SA' 'SE' 'SG' 'SK' 'SL' 'SM'
'SN' 'SO' 'SP' 'SR' 'SS' 'ST' 'SW' 'SY' 'TA' 'TD' 'TF' 'TN'
'TQ' 'TR' 'TS' 'TW' 'UB' 'W' 'WA' 'WC' 'WD' 'WF' 'WN' 'WR'
'WS' 'WV' 'YO' 'ZE'")
```

```
$VD.SRule[24]("Label='UK social class designation',
                Type='String', Domain='List',
                FlagUserMissing='No', FlagSystemMissing='No',
                FlagBlank='No', CaseSensitive='No',
List='A' 'B' 'C1' 'C2' 'D' 'E' ").
```

** (9) Verknüpfungen zwischen Variablen und Regeln (erneut) definieren; es werden *.*
** nur die ausgewählten Regeln mit den betreffenden Analysevariablen aktualisiert . *.*

```
VARIABLE ATTRIBUTE

VARIABLES=status
     ATTRIBUTE=$VD.SRuleRef[1]("Rule='$VD.SRule[1]',
     OutcomeVar='@01Dichotomie_status_'")

/VARIABLES=icrfhilo
      ATTRIBUTE=$VD.SRuleRef[1]("Rule='$VD.SRule[6]',
      OutcomeVar='NichtnegativeGanzzahl_icrfhilo_' ")

/VARIABLES=hxmd
      ATTRIUTE=$VD.SRuleRef[1]("Rule='$VD.SRule[1]',
      OutcomeVar='@01Dichotomie_hxmd_' ")

/VARIABLES=hxm
      ATTRIUTE=$VD.SRuleRef[1]("Rule='$VD.SRule[4]',
      OutcomeVar='@1to10Ganzzahl_hxm_' ")

/VARIABLES=hmxsq
      ATTRIBUTE=$VD.SRuleRef[1]("Rule='$VD.SRule[6]',
      OutcomeVar='NichtnegativeGanzzahl_hmxsq_' ")

/VARIABLES=icrfsq
      ATTRIBUTE=$VD.SRuleRef[1]("Rule='$VD.SRule[6]',
      OutcomeVar='NichtnegativeGanzzahl_icrfsq_' ")

/VARIABLES=time
      ATTRIBUTE=$VD.SRuleRef[1]("Rule='$VD.SRule[6]',
      OutcomeVar='NichtnegativeGanzzahl_time_' ")

/VARIABLES=icrfd
      ATTRIBUTE=$VD.SRuleRef[1]("Rule='$VD.SRule[1]',
      OutcomeVar='@01Dichotomie_icrfd_' ")

/VARIABLES=icrf
      ATTRIBUTE=$VD.SRuleRef[1]("Rule='$VD.SRule[6]',
      OutcomeVar='NichtnegativeGanzzahl_icrf_' ") .
```

```
TEMPORARY.
```

** (10) 1 to 10 Ganzzahl. *.*

```
COMPUTE @1to10Ganzzahl_hxm_ =
       NOT(VALUE(hxm)>=1 AND VALUE(hxm)<=10 AND
       VALUE(hxm)=TRUNC(VALUE(hxm)) OR MISSING(hxm)).
```

** (11) 0,1 Dichotomie. *.*

```
COMPUTE @01Dichotomie_hxmd_ =
       NOT(ANY(VALUE(hxmd),0,1) OR  MISSING(hxmd)).
COMPUTE @01Dichotomie_icrfd_ =
       NOT(ANY(VALUE(icrfd),0,1) OR MISSING(icrfd)).
COMPUTE @01Dichotomie_status_ =
       NOT(ANY(VALUE(status),0,1) OR MISSING(status)).
```

** (12) Nicht negative Ganzzahl. *.*

```
DO REPEAT
      #OV=NichtnegativeGanzzahl_hmxsq_
          NichtnegativeGanzzahl_icrfhilo_
          NichtnegativeGanzzahl_icrf_
          NichtnegativeGanzzahl_time_
          NichtnegativeGanzzahl_icrfsq_
     /#IV=hmxsq icrfhilo icrf time icrfsq.
COMPUTE #OV=NOT(VALUE(#IV)>=0 AND
        VALUE(#IV)=TRUNC(VALUE(#IV)) OR MISSING(#IV)).
END REPEAT.
```

** (13) Ergebnisvariablen für Regeln im SPSS-Datenlexikon entsprechend kennzeichnen *.*

```
VARIABLE ATTRIBUTE
          VARIABLES=@1to10Ganzzahl_hxm_    TO
          NichtnegativeGanzzahl_icrfsq_
   ATTRIBUTE=$VD.RuleOutcomeVar("Yes").
```

** (14) Daten validieren *.*

```
VALIDATEDATA
  VARIABLES=icrf hxm status time hxmd icrfd
           icrfsq hmxsq icrfhilo
 /VARCHECKS STATUS=OFF
 /CASECHECKS REPORTEMPTY=NO
 /CASEREPORT DISPLAY=YES MINVIOLATIONS=1 CASELIMIT=FIRSTN(10)
 /RULESUMMARIES BYVARIABLE BYRULE.
```

9.2.3 Erläuterung der VALIDATEDATA Syntax

Abschnitt (1):
Öffnen des SPSS Datensatzes „Mouse survival.sav".

Abschnitt (2):
Vorbereiten weiterer Variablen.

Eine ID-Variable wird angelegt. Mittels VARIABLE LEVEL werden die Variablen ICRF usw. als metrisch definiert und die Variablen STATUS, HXMD und ICRFD als nominal.

Abschnitt (3):
Laden der Prüfregeln aus „Predefined Validation Rules SPSS 14.0.sav".

Über APPLY DICTIONARY FROM werden die Prüfregeln aus „Predefined Validation Rules SPSS 14.0.sav" in den geöffneten Datensatz „Mouse survival.sav" geladen. FILEINFO ATTRIBUTES=MERGE verbindet globale Attribute der Dateidefinition mit dem aktiven Datensatz „Mouse survival.sav". VARINFO wendet Attribute der Variablendefinition (z.B. für Strings) auf passende (String)Variablen im aktiven Datensatz an.

Abschnitt (4):
Vorhandene Verknüpfungen zwischen Variablen und Regeln löschen.

Die Attributliste "$VD.SRuleRef" wird für alle Variablen (VARIABLES=ALL) mittels VARIABLE ATTRIBUTE und des Schlüsselworts DELETE gelöscht. „$VD.SRuleRef" bezeichnet nicht ein einzelnes Attribut, sondern eine Attributliste, in diesem Fall eine bereits möglicherweise vorhandene Liste von Verlinkungen von Regeln mit einzelnen Variablen. Alle Attribute mit dem Namensteil „$VD.SRuleRef" werden gelöscht, z.B. $VD.SRuleRef[1], $VD.SRuleRef[2], usw. Am Beginn der Bezeichnung mit einem $-Zeichen ist zu erkennen, dass die Attributliste für die SPSS-interne Verwendung reserviert ist.

Abschnitt (5):
Anwenden der mausgesteuert angewandten Prüfregeln.
Vorgang: Daten validieren...

Abschnitt (6):
Vorhandene Validierungsregeln für eine Variable löschen.

Über DATAFILE ATTRIBUTE DELETE= wird die Attributliste $VD.SRule gelöscht, die dem aktiven Datensatz bislang zugewiesen war. $VD.SRule bezeichnet eine Liste von Regeln für einzelne Variablen. Alle Attribute mit dem Namensteil „$VD.SRule" werden gelöscht, z.B. $VD.SRule[1], $VD.SRule[2], usw. (vgl. 8).

Abschnitt (7):
Vorhandene Verknüpfungen zwischen Variablen und Regeln löschen.

Die Attributliste "$VD.SRuleRef" wird für alle Variablen (VARIABLES=ALL) gelöscht. SPSS gibt diese Anweisung ein zweites mal aus (vgl. 4).

Abschnitt (8):
Validierungsregeln für eine Variable (erneut) definieren.
Alle aktuell implementierten Regeln ($VD.SRule[1] bis [24]) werden angezeigt.

Über DATAFILE ATTRIBUTE ATTRIBUTE= werden die konkreten Regeln $VD.SRule[1] bis $VD.SRule [24], die dem aktiven Datensatz zugewiesen wurden, erneut in Form von Attributlisten definiert. Gleichlautende spätere Attributlisten übernehmen immer auch die Elemente früherer Listen. Die späteren Attributlisten enthalten somit immer auch die Elemente der früheren Attributlisten. Die Prüfregeln werden im Detail wiedergegeben, damit der Anwender beurteilen kann, ob die Art und Weise der Datenvalidierung seinen Anforderungen gerecht wird. Zusätzlich können die so wiedergegebenen Prüfregeln das Anpassen bzw. Entwickeln eigener Prüfregeln anregen.
Stellvertretend für alle 24 ausgegebenen Regeln sollen nicht alle, sondern nur vier Regeln (Attributlisten) im Detail vorgestellt werden. Für metrische Variablen werden die Regeln $VD.SRule[1] und $VD.SRule[3] vorgestellt; für String-Variablen werden die Regeln $VD.SRule[16] und $VD.SRule[18] vorgestellt. Die Datei „Predefined Validation Rules SPSS 14.0.sav" enthält derzeit keine Validierungsregeln für Datumsvariablen.

Beispiel: Regel „0,1 Dichotomie"
Die Regel „0,1 Dichotomie" überprüft eine numerische Variable daraufhin, ob sie ausschließlich die Werte 0 und 1 enthält; jeder andere Wert wird als Fehler ausgegeben.

```
$VD.SRule[1]("Label='0,1 Dichotomie', Type='Numeric',
             Domain='List', FlagUserMissing='No',
             FlagSystemMissing='No', FlagBlank='No',
             CaseSensitive='No',List='0' '1' ")
```

„$VD.SRule[1]" bezeichnet den Attributnamen für eine erste Regel für einzelne Variablen. Im Klammerausdruck bzw. innerhalb von Apostrophen wird die konkrete Regel spezifiziert. Die Abfolge der Eigenschaften ist unerheblich. Label= bezeichnet die Regel: „0,1 Dichotomie". Type='Numeric' weist diese Regel nur numerischen Variablen zu. Domain='List' erlaubt, die Referenzwerte für den Prüfbereich in Form einer Liste anzugeben, im Beispiel als Auflisten von 0 und 1 nach LIST=. FlagUserMissing='No' verhindert, dass anwenderdefinierte Missings als ungültig angezeigt werden. FlagSystemMissing='No' verhindert, dass system-definierte Missings als ungültig angezeigt werden. FlagBlank='No' verhindert, dass fehlende Werte bei Strings (‚Blanks') als ungültig angezeigt werden. CaseSensitive='No' besagt, dass bei der Datenprüfung die Groß-/Kleinschreibung nicht relevant ist. Nach List= werden die Referenzwerte aufgeführt (auch bei Regeln für metrische Variablen werden die Referenzwerte in Anführungszeichen aufgelistet).

Beispiel: Regel „1 to 5 Ganzzahl"
Die Regel „1 to 5 Ganzzahl" überprüft eine numerische Variable daraufhin, ob sie ausschließlich ganzzahlige Werte zwischen 1 und 5 enthält. Jede Abweichung von dieser Regel

(nichtganzzahlige Werte bzw. Werte kleiner als 1 bzw. größer als 5) wird als Fehler ausgegeben.

```
$VD.SRule[3]("Label='1 to 5 Ganzzahl', Type='Numeric',
             Domain='Range', Minimum='1', Maximum='5',
             FlagUserMissing='No', FlagSystemMissing='No',
             FlagBlank='No', FlagNoninteger='Yes',
             FlagUnlabeled='No' ")
```

„$VD.SRule[3]" bezeichnet den Attributnamen für die dritte Regel für einzelne Variablen. Label= bezeichnet die Regel mit „1 to 5 Ganzzahl". Type='Numeric' weist diese Regel nur numerischen Variablen zu. Domain='Range' erlaubt, die Zielwerte in Form eines Ranges anzugeben. Minimum= bzw. Maximum= bezeichnen die Extrempunkte des zulässigen Ranges, im Beispiel von 1 bis 5 jew. inkl. FlagUserMissing='No' bzw. FlagSystemMissing='No' verhindern, dass anwender- bzw. system-definierte Missings als ungültig angezeigt werden. FlagBlank='No' verhindert, dass fehlende Werte bei Strings (‚Blanks') als ungültig angezeigt werden. FlagNoninteger='No' bewirkt, dass nichtganzzahlige Werte nicht als ungültig markiert werden. FlagUnlabeled='No' bewirkt, dass Werte ohne Labels nicht als ungültig markiert werden.

Beispiel: Regel „Wochentag (voll)"
Die Regel „Wochentag (voll)" überprüft eine String-Variable daraufhin, ob sie ausschließlich Wochentage in Form von „Montag", „Dienstag" usw. enthält; jede abweichende Schreibweise wird als Fehler ausgegeben.

```
$VD.SRule[16]("Label='Wochentag (voll)', Type='String',
              Domain='List', FlagUserMissing='No',
              FlagSystemMissing='No', FlagBlank='No',
              CaseSensitive='No',
List='Montag' 'Dienstag' 'Mittwoch' 'Donnerstag' 'Freitag'
     'Samstag' 'Sonntag' ")
```

„$VD.SRule[16]" bezeichnet den Attributnamen für die 16. Regel für einzelne Variablen. Label= bezeichnet die Regel mit „Label='Wochentag (voll)". Type='String' weist diese Regel nur String-Variablen zu. Domain='List' erlaubt, die Referenzwerte für die Überprüfung in Form einer Liste anzugeben, im Beispiel als Auflisten der einzelnen Wochentage. FlagUserMissing='No' bzw. FlagSystemMissing='No' verhindern, dass anwender- bzw. system-definierte Missings als ungültig angezeigt werden. FlagBlank='No' verhindert, dass fehlende Werte bei Strings (‚Blanks') als ungültig angezeigt werden. CaseSensitive='No' besagt, dass bei der Datenprüfung die Groß-/Kleinschreibung nicht relevant ist. Nach List= werden die Referenzwerte aufgeführt (bei Regeln für Strings werden die Referenzwerte in Anführungszeichen gesetzt).

Beispiel: Regel „Monat (voll)"
Die Regel „Monat (voll)" überprüft eine String-Variable daraufhin, ob sie ausschließlich Monatsangaben in Form von „Januar", „Februar" usw. enthält; jede abweichende Schreibweise wird als Fehler ausgegeben.

```
$VD.SRule[18]("Label='Monat (voll)', Type='String',
                Domain='List', FlagUserMissing='No',
                FlagSystemMissing='No', FlagBlank='No',
                CaseSensitive='No',
List='Januar' 'Februar' 'März' 'April' 'Mai' 'Juni' 'Juli'
     'August' 'September' 'Oktober' 'November' 'Dezember' ")
```

„$VD.SRule[18]" bezeichnet den Attributnamen für die 18. Regel für einzelne Variablen. Label= bezeichnet die Regel mit „Label='Monat (voll)". Type='String' weist diese Regel nur String-Variablen zu. Domain='List' erlaubt, die Referenzwerte für die Überprüfung in Form einer Liste anzugeben, im Beispiel als Auflisten der Monatsnamen. FlagUserMissing='No' bzw. FlagSystemMissing='No' verhindern, dass anwender- bzw. system-definierte Missings als ungültig angezeigt werden. FlagBlank='No' verhindert, dass fehlende Werte bei Strings (‚Blanks') als ungültig angezeigt werden. CaseSensitive='No' besagt, dass bei der Datenprüfung die Groß-/Kleinschreibung nicht relevant ist. Nach List= werden die Referenzwerte aufgeführt.

Abschnitt (9):
Verknüpfungen zwischen Variablen und Regeln (erneut) definieren; es werden nur die ausgewählten Regeln mit den betreffenden Analysevariablen aktualisiert.

Über VARIABLE ATTRIBUTE werden die Verknüpfungen zwischen Variablen (VARIABLES=) und Regeln ("Rule='$VD.SRule[n]") (neu) definiert. Im Gegensatz zu Abschnitt 8 werden nur die den betreffenden Analysevariablen per Mausklick zugewiesenen Regeln ($VD.SRule[1], $VD.SRule[4] und $VD.SRule[6]) aufgeführt und aktualisiert. Der erste Abschnitt, bis TEMPORARY., weist die Variablen STATUS bis ICRF den Regeln $VD.SRule[1] usw. zu. Die Abfolge der Regelzuweisung per Mausklicks entspricht nicht der Abfolge per Syntax.
Die Variable STATUS erhält z.B. als Attribut (ATTRIBUT=) die Regelzuweisung „$VD.SRuleRef[1]". Die Regelzuweisung enthält dabei die zugewiesene Regel und die Variable, in die das Prüfergebnis abgelegt werden soll: Das Attribut enthält in Klammern und Anführungszeichen die Regel („Rule=") „$VD.SRule[1]" und nach einem Komma die Ergebnisvariable (OUTCOMEVAR=). Ergebnisvariablen (z.B. „@01Dichotomie_status_") sind erforderlich, weil in sie das Ergebnis der Regelanwendung abgelegt werden muss.
Die Verknüpfung zwischen einer Regel und der jeweiligen weiteren Variablen erfolgt nach dem gleichen Schema, mit dem Unterschied, dass VARIABLES= ein Slash („/") vorangestellt wird. Nach /VARIABLES= wird z.B. der Variablen ICRFHILO ebenfalls die Regelzuweisung „$VD.SRuleRef[1]" als Attribut zugewiesen. Das Attribut enthält in Klammern und Anführungszeichen die Regel „$VD.SRule[6]" und nach einem Komma die Ergebnisvariable („NichtnegativeGanzzahl_icrfhilo_"). Die Verknüpfungen für die weiteren Variablen bzw. Regeln werden nicht weiter erläutert.

Wegen TEMPORARY sind alle weiteren Berechnungen temporär, d.h. die durch COMPUTE angelegten bzw. veränderten Variablen sind ebenfalls temporär.

Abschnitt (10):
1 to 10 Ganzzahl.

Dieser Abschnitt beschreibt die konkrete Anwendung von Regel „$VD.SRule[4]" („1 to 10 Ganzzahl", s.o.) auf die Werte der Variablen HXM. COMPUTE legt die Ergebnisvariable "@1to10Ganzzahl_hxm_" an; in diese Variable wird das Ergebnis der Überprüfung von HXM abgelegt. Für jeden *ungültigen* Wert wird in @1to10Ganzzahl_hxm_ der Wert 1 abgelegt (als positive Prüfregel wird für jeden *gültigen* Wert der Wert 1 abgelegt). Die Prüfregel selbst ist selbsterklärend und wird nicht weiter erläutert.

Abschnitt (11):
0,1 Dichotomie.

Dieser Abschnitt beschreibt die konkrete Anwendung von Regel „$VD.SRule[1]" („0,1 Dichotomie", s.o.), diese Regel wird separat auf die Variablen HXMD, ICRFD und STATUS angewandt. COMPUTE legt in die Ergebnisvariablen „@01Dichotomie_hxmd_", „@01Dichotomie_icrfd_" und „@01Dichotomie_status_" das jeweilige Prüfergebnis ab. Als *negative* Prüfregel formuliert, wird für jeden *ungültigen* Wert der Wert 1 abgelegt, dazu 0 bzw. Missing. Bei positiven Prüfregeln wird für jeden *gültigen* Wert der Wert 1 abgelegt usw. Die Prüfregel selbst ist selbsterklärend und wird nicht weiter erläutert.

Abschnitt (12):
Nicht negative Ganzzahl.

Dieser Abschnitt ist beschreibt die konkrete Anwendung von Regel „$VD.SRule[6]" („Nicht negative Ganzzahl", s.o.). Diese Regel wird separat auf die Variablen HMXSQ, ICRFHILO, ICRF, TIME und ICRFSQ angewandt. Über eine Kombination von DO REPEAT und COMPUTE wird das Prüfergebnis in die jeweilige Ergebnisvariable „NichtnegativeGanzzahl_hmxsq_" usw. abgelegt. Als *negative* Prüfregel formuliert, wird für jeden *ungültigen* Wert der Wert 1 abgelegt, dazu 0 bzw. Missing. Bei positiven Prüfregeln wird für jeden *gültigen* Wert der Wert 1 abgelegt usw. Die Prüfregel selbst ist selbsterklärend und wird nicht weiter erläutert.

Abschnitt (13):
Ergebnisvariablen für Regeln im SPSS-Datenlexikon entsprechend kennzeichnen.

Über VARIABLE ATTRIBUTE werden die angelegten Variablen @1to10Ganzzahl_hxm_ (Abschnitt 10) bis NichtnegativeGanzzahl_icrfsq_ (Abschnitt 12) über das Attribut „$VD.RuleOutcomeVar" und dem Merkmal „Yes" gegenüber SPSS speziell als Ergebnisvariablen markiert.

Abschnitt (14):
Daten validieren

Der Befehl VALIDATEDATA initialisiert die SPSS Prozedur zum Prüfen von Daten. Nach VARIABLES= werden alle zu prüfenden Analysevariablen angegeben. Nach VARCHECKS bewirkt STATUS=OFF, dass SPSS keine grundlegenden Überprüfungen durchführt. Nach CASECHECKS unterdrückt die Einstellung REPORTEMPTY=NO die Überprüfung auf leere Fälle. Bei REPORTEMPTY=NO wird ebenfalls SCOPE ignoriert. CASEREPORT dient der Anzeige von Verstößen gegen Regeln für einzelne bzw. mehrere Variablen nach Fällen, Analysevariablen bzw. Validierungsregeln. CASEREPORT funktioniert nur dann, wenn Einstellungen auf den Registerkarten "Regeln für einzelne Variable" bzw. "Regeln für mehrere Variablen" vorgenommen wurden. CASEREPORT wird ignoriert, falls keine Einstellungen auf diesen Registerkarten vorgenommen wurden (vgl. 9.1.). DISPLAY=YES bewirkt, dass Verstöße gegen Validierungsregeln pro Fall ausgegeben werden (voreingestellt: YES). Ein Fall kann durch eine angegebene ID-Variable, aber auch durch eine Fallnummer spezifiziert werden. Bei DISPLAY=NO werden MINVIOLATIONS und CASELIMIT ignoriert. MINVIOLATIONS=1 gibt die Mindestzahl an Regelverstößen an, ab die ein Fall im Bericht aufgeführt werden soll (voreingestellt: 1). CASELIMIT=FIRSTN(10) gibt die maximale Zahl an Fällen an, die im Bericht eingeschlossen werden sollen (voreingestellt: 500; NONE deaktiviert jedes obere Limit). Über RULESUMMARIES werden Zusammenfassungen der Verstösse gegen die Validierungsregeln angefordert. BYVARIABLE fordert eine Ausgabe aufgeschlüsselt nach Variablen an. Die Tabelle „Variablenauswertung" gibt die Variablen wieder, die mindestens gegen eine Regel verstießen. Zusätzlich wird mit angegeben, gegen welche Regel sie verstießen und wie oft diese Variable gegen die betreffende Regel verstieß. BYRULE fordert eine Ausgabe aufgeschlüsselt nach Regeln an. Die Tabelle „Regelauswertung" gibt für die angewandten Regeln wieder, wie oft die geprüften Variablen gegen die jeweilige Regel verstießen. Anm.: Für Details wird auf das Beispiel unter 9.1 verwiesen.

9.3 Anlegen und Ausführen eigener Regeln für einzelne Variablen

SPSS ermöglicht auch das Anlegen und Ausführen eigener Regeln. VALIDATEDATA unterscheidet dabei zwischen sog. Regeln zur Überprüfung einzelner Variablen (single-variable rules) und Regeln zur Überprüfung mehrerer Variablen (cross-variable rules). Bei cross-variable rules müssen mehrere Variablen bestimmte Bedingungen gleichzeitig einhalten, um keine Fehlermeldung auszulösen. Bei single-variable rules muss nur eine Variable bestimmte Bedingungen erfüllen. Der Abschnitt 9.3. stellt Regeln für einzelne Variablen vor (u.a. zwei Beispiele für Datumsvariablen). Der Abschnitt 9.4. stellt Regeln für mehrere Variablen vor (z.B. für Datumsvariablen). In diesen Abschnitten wird nur noch der Zugang per VALIDATEDATA Syntax vorgestellt. Allerdings wird erläutert, welchen Phasen der Maussteuerung die entsprechenden Syntaxabschnitte entsprechen.

Inhalt von Abschnitt 9.3:

- Anlegen und Ausführen eigener Regeln
- U.a. zwei Beispiele für Datumsvariablen
- Separater Zugriff zweier Regeln auf dieselbe Datumsvariable; nicht: Zugriff einer Regel auf zwei versch. Variablen (9.4.)
- Vergleichende Beschreibung zum Mauszugriff
- Tipps zum Programmieren

`GET FILE` lädt den SPSS Datensatz „Employee data.sav“.

```
GET
  FILE='C:\Programme\SPSS\Employee data.sav'.
```

Ab DATEFILE ATTRIBUTE werden die Validierungsregeln für die Variablen (erneut) definiert. Es werden nur die Attribute der Regeln aufgelistet, aber noch nicht den zu prüfenden Variablen zugeordnet. Unter "Daten validieren“ werden in der Registerkarte „Regeln für eine Variable“ die Validierungsregeln rechts angezeigt, jedoch noch ohne Häkchen im Fenster „Regeln“ rechts.

```
DATAFILE ATTRIBUTE ATTRIBUTE=
$VD.SRule[1]("Label='Wertelisten (99-95), Listenvariante',
      Type='Numeric', Domain='List',FlagUserMissing='No',
      FlagSystemMissing='No', FlagBlank='No',
      CaseSensitive='No',List='99' '98' '97' '96' '95' ")
$VD.SRule[2]("Label='m,w-Dichotomie', Type='String',
      Domain='List',FlagUserMissing='No',
      FlagSystemMissing='No',FlagBlank='No',
      CaseSensitive='Yes',List='m' 'w' ")
$VD.SRule[3]("Label='Prüfung eines Datums', Type='Date',
      Domain='List', Format='edate8',FlagUserMissing='Yes',
      FlagSystemMissing='Yes',FlagBlank='No',
      CaseSensitive='No', List='03.02.52' '15.04.47'
      '18.07.62' '1.11.63' '16.09.42' '10.01.07' ")
$VD.SRule[4]("Label='Prüfung eines Datums2', Type='Date',
      Domain='List', Format='edate8',FlagUserMissing='Yes',
      FlagSystemMissing='Yes',FlagBlank='No',
      CaseSensitive='No', List='01.01.00' ") .
```

Ab VARIABLE ATTRIBUTE sind die Validierungsregeln den zu prüfenden Variablen zugeordnet. Unter "Daten validieren“ erscheinen die Validierungsregeln in der Registerkarte „Regeln für eine Variable“ rechts jetzt zusätzlich mit gesetzten Häkchen bei „Regeln“, sowie die ausgewählten Variablen links mit der Anzahl der zugewiesenen Regeln. Bei „Geburtstag“ (GEBTAG) wird unter „Regeln“ der Wert 2 angezeigt, weil auf diese Variable zwei Regeln referenzieren.

Tipp: SPSS reagiert auf Umbrüche in den Programmzeilen unter Umständen mit dem Nichtausführen der Validierungsprüfung. Abhilfe ist auf zwei Wegen möglich: Entweder werden die Anweisungen im Syntax-Fenster in eine einzige Zeile geschrieben. Oder der Umbruch wird mit "+" explizit an SPSS übergeben.

```
VARIABLE ATTRIBUTE
VARIABLES=dauer ATTRIBUTE=$VD.SRuleRef[1]
      ("Rule='$VD.SRule[1]', OutcomeVar='Werte_9995_' ")
/VARIABLES=geschl ATTRIBUTE=$VD.SRuleRef[1]
      ("Rule='$VD.SRule[2]', OutcomeVar='m_w_Dicho_' ")
/VARIABLES=gebtag ATTRIBUTE=$VD.SRuleRef[1]
      ("Rule='$VD.SRule[3]', OutcomeVar='Pruef_Date_' ")
/VARIABLES=gebtag ATTRIBUTE=$VD.SRuleRef[2]
      ("Rule='$VD.SRule[4]', OutcomeVar='Pruef_Date2_' ") .
TEMPORARY.
```

Ab COMPUTE wird die Funktionsweise der Prüfregeln angegeben, so wie sie SPSS konkret auf die Werte in der aktiven Datei anwendet. Anhand der Prüfregeln kann der Anwender beurteilen, ob und inwieweit die Art und Weise der Datenvalidierung seinen Anforderungen gerecht wird. Wenn ein Prüfprozess nicht zuverlässig bzw. zumind. zweifelhaft ist, sollte zuallererst hier geprüft werden.
Tipp: Bei VALIDATEDATA geben Prüfregeln im Falle des Erfüllens bestimmter Kriterien eine Fehlermeldung aus. Das Zutreffen von Regeln ist im Ergebnis also immer als ein Fehler zu interpretieren. Regeln können dabei positiv, aber auch negativ formuliert sein; negativ formulierte Regeln enthalten z.B. ein NOT. Bei der *negativen* Regel 1 (inkl. NOT) lösen z.B. Abweichungen von den Referenzwerten 95 bis 99 jeweils Fehlermeldungen aus. Bei der *positiven* Regel 3 (ohne NOT) löst das Zutreffen der angegebenen Datumsangaben jeweils eine Fehlermeldung aus. Ob eine Prüfregel positiv oder negativ formuliert ist, hat im Prinzip keinen Einfluss auf ihre Logik, kann jedoch eine effiziente Umsetzung in SPSS Syntax deutlich erleichtern.

** Regel 1: 95 bis 99 (Ganzzahl). *.*

```
compute Werte_9995_ = not(any(value(DAUER),95,96,97,98,99)
                      | missing(DAUER)).
```

** Regel 2: m/w-Dichotomie. *.*

```
compute m_w_Dicho_ = not(any(lower(geschl),'m','w')
                     | missing(geschl) | geschl='').
```

** Regel 3: Überprüfung_eines_Datums (I). *.*

```
compute Pruef_Date_ = GEBTAG eq date.dmy(03,02,52) |
                      GEBTAG eq date.dmy(15,04,47) |
                      GEBTAG eq date.dmy(18,07,62) |
                      GEBTAG eq date.dmy(01,11,63) |
```

```
                        GEBTAG eq date.dmy(16,09,42) |
                        GEBTAG eq date.dmy(10,01,07) |
                missing(GEBTAG).
```

* *Regel 4: Überprüfung_eines_Datums (II).* *.
compute Pruef_Date2_ = GEBTAG gt date.dmy(01,01,65).

Gutes Programmieren zeichnet es aus, dass besonders anwenderdefinierten Ergebnisvariablen explizit Format, Messniveau und Länge zugewiesen werden.

```
FORMAT
       Werte_9995_  m_w_Dicho_
       Pruef_Date_ Pruef_Date2_ (F4.0).
VARIABLE WIDTH
       Werte_9995_  m_w_Dicho_ Pruef_Date_ Pruef_Date2_ (4).
VARIABLE LEVEL
       Werte_9995_  m_w_Dicho_
       Pruef_Date_ Pruef_Date2_  (nominal).
```

Über VARIABLE ATTRIBUTE werden die Ergebnisvariablen im SPSS-Datenlexikon kenngezeichnet.

```
VARIABLE ATTRIBUTE
   VARIABLES=Werte_9995_ m_w_Dicho_ Pruef_Date_ Pruef_Date2_
   ATTRIBUTE=$VD.RuleOutcomeVar("Yes").
```

Abschließend wird die Datenvalidierung für grundlegende und regelgeleitete Überprüfungen angefordert. Der Abschnitt der VALIDATEDATA Syntax wird nicht weiter erläutert.

```
VALIDATEDATA
  VARIABLES=geschl gebtag dauer
  ID=id
 /VARCHECKS STATUS=ON PCTMISSING=20 PCTEQUAL=75 PCTUNEQUAL=10
                      CV=0.5 STDDEV=0.5
 /IDCHECKS INCOMPLETE DUPLICATE
 /CASECHECKS REPORTEMPTY=YES SCOPE=ALLVARS
 /CASEREPORT DISPLAY=YES MINVIOLATIONS=1 CASELIMIT=FIRSTN(10)
 /RULESUMMARIES BYVARIABLE BYRULE.
```

Daten validieren
Nach der Überschrift „Daten validieren“ wird das Ergebnis der grundlegenden Prüfungen angezeigt.

Warnungen

Einige oder alle der angeforderten Ausgaben werden nicht gezeigt, weil alle Fälle, Variablen oder Datenwerte die angeforderten Prüfungen bestanden haben.

Diese Warnung ist ein wünschenswertes Ergebnis. Dieser Hinweis besagt, dass alle oder einige der geprüften Variablen alle grundlegenden Überprüfungen bestanden haben, im Beispiel ist dies die Variable GESCHL, diese taucht in der Tabelle „Variablenprüfungen" nicht auf, obwohl sie überprüft wurde. Dieses Ergebnis besagt für GESCHL jedoch nicht, dass diese Variable keine (weiteren) Fehler enthält (z.B. Doppelte).

Variablenprüfungen

Skala	Variationskoeffizient < 0.5	Geburtstag Beschäftigungsdauer

Jede Variable wird bei jeder Prüfung gemeldet, die sie nicht besteht.

Hinweis: Es werden nicht alle angewandten Überprüfungen angezeigt. Die Standardabweichung wird z.B. nicht angezeigt, obwohl sie vorgegeben und angewandt wurde. Der Grund ist, weil alle Variablen u.a. diese Prüfregel einhalten. Es werden nur die Prüfregeln aufgeführt, gegen die verstoßen wurde zusammen mit den Variablen, die dagegen verstießen.

Der Tabelle „Variablenprüfungen" kann entnommen werden, welche Variablen den Überprüfungen unterzogen wurden (z.B. „Geburtstag" und „Beschäftigungsdauer"), von welchem Skalenniveau SPSS ausgeht (z.B. „Skala", also metrisch) und welche weiteren Einstellungen die grundlegenden Prüfungen enthielten. Die Überprüfung „Variationskoeffizient" war z.B. so eingestellt, dass ab einem Variationskoeffizient unter 0,5 eine Fehlermeldung ausgegeben wird. Dieses Ergebnis besagt also, dass der Datensatz Fehler enthält. Die Variablen „Geburtstag" und „Beschäftigungsdauer" weisen z.B. jeweils einen Variationskoeffizienten unter 0,5 auf. Die Variable GESCHL wird nicht aufgeführt, weil diese Variable die Prüfregeln einhält; dies bedeutet jedoch nicht, dass diese Variable *100%* fehlerfrei ist. GESCHL sowie auch die anderen Variablen können z.B. *auch andere als die überprüften Fehlerarten* enthalten (z.B. Doppelte). Die Tabelle „Variablenprüfungen" ist immer *im Rahmen der untersuchten Variablen, vorgenommenen Überprüfungen und vorgegebenen Kriterien* zu interpretieren.

Regeln für eine Variable

Die Tabelle „Regelbeschreibung" beschreibt die Regeln, gegen die verstoßen wurde. Die Tabelle „Variablenauswertung" gibt die Variablen wieder, die mindestens gegen eine Regel verstießen. Die Tabelle „Regelauswertung" gibt für die angewandten Regeln wieder, wie oft die Variablen gegen die jeweilige Regel verstießen. Die Tabelle „Fallbericht" listet die Fälle auf, die mindestens gegen eine Regel verstießen.

Regelbeschreibung

Regel	Beschreibung
Wertelisten (99-95), Listenvariante	Typ: Numerisch Domäne: Liste Benutzerdefinierte fehlende Werte markieren: Nein Systemdefiniert fehlende Werte markieren: Nein Liste: 99; 98; 97; 96; 95 $VD.SRule[1]: Regel
Prüfung eines Datums	Typ: Datum Domäne: Liste Benutzerdefinierte fehlende Werte markieren: Ja Systemdefiniert fehlende Werte markieren: Ja Liste: 03.02.52; 15.04.47; 18.07.62; 1.11.63; 16.09.42; 10.01.07 $VD.SRule[3]: Regel
Prüfung eines Datums2	Typ: Datum Domäne: Liste Benutzerdefinierte fehlende Werte markieren: Ja Systemdefiniert fehlende Werte markieren: Ja Liste: 01.01.00 $VD.SRule[4]: Regel

Es werden alle Regeln gezeigt, die mindestens einmal verletzt wurden.

Die Tabelle „Regelbeschreibung“ beschreibt die Regeln, gegen die verstoßen wurde, nicht jedoch diejenigen Regeln, die eingehalten wurden. Der Nachteil ist, dass man somit nicht weiß, welchen Fehler man bereit war in Kauf zu nehmen. Eingehaltene und damit nicht angezeigte Regeln bedeuten ja nicht notwendigerweise, dass die Daten fehlerfrei sind. Im Folgenden sollen die Eigenschaften einer anwenderdefinierten Regel exemplarisch an der Regel $VD.SRule[3] erläutert werden; für Details sei auch auf die Erläuterung der VALIDATEDATA Syntax für Regeln unter 9.2.3. verwiesen. *Typ: Datum* weist diese Regel nur Datumsvariablen zu. *Domäne: Liste* überprüft die Zielwerte in Form einer Werteliste. *Benutzer- bzw. systemdefiniert fehlende Werte markieren: Ja* bewirkt, dass anwender- bzw. system-definierte Missings als ungültig angezeigt werden. Nach *Liste:* werden die Referenzwerte aufgeführt: Jede Übereinstimmung mit den Referenzwerten 03.02.52, 15.04.47 usw. löst eine Fehlermeldung aus. *$VD.SRule[3]: Regel* gibt den Namen dieser Regel wieder; links wird das Label angegeben, „Prüfung eines Datums“.

Variablenauswertung

	Regel	Anzahl der Verletzungen
Geburtstag	Prüfung eines Datums	5
	Prüfung eines Datums2	135
	Gesamt	140
Beschäftigungsdauer	Wertelisten (99-95), Listenvariante	427
	Gesamt	427

Die Tabelle „Variablenauswertung" gibt die Variablen wieder, die mindestens gegen eine Regel verstießen. Zusätzlich wird mit angegeben, gegen welche Regel sie verstießen und wie oft diese Variable gegen die betreffende Regel verstieß. Die Variable „Geburtstag" verstieß z.B. 5mal gegen die Regel „Prüfung eines Datums" (zur Definition siehe die Tabelle „Regelbeschreibung"). Unter „Gesamt" wird die Summe der Verstöße der betreffenden Variablen gegen alle auf sie angewandten Regeln angegeben. Das Ergebnis der Tabelle „Variablenauswertung" sollte immer auch dazu verwendet werden, um die Angemessenheit der angewandten Regel(n) gegenzuprüfen.

Regelauswertung

Regel		Anzahl der Verletzungen
Wertelisten (99-95), Listenvariante	Beschäftigungsdauer	427
	Gesamt	427
Prüfung eines Datums2	Geburtstag	135
	Gesamt	135

Die Tabelle „Regelauswertung" gibt für die angewandten Regeln wieder, wie oft die aufgeführten Variablen gegen die jeweilige Regel verstießen. Die Variable „Geburtstag" verstieß z.B. 135mal gegen die Regel „Prüfung eines Datums2". Die Tabelle „Regelauswertung" listet nur die Regeln auf, gegen die verstoßen wurden.

Fallbericht[b]

Fall	Verletzungen von Eine Variable[a]	Identifizierung Personalnummer
1	Prüfung eines Datums (1)	1
4	Prüfung eines Datums (1)	4
8	Prüfung eines Datums2 (1)	8
12	Prüfung eines Datums2 (1)	12
17	Prüfung eines Datums (1)	17
23	Prüfung eines Datums2 (1)	23
26	Prüfung eines Datums2 (1)	26
48	Wertelisten (99-95), Listenvariante (1)	48
49	Wertelisten (99-95), Listenvariante (1)	49
50	Wertelisten (99-95), Listenvariante (1)	50

a. Nach jeder Regel wird die Anzahl der Variablen gezeigt, die die Regel verletzt haben.

b. Es sind mehr als 10 Fälle mit Verletzungen von Validierungsregeln aufgetreten. Es werden nur die ersten 10 gezeigt.

Die Tabelle „Fallbericht" listet die Fälle auf, die mindestens gegen eine Regel verstießen und dazu die Prüfregel, gegen die der jeweils aufgelistete Fall verstieß. Unter „Identifizierung" ist die Variable „Personalnummer" als ID-Variable angegeben. Nach der jew. Prüfregel wird in der Klammer angegeben, wie häufig die untersuchten Variablen insgesamt gegen die betreffende Regel verstießen. Für die erste Zeile bedeutet dies, dass die untersuchten Variablen bei Fall 1 nur einmal gegen die Regel „Prüfung eines Datums" verstießen. Die Tabelle „Fallbericht" listet nur die ersten zehn Fälle auf, die mindestens gegen eine Regel verstießen; es sind somit mehr als zehn Fälle mit Regelverstößen aufgetreten.

9.4 Programmieren und Ausführen von Regeln für mehrere Variablen

Die Datei „Predefined Validation Rules SPSS 14.0.sav" enthält derzeit keine Validierungsregeln für Datumsvariablen, sowie keine vordefinierten Validierungsregeln für mehrere Variablen (cross-variable rules). Der Abschnitt 9.4. stellt daher das Programmieren und Ausführen von Regeln für mehrere Variablen (z.B. für Datumsvariablen) mittels VALIDATEDATA Syntax vor. Bei cross-variable rules müssen mehrere Variablen bestimmte Bedingungen gleichzeitig einhalten, um keine Fehlermeldung auszulösen. Bei single-variable rules muss nur eine Variable bestimmte Bedingungen erfüllen (vgl. 9.3.).

Inhalt von Abschnitt 9.4:

- Programmieren und Ausführen eigener Regeln
- U.a. zwei Beispiele für Datumsvariablen
- Zugriff einer Regel auf eine metrische und eine Datumsvariable
- Zugriff einer Regel auf zwei verschiedene Datumsvariablen gleichzeitig
- Weitere Tipps zum Programmieren

`GET FILE` lädt den SPSS Datensatz „Employee data.sav".

```
GET
  FILE='C:\Programme\SPSS\Employee data.sav'.

VARIABLE ATTRIBUTE VARIABLES=ALL DELETE=$VD.SRuleRef.
DATAFILE ATTRIBUTE DELETE=$VD.SRule.

compute SYSDATUM=xdate.date($time).
formats SYSDATUM (edate8).
exe.
```

Über VARIABLE bzw. DATEFILE ATTRIBUTE werden vorliegende Validierungsregeln bzw. ihre Referenzierung auf Variablen gelöscht. Für Prüfzwecke wird die Variable SYSDATUM angelegt; in SYSDATUM wird die aktuelle Systemzeit abgelegt.

```
DATAFILE ATTRIBUTE ATTRIBUTE=
$VD.CRule[1]("Label='Abgleich mit Systemdatum',
   OutcomeVar='Abgleich_', Expression='gebtag < SYSDATUM' ")
$VD.CRule[2]("Label='Verknüpfung von DAUER und GebDatum',
OutcomeVar='Abgleich2_', Expression='DAUER >= 70 &
                                    GEBTAG > 01.01.1965' ").
```

Ab DATEFILE ATTRIBUTE werden die Validierungsregeln für die Variablen (erneut) definiert. Bei cross-variable rules müssen mehrere, bestimmte Variablen vorgegebene Bedingungen einhalten, um keine Fehlermeldung auszulösen. Da bei cross-variable rules somit gleichzeitig eine Referenzierung vorgenommen wird, entfällt der entsprechende VARIABLE ATTRIBUTE-Abschnitt für single-variable rules (9.3.). „$VD.CRule[1]" bezeichnet den Attributnamen für eine erste Regel für mehrere Variablen. Im Klammerausdruck bzw. innerhalb von Apostrophen wird die konkrete Regel spezifiziert. Die Abfolge der Eigenschaften ist unerheblich. Label= bezeichnet die Regel „Abgleich mit Systemdatum". Nach OUTCOMEVAR= wird die angelegte Ergebnisvariable (z.B. „Abgleich2") angegeben; Ergebnisvariablen sind erforderlich, weil dort im COMPUTE-Abschnitt das Ergebnis der Regelanwendung abgelegt wird. Unter EXPRESSION= wird ein Label für die Logik der Prüfregel angegeben, nicht jedoch die konkrete Prüfregel selbst (vgl. COMPUTE). Gibt

EXPRESSION nicht die Prüfregel korrekt wieder, zieht dies zwangsläufig eine fehlerhafte Interpretation des Prüfergebnisses nach sich. Fehlerhafte Prüfergebnisse bleiben ggf. unentdeckt.
Tipps: SPSS reagiert auf gleiche Labels mit dem Nichtausführen der Validierungsprüfung. Abhilfe: Angeben verschiedener Labels. EXPRESSION= ist grundlegend für eine korrekte Interpretation der Datenprüfung. Die Übereinstimmung mit der dazugehörigen COMPUTE-Anweisung ist ggf. durch mehrfache Überprüfung zu gewährleisten, v.a. in dem Fall, wenn Mausanwender nur Zugriff auf das Auswahlmenü (front-end) haben und keine Möglichkeit haben, die Korrektheit des im Hintergrund (back-end) ablaufenden Prüfprozesses gegenzuprüfen.

```
TEMPORARY.

COMPUTE Abgleich_ = gebtag  <  SYSDATUM.
COMPUTE Abgleich2_ = DAUER >= 70
                    & GEBTAG gt date.dmy(01,01,65) .
```

Ab COMPUTE wird die Funktionsweise der Prüfregeln angegeben, so wie sie SPSS konkret auf die Werte in der aktiven Datei anwendet. Anhand der Prüfregeln kann der Anwender beurteilen, ob und inwieweit die Art und Weise der Datenvalidierung seinen Anforderungen gerecht wird. Wenn ein Prüfprozess nicht zuverlässig bzw. zumind. zweifelhaft ist, sollte zuallererst hier geprüft werden.

```
FORMAT Abgleich_ Abgleich2_ (F4.0).
VARIABLE WIDTH Abgleich_ Abgleich2_ (4).
VARIABLE LEVEL Abgleich_ Abgleich2_ (nominal).
```

Gutes Programmieren zeichnet es aus, dass gerade anwenderdefinierten Ergebnisvariablen explizit Format, Messniveau und Länge zugewiesen werden.

```
VARIABLE ATTRIBUTE
   VARIABLES=Abgleich_ Abgleich2_
   ATTRIBUTE=$VD.RuleOutcomeVar("Yes").
```

Über VARIABLE ATTRIBUTE werden die Ergebnisvariablen im SPSS-Datenlexikon kenngezeichnet. Abschließend wird die Datenvalidierung für grundlegende und regelgeleitete Überprüfungen angefordert. Der Abschnitt der VALIDATEDATA Syntax wird nicht weiter erläutert.

```
VALIDATEDATA
  VARIABLES=SYSDATUM gebtag
  ID=id
  CROSSVARRULES=$VD.CRule[1] $VD.CRule[2]
 /VARCHECKS STATUS=ON PCTMISSING=70 CV=0.001 STDDEV=0
 /IDCHECKS INCOMPLETE DUPLICATE
```

```
/CASECHECKS REPORTEMPTY=YES SCOPE=ALLVARS
/CASEREPORT DISPLAY=YES MINVIOLATIONS=1 CASELIMIT=FIRSTN(10).
```

Daten validieren

Nach der Überschrift „Daten validieren" wird zunächst das Ergebnis der grundlegenden Prüfungen angezeigt.

Warnungen

Einige oder alle der angeforderten Ausgaben werden nicht gezeigt, weil alle Fälle, Variablen oder Datenwerte die angeforderten Prüfungen bestanden haben.

Diese Warnung ist ein wünschenswertes Ergebnis. Dieser Hinweis besagt, dass alle oder einige der geprüften Variablen alle grundlegenden Prüfungen bestanden haben, im Beispiel ist dies die Variable GEBTAG, diese taucht in der Tabelle „Variablenprüfungen" nicht auf, obwohl sie überprüft wurde. Dieses Ergebnis besagt für GEBTAG jedoch nicht, dass diese Variable keine (weiteren) Fehler enthält (z.B. Doppelte).

Variablenprüfungen

Skala	Variationskoeffizient < 0.001	SYSDATUM

Jede Variable wird bei jeder Prüfung gemeldet, die sie nicht besteht.

Hinweis: Es werden nicht alle angewandten Überprüfungen angezeigt. Der maximale Prozentsatz fehlender Werte wird nicht angezeigt, obwohl sie vorgegeben und angewandt wurden. Der Grund ist, weil alle Variablen diese Prüfregel einhalten. Es werden nur die Prüfregeln aufgeführt, gegen die verstoßen wurde zusammen mit den Variablen, die dagegen verstießen.

Der Tabelle „Variablenprüfungen" kann entnommen werden, welche Variablen den Überprüfungen unterzogen wurden (z.B. SYSDATUM), von welchem Skalenniveau SPSS ausgeht (z.B. „Skala") und welche weiteren Einstellungen die grundlegenden Prüfungen enthielten. Die Überprüfung „Variationskoeffizient" war z.B. so eingestellt, dass ab einem Variationskoeffizienten unter 0,001 eine Fehlermeldung ausgegeben wird. Dieses Ergebnis besagt also, dass der Datensatz Fehler enthält. Die Variable SYSDATUM enthält z.B. einen Variationskoeffizienten unter 0,001; die Erklärung ist einfach: SYSDATUM ist eine Konstante, daher ist der Variationskoeffizient gleich Null. Die Variable GEBDATUM wird nicht aufgeführt, weil sie die Prüfregeln einhält; dies bedeutet jedoch nicht, dass diese Variable *100%* fehlerfrei ist. GEBDATUM sowie auch die anderen Variablen können z.B. *auch andere als die überprüften Fehlerarten* enthalten (z.B. Doppelte). Die Tabelle „Variablenprüfungen" ist immer *im Rahmen der untersuchten Variablen, vorgenommenen Überprüfungen und vorgegebenen Kriterien* zu interpretieren.

Regeln für mehrere Variablen

Regel	Anzahl der Verletzungen	Ausdruck
Abgleich mit Systemdatum	473	gebtag < SYSDATUM
Verknüpfung von DAUER und GebDatum	96	DAUER >= 70 & GEBTAG > 01.01.1965

Die Tabelle „Regeln für mehrere Variablen" listet die Prüfvariablen für mehrere Variablen (cross-variables rules) auf, die Anzahl der Verstösse gegen sie und die Prüflogik der Variablen. Bei der Interpretation des Feldes „Ausdruck" ist zu beachten, dass dieses Feld nicht die konkrete Prüfregel selbst (vgl. COMPUTE) wiedergibt, sondern nur das Label für die Prüfregel. Gibt das Label nicht die Prüfregel korrekt wieder, zieht dies zwangsläufig fehlerhafte Überprüfungen bzw. Interpretationen nach sich.

Fallbericht[a]

	Verletzungen von Validierungsregeln	Identifizierung
Fall	Mehrere Variablen	Personalnummer
1	Abgleich mit Systemdatum	1
2	Abgleich mit Systemdatum	2
3	Abgleich mit Systemdatum	3
4	Abgleich mit Systemdatum	4
5	Abgleich mit Systemdatum	5
6	Abgleich mit Systemdatum	6
7	Abgleich mit Systemdatum	7
8	Abgleich mit Systemdatum Verknüpfung von DAUER und GebDatum	8
9	Abgleich mit Systemdatum	9
10	Abgleich mit Systemdatum	10

a. Es sind mehr als 10 Fälle mit Verletzungen von Validierungsregeln aufgetreten. Es werden nur die ersten 10 gezeigt.

Die Tabelle „Fallbericht" listet die Fälle auf, die mindestens gegen eine Regel verstießen und dazu die Prüfregel, gegen die der jeweils aufgelistete Fall verstieß (im Beispiel nur für mehrere Variablen, die sog. die cross-variable rules). Unter „Identifizierung" ist die Variable „Personalnummer" als ID-Variable angegeben. Nach cross-variable Prüfregeln wird nicht in Klammer angegeben, wie häufig die untersuchten Variablen gegen die betreffende Regel verstießen. Die erste Zeile kann daher so verstanden werden, dass Fall 1 gegen die Regel „Abgleich mit Systemdatum" verstieß. Bei ID=8 kann der Verstoss gegen die Regel „Verknüpfung von DAUER und GebDatum" so verstanden werden, dass *in Dauer und/oder GebDatum* eine Abweichung von den Vorgaben vorliegt. Weitergehende Explorationen geben genaueren Aufschluss über die Art und Weise der festgestellten Abweichungen.
Die Tabelle „Fallbericht" listet nur die ersten zehn Fälle auf, die mindestens gegen eine Regel verstießen; es sind somit mehr als zehn Fälle mit Regelverstößen aufgetreten.

9.5 Weitere Beispiele für Prüfregeln (unkommentiert)

Die folgenden Beispielprogramme sind getestet, werden jedoch nicht weiter erläutert. Kenntnisse zur Programmierung mit VALIDATEDATA Syntax werden an dieser Stelle vorausgesetzt.

Beispiel für single-variable Regel:
Funktion:
Aufdecken aller Einträge, die von der nachfolgenden Schreibweise für deutsche Bundesländer abweichen (negative Regel): „Baden-Württemberg", „Bayern", „Berlin", „Brandenburg", „Bremen", „Hamburg", „Hessen", „Mecklenburg-Vorpommern", „Niedersachsen", „Nordrhein-Westfalen", „Rheinland-Pfalz", „Saarland", „Sachsen" bzw. „Schleswig-Holstein".

```
GET
  FILE='C:...sav'.

VARIABLE ATTRIBUTE VARIABLES=ALL DELETE=$VD.SRuleRef.
DATAFILE ATTRIBUTE DELETE=$VD.SRule.

DATAFILE ATTRIBUTE ATTRIBUTE=
  $VD.SRule[1]("Label='Deutsche Bundesländer', Type='String',
  Domain='List', FlagUserMissing='No', FlagSystemMissing='No',
  FlagBlank='No', CaseSensitive='Yes',
  List='Baden-Württemberg' 'Bayern' 'Berlin' 'Brandenburg'
       'Bremen' 'Hamburg' 'Hessen' 'Mecklenburg-Vorpommern'
       'Niedersachsen' 'Nordrhein-Westfalen' 'Rheinland-Pfalz'
       'Saarland' 'Sachsen' 'Schleswig-Holstein' ") .
VARIABLE ATTRIBUTE
VARIABLES=B_LAND
   ATTRIBUTE=$VD.SRuleRef[1]("Rule='$VD.SRule[1]',
            OutcomeVar='B_LAENDER_' ") .

TEMPORARY.

* Regel 1: Bundesländer *.
compute B_LAENDER_ = not(any(B_LAND,'Baden-Württemberg',
     'Bayern', 'Berlin', 'Brandenburg', 'Bremen',
     'Hamburg', 'Hessen', 'Mecklenburg-Vorpommern',
     'Niedersachsen', 'Nordrhein-Westfalen', 'Rheinland-
     Pfalz', 'Saarland', 'Sachsen', 'Schleswig-Holstein'))
     | missing(B_LAND) | B_LAND=''.
```

```
FORMAT B_LAENDER_  (F4.0).
VARIABLE WIDTH B_LAENDER_ (4).
VARIABLE LEVEL B_LAENDER_  (nominal).

VARIABLE ATTRIBUTE
   VARIABLES=B_LAENDER_
   ATTRIBUTE=$VD.RuleOutcomeVar("Yes").

VALIDATEDATA
  VARIABLES=B_LAND
 /VARCHECKS STATUS=ON PCTMISSING=20 PCTEQUAL=75 PCTUNEQUAL=10
 /CASECHECKS REPORTEMPTY=YES SCOPE=ALLVARS
 /CASEREPORT DISPLAY=YES MINVIOLATIONS=1 CASELIMIT=FIRSTN(10)
 /RULESUMMARIES BYVARIABLE BYRULE.
```

Beispiel für cross-variable Regel:

Funktion:

Aufdecken aller Postleitzahlen (PLZ), die nicht zum entsprechenden Bundesland „Bayern", „Berlin" bzw. „Brandenburg" gehören (negative Regel).

```
GET
  FILE='C:...sav'.

DATAFILE ATTRIBUTE ATTRIBUTE=
$VD.CRule[1]("Label='Abgleich PLZ Bayern',
      OutcomeVar='PLZ_Bay', Expression='PLZ Bayern' ")
$VD.CRule[2]("Label='Abgleich PLZ Berlin',
      OutcomeVar='PLZ_Ber', Expression='PLZ Berlin' ")
$VD.CRule[3]("Label='Abgleich PLZ Brandenburg',
      OutcomeVar='PLZ_Bran', Expression='PLZ Brandenburg' ").

TEMPORARY.

COMPUTE PLZ_Bay = B_LAND="Bayern" & not(any (PLZ_BL,
      86169,95447,96450,91058,97437,95032,86899,81929,
      82194,85737,80802,90491,83209,83026)).
COMPUTE PLZ_Ber = B_LAND="Berlin" & not(any (PLZ_BL,
      14195,14089,10969,13439,10178,14163,12439,14165)).
COMPUTE PLZ_Bran = B_LAND="Brandenburg" & not(any (PLZ_BL,
      3048,15236,14532,14478)).

* Ergebnisvariablen explizit Format, Messniveau und Länge zu-
weisen *.

FORMAT PLZ_Bay PLZ_Ber PLZ_Bran (F4.0).
```

```
VARIABLE WIDTH PLZ_Bay PLZ_Ber PLZ_Bran (4).
VARIABLE LEVEL PLZ_Bay PLZ_Ber PLZ_Bran (nominal).

VARIABLE ATTRIBUTE
   VARIABLES=PLZ_Bay PLZ_Ber PLZ_Bran
   ATTRIBUTE=$VD.RuleOutcomeVar("Yes").

VALIDATEDATA
  VARIABLES=B_LAND
  ID=id
  CROSSVARRULES=$VD.CRule[1] $VD.CRule[2] $VD.CRule[3]
 /VARCHECKS STATUS=ON PCTMISSING=70
 /IDCHECKS INCOMPLETE DUPLICATE
 /CASECHECKS REPORTEMPTY=YES SCOPE=ALLVARS
 /CASEREPORT DISPLAY=YES MINVIOLATIONS=1 CASELIMIT=FIRSTN(10).
```

Beispiele für einzelne Zeichen bzw. Zeichenketten:
Funktion:
Aufdecken bestimmter Zeichen innerhalb eines bestimmten Strings (z.B. STRING). Alle gesuchten (und gefundenen) Zeichen (z.B. „1", „2", „3", „4" usw.) lösen eine Fehlermeldung aus (positive Regel). Für das Scannen auf bestimmte Zeichen(ketten) ist es hilfreich, zunächst Hilfsvariablen anzulegen (z.B. ERROR_C1 usw.).

```
GET
  FILE='C:...sav'.

COMPUTE ERROR_C1 = index(STRING,'0123456789',1)   .
COMPUTE ERROR_C2 = index(STRING,'Begriff',7)   .
COMPUTE ERROR_C3 = index(STRING,'.;,:',1) .
exe.

VARIABLE ATTRIBUTE VARIABLES=ALL DELETE=$VD.SRuleRef.
DATAFILE ATTRIBUTE DELETE=$VD.SRule.
DATAFILE ATTRIBUTE ATTRIBUTE=
$VD.SRule[1]("Label='Scan_1(Ziffern)', Type='Numeric',
      Domain='List',FlagUserMissing='No',
      FlagSystemMissing='No', FlagBlank='No',
      CaseSensitive='No',List='0' ")
$VD.SRule[2]("Label='Scan_2(Begriff)', Type='Numeric',
      Domain='List',FlagUserMissing='No',
      FlagSystemMissing='No', FlagBlank='No',
      CaseSensitive='No',List='0' ")
```

```
$VD.SRule[3]("Label='Scan_3(Interpunktion)', Type='Numeric',
      Domain='List',FlagUserMissing='No',
      FlagSystemMissing='No', FlagBlank='No',
      CaseSensitive='No',List='0' ") .

VARIABLE ATTRIBUTE
       VARIABLES=ERROR_C1 ATTRIBUTE=$VD.SRuleRef[1]
      ("Rule='$VD.SRule[1]', OutcomeVar='ERROR_S1' ")
      /VARIABLES=ERROR_C2 ATTRIBUTE=$VD.SRuleRef[1]
      ("Rule='$VD.SRule[2]', OutcomeVar='ERROR_S2' ")
      /VARIABLES=ERROR_C3 ATTRIBUTE=$VD.SRuleRef[1]
      ("Rule='$VD.SRule[3]', OutcomeVar='ERROR_S3' ")   .

TEMPORARY.

* Umsetzen des ersten Scans *.
COMPUTE ERROR_S1=
      NOT(ANY(VALUE(ERROR_C1),0) OR MISSING(ERROR_C1)).
* Umsetzen des zweiten Scans *.
COMPUTE ERROR_S2=
      NOT(ANY(VALUE(ERROR_C2),0) OR MISSING(ERROR_C2)).
* Umsetzen des dritten Scans *.
COMPUTE ERROR_S3=
      NOT(ANY(VALUE(ERROR_C3),0) OR MISSING(ERROR_C3)).

FORMAT ERROR_S1 ERROR_S2 ERROR_S3 (F4.0).
VARIABLE WIDTH ERROR_S1 ERROR_S2 ERROR_S3 (4).
VARIABLE LEVEL ERROR_S1 ERROR_S2 ERROR_S3 (nominal).

VARIABLE ATTRIBUTE
   VARIABLES=ERROR_S1 ERROR_S2 ERROR_S3
   ATTRIBUTE=$VD.RuleOutcomeVar("Yes").

VALIDATEDATA
  VARIABLES=ERROR_C1 ERROR_C2 ERROR_C3
 /VARCHECKS STATUS=ON PCTMISSING=20 PCTEQUAL=75 PCTUNEQUAL=10
 /IDCHECKS INCOMPLETE DUPLICATE
 /CASECHECKS REPORTEMPTY=YES SCOPE=ALLVARS
 /CASEREPORT DISPLAY=YES MINVIOLATIONS=1 CASELIMIT=FIRSTN(10)
 /RULESUMMARIES BYVARIABLE BYRULE.
```

9.6 Prüfen von Regeln (Bedingungen)

Prüfregeln (Bedingungen) werden in unterschiedlichsten Zusammenhängen eingesetzt, z.B. beim Datenzugriff, beim Überprüfen oder Ersetzen von Daten, oder auch beim Ermitteln abgeleiteter Maße und Werte (Berechnungen). Die Zuverlässigkeit von Prüfregeln hat daher grundlegende Bedeutung, da in jedem Falle weitere Werte, Analysen oder Ergebnisse davon abhängen. Eine fehlerhafte Prüfregel führt zu fehlerhaften Werten, Analysen oder Ergebnissen. Das Problem an dysfunktionalen Prüfregeln und Zugriffen (z.B. SQL-Queries) ist, dass die Daten selbst in Ordnung sein können, die Datenqualitätsprobleme jedoch durch die fehlerhaften Regeln bzw. Zugriffe verursacht werden. Prüfregeln und Zugriffe (Queries) sind daher hinsichtlich mehrerer Aspekte zu prüfen und zwar idealerweise vor ihrer Programmierung in SPSS Syntax. Zu den Aspekten gehören u.a. Semantik, Logik und Informatik:

- Formulierung als positive oder negative Prüfregel?
- Bei komplexen Prüfregeln: Vollständigkeit der logisch realisierbaren „wahren" und „falschen" Ereignisse? Oder nur ein begründeter Ausschnitt „relevanter" Ereignisse?
- Bei komplexen Prüfregeln: Überprüfung der logisch korrekten Prüfregeln an der Komplexität und Dynamik der empirischen Realität. Ist alles, was logisch möglich ist, auch empirisch brauchbar bzw. wahrscheinlich?
- Welche (SPSS) Syntax bzw. Prozedur erlaubt die Programmierung der Regeln (Bedingungen)? Wodurch unterscheiden sich mehrere Syntax-Möglichkeiten im Detail? Hier ist u.a. auf Aktualität von Syntax (Releases), den damit einhergehenden Funktionsumfang und –wandel, sowie das reibungslose Zusammenspiel der Daten mit Soft- und Hardware unterschiedlichster Hersteller, Systeme und Versionen insgesamt zu achten.
- Zuguterletzt: Korrektheit der Programmierung? Ist die Prüfregel (Bedingung) also wie geplant (z.B.) negativ formuliert, berücksichtigt die relevanten, logisch realisierbaren „wahren" und „falschen" Ereignisse einschließlich einer Überprüfung auf einen möglichen Programmierfehler?

Prüfregeln bzw. Bedingungen sollten vor der Integration in einen Arbeitsablauf immer zunächst anhand überschaubarer Testdaten kontrolliert werden. Falsche Ergebnisse als Resultat ungeprüfter Bedingungen werden sonst gar nicht oder u.U. zufällig dadurch entdeckt, weil sie nur in einem bestimmten Zusammenhang unplausibel sind. Eine oft übersehene Fehlerquelle sind dabei einfache Programmierfehler, z.B. die falsche Verwendung von EXE. nach Transformationsbefehlen, wie z.B. LAG. Die beiden augenscheinlich gleichen Programmiervarianten von COMPUTE LAG_VAR1 gelangen wegen des EXE. zu unterschiedlichen Ergebnissen (vgl. auch Schendera, 2005, 144–146).

Bsp.1: Ohne EXE.

```
compute LAG_VAR = lag(VAR_1).
compute VAR_1 = VAR_1*2.
```

Bsp.2: Mit EXE.

```
compute LAG_VAR = LAG(VAR_1).
exe.
compute VAR_1 = VAR_1*2.
```

In Bsp. 1 wird der transformierte Wert von VAR_1 verwendet. In Bsp. 2 wird der Originalwert von VAR_1 verwendet.

Das Kapitel 8 führte in das Konzept der Plausibilität ein und ihre zunächst einfache Überprüfung an bis zu zwei Variablen; das Unterkapitel 8.2.3. zu Anomalien stellte eine multivariate Überpüfung anhand der DETECTANOMALY-Prozedur vor. Kapitel 9 stellte u.a. Validierungsprüfungen mit der Screening-Anwendung VALIDATEDATA an bis zu zwei Variablen vor. Bei VALIDATEDATA ist zumindest eine im Zusammenhang mit Komplexität stehende Herausforderung darin zu sehen, dass je nach Prüflogik die Programmierung über den Maus- oder den Syntaxzugang im Einzelfall durchaus aufwendig und somit ggf. auch fehleranfällig sein könnte, v.a. hinsichtlich der Umsetzung der notwendigerweise nicht immer einfachen Prüflogik in positiv oder negativ formulierte Validierungsregeln. Auch ist das Programmierumfeld von VALIDATEDATA derzeit nicht flexibel genug, um z.B. alternative Ansätze aufnehmen zu können (vgl. Kapitel 10). Für einfache oder einmalige Überprüfungen könnte der Menüpunkt „Validierung“ bzw. die SPSS Prozedur VALIDATEDATA evtl. im Einzelfall zu aufwendig sein. In diesem Fall besteht die Möglichkeit, Ansätze auch aus anderen Kapiteln anzuwenden. Mit SPSS Syntax kann weit flexibler programmiert werden, als es z.B. nach dem Kapitel zu VALIDATEDATA und dem Prüfen höchstens zweier Variablen den Anschein haben mag.

10 Mehr Flexibilität: Screenen und mehr

Arbeitsgrundlage: Ein Datensatz
Überprüfen und Bearbeiten mehrerer Werte, Zeilen und Spalten auf einmal

Das Gemeinsame von Kapitel 10 und den Kapiteln 8 und 9 ist, dass die Operationen an nur einem Datensatz vorgenommen werden (vgl. dagegen Kapitel 11 für die Arbeit mit mehreren Datensätzen). Kapitel 10 unterscheitet sich von den Kapiteln 8 und 9 allerdings in mehrerer Hinsicht.

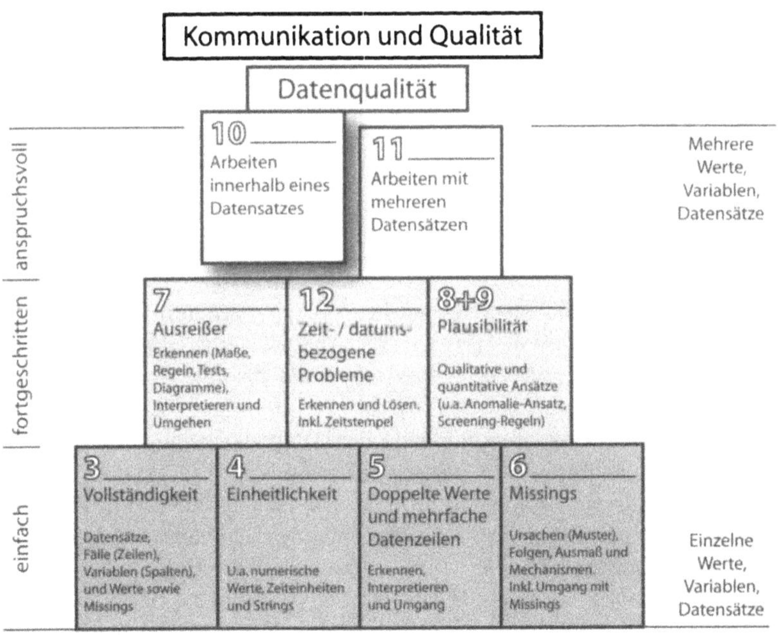

Das Arbeiten innerhalb eines Datensatzes setzt mit einer Ausnahme das Einhalten aller bislang vorgestellten Kriterien voraus. Das Arbeiten innerhalb eines Datensatzes kann jedoch auch Prüfschritte enthalten. Bei dieser einzig zulässigen Ausnahme ist es demnach erforderlich, dass zumindest *nach* dem Arbeiten innerhalb eines Datensatzes alle bislang vorgestellten Kriterien (inkl. Kapitel 12) geprüft wurden und in Ordnung sind. Unter besonderen Umständen können notwendige Abgleiche mit weiteren Datensätzen erforderlich werden (vgl. Kapitel 11).

Ein erster Unterschied ist z.B. die Flexibilität der SPSS Syntax. Während in den vorangegangenen Kapiteln meist *eine* SPSS Syntax *einer* Anwendung vorbehalten war, wird dieses Kapitel (eher nebenbei, und vielleicht auch anfangs etwas irritierend) zeigen, wie ein und dieselbe SPSS-Funktion für *mehrere* Zwecke angewendet werden kann. Die LAG-Funktion kann z.B. für das „normale" Zählen von Fällen oder Doppelten eingesetzt werden, für das „gruppierte" Zählen von Fällen oder auch für das zeilenweise Ersetzen von fehlenden Einträgen. Mit Flexibilität ist somit einerseits die Anwendungsvielfalt auch einer zunächst nur einfach erscheinenden SPSS Syntax gemeint. Auf der anderen Seite hat Flexibilität natürlich die Bedeutung, dass SPSS über Syntax für weit mehr Zwecke eingesetzt werden kann, als es z.B. die reine Mausführung vermuten lässt. Zusätzlich werden andere Beispiele darüber hinaus zeigen, dass mit SPSS oft mehrere Syntax-Wege zum selben Ziel möglich sind. Wenn z.B. eine Datenmenge durchgezählt werden soll, kann dies SPSS u.a. mit den Funktionen CASENUM, MOD oder auch LAG leisten. Ein dritter Unterschied kann das Anspruchsniveau des Programmierens selbst sein. Der Aufbau des Buches war dabei so geplant, dass die Kapitel so weit möglich nach dem Schwierigkeitsgrad geordnet sind. Gegen Ende des Kapitels könnten sich einige Beispiele finden, die Anwender etwas anspruchsvoller als die bisherigen finden könnten. Kapitel 10 ist so aufgebaut, dass es allmählich schrittweise an das Niveau der Makroanwendungen in Kapitel 11 heranführt.

Mit SPSS Syntax kann weit flexibler programmiert werden, als es z.B. nach dem Kapitel zu VALIDATEDATA und dem Prüfen höchstens zweier Variablen den Anschein haben mag. Mit SPSS Syntax ist z.B. noch viel mehr möglich:

- Screenen von Zeilen (auch gruppiert usw.); zu den zahlreichen Möglichkeiten des „Durchzählens" eines Datensatzes vgl. 10.1.
- Screenings innerhalb einer Spalte (10.2.).
- Differenzierte Screenings innerhalb mehrerer Spalten (10.3.), darunter u.a. das Zählen bestimmter Werte, Strings oder Missings (10.3.1), die Analyse der Merkmalsausprägungen in mehreren Variablen (10.3.2) oder auch die Analyse auf absolute Übereinstimmung mehrerer Spalten (10.3.3).
- Spalten- und zeilenweise Analyse mehrerer numerischer Daten gleichzeitig (10.3.4.).
- Operationen an mehreren Variablen oder Werten gleichzeitig, z.B. das Rekodieren von Werten und Missings in mehreren Variablen (10.3.5), das einheitliche „Auffüllen" von mehreren Datenzeilen (LAG-Funktion) (10.3.6) oder auch das Umbenennen zahlreicher Variablennamen (Präfixe, Suffixe) (10.3.7).

An dieser Stelle soll auch auf die in früheren Kapiteln angedeuteten Möglichkeiten globaler Indexvariablen für die Vollständigkeit oder Plausibilität (Datenqualität) ganzer Datenhaltungen hingewiesen werden (vgl. 3.4., 6.1.2.).

10.1 Zähl- und ID-Variablen: Möglichkeiten des „Durchzählens" eines Datensatzes

Für die Beurteilung der Qualität eines Datensatzes und seiner Einträge ist es unerlässlich, sich einen Überblick über die Vollständigkeit von Variablen (Spalten), Zeilen (Fällen) und Werten zu verschaffen. Zählvariablen (Counter) sind ausgesprochen vielseitig. Counter ermöglichen es nicht nur, sich einen schnellen Überblick über die Vollständigkeit eines Datensatz oder Teilmengen (Zeilen, Spalten) davon zu verschaffen. Weil Counter den Anwender jedoch auch bei der Identifikation von Doppelten und sogar beim Segmentieren eines Datensatzes unterstützen, erhielten sie aufgrund ihrer vielseitig einsetzbaren Funktionalität ein eigenes Kapitel (10.1.) und wurden nicht auf die einzelnen Anwendungsbereiche (Vollständigkeit, Doppelte, usw.) verstreut.
Eine der bekanntesten Zählvariablen ist die sog. ID-Variable, die der Identifikation von Fällen, Zeilen bzw. Beobachtungen dient. Aber auch in anderen Zusammenhängen können ID-Variablen mit Gewinn eingesetzt werden.

Übersicht:

- Anlegen einer neuen ID-Variablen: Zuweisen eines Zählers pro Datenzeile
- Anlegen einer neuen ID-Variablen: Schleifenartiges Zuweisen einer Zahl (Segmentierung)
- Anlegen einer neuen ID-Variablen: Zuweisen einer Zahl pro vorhandener Gruppe
- Arbeit mit einer vorhandenen ID-Variablen: Überprüfen auf doppelte Werte
- Ablegen der Anzahl der Zeilen pro vorhandener Gruppe als Konstante

Anlegen einer neuen ID-Variablen: Zuweisen eines Zählers pro Datenzeile
Der folgende, erste Ansatz vergibt jeder Datenzeile eine eigene Nummer. Der $CASENUM-Ansatz zählt die Anzahl von Datenzeilen, indem jeder Zeile ab 1 beginnend bis zur letzten Zeile ein um 1 ansteigenden Wert zugewiesen wird. $CASENUM wird daher oft eingesetzt, um eine ID-Variable nachträglich einem Datensatz hinzuzufügen.

```
compute ID=$CASENUM.
exe.
```

$CASENUM ist eine Systemvariable, die die jeweilige interne Nummer einer Datensatzzeile repräsentiert. COMPUTE kopiert diese Zahl einfach in die Variable ID. Die SPSS Command Syntax Reference weist darauf hin, dass der $CASENUM-Wert nicht notwendigerweise der Zeilennummer der Datensatzansicht entspricht. Dass $CASENUM einen Wert vergibt, bedeutet nicht, dass die Datenzeilen weitere Werte enthalten. $CASENUM vergibt auch komplett leeren Datenzeilen einen Wert.

Der nächste Ansatz zählt einen Datensatz abschnittsweise durch und vergibt regelmäßige Nummernbereiche, z.B. von 1 bis 50. Dieser Ansatz vergibt Werte nur abhängig von einer Zeilennummer. Sollen dagegen Werte abhängig vom Datensatzinhalt vergeben werden, sollte auf den LAG-Ansatz danach zurückgegriffen werden.

Anlegen einer neuen ID-Variablen: Schleifenartiges Zuweisen einer Zahl (Segmentierung)

Diese zweite, erweiterte $CASENUM-Variante zählt die Anzahl von Datenzeilen, indem jeder Zeile ab der ersten bis zur 50. Zeile ein um 1 ansteigenden Wert zugewiesen wird. Dieser Vorgang wird fortgesetzt, bis das Ende dieses Datensatzes erreicht ist. Je nachdem, wie lange der Datensatz ist, erhält die allerletzte Zeile nicht notwendigerweise den Wert 50. Dieser $CASENUM-Ansatz kann z.B. eingesetzt werden, um Daten ex post regelmäßig zu gruppieren (clustern) bzw. regelmäßig zu segmentieren. In Verbindung mit einer Zufallsfunktion könnten auf diese Weise auch mehrere auf Zufallsbasis basierende Ziehungen angelegt werden.

```
compute COUNT1_50 = (mod($CASENUM-1, 50) + 1) .
exe.
```

In die Variable COUNT1_50 werden die wiederholt vergebenen Werte von 1 bis 50 abgelegt. Was aber im Detail abläuft, ist ein wenig komplizierter. SPSS vergibt wie im obigen Beispiel jeder Datenzeile einen einzigartigen Wert. Von den ursprünglich vergebenen $CASENUM-Werten wird die Differenz CASENUM-Wert minus 1 durch 50 dividiert (würde nicht um 1 korrigiert, würden die Werte bei 2 beginnen). Das Entscheidende ist hier der sog. unteilbare „Rest". MOD nimmt nur diesen Rest auf; das Ergebnis sind somit Werte von 0 bis 49. Damit die Zeilennummern immer von 1 bis 50 gehen, werden diese um 1 korrigiert. Soll nur eine bestimmte Teilmenge von Datenzeilen selegiert werden, so kann auch eine Scratchvariable #FALL angelegt und in einen SELECT IF-Filter inkl. MOD einbezogen werden.

```
compute #FALL=#FALL + 1.
select if (mod(#FALL, 7) =0 ).
exe.
```

Dieser SELECT IF-Filter funktioniert so, dass Fälle auf der Grundlage ihrer Abfolge in einem Datensatz ausgewählt werden. Ist der MOD-Wert nach #FALL gleich 1, werden alle Fälle ausgewählt; bei 2 wird nur jeder zweite Wert beibehalten, bei 3 jeder dritte usw.

Anlegen einer neuen ID-Variablen: Zuweisen einer Zahl pro vorhandener Gruppe – Arbeit mit einer vorhandenen ID-Variablen: Überprüfen auf doppelte Werte

Der dritte Ansatz vergibt Werte abhängig vom Datensatzinhalt. Im Gegensatz zum obigen Ansatz, der Wertebereiche unabhängig vom Datensatzinhalt (also auch bei leeren Datensätzen) und nur abhängig von einer Zeilennummer vergab, vergibt dieser Ansatz z.B. Werte in Abhängigkeit der Ausprägungen einer Variablen.

```
data list list
/ GRUPPE NUMERISCH .
begin data
1 54
1 65
1 53
```

```
sort cases by GRUPPE.

* (a) Anwendung als gruppierender Zähler
bzgl. GRUPPE *.
compute ANZAHL=1.
if (GRUPPE=lag(GRUPPE))
```

```
1 64                        ANZAHL=lag(ANZAHL)+1.
2 65                        exe.
2 12                        list var=GRUPPE NUMERISCH ANZAHL .
2 63
end data.                   * (b) Anwendung als Prüfprogramm bzgl.
exe.                        NUMERISCH *.
                            sort cases by NUMERISCH.
                            compute ANZAHL_N=1.
                            if (NUMERISCH=lag(NUMERISCH))
                            ANZAHL_N=lag(ANZAHL_N)+1.
                            exe.
                            list var= GRUPPE NUMERISCH ANZAHL_N.
```

(a) Anwendung als gruppierender Zähler

```
GRUPPE NUMERISCH ANZAHL

   1,0      54,0     1,C
   1,0      65,0     2,0
   1,0      53,0     3,0
   1,0      64,0     4,0
   2,0      65,0     1,0
   2,0      12,0     2,0
   2,0      63,0     3,0


Number of cases read:  7
Number of cases listed:  7
```

(b) Anwendung als Prüfprogramm.

```
GRUPPE NUMERISCH ANZAHL_N

   2,0      12,0       1,0
   1,0      53,0       1,0
   1,0      54,0       1,0
   2,0      63,0       1,0
   1,0      64,0       1,0
   1,0      65,0       1,0
   2,0      65,0       2,0


Number of cases read:  7
Number of cases listed:  7
```

Enthält ein Datensatz eine gruppierte Variable GRUPPE, dann werden alle Fälle innerhalb der jew. Ausprägungen bei 1 beginnend solange hochgezählt, bis der letzte Fall innerhalb einer solchen Ausprägung erreicht ist (vgl. Ergebnis ANZAHL für GRUPPE bei Ansatz a). Dieser Ansatz macht also nur dann Sinn, wenn eine Variable tats. mehrere Items mit derselben Ausprägung aufweist; falls nicht, würde jedes Mal nur der Wert 1 vergeben werden. Als zweite Anwendung (b) könnte dieser Ansatz zur Überprüfung daraufhin eingesetzt werden, ob in einer mind. intervallskalierten Variablen irgendwelche Dubletten vorkommen (vgl. b). Jeder Wert ungleich 1 ist ein Hinweis auf mehrfach vorkommende Werte (vgl. Ergebnis ANZAHL_N für NUMERISCH bei Ansatz b).

Ablegen der Anzahl der Zeilen pro vorhandener Gruppe als Konstante

Der abschließende Ansatz legt eine gruppierte Zählvariable an, und darin jeweils eine Konstante, die die Anzahl der Fälle (Zeilen) repräsentiert.

```
data list list
/ GRUPPE NUMERISCH .
begin data
1 54
1 65
1 53
1 64
2 65
2 12
2 63
end data.
exe.
```

```
sort cases by GRUPPE.
compute ANZAHL=1.
if (GRUPPE=lag(GRUPPE))
ANZAHL=lag(ANZAHL)+1.
exe.

aggregate
/outfile='C:\demo.sav'
/ presorted
/ break=GRUPPE
/KONSTANTE=n.
match files
/file=*
/ table='C:\demo.sav'
/ by GRUPPE.
exe.
list var= GRUPPE ANZAHL KONSTANTE.
```

```
GRUPPE ANZAHL KONSTANTE

   1,0    1,0         4
   1,0    2,0         4
   1,0    3,0         4
   1,0    4,0         4
   2,0    1,0         3
   2,0    2,0         3
   2,0    3,0         3

Number of cases read:  7    Number of cases listed:  7
```

10.2 Screenings innerhalb einer Spalte (Variablen)

Den im Folgenden dargestellten Screening-Ansätzen ist gemeinsam, dass sie der Überprüfung einer einzelnen Variable dienen. Die Ansätze unterscheiden sich u.a. nach dem Typ der Variablen (numerisch, String), worauf die betreffende Variable (Einzigartigkeit von Werten, bestimmte Strings, Missings usw.) überprüft werden soll, Besonderheiten des Prüfvorgangs selbst und wie das Prüfergebnis ausgegeben werden soll (pro Zeile oder auch aggregiert). Zunächst werden Ansätze für numerische Variablen, anschließend für Strings und dann u.a. für Missings vorgestellt.

Übersicht:

- Übersicht über die Ausprägungen einer Variablen
- Zählen und Durchnummerieren der Anzahl verschiedener Elemente innerhalb einer numerischen Variablen
- Zählen der Häufigkeit eines Elements innerhalb einer numerischen Variablen
- Aggregierte Ausgabe: Ein Häufigkeitswert für jede Elementausprägung
- Zählen der Anzahl verschiedener Elemente innerhalb einer Stringvariablen
- Zählen von einzelnen Zeichen innerhalb einer Stringvariablen
- Zählen von mehrstelligen Zeichenketten innerhalb einer Stringvariablen
- Zählen von separaten Elementen innerhalb einer Stringvariablen
- Zählen von bestimmten Strings innerhalb einer numerischen Variablen
- Zählen von Missings innerhalb einer Variablen (numerisch, String)
- Zählen der verschiedenen Elemente innerhalb einer Stringvariablen (zeilen- und spaltenweise)

Übersicht über die Ausprägungen einer Variablen

Zählweise und Ausgabe:

Ergebnis: Ein (aggregierender) Wert pro n Ausprägung einer Variablen.

- Zählerwert für jedes einzelne Element
- Gleiche Ausprägung=gleicher Zählerwert
- Anzahl der Datenzeilen (Elemente) nicht verändert (nur Häufigkeitsausgabe)
- Wert nur Zähler innerhalb Häufigkeitsausgabe
- Wert= Häufigkeit, kein Counter (s.u.)

Daten

```
data list
/ ZAHLEN (f8).
begin data
11111122
11111122
22223333
22223333
33112233
11223311
22222233
end data.
exe.
save outfile =
"C:\ZAHLEN.sav".
```

Programm

```
FREQUENCIES
  VARIABLES=ZAHLEN
  /BARCHART  FREQ
  /ORDER=  ANALYSIS .
```

Ergebnis

ZAHLEN

		Häufigkeit	Prozent	Gültige Prozente	Kumulierte Prozente
Gültig	11111122	2	28,6	28,6	28,6
	11223311	1	14,3	14,3	42,9
	22222233	1	14,3	14,3	57,1
	22223333	2	28,6	28,6	85,7
	33112233	1	14,3	14,3	100,0
	Gesamt	7	100,0	100,0	

In dic Tabelle wird als Ergebnis für jede Ausprägung der Variablen ZAHLEN die Häufigkeit ihres Auftretens abgelegt. Da z.B. in der Ausgangsliste der Wert „11111122“ zweimal vorkam, zeigt die Tabelle hinter „11111122“ die Häufigkeit 2 an. Diese Beispieldaten können nun mittels verschiedener Ansätze (z.B. COMPUTE/Lag-Funktion, AGGREGATE) auf die unterschiedlichste Art und Weise ausgewertet werden. Im Vergleich zu dem FREQUENCIES-Beispiel ist den folgenden Ansätzen trotz ihr all ihrer Verschiedenenheit eines gemeinsam: Sie ändern den Analysedatensatz.
Der FREQUENCIES-Ansatz *beschreibt* nur den Inhalt eines Datensatzes ohne diesen zu ändern. Alle anderen Ansätze *modifizieren* ihre Datengrundlage, indem sie z.B. eine Zählvariable hinzufügen oder die Anzahl der verbleibenden Datenzeilen (z.B. über Aggregierung usw.) ändern. Das Beispiel „Aggregierte Ausgabe: Ein Häufigkeitswert für jede Elementausprägung“ (siehe unten, AGGREGATE-Beispiel) hat als Ausgabe z.B. anscheinend genau dasselbe Ergebnis wie der Inhalt der oben wiedergegebenen FREQUENCIES-Ausgabe. Tatsächlich liegen aber zwei zentrale Unterschiede im zugrundeliegenden Datensatz vor. Der ausgegebene Datensatz enthält nur noch fünf anstelle von sieben Zeilen und er enthält nun zusätzlich die Zählvariable ANZAHL, die die Häufigkeit der mehrfach auftretenden Zeilen enthält.
Die nachfolgenden Beispiele werden zeigen, dass das Zählen und Ausgeben von Elementen innerhalb einer Variablen keineswegs so trivial ist, wie es vielleicht oberflächlich betrachtet erscheinen mag. Der eingangs eingelesene Datensatz „ZAHLEN.SAV“ wird nun auf die unterschiedlichste Art und Weise untersucht. Damit Sie die Unterschiede leichter erkennen können, ist die *Zählweise und Ausgabe* der Ergebnisse der jeweiligen Anwendung stichwortartig als Kurzsteckbrief vorangestellt (vgl. auch das FREQUENCIES-Beispiel, s.o.).

Zählen und Durchnummerieren der Anzahl verschiedener Elemente innerhalb einer numerischen Variablen

Zählweise und Ausgabe:

- Zählerwert für jedes einzelne Element
- Gleiche Ausprägung=gleicher Zählerwert
- Anzahl der Datenzeilen (Elemente) bleibt
- Wert nur Zähler innerhalb Datensatz
- nicht Häufigkeit

```
get file="C:\ZAHLEN.sav".            ZAHLEN   ZAEHLER
compute ZAEHLER=0.
exe.                                 11111122     1,00
sort cases by ZAHLEN.                11111122     1,00
compute ZAEHLER=ZAEHLER+1.           11223311     2,00
if (ZAHLEN=lag(ZAHLEN))              22222233     3,00
    ZAEHLER=lag(ZAEHLER).            22223333     4,00
if (ZAHLEN ne lag(ZAHLEN))           22223333     4,00
ZAEHLER=lag(ZAEHLER)+1.              33112233     5,00
exe.
list.                                Number of cases read:   7
                                     Number of cases listed:   7
```

Zählen der Häufigkeit eines Elements innerhalb einer numerischen Variablen

Zählweise und Ausgabe:

- Zählerwert für jedes einzelne Element
- Zählweise: Ab 1 für jedes Element
- Gleiche Ausprägung=gleiche Häufigkeit
- Anzahl der Datenzeilen (Elemente) bleibt
- Wert nur Zähler innerhalb Ausprägung
- nicht Häufigkeit (außer bei N=1)

```
get file="C:\ZAHLEN.sav".

sort cases by ZAHLEN.
compute ANZAHL=1.
if (ZAHLEN=lag(ZAHLEN))
    ANZAHL=lag(ANZAHL)+1.
exe.
list.
```

```
  ZAHLEN   ANZAHL

11111122     1,00
11111122     2,00
11223311     1,00
22222233     1,00
22223333     1,00
22223333     2,00
33112233     1,00

Number of cases read:  7
Number of cases listed:  7
```

Aggregierte Ausgabe: Ein Häufigkeitswert für jede Elementausprägung

Zählweise und Ausgabe:

- Zählerwert für jedes einzelne Element
- Jede Ausprägung nur einmal
- Anzahl der Datenzeilen (Elemente) verändert (aggregierte Ausgabe)
- Wert= Häufigkeit, kein Counter (s.o.)

```
get file=
"C:\ZAHLEN.sav".

AGGREGATE
/OUTFILE='C:\ANZAHL.sav'
/BREAK=ZAHLEN
/ANZAHL=N.

get file = 'C:\ANZAHL.sav'.
list.
```

```
  ZAHLEN  ANZAHL

11111122       2
11223311       1
22222233       1
22223333       2
33112233       1

Number of cases read:  5
Number of cases listed:  5
```

Zählen der Anzahl verschiedener Elemente innerhalb einer Stringvariablen

Zählweise und Ausgabe:

Ergebnis: Ein Wert pro Variable

Der folgende Ansatz zählt die vorliegende Anzahl unterschiedlicher Ausprägungen einer Variablen. Dieser Ansatz ist nützlich z.B. für das Zählen von Ausprägungen für Kontrollzwecke (wenn z.B. die Anzahl der zu erwartenden Ausprägungen bekannt ist und somit eine bestimmte Anzahl nicht überschreiten darf), wie auch für das Abschätzen der Anzahl von Zeilen und Spalten in Kreuztabellen usw. Der Ansatz gilt für numerische, wie auch Stringvariablen (vgl. Schendera, 2005).

```
get file="C:\ZAHLEN.sav".
aggregate outfile=*
/break=ZAHLEN
/freq=NU.
    compute X=1.
    compute Y=1.
exe.
aggregate outfile=*
/break=X
/ANZAHL=sum(Y).
exe.
list variables=ANZAHL.
```

```
ANZAHL

    5,00

Number of cases read:  1
Number of cases listed:  1
```

In das SPSS Ausgabefenster wird der Wert „5" geschrieben. Die Variable ZAHLEN hat demnach nur fünf verschiedene Ausprägungen.

Zählen von einzelnen Zeichen innerhalb einer Stringvariablen

Der folgende Ansatz zählt bestimmte einstellige Zeichen innerhalb einer Stringvariablen.

```
data list
/ STRING 1-11 (a).
begin data
AA AA AA BB
BB BB CC CC
CC AA BB CC
AA BB CC AA
BB BB BB CC
end data.
exe.
```

```
compute Freq_A = 0.
loop #i=1 to 11.
compute Freq_A =
 Freq_A + index(substr(STRING,#i,1),'A').
end loop.
exe.
list var= Freq_A.
```

Die Variable FREQ_A zeigt, wie oft die gesuchten Zeichen in der untersuchten Variable vorkommen.

```
Freq_A

     6
     0
     2
```

```
      4
      0

Number of cases read:  5    Number of cases listed:  5
```

Die angelegte Zählvariable FREQ_A wird zunächst auf den Ausgangswert 0 gesetzt. Sobald im abzuscannenden String das gewünschte Zeichen gefunden wird, erhöht sich jedesmal der Zähler um 1. Die wiederholt durchlaufene Schleife (Loop) basiert auf einem Abscannen mittels SUBSTR. Diese Schleife beginnt zunächst an der ersten Position der Stringvariable, geht dann um 1 zur nächsten Position weiter usw. Jedesmal, wenn das gewünschte Zeichen (z.B. "A") gefunden wird, erhöht sich der Zähler um 1. Wird das gewünschte Zeichen nicht gefunden, erhöht sich die Zählvariable FREQ_A um Null. Die Anzahl der gefundenen Zeichen kann somit nicht höher als die maximale Länge des abgescannten Strings (STRING) sein, im Beispiel z.B. 11 (sofern „A" 11mal vorkommt).
Beim Programmieren ist darauf zu achten, dass LOOP #i=... auf die Länge der zu überprüfenden Variablen abgestimmt. Wird bei Loop nach TO ein Wert angegeben, der größer ist als die Länge des Strings (z.B. 15 anstelle von 11), so führt dies zu einem Abbruch und einer Fehlermeldung. Wird bei Loop nach TO ein Wert angegeben, der kleiner ist als die Länge des Strings (z.B. 5 anstelle von 11), so wird nicht der komplette String abgescannt, sondern nur bis zur fünften Stelle (sofern die Schleife bei der ersten Position beginnt).

Zählen von mehrstelligen Zeichenketten innerhalb einer Stringvariablen
Der folgende Ansatz zählt bestimmte mehrstellige Strings innerhalb einer Stringvariablen.

```
data list
/ STRING 1-12 (a).    compute FREQ_AA= 0.
begin data            loop #i=1 to 12 by 2.
AAAAAABBAAAA          compute FREQ_AA = FREQ_AA
BBBBCCCCAAAA                + INDEX(SUBSTR(STRING,#i,2),'AA').
AAAACCAABBCC          end loop.
AABBCCAAAAAA          exe.
AAAABBBBBBCC          list.
end data.
exe.
```

Die Variable FREQ_AA zeigt an, wie oft die gesuchten Strings in der abgesuchten Stringvariable STRING vorkommen.

```
STRING        FREQ_AA

AAAAAABBAAAA     5,0
BBBBCCCCAAAA     2,0
AAAACCAABBCC     3,0
```

```
AABBCCAAAAAA      4,0
AAAABBBBBBCC      2,0

Number of cases read:  5    Number of cases listed:  5
```

Der Unterschied zum Absuchen auf einstellige Strings besteht im BY in der LOOP-Anweisung. Beim Programmieren ist darauf zu achten, dass der LOOP-Anweisung ein BY in der Länge des mehrstelligen Strings hinzugefügt wird. Soll also ein zweistelliger String abgesucht werden, wird BY 2 angegeben; soll dagegen ein 3stelliger String gesucht werden, wird BY 3 angegeben usw. Die nächste Besonderheit leitet sich aus dem Suchverhalten bei mehrstelligen Zeichen her. Auch hier beginnt die Schleife zunächst an der ersten Position der Stringvariable, geht dann jedoch um 2 zur nächsten Position und weiter in Zweierschritten usw. bis hin zum letzten Zeichen. Bei geraden Strings (wie im obigen Beispiel) bleibt kein Rest übrig. Der abzusuchende String (z.B. 12) entspricht dem Vielfachen des gesuchten mehrstelligen Strings.
Weicht der abzusuchende String jedoch vom Vielfachen des gesuchten mehrstelligen Strings ab, so bleibt vom Scannen von links nach rechts ein Rest übrig. Ist also der abzusuchende String (z.B. 11) länger als das Vielfache der gesuchten mehrstelligen Strings (z.B. 2), so bleibt ein Zeichen übrig und führt zu einem Abbruch und einer Fehlermeldung. In einem solchen Fall kann der Wert nach dem TO in der LOOP-Anweisung auf den nächst niedrigen Vielfachen des zu suchenden Strings verringert werden. Beträgt also der abzusuchende String 11, der gesuchte String 2, dann beträgt der Wert nach TO 10. Das letzte Zeichen wird somit nicht mehr abgescannt. Das Abscannen des letzten Zeichens erübrigt sich, weil seine Länge nicht dem gesuchten Zeichen entspricht.
Wenn die zu suchenden Strings Blanks (Leerstellen, z.B. „AA “) enthalten, werden diese wie ein drittes, „unsichtbares“ Zeichen behandelt. Die weitere Programmierung folgt dann der Logik der bereits oben dargestellten Beispiele.

```
data list
/ STRING 1-12 (a).
begin data
AA AA AA BB
BB BB CC CC
CC AA BB CC
AA BB CC AA
BB BB BB CC
end data.
exe.
```

```
compute FREQ_AA= 0.
loop #i=1 to 12 by 3.
compute FREQ_AA = FREQ_AA +
INDEX(SUBSTR(STRING,#i,3),'AA ').
end loop.
exe.
compute FREQ_BB= 0.
loop #i=1 to 12 by 3.
compute FREQ_BB = FREQ_BB +
INDEX(SUBSTR(STRING,#i,3),'BB ').
end loop.
exe.
list.
```

```
STRING         FREQ_AA FREQ_BB

AA AA AA BB        3,0     1,0
BB BB CC CC         ,0     2,0
CC AA BB CC        1,0     1,0
AA BB CC AA        2,0     1,0
BB BB BB CC         ,0     3,0

Number of cases read:  5    Number of cases listed:  5
```

Diese Ansätze können u.a. auch auf numerische Zeichen angewandt werden.

Anzahl zeilenweiser Elemente innerhalb einer Stringvariablen

Der folgende Ansatz zählt, wieviele Elemente innerhalb eines Strings pro Zeile vorkommen. Dieser Ansatz basiert darauf, dass das Abstandszeichen zwischen den eigentlichen Elementen gezählt wird, z.B. üblicherweise (aber nicht ausschließlich) eine Leerstelle (dieser Ansatz ist jedoch in der Lage, jedes andere Zeichen als Abstandssymbol zu berücksichtigen, sofern es nicht in den abzuscannenden Elementen selbst vorkommt). Die weitere Logik des Ansatzes ist unkompliziert: Über COMPUTE wird eine Zählvariable FREQ_ELEM angelegt, die bei 1 beginnt; bei jedem Finden eines Abstandszeichens wird dieser Zähler um 1 erhöht. Nach dem Durchlaufen von LOOP entspricht der FREQ_ELEM-Wert der Anzahl der Elemente in einem String. Würde FREQ_ELEM mit 0 angelegt werden, würde der schlussendliche FREQ_ELEM-Wert nur der Anzahl der Abstände, aber nicht der Elemente entsprechen. Die abzuscannende Variable darf leer, also ein Missing sein (vgl. Zeile 3). In diesem Fall würde ein FREQ_ELEM-Wert, der der Gesamtlänge der abzuscannenden Variable plus 1 entspricht, nicht auf die Anzahl der darin enthaltenen Elemente hinweisen, sondern darauf, dass dieser Eintrag komplett leer ist.

```
data list
/ STRING 1-11 (a).
begin data
AA AA AA BB
BB BB CC CC

C A B C C CC
AA BB CC AA
BB BB BB CC
end data.
exe.
```

```
compute freq_elem = 1.
loop #i=1 to 11.
compute freq_elem = freq_elem +
index(substr(STRING,#i,1),' ').
end loop.
exe.
list.
```

```
STRING       freq_elem

AA AA AA BB      4,0
BB BB CC CC      4,0
                12,0
```

```
C A B C C C      6,0
AA BB CC AA      4,0
BB BB BB CC      4,0

Number of cases read:  6    Number of cases listed:  6
```

Dieser Ansatz geht von einer wichtigen Annahme aus: Der Abstand zwischen den Elementen ist einheitlich, z.B. eine Leerstelle. Sollte der Abstand uneinheitlich sein, müsste er vor der Anwendung des folgenden Ansatzes vereinheitlicht werden.
Die Information über die Anzahl von Elementen innerhalb einer Stringsvariablen sagt nichts über die Gleichheit oder Unterschiedlichkeit der Elemente aus. An dieser Stelle sei dazu abschließend auf einen bereits weiter oben vorgestellten Ansatz hingewiesen, der es erlaubt, einen String zeilenweise auf mehrere bekannte Elemente abzusuchen. Der nachfolgende Ansatz ist in der Lage, die *Unterschiedlichkeit* auch unbekannter bzw. sehr vieler, auch unterschiedlicher Elemente innerhalb einer Stringvariablen über alle Zeilen hinweg detailliert zu protokollieren.

Zählen von bestimmten Strings innerhalb einer numerischen Variablen
Der folgende Ansatz zählt bestimmte Strings innerhalb einer numerischen Variablen. Voraussetzung für diesen Ansatz ist, dass die Abfolge numerischer Zeichen als String eingelesen oder über STRING in ein alphanumerisches Format konvertiert wird (s.u.).

```
data list
/ ZAHLEN (f8).
begin data
11111122
22223333
33112233
11223311
22222233
end data.
exe.
```

```
string STRING (a8).
compute STRING=string(ZAHLEN,f8.0).
exe.

compute freq_2 = 0.
loop #i=1 to 8.
compute freq_2 = freq_2 +
      index(substr(STRING,#i,1),'2').
end loop.
exe.
list.
```

Die Variable FREQ_2 zeigt an, wie oft das gesuchte Zeichen in der untersuchten Variablen vorkommt.

```
  ZAHLEN STRING     freq_2

11111122 11111122     2,00
22223333 22223333     4,00
33112233 33112233     2,00
11223311 11223311     2,00
22222233 22222233     6,00

Number of cases read:  5    Number of cases listed:  5
```

Bei der Vorgabe eines einstelligen Wertes kann die möglicherweise auftretende Fehlermeldung ignoriert werden.

Dieses Beispiel funktioniert im Prinzip wie das bereits vorgestellte Beispiel für numerische Variablen. Die Zählvariable FREQ_2 wird auf den Ausgangswert 0 gesetzt. Sobald im angelegten String STRING das gewünschte Zeichen gefunden wird, erhöht sich der Zähler um 1. Die Anzahl der gefundenen Zeichen kann auch hier nicht höher als die maximale Länge des abgescannten Strings sein.
Auch hier gelten die obigen Hinweise für das Programmieren des Loops. Die Häufigkeit des auszuführenden Loops (LOOP #i=...) ist auf die Länge der zu überprüfenden Variable abgestimmt. Wird bei Loop nach TO ein Wert angegeben, der größer ist als die Länge des Strings (z.B. 15 anstelle von 11), so führt dies zu einem Abbruch und einer Fehlermeldung. Wird bei Loop nach TO ein Wert angegeben, der kleiner ist als die Länge des Strings (z.B. 5 anstelle von 11), so wird nicht der komplette String abgescannt, sondern nur bis zur fünften Stelle (sofern die Schleife bei der ersten Position beginnt).

Zählen von Missings innerhalb einer Variablen (numerisch, String)
Der folgende Ansatz zählt die Anzahl von Missings in einer Spalte (Variablen). Der Ansatz gilt nur für numerische Variablen.
Für das univariat-aggregierende Zählen von Missings kann dagegen die AGGRGEATE-Funktion eingesetzt werden.

Die SPSS-Funktion COUNT kann als aggregierende Funktion nicht univariat eingesetzt werden. COUNT zählt zwar (nur) *numerische* Missings, jedoch nur zeilenweise d.h. jedes numerische Missing würde den Wert 1 erhalten. COUNT ermittelt jedoch nicht die Gesamtsumme der vergebenen Einsen bzw. Missings.

```
data list
/ ZAHLEN (f8).
begin data
11111122

22223333
22223333

11223311
22222233
end data.
exe.
SAVE OUTFILE="C:\ZAHLEN.sav".
```

```
GET FILE="C:\ZAHLEN.sav".

AGGREGATE
  /OUTFILE='C:\MISS.sav'
  /BREAK=ZAHLEN
  /N_missing = NUMISS(ZAHLEN).

GET FILE='C:\MISS.sav'.
select if SYSMIS(ZAHLEN).
list.
```

```
ZAHLEN N_missing

  .    2

Number of cases read:  1    Number of cases listed:  1
```

Die Variable N_missing gibt die Anzahl der fehlenden Werte in der numerischen Variablen ZAHLEN (N=2) an. AGGREGATE ist per se nicht in der Lage, Strings zu aggregieren. Über einen kleinen Umweg (COMPUTE) werden die benötigten Informationen in Form der numerischen Variablen „N_missing" an AGGREGATE übergeben.

```
data list
/ STRING (A6).
begin data
ABCDEF

ABCDEF
ABCDEF

ABCDEF
ABCDEF
end data.
exe.
SAVE OUTFILE
="C:\STRING.sav".
```

```
GET FILE='C:\STRING.sav'.
    if STRING="      " N_missing=1.
exe.
AGGREGATE OUTFILE=*
/BREAK=N_missing
/FREQ = NU.
     COMPUTE MISSING=1.
     COMPUTE N_MISS=1.
exe.
AGGREGATE OUTFILE=*
/BREAK=MISSING
/ANZAHL=SUM(N_MISS).
exe.

list variables=ANZAHL .
```

Der Wert der Variablen ANZAHL gibt die Anzahl der fehlenden Werte in der Stringvariablen STRING (N=2) an.

Zählen der verschiedenen Elemente innerhalb einer Stringvariablen (zeilen- und spaltenweise)

Dieser Ansatz zählt, wieviele Elemente innerhalb eines Strings vorkommen; dieser Ansatz kann auch zur Analyse komplexer Textantworten eingesetzt werden, vgl. Schendera (2005) für eine Erläuterung dieses Ansatzes.

```
DATA LIST FIXED
/ID 1-2 STRING 4-100 (A).
begin data
01 AA BB DD
02 AA EE CC
03 AA BB CC
04 DD EE GG
05 AA BB CC
06 AA DD EE
07 AA BB CC
08 FF GG CC
09 AA BB CC
10 AA HH KK
end data.
exe.
```

```
compute N_ABSTAND = 0.
loop #NAECHSTE = 1 to 100.
if substr(STRING, (#NAECHSTE),1) eq " "
   N_ABSTAND = N_ABSTAND + 1.
end loop.
compute N_ABSTAND1 = N_ABSTAND + 1 .
exe.

vector STRING (100,A100) .
loop #NAECHSTE = 1 to N_ABSTAND1 by 1.
compute ABSTAND = INDEX(STRING,' ') .
      do if (ABSTAND ne 0).
      compute STRING(#NAECHSTE) = substr(STRING,1,ABSTAND-1).
      compute STRING = substr(STRING,ABSTAND+1).
      else.
      compute STRING(#NAECHSTE) = STRING .
      end if.
end loop .
exe.

varstocases
/make STRING FROM STRING1 to STRING100
/index = order (100)
/keep =  ID
/null = keep .
variable labels STRING
          "Scannen aller Elemente eines Strings".

select if (STRING ne "").
exe.

frequencies
/variables= STRING.

GRAPH
  /BAR(SIMPLE)=COUNT BY STRING .
```

STRING Scannen aller Elemente eines Strings

		Häufigkeit	Prozent	Gültige Prozente	Kumulierte Prozente
Gültig	AA	8	26,7	26,7	26,7
	BB	5	16,7	16,7	43,3
	CC	6	20,0	20,0	63,3
	DD	3	10,0	10,0	73,3
	EE	3	10,0	10,0	83,3
	FF	1	3,3	3,3	86,7
	GG	2	6,7	6,7	93,3
	HH	1	3,3	3,3	96,7
	KK	1	3,3	3,3	100,0
	Gesamt	30	100,0	100,0	

Bis an diese Stelle beschränkten sich die Screenings auf eine Variable. Die folgenden Ansätze können auf mehrere Variablen (Datenspalten) gleichzeitig angewandt werden.

10.3 Screenings innerhalb mehrer Spalten (Variablen)

Mit den nachfolgenden vorgestellten Screening-Ansätzen können mehrere Variablen gleichzeitig überprüft werden. Werden Abschnitte mehrere Varianten vorstellen, sind den jeweiligen Unterabschnitten zusammenfassende Übersichten vorangestellt.

Die ersten Ansätze unter 10.3.1. basieren ausschließlich auf der SPSS-Funktion COUNT und sind recht unkompliziert einzusetzen. Die weiteren Ansätze unterscheiden sich u.a. nach dem Typ der Variablen (numerisch, String), worauf die betreffende Variablen (Einzigartigkeit von Werten, bestimmte Strings, Missings usw.) überprüft werden sollen, Besonderheiten des Prüfvorgangs selbst und wie das Prüfergebnis ausgegeben werden soll (pro Zeile oder auch aggregiert). Die weiteren Ansätze sind darüber hinaus etwas anspruchsvoller zu programmieren.
Unter 10.3.2. werden zwei Ansätze für das Zählen multivariater Wertekombinationen vorgestellt: Ein DO IF-Ansatz für die Kombinatorik dichotomer numerischer Werte, sowie eine CONCAT-/SUBSTR-Kombination für das Zählen der multivariaten Kombinatorik auch von Strings mit mehr als zwei Ausprägungen.
Unter 10.3.3. wird ein Ansatz vorgestellt, mit dem aufeinanderfolgende numerische oder alphanumerische Daten auf absolute Übereinstimmung überprüft werden können. Dieser Ansatz basiert auf einer Programmierung mittels VECTOR.
Unter 10.3.4. wird ein Ansatz vorgestellt, der eine spalten- und zeilenweise Analyse mehrerer numerischer Daten vornimmt und somit in Form eines multivariaten Daten-Screenings das Einhalten bestimmter Parameter wie z.B. Ausreißer, Maximalwerte und Missings zu überprüfen erlaubt. Dieser Ansatz basiert auf einer Kombination von DO IF-, LOOP- und VECTOR-Programmierung.

Unter 10.3.5. werden drei Ansätze für das Rekodieren von Werten und Missings in mehreren Variablen vorgestellt. Die Ansätze basieren auf einem DO REPEAT - END REPEAT-Befehl bzw. auf Makros.
Unter 10.3.6. wird eine weitere Variante des Ersetzen von Missings vorgestellt, dieses mal ein vereinheitlichendes „Auffüllen“ auch mehrerer Datenzeilen mittels der LAG-Funktion, demonstriert an numerischen, sowie Stringvariablen.
Unter 10.3.7. werden abschließend zwei Varianten des Umbenennens zahlreicher Variablennamen vorgestellt, wenn z.B. einheitliche Prä- oder Suffixe vergeben werden sollen.

10.3.1 Zählen bestimmter Werte, Strings oder Missings

Übersicht:

- Zählen einzelner Strings in mehreren Stringvariablen
- Zählen mehrerer Strings in mehreren Stringvariablen
- Zählen von Missings bzw. gültigen Werten in mehreren Stringvariablen
- Zählen von Werten und Missings in mehreren numerischen Variablen
- Zählen von Werten und Strings in mehreren Variablen

```
data list
/ STRING1 1-2 (a) STRING2 4-5 (a) STRING3 7-8 (a)
STRING4 10-11 (a) NUM1 13 NUM2 15 NUM3 17 NUM4 19 .
begin data
AA AA AA BB 1 2 3 4
BB BB CC CC 5 5 3 8
CC AA BB CC 1 2 3 4
AA    CC AA 5 9 3 7
BB BB BB CC 4 4 8 2
end data.
exe.
```

Bei längeren Variablenlisten kann auch die TO-Option eingesetzt werden. Der Vorteil ist, dass das Programmieren weniger aufwendig ist. Anstelle längerer Variablenlisten braucht nur die erste und letzte Variable der Liste angegeben werden.

Ohne TO:

```
count SUMME= NUM1 NUM2
             NUM3 NUM4 (1).
```

Mit TO:

```
count SUMME = NUM1 to NUM4 (1).
```

Mittels der TO-Option werden somit alle Variablen von COUNT angesprochen, die sich zwischen der ersten und letzten Variablen der Liste befinden. Maßgeblich ist dabei die Anordnung der Variablen im Datensatz. Was wiederum von Nachteil sein kann: Befindet sich inmitten dieser Liste eine Variable, die nicht dazugehört, bezieht COUNT diese dennoch in die Zählung ein und gibt konsequenterweise (und oft unbemerkt) falsche Ergebnisse aus. Befindet sich inmitten dieser Liste eine Variable, die aus den verschiedensten Gründen nicht auswertbar ist (z.B. eine Stringvariable inmitten von numerischen Variablen), werden zwar keine falschen Ergebnisse erzielt. Jedoch wird das Abarbeiten der COMPUTE-Anweisung blockiert. Dem geringeren Aufwand beim Programmieren steht demnach die erforderliche Sorgfalt beim Kontrollieren der korrekten Variablenabfolge im Datensatz gegenüber.

Zählen einzelner Strings in mehreren Stringvariablen
Der folgende Ansatz zählt einzelne Strings in mehreren Stringvariablen. Weiter unten wird ein Ansatz vorgestellt, der es erlaubt, Stringvariablen auf die Häufigkeit des Auftretens mehrerer Strings zu überprüfen.

```
count STRING_AA = STRING1 STRING2 STRING3 STRING4 ('AA') .
exe.
```

COUNT zählt das Auftreten bestimmter Strings (z.B. „AA“) in den Stringvariablen STRING1 bis STRING4 und legt das Ergebnis in der Variable STRING_AA ab.

Zählen mehrerer Strings in mehreren Stringvariablen
Der folgende Ansatz zählt mehrere Strings in mehreren Stringvariablen. Weiter unten wird ein Ansatz vorgestellt, der es erlaubt, Stringvariablen auf die Häufigkeit des Auftretens mehrerer Strings zu überprüfen.

```
count STRING_AABB = STRING1 STRING2
                    STRING3 STRING4 ('AA','BB') .
exe .
```

COUNT zählt das Auftreten bestimmter Strings (z.B. „AA“ und „BB“) in den Stringvariablen STRING1 bis STRING4 und legt das Ergebnis in der Variable STRING_AABB ab.

Zählen von Missings bzw. gültigen Werten in mehreren Stringvariablen
```
count MISSINGS = STRING1 STRING2 STRING3 STRING4 ('  ') .
exe.
compute VALIDS= 4 - MISSINGS.
exe.
```

COUNT zählt die Missings in den Stringvariablen STRING1 bis STRING4 und legt das Ergebnis in der Variable MISSINGS ab.
COUNT ist nicht in die Lage, die Anzahl der gültigen Werte in STRING1 bis STRING4 auszugeben. Mit einem Umweg über COMPUTE kann über eine Differenzbildung zwischen der Anzahl der untersuchten Variablen (z.B. STRING1 bis STRING4, also N=4) und der Subtraktion der festgestellten Missings (z.B. in Gestalt der Ergebnisvariable MISSINGS) dieses Ergebnis liefern und in die Variable VALIDS ablegen.

Zählen von Werten und Missings in mehreren numerischen Variablen
```
count NUMERIC_4 = NUM1 NUM2 NUM3 NUM4 (4) .
exe.
```

COUNT zählt bestimmte Werte (z.B. 4) in den numerischen Variablen NUM1 bis NUM4 und legt das Ergebnis in der Variable NUMERIC_4 ab.

```
count NUMERIC_4_1 = NUM1 NUM2 NUM3 NUM4 (4, 1) .
exe.
```

COUNT zählt bestimmte Werte (z.B. 4 und 1) in den numerischen Variablen NUM1 bis NUM4 und legt das Ergebnis in der Variable NUMERIC_4_1 ab.

```
count NUM_MISS = NUM1 NUM2 NUM3 NUM4 (SYSMIS) .
exe.
compute VALIDS= 4 - NUM_MISS.
exe.
```

COUNT zählt die systemdefinierten Missings in den numerischen Variablen NUM1 bis NUM4 und legt das Ergebnis in der Variable NUM_MISS ab. Für das Zählen der system- *und* anwenderdefinierten Missings kann anstelle von SYSMIS MISSING verwendet werden.

Zählen von Werten und Strings in mehreren Variablen

COUNT zählt bestimmte numerische Werte und Strings legt das Ergebnis in der Variable AABB_1_4 ab.

```
count AABB_1_4 =NUM1 NUM2  (1, 3)
                STRING1 STRING2  ('AA', 'BB') .
exe .
```

Ausgabe:

```
list var=                             list var=
STRING_AA NUMERIC_4 MISSINGS          STRING_AABB NUMERIC_4_1
VALIDS.                               AABB_1_4.

STRING_AA NUMERIC_4 MISSINGS          STRING_AABB NUMERIC_4_1
VALIDS                                AABB_1_4

3,0    1,0        ,0      4,0          4,0          2,0        3,0
 ,0     ,0        ,0      4,0          2,0           ,0        2,0
1,0    1,0        ,0      4,0          2,0          2,0        2,0
2,0     ,0       1,0      3,0          2,0           ,0        1,0
 ,0    2,0        ,0      4,0          3,0          2,0        2,0

Number of cases read:  5              Number of cases read:  5
Number of cases listed:  5            Number of cases listed:  5
```

Die jeweiligen Summen geben an, wie oft die Werte bzw. Strings in den überprüften Variablen vorkommen. COUNT kann somit auf numerische Variablen, Strings, wie auch auf Strings und numerische Variablen gleichzeitig angewandt werden.

Bei mehreren COUNT-Anwendungen könnte über eine abschließende Summenbildung der Einzelergebnisse (z.B. FREQ_AA plus FREQ_BB usw.) die Gesamthäufigkeit der gesuchten Werte ermittelt werden (nicht weiter dargestellt).

10.3.2 Zählen der Kombinatorik mehrerer Variablen – Analyse der Merkmalsausprägungen in mehreren Variablen

Übersicht:

- Für zwei Ausprägungen, numerisch: DO IF-Ansatz
- Für zwei oder mehr Ausprägungen, numerisch oder String: CONCAT/SUBSTR-Kombination

Oft interessiert nicht nur, wie häufig einzelne Werte über bestimmte Variablenlisten hinweg *irgendwann* auftreten, sondern vielmehr, wie häufig Merkmale in zwei oder mehr Variablen *gleichzeitig* auftreten. Eine solche Frage untersucht die Kombinatorik der Ausprägungen von Variablen.
Nachfolgend werden zwei Ansätze vorgestellt: Zunächst ein DO IF-Ansatz am Beispiel dichotomer numerischer Werte, anschließend ein Ansatz für Strings auch mit mehr als zwei Ausprägungen auf der Basis einer Kombination aus CONCAT- und SUBSTR-Befehlen.
Der DO IF-Ansatz untersucht die Kombinatorik des gemeinsamen Auftretens bestimmter Werte bzw. Missings, nicht ihre individuelle Häufigkeit. Das folgende Beispiel kann z.B. dann zum Einsatz kommen, wenn die Daten dichotom kodiert sind, z.B. 1/0, 1/2 usw. Dieser Ansatz basiert auf dem einfachen Unterscheiden und Zählen von vorhandenen vs. nichtvorhandenen Werten. Im Anschluss daran wird ein Ansatz auf der Basis von CONCAT- und SUBSTR-Befehlen vorgestellt, der weitere Vorzüge aufweist.

```
DATA LIST LIST
/ NUM1 NUM2  NUM3  .
begin data
1 1 1
1 1 0
1 0 0
0 0 1
1 1 0
0 0 0
0 1 0
0 1 1
0 1 1
end data.
exe.

do repeat VARLIST=NUM1 to NUM3 .
recode VARLIST (0=SYSMIS).
```

```
end repeat.
exe.

compute KOMBI=999.
exe.
do if (nvalid(NUM1) and nvalid(NUM2) and nvalid(NUM3)).
compute KOMBI = 1.
else if (nvalid(NUM1) and nmiss(NUM2) and nmiss(NUM3)).
compute KOMBI = 2 .
else if (nmiss(NUM1) and nvalid(NUM2) and nmiss(NUM3)).
compute KOMBI = 3.
else if (nmiss(NUM1) and nmiss(NUM2) and nvalid(NUM3)).
compute KOMBI = 4.
else if (nvalid(NUM1) and nvalid(NUM2) and nmiss(NUM3)).
compute KOMBI = 5 .
else if (nvalid(NUM1) and nmiss(NUM2) and nvalid(NUM3)).
compute KOMBI = 6.
else if (nmiss(NUM1) and nvalid(NUM2) and nvalid(NUM3)).
compute KOMBI = 7.
else if (nmiss(NUM1) and nmiss(NUM2) and nmiss(NUM3)).
compute KOMBI = 8.
end if.
exe.

variable labels KOMBI „Kombinatorik".
value labels
/KOMBI
1 'Kodes 1, 2, 3'
2 'nur Kode 1'
3 'nur Kode 2'
4 'nur Kode 3'
5 'Kodes 1 und 2'
6 'Kodes 1 und 3'
7 'Kodes 2 und 3'
8 'Keine Kodes'
9 '!! Fehler!!'.

list.
```

Ergebnis:

```
  NUM1     NUM2     NUM3   KOMBI

   1,0      1,0      1,0     1,0
   1,0      1,0       .      5,0
```

```
  1,0     .      .     2,0
   .      .     1,0    4,0
  1,0    1,0     .     5,0
   .      .      .     8,0
   .     1,0     .     3,0
   .     1,0    1,0    7,0
   .     1,0    1,0    7,0

Number of cases read:  9    Number of cases listed:  9
```

Der DO REPEAT-Abschnitt vereinheitlicht die dichotome Kodierung von 1 und 0 auf 1 („vorhanden") und systemdefiniertes Missing („nichtvorhanden"). Die DO IF-ELSE IF-Abschnitte überprüfen das zeilenweise Vorliegen der jeweiligen Kombinatorik. COMPUTE KOMBI=999 ist eine Sicherheitsprogrammierung, die eine Fehlermeldung dann ausgibt, falls die Kombinatorik nicht erschöpfend programmiert wurde. Für eine fehlende Kombinatorik wird dann der Kode „999" ausgegeben. VARIABLE bzw. VALUE LABELS weisen der Kombinatorik die korrekten Interpretationen zu.

Der DO IF-Ansatz geht davon aus, dass die Daten strikt vollständig und echt dichotom sind; es zählen nur die beiden Ereignismöglichkeiten „vorhanden" und „nicht vorhanden". Für *drei* Datenausprägungen, z.B. 1, 2 *und* Missings, ist dieser Ansatz nicht geeignet. Für mehr als zwei Wertausprägungen könnte z.B. alternativ eine Kombination aus CONCAT- und SUBSTR-Befehlen eingesetzt werden, wie sie z.B. in Abschnitt 4.12. vorgestellt werden. Die einzige Voraussetzung, die hier zu beachten wäre ist, dass numerische Variablen vorher in Strings umgewandelt werden müssen. Wurden die Variablen zu Strings umgewandelt, könnte eine alternative Programmierung der Kombinatorik z.B. so aussehen:

```
string KOMBI2 (a3).
compute KOMBI2 = concat
       (substr(NUM1,1,1),substr(NUM2,1,1),substr(NUM3,1,1)).
exe.

variable labels KOMBI2 „Kombinatorik".
value labels
/KOMBI2
"111" 'Kodes 1, 2, 3'
"100" 'nur Kode 1'
"010" 'nur Kode 2' .   usw.
```

Dieser Ansatz hat mehrere Vorzüge. Erstens kann mit numerischen, Strings, sowie auch beiden Datenformaten gleichzeitig gearbeitet werden (vorausgesetzt natürlich, sie wurden zuvor alle in Strings umgewandelt). Zweitens entfallen Umkodierungen, z.B. von Nullen in Missings. Und drittens entfällt die Programmierung der Kombinatorik per se (DO IF usw.). Für eine Erläuterung des Programmierens mit Kombinationen aus CONCAT- und SUBSTR-Befehlen wird auf Abschnitt 4.12. verwiesen.

10.3.3 Spaltenweise Analyse auf absolute Übereinstimmung

Das folgende Programm erlaubt eine direkte Abfolge numerischer oder alphanumerischer Daten auf absolute Übereinstimmung zu überprüfen. Voraussetzung ist, dass die erste Variable (nach der ID-Variablen) die gemeinsame Referenzvariable (REFERENZ) für alle nachfolgenden Variablen (VGLEICH1, VGLEICH2 etc.) ist. Diese Programm ist besonders für die Überprüfung der wiederholten, spaltenweise absolut korrekten Schreibweise von komplizierten technischen Kodes geeignet, wie z.B. für Personen oder von Produkten. Eine denkbare Anwendung dieses Ansatzes wäre z.B. der Einsatz 100% fehlerfreier Referenztabellen, die zur Überprüfung von Einträgen in anderen Datenhaltungen eingesetzt werden.

```
data list
/ ID 1 REFERENZ 3-9 (A) VGLEICH1 11-17 (A)
  VGLEICH2 19-25  (A) VGLEICH3 27-33 (A) VGLEICH4 35-41 (A).
begin data
1 141B85B 141B85B 141B85B 141B85B 141B85B
2 241B85B 241BX5B 241B85B 241B85B 241B85B
3 341B85B 341B85B 341X85B 341B85B 341B85B
4 441B85B 441B85B 441B85B 441BX5B 441B85B
end data.

vector VERGLEICH KORREKT (4)
/ VGLEICH=VGLEICH1 to VGLEICH4.
loop #i=1 to 4.
compute KORREKT(#i)=(REFERENZ=VGLEICH(#i)).
end loop.
exe.
compute FILTER=sum(KORREKT1 to KORREKT4).
select if (FILTER < 4).
save outfile = 'ABGLEICH.SAV'
/keep ID KORREKT1 to KORREKT4.
exe.

get file 'ABGLEICH.SAV'.
exe.
list variables ID KORREKT1 to KORREKT4.
```

Die Ausgabe beschränkt sich auf die Zeilen mit Werten ohne absolute Übereinstimmung. Die Anzeige von Zeilen mit ausnahmslos perfekten Übereinstimmungen wird über den Filter FILTER unterdrückt, z.B. das Ergebnis zur Zeile 1. In der Ausgabe zeigt der Kode „0“ an, dass sich der Wert der betreffenden Variablen von dem der Referenzvariablen unterscheidet.

```
ID KORREKT1 KORREKT2 KORREKT3 KORREKT4

 2       ,00      1,00      1,00      1,00
 3      1,00       ,00      1,00      1,00
 4      1,00      1,00       ,00      1,00

Number of cases read:  3    Number of cases listed:  3
```

10.3.4 Spalten- und zeilenweise Analyse mehrerer numerischer Daten

Das folgende Programm erlaubt eine Abfolge numerischer Daten spalten- und zeilenweise zu analysieren. Diese Analyse ist genau genommen eine multiple univariate formale Analyse und erlaubt nicht, eine bi- oder multivariate Plausibilität abzuleiten. Jedoch erlaubt es in Form eines Daten-Screenings, zahlreiche numerische Variablen auf das Einhalten bestimmter Parameter zu überprüfen, z.B. Ausreißer, Maximalwerte und Missings.

```
input program.
vector VAR(20).
loop #Z = 1 to 1000.
loop #V = 1 to 20.
compute VAR(#V) = normal(1).
end loop.
end case.
end loop.
end file.
end input program.

title "Spaltenweise Analyse (Anzeige von 20 Variablen)".
descriptives variables=all.
exe.

title "Zeilenweise Analyse (Anzeige von 1000 Zeilen)".
compute MAXWERT=max(VAR1 to VAR20).
exe.
compute WERTZAHL=0.
exe.
vector VARLISTE=VAR1 to VAR20.
loop #cnt=20 to 1 by -1.
  do if MAXWERT=VARLISTE(#cnt).
    compute VARNUMMR=#cnt.
    compute WERTZAHL=WERTZAHL+1.
  end if.
end loop.
```

```
exe.
compute
   MAXWERT2=max(VAR1 to VAR20).
exe.

list variables=VARNUMMR MAXWERT WERTZAHL MAXWERT2 .
```

Im Abschnitt von INPUT PROGRAM bis END INPUT PROGRAM wird ein Zufallsdatensatz mit 1000 Zeilen und 20 Variablen („VAR1“ bis „VAR20“) angelegt. Die Werte der Variablen VAR1 bis VAR20 sind standardnormalverteilt. Mittels der Prozedur DESCRIPTIVES werden alle Variablen spaltenweise analysiert; in diesem Falle werden die Parameter von 20 Variablen angezeigt. Für die zeilenweise Analyse werden über den Vektor VARLIST die Variablen MAXWERT, WERTZAHL und VARNUMM angelegt. In MAXWERT wird der größte Wert aus einer Variablenliste abgelegt, in WERTZAHL die Häufigkeit des Auftretens und in VARNUMM die Nummer der Variable, in der dieser Wert zum ersten Mal auftritt. MAXWERT arbeitet exakt. Werte werden dann nicht als gleich ausgegeben, wenn sie SPSS-intern nicht einheitlich gespeichert sind. MAXWERT2 soll illustrieren, dass dieses multivariate Screening-Programm durch zahlreiche andere Funktionen (z.B. für Missings) ergänzt werden kann, z.B.

```
compute SYSMISUM=SYSMIS(VAR1)+SYSMIS(VAR2)+SYSMIS(VAR3).
exe.
```

Abschließend wird noch eine einfache Variante für die spalten- und zeilenweise Analyse von Missings vorgestellt; beachten Sie auch den Effekt der MISSING VALUES-Anweisung auf die Ausgabe von FREQUENCIES.

```
data list
/ID 1 VAR1 3-6 (A) VAR2 8-11 (A) VAR3 13-16 (A).
begin data
1 JA   NEIN NEIN
2      JA   NEIN
3 NEIN
4      JA   NEIN
5 NEIN      JA
end data.
exe.

title "Zeilenweise Analyse von Missings".
count TEXTMISS = VAR1 VAR2 VAR3 (" ")   .
variable labels
TEXTMISS 'Summe der zeilenweisen Missings' .
exe .

list variables=all.
```

```
title "Spaltenweise Analyse von Missings".
compute misvar1 = (length(rtrim(var1)) = 0).
compute misvar2 = (length(rtrim(var2)) = 0).
Compute misvar3 = (length(rtrim(var3)) = 0).
exe.

descriptives
variables = misvar1  misvar2  misvar3
/ statistics= sum.

* Ausgabe in gemeinsamer Tabelle *.
frequencies
      variables=VAR1 VAR2 VAR3
/format=notable
/order=analysis .

* Ausgabe in separaten Tabellen *.
missing values VAR1 VAR2 VAR3 ("  ").
frequencies
      variables=VAR1 VAR2 VAR3.
```

10.3.5 Rekodieren von Werten und Missings in mehreren Variablen

Übersicht:

- Gemischte Variablenlisten: DO REPEAT - END REPEAT-Ansatz
- Sortierte Variablenlisten: Makro-Ansätze

Die bislang vorgestellten „multivariaten“ Ansätze dienten vorrangig dem Analysieren von Daten, u.a. Zählen von Werte(kombinationen), Missings und Strings, so dienen die beiden nachfolgenden Programme v.a. dem Rekodieren von Werten und Missings in mehreren Variablen. Verschiedene Kodierungen für Missings müssen oft nach dem Zusammenfügen von Datensätzen vereinheitlicht werden. Die folgenden Ansätze, DO REPEAT - END REPEAT und die beiden MACMISS-Makros sind in der Lage, Werte in hunderten von Variablen und tausenden von Datenzeilen auf einmal zu vereinheitlichen.
Das folgende DO REPEAT - END REPEAT-Programm, wie auch die beiden Makros darunter erlauben jeweils, Werte in hunderten von numerischen Variablen auf einmal zu vereinheitlichen. Das DO REPEAT - END REPEAT-Programm arbeitet „blind“; es bearbeitet alle Variablen zwischen dem Anfang und dem Ende einer Liste unabhängig davon, ob sie überhaupt bearbeitet werden können.

Für Programmierumgebungen, in denen mit Makros gearbeitet wird oder in denen weitestgehend Variablenlisten eines einheitlichen Typs vorliegen, ist die Arbeit mit den beiden nachfolgenden Makros empfehlenswert. Das erste der später vorgestellten Makros arbeitet einzeln angegebene Variablen ab; das zweite Makro arbeitet in Listenform angegebene Variablen ab.

```
data list
/ID 1 VAR1 3-5 VAR2 7-9 (A) VAR3 11-14 .
begin data
1 123 AAA 857
2     BBB 857
3 857
4     CCC 857
5 857     323
end data.
exe.
```

```
do repeat VARLIST=VAR1 to
VAR3.
recode VARLIST (123=999).
end repeat.
exe.

list.
```

```
ID VAR1 VAR2 VAR3

 1  999 AAA   857
 2    . BBB   857
 3  857         .
 4    . CCC   857
 5  857       323

Number of cases read:  5
Number of cases listed:  5
```

Das DO REPEAT - END REPEAT-Programm enthält in der Variablenliste VARLIST auch Stringvariablen (vgl. VAR2). SPSS gibt eine Fehlermeldung aus (s.u.), weil die Rekodierung nur an numerischen Werten vorgenommen werden kann. Diese Fehlermeldung kann also ignoriert werden. Die Werte aller numerischen Variablen werden ausnahmslos vereinheitlicht.

```
>Error # 4651 in column 17.  Text: 123
>The RECODE command attempts to test a string variable for
>having a numeric value.  Note that LOWEST, HIGHEST, and
>SYSMIS are considered to be numeric values.
>This command not executed.
```

Der Vorteil der DO REPEAT - END REPEAT-Programmierung ist also, dass es auch auf Listen von Variablen gemischten Typs angewandt werden kann.

Die beiden folgenden MACMISS-Makros erlauben es ebenfalls, Missings bzw. Werte in mehreren Variablen umzukodieren.

Das erste Makro vereinheitlicht z.B. Missings in mehreren Variablen *einzeln*.

```
data list
/VAR1 1-2 VAR2 4-5 VAR3 7-8 VAR4 10-11 .
```

```
begin data
 6 12 66 98
14 97 27 29
end data.

define MACMISS (!pos!charend('/')).
!do !i !in (!1).
missing values !i (99).
if  (!i = 97) or (!i = 98)  !i=99.
!doend
!enddefine.

MACMISS VAR1 VAR2 VAR3 VAR4 /.

list.
```

Das zweite Makro vereinheitlicht Missings in mehreren Variablen *listenweise.*

```
define !MACMISS (arg1=!tokens(4)).
missing values !arg1 (99).
recode  !arg1 (97 98=99).
exe.
!enddefine.

!MACMISS arg1 = VAR1 VAR2 VAR3 VAR4.

list.
```

Die Ausgaben der beiden Makros sind identisch.

```
VAR1 VAR2 VAR3 VAR4

  6   12   66   99
 14   99   27   29

Number of cases read:  2    Number of cases listed:  2
```

Der Vorteil von Makros im Allgemeinen ist, dass sie über weitere Anweisungen in Richtung sehr mächtiger Anwendungen erweitert werden können. Der Nachteil der beiden Makros ist jedoch, dass sie *nicht* ohne weiteres auf gemischte Variablenlisten angewendet werden können. Entweder können z.B. die MACMISS-Makros über weitere Befehle erweitert und/oder die Variablenlisten sortiert werden.

10.3.6 Einheitliches „Auffüllen" von mehreren Datenzeilen (LAG-Funktion)

Enthält ein Datensatz mehrere Datenzeilen für dieselbe Person, sind diese u.U. unterschiedlich vollständig. Das folgende Programm ermöglicht Lücken in numerischen und Stringvariablen aufzufüllen. Die Werte werden dabei von der obersten (z.B. SMITH) in die Zeilen darunter, bis zur nächsten Person im Datensatz kopiert (z.B. JONES).

```
data list
/NAME 1-5 (A) VNAME 7 (A) PNUMMER 9-11 ABTEILNG 13 (A) .
begin data
SMITH J 131 M
SMITH
JONES K 234 M
JONES
JONES
end data.
exe.

do if NAME = lag(NAME).
compute VNAME = lag(VNAME).
compute PNUMMER = lag(PNUMMER).
end if.
exe.

list.
```

```
NAME  VNAME PNUMMER ABTEILNG

SMITH J         131    M
SMITH J         131
JONES K         234    M
JONES K         234
JONES K         234

Number of cases read:  5
Number of cases listed:  5
```

Voraussetzung ist, dass die jeweils oberste Datenzeile überhaupt „Füllmaterial" enthält. Im Beispiel werden die Werte der Variablen ABTEILNG absichtlich nicht aufgefüllt.
Zu Besonderheiten beim Einsatz der LAG-Funktion (Sortierung der Daten, Zusammenspiel mit zeilenselegierenden Anweisungen wie z.B. SELECT IF oder SAMPLE) wird auf Schendera (2005, 89f.) verwiesen.

10.3.7 Umbenennen zahlreicher Variablennamen (Präfixe, Suffixe)

Übersicht:

- Vergabe von Präfixen
- Vergabe von Suffixen

Die beiden folgenden Programme sind sehr nützlich, mehrere Variablennamen auf einmal umzubenennen, z.B. Ergänzung bzw. Änderung von einheitlichen Prä- oder Suffixen. Die einheitliche Umbenennung von Variablennamen kann z.B. erforderlich sein, wenn Variablen falsch bezeichnet waren und z.B. die falschen Präfixe erhielten. Dies wäre ein Beispiel für ein einheitliches Ändern mehrerer Variablennamen, z.B. Änderung eines falschen „T1"-Präfix in ein korrektes „T2".
Wenn Variablen aus zwei Datensätzen über eine Differenzbildung miteinander verglichen werden sollen, müssen mind. Variablennamen eines der Datensätze einheitlich umbenannt werden. Als Beispiel kann man sich eine Erhebung mit zwei Messzeitpunkten vorstellen. Die Variablen zum ersten Messzeitpunkt wurden im Datensatz im Präfix immer mit „T1" bezeichnet (z.B. T1ALTER, T1STADT, T1WAHL, etc.; nicht dargestellt). Die Werte vom zweiten Messzeitpunkt wurden in einem separaten Datensatz abgelegt, jedoch unter denselben Variablenbezeichnungen (s.u.). Für eine Differenzbildung aus Werten beider Messzeitpunkte sind einheitliche Bezeichnungen der Variablen nicht zulässig; für die Berechnung ist es notwendig, zwei systematisch verschiedene Bezeichnungen anzulegen. Dies wäre ein Beispiel für ein einheitliches Ergänzen mehrerer Variablennamen, z.B. Ergänzen eines Variablennamens um ein Prä- oder Suffix. Das folgende Programm tauft die „T1"-Variablen auf „T2" um (z.B. T2ALTER, T2STADT, T2WAHL, usw.). Liegt ein erster (nicht dargestellter) Datensatz mit einem „T1"-Präfix, sowie ein zweiter Datensatz mit „T2"-Präfix vor, so könnten nach einem Zusammenfügen der Daten die Variablen problemlos paarweise über eine Differenzbildung miteinander verglichen werden, z.B. compute ALTDIFF = T2ALTER - T1ALTER.

```
data list free
/ T1TAG, T1ALTER, T1ORT, T1SEE, T1ESSEN, T1FISCH.
begin data
12 31 4 2 34 5
end data.
list.
save outfile='C:\DATAT2.SAV'.
flip.
string NEUNAME(A8).
compute NEUNAME=concat("T2",substr(CASE_LBL,3)).
write outfile 'C:\TEMP.SPS'
        /"rename variable ("CASE_LBL"="NEUNAME").".
exe.
get file='C:\DATAT2.SAV'.
include 'C:\TEMP.SPS'.
list.
```

Anm.: Die Variable CASE_LBL wird durch den FLIP-Vorgang von SPSS erzeugt und enthält die alten Variablennamen. Die Variablen im Datensatz "DATA2" haben jetzt folgende Bezeichnungen:

```
   T2TAG  T2ALTER    T2ORT     T2SEE  T2ESSEN  T2FISCH

   12,00    31,00     4,00      2,00    34,00     5,00

Number of cases read:  1    Number of cases listed:  1
```

Kleine Änderungen an diesem Programm ermöglichen es, auch einheitliche Suffixe bzw. sonstige Bezeichnungen zu vergeben. Die folgende Variante vergibt z.B. Suffixe.

```
string NEUNAME(A8).
compute NEUNAME=CASE_LBL.
exe.
compute STELLE=index (NEUNAME,'T1').
exe.
string STRING (A8).
compute STRING=substr(NEUNAME,STELLE+2,7-STELLE).
exe.
string STRINGMIT (A8).
compute STRINGMIT=concat ((rtrim(STRING,' ')), "T1").
exe.
write outfile 'C:\TEMP.SPS'
        /"rename variable ("CASE_LBL"="STRINGMIT").".
exe.
get file='C:\DATAT2.SAV'.
include 'C:\TEMP.SPS'.
list.
```

```
   TAGT1  ALTERT1    ORTT1     SEET1  ESSENT1  FISCHT1

   12,00    31,00     4,00      2,00    34,00     5,00

Number of cases read:  1    Number of cases listed:  1
```

11 Arbeit mit mehreren (separaten) Datensätzen

Die vorangehenden Kapitel stellten die Überpüfung von Qualitätskriterien jeweils aber nur an einem Datensatz vor. Natürlich hat die Arbeit mit nur einem Datensatz ihre Vorteile. Allerdings ist die Praxis der Datenanalyse und des Datenmanagements vielfältig genug, so dass auch die Arbeit mit mehreren Datensätzen gleichzeitig erforderlich werden kann, z.B. das Aufteilen eines Datensatzes in mehrere Subdatensätze, das Zusammenfügen mehrerer Dateien oder auch das Vergleichen mehrerer Datensätze.

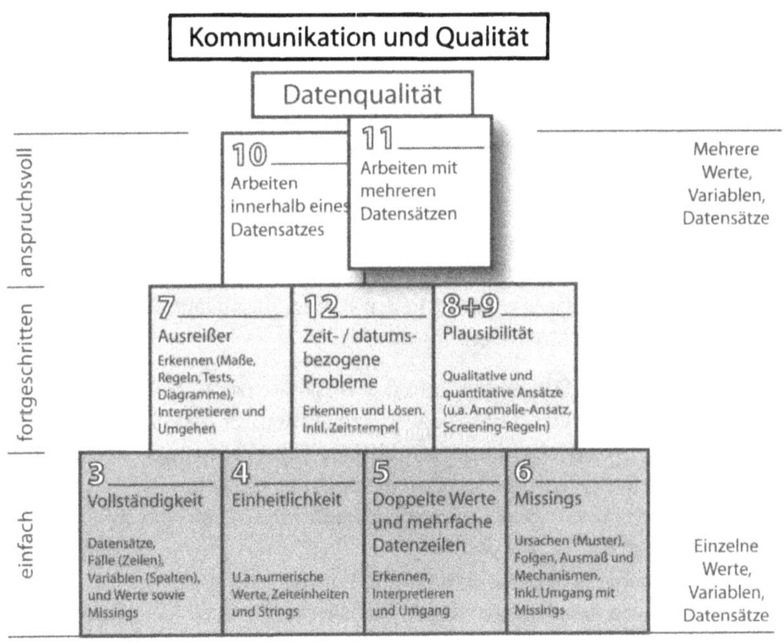

Das Arbeiten mit mehreren Datensätzen setzt mit einer Ausnahme das Einhalten aller bislang vorgestellten Kriterien voraus. Solche Arbeiten können jedoch auch Prüfschritte enthalten. Bei dieser einzig zulässigen Ausnahme ist es demnach erforderlich, dass zumindest *nach* diesen Arbeiten alle bislang vorgestellten Kriterien geprüft wurden und in Ordnung sind.

Die folgenden Abschnitte werden daher ausgewählte Facetten der Arbeit mit mehreren Datensätzen behandeln:

Übersicht:

- Kap. 11.1. erläutert grundlegende Prüfregeln zum Zusammenfügen mehrerer Datensätze.
- Kap. 11.2. stellt Ansätze zur Überprüfung fortlaufend bzw. segmentiert gespeicherter Daten vor; dabei steht v.a. das konzeptionelle Vorgehen im Vordergrund.
- Kap. 11.3. demonstriert das Screenen separater Datensätze mittels eines Makros.
- Kap. 11.4. demonstriert das Zusammenfügen mehrerer Datensätze (Makro).
- Kap. 11.5. stellt den Vergleich zweier Datensätze auf absolut identische Inhalte vor.
- Kap. 11.6. behandelt das Vereinheitlichen von Werten in separaten Datensätzen.
- Kap. 11.7. behandelt das Aufteilen eines Datensatzes in mehrere, nach Kategorien unterteilte bzw. in einheitlich gefilterte Subdatensätze.
- Kap. 11.8. führt ein in Sinn und Grenzen des Arbeitens mit DATASET. Dieser Befehl ermöglicht seit Version 14, mehrere Dateien gleichzeitig geöffnet zu haben.
- Kap. 11.9. zeigt abschließend die Vorzüge des Befehls FILE HANDLE auf.

11.1 Prüfregeln zum Zusammenfügen

Dieses Kapitel stellt Prüfregeln zum Zusammenfügen mehrerer Datensätze vor. Bei diesen Prüfregeln handelt es sich im Wesentlichen nicht um Prüfregeln, die SPSS kontrollieren kann, sondern um Kriterien, deren Einhaltung die Anwender überprüfen müssen.
Die Inhalte mehrerer Datensätze können v.a. dann unkompliziert auf internale formale Korrektheit und inhaltliche Plausibilität überprüft werden, wenn sie zu einem einzelnen Analysedatensatz zusammengestellt sind. Für das korrekte Zusammenfügen sind im Folgenden mehrere Prüfkriterien zusammengestellt, die ausschließen helfen, dass Datenfehler durch ein fehlerhaftes Zusammenfügen verursacht wurden.

1. Jeder Schritt im Vorgehen ist sorgfältig in einem Protokoll bzw. Audit Trail zu dokumentieren; vor dem Überprüfen mehrerer Datensätze ist zu prüfen, ob ihre Dokumentation bereits vorliegt. Auch die Dokumentation ist sorgfältig zu überprüfen und zu hinterfragen. Von den Datensätzen sind unbedingt Sicherheitskopien anzulegen.
2. Alle Datensätze enthalten die benötigten Daten; die Datensätze haben verschiedene Namen.
3. Alle Datensätze weisen dieselbe Struktur und dasselbe Format (z.B. *.sav) auf.
4. Alle Datensätze enthalten die benötigte(n) Key-Variable(n); je nach Komplexität des Datenmanagements können dies weitaus mehr als nur ein oder zwei Variablen sein.
5. Alle Key-Variable(n) sind einheitlich (Variablenname, -label und -format).
6. Enthalten alle oder mehrere Datensätze mehrere gleiche Variablen, so müssen Name, Label und Format identisch sein, was besonders für Gruppierungs- und Datumsvariablen gilt. Bei Gruppierungsvariablen müssen Kodierung und Wertelabels identisch sein.
7. Die Datenzeilen besitzen Werte in allen Key-Variablen.

8. Die Datensätze enthalten, nach den Keys sortiert, keine doppelten Datenzeilen (vgl. dazu 5.2.1. und 5.2.2.).
9. Bei String-Keys, z.B. Produkt- oder Personennamen, ist die einheitliche und absolut identische Schreibweise in allen Datensätzen sicherzustellen. Semantisch gleiche, aber syntaktisch uneinheitlich geschriebene Keys (z.B. „MÜLLER“ vs. „MUELLER“, „CHRISTOF“ vs. „CHRISTOPH“) bewirken unterschiedlich zusammengefügte Datensätze.
10. Die Datensätze sind vor dem Zusammenfügen einheitlich (nur aufwärts oder nur abwärts) sortiert.
11. Falls erforderlich: Die Datensätze befinden sich in der chronologisch richtigen Reihenfolge. Hilfreich ist, das Speicherdatum im Datensatznamen „rückwärts“ in der Form JJMMTT aufzunehmen (z.B. DATA060402.SAV usw.).

Es ist hilfreich, das eigentliche Zusammenfügen (Joinen, Mergen, Match-Mergen, etc.) anhand einer Skizze vorzubereiten und das Ergebnis des Zusammenfügens sorgfältig (z.B. mindestens in der Variablenansicht) mit dem Plan zu vergleichen, v.a. hinsichtlich Anzahl der Zeilen (Fällen) und Spalten (Variablen). Bei sehr großen Datensätzen sollte dieser Vorgang an Teilstichproben getestet werden. Empfohlen wird, die Datensätze nacheinander zusammenzufügen und nicht alle auf einmal. Nach dem Zusammenfügen sind v.a. die Datumsvariablen der verschiedenen Datensätze miteinander zu vergleichen; Datumsangaben aus chronologisch früheren Datensätzen sollten immer kleiner sein als Datumsangaben aus chronologisch späteren Datensätzen. Sind die Daten einmal zusammengefügt, können diese unkompliziert den bereits vorgestellten Überprüfungen auf uni- bis multivariate Datenqualität unterzogen werden.
Je nach Struktur und Größe der Datenhaltung kann das Zusammenfügen von Daten oft physikalische Grenzen in Gestalt von Speicherplatz oder Prozessorkapazität haben. Anwender sollten sich beim Zusammenfügen von Daten daher überlegen, (a) ob dieser Schritt notwendig ist und (b) falls ja, ob sie vollständige Datenmengen oder nur Teilmengen miteinander verbinden wollen. Vor allem bei großen Datenmengen ist zusätzlich (c) der Zeitpunkt des Zusammenfügens der Dateien zu bedenken. Es macht einen Unterschied, ob die Datenscreenings vor oder nach dem Zusammenfügen angewandt werden. Sobald die Teildatensätze zu einem großen Ganzen zusammengefügt wurden, laufen die Screenings insgesamt langsamer ab (weil sie ja immer den Rest des nicht geprüften Datensatzes „mitschleppen“), als wenn die Screenings an den Teildatensätzen (sofern möglich) durchgeführt werden.

Die Empfehlung ist also: Ist die Größe der Teil- oder auch der angezielten Gesamtdatei essentiell, dann sollten Screenings soweit möglich an den Teildateien vor dem Zusammenfügen durchgeführt werden. Erst multivariate bzw. die Teildateien übergreifende Screenings sollten an der Gesamtdatei ausgeführt werden.

11.2 Das Überprüfen mehrer Datensätze auf Vollständigkeit

Oft genug kommt es vor, dass Daten v.a. größerer Projekte über Masken an mehreren Arbeitsstationen parallel eingegeben und anschließend in Form strukturgleicher Datensätze zusammengefügt werden sollen. Masken gewährleisten eine effiziente und einheitliche Eingabe, z.B. über SPSS Data Entry Builder bzw. Station 4.0. – Webbasiert eingesetzt könnten Plausibilitätsprüfungen bereits bei der Online-Erfassung einen Großteil der Eingabefehler vermeiden. Die Einsparungen beim Monitoring und Datenmanagement reduzieren wiederum die Zeit, bis die Daten vorliegen (damit auch die damit einhergehenden Kosten). Gleichzeitig erhöhen sie die Flexibilität, z.B. aufgrund früherer (Zwischen)Ergebnisse, die Phase der Datensammlung offiziell als Projekt- bzw. Studienende abzuschließen und schneller in die Phase der (je nachdem) Entscheidung, Behandlung, Produktion oder des Marketings überzugehen. – Die Art der Plausibilitätsprüfung hängt davon ab, auf welche Weise die Daten jeweils zur stündlichen oder täglichen Sicherung abgespeichert wurden. Die segmentierte Speicherweise unterscheidet sich von der fortlaufenden Speicherweise.

Bei der segmentierten Speicherweise wird so gespeichert, dass der Datensatz nur die neu eingegebenen Daten enthält. Werden die auf diese Weise gespeicherten Datensätze zusammengefügt, bilden sie Segmente eines Gesamtdatensatzes. Die folgende Tabelle gibt schemaartig eine tägliche Speicherung (z.B. am 02.04.2006, 03.04.2006 usw.) in segmentierter Form wieder. Um die Identifizierung der Speicherungen zu erleichtern, wurde das Speicherdatum im Datensatznamen aufgenommen. Beachten Sie, dass das Speicherdatum „rückwärts" in der Form JJMMTT aufgenommen wurde (z.B. DATA060402.SAV usw.).

1. Speicherung			**2. Speicherung**			**3. Speicherung**			**4. Speicherung**			**5. Speicherung**		
DATA060402			**DATA060403**			**DATA060404**			**DATA060405**			**DATA060406**		
ID	VAR1	VAR2	ID	VAR1	VAR2	ID	VAR1	VAR2	ID	VAR1	VAR2	ID	VAR1	VAR2
01	03	66	04	13	54	07	03	43	10	02	98	14	94	45
02	07	54	05	34	65	08	07	73	11	06	98	14	94	45
03	14	54	06	94	64	09	14	22	12	34	98	16	51	55
												usw.		

Anm.: Beachten Sie bitte, dass der letzte Datensatz (DATA060406) drei Fehler enthält. Die IDs 13 und 15 fehlen (Fehlerart: Lücke) und die Werte der ID 14 sind mehrfach enthalten (Fehlerart: Doppelte).

Bei der fortlaufenden Speicherweise wird so gespeichert, dass der Datensatz die neu eingegebenen Daten zusammen mit den früher eingegebenen Daten enthält. Spätere Datensatzversionen enthalten also immer auch die Daten aus früher gespeicherten Datensätzen. Der letzte gespeicherte Datensatz entspricht einem Gesamtdatensatz.

1. Speicherung			**2. Speicherung**			**3. Speicherung**			**4. Speicherung**			**5. Speicherung**		
DATA060402			**DATA060403**			**DATA060404**			**DATA060405**			**DATA060406**		
ID	*VAR1*	*VAR2*	*ID*	*VAR1*	*VAR2*	*ID*	*VAR1*	*VAR2*	*ID*	*VAR1*	*VAR2*	*ID*	*VAR1*	*VAR2*
01	03	66	01	03	66	01	03	66	01	03	66	01	03	66
02	07	54	02	07	54	02	07	54	02	07	54	02	07	54
03	14	54	03	14	54	03	14	54	03	14	54	03	14	54
			04	13	54	04	13	54	04	13	54	04	13	54
			05	34	65	05	34	65	05	34	65	05	34	65
			06	94	64	06	94	64	06	94	64	06	94	64
						07	03	43	07	03	43	07	03	43
						08	07	73	08	07	73	08	07	73
						09	14	22	09	14	22	09	14	22
									10	02	98	11	06	98
									11	06	98	12	34	98
									12	34	98	13	65	54
												14	94	45
												15	51	55
												usw.		

Anm.: Beachten Sie bitte, dass der letzte Datensatz (DATA0604) einen Fehler enthält. Die ID 10 fehlt (Fehlerart: Lücke).

Soweit die Theorie. In der Praxis können jedoch Daten fehlen, z.B. fehlt in DATA060406 die ID 10; dies kann z.B. dadurch passieren, dass die Daten von ID 10 beim Eingeben der Daten von Fall 11 versehentlich überschrieben wurden. Wie kann nun z.B. bei der fortlaufenden Speicherung sichergestellt werden, dass tatsächlich keine Datenzeilen verloren gegangen sind?

Ein Hinweis vorab: Die beiden folgenden Ansätze setzen voraus, dass die ID korrekt vergeben wurde, selbst kein Missing ist und somit als repräsentativ für eine Datenzeile angesehen werden kann. Hervorgehoben werden muss auch, dass an dieser Stelle nur die Vollständigkeit bereits eingegebener Daten überprüft wird. Enthalten bereits eingegebene Daten keine Möglichkeit, Datenlücken identifizieren zu können, z.B. wenn die ID lückenhaft ist oder vollständig fehlt, verbleibt nur der Rückgriff auf externe Prüfkriterien, z.B. andere Datenquellen oder -dokumentationen, die evtl. parallel die Vollständigkeit der Daten protokolliert haben könnten, z.B. in Form der Protokollierung eines Rücklaufs, der Anzahl vollständig ausgefüllter Fragebögen, der Vollständigkeit von Labordaten usw.

11.2.1 Überprüfung fortlaufend gespeicherter Daten

Der im Folgenden vorgestellte Überprüfungsansatz setzt dabei voraus, dass die Daten nach der Speicherung in keiner Weise verändert wurden (z.B. durch Sortierung), also noch im Originalspeicherzustand sind (u.U. auch am Datum der letzten Speicherung erkennbar).
Im ersten Schritt werden die IDs der Datensätze über RENAME VARIABLES (nicht dargestellt) so umbenannt, dass sie anzeigen, zu welchem Datensatz sie gehören (z.B. wird die ID

aus DATA060402 zu ID060402). Im nächsten Schritt werden die einzelnen IDs (und nur (sic) die IDs) über MATCH FILES (gekürzt dargestellt) in einen gemeinsamen Datensatz TESTDATA zusammengefügt.

```
get file='D:\Eigene Dateien\DATA060402.sav'.
match files /file=*
 /file='D:\Eigene Dateien\DATA060403.sav'.
exe.
...
save outfile='D:\Eigene Dateien\Testdata.sav'
 /compressed.
```

An dieser Stelle setzen die Überprüfungen ein. Die Prüfvariable CHECK1 ermittelt über die COMPUTE-Funktion NVALID die Anzahl der gültigen Fälle in einer Variablenreihe, z.B. von ID060402 bis zu ID060406. Aus den Häufigkeiten dieser Werte kann wiederum abgelesen werden, wie viele neue Fälle die jeweils nächste fortlaufende Speicherung liefert. Die Prüfvariable CHECK2 liefert die Differenz zwischen Minimum und Maximum dieser Variablenliste. Da eine lückenlose fortlaufende Speicherung immer auch die früheren Daten in immer derselben Abfolge enthält, muss (sic) die Differenz gleich Null sein. Ist die Differenz nicht gleich Null, liegt u.a. entweder eine Datenlücke oder ein segmentiert gespeicherter Datensatz vor.

```
get file='D:\Eigene Dateien\Testdata.sav'.
compute
CHECK1=nvalid(ID060402,ID060403,ID060404,ID060405,ID060406).
exe.
compute
MINI=min(ID060402,ID060403,ID060404,ID060405,ID060406).
exe.
compute
MAXI=max(ID060402,ID060403,ID060404,ID060405,ID060406).
exe.
compute CHECK2=MAXI-MINI.
exe.
list.
```

Ausgabe:

ID060402	ID060403	ID060404	ID060405	ID060406	CHECK1	MINI	MAXI	CHECK2
1,00	1,00	1,00	1,00	1,00	5,00	1,00	1,00	,00
2,00	2,00	2,00	2,00	2,00	5,00	2,00	2,00	,00
3,00	3,00	3,00	3,00	3,00	5,00	3,00	3,00	,00
.	4,00	4,00	4,00	4,00	4,00	4,00	4,00	,00
.	5,00	5,00	5,00	5,00	4,00	5,00	5,00	,00
.	6,00	6,00	6,00	6,00	4,00	6,00	6,00	,00

```
.    .    7,00   7,00   7,00   3,00   7,00   7,00    ,00
.    .    8,00   8,00   8,00   3,00   8,00   8,00    ,00
.    .    9,00   9,00   9,00   3,00   9,00   9,00    ,00
.    .    .     10,00  11,00   2,00  10,00  11,00   1,00
.    .    .     11,00  12,00   2,00  11,00  12,00   1,00
.    .    .     12,00  13,00   2,00  12,00  13,00   1,00
.    .    .      .     14,00   1,00  14,00  14,00    ,00
.    .    .      .     15,00   1,00  15,00  15,00    ,00


Number of cases read:  14    Number of cases listed:  14
```

Die Prüfvariable CHECK1 zeigt die zeilenweise gültigen Fälle an; hier müssten die fehlenden Werte nicht unbedingt auffallen. CHECK2 weist mit einem Prüfwert ungleich Null aber eindeutig darauf hin, dass die Speicherungen bzw. Datensätze DATA060405 oder DATA060406 Datenlücken enthalten, erkennbar ab dem ersten Wert ungleich Null.

Dieser Ansatz ist zur Identifizierung von doppelten Datenzeilen in Gesamtdaten geeignet. Für die Identifikation von Datenlücken ist es weniger geeignet. Dieses Programm erlaubt z.B. nicht zu überprüfen, ob Datenzeilen in den neuen Fällen der letzten Speicherung fehlen, z.B. im Datensatz DATA060406 ab ID 13. Zur Identifizierung systematisch fehlender Datenzeilen muss ein Ansatz gewählt werden, der ein Außenkriterium zu berücksichtigen erlaubt.

11.2.2 Überprüfung segmentiert gespeicherter Daten

Der im Folgenden vorgestellte Überprüfungsansatz setzt nicht voraus, dass die Daten seit der letzten Speicherung nicht sortiert wurden.
Die IDs der segmentiert gespeicherten (s.o.) Datensätze (und nur (sic) die IDs) werden über ADD FILES (gekürzt dargestellt, siehe auch das Makro unter 11.3.) in einen gemeinsamen Datensatz TESTDATA zusammengefügt. Aufgrund des Hinzufügens von Fällen ist eine Umbenennung der IDs nicht erforderlich.

```
get file='D:\Eigene Dateien\DATA060402.sav'.
add files /file=*
 /file='D:\Eigene Dateien\DATA060403.sav'.
exe.
...
save outfile='D:\Eigene Dateien\Testdata.sav'
 /compressed.
```

Die Doppelten der IDs werden zunächst über ein unkompliziertes FREQUENCIES abgefragt und sind v.a. in Balkendiagrammen leicht erkennbar. Die Lücken sind in der sortierten Abfolge in der Tabelle erkennbar; bei umfangreichen Datensätzen mit tausenden von Datenzeilen kann dieses Vorgehen jedoch mühselig und fehleranfällig sein.

```
FREQUENCIES
  VARIABLES=ID
  /BARCHART  FREQ
  /ORDER=  ANALYSIS .
```

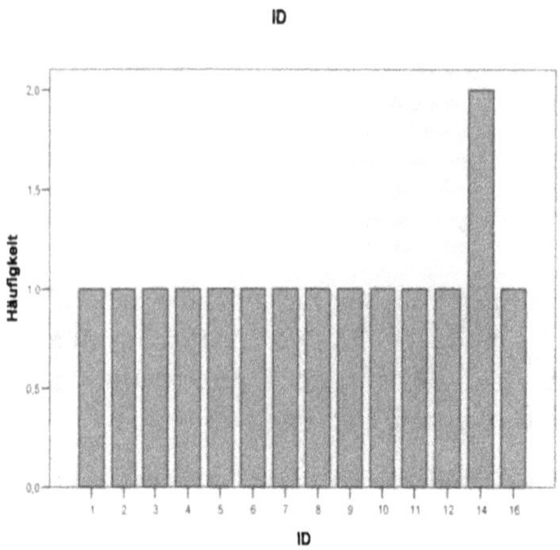

ID

		Häufigkeit	Prozent	Gültige Prozente	Kumulierte Prozente
Gültig	1	1	6,7	6,7	6,7
	2	1	6,7	6,7	13,3
	3	1	6,7	6,7	20,0
	4	1	6,7	6,7	26,7
	5	1	6,7	6,7	33,3
	6	1	6,7	6,7	40,0
	7	1	6,7	6,7	46,7
	8	1	6,7	6,7	53,3
	9	1	6,7	6,7	60,0
	10	1	6,7	6,7	66,7
	11	1	6,7	6,7	73,3
	12	1	6,7	6,7	80,0
	14	2	13,3	13,3	93,3
	16	1	6,7	6,7	100,0
	Gesamt	15	100,0	100,0	

Bei umfangreichen Datensätzen ist ein zusätzliches zusammenfassendes Zählen der (mehrfach vorhandenen) IDs mittels AGGREGATE eine weitere Überprüfungsmöglichkeit.

```
GET FILE='D:\Eigene Dateien\Testdata.sav'.
compute IDX=ID.
exe.

AGGREGATE
  /OUTFILE='D:\Eigene Dateien\aggrdata.sav'
  /break=ID
  /IDx = NU(IDx)
  /N_BREAK=N.

GET FILE='D:\Eigene Dateien\aggrdata.sav'.
FREQUENCIES
  VARIABLES=idx
  /BARCHART  FREQ
  /ORDER=  ANALYSIS .
```

Die Variable IDx enthält die Information über die Häufigkeit des Auftretens von IDs und wird über FREQUENCIES abgefragt. IDs dürfen logischerweise nur einmal vorkommen; Werte größer als 1 sind daher ein Hinweis darauf, dass im Datensatz Doppelte vorkommen.

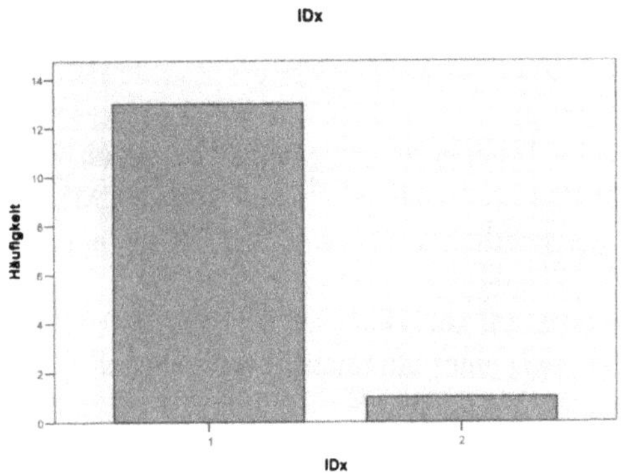

IDx

		Häufigkeit	Prozent	Gültige Prozente	Kumulierte Prozente
Gültig	1	13	92,9	92,9	92,9
	2	1	7,1	7,1	100,0
	Gesamt	14	100,0	100,0	

Die „2“ verweist darauf, dass eine ID zweimal vorkommt. Die ID 14 kommt im Datensatz DATA0604 tats. zweimal vor.
Dieser Ansatz ist zur Identifizierung von doppelten Datenzeilen in Gesamtdaten und eingeschränkt auch für die Identifikation von Datenlücken bei zusammengefügten segmentierten Daten bzw. der letzten fortlaufenden Speicherung geeignet. Die Überprüfung auf Datenlücken kann nur mit einem Ansatz vorgenommen werden, der ein Außenkriterium zu berücksichtigen erlaubt. Die Überprüfung absolut identischer Inhalte strukturgleicher Datensätze kann mit dem folgenden Ansatz vorgenommen werden.

11.3 Screenen separater fortlaufend bezeichneter Datensätze (Makro)

Das folgende Makro wurde für das Screenen einzelner fortlaufend bezeichneter Datensätze entwickelt, also wenn z.B. die Datensätze wie unter 11.2.1. in der Form JJMMTT bezeichnet wurden (z.B. DATA060402.SAV). Der Vorteil eines „rückwärts“ vergebenen Datums ist, dass Datensätze dann z.B. anhand des Speichertages sortiert werden könnten. Mit einer Bezeichnung in der Form TTMMJJ wäre eine Sortierung auf der Ebene von Tageswerten, und damit auch eine Anwendung des folgenden Makros nicht möglich.

```
define !SCREENING
        (PFAD=!tokens(1)
        /DSNAME=!tokens(1)
        /VON=!tokens(1)
        /BIS=!tokens(1))
!do !NUMMER=!VON !to !BIS.
get file=!quote(!concat(!unquote(!PFAD),"\",
        !DSNAME,!NUMMER,".SAV")).
title Listen des Datensatzes !concat(!DSNAME,!NUMMER).
list var = ID VAR1 VAR2.
!doend.
```

```
!enddefine.
!SCREENING PFAD="C:\" DSNAME=DATA06040 VON=2 BIS=6.
```

Über PFAD wird der gemeinsame Speicherort aller Dateien an das Makro übergeben, über DSNAME der gemeinsame PRÄFIX (in diesem Fall „DATA06040“) und über NUMMER ein Platzhalter für den hochzählenden Suffix, die letztlich wiederum über VON und BIS definiert wird.
Das Makro SCREENING greift somit nacheinander auf die Datensätze DATA060402 bis DATA060406 im Speicherort „C:\“ zu und listet nach einer automatisch vergebenen Überschrift (vgl. TITLE) jeweils den Inhalt der Variablen VAR1 und VAR2 auf. Die eigentliche Analyse, im Beispiel wurde nur ein einfaches ID LIST=VAR1 VAR2 verwendet, kann natürlich beliebig komplex gestaltet werden, einschließlich der Hinzunahme weiterer Makrovariablen. Ziel dieses Beispiels ist zunächst vor allem zu verdeutlichen, wie über ein Makro mit nur wenigen Programmzeilen unkompliziert und effizient der Inhalt hunderter Datensätze gescreent werden könnte, sofern sie wenige Voraussetzungen erfüllen: Gleicher Speicherort, gleicher Dateiname (mit Ausnahme des Suffix), gleicher Variablenname und gleiche Variablenformate.

11.4 Zusammenfügen fortlaufend bezeichneter Datensätze (Makro)

Das folgende Makro wurde für das Zusammenfügen fortlaufend bezeichneter Datensätze entwickelt, also wenn z.B. die Datensätze DATA060402.SAV, DATA060403.SAV, DATA060404.SAV usw. heißen.

```
define !ADDING
      (PFAD=!tokens(1)
            /DSNAME=!TOKENS(1)
            /VON=!TOKENS(1)
            /BIS=!TOKENS(1))
      !do !NUMMER= !VON !to !BIS.
!if (!NUMMER= !VON) !then
      get file=
!quote(!concat(!unquote(!PFAD),"\",!DSNAME,!NUMMER,".SAV")).
      compute !concat(!dsname,!NUMMER)= 1.
!else
      add files
      /file=*
      /file=!quote(!concat(!unquote(!PFAD),
            "\",!DSNAME,!NUMMER,".SAV"))
      /in=!concat(!DSNAME,!NUMMER).
```

```
        !ifend
        !doend
save outfile=!quote(!concat(!unquote(!PFAD),
                "\","ADDED","_",!VON,"_",!BIS,".SAV"))
/drop=!concat(!DSNAME,!VON) to !concat(!DSNAME,!BIS).
get file=!quote(!concat(!unquote(!PFAD),
                "\","ADDED","_",!VON,"_",!BIS,".SAV")).
list var=ID VAR1 VAR2.
!enddefine.

!ADDING PFAD="C:\" DSNAME=DATA06040 VON=2 BIS=6.
```

Das Makro ADDING greift nacheinander auf die Datensätze DATA060402 bis DATA060406 im Speicherort „C:\" zu und fügt diese über ADD FILES nacheinander zusammen. Die Werte von ID, VAR1 und VAR2 werden jeweils untereinander gehängt. Die abschließenden SAVE OUTFILE- bzw. GET FILE- Befehle vergeben darüber hinaus einen dynamischen Datensatznamen „ADDED_!VON_!BIS.SAV", dessen Bezeichnung sich automatisch über die Makrovariablen !VON bzw. !BIS an den Range der jeweils zusammengefügten Daten anpasst. Werden die Datensätze DATA060402 bis DATA060406 zusammengefügt, so heißt der entstehende Datensatz „ADDED_2_6.SAV"; würden die Datensätze DATA060402 bis DATA060410 zusammengefügt, so hieße der entstehende Datensatz „ADDED_2_10.SAV" usw.
Auch hier gelten wenige, aber zentrale Voraussetzungen der zusammenzufügenden Datensätze: Gleicher Speicherort, gleicher Dateiname (mit Ausnahme des Suffix), gleicher Variablenname und gleiche Variablenformate.
Im Abschnitt 11.7. werden zwei Ansätze vorgestellt, die es erlauben, einen Datensatz in mehrere Einzeldateien zu zerlegen.

11.5 Vergleich strukturell gleicher Datensätze auf absolut identische Inhalte

Mit SPSS können zwei strukturgleiche Datensätze daraufhin verglichen werden, ob sie absolut identische Werte enthalten. Mit „strukturgleich" ist die gleiche Anzahl und Abfolge an Spalten und Zeilen gemeint. Falls erforderlich, sollten zuvor die Zeilen bzw. Spalten der Datensätze einheitlich geordnet (sortiert) werden. Das folgende Programm ist in der Lage, numerische und alphanumerische Werte auf absolute Übereinstimmung zu prüfen. Werden Strings uneinheitlich groß („DD") oder klein („Dd") geschrieben, führt auch dies zu einer Fehlermeldung (ERROR). Im folgenden Beispiel werden die beiden Datensätze DATA1 und DATA2 daraufhin überprüft, ob ihre Werte absolut übereinstimmen.

```
data list
/ID 1 VAR1 3-4 VAR2 6-7 VAR3 9-10 (A) VAR4 12-13 .
```

```
begin data
1  6 12 AA 99
2 13 95 BB 29
3  6 12 CC 96
4 14 27 DD 29
end data.
save outfile'DATA1.SAV'.
exe.

data list
/ID 1 VAR1 3-4 VAR2 6-7 VAR3 9-10 (A) VAR4 12-13 .
begin data
1  6 12 AA 99
2 13 96 BC 29
3  6 12 CC 96
4 14 27 Dd 28
end data.
save outfile'DATA2.SAV'.
exe.


get file='DATA1.SAV'.
match files file=*
/file='DATA2.SAV'
/rename (VAR1 to VAR4 = VAR5 to VAR8)
/by ID.
exe.
do repeat
 X=VAR1 to VAR4
/Y=VAR5 to VAR8
/ERROR=ERROR1 to ERROR4.

if (X ne Y) ERROR=1.
end repeat.
exe.
compute FILTER=sum(ERROR1 to ERROR4).
exe.
select if (FILTER>=1).
save outfile = 'FCOMPARE.SAV'
/keep ID ERROR1 to ERROR4.
exe.

get file 'FCOMPARE.SAV'.
exe.
list.
```

Die Ausgabe beschränkt sich auf die festgestellten Unterschiede (ERROR*n*) in Zeilen und Spalten zwischen DATA1 und DATA2.

```
ID    ERROR1    ERROR2    ERROR3    ERROR4

 2       .        1,00      1,00       .
 4       .         .        1,00      1,00

Number of cases read:  2    Number of cases listed:  2
```

11.6 Makro zum Vereinheitlichen von Werten in separaten Datensätzen

Das folgende Programm erlaubt, in separaten Datensätzen den Kode für Missings zu vereinheitlichen. Die Voraussetzung dieses Programms ist, dass die Datensätze dieselben Variablen mit denselben Namen und Formaten, und in derselben Abfolge enthalten (vgl. DATA1234.SAV und DATB1234.SAV).

```
data list
/VAR1 1-2 VAR2 4-5 VAR3 7-8 VAR4 10-11 .
begin data
 6 12 66 98
14 97 27 29
end data.
save outfile'DATA1234.SAV'
       /keep VAR1 VAR2 VAR3 VAR4.
save outfile'DATB1234.SAV'
      /keep VAR1 VAR2 VAR3 VAR4.

define FILEMAC (!pos !charend('/')).
!do !i !in (!1).
get file=!quote(!i).
missing values VAR1 VAR2 VAR3 VAR4 (99).
do repeat VARLIST=VAR1 to VAR4.
recode VARLIST (97=99) (98=99).
end repeat.
exe.

list.
!doend.
!enddefine.

filemac DATA1234.SAV DATB1234.SAV  /.
```

Die erste Ausgabe gehört zu DATA1234.SAV, die zweite zu DATB1234.SAV.

```
VAR1 VAR2 VAR3 VAR4

  6   12   66   99
 14   99   27   29

Number of cases read:  2    Number of cases listed:  2

VAR1 VAR2 VAR3 VAR4

  6   12   66   99
 14   99   27   29

Number of cases read:  2    Number of cases listed:  2
```

Für viele bzw. umfangreiche Datensätze sollte die LIST-Anweisung evtl. entfernt oder eingeschränkt werden.

11.7 Aufteilen eines Datensatzes

In diesem Abschnitt werden zwei Ansätze vorgestellt, die es erlauben, einen Datensatz in mehrere Einzeldateien zu zerlegen (splitten). Beide Ansätze basieren auf AGGREGATE; der erste Ansatz basiert auf einem Makro für numerische Variablen, der zweite dagegen auf einem Makro für Strings.

11.7.1 Aufteilen eines Datensatzes nach Kategorien (z.B. IDs) (Makro)

Der folgende Ansatz erlaubt, einen Datensatz anhand einer numerischen Split-Variablen aufzuteilen und entsprechend gefiltert in separate Datensätze abzulegen. Die einzige Voraussetzung an einen solchen Datensatz wäre, dass dieser eine sog. Split-Variable enthält. Eine Split-Variable ist nichts anderes als eine Variable, die mind. zwei nichtfehlende Ausprägungen vorweisen kann und es somit erlaubt, diesen Datensatz in zwei Ausprägungen aufzuteilen bzw. zu splitten. Die Bezeichnung Split-Variable rührt also von der Funktion einer solchen Variablen her, nämlich einen Datensatz unterteilen zu können. Im Abschnitt 11.4. wurde der Datensatz „ADDED_2_6.SAV" angelegt. Nehmen wir an, dieser Datensatz würde zusätzlich eine diskret skalierte Variable PAT_CODE enthalten (siehe unten). Der folgende Ansatz unterteilt den Datensatz anhand der Ausprägungen von PAT_CODE und legt den Inhalt entsprechend gefiltert in separaten Datensätzen ab.

```
data list list
/ID PAT_CODE VAR1 VAR2.
begin data
 1  2   5    3
 2  2   2    3
 3      9    3
 4  5   4    8
 5  1   2    3
end data.
save outfile='C:\ADDED_2_6.SAV'.
get file='C:\ADDED_2_6.SAV'.

define !AUFTEILEN
         (DSNAME=!tokens(1)
        /SPLITTER=!tokens(1))
temp.
select if (!DSNAME=!SPLITTER).
save outfile=
!quote(!concat('C:\PAT_CODE',!SPLITTER,'.sav.')).
!enddefine.
sort cases by PAT_CODE.
aggregate outfile=*
/presorted
/break=PAT_CODE
/notused = N.
format PAT_CODE(F4.0).

write outfile='C:\Split_Makro.sps'
/'!AUFTEILEN DSNAME=PAT_CODE SPLITTER=' PAT_CODE '.'.
exe.

get file ='C:\ADDED_2_6.SAV'.
insert file='C:\Split_Makro.sps'.
```

Der Ansatz unterteilt den Datensatz anhand der Ausprägungen von PAT_CODE und legt den Inhalt entsprechend gefiltert in separaten Datensätzen ab, z.B. PATCODE1.SAV, PATCODE2.SAV usw. Das Suffix der jew. Datensatzbezeichnungen gibt Auskunft darüber, welche Daten für welchen PATCODE darin abgelegt wurden. In die normale SPSS Ausgabe wird der Aufruf des Makros AUFTEILEN! geschrieben.

```
!AUFTEILEN DSNAME=PAT_CODE SPLITTER=     .
!AUFTEILEN DSNAME=PAT_CODE SPLITTER=    1.
!AUFTEILEN DSNAME=PAT_CODE SPLITTER=    2.
!AUFTEILEN DSNAME=PAT_CODE SPLITTER=    5.
```

Fehlt ein PAT_CODE, wird kein PAT_CODE-Datensatz angelegt; da der PAT_CODE 3 fehlt, wird z.B. der Datensatz PAT_CODE3.SAV nicht angelegt. Stattdessen wird ein Datensatz PAT_CODE.SAV angelegt, der jedoch alle Datenzeilen des Ausgangsdatensatzes „ADDED_2_6.SAV" enthält. Missings in der Split-Variablen führen also zu falsch angelegten Subdateien. Kommt die Ausprägung einer Split-Variablen zweimal vor, so werden alle zusammengehörigen Datenzeilen in eine Datei abgelegt. Der Datensatz PAT_CODE2.SAV enthält also zwei Datenzeilen.

Datensatzbezeichnung	**Inhalt:**			
	ID	*PAT_CODE*	*VAR1*	*VAR2*
PAT_CODE.sav	3,0	.	9,0	3,0
	5,0	1,0	2,0	3,0
	1,0	2,0	5,0	3,0
	2,0	2,0	2,0	3,0
	4,0	5,0	4,0	8,0
PAT_CODE1.sav	5,0	1,0	2,0	3,0
PAT_CODE2.sav	1,0	2,0	5,0	3,0
	2,0	2,0	2,0	3,0
PAT_CODE5.sav	4,0	5,0	4,0	8,0

Dieser Ansatz setzt voraus, dass die Split-Variable numerisch ist, mindestens zwei Ausprägungen mit Werten darin und keine Missings aufweist. Liegen Missings vor, müssen diese also vor der Anwendung dieses Programms zunächst in einen numerischen Kode umgewandelt werden, z.B. 99999 etc. Ist die Split-Variable ein String, kann entweder der String in eine numerische Variable konvertiert oder das Makro an die Besonderheiten des Split-Strings angepasst werden.

11.7.2 Aufteilen eines Datensatzes in einheitlich gefilterte Subdatensätze

Der Anfang des folgenden Programms dürfte bekannt vorkommen; es wurde bereits als Ansatz zur Vereinheitlichung von Textstrings durch Akronyme vorgestellt. Diese Version leistet jedoch noch zwei Aspekte mehr. Die Daten werden für jedes Akronym in separate Datensätze abgelegt. Die Datensätze werden zusätzlich nach den Akronymen selbst benannt. Der Datensatz „IBM.SAV" enthält also nur die Werte „IBM".

```
data list
/ KONZERN 1-50 (a).
begin data
IBM
Industrial Business Machines
```

```
IBM Ltd.
Industrial Business Machines International
MB
Daimler-Benz
DaimlerChrysler
Mercedes-Benz
Daimler-Chrysler
end data.
save outfile 'KONZERN.SAV'.

GET file='KONZERN.SAV'.

define FINDEN (!pos !charend('/') / !pos !tokens(1)).
!do !i !in (!1).
string AKRONYM (A20).
if (index(upcase(KONZERN), (!quote(!upcase(!i)))) ne 0)
AKRONYM = (!quote(!2)).
exe.
!doend.
!enddefine.

FINDEN IBM Industrial Business Machines / IBM.
FINDEN MB Daimler Benz Chrysler Mercedes / DC.
save outfile 'AKRONYM.SAV'.

get file='AKRONYM.SAV'.
aggregate
/outfile='TEMP.SAV'
/break=AKRONYM
/N_break=N.
get file='TEMP.SAV'.
string NAME (a10).
compute NAME=CONCAT(ltrim(rtrim(AKRONYM)),".SAV").
write outfile='temp.sps' /'get file="AKRONYM.SAV".'
/'select if AKRONYM="' AKRONYM'".'
/'save outfile=' NAME'.'.
exe.
include 'temp.sps'.
```

Im Log finden sich Hinweise, welche Datensätze angelegt wurden:

```
...
835  save outfile=DC.SAV     .
...
839  save outfile=IBM.SAV    .
```

11.8 Arbeiten mit mehreren Dateien (SPSS Befehl DATASET)

Seit Version 14 bietet SPSS die Möglichkeit, mehrere Datenquellen gleichzeitig geöffnet zu haben. SPSS reagierte damit auf den Wunsch vieler SPSS Anwender, mehrere Datensätze gleichzeitig öffnen und ansehen zu können. Bis einschl. Version 13 war es mit SPSS immer nur möglich, eine Arbeitsdatei geöffnet zu haben. Wurde eine (zweite, neue) Arbeitsdatei geöffnet, hatte dies zur Folge, dass die bereits geöffnete Datei geschlossen wurde.

11.8.1 Sinn und Grenzen des DATASET-Ansatzes

DATASET ermöglicht v.a. im Zusammenspiel mit den Optionen ACTIVATE, NAME und COPY den komfortablen Import und das Zusammenfügen mehrerer (Fremd)Dateien, sowie einfacherer Schnittstellen mit u.a. den SPSS Befehlen AGGREGATE, MERGE oder OMS.

DATASET unterscheidet sich in der Datengrundlage von den meisten der anderen SPSS Anwendungen und Befehlen. DATASET basiert auf dem Weiterverarbeiten aller möglichen Datenformate als *temporäre* SPSS Dateien. Eine Datendatei ist demnach keine permanente SPSS Datei (*.sav), sondern eine temporäre Datei (*.tmp). Wenn im Folgenden von Dateien die Rede ist (v.a. im Zusammenhang mit den DATASET Optionen ACTIVATE, COPY, DECLARE usw.), sind somit immer temporäre und *nicht* permanente SPSS Dateien gemeint. Mittels DATASET weiterverarbeitete Dateien müssen abschließend als permanente Dateien abgespeichert werden; ansonsten gehen am Ende der Sitzung alle Transformationen verloren (es sei denn, sie sind in Form von Syntax protokolliert).

Der Befehl DATASET ermöglicht v.a. im Vergleich zu früheren SPSS Versionen:

- die simultane Anzeige mehrerer Datenquellen (über DATASET NAME). Jede neue Datenquelle kann in einem separaten Fenster angezeigt werden. Jede zuvor geöffnete Datenquelle bleibt geöffnet und somit für die weitere Verwendung verfügbar.
- die Kontrolle des funktionsgemäßen Ablaufs von Transformationen, z.B. im Zusammenspiel mit AGGREGATE, dem Zusammenfügen von Dateien (MATCH/ADD FILES) oder auch bei der OMS-Programmierung (OMS).
- das erleichterte Zusammenfügen von Dateien aus unterschiedlichen Quellformaten (z.B. EXCEL-Dateien, Datenbanken, Textdateien) über MATCH / ADD FILES oder UPDATE), weil z.B. jede Datenquelle nicht mehr zuerst im SPSS-Format gespeichert werden muss.
- das Kopieren und Einfügen von Variablen, Fällen und/oder Variableneigenschaften zwischen zwei oder mehreren offenen Datenquellen (mittels DATASET DECLARE).
- das Erstellen von Teilmengen der Fälle und/oder Variablen für die Analyse (z.B. über eine Kombination aus DATASET ACTIVATE und z.B. SELECT IF).
- das Wechseln zwischen Datensätzen bzw. -quellen (u.a. über DATASET ACTIVATE).

Für erfahrene Anwender der SPSS Syntax könnte damit nicht ohne weiteres erkennbar sein, was das Besondere an DATASET ist, was also nicht schon die bereits bekannte SPSS Syntax zu leisten in der Lage war. Die DATASET Optionen beziehen sich auf das Weiterverarbeiten aller möglichen Datenformate als temporäre SPSS Dateien. Zum Geschwindigkeitsvorteil kommen eine z.T. auch leichtere Programmierbarkeit bzw. vereinfachte Schnittstellen zu weiteren SPSS-Befehlen hinzu (z.B. AGGREGATE, 6a/b unter 11.8.2.). DATASET ermöglicht Programmierungen ohne lange Pfadangaben bzw. umständliches permanentes (allerdings sichereres) Zwischenspeichern.

Um die DATASET Möglichkeiten auch gleich realistisch einschätzen zu können, soll jedoch auch gleich auf mögliche Einschränkungen hingewiesen werden:

- Die je nach Anwendung durchaus praktische simultane Anzeige mehrerer Datenquellen wird durch drei Faktoren relativiert, die Größe des Bildschirms, die menschliche Aufmerksamkeit, sowie der zur Verfügung stehende Arbeitsspeicher des Rechners. Je nach Anwendung ist nicht immer ganz sinnvoll, den ganzen Bildschirm voller Dateien zu haben. Vor allem falls der Bildschirm klein sein sollte und die geöffneten Dateien breit (d.h. mit vielen Variablen), ist der gleichzeitigen Anzeige vor allem vieler Dateien schnell eine gewisse Grenze des Überschaubaren gesetzt. Hilfreich mag es da ein wenig sein, dass in der unteren Menüleiste die jeweils aktivierte Datei mit einem grünem Kreuz markiert angezeigt wird.
- SPSS lässt sich derzeit nicht so einstellen, dass nur eine Datei angezeigt wird. Für SPSS Version 16 ist ein Abschaltmechanismus geplant. Dieser Abschaltmechanismus ermöglicht, nur jeweils eine Datei öffnen bzw. ansehen zu können (oft auch eine implizite Anforderung vieler anwenderdefinierter SPSS Programme).
- DATASET kennt keine Grenze nach oben in Bezug auf die mögliche Anzahl der offenen Fenster. SPSS weist jedoch darauf hin, dass die Anzahl der geöffneten Fenster durchaus durch die zur Verfügung stehenden Ressourcen begrenzt sein kann (SPSS Command Syntax Reference 15.0, 2006, 487).
- Auch wenn mehrere Dateien gleichzeitig geöffnet und eingesehen werden können, bedeutet dies nicht, dass auch alle den gleichen Status einer aktiven Arbeitsdatei haben. Es kann immer nur eine Datei als aktive Arbeitsdatei definiert werden. Das Öffnen mehrerer Dateien ist somit nicht gleichbedeutend mit dem Definieren *mehrerer* Arbeitsdateien. Nur die Variablen in der Arbeitsdatei sind für SPSS-Befehle für Transformation bzw. Analyse verfügbar. Auf Variablen, die sich nicht in der aktiven Arbeitsdatei befinden, kann somit nicht zugegriffen werden.
- Um nun auf eine bestimmte Datei zugreifen zu können, muss diese explizit referenziert werden. In der Maussteuerung erfolgt dies über einen Klick, in der Syntaxsteuerung erfolgt diese Referenzierung über eine explizite Vergabe einer Bezeichnung und zwar schon beim Öffnen der gewünschten Datenquellen, z. B. über GET FILE oder GET DATA (über DATASET NAME). SPSS-Anwender, die mit Syntax arbeiten, kennen die explizite Referenzierung von Dateien als notwendige Voraussetzung für sicheres, weil kontrolliertes Datenmanagement.
- Wenn mit vielen geöffneten Einzeldateien gearbeitet wird, kann die jeweils notwendige individuelle Referenzierung (z.B. über DATASET ACTIVATE) unter Umständen etwas lästig werden.

- Einige der DATASET-Optionen konfligieren mit anderen Möglichkeiten der SPSS Syntax. DATASET ACTIVATE kann z.B. nicht zusammen mit DO IF, DO REPEAT oder LOOP eingesetzt werden.
- Die Erfahrung zeigt auch, dass manche DATASET Optionen noch nicht ganz so funktionieren, wie sie in der technischen Dokumentation beschrieben sind. Das Aktivieren einer Datei mittels DATASET ACTIVATE löst zwar anstehende Transformationen an der jeweils vorher aktiven Datei aus; in der unteren Menüleiste suggeriert der Hinweis „Offene Transformationen" jedoch fälschlicherweise, dass sie noch nicht ausgeführt worden seien.
- DATASET kann in einen Referenzkonflikt mit FILE HANDLE geraten (vgl. 11.9.). Haben ein Datensatz, wie auch ein „Zeiger" in einem Programm dieselbe Bezeichnung, dann bevorzugt DATASET den Datensatz vor dem „Zeiger".

Das anschließende Kapitel wird in Gestalt eines zusammenfassenden SPSS Programms diverse Anwendungsmöglichkeiten der DATASET-Optionen vorstellen und erläutern.

11.8.2 Beispiele für häufige Anwendungen

Auf den nächsten Seiten werden die zahlreichen Anwendungsmöglichkeiten der DATASET-Optionen in Gestalt eines SPSS Programms vorgestellt. In der nachfolgenden Übersicht sind die erläuterten Anwendungen zusammengestellt.

(1) Vergeben von Dateinamen
(2a) Anzeigen der aktuell verfügbaren Dateien
(3a) Anwendung I: Kopieren von Variablen, Werten und Variableneigenschaften
(4) Aktivieren einer Datei
(3b) Anwendung I: Kopieren von Variablen, Werten und Variableneigenschaften
(5) Anwendung II: Arbeiten mit Dateinamen (z.B. Zusammenfügen von Dateien)
6a) Anwendung III: Anlegen einer leeren Datei (z.B. Aggregieren von Dateien)
(6b) Anwendung IV: Anlegen einer leeren Datei (z.B. OMS-Programmierung)
(6c) Anwendung V: Zusammenfügen von Fremddateien (z.B. EXCEL)
(2b) Anzeigen der aktuell verfügbaren Dateien
6d) Arbeiten mit Dateinamen (z.B. bzgl. LIST)
(7a-c) Schließen von Dateien

Die vergebenen Nummern in den Kommentierungen entsprechen der obigen Übersicht und sollen helfen, den Abgleich zwischen der Syntax selbst und den daran anschließenden Erläuterungen zu erleichtern.

Wichtig zu wissen ist, dass mit Ausnahme eines Beispiels (6c) nur *ein Mal* auf eine permanente Datei zugegriffen wird, und zwar vor (1). Alle weiteren Anwendungen basieren ab diesem Moment auf den daraus angelegten *temporären* Dateien. Das Beispiel (6c) demonstriert das unkomplizierte Zusammenfügen mehrerer Fremddateien und wird zu diesem Zweck zwei EXCEL-Dateien einlesen.

Syntax:

```
GET
  FILE='C:\Programme\SPSS\Employee data.sav'.

*** (1) Vergeben von Dateinamen ***.

dataset name ANGESTELLT.

*** (2a) Anzeigen der aktuell verfügbaren Dateien ***.

dataset display.

*** (3a) Kopieren von Variablen, Werten und Variableneigen-
schaften ***.

dataset copy BUERO.
dataset activate BUERO.
select if TÄTIG=1.
compute INDEX_B = (GEHALT/AGEHALT).
exe.
format INDEX_B (F8.2).

*** (4) Aktivieren einer Datei ***.

dataset activate ANGESTELLT.

*** (3b) Kopieren von Variablen, Werten und Variableneigen-
schaften ***.

dataset copy MANAGMT.
dataset activate MANAGMT.
select if TÄTIG=3.
compute INDEX_M = (GEHALT/AGEHALT).
exe.
format INDEX_M (F8.2).

*** (5) Arbeiten mit Dateinamen (z.B. Zusammenfügen von Datei-
en) ***.

dataset activate BUERO .
add files
 /file=*
 /file='MANAGMT'.
exe.
```

```
dataset name BUER_MAN.
dataset activate BUER_MAN.

*** (6a) Anlegen einer leeren Datei (DECLARE mit AGGREGATE)
***.

dataset activate ANGESTELLT.
dataset declare DATAGG.

aggregate
/outfile='DATAGG'
/break=TÄTIG
/AGEHALT2= mean(AGEHALT).

*** (6b) Anlegen einer leeren Datei (DECLARE mit OMS) ***.

dataset name ANGESTELLT.
dataset declare RTABELLEN.

oms
/select tables
/if commands = ['Regression']
    subtypes = ['Coefficients']
/destination format = SAV
 outfile = 'RTABELLEN'.

regression
  /missing listwise
  /statistics COEFF OUTS R ANOVA
  /criteria=PIN(.05) POUT(.10)
  /noorigin
  /dependent GEHALT
  /method=enter AGEHALT  .
omsend.

dataset activate RTABELLEN.
list.

*** (6c) Zusammenfügen von EXCEL-Dateien (DECLARE, NAME und
ACTIVATE) ***.
*** Annahme: Es liegen zwei EXCEL-Dateien EXLS1.xls und
EXLS2.xls vor. ***.

GET DATA /TYPE=XLS
     /FILE='C:\EXLS1.xls'.
```

```
DATASET NAME XLdata1.
GET DATA /TYPE=XLS
     /FILE='C:\EXLS2.xls'.
DATASET NAME XLdata2.

DATASET ACTIVATE XLdata1.
ADD FILES
 /FILE=*
 /FILE='XLdata2'.
EXE.
dataset name XLSDATA .
DATASET ACTIVATE XLSDATA.

*** (2b) Anzeigen der aktuell verfügbaren Dateien ***.

dataset display.

*** (6d) Arbeiten mit Dateinamen (z.B. bzgl. LIST) ***.

dataset activate DATAGG.
list.

*** (7a) Schliessen von Dateien (listenweises CLOSE funktio-
niert nicht) ***.

dataset close BUERO BUER_MAN MANAGMT DATAGG.

*** (7b) gezieltes Schliessen einer einzelnen Datei (funktio-
niert) ***.

dataset close BUERO   .
dataset close BUER_MAN   .
dataset close MANAGMT .
dataset close DATAGG .

*** (7c) Schliessen aller Dateien außer der aktiven Datei ***.

dataset close ALL   .
```

Erläuterungen:

*** (1) Vergeben von Dateinamen ***.
Der temporären Version der SPSS Beispieldatei „Employee data.sav“ wird der Name „ANGESTELLT“ zugewiesen. Die Datei ANGESTELLT ist *automatisch* die aktive Datei, weil sie zuletzt mittels eines GET-Befehls geöffnet wurde (im Beispiel: GET FILE).

*** (2a) Anzeigen der aktuell verfügbaren Dateien ***.
Mittels DATASET DISPLAY wird eine Liste der aktuell verfügbaren Datensätze angezeigt. Eine Ausgabe kann z.B. so aussehen:

Daten-Sets

ANGESTELLT[a]

a. Aktives Daten-Set

*** (3a) Anwendung I: Kopieren von Variablen, Werten und Variableneigenschaften ***.
DATASET COPY legt eine neue Datei, BUERO, als Kopie des aktiven Datensatzes ANGESTELLT an. BUERO entspricht dem Zustand von ANGESTELLT zum Zeitpunkt des Kopiervorgangs. BUERO wird aktiviert und über SELECT wie gewünscht ausgefiltert. Der Kopiervorgang löst auch anstehende Transformationen aus, wie z.B. ein COMPUTE ohne EXE.

*** (4) Aktivieren einer Datei ***.
Aus ANGESTELLT soll nun eine weitere Kopie erzeugt werden. Da jedoch aufgrund des DATASET ACTIVATE unter (3a) noch BUERO der aktive Datensatz ist, muss ANGESTELLT erst über das Abschicken des DATASET ACTIVATE-Befehls wieder explizit zum aktiven Datensatz gemacht werden.

*** (3b) Anwendung I: Kopieren von Variablen, Werten und Variableneigenschaften ***.
DATASET COPY legt eine weitere neue Datei, MANAGMT, als Kopie des nun wieder aktiven Datensatzes ANGESTELLT an (vgl. ansonsten die weiteren Hinweise unter 3a).

*** (5) Anwendung II: Arbeiten mit Dateinamen (z.B. Zusammenfügen von Dateien) ***.
Unter (5) werden die beiden Dateien BUERO und MANAGMT mittels ADD FILES zusammengefügt und in der temporären Datei BUER_MAN abgelegt (die Bezeichnung wurde mittels DATASET NAME verliehen). Zur Einsichtnahme wird BUER_MAN zum aktiven Datensatz definiert.

*** (6a) Anwendung III: Anlegen einer leeren Datei (z.B. Aggregieren von Dateien) ***.
Unter (6a) sollen im Datensatz ANGESTELLT bestimmte Daten aggregiert werden. Damit ANGESTELLT wieder zum aktiven Datensatz wird, wird zunächst der DATASET ACTIVATE-Befehl abgeschickt. Über DATASET DECLARE wird anschließend die Datei definiert, in die die Daten von AGGREGATE über OUTILE= abgelegt werden sollen (AGGDATA). Anschließend wird die gewünschte Aggregierung vorgenommen. Das Beispiel wird unter (6d) wieder aufgenommen.

*** (6b) Anwendung IV: Anlegen einer leeren Datei (z.B. OMS-Programmierung) ***.
ANGESTELLT wird über DATASET ACTIVATE wieder explizit zum aktiven Datensatz gemacht. DATASET DECLARE definiert anschließend die Datei, in die die Ergebnisse der Prozedur REGRESSION abgelegt werden sollen (RTABELLEN). Über OMS wird die anschließend ausgeführte Prozedur REGRESSION angewiesen, die ermittelten Koeffizienten über OUTFILE= in die vordefinierte Datei RATBELLEN abzulegen. Über DATASET ACTIVATE wird RTABELLEN zum aktiven Datensatz gemacht und kann über LIST komfortabel überprüft werden. Eine auf diese Weise erzielte OMS-Ausgabe kann z.B. folgendermaßen aussehen:

```
The variables are listed in the following order:

LINE   1: Command_ Subtype_ Label_ Var1 Var2 B
LINE   2: Standardfehler Beta T Signifikanz

Command_: Regression Coefficients Koeffizienten 1 (Konstante)
1928,206
Standardfehl: 888,680 .     2,170 ,031
Command_: Regression Coefficients Koeffizienten 1
Anfangsgehalt    1,909
Standardfehl:    ,047 ,880 40,276 ,000

Number of cases read:  2    Number of cases listed:  2
```

Anm.: Die durchgeführte Regression wurde nur zu Demonstration der OMS-Programmierung auf diese Weise durchgeführt und entspricht keinesfalls einer professionellen Berechnung einer einfachen linearen Regression.

*** (6c) Anwendung V: Zusammenfügen von Fremddateien (z.B. EXCEL) ***.
Es sollen die beiden EXCEL-Dateien EXLS1.xls und EXLS2.xls in SPSS zusammengefügt werden. Nach dem Einlesen von EXLS1.xls mittels GET FILE ist XLdata1 automatisch der aktive Datensatz. Über DATASET NAME wurde dieser ersten Datei die Bezeichnung XLdata1 zugewiesen. XLDATA1 ist nicht mehr im EXCEL-Format, sondern im Format einer temporären SPSS-Datei. Nach dem Einlesen (GET FILE) wird die zweite EXCEL-Datei über DATASET NAME zur temporären SPSS-Datei XLdata2. Wegen dem letzten Einlesvorgang ist XLdata2 der momentan aktive Datensatz. Damit XLdata2 unter XLdata1 gehängt wird, wird XLdata1 über ACTIVATE DATASET wieder zum aktiven Datensatz definiert. Über ADD FILES werden beide Dateien untereinandergehängt, wobei zunächst die Datei XLdata1 mittels XLdata2 erweitert und dann in XLSDATA umbenannt wurde. Anschließend wird XLSDATA für Kontrollzwecke zum aktiven Datensatz definiert.

*** (2b) Anzeigen der aktuell verfügbaren Dateien ***.
Mittels DATASET DISPLAY wird eine Liste der aktuell verfügbaren Dateien angezeigt. Eine Ausgabe kann nun z.B. so aussehen:

Daten-Sets

ANGESTELLT
XLSDATA[a]
XLdata2

a. Aktives Daten-Set

Anm.: XLdata1 fehlt, weil sie nach dem Aufnehmen der Daten aus XLdata2 in XLSDATA umbenannt wurde.

*** (6d) Arbeiten mit Dateinamen (z.B. bzgl. LIST) ***.
Abschließend soll wieder auf die temporäre Datei DATEGG (vgl. 6a) zugegriffen und in Listenform ausgegeben werden. Nachdem DATEGG über das Abschicken des DATASET ACTIVATE-Befehls wieder zum aktiven Datensatz gemacht wurde, kann auch auf den Inhalt der Datei, z.B. mittels LIST, unkompliziert zugegriffen werden. Eine Ausgabe aggregierter Daten kann z.B. so aussehen:

```
tätig AGEHALT2

   1   14096,05
   2   15077,78
   3   30257,86
Number of cases read:  3    Number of cases listed:  3
```

*** (7a) Schließen von Dateien (ein listenweises CLOSE funktioniert nicht) ***.

*** (7b) gezieltes Schließen einer einzelnen Datei (funktioniert) ***.

*** (7c) Schließen aller Dateien außer der aktiven Datei ***.

Die Hinweise (7a) bis (7c) sind selbsterklärend.

11.8.3 Eine Übersicht über die DATASET-Syntax

Die Option DATASET ist also vor allem dann geeignet, wenn wenige und zugleich auch *überschaubare* Dateien geöffnet werden. Der Vorteil der *Überschaubarkeit* steht und fällt mit der menschlichen Aufmerksamkeit. Vergleiche zwischen verschiedenen geöffneten Dateien können nur visuell, jedoch nicht technisch direkt vorgenommen werden. Sollen z.B. zwei Dateien *direkt* miteinander verglichen werden (vgl. Abschnitt 11.3.), so müssten diese zuvor wieder zu einer einzelnen Arbeitsdatei zusammengefügt werden.
Im Folgenden nun die wichtigsten Optionen des Befehls DATASET im Überblick. Für weitere Informationen zu DATASET wird auf die SPSS-Syntax Dokumentation verwiesen.

DATASET ACTIVATE
Der Befehl DATASET ACTIVATE macht die referenzierte Datei zur aktiven Arbeitsdatei. Transformationen an der aktiven Datei (vor oder nach Vergabe eines Datensatznamens)

werden während der Sitzung beibehalten. Die referenzierte Datei muss nicht notwendigerweise eine SPSS-Datei, sondern kann z.B. auch eine EXCEL-Datei sein. War zuvor eine andere Arbeitsdatei aktiv, und verfügt die vorher aktive Arbeitsdatei über einen (keinen) Dateinamen (DATASET NAME), so steht sie weiterhin (nicht mehr) zur Verfügung. Der Befehl DATASET ACTIVATE setzt voraus, dass die referenzierte Datei auch wirklich existiert. Existiert die referenzierte Datei nicht, wird eine Fehlermeldung ausgegeben.
DATASET ACTIVATE löst anstehende Transformationen aus. Das Aktivieren einer Datenquelle löst möglicherweise anstehende Transformationen an der *bereits aktiven* Arbeitsdatei aus. Stehen keine Transformationen an, löst das Aktivieren einer weiteren Datenquelle auch keine aus.
Als aktive Datei gilt grundsätzlich immer die zuletzt mittels eines GET-Befehls (z.B. FILE, DATA, SAS, STATA oder TRANSLATE) geöffnete Datei oder mittels DATASET ACTIVATE aktivierte Datei. Das Öffnen einer neuen Datei definiert automatisch eine neue aktive Datei.

DATASET CLOSE
Der Befehl DATASET CLOSE schließt die referenzierte Datei. Der Befehl wird sofort ausgeführt. Ist die referenzierte Datei nicht die aktive Arbeitsdatei, wird die Datei geschlossen und steht nicht mehr zur Verfügung. Wird jedoch über die konkrete Angabe des Namens oder über eine sog. Wildcard (z.B. *, ALL) dagegen auf die aktive Arbeitsdatei referenziert, wird nur die Referenzierung selbst aufgehoben. Die Datei steht weiterhin aktiv zur Verfügung, hat jetzt jedoch keinen eigenen Namen mehr. DATASET CLOSE löst keine anstehenden Transformationen aus.

DATASET COPY
Mittels des Befehls DATASET COPY können ein oder mehrere Subsets bereits geöffneter Dateien angelegt werden. Nach DATASET COPY braucht nur der Name der anzulegenden Datei angegeben werden. Die Bezeichnung der Datei muss dabei den Konventionen für SPSS Datensätze entsprechen, ist also z.B. bis zu 64 Zeichen lang, in einem Wort, mit einem Buchstaben beginnend usw. Der Befehl DATASET COPY liest dann den Inhalt der jeweils aktiven Datei ein, legt eine Kopie der eingelesenen Daten an und löst die Ausführung etwaiger anstehender Befehle aus (z.B. bzgl. Filterung oder auch komplexerer Transformationen). Diese Befehle können u.a. den Inhalt der eingelesenen bzw. abzulegenden Datei filtern, z.B. SELECT IF. Stehen keine Befehle zur Ausführung an, werden exakte Kopien der aktiven Datei unter dem neuen, angegebenen Namen abgelegt. Ist der angegebene Dateiname bereits vergeben und es nicht der Name des aktiven Datensatzes, wird der Inhalt der bereits vorhandenen Datei überschrieben. SPSS gibt in diesem Fall einen Hinweis aus. Ist der angegebene Datensatzname der Name der aktiven Datei, wird ebenfalls der vergebene Name übernommen. Der Inhalt der aktiven Datei wird von SPSS als unbenannte Kopie abgelegt. DATASET COPY verhält sich darüber hinaus wie ein gültiges EXE. DATASET COPY löst anstehende Transformationen aus; stehen also Transformationen vor dem Anlegen der Kopie an, werden diese auf das Original, sowie die Kopie/n angewendet.

DATASET DECLARE
Mittels des Befehls DATASET DECLARE können Variablen, Fälle und/oder Variableneigenschaften zwischen zwei oder mehreren offenen Datenquellen über Kopieren und Einfügen ausgetauscht werden. Nach DATASET DECLARE braucht nur der Name der anzulegenden Datei angegeben werden. Die Bezeichnung der Datei muss dabei den Konventionen für SPSS Dateien entsprechen (s.o.). Der Befehl wird sofort ausgeführt. Die angelegte Datei entspricht einer leeren temporären SPSS Datei. Im Unterschied zu DATASET COPY ist diese Datei weder mit der aktiven, noch mit irgendeiner anderen Datei assoziiert. Erst in dem Moment, wenn andere Prozeduren (z.B. über OUTFILE= in AGGREGATE oder REGRESSION) oder Befehle in diese Datei Daten usw. ablegen, wird eine Assoziation hergestellt. DATASET DECLARE löst keine anstehenden Transformationen aus.

DATASET DISPLAY
Mittels des Befehls DATASET DISPLAY kann eine Liste der aktuell verfügbaren Datensätze angefordert werden. Der Befehl wird sofort ausgeführt. Der DATASET DISPLAY. ist ausreichend; es braucht kein Name einer Datei angegeben werden. DATASET DISPLAY löst keine anstehenden Transformationen aus.

DATASET NAME
Der Befehl DATASET NAME weist einer Datei einen eigenen Namen zu. Dieser Name kann in nachfolgenden DATASET-Befehlen bzw. den meisten Befehlen mit Referenzierungen auf SPSS Datensätze verwendet werden. Darüber hinaus bleibt die bezeichnete Datei auch dann verfügbar, falls andere Dateien geöffnet bzw. aktiviert wurden.
Nach DATASET NAME braucht nur der Name der anzulegenden Datei angegeben werden. Die Bezeichnung der Datei muss dabei den Konventionen für SPSS Datensätze entsprechen (s.o.).
Hat die aktive Datei bereits einen Namen, wird dieser überschrieben. Ist der angegebene Name bereits einer anderen Datei zugewiesen, wird diese Assoziation aufgelöst und die alte Datei geschlossen. In jedem Fall ist der neue Namen nun mit der aktiven Datei assoziiert. Der Befehl wird sofort ausgeführt. DATASET NAME löst keine anstehenden Transformationen aus. Es wird dringend empfohlen, den verwendeten Dateien jeweils eigene Namen zuzuweisen. Die automatisch vergebenen Dateinamen („DatenSet*n*“) können allzu leicht durcheinandergebracht werden.

WINDOW-Optionen
Die meisten der vorgestellten DATASET-Befehle können um das WINDOW-Schlüsselwort ergänzt werden. Die Ausnahmen sind CLOSE und DISPLAY. Mit diesem Schlüsselwort kann nach WINDOW= festgelegt werden, ob das Fenster der Datenansicht der betreffenden Datei u.a. im Vordergrund (FRONT), verkleinert (MINIMIZED) oder gar nicht (HIDDEN) angezeigt werden soll. ASIS belässt die Datenansicht so, wie sie ist. Die nachfolgende Übersicht zeigt die Unterschiede der DATASET-Optionen im Funktionsumfang des WINDOW-Schlüsselworts.

	ASIS	FRONT	HIDDEN	MINIMIZED
ACTIVATE	X	X		
CLOSE	-	-	-	-
COPY		X	X	X
DECLARE		X	X	X
DISPLAY	-	-	-	-
NAME	X	X		

11.9 Exkurs: Das Arbeiten mit FILE HANDLE

Neben DATASET ist auch die Option FILE HANDLE (verfügbar seit SPSS Version 13) für das Arbeiten mit mehreren Datensätzen interessant. Während DATASET für das Öffnen mehrerer Datensätze zugleich praktisch ist, erleichtert FILE HANDLE die Programmierung des Datenzugriffs. FILE HANDLE ist, vereinfacht ausgedrückt, die Abkürzung von mitunter sehr langen Pfad- und Datensatzbezeichnungen, ein sog. „Zeiger". In vielen Programmen wird der Speicherort eines Datensatzes über einen Pfad in folgender Form angegeben, wobei der Pfad selbst den Speicherort angibt, und die Bezeichnung am Pfadende die Bezeichnung der Datei selbst.

```
z.B.  C:\Programme\SPSS\World 95 for Missing Values.sav
```

Die Verbindung zwischen Pfad und Dateiname erlaubt jedem System, auf die benötigten Daten zuzugreifen. Wie am Beispiel jedoch zu sehen ist, bringen lange Pfadnamen mitunter fehleranfällige Tipparbeit mit sich, v.a., wenn sich das Schreiben dieses Pfades i.L. eines Programmes mehrfach wiederholen sollte. SPSS bietet seit Version 13 die Möglichkeit, sich lange Pfadangaben über eine Abkürzung zu ersparen.

FILE HANDLE weist dabei dem angegebenen Pfad (optional mit bzw. ohne Datensatz) einen eigenen temporären Zeiger bzw. Verweis (sog. „file handle") zu. In den weiteren Verarbeitungsschritten wird auf den definierten "Zeiger" so zugegriffen, so als ob es sich um den eigentlichen SPSS Datensatz handelt. Der Vorteil dabei ist nicht nur, dass man sich das mehrfache Tippen langer Pfadnamen erspart. Das einmalige Vergeben eines Pfades genügt. Wenn dieselben Datensätze an wechselnden Speicherorten referenziert werden müssen, muss das Rechenprogramm nicht jedes Mal völlig verändert werden. Die einmalige Anpassung der Referenzierung genügt.

FILE HANDLE ist Voraussetzung für Datensätze mit Zeilenlängen (record lengths) über 8192 Zeichen. FILE HANDLE ist über die Option MODE in der Lage, u.a. auf unformatierte Binär / FORTRAN Daten, sog. Column Binary Daten, oder auch auf EBCDIC Daten zu verweisen. Zu weiteren Datentypen vgl. die SPSS Command Syntax Reference Version 15. FILE HANDLE ist nur während der aktuellen Sitzung aktiv. FILE HANDLE kann in Referenzkonflikte mit DATASET geraten (vgl. 11.8.1.). Haben ein Datensatz, wie auch ein „Zeiger“ in einem Programm dieselbe Bezeichnung, dann bevorzugt DATASET den Datensatz vor dem „Zeiger“.

In den folgenden Abschnitten werden die zwei grundsätzlichen Möglichkeiten von FILE HANDLE vorgestellt:

- FILE HANDLE ersetzt nur den Pfad zum Speicherort der gewünschten Datei.
- FILE HANDLE ersetzt den Pfad zum Speicherort *einschließlich* der gewünschten Datei.

Die praktische Anwendung von FILE HANDLE wird anhand des Arbeitens mit der String-Funktion VALUELABELvorgestellt.

Unspezifischer Zeiger:
FILE HANDLE ersetzt nur den Pfad zum Speicherort der gewünschten Datei.

```
FILE HANDLE PfadohneDS
    /NAME="C:\Programme\SPSS\".
```

Spätere Zugriffe auf eine oder mehrere Dateien am gewünschten Ort müssen nicht jedes mal lange Pfadangaben anführen, sondern brauchen nur den abkürzenden Zeiger angeben (z.B.). Mittels dieser *unspezifischen* Variante wird nur die Schreibweise des Pfads zu einem Speicherort abgekürzt; falls sich an diesem Speicherort mehrere Dateien befinden, kann über die Abkürzung ebenfalls auf sie zugegriffen warden (vgl. Beispiele 3 und 4).

```
GET FILE "PfadohneDS\Employee data.sav".
```

Spezifischer Zeiger:
FILE HANDLE ersetzt den Pfad zum Speicherort *einschließlich* der gewünschten Datei (vgl. Beispiele 1 und 2).

```
FILE HANDLE PfadinklW95
 /NAME="C:\Programme\SPSS\World 95 for Missing Values.sav".

GET FILE "PfadinklW95".
```

Spätere Zugriffe auf die Datei am gewünschten Ort brauchen nur noch die “Abkürzung” angeben. Mittels dieser spezifischen Variante werden sowohl die Angabe des Pfads, wie auch des Datensatzes an diesem Speicherort abgekürzt. Falls sich an diesem Speicherort weitere Dateien befinden, so kann über diese Abkürzungsvariante nicht auf sie zugegriffen werden. Für einen Zugriff müssten in diesem Fall entweder unspezifische “Zeiger” oder die benötigten spezifischen “Zeiger” definiert warden.

Greift ein System über solche Angaben nicht erfolgreich auf Daten zu, kann der Fehler im Prinzip an der Pfadangabe, am Pfad selbst, am angegeben Dateinamen, oder auch daran liegen, dass sich die Daten gar nicht am angegebenen Ort befinden.

Beispiele für FILE HANDLE mit der Funktion VALUELABEL:
Mit der String-Funktion VALUELABEL können Wertelabels in Stringdaten umgewandelt werden. Diese ist dann ganz praktisch, wenn mit den Labels (nun als Stringeinträge) anstelle der ursprünglichen Wertelabels weitergearbeitet werden muss. Die Funktion VALUELABEL kann Wertelabels von String-, wie auch numerischen Variablen in Stringeinträge umwandeln (und zwar auch gleichzeitig, vgl. Beispiel 4).

Beispiel 1 (numerische Variable, univariat):
Labels einer num. Variablen in Stringeinträge umwandeln

```
GET FILE "PfadinklW95".
string REGION_LB (A12).
* Hinweis: Ist Länge der Variablen zu kurz (vgl. STRING), wer-
den die angelegten Einträge abgeschnitten*.
compute REGION_LB=valuelabel(REGION).
exe.
freq REGION_LB.
```

Beispiel 2 (numerische Variablen, multivariat):
Labels mehrerer num. Variablen in Stringeinträge umwandeln

```
GET FILE "PfadinklW95".
do repeat VAR_LIST=REGION, PAT_LITF
/ALLELABL=REGION_LB, PATF_LB.
string ALLELABL (A12).
compute ALLELABL=valuelabel(VAR_LIST).
end repeat.
freq REGION_LB PATF_LB.
```

Beispiel 3 (Stringvariable, univariat):
Labels einer Stringvariablen in Stringeinträge umwandeln

```
GET FILE "PfadohneDS\Employee data.sav".
string GESCHL_LB (A12).
compute GESCHL_LB=valuelabel(GESCHL).
exe.
freq GESCHL_LB.
```

Beispiel 4 (numerische und Stringvariablen, multivariat):
Labels mehrerer numerischer, sowie Stringvariablen in Stringeinträge umwandeln

```
GET FILE "PfadohneDS\Employee data.sav".
do repeat VAR_LIST=GESCHL, MIND
/MIXDLABL=GESCHL_LB, MIND_LB .
string MIXDLABL (A10).
```

```
compute MIXDLABL=valuelabel(VAR_LIST).
end repeat.
freq GESCHL_LB MIND_LB.
```

12 Zeit- bzw. datumsbezogene Probleme – Erkennen und Lösen

Zeit- bzw. datumsbezogene Probleme können ebenfalls die Qualität von Daten und ihrer Analyse beeinträchtigen. Häufig auftretende Anwendungsbereiche sind z.B. die Überprüfung und Korrektur von fehlerhaften Datums- und Zeitangaben (12.1., 12.2.), das Einhalten des ISO 8601-Standards bzw. das Beheben des „Jahr 2000"-Problems (12.3.), oder auch die Vorzüge des Arbeitens mit einem sog. Zeitstempel (12.4.).

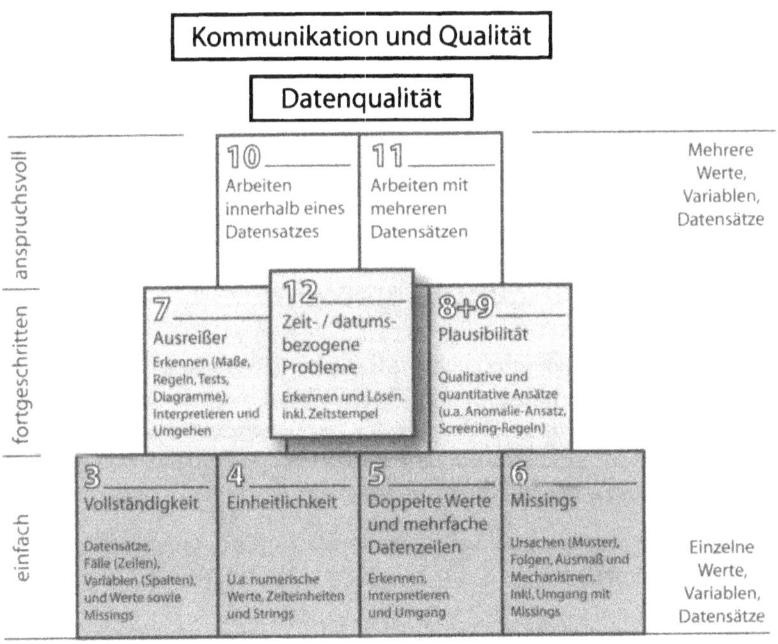

Das Überprüfen auf mögliche zeit- bzw. datumsbezogene Probleme setzt voraus, dass die Kriterien „Vollständigkeit", „Einheitlichkeit", „Doppelte", „Missings", sowie „Ausreißer" bereits überprüft und in Ordnung sind. Bei der Überprüfung der Einträge in Zeit- und Datumsvariablen muss besonders auf die korrekte Interpunktion geachtet werden, vgl. dazu das Kapitel 4 („Einheitlichkeit"). Kapitel 12 behandelt, je nach Kontext, in gewissem Maße auch eine Form besonderer zeit- bzw. datumsbezogener Plausibilität. Unter Umständen sind Kriterien aus Kapitel 12 *vor* der Überprüfung der allgemeinen Plausibilität (sensu Kapitel 8 bzw. 9) anzuwenden.

Als generelle Empfehlungen für die Arbeit mit Zeit- und Datumswerten gelten:

- Generell: Zeit- bzw. Datumsangaben sind immer im Format von SPSS Zeit- bzw. Datumsvariablen abzuspeichern. Übergeben Sie das korrekte Zeit- bzw. Datumsformat explizit an SPSS.
- Szenario 1: Die Zeit- und Datumswerte liegen als Rohdaten vor, z.B. ein Datum im Format TTMMJJJJ verteilt auf die Variablen TT, MM und JJJJ: Die Variable TT ist auf ganzzahlige Werte zu überprüfen, die kleinergleich 31 sind. Die Variable MM ist auf ganzzahlige Werte zu überprüfen, die kleinergleich 12 sind. Die Variable JJJJ sollte vierstellig sein. Bei zweistelligen Werten ist der Beginn der „Zeitrechnung" zu überprüfen (vgl. dazu das Beispiel zur €-Einführung). Gehen zweistellige Werte über 99 hinaus, liegt ein Fehler vor. Zweistellige Jahreswerte sind in vierstellige Jahreswerte zu konvertieren. Je nach Anwendungsbereich muss bei historischen Datumswerten (z.B. älter als 1582) wegen möglichen Kalenderumstellungen mit besonderer Sorgfalt vorgegangen werden. Die Plausibilität der konvertierten Zeit- und Datumswerte ist zu prüfen.
- Szenario 2: Die Zeit- und Datumswerte liegen z.B. als Strings im Format TTMMJJJJ vor. Diese Werte sind zu konvertieren und im Format von SPSS Zeit- bzw. Datumsvariablen abzuspeichern (vgl. 4.11.). Die Plausibilität der konvertierten Zeit- und Datumswerte ist zu prüfen.

Weitere Einsichten ermöglichen die in den folgenden Kapiteln vorgestellten Prüfschritte.

12.1 Einsichten durch Zeitdifferenzen

Werden Datumsangaben mindestens paarig erhoben, z.B. Geburtsdatum und Todestag, Anfang- und Endzeit einer Behandlung, Aufnahme- und Entlassdaten, oder andere Messungen in der Form „vorher"-nachher" (es können auch mehr als zwei Messzeitpunkte sein), dann sind einfache Differenzen einerseits sehr effektiv zum Auffinden von Fehlern, aber dennoch trotz ihrer augenscheinlichen Simplizität anfällig für Fehler.

In der folgenden SPSS-Syntax werden drei beispielhafte Datenpaare eingelesen, wie sie häufig in der Analysepraxis vorkommen:

- START und ZIEL sind ein Variablenpaar im Format TIME für die Anfangs- und Endzeit einer Behandlung o.ä. in der Einheit Stunden:Minuten:Sekunden.
- GEBTAG und TODTAG enthalten Geburts- bzw. Todestag.
- AUFNAHME und ENTLASS enthalten Aufnahme- und Entlassdaten (die letzten vier Variablen sind im Format des europäisches Datums).

Für weitere zeitbezogene Anwendungen wird z.B. auf Schendera (2005) verwiesen.

```
DATA LIST
/START 1-8 (TIME) ZIEL 10-19 (TIME) GEBTAG 20-28 (EDATE)
TODTAG 30-38 (EDATE)
 AUFNAHME 39-47 (EDATE) ENTLASS 48-56 (EDATE).
BEGIN DATA
10:10:15 11:25:10  01/10/45 21/10/90  11/12/97 11/11/97
11:10:15 12:15:10  02/11/45 21/10/45  11/12/97 11/12/97
12:10:15 11:55:10  03/10/54 21/10/90  11/12/97 13/12/97
END DATA.

COMPUTE DIFF_1=ZIEL-START.
COMPUTE NTAGEG=XDATE.TDAY(GEBTAG).
COMPUTE NTAGET=XDATE.TDAY(TODTAG).
COMPUTE NTAGEA=XDATE.TDAY(AUFNAHME).
COMPUTE NTAGEE=XDATE.TDAY(ENTLASS).
exe.

COMPUTE DIFF_2=NTAGET-NTAGEG .
COMPUTE DIFF_3=NTAGEE-NTAGEA + 1 .
exe.

FORMATS DIFF_1 (TIME15) DIFF_2 DIFF_3 (F8.0)   .
LIST VARIABLES=DIFF_1  DIFF_2 DIFF_3   .
```

Die Variable DIFF_1 ist die Differenz zwischen End- und Anfangszeit in der Einheit Stunden:Minuten:Sekunden. Die Variable DIFF_2 ist die Differenz zwischen Todes- und Geburtstag (für Demonstrationszwecke); vorher wurde für GEBTAG und TODTAG jeweils mittels XDATE die Anzahl der Tage seit 14.10.1582 („Tag 0" des Gregorianischen Kalenders) ermittelt. Die Einheit der Variablen DIFF_2 ist daher in Tagen. Die Variable DIFF_3 ist die Differenz zwischen Entlass- und Aufnahmedatum; die Berechnung ist analog zu GEBTAG und TODTAG. Die Einheit der Variablen DIFF_3 ist daher ebenfalls in Tagen. Der einzige Unterschied ist hier, dass DIFF_3 im Gegensatz zu DIFF_2 um 1 adjustiert wird. Diese Besonderheit wird weiter unten erläutert. Bei allen drei Differenzermittlungen wird der frühere Zeitwert (der somit der kleinere Zeitwert sein muss) vom späteren Zeitwert (der somit der größere Zeitwert sein muss) abgezogen. Die ermittelten Differenzen können daher bei korrekten Daten nur positiv sein (oder auch 0, falls im jeweiligen Kontext zulässig). Jeder negative Wert ist ein Hinweis auf einen Fehler in den Datumswerten.

```
          DIFF_1    DIFF_2    DIFF_3

         1:14:55     16436       -29
         1:04:55       -32         1
        -0:15:05     13147         3

Number of cases read:  3    Number of cases listed:  3
```

Wie die ausgegebenen Werte zeigen, weisen negative Differenzen auf fehlerhafte Datums- bzw. Zeitwerte hin (vgl. dazu auch die Rohdaten im DATA LIST-Schritt). Erste einfache Differenzbildungen sollten also bei aufeinanderfolgenden Zeit- oder Datumsangaben keine negativen Werte ergeben. Wird vom zeitlich späteren Wert der zeitlich frühere Zeitwert abgezogen, sollten sich ausnahmslos positive Werte ergeben (ggf. auch 0, falls zulässig). Trotz dieses recht einfachen Vorgehens gibt es mehrere Fallstricke:

- Bei mehreren Differenzbildungen gleichzeitig sind spätere und frühere Werte nicht richtig „gepolt". Um Verwirrungen zu vermeiden, sollten entweder frühere Werte nur von späteren Zeitwerten abgezogen werden, oder einheitlich umgekehrt.
- Die Zeitwerte sind in unterschiedlichen Einheiten, entweder bereits bei der Messung oder durch eine Formatierung im Datensatz. Vor der Differenzbildung ist eine Überprüfung und ggf. Angleichung der Zeit- bzw. Datumseinheiten vorzunehmen. Ungleiche Zeiteinheiten führen zu sinnfreien Differenzen.
- Bei der Differenzbildung ist entscheidend, was denn eine protokollgemäße Definition von Differenz ist. Die einfachen Differenzen von START und ZIEL (DIFF_1) bzw. GEBTAG und TODTAG (DIFF_2) stehen zum Beispiel im Gegensatz zur adjustierten Differenz von AUFNAHME und ENTLASS (DIFF_3). Der Unterschied ist der, dass in der Verwaltung von z.B. Krankenhäusern oft ein Patient, der z.B. an einem Tag aufgenommen und am gleichen Tag wieder entlassen wird, als *einen Tag anwesend* gerechnet wird (DIFF_3). Eine reine (nichtadjustierte) Differenz zwischen AUFNAHME und ENTLASS vom selben Tagesdatum ergäbe jedoch den Wert 0 (bei korrekten Daten; wie z.B. beim Unterschied zwischen zwei Behandlungszeitpunkten) und muss somit um 1 korrigiert werden, um ordnungsgemäß abgerechnet werden zu können. Diese Adjustierung hat jedoch zur Folge, dass der Wert 0 nicht als valider Wert interpretiert werden darf. Im Gegensatz zur nichtadjustierten Differenz ist der Wert 0 bei der adjustierten Differenz ein fehlerhafter Wert – In der Krankenhausverwaltung wird die Abrechnung von Patienten mittels der sog. „Mitternachtsstatistik" angegangen. Patienten, die bis 24:00 Uhr desselben Tages anwesend sind, werden z.B. mit einem Tag abgerechnet. Patienten, die noch nach 0:00 Uhr des folgenden Tages anwesend sind, werden mit zwei Tagen abgerechnet.
- Ein auffälliger (z.B. negativer) Differenzwert kennzeichnet nicht direkt die Fehlerquelle. Es kann ein Wert in z.B. START *oder* ZIEL (falls nur jew. ein Wert falsch ist) oder auch in START *und* ZIEL (falls beide Werte falsch sind) in Frage kommen. Nicht auffällige (z.B. nicht negative) Differenzwerte sind keine Garantie für einen vollständigen Fehlerausschluss. Nichtnegative Differenzwerte gewährleisten nur, dass spätere Zeitwerte höher sind als frühere Zeitwerte; trotz nichtnegativer Differenzwerte könnten jedoch „falsche" Differenzen in einer Grauzone des augenscheinlichen Plausiblen liegen. Solche Differenzen können jedoch genauer dadurch überprüft werden, indem z.B. die START- *und* ZIEL-Werte mit Drittvariablen abgeglichen werden.

Zum Problem uneinheitlicher Datumsangaben bzw. Differenzen ungleich Null bei augenscheinlich identisch erscheinenden Datumswerten wird auf den Abschnitt 4.11.2 verwiesen.

12.2 Überprüfung von Datumseingaben (Zahlendreher)

Werden Datumsangaben von Hand aus Papierfragebögen übernommen, über Datenmasken (CATI, CAPI) oder auch direkt in SPSS-Datentabellen eingegeben, können sich schnell Zahlendreher einschleichen. Sind Datumsangaben (oder auch andere Zeiteinheiten) für die Datenanalyse zentral, so empfiehlt es sich, z.B. Datumsangaben (z.B. Monat, Tag und Jahr) von vorneherein in drei Variablen anzulegen (z.B. TAG, MONAT und JAHR), und diese einem Prüfprogramm zu unterziehen, um etwaige Zahlendreher identifizieren und beheben zu können. Dieses scheinbar umständliche Vorgehen hat den Vorzug, dass die Überprüfungen und ggf. Korrekturen für die Zeiteinheiten (z.B. Tag, Monat und Jahr) separat und gezielt vorgenommen werden können. Haben die Variablen das Prüfprogramm durchlaufen, können sie später zur gewünschten Datumsangabe aggregiert und z.B. über LIST eingesehen werden.

Die Überprüfung von Datumsangaben in einem kompletten Datum, z.B. im europäischen Datumsformat EDATE, z.B. „32.13.1898", scheitert bereits beim Einlesen bzw. Eingabe, da Werte außerhalb des plausiblen Ranges von SPSS gar nicht erst akzeptiert werden, womit für die Tages- und Monatsangaben keine differenzierte Fehlermeldung und nur die Überprüfung der Jahresangabe möglich ist.

```
* A. Einlesen eines Beispieldatums*.
data list
/TAG 1-2 MONAT 4-5 JAHR 7-10 .
begin data
16 09 1942
01 11 1963
32 13 1898
23 03 2005
end data.

formats TAG MONAT JAHR (F4.0).
```

In Abschnitt A werden Datumsangaben eingelesen, darunter eine fehlerhafte Datumsangabe (Zeile 4).

```
* B.1. Einsehen der Originaleingaben (z.B.)*.

list variables=TAG MONAT JAHR .


* B.2. Automatisierte Fehlerausgabe (z.B.)*.

if JAHR < 1900 ERRORJ1= 1 .
exe.
```

```
if JAHR > 2005 ERRORJ2= 1 .
exe.
if MONAT > 12 ERRORM1= 1 .
exe.
if MONAT < 0 ERRORM2= 1 .
exe.
if TAG > 31 ERRORT= 1 .
exe.
```

Das Prüfprogramm kann dabei je nach Erfordernissen auch sehr strikt und komplex gestaltet werden. Vom bloßen Anschauen übersichtlicher Datensätze (B.1., z.B. mittels LIST), bis hin zu konkreten Prüfkriterien (B.2., z.B. mittels IF), die ein mögliches Übersehen mit Sicherheit ausschließen (nicht jedoch das Überlesen *dieser* Rückmeldung). An dieser Stelle wären auch Abgleiche mit bereits vorhandenen Datumsangaben (gegenseitige Validierung) oder ein Rückgriff auf externe Prüfkriterien möglich.

```
* C. Korrigieren (z.B.)*.

list variables=ERRORJ1 ERRORJ2 ERRORM1 ERRORM2 ERRORT .

compute JAHRC=JAHR.
exe.
compute MONATC=MONAT.
exe.
compute TAGC=TAG.
exe.
if JAHR < 1900 JAHRC= JAHR + 100 .
exe.
if MONAT = 13 MONATC = 12.
exe.
if TAG = 32 TAGC=23.
exe.

list variables=TAGC MONATC JAHRC .
```

Unter C. werden Kopien der Originalvariablen angelegt und die erforderlichen Korrekturen darin abgelegt. Je nach erforderlicher Präzision der Korrekturen können diese fallweise, aber auch gruppenweise vorgenommen werden.

```
* D. Zusammenfassen der korrigierten Werte *.

compute DATUMOK=DATE.DMY(TAGC,MONATC,JAHRC).
exe.
compute DATUMNOK=DATE.DMY(TAG,MONAT,JAHR).
exe.
```

```
formats DATUMOK(DATE11) DATUMNOK(DATE11) .
```

Unter D. werden die korrigierten Werte in eine Variable (DATUMOK) mit dem gewünschten Datumsformat (DMY) zusammengefasst. Die Variable DATUMNOK wird mit den nicht korrigierten Werten angelegt um zu zeigen, dass Werte außerhalb des Tages- und Monatsbereiches bei SPSS eine Fehlermeldung auslösen.

```
>Warning # 613
>One of the arguments to the DATE function is out of range or
is not an
>integer.  The result has been set to the system-missing
value.
```

Abschließend werden in E. über den SELECT IF-Filter nur die Fälle angefordert, bei denen eine Korrektur vorgenommen wurde. Die Ausgabe von DATUMNOK erfolgt um zu zeigen, dass Werte außerhalb des zu erwartenden Bereiches bei dem betroffenen Fall zu einem Missing führen.

```
* E. Ausfiltern und Anzeigen ausschließlich von Fällen mit
Korrekturen *.

select if ERRORJ1= 1 | ERRORJ2= 1 | ERRORM1= 1 | ERRORM2= 1 |
ERRORT= 1 .
exe.

list variables=DATUMOK DATUMNOK.
```

Liste

```
    DATUMOK     DATUMNOK

23-DEC-1998           .

Number of cases read:  1    Number of cases listed:  1
```

12.3 Varianten zum Beheben des „Jahr 2000"-Problems (ISO 8601, Y2K)

Das Jahr 2000 hat für Datenhaltungen besondere Bedeutung. (Numerische) Datumsangaben, die vorher nur zweistellig angegeben wurden, z.B. um über das Weglassen der „19" Speicherplatz zu sparen oder auch einfach nur, weil vorher die Bedeutung des zweistelligen Kodes eindeutig war, können nun nicht mehr von zweistelligen Datumsangaben ab dem Jahr 2000 unterscheiden werden. „04" kann z.B. in einer Datentabelle sowohl „1904", aber auch

„2004" bedeuten. Um sowohl eine eindeutige Information, eine einheitliche Formatierung (z.B. F4.0), wie auch ein einheitliches Handling (Abruf von vier- vs. zweistelligen Werten) sicherzustellen, wurden und werden immer noch Datenhaltungen von zwei- auf vierstellige Jahresangaben vereinheitlicht, auch, um bestimmte ISO-Anforderungen umzusetzen, z.B. ISO 8601 bzw. die Umsetzung in die Euronorm EN 28601 bzw. DIN-Vorschrift DIN5008:Rev 1996.

Die ISO 8601 ist ein internationaler Standard, der Datumsformate und Zeitangaben beschreibt und Empfehlungen für den internationalen Gebrauch von Datums- und Zeitangaben ausspricht, z.B. in der internationalen Form „JJJJ-MM-TT".

Die folgenden Varianten der Vereinheitlichung sind relativ unkomplizierte Ansätze, die auf die ISO-Standardisierung („Y2K") und ähnlich gelagerte Probleme angewendet werden können, z.B. das Vereinheitlichen bzw. Erweitern alter Seriennummern, Kodierungen usw.

Numerische Werte

Syntax

```
data list free
/JAHR  .
begin data
95 96 97 98 99 2000 2001 2002 2003
2004 2005
end data.
exe.

compute JAHRALT=JAHR.
exe.
formats JAHR JAHRALT (F4.0).
do if (JAHR < 100).
compute JAHR=JAHRALT+1900.
end if.
exe.

list.
```

Liste

```
 JAHR JAHRALT

 1995      95
 1996      96
 1997      97
 1998      98
 1999      99
 2000    2000
 2001    2001
 2002    2002
 2003    2003
 2004    2004
 2005    2005

Number of cases read:   11
Number of cases listed: 11
```

Über DATA LIST FREE werden zunächst Werte der Variablen JAHR eingelesen. Anschließend wird über COMPUTE eine Kopie (JAHRALT) angelegt und über (F4.0) entsprechend formatiert. Durch die DO IF - END IF - Anweisung werden alle (zweistelligen) Jahresangaben (wobei sichergestellt werden sollte, dass diese Werte tatsächlich ausschließlich für Werte zwischen 1900 und 1999 stehen) mit vierstelligen Jahresangaben überschrieben. Mit LIST werden die ermittelten Ergebnisse aufgelistet (rechts).
In diesem Beispiel wurden numerische Jahresangaben vereinheitlicht; das folgende Beispiel vereinheitlicht String-Jahresangaben. Die ausgegebenen Werte (JAHRNUM) sind jedoch numerisch.

Alphanumerische Zeichen (Strings) I

```
DATA LIST FREE
   /JAHRSTRG (A4) .
BEGIN DATA
95 96 97 98 99 2000 2001 2002 2003
2004 2005
END DATA.

compute JAHRNUM=number(JAHRSTRG, F4).
exe.
do if (JAHRNUM < 100).
compute JAHRNUM=JAHRNUM+1900.
end if.
formats JAHRNUM (F4.0).

list.
```

Liste

```
JAHRSTRG JAHRNUM

95          1995
96          1996
97          1997
98          1998
99          1999
2000        2000
2001        2001
2002        2002
2003        2003
2004        2004
2005        2005

Number of cases read: 11
Number of cases listed: 11
```

Über DATA LIST FREE werden zunächst Werte der Variablen JAHRSTRG eingelesen; da es sich im Beispiel bei dieser Variablen um Zeichenketten handeln soll, werden diese beim Einlesen durch (A4) als Strings mit der Länge 4 definiert. Über die NUMBER-Funktion werden die String-Zahlen in numerische Zahlen umgewandelt (Variable JAHRNUM) und durch eine leicht abgewandelte DO IF - END IF - Anweisung mit vierstelligen Werten überschrieben. Mit LIST werden die ermittelten Ergebnisse aufgelistet (rechts). In diesem Beispiel wurden String-Jahresangaben so vereinheitlicht, dass sie in einheitliche numerische Werte abgelegt wurden. Die beiden folgenden Beispiele legen vereinheitlichte String-Angaben wiederum in Strings ab.

Alphanumerische Zeichen (Strings) II

Beispiel String II basiert auf den selben Daten wie das obige Beispiel. Der DATA LIST FREE-Schritt kann dem Beispiel String I entnommen werden und wird auch dort erläutert. Die Ausgabe entspricht ebenfalls den Daten aus Beispiel String I und wird hier nicht weiter dargestellt. Die ausgegebenen, vereinheitlichten Werte (JAHR_STR) sind jedoch Strings.

```
compute JAHR_I=number(JAHRSTRG,F4).
exe.
if JAHR_I < 2000 INDEX= 1.
exe.

string JAHR_STR (A4) .

compute JAHR_STR=JAHRSTRG.
exe.
do if (INDEX=1).
```

```
compute JAHR_STR=replace(JAHRSTRG,"9","199",1).
end if.
exe.
list variables= JAHRSTRG INDEX JAHR_STR.
```

Über die NUMBER-Funktion werden die Strings in numerische Werte umgewandelt (Variable JAHR_I). JAHR_I wird für das Anlegen eines Index benötigt, der für jeden Wert kleiner als 2000 den Index=1 ausgibt. Innerhalb einer DO-IF-Bedingung wird für jeden INDEX=1 (das ja für zweistelige Jahresangaben steht), über REPLACE der String „9“ durch den String „199“ ersetzt. Der Parameter „1“ ist notwendig (zur Erläuterung von REPLACE vgl. 4.3). Jeder zweistellige JAHRSTG-Wert wird dadurch durch einen korrekten vierstelligen Wert überschrieben. Mit LIST werden die ermittelten Ergebnisse aufgelistet (nicht weiter dargestellt). Die vereinheitlichten Werte von JAHR_STR sind im Format String.

Alphanumerische Zeichen (Strings) III

Beispiel String III basiert auf leicht anderen Daten wie die obigen Beispiele (vgl. die Werte 2011 usw.). Die ausgegebenen, vereinheitlichten Werte (JAHR2) sind Strings. Der Unterschied zu den beiden obigen Ansätzen ist der Prüfbereich. Während die Beispiele I und II die Werte *kleiner* als 2000 als Prüfkriterium verwenden, verwendet dieses Beispiel die Werte *größergleich* 2000 als Prüfkriterium (vgl. das Anlegen der Variablen INDEX). Fortgeschrittene Anwender haben an dieser Stelle sicherlich auch schon die eine oder andere Idee, wie Beispiel III eleganter programmiert werden könnte. Stichworte könnten sein: IF ANY, DO IF-ELSE usw.

```
DATA LIST FREE
   /JAHR (A4) .
BEGIN DATA
95 96 97 98 99 2000
2001 2002 2003 2011 2014 2015
END DATA.

string JAHR1 (A4) .
compute JAHR1=JAHR.
exe.

compute INDEX=
        rindex(JAHR1, "200")
     or rindex(JAHR1, "201")
     or rindex(JAHR1, "202")
     or rindex(JAHR1, "203")
     or rindex(JAHR1, "204")
     or rindex(JAHR1, "205")
     or rindex(JAHR1, "206")
     or rindex(JAHR1, "207")
     or rindex(JAHR1, "208")
```

Liste

```
JAHR1       INDEX JAHR2

95            ,00 1995
96            ,00 1996
97            ,00 1997
98            ,00 1998
99            ,00 1999
2000         1,00 2000
2001         1,00 2001
2002         1,00 2002
2003         1,00 2003
```

```
    or rindex(JAHR1, "209").
exe.

string JAHR2 (A4) .
compute JAHR2=JAHR1.
exe.

do if INDEX = 0 .
computeJAHR2=
concat("19",substr(JAHR1,1,2)).
end if.

list variables= JAHR1 INDEX JAHR2.
```

```
2011        1,00 2011
2014        1,00 2014
2015        1,00 2015


Number of cases read: 12
Number of cases listed: 12
```

Über DATA LIST FREE werden Werte eingelesen und zu Strings formatiert. Von der Originalvariablen JAHR wird eine Kopie angelegt (JAHR1) und mit dieser weitergearbeitet. Mit dem RINDEX-Abschnitt wird ein Index (INDEX) angelegt mit dem bestimmt wird, für welche Zeichenketten keine Transformationen durchgeführt werden sollen, z.B. für alle Jahre, die die Strings „200", „201" usw. enthalten, also die Jahre 2001, 2002, 2003, insgesamt alle Jahre von 2000 bis 2099. Über das zweite COMPUTE wird eine Kopie von JAHR1 angelegt. Gefiltert über INDEX, werden mittels einer CONCAT-SUBSTR-Kombination über SUBSTR die Werte aus JAHR1 an die durch CONCAT vorgegebenen „19"-Strings angehängt, in JAHR2 abgelegt und über LIST ausgegeben. Voraussetzung für das Funktionieren dieses Programms ist, dass geklärt sein sollte, für welche Werte keine Transformation vorgenommen werden darf (vgl. INDEX), dass der vorgegebene String („19") tats. auch einheitlich vergeben werden kann (und z.B. kein weiterer String erforderlich ist, z.B. „18"), die Schreibweise einheitlich (z.B. Tippfehler, Sonderzeichen) und die Länge der Zeichenketten konstant ist (z.B. zwei- bzw. vierstellig).

12.4 Zeitstempel

Beim Zusammenfügen einzelner Datensätze in einen Arbeits- bzw. Masterdatensatz (oder auch beliebigen anderen Operationen) können Datensätze oder -zeilen mit einem Zeitstempel (sog. time stamp) versehen werden. Im folgenden Beispiel werden z.B. über COMPUTE das Datum bzw. die Systemzeit wahlweise in die Variablen SYSDATZT (Datum und Uhrzeit), SYSDATUM (nur Datum) bzw. SYSZEIT (nur Uhrzeit) abgelegt.

```
get file='C:\DatenA.sav'.

compute SYSDATZT=$time.
compute SYSDATUM=xdate.date($time).
compute SYSZEIT=xdate.time($time).
exe.
formats SYSDATZT(datetime25).
```

```
formats SYSDATUM(edate8).
formats SYSZEIT(time20).
 add files /file=*
 /file='C:\DatenB.sav'.
exe.

save outfile='C:\DatenC.sav'.

get file=' C:\DatenC.sav'.
```

Der Vorteil des Zeitstempels ist, dass an diesen beiden Variablen im schlussendlich angelegten Datensatz jederzeit auf Stunden, Minuten oder Sekunden nachvollzogen werden kann, wann zuletzt Daten hinzugefügt wurden. Bei einem alternativen Ansatz, bei einem ODBC-Zugriff über GET CAPTURE, gibt SPSS die systeminterne Zeit in *einer* Variablen gegenwärtig nur bis auf die Einheit Tage genau an. Über ein zusätzliches OMS-Programm wäre es möglich, diese Angabe in eine separate Datei abzulegen (trotz der Endung ist „C:\protokoll.sav" kein SPSS-Datensatz).

```
OMS
/select all
/destination format=TEXT outfile = "C:\protokoll.sav" .
OMSINFO.

OMSEND.
```

Soll darüber hinaus die Synchronisation verschiedener Datenlieferungen oder angeschlossener Arbeitsrechner kontrolliert werden, so wäre zuvor sicherzustellen, dass die involvierten Datenlieferanten bzw. angeschlossenen Arbeitsrechner über eine einheitlich eingestellte und formatierte Systemzeit verfügen. Bei geographisch verteilten Systemen ist u.a. wegen Zeitzonen oder -umstellungen (Sommer-/Winterzeit) eine Einigung oder zumindest vereinheitlichende Adjustierung auf einen gemeinsamen Standard empfehlenswert, z.B. GMT (Greenwich Mean Time, Greenwich-Zeit).

13 Weitere Kriterien für die Datenqualität

Im Buch wurden folgende erste Kriterien zur Qualität von Daten vorgestellt:

- Vollständigkeit (Kapitel 3) bzw.
- kontrollierte Missings (Kapitel 6),
- Vermeidung von doppelten Daten (Kapitel 5),
- Einheitlichkeit (Kapitel 4),
- Beurteilung von Ausreißern und (Kapitel 7)
- Plausibilität (Interpretierbarkeit) (Kapitel 8)

Diese Qualitätskriterien sind nicht die einzigen. Zahlreiche weitere Kriterien werden in der Literatur besonders zu Data Warehouses, aber auch in der Umfrageforschung u.a im Hinblick auf Strukturierbarkeit, Hierarchisierung und Formalisierung (Messbarkeit) diskutiert (z.B. Lee et al., 2006, Kap. 3, 4, sowie Appendix 3; Batini & Scannapieco, 2006, Ka. 7.2.; Long et al., 2004, 201–203; Gackowski, 2004; Redman, 2004, 2001; Fugini et al., 2002; Pernici & Scannapieco, 2002; Helfert et al., 2001; Naumann & Rolker, 2000; Brackstone, 1999; Chapman et al., 1999; Garvin, 1998; Wang & Strong, 1996). Der wesentliche Unterschied ist, dass die Überprüfung der folgenden Kriterien weniger von SPSS anhand formeller Prüfregeln vorgenommen wird, sondern eher vom Anwender bzw. Auftraggeber anhand genau formulierter (semantischer) Zielvorstellungen. SPSS kann z.B. die Genauigkeit, Eindeutigkeit oder auch Relevanz von Informationen nicht beurteilen, das können nur Anwender bzw. Entscheider. Die diversen Ansätze in der Informatik, auch semantische Aspekte so zu formalisieren, dass sie über (automatische) Prüfregeln validiert werden können, sind noch nicht ausreichend leistungsfähig, um in einem Statistikprogramm, wie z.B. SPSS, implementiert werden zu können. Interessierte Leser werden an dieser Stelle auf die aktuelle Data Warehouse Literatur verwiesen.
Für die weitergehende inhaltliche Beurteilung von Daten und v.a. präventive Maßnahmen zur Sicherung größtmöglicher Datenqualität können z.B. noch die folgenden Kriterien berücksichtigt werden:

- Menge: Sind zu den zentralen Konstrukten ausreichend Informationen bzw. Indizes verfügbar (vgl. dazu Relevanz, Granularität bzw. Aktualität)?
- Eindeutigkeit: Sind die Daten semantisch eindeutig interpretierbar (vgl. auch Verständlichkeit)?

- Relevanz: Werden durch die Datenfelder wissensrelevante Merkmale abgedeckt oder nicht? Eine frühzeitige Beschränkung auf wenige, aber dafür zentrale wissensrelevante Informationen ermöglicht zwar einerseits eine meist drastische Reduktion des zu analysierenden Datenvolumens und der erforderlichen Ressourcen. Solcherart geplante Datenbestände können jedoch andererseits z.B. nicht immer den konkret benötigten Bedarf abdecken und somit Lücken aufweisen. Bestimmte, erst zu einem späteren Zeitpunkt relevante Informationen sind somit nicht immer verfügbar und über weitere Erhebungen oder andere Datenquellen zu ergänzen. Relevanz kann sich auch wandeln (vgl. auch Aktualität). Sind also z.B. die vorhandenen Datenfelder immer noch relevant oder bereits überholt? Dieser Aspekt ist v.a. bei schnell sich wandelnden Markt-, Wettbewerbs- und Geschäftssituationen zu beachten. Vor einigen Jahren war z.B. im Verkauf (und damit in den entsprechenden Datenbanken) noch die Information wichtig, dass ein Computer über ein 3,5-Zoll-Diskettenlaufwerk verfügen sollte. Diese Information ist zwischenzeitlich technologisch überholt und damit auch der entsprechende Eintrag in den Datenbanken von Ein- und Verkauf. Relevanz kann sich aber auch auf inhärente Bias beziehen. Enthält z.B. eine Datenhaltung überhaupt Informationen über die eigentliche Zielgruppe oder nur über Nichtkunden (entscheidend ist hier nicht die Relevanz, sondern der Bias!)? Fehlende relevante Merkmale zu Datenfeldern bzw. Gruppen sollten zusätzlich erhoben werden. Umständlich auszufüllende irrelevante Variablen bewirken oft absichtliche Falschangaben, um Zeit und Arbeit zu sparen. Oft wird Relevanz mit Korrektheit gleichgesetzt; diese Gleichsetzung gilt, wenn überhaupt, nur für die Abfrage von Information, nicht jedoch für ihre Definition.
- Genauigkeit (Granularität, Detaillierungsgrad): Genauigkeit hat genau besehen zwei Bedeutungen: a) Bildet der Datensatzinhalt die empirische Realität genau genug ab: Ist z.B. die Jahresangabe als Datum ausreichend oder sollten auch Monat und Jahr erfasst werden? b) Wie hoch ist der Anteil der genauen Werte im Datensatz im Vergleich zu den nicht genauen Werten? Die Bedeutung a) bezieht sich somit auf die externe Genauigkeit von Daten, b) bezieht sich dagegen auf das Ausmaß der internen Genauigkeit von Daten. b) setzt a) voraus; daher soll an dieser Stelle nur a) besprochen werden. Genauigkeit (i.S.v. a) ist immer „Genauigkeit im Kontext einer bestimmten Fragestellung" und kann somit relativ sein. Hier gilt jedoch, dass fein erfasste Information immer vergröbert bzw. verdichtet werden kann, grob erfasste Information jedoch niemals verfeinert. Hier kann man sich die Frage stellen: Sind bestimmte Kodierungen oder Abkürzungen von Informationen zwecks Informationsverdichtung noch akzeptabel oder vergröbern sie den gewünschten Detaillierungsgrad unnötig? Im Zweifelsfall sollten Daten immer möglichst genau erfasst werden. Genauigkeit hängt mit Verständlichkeit zusammen, muss jedoch auch ein wenig abgegrenzt werden.
- Verständlichkeit: Verständlichkeit ist immer auch „Verständlichkeit im Kontext einer bestimmten Fragestellung für einen bestimmten Anwender, Entscheider oder Kunden" und kann somit ebenfalls relativ sein. Bei Verständlichkeit ist besonders sicherzustellen, dass Daten, Kodierungen, Formate usw. nicht nur für einen Anwender im stillen Kämmerlein, sondern es idealerweise auch für alle anderen verständlich sind. Verständlichkeit kann nur schlecht variiert werden; sind Daten, Kodierungen, Formate usw. einmal als verständlich deklariert, bleiben sie so, aber nur innerhalb eines Kontexts bzw. einer bestimmten Zeit. Verständlichkeit kann auch Aspekte wie z.B. Flag, Format oder Faktor

o.ä. mitbedeuten, diese technisch-methodischen Nuancen sind für eine eher inhaltsorientierte Definition meist weniger von Bedeutung. Verständlichkeit ist ein zentrales Kriterium. Daten, die nicht verständlich sind, sind nicht brauchbar. Mit Verständlichkeit geht oft Aktualität einher.

- Aktualität (timeliness): Aktualität i.S.v. durchschnittlichem Alter von Daten ist immer auch „Aktualität im Kontext einer bestimmten Fragestellung". Aktualität bedeutet hier den Zeitabstand zwischen dem letzten Update bzw. der letzten Aktualisierung und dem Zeitpunkt der zu beantwortenden Fragestellung. „Aktualität" und ihre Relevanz bzw. Zeiteinheit sind immer relativ. In klinischen Anwendungen müssen Daten ggf. in Echtzeit aktualisiert werden. Börsendaten können ggf. bereits um Minuten versetzt sein usw. Bei (alten) Datenbeständen ist daher in regelmäßigen Abständen die Aktualität der Einträge zu prüfen. Aktualität ist nicht Selbstzweck, sondern auch praxisrelevant, z.B. im Marketing. Wird z.B. die zwischenzeitlich erfolgreiche Unternehmerin deshalb nicht kontaktiert, weil sie in den Daten noch als Studentin erfasst ist? Sind v.a. zeitbezogene Daten (Information) nicht mehr aktuell, werden sie (negativ) als „verfallen", „ungültig" oder „ausgelaufen" bezeichnet. Typische Beispiele sind hier v.a. rechtliche Fristen oder Garantien, Gültigkeit von Dokumenten (z.B. Ausweise) oder auch die Haltbarkeit von Gütern (Lagerbestand).
- Dokumentation: Ist die Dokumentation der Herleitung, Archivierung von Daten bzw. zu Maßnahmen zur Sicherung der Datenqualität erschöpfend, strukturiert und nachvollziehbar aufbereitet? Oder haben damit betreute Mitarbeiter das Projekt verlassen, sind im Urlaub bzw. haben so oft gewechselt, dass keiner weiß, wo und wie die Daten und ihre Qualität dokumentiert sind? Mit der Dokumentation eng zusammen hängen das Kriterium der Nachprüfbarkeit, wie auch weitere Arten von Daten (Metadaten) und ihre Dokumentation (s.u.).

Für strategierelevante Maßnahmen könnten z.B. noch die folgenden Kriterien interessant sein:

- Glaubwürdigkeit: Können die Daten vom Entscheider, Anwender bzw. Kunden als glaubwürdig betrachtet werden? Weil in Glaubwürdigkeit weitere Faktoren mit einfließen, z.B. Unabhängigkeit, Integrität, Seriosität, Anspruchsniveau usw., geht dieser Begriff weit über „bloße" Genauigkeit (s.o.) hinaus. Je glaubwürdiger Daten sind, umso höher ist ihr Gewicht im wettbewerbsrelevanten Vergleich mit anderen Daten. Daten „nur" zu trauen ist v.a. bei sensiblen etc. Daten kein empfehlenswertes Vorgehen; hier ist v.a. die Möglichkeit des Überprüfens wichtig, weil dies die Möglichkeit einräumt, Information als inkorrekt zu identifizieren.
- Objektivität: Können die Daten vom Anwender bzw. Kunden als objektiv und unbeeinflusst und nachprüfbar betrachtet werden? Objektivität ist dann wichtig, wenn Anwender bzw. Auftraggeber bei sensiblen Fragestellungen und Entscheidungen datenbedingte Risiken und Negativeffekte vermeiden möchten bzw. bei unerwarteten Ergebnissen zumindest in der Lage sein möchten, die (Daten)Ursache überprüfen zu können. Objektivität geht einher mit Transparenz, Nachvollziehbarkeit, Nachprüfbarkeit und damit konkreter Kontrolle der Daten, aber auch mit der Positionierung des Anwenders bzw. Auftraggebers in Bezug auf den Stellenwert von Datenqualität. Je nachvollziehbarer Daten sind,

umso objektiver sind sie und desto eher werden sie als entscheidungsrelevant gewürdigt und auch genutzt.

- Status (Mehrwert, Reputation): Glaubwürdigkeit und Objektivität verbinden sich zu einem Kriterium, dem Status von Daten. Daten mit höherem Status werden anderen Daten vorgezogen. Eine hohe Anwender-, Entscheider- oder Kundenzufriedenheit mit Daten und ihrer Qualität bedingt langfristig einen marketingrelevanten hohen Status von Daten.
- Überprüfbarkeit: Überprüfbarkeit von Daten erhöht die Glaubwürdigkeit von Daten. Überprüfbarkeit trägt zu einem höheren Status bei; auch, weil es Misstrauen der Anwender, Kunden oder Entscheider aufgrund intransparenter, nicht nachvollziehbarer Daten oder Ergebnisse im Ansatz ausschließt. Überprüfbarkeit bezieht sich dabei auf mehrere Ebenen des Datengewinnungsprozesses gleichzeitig: Definition, Operationalisierung / Kodierung, Erhebung, Überprüfung (Bereinigung) und Analyse bzw. Präsentation. Alle Ebenen des Datengewinnungsprozesses sollten daher sorgfältig dokumentiert und protokolliert sein, um die Überprüfbarkeit zu gewährleisten. Die Maxime „Vertrauen ist gut – Kontrolle ist besser“ gilt gerade deshalb, weil ein (naives) Vertrauen in Datenqualität den Daten unüberprüft glaubt, also ohne sie (sicherheitshalber) überprüfen. Überprüfbarkeit erlaubt jedoch, in vielleicht vorschnell vertrauten Daten noch potentielle Fehler zu finden. Überprüfbarkeit ist essentiell bei Daten von Drittanbietern, gerade dies erhöht die Glaubwürdigkeit einer (Daten)Quelle. Es dürfte klar sein, dass der Vergleich unternehmens- bzw. projektinterner Daten mit externen Daten zur Verifizierung, wie auch um eine mögliche Anreicherung, eine höchstmögliche Qualität der externen (Referenz)Daten voraussetzt.

Diese Liste kann nicht ohne einen komprimierenden Hinweis auf eher informatikorientierte Kriterien abgeschlossen werden, die genau betrachtet weniger in einem inhaltlich-semantischen, sondern eher einem materiellen bzw. zeitlichen Zusammenhang mit Datenqualität stehen, z.B.

- Kompatibilität (Portabilität): Sind die (neuen) Daten für alle Anwendungen innerhalb eines komplexeren Systems bzw. Projekts kompatibel? Die Definition von Kompatibilität bezieht sich dabei auf zwei Ebenen: Auf die Ebene der Definition der Information (z.B. ist eine einheitliche Währung in allen Anwendungsbereichen akzeptabel?), wie auch der Kompatibilität mit anderen Datenformaten bzw. Hardwareanforderungen. Können z.B. alle Anwendungen mit Variablennamen über 8 Zeichen Länge oder Strings mit einer Länge von 255 Zeichen umgehen?
- Verfügbarkeit: Wie schnell können hochqualitative Daten bereitgestellt werden? Diese Frage hängt neben genuinen Prozessen der Datenerfassung und -bereinigung auch mit Aspekten von Hard-, Software, technischer Vernetzung, wie auch personellen Ressourcen zusammen. Speziellere Aspekte, z.B. Reaktionszeiten, Bereitstellungszeiten oder auch Datenschutz, sollen hier nicht weiter vorgestellt werden.
- Ressourcenverbrauch (Umweltschutz): Erweitert man die Definition der Qualität von Daten(haltungen) auf ihre Effizienz, dann gehen mit beschleunigten Ladezeiten bzw. allgemein „schlankeren“ Daten(haltungen) (allgemein effizienteren Arbeitsabläufen) auch ein geringerer Stromverbrauch, sowie indirekt auch ein Beitrag zum Umweltschutz ein-

her. Die Qualität von Daten(haltungen) dürfte auch in dieser Hinsicht durchaus attraktiv sein.

- Preis / Kosten: Wieviel bringen / kosten hochqualitative Daten dem Anwender, Auftraggeber bzw. Entscheider? Die Kalkulation bemisst sich nach der Anzahl, Komplexität und Ausmaß der berücksichtigten Ebenen des Datengewinnungsprozesses, also z.B. Definition, Operationalisierung / Kodierung, Erhebung, Überprüfung (Bereinigung) und Analyse bzw. Präsentation. Anspruchsvollere Daten sind aufgrund ihrer höheren Qualität ertragreicher und rechtfertigen dadurch ihren verständlicherweise höheren Preis. Bei einer Kosten-Nutzen-Kalkulation ist zu berücksichtigen, dass Datenqualität in zweierlei Hinsicht keine Kompromisse zulässt. „Billige" Daten mit fragwürdiger Qualität können nur einen vermuteten, einen spekulativen Nutzen aufweisen. Um zu spekulieren braucht man jedoch nicht notwendigerweise Geld auszugeben. Bei der Überprüfung von Datenqualität kann in Bezug auf die anzulegenden Überprüfungskriterien nicht aus Kostengründen auf die eine oder andere Überprüfung mit dem „Argument" verzichtet werden: „Da werden schon keine Fehler drin sein". Es kann nämlich durchaus sein, dass das nicht angewandte Überprüfungskriterium genau das sein könnte, das die massivsten Fehler bzw. Bias identifizieren könnte. Die Entscheidung bei der Beurteilung der Effizienz des Kosten-Nutzen-Faktors sollte immer zugunsten der Datenqualität ausschlagen. Qualitativ hochwertige Daten sind in jeglicher Hinsicht ein Wettbewerbsvorteil.

Die Überprüfung von Datenqualität ist immer erst nach den damit verbundenen Investitionen möglich. Man sollte nicht der Versuchung erliegen, die Bewertung der Datenqualität von dem zu erwartenden Beitrag der Daten zur Verwirklichung der analytischen Ziele des Analyse- oder auch Data Mining-Projekts abhängig zu machen. Datenqualität ist unabhängig vom Inhalt von Daten, der Reflexion von empirischen bzw. wirtschaftlichen Realitäten. Anzunehmen, dass Investitionen in Datenqualität helfen werden, als eine Art Instrumentalisierung eigene Erwartungen durchsetzen zu können, ist wirklichkeitsfern. Datenqualität ist idealerweise glaubwürdig, nachprüfbar, und objektiv, und kann somit sehr wohl relevanten Entscheidungen ein solides Fundament verleihen; nicht notwendigerweise jedoch immer in einer Richtung, die den eigenen Erwartungen anfangs entsprochen hätte. Datenqualität ermöglicht einen klaren Blick auf empirische bzw. wirtschaftliche Realitäten und ist insofern auch ein wichtiger Schutz vor potentiellen Irrtümern und Fehlentscheidungen.

Auf der Grundlage der vorangegangenen Ausführungen kann nun an dieser Stelle abschließend eine dreigeteilte Differenzierung von Daten und ihrer Qualität eingeflochten werden:

- Dokumentation von Daten (s.o.): Dokumentation von Arten und Ebenen formatierter Information, z.B. Datensätze (Dateien), Variablen (Datenfelder) und Werte (Zeichen).
- Dokumentation von Datenqualität (s.o.): Dokumentation des vollständigen Prozesses der Datengewinnung und der konkreten Kriterien und Maßnahmen ihrer Überprüfung bzw. ggf. Korrektur.
- Dokumentation von Metadaten (vgl. auch ISO/IEC 11179-1; vgl. auch Kap. 19.1.): Metadaten bzw. Metainformation sind Daten über Daten (also auch ihrer Qualität), also Informationen über Informationen und beschreiben u.a. Daten anhand einer einheitlichen Dokumentation, z.B. Dateiname, -format und -größe, Namen und Formate der Variablen, das Datum der letzten Änderung usw. (z.T. auch inkl. ihrer Erfassung, Präsentation und

Verteilung, vgl. z.B. United Nations, 2003, 2002, 1995). Diese (technischen) Metadaten werden normalerweise nicht in der betreffenden Datendatei gespeichert, sondern in einem sog. 'Data Dictionary' (etwas unscharfe Synonyme sind: 'Datenwörterbuch', 'Datenverzeichnis'). Werden Metadaten auf eine solche Weise strukturiert definiert, erfasst und abgelegt, ermöglichen sie eine komfortable Archivierung, Abfrage und Pflege verschiedenster Datenbestände (z.B. Datensätze, Datenbanken). Änderungen an den Daten bewirken nicht automatisch Änderungen auch an den Metadaten. Metadaten haben oft (aber nicht immer) einen viel geringeren Speicherbedarf als der eigentliche Datenbestand. Die Dokumentation von Metadaten hat dieselbe Relevanz wie die Dokumentation der Datenqualität, v.a. bei größeren Datenhaltungen.

Darüber hinaus besteht noch die Möglichkeit, Daten anhand von Datenqualitätskennzahlen zu evaluieren und über sog. ‚flags' bestimmte Fehlerkodes oder auch Qualitätsstufen zuzuweisen, z.B.

- die Daten sind verwendbar (z.B. Code „grün"),
- die Daten sind eingeschränkt verwendbar (Code „gelb")
- die Daten sind nicht zu verwenden (z.B. Code „rot")

und z.B. entsprechende Sperrmöglichkeiten bzw. Zugriffsrechte zu implementieren. Dieser Ansatz soll an dieser Stelle jedoch nicht weiter verfolgt werden.

14 Eine kleine Übungsaufgabe

Sie haben in diesem Buch mehrere Kriterien für die Überprüfung von Datenqualität kennengelernt. In dem abschließenden Beispiel sind mehrere Fehler und Inplausibilitäten versteckt. Überprüfen Sie diesen Datensatz per Augenschein oder auch mit Syntax und finden Sie diese Fehler.

```
data list
/ID 1-3 GESCHLECHT 5(A) ALTER 7-9 VHEIRATET 11-14(A)
 VORNAME 16-23(A) VERSNR 25-37(A).
begin data
001 w 28  ja   Caroline 8940233093
002 w 19  ja   Sibylle  5914874441
003 m 99  je   Volker   3645651657
004 m 75  nein Rudolf   4361324654
005 m  7  ja   Karl     6541980814
006 m 23  nein Hank     6516968984
007 m 999 nein Markus   6105198454
008 w 34  ja   Laura    3614984414
008 w 63  ja   Lilli    6914440414
009 w 22  ja   hTeresia 3949912351
010 w 65  ja   Roland   9465914512
end data.
exe.
```

In diesen Werten wurden zwei Inplausibilitäten (die also zumind. Ihre Aufmerksamkeit wecken sollten) und sieben eindeutige Fehler versteckt. Finden Sie sie? Damit Sie die Daten auch entsprechend auf Plausibilität überprüfen können, hier noch einige Hintergrundinformationen: Jede Datenzeile enthält Werte einer Person und zwar ID, Geschlecht (Variable GESCHLECHT), Alter (ALTER), ob diese Person verheiratet ist (VHEIRATET), Vorname (VORNAME) und eine Versicherungsnummer (die sich aus einer Abfolge von Ziffern zusammensetzt, VERSNR). Haben Sie die Fehler und Inplausibilitäten gefunden (einer der Fehler ist ausgesprochen fies), können Sie auch reale Daten in Angriff nehmen.

Nehmen Sie sich einen beliebigen (am besten: kleinen) Datensatz, einen Ausschnitt aus einem großen Datensatz, oder, vielleicht noch besser, bitten Sie jemanden, in einen (hoffentlich fehlerfreien) Datensatz fünf Fehler zu verstecken und überprüfen Sie diesen Datensatz systematisch anhand folgender Kriterien: Vollständigkeit, Einheitlichkeit, Doppelte, Missings, Ausreißer und Plausibilität. Lassen Sie Ihrer Phantasie freien Lauf, wenn es darum geht, Prüfregeln zum Auffinden von Fehlerquellen oder Widersprüchlichkeiten kreativ zu entwickeln. Denken Sie z.B. einfach an schwangere Männer, Kinder im Rentenalter, oder auch an Frauen namens „Paul“. Stellen Sie abschließend einen Maßnahmenkatalog zur Prävention von Datenfehlern zusammen, in den Sie z.B. die vorgestellten Kriterien Relevanz, Genauigkeit oder Eindeutigkeit einbinden.

15 Ein Programmbeispiel für eine erste Strategie

Die Literatur hält ziemlich viele Strategien bereit, die Anwender auf ihre Daten anwenden könnten. Tatsächlich verbleiben diese oft auf der Ebene des Allgemeinen auch aus dem guten Grund, weil je nach Anforderungen und Merkmalen der Daten und Datenhaltungen die benötigte Strategie eine jeweils völlig andere sein kann.
Das folgende ist ein sehr einfaches Beispiel dafür, wie die eigenen Daten geprüft und für eine Analyse vorbereitet werden könnten. Dieses Programm besteht aus mehreren Schritten, die sowohl die benötigten Kriterien, wie auch die Abfolge der Operationen verdeutlichen. Der Vorzug einer solchen Vorgehensweise ist natürlich die unmittelbare Transparenz, wie auch Nachvollziehbarkeit und Nachweisbarkeit der durchgeführten Schritte.

Das (fiktive) Programm besteht aus drei Schritten, z.B. „(1) Überprüfung und Sicherung der Datenqualität“, „(2) Standardanalyse gemäß Vorgabe Dokument ‚Vorgabe28.02.2006.doc'“ und „(3) Analysevarianten nach ‚Vorgabe-2- 29.02.2006.doc'“. Diesen Schritten geht ein empfehlenswerter Abschnitt zur Gewährleistung einheitlicher Analysen voran (vgl. „(0) Einstellungen“), in dem das Format von Werten, Diagrammen und Tabellen usw. einheitlich festgelegt wird.
Das weiter unten vorgestellte Programm heißt „Projekt ‚Prospektive Marktsegmentierung 2006'“. Es beginnt mit einem sog. „Header“, in den Sie projektrelevante Informationen aufnehmen können, z.B. Programmname, Bearbeiter des Projekts, Datum der letzten Änderung, benötigte Datensätze und, besonders wichtig, vorgenommene Änderungen oder auch Hinweise auf noch zu erledigende Arbeiten, z.B. zu lösende Probleme. Dieser Header ist vergleichsweise kurz; in Profiprogrammen können solche Header schon einmal mehrere Seiten Umfang annehmen.
Der weitere Aufbau des nachfolgenden Programms ist eine logisch und inhaltlich aufeinander aufbauende Abfolge von Analyseschritten (einschl. Überprüfung auf Datenqualität) und (sukzessiven) Datensatzzugriffen (vgl. den Wechsel von MARKET.SAV zu MARKET_FILT.SAV). Unter die jeweiligen Programmschritte können Sie je nach Anforderung an Ihre Datenqualität bzw. Analysen alle möglichen Beispiele u.a. aus diesem Buch aufnehmen und von SPSS z.B. auch mit Hilfe von Makroschleifen nacheinander abarbeiten lassen (vgl. dazu auch Schendera, 2005).
Beim Schreiben des Programms ist es hilfreich, bestimmte Abschnitte mit Erläuterungen zu versehen („kommentieren“), z.B. wenn Sie beim Programmieren festgestellt haben, dass in einer bestimmten Analysephase unerwartet Besonderheiten auftraten (Datenfehler, Doppelte usw.). Nicht nur Ihre (zukünftigen) Mitarbeiter wissen, was Sie hier gemacht haben; auch Sie

selbst brauchen zu einem späteren Zeitpunkt nicht mehr lange überlegen. Sie brauchen nur die protokollierten Hinweise in der Syntax nachlesen. Sie machen es sich, Ihren Kollegen und dem ganzen Projekt um vieles leichter.

Der Inhalt eines solchen Analyseablaufs entspricht dem sog. „Stream“, wie man ihn vom Data Mining mit Systemen wie z.B. Clementine her kennt (vgl. Kap. 16). In einem „Stream“ durchlaufen die Daten eine aufeinander aufbauende Abfolge von Zugriffs-, Filter- und Analyseprozessen. Im Rahmen dieser aufeinanderfolgenden Programmschritte bilden „Streams“ in zweierlei Hinsicht einen Strom: auf der Ebene der nacheinander folgenden *Prozesse* (im Data Mining vergleichbar den „Knoten“), wie auch der entsprechend durchlaufenden Zustände der *Daten*. Das Verhältnis von Prozessen zu Daten ist dabei wechselseitig: Prozesse implizieren Daten in bestimmten Zuständen, wie auch Daten mit bestimmten Eigenschaften (Zuständen) wiederum bestimmte Prozesse implizieren.

```
*************************************************************.
*************************************************************.
*************************************************************.
*************************************************************.
*    Programmname:                                         * .
*    Projekt "Prospektive Marktsegmentierung 2006"         * .
*    Bearbeiter: CFG Schendera, Method Consult             * .
*    Für: Sommer, Elke (Hamburg) 040-1234567-89            * .
*    Erstellung am: 29.02.2006                             * .
*    Datensatz (KB, Datum): "MARKET.SAV"                   * .
*                           (45.983 KB, 28.02.2006)        * .
*    Pfad: "E:\Clients\"                                   * .
*    Programmeinheiten:                                    * .
*     (1) Überprüfung und Sicherung der Datenqualität      * .
*     (2) Standardanalyse gemäß Vorgabe                    * .
*                Dokument "Vorgabe28.02.2006.doc"          * .
*     (3) Analysevarianten nach                            * .
*                "Vorgabe-2- 29.02.2006.doc"               * .
*    Letzte Änderung: 30.02.2007                           * .
*************************************************************.
*************************************************************.
*************************************************************.
*************************************************************
```

```
**************************************************************.
* (0) Einstellungen                                          *.
**************************************************************.


SET FORMAT=F8.2.
SET EPOCH=1950.
SET DECIMAL=DOT.
SET JOURNAL "C:\Programme\SPSS\projekt17_2006.jnl" Journal On.
* Hinweis: Gilt nicht mehr für Version SPSS 15 oder später. *.
SET BLANKS=sysmis.
SET TLOOK "C:\Eigene Dateien\Marktsegmentierung 2006-23.tlo" .
SET CTEMPLATE
"C:\Eigene Dateien\SPSS\Looks\Marktsegmentierung2006-3B.sgt" .


**************************************************************.
* (1) Überprüfung und Sicherung der Datenqualität            *.
**************************************************************.


GET FILE="E:\Clients\MARKET.SAV".

* An dieser Stelle die benötigten Operationen einfügen und mit
erläuternden Hinweisen versehen, z.B. *.

* (a) Umgehen mit Missings *.
define macsymis (!POS!CHAREND('/')).
  !do !i !in (!1).
     if !i = 999 !i = $SYSMIS.
   exe.
  !doend
!enddefine.
macsymis ITEM1 ITEM2 ITEM3 ITEM5 ITEM5 ITEM6 /.

* (b) Filter über ID *.
select if (ID ne . ).
exe.

* (c) Filter über Vollständigkeit *.
compute SYSMISUM
      = SYSMIS(ITEM1) + SYSMIS(ITEM2) + SYSMIS(ITEM3)
      + SYSMIS(ITEM4) + SYSMIS(ITEM5) + SYSMIS(ITEM6).
exe.
```

```
select if (SYSMISUM  < 2).
exe.

* (d) Vereinheitlichung zentraler Texteingaben *.
define FINDEN (!pos !charend('/') / !pos !tokens(1)).
  do !i !in (!1).
  string AKRONYM (A20).
  if (index(upcase(KONZERN),
     (!quote(!upcase(!i)))) ne 0) AKRONYM = (!quote(!2)).
  exe.
  !doend.
!enddefine.
FINDEN IBM Industrial Business Machines / IBM.
FINDEN MB Daimler Benz Chrysler Mercedes / DC.

list variables = AKRONYM.

SAVE OUTFILE="E:\Clients\MARKET_FILT.SAV".

***************************************************************.
* (2) Standardanalyse gemäß Vorgabe Dokument                  *.
*    "Vorgabe28.02.2006.doc"                                  *.
***************************************************************.

title "Standardanalyse gemäß Vorgabe Dokument
'Vorgabe28.02.2006.doc'" .


GET FILE="E:\Clients\MARKET_FILT.SAV".

MEANS
  TABLES=ITEM1 ITEM2  BY produkt
  /CELLS MEAN COUNT STDDEV  .

GRAPH
  /LINE(MULTIPLE)=MEAN(ITEM1) MEAN(ITEM2) BY produkt
  /MISSING=VARIABLEWISE REPORT
  /TITLE= 'Produktvergleich'
  /SUBTITLE= "Projekt 'Prospektive Marktsegmentierung 2006'" .

FACTOR
  /VARIABLES ITEM1 ITEM2 ITEM3 ITEM5 ITEM5 ITEM6
  /MISSING LISTWISE
  /ANALYSIS ITEM1 ITEM2 ITEM3 ITEM5 ITEM5 ITEM6
  /PRINT UNIVARIATE INITIAL CORRELATION
```

```
            SIG KMO INV REPR AIC EXTRACTION
  /PLOT EIGEN
  /CRITERIA FACTORS(2) ITERATE(50)
  /EXTRACTION PAF
  /ROTATION NOROTATE
  /METHOD=CORRELATION .


*************************************************************.
* (3) Analysevarianten nach "Vorgabe-2- 29.02.2006.doc"     *.
*************************************************************.


title "Standardanalyse gemäß Vorgabe Dokument
'Vorgabe28.02.2006.doc'" .

DEFINE !LOOP (LISTE= !CHAREND ("/")).

GET FILE="E:\Clients\MARKET_FILT.SAV".
SELECT IF (CITY ne .).
EXE.

!DO !PREIS !IN (!LISTE).
SELECT IF (PREIS > !wert).

SORT CASES BY city .
SPLIT FILE
  SEPARATE BY city .

MEANS
  TABLES=ITEM1 ITEM2  BY produkt
  /CELLS MEAN COUNT STDDEV  .

GRAPH
  /LINE(MULTIPLE)=MEAN(ITEM1) MEAN(ITEM2) BY produkt
  /MISSING=VARIABLEWISE REPORT
  /TITLE= "Produktvergleich"
  /SUBTITLE= "Projekt 'Prospektive Marktsegmentierung 2006'" .

FACTOR
  /VARIABLES ITEM1 ITEM2 ITEM3 ITEM5 ITEM5 ITEM6
  /MISSING LISTWISE
  /ANALYSIS ITEM1 ITEM2 ITEM3 ITEM5 ITEM5 ITEM6
  /PRINT UNIVARIATE INITIAL CORRELATION
            SIG KMO INV REPR AIC EXTRACTION
```

```
  /PLOT EIGEN
  /CRITERIA FACTORS(2) ITERATE(50)
  /EXTRACTION PAF
  /ROTATION NOROTATE
  /METHOD=CORRELATION .
SPLIT FILE OFF .

!DOEND.
!ENDDEFINE.

!LOOP LISTE=10 50 100 150 /.
```

Es ist empfehlenswert, die einzelnen (inhaltlichen) Programmabschnitte durch Überschriften, Rahmen und Abstände klar zu strukturieren. Deutliche Abstände verbessern die Lesbarkeit des Programms und erleichtern es z.B., bestimmte Abschnitte im Programm schneller wiederzufinden. Die Inhalte der Abschnitte selbst sollten auf jeden Fall logisch aufeinander aufbauen, und nach einzelnen Analysezielen bzw. übergeordneten Fragestellungen gebündelt sein. Falls es die Analyse zulässt bzw. vorsieht, ist darin eine Steigerung von Einfachen zum Komplexen (z.B. nach Skalenniveau und/oder deskriptive, dann inferenzstatistische Analyse) bzw. von uni- zu multivariaten Verfahren empfehlenswert (z.B. univariate Beschreibung, t-Test, multiple Regression).

Aus Gründen der Übersichtlichkeit und Vollständigkeit ist es generell *nicht* empfehlenswert, Analyseschritte in separaten Syntaxdateien abzuarbeiten. Eine Syntaxdatei kann ja auch als eine Art „externalisiertes Gedächtnis" verstanden werden. Wenn Sie nun mehrere Syntaxprogramme haben und dann irgendwann nachschauen müssen, ob und was Sie zu einem früheren Analyseschritt gemacht oder auch nicht (sic) gemacht haben, dann können Sie davon ausgehen, dass dann die Rumsucherei umständlicher ist, als wenn Sie alle Informationen und Kommentare in einer Arbeitssyntax hätten. In der Folge ist es daher auch nicht ungewöhnlich, dass solche Programme mitunter sehr umfangreich werden können (kein Wunder, als „externalisiertes Gedächtnis" enthält es ja auch alles, an das Sie bislang gedacht haben und ab jetzt nicht mehr denken brauchen). Syntaxprogramme sollten, wenn überhaupt, nur ausnahmsweise und sofern möglich auch nur projektspezifisch aufgeteilt werden.

16 Hinweise zu Clementine

SPSS gilt als einer der Marktführer im Data Mining Bereich mit Vision u.a. in den Bereichen Analysen und Modellierung (Gartner Inc., 2007, 7). Clementine gilt z.B. als weltweit populärste Data Mining Software. Die Data Mining Workbench von Clementine stellt den gesamten Analyseprozess durch eine einzigartige grafische Programmieroberfläche dar. Clementine unterstützt den gesamten Data Mining-Prozess einschliesslich CRISP DM-Methodologie (vgl. SPSS, 2000; Chapman et al., 1999). Clementine gibt es als Server, aber auch als Desktop Version. Letztere verfügt über dieselbe grafische Arbeitsoberfläche wie die Server-Version, unterstützt aber derzeit weder Client/Server-Architektur noch In-Database-Mining, Publishing, Text Mining oder Web Mining.
Clementine bietet neben zahlreichen Datenimport- und Aufbereitungsprozeduren auch Entscheidungsbäume, Neuronale Netze, Clusterverfahren, Assoziations- und Sequenz-Algorithmen sowie Faktoren- und Regressionsanalysen, um Muster und Strukturen auch in sehr großen Variablen- und Datenmengen zu identifizieren. Mehrere zusätzliche Algorithmen erlauben unter anderem die Vorhersage von Zeitreihen (Prognosen), wie auch spezielle Algorithmen für gezielte Auswertungen im Marketing und Vertrieb wie z.B. Response Modeling, Credit Scoring, Pricing und Forecasting. Clementine bietet auch im Hinblick auf die Gewährleistung von Datenqualität diverse Möglichkeiten der Datenaufbereitung, dazu zählen u.a. die Bereinigung und Umwandlung von Daten für Analysen ebenso wie die Identifikation statistischer Ausreißer und zweifelhafter Felder.

SPSS Syntax ist daher für SPSS Anwender, wie auch Clementine Anwender gleichermaßen interessant. SPSS Anwender qualifizieren sich über Syntax nicht nur für SPSS, sondern auch für Clementine. Clementine Anwender wiederum, die bislang mit der Mauslenkung auf der grafischen Benutzeroberfläche arbeiteten, werden die Möglichkeiten der SPSS Syntax in Clementine schätzen lernen. Der Leistungsumfang von Clementine wie auch von SPSS kann durch die genuine SPSS Syntax, aber auch durch externe Programmiersprachen, wie z.B. Python, deutlich erweitert werden. Clementine und SPSS können durch Syntax stärker maßgeschneidert, kontrolliert, sowie automatisiert werden.

Für SPSS, wie auch Clementine, gelten Standards, sowohl bei der Analyse, wie auch bereits vorher bei der Qualität von Daten. Datenqualität ist z.B. ein Element von Phase 2 („Datenverständnis“) der CRISP-DM Methodologie (vgl. SPSS, 2000; Chapman et al., 1999). Insofern dürfte dieses Buch auch für Clementine Anwender von allgemeinem Interesse sein. Erstens können sie die meisten der Vorgehensweisen über SPSS Syntax in Clementine direkt oder ggf. nach einigen Anpassungen an mögliche Clementine-Konventionen einbinden. Zweitens versucht dieses Buch ausgewählten Fehlerarten, ihren Ursachen sowie ihrer Bewertung einen konzeptionellen Hintergrund zu verleihen und die Vor- und Nachteile ihrer Behehung transparent zu machen. Die allgemeinen Grundlagen von Qualitätskriterien und ihre Prüfung sind auch auf Clementine übertragbar. Die Ausführungen machen evtl. Clementine Anwender darauf aufmerksam, dass auch einige der in Clementine implementierten Umgangsweisen (z.B. mit Missings) nicht unproblematisch sind und evtl. durch alternative Vorgehensweisen (ggf. über SPSS Syntax) ersetzt werden könnten.

Das Einbinden von SPSS Syntax in Clementine hat im Prinzip nur drei technische Voraussetzungen: Clementine ist lizenziert und korrekt installiert. SPSS ist lizenziert und korrekt installiert. SPSS ist in Clementine „angemeldet", z.B. unter „Hilfsprogramme" bzw. „Helper Applications". In Clementine 11 ist die Abstimmung zwischen SPSS und Clementine und SPSS ausgesprochen unkompliziert und im Allgemeinen nach wenigen Mausklicks abgeschlossen.

Das Einbinden von SPSS Syntax kann in Clementine auf mind. Arten umgesetzt werden: Entweder über den Zugriff auf bereits erstellte SPSS Syntaxprogramme über den entsprechenden Knoten. Oder über das direkte Hineinschreiben von SPSS Syntax in das Programmierfenster (Registerkarte „Syntax") des entsprechenden Knoten. Clementine 11 stellt für das Einbinden von SPSS Syntax mind. zwei zentrale Knoten zur Verfügung. Der Knoten für die SPSS Syntax wird dazu an der erforderlichen Stelle im Stream plaziert und mit den anderen Knoten verknüpft (vgl. die u.a. Abbildung).
Ein sog. „Stream" ist eine aufeinander aufbauende Abfolge von Zugriffs-, Filter- und Analyseknoten und entspricht im Prinzip dem funktionalen Aufbau eines SPSS Syntaxprogramms (vgl. Kap. 15). „Streams" bilden im Rahmen dieser aufeinanderfolgenden Knoten einen Strom auf zwei Ebenen: auf der Ebene der aufeinander folgenden *Knoten* (Prozesse), wie auch der entsprechend durchlaufenden *Zustände der Daten*. Das Verhältnis von Knoten zu Daten ist dabei wechselseitig: Knoten implizieren Daten in bestimmten Zuständen, wie auch Daten mit bestimmten Eigenschaften (Zuständen) wiederum bestimmte Knoten implizieren. Ein Stream wird weiter unten nach und anhand der nächsten Abbildung erläutert.

Soll Clementine Daten *vor* einer Analyse aufbereiten, so wird der Knoten „SPSS Transform" benötigt und *vor* anderen Knoten plaziert (vgl. den zweiten Knoten im Stream). Soll Clementine Daten einer Analyse (z.B. *nach* einer Aufbereitung) unterziehen, so ist wird der Knoten „SPSS Output" benötigt und *nach* anderen Knoten plaziert (vgl. den untersten Knoten im Stream).
Der Knoten „SPSS Transform" (Knotengruppe „Field Ops") ist dafür gedacht, komplexe Aufgaben des Datenmanagement durchzuführen und die aufbereiteten Daten zur weiteren Verarbeitung an Clementine weiterzugeben. Dieser Knoten unterstützt im Wesentlichen die SPSS Syntax für Aufgaben des Datenmanagement, z.B. ADD VALUE LABELS, APPLY DICTIONARY, COMPUTE, DO IF/END IF, INCLUDE, INPUT PROGRAM-END INPUT PROGRAM, VECTOR usw., sowie Syntax für die Programmierung mit der SPSS Makrosprache, z.B. DEFINE-!ENDDEFINE. Im Knoten „SPSS Transform" kann die eingegebene/geladene Syntax einer Überprüfung unterzogen werden. Möglicherweise fehlerhafte Syntax wird in einer Dialogbox zurückgemeldet.
Der Knoten „SPSS Output" (Knotengruppe „Output") ist im Gegensatz dafür gedacht, auch anspruchsvolle Aufgaben der Datenanalyse durchzuführen und die aufbereiteten Daten zur weiteren Verarbeitung an Clementine weiterzugeben. Dieser Knoten unterstützt vorrangig

die SPSS Syntax für Aufgaben der Datenanalyse, z.B. Prozeduren wie 2SLS, ALSCAL, ANOVA, CATPCA, CATREG, CLUSTER, CORRELATIONS, CORRESPONDENCE, COXREG, CROSSTABS, DETECTANOMALY, FREQUENCIES, GLM, MEANS usw. Erzielte Ergebnisse können als SPSS Ausgabe abgespeichert oder mittels eines Browsers eingesehen werden. Im Knoten „SPSS Output" kann die eingegebene/geladene Syntax derzeit nicht einer Überprüfung unterzogen werden.

Im Allgemeinen entspricht die Arbeit mit SPSS Syntax in Clementine der Arbeit in der gewohnten SPSS Umgebung. In Clementine entwickelte Syntax kann wie in SPSS abspeichert und (automatisiert) wiederverwendet werden. Wie die folgende Abbildung zeigt, kann SPSS Syntax auch mit Kommentierungen usw. versehen werden.

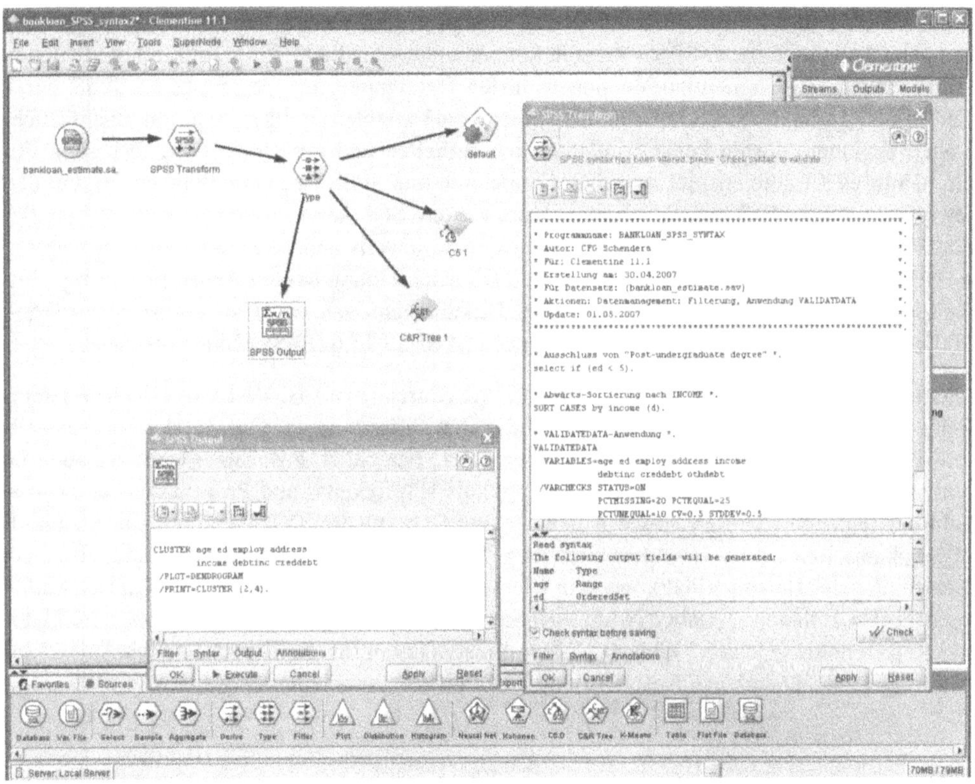

Im Bereich links oben dieser Abbildung ist ein sog. Pfeildiagramm zu sehen, ein sog. Stream. In der rechten Bildhälfte ist ein Syntaxfenster zu sehen, dieses gehört zum Knoten „SPSS Transform". Links unten ist ein zweites, kleineres Syntaxfenster zu sehen, dieses gehört zum Knoten „SPSS Output". Jeder Stream beschreibt eine aufeinander aufbauende Abfolge von miteinander verknüpften Knoten. Der Stream beginnt z.B. mit dem Zugriff auf die SPSS Datei „bankloan_estimate.sav". Über den nächsten Knoten „SPSS Transform" werden u.a. Filterungen, Sortierungen und Datenprüfungen vorgenommen (vgl. die SPSS Syntax rechts). Mit dem nächsten Knoten „Type" wird u.a. der Typ der Variablen (Felder)

festgelegt (u.a. Range, Set oder Flag; nicht zu verwechseln mit dem Speicherformat). Danach zweigen von „Type“ vier verschiedene Knoten ab (von rechts oben nach links unten): „Default“ bezeichnet den „Binary Classifier“ Knoten; damit können verschiedene Modelle für binäre Ereignisse erstellt und miteinander verglichen werden. „C5 1“ bezeichnet den „C5.0“ Knoten, dieser Knoten erzeugt entweder einen Entscheidungsbaum oder einen Regelsatz. „C&R Tree 1“ bezeichnet den „Classification and Regression“ Knoten; mit diesem Knoten können zukünftige Beobachtungen vorhergesagt und klassifiziert werden. Der unterste Knoten „SPSS Output“ erlaubt, SPSS Syntax für die Datenanalyse einzubinden und auszuführen (vgl. die SPSS Syntax unten links). Streams können unterschiedlich komplex und verschachtelt sein. Anwender sollten die Benutzerfreundlichkeit der Oberfläche nicht mit der Komplexität und Mächtigkeit der dahinter ablaufenden Prozesse und die erforderlichen Kenntnisse verwechseln. Wie für SPSS gilt hier für Clementine umso mehr: Clementine ersetzt keine Statistik- oder auch Informatikkenntnisse, Clementine setzt diese voraus.
Je nach Clementine- bzw. SPSS-Version können unterschiedliche Programmierkonventionen gelten. In älteren Clementine Versionen dürfen Dateinamen im Gegensatz zu SPSS nur 8 Zeichen lang sein. In SPSS müssen die Namen von Variablen (Feldern) u.a. mit einem Buchstaben beginnen, dürfen keine Sonderzeichen enthalten und nur einmal vergeben sein. Für ein nahtloses Zusammenspiel zwischen Clementine und SPSS ist es empfehlenswert, mit den jeweils aktuellsten Releases zu arbeiten. Insbesondere SQL kann je nach Datenbankhersteller und –konfiguration (mit/ohne SQL Pushback) eine jeweils andere Funktonalität aufweisen, z.B. bei der Berücksichtigung der Groß- und Kleinschreibung bei der Arbeit mit Strings. Für weitere Hinweise wird auf die technischen Dokumentationen von Clementine 11.1 (SPSS, 2007a,b) und der Command Syntax Reference von SPSS 15.0 (SPSS, 2006) verwiesen.

Clementine kann u.a. über SPSS Syntax und Prozeduren (wie z.B. VALIDATEDATA) deutlich erweitert werden, z.B. im Hinblick auf die Gewährleistung der Qualität der bereitgestellten Daten (Data Preparation). Clementine 11.1 berechnet z.B. als Qualitätsmaße die Vollständigkeit (gültige Werte ohne Missings) als Häufigkeits- und Prozentangabe, die Anzahl der fehlenden Strings, sowie Ausreißer und Extremwerte (basierend auf der Standardabweichung bzw. dem Interquartilbereich). Diese Standardparameter für eine allererste Beurteilung der Datenqualität können in Clementine 11.1 z.B. über den Knoten „Data Audit“ (ersetzt den früheren „Quality Node“; Knotengruppe „Output“) angefordert werden. Unter der Registerkarte „Quality“ können weitere Einstellungen für das Berechnen des Anteils der Missings (Vollständigkeit), Ausreißer und Extremwerte vorgenommen werden.

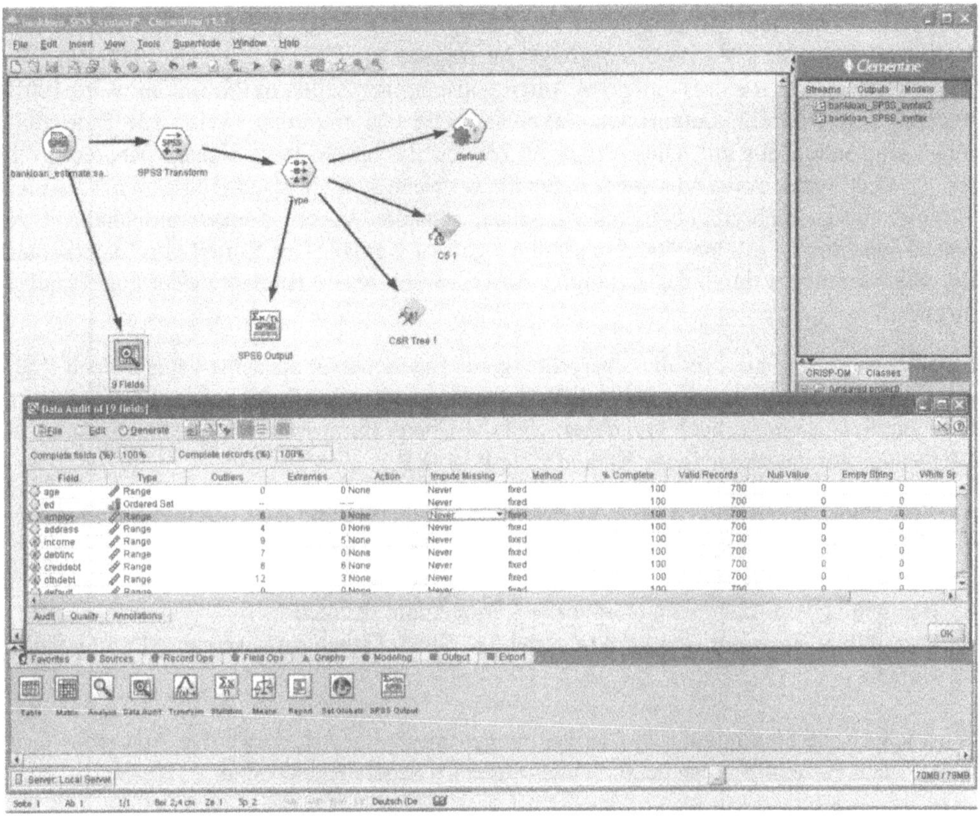

Wird nun der Knoten „Data Audit" mit der zu prüfenden Datenquelle (z.B. der SPSS Datei „bankloan_estimate.sav") verknüpft und ausgeführt, gibt Clementine 11.1 als Ausgabe unter der gleichnamigen Registerkarte „Quality" erste Parameter der überprüften Daten an: Feldname („Field", Variablenname), Typ („Type"), Anzahl der Ausreißer („Outliers", definitionsabhängig), Anzahl der Extremwerte („Extremes", definitionsabhängig), Maßnahmen („Action") im Zusammenhang mit Ausreißern und Extremwerten (u.a. Löschen, Ersetzen durch Missings oder durch nicht extreme Werte). Unter „Impute Missing" kann eingestellt werden, ob und auf welche Weise Clementine bestimmte Werte durch berechnete Werte ersetzen soll. Als Möglichkeiten werden in Clementine 11.1 u.a. angeboten: „Never", „Nulls" (systemdefinierte numerische Missings, in Clementine angezeigt als $null$), „Blanks" (anwenderdefinierte Missings), ausgewählte Bedingungen, durch die die zu imputierenden Werte definiert werden, wie auch die Methoden (unter „Methods"), mit der die definierten Werte durch vorinstallierte Algorithmen auf der Basis von Zufallsverteilungen („random") oder durch anwenderdefinierte Ausdrücke („expression") ersetzt werden. Abschließend wird die Vollständigkeit des jew. Feldes (Variablen) angezeigt, z.B. Vollständigkeit in Prozent (100 minus Anteil der Missings) und Häufigkeit („% Complete", „Valid Records"), die Anzahl der systemdefinierten Missings („Null Values"), sowie Art und Anzahl der fehlenden String-Missings („Empty String", „White Space"). Die Angabe „Complete Fields" gibt die durchschnittliche Vollständigkeit aller Variablen (Spalten) in Prozent an

(Beispiel: Weisen acht Variablen eine Vollständigkeit von 100% auf und eine Variable eine Vollständigkeit von 0 Prozent, so beträgt die Angabe in „Complete Fields“ 88,89%). Die Angabe „Complete Records“ gibt den Anteil vollständiger Zeilen in Prozent an. Wird 100% angezeigt, so sind alle Datenzeilen lückenlos. Wird 0% angezeigt, weist jede Datenzeile mind. eine leere Zelle auf. Diese Angaben können z.B. in „Missing Values“-Knoten („Filter“, „Select“) dazu verwendet werden, um die am wenigsten vollständig besetzten Variablen auszuschließen. Mehrere aufeinanderfolgende, separate Knoten können anschließend zu einem Superknoten („SuperNode“) zusammengefasst werden. Der Vorteil von Superknoten ist, dass sie Streams durch das Zusammenfassen von einzelnen Knoten wieder überschaubar machen.

Empfehlenswert ist hier, für die Überprüfung auf Datenqualität zunächst verschiedene Knoten mit unterschiedlichen Funktionalitäten zusammenzustellen bzw. selbst zu entwickeln. Dies empfiehlt sich u.a. auch von daher, weil die Überprüfung einzelner Qualitätskriterien in Clementine auf unterschiedliche Knoten verteilt ist (z.B.):

- Vollständigkeit (Kapitel 3) bzw. kontrollierte Missings (Kapitel 6): „Data Audit“-Knoten
- Vermeidung von doppelten Daten (Kapitel 5): „Distinct“-Knoten
- Einheitlichkeit (Kapitel 4): „SPSS Transform“-Knoten
- Beurteilung von Ausreißern (Kapitel 7): „Data Audit“-Knoten
- Plausibilität (Interpretierbarkeit) (Kapitel 8): „SPSS Transform“-, sowie „SPSS Output“-Knoten

Wird jedoch die Flexibilität von Clementine genauer betrachtet, so werden Anwender feststellen, dass einzelne Knoten deutlich vielseitiger als andere Knoten sind:

- „Distinct“-Knoten: Doppelte Daten (Kapitel 5)
- „Data Audit“-Knoten: Vollständigkeit (Kapitel 3), Missings (Kapitel 6), Ausreißer (Kapitel 7)
- „SPSS Output“-Knoten: Plausibilität (Interpretierbarkeit inkl. dem Entdecken von Anomalien) (Kapitel 8), multivariates Datenscreening (VALIDATEDATA, Kapitel 9)
- „SPSS Transform“-Knoten: Vollständigkeit (Kapitel 3), Einheitlichkeit (Kapitel 4), Doppelte Daten (Kapitel 5), Plausibilität (Interpretierbarkeit) (Kapitel 8), weitere Screening-Möglichkeiten (Kapitel 10)

Über den „Distinct“-Knoten können z.B. „nur“ Daten mit mehrfach auftretenden Fällen (Duplikaten) gefiltert werden. Über den „Data Audit“-Knoten können z.B. „Vollständigkeit“, „Ausreißer“, sowie „Missings“ geprüft werden. Der „SPSS Output“-Knoten kann dagegen recht vielseitig für die Überprüfung auf Anomalien (DETECTANOMALY), Plausibilität, sowie für multivariate Screenings (VALIDATEDATA) eingesetzt werden. Der „SPSS Transform“-Knoten kann deutlich am vielseitigsten zur Überprüfung auf Vollständigkeit, Einheitlichkeit, Doppelte, Plausibilität sowie für weitere Möglichkeiten des Screenings und darüber hinaus für das Datenmanagement im Allgemeinen wie auch mittels SPSS Makros im Besonderen (vgl. Schendera, 2005) eingesetzt werden. Abschließend können Clementine Anwender die separat entwickelten Knoten in einen übergeordneten Superknoten zusammenzufassen. Jeder Stream sollte mit einem Superknoten zur Datenqualität beginnen oder zumindest einen Superknoten vor einer relevanten Modellierung positionieren.

Dieses Kapitel soll mit zusammenfassenden Hinweisen auf die wesentlichen Vorteile von SPSS Syntax für Clementine-Anwender abgeschlossen werden:

- Clementine ist durch Programmiersprachen ansteuerbar (SPSS Syntax, SPSS Makroprogrammierung, externe Programmiersprachen, wie z.B. Python). Für Clementine gelten daher alle Vorteile der Programmierung wie z.B. für SPSS (vgl. Kapitel 2)
- Clementine kann v.a. über die Knoten „SPSS Transform" und „SPSS Output" deutlich im Hinblick auf die kriteriengeleitete Überprüfung und Gewährleistung von Datenqualität erweitert werden, und zwar sowohl durch das Einbinden von einfachen SPSS Funktionen (wie z.B. REPLACE), komplexen, von Anwendern entwickelten Syntaxprogrammen, als auch über das Einbinden der Performanz spezieller SPSS Prozeduren, wie z.B. VALIDATEDATA.
- Da dadurch Daten, Ergebnisse und Modellierungen geliefert werden können, die auf einem systematischen Kriterienkanon für die Qualität der zugrundeliegenden Daten aufbauen (und dies jederzeit nachweisbar ist), erhöht dies nachhaltig die Transparenz, Glaubwürdigkeit und Professionalität des Data Mining mit Clementine.

17 Hinweise für Macintosh User

SPSS bietet auch eine Version für den Macintosh an. Die aktuellste Version ist gegenwärtig SPSS 13.0 for MAC OS X. SPSS 13.0 for Mac OS X ist gegenwärtig nur in englischer Sprache lieferbar, was jedoch für die Syntax- und Makroprogrammierung ohne Belang ist.
Weitere Systemvoraussetzungen sind: Mac OS X Version 10.3.9 mit Java 1.4.2., G4 Prozessor mit 667 Mhz, sowie mind. 256MB RAM (für Max OS X Tiger 512 MB empfohlen). Je nach Mac Version kann auch eine Netzwerkinstallation noch nicht möglich sein; auch stehen nicht alle Module zur Verfügung.

Generell gilt: Auf Windows Systemen entwickelte SPSS Syntax bzw. programmierte SPSS Makros können auch auf Macs eingesetzt werden.
Bei der praktischen Arbeit sind nur drei wesentliche Aspekte zu beachten. SPSS for Windows hat üblicherweise einen größeren Funktionsumfang als SPSS for Mac, z.B. Exact Tests oder Maps. Windows Makros funktionieren also auch auf einem Macintosh, solange die Mac Version die Module lizenziert hat, auf die aus SPSS for Windows übernommene Programme zuzugreifen versuchen. Versuchen die Programme dagegen auf Module zuzugreifen, die für den Mac (noch) nicht zur Verfügung stehen, dann werden diese Programme auch nicht funktionieren.

Der zweite wichtige Aspekt ist die Pfadangabe. Die in SPSS for Windows entwickelten Programme können mit einer Ausnahme unverändert auf einem Macintosh ausgeführt werden. Als einzige Konzession an das andere Betriebssystem müssen die Pfadangaben angepasst werden.

```
Windows     GET
(z.B.)        FILE=
            'C:\Eigene Dateien\Pfad\Projekt\Datensatz.sav'.

Macintosh   GET FILE=
(z.B.)      'Macintosh HD:Users:chris: chris
            _010507:Eigene_Dateien:Pfad:Datensatz.sav '.
```

Die benötigen Mac-Pfade können nach einer Mausansteuerung unkompliziert dem Log entnommen und an die entsprechende Stelle der Windows-Pfadangaben gesetzt werden.

Ein letzter Aspekt ist die Spracheinstellung von Macs. Diese kann dazu führen, dass in SPSS for Windows korrekt vergebene Labels mit Sonderzeichen (Umlaute etc.) völlig falsch wiedergegeben werden, z.B.

```
VAR1 "Beurtcilung KigŠ Frage 1 / PostT"
VAR2 "KŠrpergrŠsse in cm"
```

In diesem Falle müsste entweder die Spracheinstellung im Mac angepasst werden. Oder die Platzhalter (wie z.B. Š oder š) werden im Programm-Editor über „Suchen“ und „Ersetzen“ durch die richtigen Sonderzeichen oder zumindest Umlautversionen ersetzt, z.B. anstelle von „ä“ ein „ae“ usw.

18 Checkliste (Prüfdokumentation)

Name Datensatz inkl. Extender	**Projekt**	**Firma Abteilung**	**Letzter Bearbeiter (Abteilung)**
Letztes Speicherdatum	**Exakte Größe in GB-MB-KB-Byte**	**SPSS Version Inkl. Betriebssystem**	**Speicherort (Server,CD,usw.)**
Speicherart (Kompression, etc.)	**Speicherdauer (Verfallsdatum)**	**Dokumentation vorhanden (ja/nein)**	**Ablage Dokumentation**
Anzahl Fälle Anzahl Variablen	**Kontaktdaten bzgl. Bearbeitung**	**Kontaktdaten bzgl. Archivierung**	**Beginn Prüfung**
Abschluss Prüfung	**Kontaktdaten Prüfer**	**Ort / Datum (TT-MM-JJJJ)**	**Unterschrift Prüferin/Prüfer**

Vollständigkeit

- Datensätze (Teildatensätze, Subsets)
- Fälle (Datenzeilen)
- Variablen (Datenspalten)
- Werte
- Kontrollierte Missings

Einheitlichkeit

- Datensätze (z.B. Variablen)
- Numerische Variablen (z.B. Kodierungen, Wertelabels, Sonderzeichen, Währungs- und Messeinheiten)
- Stringvariablen (z.B. Namen, Typ, Label und Länge)
- Labels: Korrekt geschrieben?
- Einzigartige Angaben (z.B. Namen von Personen, Orten und Produkten oder auch Datumsangaben, Telefon- oder Personalnummern)
- Sonderzeichen (z.B. Symbole für Währungen oder Messeinheiten)

Doppelte Datenzeilen

- Datensatz darf nur einen Fall pro Zeile enthalten
- Datensatz darf mehrere Fälle pro Zeile enthalten (z.B. Messwiederholung)
- Überprüfung auf Innerhalbgruppen- und Zwischengruppen-Doppelte?
- Ursache/n für nicht zulässige doppelte Datenzeilen feststellbar?

Missings

- Anteil der Missings geprüft?
- Muster feststellbar?
- Ursache/n für Missings feststellbar?
- Handlungsbedarf?
- Begründung für Vorgehensweise (z.B. Löschen, Rekonstruktion, oder in eine Analyse einbeziehen)?
- Überprüfung der konkreten Vorgehensweise, z.B. Rekonstruktion (Logik, Hot deck, MVA)?

Ausreißer

- Überprüfung auf univariate Ausreißer
- Überprüfung auf multivariate Ausreißer
- Ursache/n für Ausreißer feststellbar (z.B. Fehler beim Sampling)?
- Abgrenzung der Ausreißer von Datenfehlern möglich?
- Handlungsbedarf?
- Begründung für Vorgehensweise (z.B. Löschen, Rekonstruktion, auf Missing setzen, oder in eine Analyse einbeziehen)?
- Überprüfung der konkreten Vorgehensweise, z.B. Rekonstruktion (Logik, Hot deck, MVA)?

Plausibilität

- Externale formale Korrektheit gegeben
- Internale formale Korrektheit gegeben
- Inhaltliche Plausibilität gegeben

Dokumentation

- Prüfdokumentation angefertigt
- Überprüfungen und Dokumentation auf Vollständigkeit geprüft
- Überprüfungen und Dokumentation auf Korrektheit geprüft
- Dokumentation angelegt / abgespeichert unter folg. Namen

19 Kommunikation von Qualität

Kriterien für die Kommunikation von Qualität von Daten, Analysen und Ergebnissen

Dieses Buch versucht, die essentielle Notwendigkeit der Qualität von Daten transparent zu machen und SPSS Anwendern Lösungen zur Behebung häufig auftretender Probleme an die Hand zu geben. Dieses Buch kann jedoch nicht abgeschlossen werden ohne auf weitere, mit der Qualität von Daten, Analysen und der Kommunikation von Ergebnissen zusammenhängende Aspekte hinzuweisen (z.B. Spiess, 2006; Hager, 2005; DeGEval, 2004, 2002; Schendera et al., 2003; Wright, 2003; American Psychological Association, 2001; Wilkinson & APA Task Force on Statistical Inference, 1999; Deutsche Forschungsgemeinschaft, 1998).

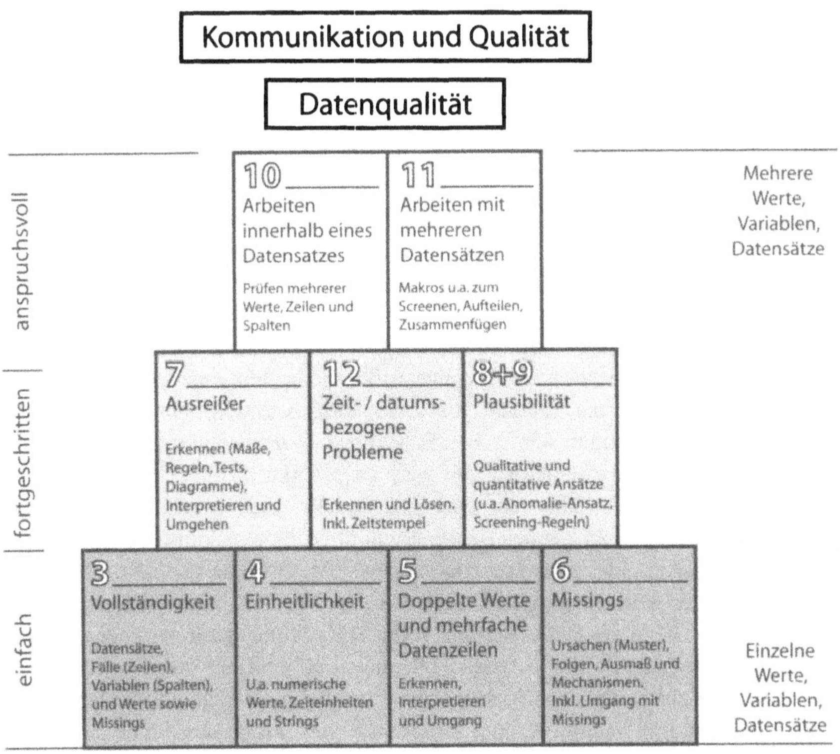

Die Gewährleistung von Datenqualität ist nur ein Glied einer zusammenhängenden Kette komplexer Prozessphasen; sie ist jedoch die erste bzw. grundlegende, da alle anderen Phasen wissenschaftlichen Arbeitens und Kommunizierens darauf aufbauen. Nicht nur die Phase der Sicherung der Datenqualität ist durchzuführen und das Einhalten aller bislang vorgestellten Kriterien nachzuweisen. Jede Phase des Forschungsprozesses ist bereits während der Planungsphase transparent und überprüfbar zu machen. Eine sorgfältige Planung vor der Erhebung erspart viele Schwierigkeiten bei der Auswertung und Interpretation. Vor der Datenerfassung sollte z.B. die Qualität des Forschungsdesigns und v.a. von Erhebungsinstrumenten gründlich überprüft werden. Selbst wenn die Daten bereits vorliegen, sollte die Qualität bei der Operationalisierung und Versuchsplanung nicht unüberprüft vorausgesetzt werden.

Versäumnisse bei der Erhebung bzw. Kodierung der Daten können Data Analysten weder verantworten und nur in den seltensten Fällen noch „retten". Die Dunkelziffer suboptimaler, unvollständiger, oder eindeutig falsch publizierter Ergebnisse ist nicht zu unterschätzen. Viele Veröffentlichungen, die die Qualität der publizierten Studien untersuchen, bestätigen diese vorsichtigen kritischen Einschätzungen. Autoren wie z.B. Hager (2005), Ioannidis (2005), Diekmann (2002) oder Nuovo, Melnikow & Chang (2002), die kritisch u.a. Versuchsplanung und Design in Veröffentlichungen untersuchten, sprechen z.T. von einem Großteil. Die oftmals beklagte mangelhafte Kommunikation von (nicht selten ebenso mangelhaften) Forschungsergebnissen reflektiert oft genug das Fehlen einer methodologischen Grundlage wissenschaftlichen Denkens und Arbeitens (z.B. Sarris, 1992, Kap. 19). Die Komplexität der Analyse von Daten sollte angemessen eingeschätzt werden. Vor den Gefahren methodischer Halbbildung kann wirklich nicht oft genug gewarnt werden (Kromrey, 1999). Je nach Design, Daten und Analyse sind u.U. Kenntnisse vieler Disziplinen, Ansätze und Theorien nötig, u.a. der Objekt- und Wissenschaftstheorie, Mess- bzw. Testtheorie, Statistik und der Informatik. Alle Rechenverfahren setzen z.B. statistische Voraussetzungen voraus, die die Daten erfüllen müssen, um überhaupt ausgewertet werden zu können. Verantwortlichen in den einzelnen Phasen des Forschungsprozesses kommt die Aufgabe zu, die Sicherstellung der statistischen Voraussetzungen der jeweiligen statistischen Verfahren zu gewährleisten. Kein Statistikprogramm, auch nicht SPSS, kann diese Voraussetzungen überprüfen; dies können nur die jeweiligen Anwender. Die Analyse von Daten ist ein komplexer, iterativer Prozess und wird in einigen Statistik-Büchern wortwörtlich als **Kunst** bezeichnet (z.B. Menard, 2001²; Chatterjee & Price, 1995²). Dieser Tatsache steht eine immer weiter um sich greifende Trivialisierung von u.a. Statistik und Forschungsmethodologie gegenüber. Ein Softwareprogramm steuern zu können wird z.B. mit Statistik-Expertise gleichgesetzt. Statistik ist jedoch ein vollwertiger Studiengang, z.B. z.Zt. angeboten an der Universität Dortmund. Die Annahme jedoch, z.B. über ein paar Mausklicks „mal kurz" eine komplexe multivariate Analyse durchführen zu können, verdeutlicht allerdings phänomenale „prophetische" Fähigkeiten bei der Einschätzung, dass Daten ohne Überprüfung als 100% fehlerfrei und somit ideal seien gelten können und dass ohne weitere Tests alle notwendigen statistischen Voraussetzungen als gegeben gelten können. Oder einfach nur Ignoranz gegenüber der Komplexität von Forschungsmethoden, Statistik, Datenqualität und der Verantwortung gegenüber Auftraggebern, Betroffenen und Ressourcen. Forschung ist Einstellungssache. Gegenüber Qualität, Präzision und Verantwortung. Ergebnisse aus Wissenschaft und Forschung fließen in die Alltagsrealität zurück und bilden dort die Grundlage für zukünftiges Handeln und Entscheiden. Für SPSS wie auch alle anderen Programmpakete gilt: SPSS ersetzt keine Statistikkenntnisse. SPSS setzt Statistikkenntnisse voraus.

Die Gewährleistung von Datenqualität ist ein erstes Glied einer zusammenhängenden Kette komplexer Prozessphasen, auf die weitere Phasen wissenschaftlichen Arbeitens und Kommunizierens aufbauen. Die Kommunikation von Forschungsergebnissen folgt dabei ebenfalls bestimmten Strukturen (z.B. Abstract, Einleitung, Methode usw.), Standards (z.B. Korrektheit, Klarheit sw.) und Regeln (z.B. Zitierkonventionen, Entscheidungsparameter usw.). Die abschließenden Abschnitte stellen einige der wichtigsten Kriterien für die Qualität der Daten (19.1.), der Datenanalyse (19.2.) und die Kommunikation der Ergebnisse (19.3.) zusammen. Diese Zusammenstellung hat keinen Anspruch auf Vollständigkeit, angesichts der Komplexität des Gegenstands soll dies gar nicht versucht werden. Jedoch wird die zentrale Bedeutung einiger ausgewählter Kriterien, wie z.B. der Logik des Signifikanztests und seiner korrekten Interpretation, besonders hervorgehoben.

19.1 Kriterien für die Qualität der Daten

Mittels der nachfolgend aufgeführten Kriterien werden zentrale Aspekte der Datendefinition festgelegt und damit letztlich auch Merkmale der Analyseergebnisse mitbestimmt, z.B. Zuverlässigkeit, Repräsentativität usw. Dies gilt auch für amtliche Statistiken (z.B. Voas, 2007; Schulz, 2007; Radermacher & Körner, 2006). Voas (2007, 4–8) stellte an Daten des britischen Office for National Statistics fest, dass während der Volkszählung 2001 in England und Wales massiv geschummelt worden war. Die Fragebögen waren oft von einer Person für alle im Haushalt lebenden Personen ausgefüllt worden. Dies war zu erkennen an überzufällig gleichen Geburtsdaten, Geschlecht, Sternzeichen oder auch anderen Auffälligkeiten, z.B. wurde auffällig häufig der Erste eines Monats angegeben. Von den insgesamt 10,3 Millionen Ehepaar-Daten waren ca. 800.000 (ca. 7,8%) Daten von diesen Schummeleien betroffen. Felix Schulz (2007, 25ff., 193ff.) überprüfte z.B. die Zuverlässigkeit der deutschen PKS-Statistik und kommt zum Schluss, dass bei der Erfassung der Tatverdächtigen bei der Polizei eher von unzuverlässigen Daten auszugehen ist. In der Konsequenz sei in Bezug auf die Zuverlässigkeit der Dunkelfelduntersuchungen auch von unzuverlässigen Studien auszugehen.

Daten sind sorgfältig zu dokumentieren (Metadaten).
Metadaten sind Daten über Daten. Metadaten sind somit Informationen über Kontext und Umstände, die den Umgang mit Daten beeinflussen. Im folgenden sollen vier Bereiche grob skizziert werden: das Definieren (Erheben), die Qualität der Daten, den Umgang (Processing), sowie das Speichern (Archivieren) von Daten (für u.a. die Präsentation, sowie Weiterverteilung vgl. z.B. United Nations, 2003, 2002, 1995).
Zu den Informationen zum *Erheben bzw. Definieren* von Daten gehören u.a. Aspekte wie z.B. semantische Definitionen (inkl. Ein- und Ausschlusskriterien), Informationen zur Datenquelle (Ort, Anzahl), Erhebungsmodus (Kunden- bzw. Haushaltsbefragungen, Verkaufs-

zahlen, Wochenberichte usw.), Einheiten (Angabe von Währungen, Mengenangaben, oder geographische Daten wie z.B. Länder, Städte, Regionen, Längen- und Breitengrade), Anzahl der ein- bzw. ausgeschlossenen Fälle und auch zeitbezogene Informationen wie z.B. Erhebungszeitpunkt oder -phasen. Je nach Datenart sind auch Hinweise auf Verzerrungen (Bias), Daten- bzw. Erhebungsgüte (Zuverlässigkeit) oder auch die Datenlieferanten (bei Drittanbietern) anzugeben.
Zu den Informationen über die *Qualität* von Daten gehören u.a. Informationen über die eingesetzten Tools bzw. Anwendungen, die Art und Anzahl der überprüften Kriterien, den Methoden ihrer Prüfung (Ansätze, Regeln), die dabei eingesetzten Toleranzen/Grenzwerte, sowie das Ergebnis der Maßnahmen (z.B. in Gestalt von Vollständigkeitsmetriken). Jedes Ausschließen von Kriterien, jeder Verzicht auf Prüfmethoden, wie auch jedes angewandte Toleranzkriterium ist explizit transparent zu machen und zu begründen.
Zu den Informationen des *Speicherns bzw. Archivierens* von Daten gehören u.a. Aspekte wie z.B. Dateiname und -format, Codebuch (Dokumentation der Definition, Kodierung bzw. möglicher Transformation bzw. Aktualisierung der Daten), Dokumentation der Variablen (Anzahl, Bezeichnungen, Label, Attribute usw.), Dokumentation der Fälle (Anzahl, Gewichtung), Archivierung- bzw. Speicherort (Land, Ort, Abteilung, Server/Rechner, Pfade), Speicherformat (Dateiformat, Dateigröße), Speicherzeit (Datum der Archivierung bzw. Aktualisierung, Verfallszeit), Speicherart (Schutz, Kompression, Sortierung, Kodierung), sowie Zuständigkeit (Person, Abteilung, Zugriffsrechte). Weitere, eher technische Informationen können u.a. Softwareversion (Release), Betriebssystem, die Größe und Anzahl von Datensatzseiten, die maximale Anzahl von Fällen pro Datenseite, die Anzahl von Datensatzreparaturen, Art und Anzahl von Indexvariablen oder auch der verwendete Zeichensatz sein.
Zum *Management (Umgehen, Processing)* von Daten gehören u.a. Aspekte wie z.B. Konvertierungen, Filter, Transformationen, Berechnungen, Definitionen von Indexvariablen, Anlegen neuer Variablen, Herleitung von Gewichtungen, Umgehen mit Missings (Imputation), Ausschluss von Ausreißern und Doppelten, Vereinheitlichung von Strings usw. Im Kontext von Data Warehouses gibt es noch viele weitere Metadaten-Typen, z.B. Analyse, Autorisierung, Business Information, Gruppierung usw. Das Management von Daten wird idealerweise in der Form von im Prinzip selbsterklärenden Syntaxprogrammen dokumentiert (vgl. Schendera, 2005, 2004).

Angabe von Einschluss- /Ausschlusskriterien (Erhebungseinheiten)
Ein- und Ausschlusskriterien der untersuchten Fälle sind explizit anzugeben. Mittels des Katalogs der ein- bzw. ausgeschlossenen Merkmale der Probanden wird somit über die Stichprobe auch die Grundgesamtheit festlegt, auf die die Ergebnisse verallgemeinert werden können. Wegen diesen weitreichenden Konsequenzen der Anwendbarkeit von Ergebnissen ist eine Begründung von Ein- und Ausschlusskriterien sehr empfehlenswert. In der klinischen Forschung wird z.B. üblicherweise vor der Datenerhebung ein Katalog zusammengestellt. Dieser Katalog und ggf. Verstöße gegen diese Einschlusskriterien werden in einem sog. Studienprotokoll „a priori“ festgehalten. Gerade sog. Äquivalenzstudien sind sehr empfindlich gegenüber Verstößen gegen Einschlusskriterien. Für Umfragen gilt analog, dass die genauen Erhebungseinheiten, -schichten usw. angegeben werden müssen.

Einschlusskriterien bei einer Brustkrebsstudie können z.B. sein: (a) weiblich, (b) histologisch gesicherte Diagnostik eines neu aufgetretenen Mammacarzinoms, (c) ausreichende Sprachkenntnisse zum Verstehen und Ausfüllen der Fragebögen, (d) Einwilligung der Patientinnen. Ausschlusskriterien können z.B. sein: (a) Alter (z.B. jünger als 20 Jahre oder älter als 75 Jahre), (b) Mammacarzinom-Rezidiv, (c) Drogenabusus, (d) bekannte Kontraindikationen, (e) Non-Compliance usw. Im Database Marketing liegen in Data Warehouses oftmals Unmengen an Daten vor. Der Kriterienkatalog wird daher „ex post" in Gestalt von SQL-Abfragen operationalisiert. Untersucht ein Telekommunikationsanbieter z.B. das Telefonierverhalten seiner gegenwärtigen Handynutzer, so ist ein Handy-Vertrag ein Einschlusskriterium. Das Nichtbenutzen eines Handys (z.B. falls ein Kunde bei mehreren Anbietern gleichzeitig ist) oder eine bereits erfolgte Kündigung eines Vertrages können Beispiele für Ausschlusskriterien sein.

Die auf der Grundlage der gezogenen Stichprobe getroffenen Aussagen gelten nur für eine Grundgesamtheit mit korrespondierenden Merkmalen. Eine Extrapolation auf andere Grundgesamtheiten ist zumind. sehr fragwürdig (z.B. Verallgemeinern der Ergebnisse der Brustkrebsstudie auf Männer oder das Verallgemeinern des Handy-Telefonierens auf Festnetz-Telefonierer).

Vollerhebung oder Stichprobe: Berechnung des benötigten Stichprobenumfangs

Ist Ihr Untersuchungsziel das Untersuchen aller Merkmalsträger (Grundgesamtheit), so führen Sie eine Vollerhebung durch. In diesem Falle sind die nachfolgenden Ausführungen zum Berechnen des benötigten Umfangs bzw. Ziehens einer Stichprobe gegenstandslos, nicht jedoch eine Anmerkung zur inferenzstatistischen Signifikanz. Die Signifikanz ist ein Stichprobenkonzept. Bei einer Vollerhebung ist dagegen eine Verallgemeinerung von der Teilmenge (Stichprobe) auf die Gesamtmenge (Grundgesamtheit) nicht notwendig. Statt der Signifikanz ist z.B. die Angabe von Konfidenzintervallen empfehlenswert. Bei Analysen auf der Grundlage von Data Warehouses ist a priori zu prüfen, ob sie Vollerhebungen oder nur Stichproben (z.B. unternehmensinterner) Daten enthalten.

Ist Ihr Untersuchungsziel jedoch das Untersuchen einer Teilmenge der Merkmalsträger, so untersuchen sie anstelle der Grundgesamtheit eine Stichprobe. Die Größe einer Stichprobe beeinflusst die wissenschaftliche Arbeit: Liegen zu wenig Daten vor, ist die Power eines Testes u.U. zu gering, und es können keine zuverlässigen Schlussfolgerungen getroffen werden, weil u.U. die Sensitivität zu gering ist, um eigentlich vorhandene Unterschiede auch tatsächlich nachweisen zu können. Liegen zu viele Daten vor, sind eine angemessene Power und zuverlässige Schlussfolgerungen wegen einer genügend hohen Sensitivität gegeben, jedoch zum Preis eines Mehraufwands, den man sich hätte ersparen können, wenn die Größe der benötigten Stichprobe vorher ermittelt worden wäre, von ethischen Gründen ganz zu schweigen. Vor allem bei Versuchen ist der benötigte Stichprobenumfang idealerweise vor einer Erhebung mittels einer Sample Size-Berechnung bzw. Power-Analyse zu bestimmen (vgl. Bock, 1998). Da der erforderliche Versuchsumfang oft von nur ungefähr bekannten Parametern abhängt, spricht man hier von Fallzahlschätzung. Liegen die Daten bereits vor, so verhindert eine ex post Analyse womöglich eine Überinterpretation, falls z.B. bei zu wenigen Daten keine substantiellen Effekte eingetreten sind. Der benötige (‚wahre') Stichprobenumfang kann letztlich nur über möglichst exakte Vorinformationen abgeleitet werden (Bock, 1998).

Maßzahlen für Umfragen

Bei Umfragen werden i.A. Maßzahlen für die Qualität der Ausschöpfung einschließlich der jew. Definition sowie der konkreten Formel ihrer Berechnung (ggf. Gewichtungen) angegeben. Speziell für Stichproben sind die sog. *sampling errors* anzugeben. Schätzungen auf der Basis von Stichproben sind bekanntlich nicht exakt, sondern eben nur Schätzungen, weil sie nur auf einem Teil der Daten basieren (vgl. Chambers, 1999a,b; Draper & Smith, 1999a). Die sog. sampling errors geben die Unsicherheit der stichprobenbasierten Schätzungen an. Für Vollerhebungen sind stichprobenbedingte Fehlerarten nicht relevant. Die weiteren Maße sind üblicherweise als Fehler („errors") formuliert (positiv formuliert werden sie als „rate" oder „efficiacy" angegeben) und werden i.A. für Vollerhebungen oder Stichproben nicht weiter unterschieden. Als sog. *non-sampling errors* sind u.a. coverage errors, nonresponse errors, measurement errors, sowie processing errors anzugeben. Für Details und weitere Fehlerarten (z.B. model assumption errors) wird u.a. auf die Umfrageliteratur verwiesen (z.B. Office of Management and Budget, 2006a,b; DESTATIS, 2005; Eurostat, 2003, 2002, 1999/1998; Statistics Canada, 2003; Kostanich & Haines, 2003; Kostanich, 2003; US Census Bureau, 2000; Statistisches Bundesamt, 2004, 1993; Davies & Smith, 1999a; United Nations, 1995).

Die sog. Ausschöpfungsfehler (syn.: coverage deficiency, coverage errors, frame errors) beschreiben das Verhältnis des Erhebungsrahmens zu den praktisch erhobenen Fällen (Einheiten) (vgl. v.a. Elvers, 1999, 88). Ausschöpfungsfehler sind somit Maße für die Genauigkeit dafür, ob die erhobenen Einheiten die angestrebte Zielpopulation wiedergeben. Der Erhebungsrahmen definiert die Gesamtheit der zu untersuchenden Fälle theoretisch, z.B. eine Adressdatenbank für eine Online-Umfrage über Singles. Undercoverage besagt, dass aufgrund dieses Rahmens bestimmte Fälle nicht erfasst werden, z.B. Singles ohne Online-Zugang. Overcoverage besagt, dass der Frame (Adressdatenbank) mehr Fälle enthält als zur Zielpopulation gehören, z.B. Verheiratete mit Online-Zugang. Möglich sind auch Doppelte (vgl. auch 5.1), z.B. Singles mit zwei oder mehr Online-Zugängen bzw. technisch bedingte Duplikate (vgl. Särndal, 1992).

Maße für Antwortausfälle (Nonresponses, Missings; vgl. Kapitel 6) sind Maße für die Vollständigkeit der Daten. Nonresponses werden danach unterschieden, ob es sich um Antwortausfälle auf der Ebene der Einheiten (Unit-Nonresponse, z.B. nicht angetroffen, Sprachprobleme, Antwort verweigert) oder um Antwortausfälle auf der Ebene wichtiger Fragen bzw. Merkmale (Item-Nonresponse, z.B. technisch bedingt) handelt (z.B. Skinner, 1999a).

Die sog. Messfehler (measurement errors) sind Maße für die Abweichung der erhobenen Daten von den „wahren" Daten (z.B. Skinner, 1999b). Der Begriff des „Messfehlers" ist bei genauerer Betrachtung ein Oberbegriff für eine große Spannbreite unterschiedlichster Fehlerquellen und –arten. Je nach Fehlerursache (z.B. Befragte, Interviewer, Erhebungsinstrument oder) können die Fehler unterschiedliche Muster, Ausmaße, sowie Lösungsschritte nach sich ziehen. Befragte können z.B. Fragen, Instruktionen und/oder Interviewer nicht verstehen bzw. bestimmte Antworten verweigern. Interviewer können z.B. Interviewte beeinflussen. Bei Erhebungsinstrumenten kann z.B. eine fehlerhafte Technik zu systematisch

fehlerhaften Daten führen (vgl. auch 6.1.1.). Die Verarbeitungsfehler (processing errors, vgl. Beispiele in 7.4.; vgl. z.B. Davies, 1999) sind Fehler, die nach der Datenerhebung und vor der eigentlichen statistischen Analyse auftreten, also Fehler im Kontext des Data Management, z.B. fehlerhafte Dateneingabe, fehlerhaftes Zusammenfügen von Fällen und/oder Variablen oder auch falsche Berechnungen (z.B. Abweichungen von SOPs, Skalenmanualen usw.). Zuverlässige Maßzahlen für die Art und das Ausmaß von möglichen Mess- oder auch Verarbeitungsfehlern sind oft vom Anwender selbst zu formulieren, sorgfältig abgestimmt auf die konkrete Datensituation.
Die model assumption errors betreffen Fehler bei inferenzstatistischen Analysen, die auf Modellen aufbauen (vgl. Draper & Smith, 1999b). Solche Fehler können als eher theoriebasierte Fehler während der Phase der annahmengeleiteten Modellspezifikation (theoriebasierte Modellierung), sowie als eher statistisch definierte Fehler bzw. Gütemaße (z.B. AIC, RSME, Residuen usw.) in der inferenzstatistisch-quantitativen Phase der Evaluation der Güte des spezifizierten Modells (inferenzstatistische Modellierung) unterschieden werden. Inferenzstatistische Modellierungen sind sorgfältig, iterativ und schlussendlich einschließlich der modellspezifischen Güte- bzw. Fehlermaße anzugeben. Geschieht dies nicht, läuft man bei unzureichenden Angaben zu Studiendesign, Durchführung und Auswertung durchaus Gefahr, sich den Vorwurf des Betrugs einzuhandeln. Dies passierte z.B. Burnham et al. (2006) mit ihrer massiv kritisierten Hochrechnung der Kriegsopfer im Irak (vgl. z.B. Boseley, 2006; Bohannon, 2006; Fischer, 2006).

Ziehung der Stichprobe (Zufallsstichprobe)
Wird keine Vollerhebung vorgenommen, so ist die Art der Gewinnung (Ziehung) der Daten anzugeben. Ideal ist eine Zufallsstichprobe (random sample, probabilistische Stichprobe); es gibt jedoch viele weitere Varianten des *echten zufallsabhängigen* Ziehens von Daten (u.a. eine geschichtete Stichprobe, mehrstufige Stichproben, Klumpenstichprobe usw.). Zu begründen bzw. idealerweise zu vermeiden sind nichtprobabilistische Ziehungen von Daten (z.B. die ad hoc- oder auch die Quotenstichprobe). Vermeiden Sie dabei Verzerrungen (Bias) bei der Ziehung der Stichprobe, wie auch beim Rücklauf der Daten. Dies gilt unabhängig vom Studienplan und dem Erhebungsverfahren (Paper&Pencil, CATI/CAPI, Online, usw.). Ansonsten ergeht es Ihnen z.B. wie den sog. Hite-Reports nach einer sorgfältigen methodologischen Beurteilung: „In the marketplace of scientific ideas, Hite's work would be found in the curio shop of the bazaar of pop and pseudoscience“ (Smith, 1989, 546). Auch das SPIEGEL-Hochschulranking aus dem Jahr 2004 (McKinsey & Company, 2004; Friedmann et al., 2004) musste sich massive Kritik an der Forschungsmethodik gefallen lassen (z.B. Schendera, 2006; Alsleben & Richter, 2005; Grözinger & Matiaske, 2005; Höding et al., 2005; Liebeskind & Ludwig-Mayerhofer, 2005; Claus, 2004).

Angabe der Datengrundlage (Stichprobengröße) in N
Die Datengrundlage (Stichprobengröße) ist immer in N anzugeben. Die ausschließliche Angabe in Prozentwerten ist zu unterlassen, da diese eine mitunter wechselnde Basis kaschieren können (vgl. Klimanskaya et al., 2006).

Überprüfung auf Datenqualität
Daten liegen nur ausnahmsweise in auswertungsreifem Zustand vor. Überprüfen Sie Ihre Daten und besonders die Daten Dritter. Lassen Sie sich dabei von den in diesem Handbuch zusammengestellten Kriterien (Vollständigkeit, Doppelte, Ausreißer, Missings, Plausibilität usw.) helfen. Geben Sie die überprüften Qualitätskriterien, die angewandten Maßnahmen und das erzielte Ergebnis an.

Effekte und Effektstärken
Effekte sind bei stetigen Variablen einerseits deskriptive Parameter wie z.B. Mittelwert und Standardabweichung und bei Kategorialvariablen N oder Prozent. Effektstärken sind Maße der „praktischen Signifikanz" zur Beschreibung der Größe des Unterschieds zwischen Gruppen oder Variablen (siehe auch die nachfolgenden Anmerkungen zur deskriptiven Statistik).

19.2 Kriterien für die Qualität der Datenanalyse

Dokumentation der Aufbereitung der Daten
Lassen Sie sich von überwiegend idealen Analysesituationen in Lehrbüchern zu SPSS oder der Statistik nicht täuschen. Daten liegen selten in auswertungsreifem Zustand vor. Der Vorgang des Aufbereitens der Daten für eine Analyse, das sog. Datenmanagement, ist zu protokollieren, idealerweise in Form eines Syntaxprogramms (z.B. Schendera, 2005). Schließen Sie nicht die Möglichkeit aus, dass das Datenmanagement u.U. aufwendiger als die Datenanalyse selbst sein kann. Zur Aufbereitung der Daten könnte an dieser Stelle z.B. auch die analysevorbereitende bzw. ergebnisrelevante (Dummy)Kodierung von Variablen gezählt werden.

Hergeleitete Daten
Werden Daten nicht direkt erhoben, sondern hergeleitet, z.B. über Skalenbildung, Clusterung oder Segmentierung, so ist die konkrete Vorgehensweise transparent zu machen, um artifizielle Ergebnisse zu vermeiden bzw. die Vergleichbarkeit mit anderen Veröffentlichungen zu gewährleisten. Psychometrische Skalen sind z.B. explizit anhand der Vorgaben in den entsprechenden Manualen auszuwerten. Geben Sie dabei auch an, wie die Testgütekriterien oder gar der mess- oder objekttheoretische Hintergrund der verwendeten Skalen sind. Dies gilt umso mehr bei selbst entwickelten Skalen. Bei mehreren inhaltlich gleichwertigen Skalen: Verwenden Sie immer die Skala mit dem höchstmöglichen professionell-methodischen Niveau (vgl. Rost, 2005). Umgekehrt sind häufige Fehler zu vermeiden wie z.B. das sog. atheoretische („naive") Clustern ohne Stabilitäts- und Validitätsprüfung (vgl. Bacher, 2002[2]), das unkritische Weiterverarbeiten von „Faktoren" trotz minimaler Varianzaufklärung, das (tautologische) Prüfen von Clusterlösungen mittels einer nachgeordneten Diskriminanzanalyse (vgl. Wiedenbeck & Züll, 2001, 17) oder auch das Prüfen auf signifikante Unterschiede zwischen den gefundenen Gruppierungen mittels einer Varianzanalyse.

Angabe des Untersuchungsdesign
Ein Untersuchungsdesign (Versuchsplan) ist die Definition, Strukturierung und Handlungsanweisung zur Umsetzung einer Nachweismethodik. Ein Versuchsplan ist daher in der Praxis der Datenerhebung, Inferenzstatistik und Ergebnisinterpretation immer vorgeordnet (vgl. z.B. Rasch et al., 1999, 1996; Sarris, 1992; Hager, 1987, 55ff., Meinert, 1986). Ein Versuchsplan ist so festzulegen, dass er in der Praxis überhaupt in der Lage ist, auch das nachweisen zu können, was der Versuchsleiter nachzuweisen beansprucht.

Der Versuchsplan überführt eine Hypothese in einen praktischen Prüfungsprozess. Definition und Strukturierung reflektieren die untersuchte Hypothese (u.a. Fragestellung, Elemente, Fragerichtung). Mit Handlungsanweisung sind u.a. Prozesse der Ziehung und Zuweisung von Fällen (Probanden) zu Gruppen gemeint (u.a. Randomisierung, Parallelisierung, Matching). Der konkrete Ablauf des Experiments kann im Detail in vielen Varianten ablaufen (vgl. Sarris, 1992, Kap. 13.1). Es gibt verschiedene Kriterien, Versuchspläne, Versuchsanlagen oder Versuchstypen zu klassifizieren. In klinischen Versuchen wird z.B. zwischen Phase I-IV Studien, in der Epidemiologie u.a. zwischen Kohorten-, Fall-Kontroll- oder Interventionsstudien unterschieden (vgl. DFG, 2005; ICH Guidelines E6(R1), E8 und E9; Cleophas et al., 2002; Rasch et al., 1999, 1996; Sarris, 1992; Meinert, 1986).

Ein Versuchsplan beschreibt im Allgemeinen die Zuweisung der Probanden auf die Faktoren (z.B. Treatments) mit dem Ziel, den Einfluss von in Abstufungen variierten unabhängigen Variablen (Faktoren) auf die sog. abhängige Variable kontrollierbar und untersuchbar zu machen. Die Faktoren eines Versuchsplans werden durch die untersuchte Hypothese vorgegeben, die wichtigsten Faktoren sind z.B.:

- **Behandlungsfaktoren** z.B. Treatment A vs. B vs. C, mit vs. ohne Medikation, usw. (Anwendung: Vergleich zwischen zwei oder mehr hypothesenrelevanten Faktorstufen).
- **Versuchsfaktoren** z.B. Treatment zu t_1, $t_2 ... t_n$ (Anwendung: Messwiederholung i.S.e. Vorher-Nachher-Vergleichs; syn.: Zeitfaktoren, trial factor), bei der wiederholten Messung von Versuchen sind somit auch Personenfaktoren enthalten.
- **Personenfaktoren** z.B. Person zu t_1, $t_2 ... t_n$ (Anwendung: Messwiederholung; Ausschalten individueller Störvarianz bei der wiederholten Messung derselben Personen).
- **Blockfaktoren** Anwendung: Ausschalten von Störvarianz durch homogenisierendes Zusammenfassen von Fällen in Blocks mittels Variablen, die *mit der AV des Versuchs korrelieren*. Je nach Fragestellung können dies z.B. Variablen wie Alter, Geschlecht, Einkommen usw. sein. Ausgangsunterschiede zwischen verschiedenen Versuchsgruppen werden dadurch verringert. Effekte in der AV treten deutlicher zutage, da sie durch die Blockfaktoren um vorexperimentelle Unterschiede (Störeinflüsse) bereinigt sind.

Mit dem jeweiligen (faktoriellen) Versuchsplan ist damit auch ein erster Interpretationsrahmen für die Gültigkeit und Zuverlässigkeit der erzielten Ergebnisse festgelegt, wie auch grundsätzlich für die Beurteilung, ob die angewandten statistischen Verfahren überhaupt zulässig sind (obwohl letzeres *apriori* in Gestalt des sog. Studienprotokolls zweifelsfrei geklärt und festgelegt sein sollte).
Für das Überprüfen eines Bedingungsfaktors (z.B. bei einem Zweigruppen-Vergleich: Treatment A vs. B) werden z.B. oft ein T-Test bzw. eine ANOVA als inferenzstatistische

Prüfverfahren angewandt. Welche Voraussetzung muss aber gegeben sein, damit das Treatment als *einzig* kausal verursachender Faktor interpretiert werden kann? Die oft übersehene Voraussetzung ist die, dass *alle* weiteren Störfaktoren ausgeschlossen sind oder in beiden Gruppen absolut gleich. Für das Zustandekommen eines statistisch signifikanten Unterschieds zwischen zwei Gruppen können also durchaus andere als die untersuchten Effekte verantwortlich sein. Mehrfaktorielle experimentelle Versuchspläne weisen den zusätzlichen Vorteil auf, dass sie u.a. Wechselwirkungen zu modellieren erlauben. Werden die einzelnen Faktoren verschiedener Design-Typen gemischt, spricht man von sog. Mischversuchsplänen („mixed designs"). Mit der zunehmenden Komplexität von Versuchsplänen geht oft eine größere Anzahl benötigter Probanden bzw. eine zunehmend höhere Komplexität bei der Interpretation der (inhaltlichen, statistischen) Ergebnisse einher (Sarris, 1992, Kap. 13, 14). Ein Versuchsplan unterstützt somit die Korrektheit des ausgewählten statistischen Prüfverfahrens, die ermittelten Parameter und die Angemessenheit der vorgenommenen inferenzstatistischen Interpretationen beurteilen zu können. Eine Dokumentation des Versuchsplans ist daher unverzichtbar, v.a. auch aus dem Grund, weil der Versuchsplan beim (metaanalytischen) *Vergleich* mit Ergebnissen anderer Studien (u.a. Effektstärken, siehe unten) absolut übereinstimmen muss.

Zu den weniger gut kontrollierten bzw. kontrollierbaren Designs gehören der sog. quasi-experimentelle (nicht zu verwechseln mit dem semi-experimentellen) Versuchsplan, der korrelative Versuchsplan und der ex post facto-Versuchsplan (vgl. Sarris, 1992, Kap. 15). Bei der Interpretation der Ergebnisse im Rahmen eines quasi-experimentellen Versuchsplans sind u.a. Konfundierungen bzw. Effekte möglicher validitätsbeeinträchtigender Störfaktoren zu beachten (u.a. Zeit, Reifung, Testübung, Selektions- und Ausfalleffekte). Bei ex post facto-Versuchsplänen (und damit der nichtzufälligen Zuweisung von Fällen zu Gruppen und dem Nichtvorliegen einer experimentellen Variablenmanipulation) besteht die Gefahr, die eigentlich nur *korrelative* Datengrundlage *kausal* überzuinterpretieren, auch, weil Störfaktoren nachträglich nicht (vollständig) statistisch kontrolliert werden können; dieses Risiko besteht z.B. im Database Marketing mittels Data Warehouses oder z.B. in der Epidemiologie in den sog. retrospektiven bzw. prospektiven Studien. Auch korrelative Versuchsanlagen unterstützen keine kausaltheoretischen Aussagen. Sogenannte „vorexperimentelle Designs" sind für einen validen Hypothesentest nicht geeignet, da Störvariablen nicht kontrolliert werden und somit für das Zustandekommen der Ergebnisse u.a. andere als die untersuchten Effekte verantwortlich sein können (vgl. Sarris, 1992, Kap. 12).

Begründete Festlegung von Entscheidungsparametern

Abhängig von der Fragestellung und dem Versuchsplan gehören zu den Entscheidungsparametern generelle Festlegungen wie z.B. die Hypothesen selbst, mögliche Prüfverteilungen, die Unterscheidung zwischen ungerichteter und gerichteter Hypothese oder auch Kenngrößen wie z.B. (üblicherweise) *eines* Alphas vor dem Hypothesentest. Die untersuchten Hypothesen selbst sind so formulieren und anzuwenden, dass sie auch inhaltlich das prüfen, was sie zu prüfen beanspruchen. Zur Vermeidung eines Signifikanz-Relevanz-Problems bei der Interpretation eines inferenzstatistischen Ergebnisses sind bereits bei der Hypothesenformulierung Parameter für die Alternativhypothese festzulegen, die im Hinblick auf die Sachlage auch praktisch bedeutsam sind. Beispielsweise kann bei einer Pearson-Korrelation ein erwarteter Koeffizient >= 0.4 oder bei einer Differenz (je nach Messeinheit und erwartetem Ausmaß) ein Wert wie z.B. >= 15.00 festgelegt werden. An dieser Stelle sei auch auf die weiteren Ausführungen zur Funktion und Interpretation des klassischen Hypothesentests auf den nächsten Seiten hingewiesen. Je nach angewandtem Verfahren sind weitere Festlegungen vorzunehmen, bei der Varianzanalyse z.B. den Typ der Quadratsummenermittlung (Typ I, II III oder IV), bei der binären logistischen Regression z.B., welche die Vergleichs- und welche die Referenzgruppe ist. Im Falle multipler Testungen sind ggf. Alpha-Korrekturen vorzunehmen (z.B. bei der Korrelationsanalyse).

Auswahl, Begründung und Dokumentation des gewählten statistischen Verfahrens. Die Wahl des angemessenen statistischen Verfahrens (und somit des Modells) hängt nicht von zur Verfügung stehenden SPSS Menüs bzw. Prozeduren oder „Kochrezepten" ab, sondern konkret von inhaltlichen und methodologischen Aspekten, z.B. von der untersuchenden Fragestellung (Hypothese; es gibt versch. Arten, z.B. Unterschied vs. Zusammenhang), aber auch von festzulegenden Definitionen, wie z.B. Messniveau der Daten, Verteilungen, Transformationen, (Un)Verbundenheit der Daten, die Modellierung von Haupt- und Interaktionseffekten und vielem anderen mehr ab. Die Auswahl sollte in Absprache mit einem erfahrenen Methodiker bzw. Statistiker erfolgen (für eine erste grobe konzeptionelle Orientierung vgl. z.B. Schendera, 2004, 101). Bei speziellen Fragestellungen ist es möglich, dass die erforderlichen statistischen Verfahren nicht in der Standardsoftware implementiert sind; in diesem Falle ist auf spezielle Analysesoftware auszuweichen. Das Vorgehen bei der Modellspezifikation und inferenzstatistischen Hypothesentestung entspricht üblicherweise einer schrittweisen Komplexitätssteigerung.

Drei inadäquate Vorgehensweisen sind zu unterlassen (sie werden auch zum unprofessionellen Handeln bzw. wissenschaftlichen Fehlverhalten gezählt, vgl. 19.4.):

- *Unangemessene Komplexitätsreduzierung („Zuwenig"): Eine komplexe statistische (multivariate) Fragestellung wird **nur** mit den simpelsten bzw. zur Verfügung stehenden Mitteln analysiert.* Aufgrund von (vielleicht sogar offenem zugegebenem) mangelndem Verständnis für die Komplexität multivariater inferenzstatistischer Verfahren und Parameter nur mit (scheinbar) leichter interpretierbaren bivariaten (möglicherweise sogar nur deskriptiven) Verfahren zu arbeiten, demonstriert sowohl Ignoranz gegenüber den Möglichkeiten multivariater Statistik, wie auch gegenüber den Grenzen (scheinbar) leichter interpretierbarer bivariater Ansätze (z.B. bei multivariaten Variablenbeziehungen das Problem der Artifizialität der Ergebnislage). Zu dieser Verhaltensweise zählt auch, die „Bewertung" der Angemessenheit statistischer Verfahren auf die Bereitstellung in Software (Menüs, Prozeduren) zu beschränken und nicht *„softwareunabhängig"* anhand inhaltlich-statistischer Kriterien vorzunehmen, wie eigentlich vorgegangen werden sollte. Wilcox (1999) fragt sich, wieviele Phänomene *nicht* entdeckt wurden, nur weil Anwender nicht in der Lage waren und sind, die Möglichkeiten der (nicht notwendigerweise komplexen multivariaten) Statistik auszuschöpfen und zu interpretieren.
- *Unangemessene Komplexitätsanreicherung („Zuviel"): Eine einfache Fragestellung wird **nur** mit anspruchsvollsten Verfahren analysiert.* Dieses Vorgehen birgt in sich mehrere Probleme: Kein Erkenntnismehrwert: Bei denselben Daten und Variablenkonstellationen

kommen anspruchsvolle Verfahren notwendigerweise zum selben Ergebnis, z.B. eine multinomiale Regression im Vergleich zu einem Chi²-Ansatz. Ressourcenvergeudung: Die Folge daraus ist ein Aufwand, der durch das Ergebnis nicht gerechtfertigt wird und sogar mit gewissen Risiken behaftet ist. Fehleranfälligkeit: Das Interpretieren der Parameter komplexer Verfahren ist fehleranfälliger als die einfacherer Verfahren (aber auch die der Voraussetzungen des jew. Verfahrens). Nicht nur die Auffassung, dass Statistik nur auf das Anklicken von Menüs beschränkt ist, begeht den Kardinalfehler, die durchaus komplexen *Voraussetzungen* anspruchsvoller Verfahren nicht zu prüfen und die erzielten Ergebnisse direkt als zuverlässig und bedeutsam zu präsentieren. – Mit zunächst einfacheren Verfahren hätte ein Anwender u.U. noch die Möglichkeit, Datenphänomene zu erkennen, die bereits in einem frühen Stadium der Analyse zeigen, dass womöglich keine substantiellen Ergebnisse zu erwarten sind. Dem Verfasser ist ein Fall bekannt, in dem ein komplexes Pfadmodell als bedeutsam veröffentlicht wurde, bei dem ex post durchgeführte Explorationen zeigten, dass nicht einmal substantielle Korrelationen oder Partialkorrelationen vorlagen. – Gänzlich zu unterlassen ist jedoch die Anwendung „exotischer" Spezialverfahren, v.a. unter Unterschlagung jeglicher Angabe von Begründung und Voraussetzung mit dem alleinigen Ziel, um jeden Preis eine Signifikanz präsentieren zu können. Mit letzterem ist ausdrücklich nicht das angemessene und transparente Anwenden von Spezialverfahren und ihrer Voraussetzungen gemeint, sondern ein in Pseudokomplexität gehülltes „running for significance" mit dem Ziel der gezielten Irreführung der wissenschaftlichen Öffentlichkeit.

- *Unbekannte Komplexität („Blindflug"): Eine Fragestellung wird analysiert ohne zu prüfen, ob das Verfahren überhaupt angemessen ist.* Dieses Vorgehen gibt es in mehreren Varianten, z.B. (a) Verwechseln der leichten Bedienbarkeit einer Statistiksoftware mit Statistik (z.B. aufgrund der Annahme, Statistik entspreche der unrealistisch-idealtypischen Analyse, so wie sie z.B. in überwiegend „naiv" zu nennenden Software-Handbüchern dargestellt wird) und v.a. (b) das ungeprüfte Übernehmen von Verfahren aus Projekten Dritter (z.B. Internet, Institut, Team). Doktoranden und Diplomanden orientieren sich z.B. häufig an den Arbeiten ihrer Vorgänger. Daran ist an sich zunächst nichts Schlechtes. Man sollte jetzt auch nicht gleich unterstellen, dass die Vorgehensweise von Vorgänger oder Kollegen falsch ist (überprüfen sollte man das aber vorsichtshalber schon). Bedenken Sie aber, dass Ihre Vorgänger die Verfahren für ihre *eigenen Daten mit den eigenen, speziellen Verteilungen gewählt haben.* Was für Ihre Vorgänger korrekt gewesen sein kann, kann für die Merkmale Ihrer *eigenen Daten völlig falsch sein.* Zu dieser Verhaltensweise zählt auch die Tendenz, (c) Fragestellungen nur mittels in SPSS Prozeduren bzw. Menüs bereitgestellten statistischen Verfahren auszuwerten, was ja nicht notwendigerweise das *angemessene* Verfahren impliziert; Anwender sind jedoch über SPSS Syntax in die grundsätzliche Lage versetzt, das eigentlich angemessene statistische Verfahren für die vorliegende Fragestellung selbst programmieren zu können.

All dem vorzuziehen ist die angemessene Anwendung von (vielleicht auch) einfacheren Verfahren, diese jedoch nach allen Regeln der Kunst.
Bei der Angabe des statistischen Verfahrens ist nicht die Bezeichnung der eingesetzten SPSS Prozedur (Menüs) anzugeben, z.B. „GLM", sondern das konkrete statistische Verfahren, z.B.

„univariate Varianzanalyse", „multivariate Varianzanalyse" oder „Varianzanalyse mit Messwiederholung".

Dokumentation der durchgeführten Voraussetzungstests
Die Voraussetzungen der eingesetzten statistischen Verfahren müssen geprüft und gegeben sein, z.B. die Ergebnisse der seitens SPSS ausgegebenen Anpassungstests usw. Zu beachten ist, dass besonders die multivariate Datenanalyse ein komplexer, iterativer Prozess ist (Menard, 2001²; Chatterjee & Price, 1995²).

Bei grundsätzlich richtig gewählten Verfahren sind suboptimal spezifizierte und/oder berechnete Modelle oder Werte anfangs nicht zu vermeiden. Zahlreiche Programmpakete (wie z.B. SPSS) sind so konzipiert, dass sie in vielen Fällen erst nach einer inferenzstatistischen Analyse diverse Ergebnisse mitberechneter Voraussetzungstests in Form von Kenngrößen (z.B. Residuen) ausgeben, die erst ex post (sic!) anzeigen, ob die Analyse auf diese Weise überhaupt hätte durchgeführt werden dürfen (das allerdings noch nicht einmal bei jedem inferenzstatistischen Verfahren).

Allerdings werden nicht alle notwendigen Voraussetzungstests bereits bei der Anforderung des Verfahrens mit berechnet. Einige der notwendigen Voraussetzungstests müssen separat berechnet werden oder sind gar nicht im jeweiligen Programmpaket implementiert. Die Anwendung von Spezialverfahren ist besonders zu begründen. Die notwendigen Voraussetzungen sind zu prüfen und das Ergebnis im Detail anzugeben, um ein verfahrensbasiertes „running for significance" auszuschließen.

Angabe und Überprüfung möglicher Störeffekte
Das Ziel der Inferenzstatistik ist nicht, Ergebnisse herbeizurechnen, sondern auch einer kritischen Prüfung zu unterziehen. Der Effekt möglicher Störvariablen ist daher zu modellieren und zu prüfen. Zur Hypothesenprüfung bzw. Ergebnisabsicherung gehört auch die Berücksichtigung möglicher Störeffekte, z.B. in Form von Haupt- und Interaktionseffekten. Ein geeignetes Vorgehen ist eine schrittweise Komplexitätssteigerung bei Modellspezifikation und Hypothesentestung.

Die Signifikanz ist nicht das Maß aller Dinge
Das Maß der Signifikanz ist eine Folge einer schematisierten „entweder"/oder"-Entscheidung, in einer unreflektierten Anwendung höchst problematisch. Behandeln Sie nichtsignifikante Ergebnisse zunächst mit der gleichen Bedeutsamkeit wie signifikante Ergebnisse. Das seit Jahrzehnten beklagte 'running for significance' in Forschung und Veröffentlichung beruht auf einer falsch ausgelegten Logik des Signifikanztests (z.B. Gigerenzer, 1999, 607–618; Carver, 1993; Begg & Berlin, 1988; Witte, 1980, 51–59; Kriz, 1973, Kap. 5; Bredenkamp, 1972).

Der klassische Signifikanztest weist mehrere statistisch-konzeptionelle Besonderheiten auf, die seine praktische Brauchbarkeit beeinträchtigen (Beaulieu-Prévost, 2006, 14–15; Cumming & Finch, 2005; Nickerson, 2000) und in der Folge fehlerhafte Interpretationen begünstigen:

- Abhängigkeit von der Stichprobengröße: Wenn die Stichprobe groß genug ist, wird *immer* ein statistisch signifikantes Ergebnis die Folge sein (mit der einen Ausnahme, dass die Effektstärke gleich Null ist), auch wenn der empirische Unterschied noch so klein bzw. irrelevant ist.
- Die Nullhypothese ist unrealistisch: Die Nullhypothese (gegen die ja getestet wird) geht davon aus, dass absolut kein Zusammenhang oder Unterschied vorliegt. Gerade in den Bio- und Sozialwissenschaften hängen untersuchte Variablen *immer* in irgendeiner Weise zusammen oder unterscheiden sich voneinander. Die praktische Konsequenz ist daher die: Weil ja zumindest ein geringer Effekt zu erwarten gewesen wäre, weil Variablen apriori miteinander korrelieren oder voneinander differerieren, kann ein statistisch bedeutsames Ergebnis somit nicht notwendigerweise als Unterstützung einer Hypothese gewertet werden. In einem ersten, empirischen Sinne ist die Nullhypothese (weil unrealistisch) somit unwahrscheinlich, aber auch in einem zweiten, statistischen Sinne:
- Die Nullhypothese ist von vorneherein logisch gesehen weniger wahrscheinlich: Die Hypothese, dass etwas gleich 0 ist, bezeichnet somit einen einzelnen Punkt (sog. Punkthypothese) auf einem theoretisch unendlichen Kontinuum. $\mathbf{H_0}$ ist somit auch statistisch wenig wahrscheinlich. Alle anderen Punkte auf dem Kontinuum außer 0 werden durch die Alternativhypothese, $\mathbf{H_1}$, eine Bereichshypothese, abgedeckt. Die inhärente Testlogik ist also, alle logisch möglichen Punkte für $\mathbf{H_1}$ mit dem einzigen Punkt für $\mathbf{H_0}$ zu vergleichen. Die Konsequenz daraus ist, dass die Alternativhypothese $\mathbf{H_1}$ von vorneherein wahrscheinlicher als die Nullhypothese ist (theoretisch gesehen immer).
- Die eigentlich (überwiegend, aber nicht ausschließlich) interessierende Alternativhypothese ist somit mittels des Signifikanztests im Prinzip nicht falsifizierbar. *Der Signifikanztest richtet sich gegen die Nullhypothese*, er wurde nicht für den Beweis der Alternativhypothese entwickelt. „We can never prove a theory although we can refute it (...). Using significance testing to appraise the validity of a scientific hypothesis implies using a decision criterion (i.e. the *p* value) that confounds effect size and sample size to test a hypothesis already known to be false and unrealistic" (Beaulieu-Prévost, 2006, 15).

Gerade weil der Signifikanztest fundamentale konzeptionelle Probleme aufweist, sollte er umso sorgfältiger angewandt und im zulässigen Rahmen korrekt interpretiert werden.

19.3 Kriterien für die Qualität der Kommunikation der Ergebnisse

Vermeidung irreführender Abbildungen

Statistische Diagramme müssen dem Skalennniveau (z.B. Boxplots für stetige Daten), Messwertvariation der Daten (z.B. Kreisdiagramme) bzw. auch der Anzahl der darzustellenden Variablen (uni-, bi-, multivariat) angemessen sein (vgl. Wilkinson, 2005; Schendera, 2004, Kap. 23). In individuellen Diagrammen kann viel richtig (evtl. auch falsch) gemacht werden. Beispielsweise sollte z.B. eine y-Achse bei 0 beginnen. Wenn mehrere Abbildungen vom selben Typ, z.B. Balkendiagramme, nebeneinander positioniert werden, dann sollten die y-Achsen zumindest jeweils beim selben Wert beginnen und dieselbe Skalierung aufweisen. Für Beispiele zum anspruchsvolleren Design von Präsentationen (sog. Informationsdesign) im Allgemeinen wird z.B. auf die Arbeiten von Edward R. Tufte (z.B. 2003, 2001, 1997) verwiesen; für Karten im Besonderen wird z.B. auf Monmonier (1996) verwiesen. In „Visual and statistical thinking" demonstriert Tufte (1997) z.B., wie eine suboptimale visuelle Präsentation („chartjunk") die Bedeutsamkeit eines bekannten technischen Defekts nicht adäquat vermitteln konnte und in der Folge den Start der Challenger 51-1 zuließ. Das Space Shuttle stürzte wenige Minuten nach dem Start genau wegen dieses Fehlers ab.

Deskriptive Statistik
Die anzugebenden deskriptiven Parameter müssen zur untersuchten Messeinheit, aber auch zur Hypothese passen. In jedem Fall muss aus dem näheren Text die Einheit der dargestellten Variablen hervorgehen, z.B. €, km/h usw. Für unauffällig verteilte metrische Variablen (z.B. in der Einheit „kg") kann z.B. einerseits ein arithmetisches Mittelwert angegeben werden; soll andererseits aber die zeitliche Entwicklung einer Variablen beschrieben werden, sollte das geometrische Mittel verwendet werden (vgl. Schendera, 2004, vgl. Kap. 11.3). Bei der Angabe von Lagemaßen (z.B. arithmetisches Mittel) ist generell ein Streumaß anzugeben (z.B. Standardabweichung), bei der Angabe von Häufigkeiten der dazugehörigen Prozentwert. Grundsätzlich gilt: Keine Inferenzstatistik ohne systematische und erschöpfende deskriptive Statistik!

Inferenzstatistik (Modell)
Die dargestellte Inferenzstatistik (Modell) muss zur untersuchenden Fragestellung (Hypothese) passen. Die statistisch geprüfte Hypothese ist eindeutig wiederzugeben. Entscheidende Parameter, wie z.B. Messniveau, Verteilungen, Hypothesenparameter, Alpha oder Quadratsummen-Typ sind ebenfalls anzugeben, ggf. auch die Iterativität des Vorgehens bei der Analyse (z.B. bei der Regressionsanalyse vor und nach dem Entfernen von Fällen mit hohen Hebel- und Einflusswerten). Auf weitere verfahrensspezifisch notwendige Überprüfungen kann aus Platzgründen nicht eingegangen werden. Stichworte sind u.a. die Variation von Dummy-Kodierungen, Überprüfung auf Multikollinearität oder Heteroskedastizität bei multiplen linearen Regressionen (ggf. auch inkl. Transformationen hin zur Linearität der Zusammenhänge), Überprüfung auf Stabilität und Validität von Clusterlösungen uvam. Ingeborg Stelzl (1982) demonstriert in ihrer immer noch sehr empfehlenswerten Veröffentlichung, dass schon scheinbar einfache inferenzstatistische Verfahren durchaus diverse Fehler und Fallen bereithalten können.

Korrekte Angabe von p-Werten, Prüfwerten, Konfidenzintervallen und Effektstärken
Die allgemeine Dynamik der Datenlage ist wichtiger als ein isolierter p-Wert. Wenn etwas real ist, macht sich dies auch in Gestalt anderer Kenngrößen bemerkbar. Geben Sie Ihrem Publikum die Möglichkeit zur selbständigen Beurteilung dieser Kenngrößen. Geben Sie genaue p-Werte anstelle eines unspezifischen „< 0.05", oder (noch schlimmer) nur in der Form von *, ** oder *** an. Das Ergebnis ist mit dem Ausdruck „statistisch signifikant" anstelle von nur „signifikant" anzugeben. Diese Formulierung erleichtert die Abgrenzung

von „statistisch signifikant“ von „praktisch signifikant“. Statistische Signifikanz impliziert nicht notwendigerweise praktische (z.B. ökonomische, klinische usw.) Signifikanz. Geben Sie die ermittelten Prüfwerte (z.B. F-, Chi^2-Werte usw.) mit an. Geben Sie Konfidenzintervalle an (z.B. Beaulieu-Prévost, 2006). Konfidenzintervalle sind häufig informativer als Signifikanzen (vgl. Cumming & Finch, 2005, Appendix), was manchmal auch der Grund dafür sein könnte, warum sie *nicht* angegeben werden (Reichardt & Gollob, 1997). Aussagen auf der Basis von Konfidenzintervallen sind mathematisch äquivalent zu Signifikanztests. Wenn das Konfidenzintervall den Wert 0 ausschließt, entspricht dies statistischer Signifikanz (Beaulieu-Prévost, 2006, 11–12; Schendera, 2004, 420–421). Allerdings nimmt im Gegensatz zu Signifikanztests die Brauchbarkeit mit der Stichprobengröße zu, bei Signifikanztests dagegen ab; ein Signifikanztest fällt auch bei sehr kleine Unterschiede signifikant aus und ist somit praktisch nicht mehr brauchbar (z.B. Ioannidis, 2005, 700; Quatember, 2005, 128–150). Konfidenzintervalle sind unverzichtbar bei großen und sehr großen Stichproben. Geben Sie auch Maße für die sog. “praktische Signifikanz” (syn.: Effektstärken) mit an, falls dies Ihre Hypothese zulässt (zu (methodologischen) Alternativen vgl. auch Nickerson, 2000, 274–277; Prentice & Miller, 1992).

Eine statistische Signifikanz besagt nur, *ob* ein Effekt auftritt; Maße der praktischen Signifikanz geben jedoch an, wie *groß bzw. stark* dieser Effekt ist (daher auch die synonymen Bezeichnungen Effektstärke, Effektgröße bzw. effect size). Allerdings ersetzen auch die Maße der praktischen Signifikanz nicht die inhaltliche Definition dessen, was denn eine „Signifikanz“ auszeichnet. Maße der praktischen Signifikanz beschreiben also die Größe eines möglichen Unterschieds bzw. Zusammenhangs z.B. unabhängig von der Stichprobengröße (Keppel & Wickens, 2004^4, 159). Je nach Fragestellung (Hypothesenart), Skalenniveau und Anwendungsbereich sind unterschiedliche Maße möglich bzw. erforderlich (Olejnik & Algina, 2003, 2002; Richardson, 1996). Unterschieden wird zwischen Effektstärken für Stichproben oder die Grundgesamtheit, zwischen Effektstärken für Unterschieds- bzw. Zusammenhangshypothesen, oder auch zwischen nichtstandardisierten und standardisierten Effektstärken. Das spezifische Maß sollte der Fragestellung angemessen sein. Effektstärken werden üblicherweise nur für die zentralen Ergebnisse mit angegeben; bei der Angabe der Effektstärke ist immer auch das Untersuchungsdesign anzugeben. Keppel & Wickens (2004^4, 166–167) empfehlen z.B für den Vergleich mehrerer Gruppen Cohen's *d*, für Zusammenhangshypothesen dagegen das Korrelationsverhältnis, z.B. Eta^2 (siehe dazu jedoch die einschränkenden Hinweise weiter unten). Eta^2 kann u.a. unter ANOVA, GLM oder MEANS angefordert werden; Cohen's *d* wird von SPSS nicht ausgegeben, kann jedoch über das partielle Eta^2 (z.B. Option ETASQ in GLM) selbst ermittelt werden (vgl. Cohen, 1988, 276–280). Der Vorteil nichtstandardisierter Maße (wie z.B. nichtstandarisierter Regressionskoeffizient B, die mittlere Differenz bei stetigen Variablen oder das Odds Ratio bei Kategorialvariablen) ist, dass sie direkt interpretierbar sind. Der Vorteil standardisierter Maße ist, dass sie innerhalb einer Stichprobe direkt miteinander verglichen werden können (nicht notwendigerweise zwischen verschiedenen Studien bzw. Studiendesigns, siehe unten); dazu zählen der standarisierte Regressionskoeffizient Beta, Cohen's *d* (definiert als die standardisierte mittlere Differenz der Mittelwerte zweier stetiger Variablen im Verhältnis zur gemeinsamen Standardabweichung) oder z.B. R^2 / Eta^2 (letztere sind in bestimmten Kontexten synonym, vgl. $Hays^4$, 1988, 369). Weiter ist zwischen Aussagen über Stichproben oder Grundgesamtheiten zu differenzieren. Cohen (1988) entwickelte z.B. d ursprünglich nur für die *Grundgesamtheit* und nicht für die *Stichprobe*. Ähnlich werden $Epsilon^2$ bzw. $Omega^2$ auf die

Grundgesamtheit bezogen, das Eta^2 dagegen auf die Stichprobe (vgl. auch Diehl & Arbinger, 2001^3, 650; Keppel & Wickens, 2004^4, 163).
Allerdings sind auch bei den Maßen der praktischen Signifikanz einige Besonderheiten zu beachten. Je nach Hypothesenart, Skalenniveau oder auch Aussagenbereich sind die geeigneten Maße für die Angabe der Effektstärke bzw. praktischen Signifikanz anzuwenden. *d* bzw. Eta^2 können z.B. durch Samplingfehler beeinträchtigt sein und insofern Effekte in der Grundgesamtheit *über*schätzen (Keppel & Wickens, 2004^4, 164). Epsilon^2 bzw. Omega^2 gelten als unverzerrte Schätzer unter der Voraussetzung, dass balancierte Stichprobenumfänge vorliegen, die k Populationen normalverteilt sind und dieselbe Varianz aufweisen. Eta^2 sollte sich auch laut Diehl & Arbinger (2001^3, 673–676) von Epsilon^2 bzw. Omega^2 kaum unterscheiden und einen zureichenden Schutz vor einer voreiligen Überbewertung statistischer Signifikanz bei großen Stichproben darstellen. Die Ermittlung von Effektstärken ist demnach nur *bei großen Stichproben* empfehlenswert, bei kleinen Stichproben dagegen wenig aufschlussreich (Olejnik & Algina, 2000, 280). Diehl & Arbinger (2001^2, 675) warnen sogar explizit davor, im Falle von statistischer Signifikanz bei kleinen Stichproben hohe Punktschätzer für Effektstärken voreilig mit wirklichen Effekten in der Grundgesamtheit gleichzusetzen. Auch für Effektstärken gilt, dass sie das „Signifikanz/Relevanz"-Problem nicht wirklich lösen. Effektstärken als *statistische* Reflexion von *praktischen* Effekten sind nur dann brauchbar, wenn die Größe eines Effekts mit der praktischen Relevanz korrespondiert. Tatsächlich kann es (analog zur statistischen Signifikanz) auch bei Effektstärken eine „praktische" „Signifikanz"/„Relevanz"-Kluft geben. Olejnik & Algina (2000, 277) zitieren z.B. eine Studie von Feldt (1973), wonach *praktisch relevante hohe* Effekte, wären sie vor dem Hintergrund von Cohen's Konventionen interpretiert worden, als mittlere oder sogar als geringe Effekte ausgefallen wären.
Effektstärken aus verschiedenen Studien können nicht notwendigerweise ohne weiteres miteinander verglichen werden (Olejnik & Algina, 2000, 280–282); ihre Berechnung wird beeinflusst von Parametern wie z.B. Untersuchungsdesign (zufällige vs. feste Effekte, ungleiche Anzahl bzw. Abstände der Ausprägungen von Faktorstufen, abweichende Operationalisierung, abweichende Modellspezifikation usw.), Samplingfehlern, Stichprobenumfang, sowie u.U. Varianten in ihrer Berechnung (vgl. Maier-Riehle & Zwingmann, 2000). Die Ermittlung und Vergleichbarkeit von Effektstärken kann durch unterschiedliche Reliabilität der zentralen abhängigen Variablen oder auch eine unterschiedliche Heterogenität der Grundgesamtheit massiv beeinträchtigt sein. Die überwiegenden Effektmaßvarianten (je nach Untersuchungsdesign) können in SPSS nicht direkt, jedoch über Syntax ermittelt werden. Nur bei substantieller Kenntnis von Sinn und Grenzen trägt die Angabe eines Effektmaßes zusätzlich zu Prüfwert (z.B. F-Wert, Chi^2-Wert usw.) und statistischer Signifikanz (p-Wert) zur besseren Kommunikation eines Forschungsergebnisses bei.

Korrekte Interpetation von Signifikanz: Signifikanz ist nicht gleich Signifikanz

Bei der Interpretation des statistischen Signifikanztests werden so viele Fehler begangen (Gigerenzer, 1999, 612–614; Witte, 1980, 51–60), dass Gigerenzer (ibid., 612) sogar von „kollektiven Illusionen" spricht. Die Ursachen dürften im Spannungsfeld ernstzunehmender Lücken in den Grundlagen der Statistik einerseits zu verorten sein (Beaulieu-Prévost, 2006; Wainer & Robinson, 2003; Nickerson, 2000; Gigerenzer, 1999; Krantz, 1999; Cohen, 1994)

und andererseits einer nicht ausreichenden Ausbildung in Forschungsmethoden und Statistik, diese hinreichend kritisch beurteilen zu können (Spiess, 2006; Krämer & Gigerenzer, 2005; Rost, 2005; Ludwig-Mayerhofer, 2003; Pötschke & Simonson, 2003; Rohwer & & Pötter, 2002; Schnell, 2002; Haller & Kraus, 2002; Müller, 2001; von der Lippe, 1998; Krämer, 1995; aber auch bereits z.B. Kriz, 1981, 1973). Zur Geschichte, Logik und Terminologie *der* Signifikanztests von Fisher bzw. Neyman und Pearson seien daher z.B. Gigerenzer (1999) und Witte (1980) empfohlen. Das Schema des „klassischen" Signifikanztests verläuft technisch (sic) in etwa folgendermaßen: Anhand von Fragestellung (Hypothese) und Skalenniveau wird eine Verteilungsform festgelegt und auf dieser Grundlage von SPSS intern ein Referenzwert ermittelt. Der Wert auf der Grundlage der beobachteten Verteilung, z.B. F- oder Chi^2-Wert (von SPSS angezeigt), wird nun mit diesem Referenzwert (von SPSS nicht angezeigt) verglichen. Unterscheidet sich der beobachtete Prüfwert vom Referenzwert, so wird üblicherweise die Nullhypothese abgelehnt und die Alternativhypothese akzeptiert. Die Signifikanz gibt die Wahrscheinlichkeit an, mit der zufällige Fehler den Unterschied zwischen den erwarteten und den beobachteten Werten der Prüfverteilung verursachen.
Signifikanztests wurden allerdings nicht dafür entwickelt, die Frage zu beantworten, ob eine Hypothese richtig oder falsch ist. *Signifikanztests beweisen somit eine Hypothese nicht.* Signifikanztests testen genauer betrachtet selbst keine Hypothesen, sondern zeigen nur die Wahrscheinlichkeit (p-Wert, exaktes Signifikanzniveau, nach dem Test) dafür an, mit der zufällige Fehler bei einer gegebenen Hypothese, z.B. H_0, den Unterschied zwischen den erwarteten und den beobachteten Werten einer Prüfverteilung verursachen. Anhand von Alpha (konventionelles Signifikanzniveau, vor dem Test) wird somit „nur" über die Differenz zwischen beobachteten und erwarteten Werten einer *Prüfverteilung* entschieden, nicht zwischen den Hypothesen selbst. Die meisten Interpretationsfehler treten somit beim Übertragen des Ergebnisses zu den Prüfverteilungen auf die Hypothesen auf. Die Hypothesen selbst können anhand von p-Werten für Prüfverteilungen nicht ohne weiteres zurückgewiesen bzw. beibehalten werden, wie es z.B. das konventionelle Entscheidungsschema nahelegt (vgl. auch Nickerson, 2000, 242–244).

<table>
<tr><td colspan="2" rowspan="2"></td><td colspan="2">Testentscheidung</td></tr>
<tr><td>H_0 wird nicht abgelehnt
H_1 wird abgelehnt</td><td>H_0 wird abgelehnt
H_1 wird nicht abgelehnt</td></tr>
<tr><td rowspan="2">Unbekannte Realität
von
H_0 bzw. H_1:</td><td>H_0 ist richtig</td><td>Richtige Entscheidung.
Testsicherheit: 1-α</td><td>Fehler I. Art:
Eine Nullhypothese wird verworfen, obwohl sie in Wirklichkeit wahr ist.</td></tr>
<tr><td>H_1 ist richtig</td><td>Fehler II. Art:
Das Beibehalten einer Nullhypothese, obwohl sie in Wirklichkeit falsch ist.</td><td>Richtige Entscheidung.
Testgüte (Power): 1-β</td></tr>
</table>

Ein **signifikanter** p-Wert sagt nichts über die *Wahrscheinlichkeit von H_0, H_1* oder die Größe eines *Effekts* aus. Ein signifikanter p-Wert **ist z.B. nicht** (Gigerenzer, 1999, 612–614; Dar et al., 1994, 76; Witte, 1980, 51–60):

- eine Wahrscheinlichkeit dafür, dass die Nullhypothese ($\mathbf{H_0}$) richtig ist. Bei einer „versehentlichen" Zurückweisung von $\mathbf{H_0}$ (Fehler I.Art) wissen Sie somit auch nicht, mit welcher Wahrscheinlichkeit diese Entscheidung falsch war.
- ein Maß *für* die Alternativhypothese ($\mathbf{H_1}$), z.B. die Wahrscheinlichkeit ihrer Richtigkeit, sondern immer *gegen die (normalerweise weniger interessierende) H_0*. $\mathbf{H_1}$ wird durch eine Signifikanz *nicht bewiesen*. Man kann aus einem signifikanten p-Wert somit auch nicht schließen, dass es sich um eine nichtzufällige Abweichung von $\mathbf{H_0}$ handelt. Man kann aus einem signifikanten p-Wert somit auch nicht ableiten, wie *wahrscheinlich* $\mathbf{H_1}$ ist.
- ein Maß für den Effekt einer Variablen in einem Experiment (dies hängt u.a. vom spezifizierten Modell, Power des Tests und/oder auch vom N ab).
- ein Vertrauensmaß für die Wiederholbarkeit des beobachteten Effekts unter denselben experimentellen Bedingungen; z.B. können Sie aus p=0.05 nicht ableiten, dass Sie bei 95% der Wiederholungen ein signifikantes Ergebnis erhalten.
- ein Hinweis darauf, dass ein Resultat dem (wie auch immer definierten) „Standard" entspricht und daher bei der Veröffentlichung einem nichtsignifikanten Ergebnis vorgezogen werden sollte.

Ein signifikanter p-Wert ist im Prinzip nur eine sehr grobe, um nicht zu sagen sogar irreführende Information. Signifikanz ist *gegen* die Nullhypothese gerichtet. Die Wahrscheinlichkeit *für* die Annahme der eigentlich (überwiegend, aber nicht ausschließlich) interessanten H_1 bleibt unbestimmt. Signifikanz kann auch alleine durch eine ausreichende Größe der Stichprobe verursacht sein (Bortz & Lienert, 1998, 40–41). Vor allem bei großen bis sehr großen Datenmengen kann ein signifikantes Ergebnis alleine durch die Größe der Stichprobe zustande kommen und ist somit weniger ein valider Hinweis auf einen mehr oder weniger geringen Unterschied bzw. Zusammenhang (Witte, 1980, 55–56). Signifikanzen können auch zufällig zustande kommen (vgl. Alphafehler-Kumulation beim multiplen Testen, z.B. bei der Korrelation). Hilfreicher sind Konfidenzintervalle oder Effektstärken. Im neuen APA Publication Manual (5th Edition) wird seit einigen Jahren die Angabe von Effektstärken verbindlich gefordert (American Psychological Association, 2001). Von einer *statistischen* Signifikanz von Befunden direkt auf deren *theoretische* und *praktische* Bedeutsamkeit zu schließen ist wie bereits oben erläutert höchst problematisch. Allerdings sind auch alternative Ansätze wie z.B. Maße der Effektstärke bzw. praktischen Signifikanz (vgl. Bredenkamp, 1969) rein statistische Verfahren, die eine unumgängliche theoretische und praktische Bewertung eines Befunds nicht ersetzen können (u.a. auch wegen bestimmter Einschränkungen, z.B. der Abhängigkeit von der Streubreite). Eine signifikante, aber ungenaue Richtung einer Differenz bzw. eines Zusammenhangs wird übrigens auch als Fehler III.Art bezeichnet.

Ein **nichtsignifikanter** p-Wert sagt ebenfalls nichts über die Wahrscheinlichkeit von H_0, H oder die Größe eines Effekts aus. Ein **nichtsignifikanter** p-Wert *ist z.B. nicht notwendigerweise:*

- eine Wahrscheinlichkeit dafür, dass die Nullhypothese (**H_0**) falsch ist. Bei einem „versehentlichen“ Beibehalten von **H_0** (Fehler II.Art) kennen Sie somit auch nicht die Wahrscheinlichkeit, mit der diese Entscheidung falsch war.
- ein Maß *gegen* die Alternativhypothese (**H_1**), z.B. die Wahrscheinlichkeit ihres Nichtzutreffens, sondern immer für H_0. **H_0** wird durch eine Nichtsignifikanz ebenfalls *nicht bewiesen*. Das nichterfolgreiche Ablehnen von **H_0** impliziert nicht das Bestätigen von **H_0**. Man kann aus einem nonsignifikanten p-Wert somit auch nicht schließen, dass es sich um eine zufällige Abweichung von **H_0** handelt. Man kann auch aus einem nonsignifikanten p-Wert nicht ableiten, wie *wahrscheinlich* **H_1** ist.
- kein absolutes Ausschliessen der Gültigkeit der eigentlich (überwiegend, aber nicht ausschließlich) weniger interessanten Nullhypothese (je nach Effektgröße).
- ein Hinweis darauf, dass kein Effekt vorliegt. **Ein nichtsignifikanter p-Wert ist nicht notwendigerweise kein Beleg dafür, dass *kein* Effekt vorliegt.** Im Gegenteil: In kleinen Stichproben werden oft nichtsignifikante Ergebnisse berichtet, vor allem, wenn es sich um reale, relevante Effekte handelt (vgl. Bortz & Lienert, 1998).

Für einen Hypothesentest bedeutet dies also, dass mit einer Signifikanz eine berechtigte Aussage dann getroffen werden kann, wenn die Hypothese begründet, der Befund idealerweise mittels u.a. eines Konfidenzintervalls abgesichert ist und und auch ein inhaltlich substantieller Effekt vorliegt. Auch eine Nichtsignifikanz ist aufschlussreich, schließt sie doch inhaltliche Plausibilität bzw. einen statistischen Effekt nicht aus (v.a. bei einer zu geringen Stichprobe), ggf. sogar die der Nullhypothese selbst. Aus beidem lässt sich zusätzlich schließen, dass zwei Effekte einander recht ähnlich sein können. Der eine Effekt lässt Signifikanz erreichen (ggf. wegen größerer Stichprobe), der andere dagegen keine Signifikanz erreichen.

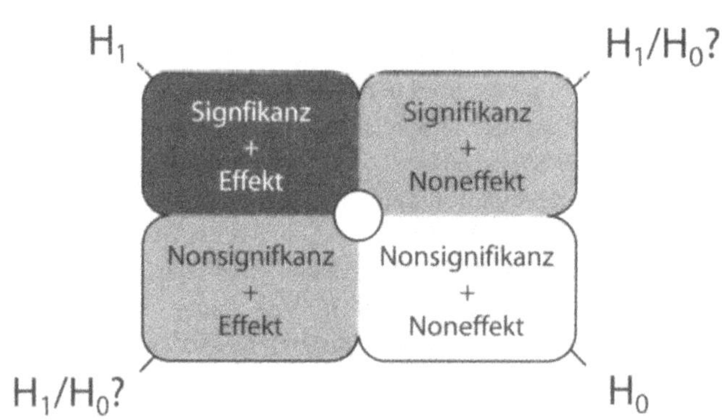

Anm.: Beachten Sie bitte bei dieser Abbildung, dass zwischen den einzelnen Entscheidungsmöglichkeiten keine expliziten Grenzen eingezeichnet wurden; dies soll verdeutlichen, dass die Übergänge zwischen den einzelnen Entscheidungsmöglichkeiten nicht immer einfach disjunkt, sondern oft komplex und hochdimensional sein können. Daher kann auch bei der wissenschaftlichen Entscheidungsfindung eine Situation eintreten, in der Argumente für eine Entscheidung gegen (oder auch für) die H_0 nicht eindeutig sind.

Der direkte Vergleich von nichtsignifikanten mit signifikanten p-Werten innerhalb und zwischen separaten Analysen ist anhand des ausgegebenen Signifikanzwertes alleine nicht möglich. Der Vergleich eines nichtsignifikanten p-Wertes (z.B. 0.06, z.B. in Studie A) mit einem signifikanten p-Wert (z.B. 0.04, z.B. in Studie B) ist trotz absolut identischer Operationalisierung der beiden Studien (außer der zugrundeliegenden Stichprobe selbst, z.B. bzgl. N) nur unter Berücksichtigung weiterer Parameter wie z.B. Effektstärke oder N möglich. Ein naheliegendes Vorgehen ist das Überprüfen der statistischen Signifikanz der Differenz (z.B. Studie B-A) anstelle des direkten, rein deskriptiven Vergleichs beider Signifikanzwerte. Dies gilt sowohl für den Vergleich von Signifikanzen zwischen Studien (identische Operationalisierung vorausgesetzt), wie auch für den Vergleich von Signifikanzen innerhalb einer Analyse, z.B. der Prädiktoren in multiplen linearen oder logistischen Regressionen.

Jegliche empirische Realität, v.a. als Forschungsgegenstand der Bio- und Sozialwissenschaften, definiert sich über die Kriterien „Differenz" vs. „Nichtdifferenz" bzw. den „Zusammenhang" vs. „Nichtzusammenhang" zwischen Entitäten. Da die empirische Realität niemals absolut invariant ist, sondern sich syn- und diachron immer in einem dynamischen Wandel befindet, wäre demnach mit einiger Plausibilität zu erwarten, dass auch die Forschungslage nicht in eine einseitige Richtung von ausschließlich „Differenz" bzw. „Zusammenhang" verläuft. Bei der Interpretation eines Signifikanztests bedeutet dies also, dass nichtsignifikante, wie auch signifikante Ergebnisse als gleichwertige Ausdrucksformen empirischer Realität den gleichen Stellenwert haben und auch so, und zwar mit aller gegebenen Sorgfalt, bei Interpretation und Publikation, zu behandeln sind (vgl. auch Nida-Rümelin, 2005). Die DFG empfiehlt z.B. (klinische) Studien *unabhängig von ihrem Ergebnis* zu publizieren (DFG, 2005, 4).

Darstellung der Hypothese

Bei den untersuchten Hypothesen ist inhaltlich nachzuweisen, dass sie auch das prüfen, was sie zu prüfen beanspruchen. Dies wiederum setzt voraus, dass *vor* jedem Hypothesentest eine Alternativhypothese vorliegt und, dass diese *präzise* formuliert ist (Nickerson, 2000, 276). Die $\mathbf{H_1}$ wäre demnach nur anzunehmen, wenn ein statistisch signifikanter Effekt zustandekommt, dessen Erklärungswert praktisch bedeutsam ist.

Zuguterletzt: Interpretieren Sie Ihre Ergebnisse *nicht* im Nachhinein anhand mehrerer Alphas (Dar et al., 1994, 76; Witte, 1980, 53), z.B. „tendenziell signifikant" oder „marginal signifikant" für z.B. $0.05 < p < 0.10$, „signifikant" [*] für z.B. $0.01 < p < 0.05$, „hochsignifikant" [*] z.B. für $0.001 < p < 0.01$ oder sogar „höchstsignifikant" [***] für $p < 0.001$). Diese Vorgehensweise ist nicht korrekt (vgl. auch Rasch et al., 2004). Statistische Signifikanz wird nur über *eine* Schwelle *apriori* definiert. Daher ist es auch ein Irrtum anzunehmen, dass je kleiner ein p-Wert ist, dieser umso „besser" sei im Sinne eines größeren Effekts (z.B. Nickerson, 2000, 257). Mehrere expost-Stufen sind nicht zulässig. SPSS vergibt zwar selbst solche Markierungen, z.B. mittels der Prozedur CORRELATIONS. Auch wenn solche Markierungen ggf. die *Lesbarkeit* von umfangreichen Korrelationstabellen erleichtern könnten, ist dies nicht zu verwechseln mit der expost Definition von Alphas, wie auch einer einfachen Interpretation der Signifikanzen (Alphafehler-Kumulation, Effektstärke). Seien Sie beim wissenschaftlichen „Sprachspiel" generell zurückhaltend. Verwenden Sie Termini nur, wenn Sie genau wissen, was diese Begriffe besagen. Der Ausdruck „substantieller Effekt“ bedeutet z.B. in der Forschung allgemein „praktisch bedeutsamer Effekt“, kann je nach Forschungskontext aber auch präziser meinen, dass ein eingetretener Effekt mindestens so groß ist wie ein vorher festgelegter Minimaleffekt.

Unterlassen einer tendenziösen, irreführenden Darstellungsweise

Drücken Sie sich klar und deutlich aus. Treten Sie jeder unklaren, schwammigen, umso mehr einer tendenziösen, irreführenden Darstellungsweise mit Misstrauen entgegen. Jemand, der sich unklar ausdrückt, weiß entweder nicht, wovon er spricht. Oder aber, viel schlimmer, er bzw. sie weiß es genau und möchte es daher bewusst verbergen.

Der US-Regierung wurde z.B. Anfang 2006 vorgeworfen, Berichte über den Klimawandel manipuliert haben. In u.a. der US-Umweltschutzbehörde und der Raumfahrtbehörde Nasa arbeitende Wissenschaftler seien jahrelang und systematisch unter Druck gesetzt worden, aus Berichten Begriffe wie z.B. „Klimawandel“ oder „Erderwärmung“ zu entfernen (NCAC, 2007). Aufgrund dieser und weiterer politischer Einflussnahmen bekam die Bush-Regierung im Jahre 2007 vom renommierten Thomas Jefferson Center den „Maulkorb“-Preis verliehen. Ein weiteres Beispiel ist eine Veröffentlichung von Klimanskaya et al. (2006, August) in der Zeitschrift „Nature“, einer Forschungsgruppe um den Stammzellenforscher Robert Lanza. Darin behaupten Klimanskaya et al., Stammzellen gewinnen zu können, ohne dabei den menschlichen Embryo zu zerstören. Was vorschnell als Sensation gefeiert wurde, entpuppte sich bei genauerer Betrachtung als geschicktes Jonglieren mit ungenauen Angaben (keinen N, sondern Prozentwerten), irreführenden Abbildungen und einer insgesamt tendenziösen Darstellung (z.B. Stollorz, 2006). Faktisch wurden die Embryonen zerlegt. Klimanskaya et al. (2006) hatten einen glaubwürdigen Nachweis für ihre Behauptung tatsächlich nicht erbracht, statt dessen (zusätzliches) Misstrauen gegenüber der Stammzellenforschung geschürt. Genau betrachtet ging es bei dieser Veröffentlichung vermutlich ums Geld: Lanza gehört nämlich die Firma Advanced Cell Technology (ACT), deren kontinuierliche sinkende Aktienkurse nach der Veröffentlichung des Artikel für eine kurze Zeit wieder anstiegen.

Verwenden Sie auch nicht die Begriffe „höchstsignifikant“ oder „hochsignifikant“. Auch rhetorische Figuren, wie z.B. die sog. „allmächtige Anekdote“ (vgl. die allgemeine Darstellung in Friedmann et al., 2004), haben bei der Kommunikation von Ergebnissen in Wort, Text oder Bild nichts verloren.

Korrekte Interpretation der Ergebnisse

Ergebnisse können und dürfen nur in den Grenzen des gegebenen theoretischen und empirischen Rahmens interpretiert werden. Zum Rahmen gehören u.a. Theorie, Hypothese, Operationalisierung, Versuchsplan und der Range der gewonnenen Daten. Allerdings kann und sollte eine Interpretation über das einfache „Hypothese angenommen“/„Hypothese verworfen“-Schema hinausgehen. Wobei die Kunst besteht, jedoch gleichzeitig auch eine Überinterpretation (Spekulation) zu vermeiden (vgl. den nächsten Punkt).

Diskussion möglicher Störeffekte
Alle Ergebnisse sind konsequent selbst anzuzweifeln. Das Ziel einer Diskussion ist nicht, Ergebnisse herbeizureden, sondern einer kritischen Prüfung zu unterziehen (vgl. auch DFG, 1998). Erst wenn sie einer kritischen Prüfung standhalten, können und sollten sie als relevant, stabil und zuverlässig kommuniziert werden. Das Ergebnis des Überprüfens des Effekts möglicherweise in Frage kommender Störvariablen ist zu diskutieren.

Die vorangegangen Abschnitte stellten überwiegend Punkte zusammen, die eingehalten werden sollten. – Notwendigerweise konnten einzelne grundlegende Konzepte (z.B. Messung und Skalierung, vgl. z.B. Velleman & Wilkinson, 1993; Gigerenzer, 1981) nur gestreift werden, daraus soll jedoch keinesfalls nicht der Schluss abgeleitet werden, dass diese weniger relevant seien. Die nachfolgend zusammengestellten Punkte sollten auf jeden Fall unterlassen werden.

19.4 Kriterien für „Todsünden" professionellen Arbeitens

Als Verstöße gegen professionelle wissenschaftliche Praxis werden nachfolgend u.a. Standards der Deutschen Forschungsgemeinschaft (DFG, 1998) und des Office of Research Integrity des U.S. Department of Health and Human Services zusammengestellt: Dazu zählen das Erfinden von Daten und Ergebnissen, die Manipulation von Daten, Plagiarismus, sowie weitere Verstöße gegen Standards in Bezug auf die Planung, Durchführung oder Publikation wissenschaftlicher Studien. Diese Kriterien werden oft zur Bestimmung wissenschaftlichen Fehlverhaltens („Fraud") angeführt, sind im Prinzip jedoch als generelle Standards professionellen Handelns zu sehen. Der Sinn dieses Kapitels ist jetzt nicht, Skandale aneinander zu reihen, die bei genauerer Betrachtung der Wissenschaften sicher nicht selten sind, zum Beispiel: Hwang Woo-Suk, Jan Henrik Schön, der „Sündenfall" Hermann/Brach oder u.a. Cyril Burt's erfundene Zwillinge (vgl. BBC News, 2005; SPIEGEL ONLINE, 2004; Abschlussbericht 2001; Di Trocchio, 1999; Finetti & Himmelreich, 1999, v.a. Erster Teil; für weitere Beispiele vgl. auch Monmonier, 1996; Broad & Wade, 1984, z.B. Kap. 11; Gould, 1983). Der Sinn dieses Kapitels ist, ein Bewusstsein für Problembereiche zu schärfen, mit denen es innerhalb des anspruchsvollen und anstrengenden wissenschaftlichen Arbeitens umzugehen gilt (wobei man hier eigentlich auch die Medien (aber nicht nur) und ihren nicht selten unprofessionellen Umgang mit wissenschaftlichen Berichten nicht ausnehmen sollte, vgl. Krämer & Gigerenzer, 2005; Best, 2001; Krämer, 2000; Müller-Ullrich, 1998, v.a. das Kapitel „Auf Klärung aus"; Dewdney, 1994; Huff, 1993/1954). Zuallererst: Arbeiten Sie wie ein Profi. Laliberté et al. (2004, 16) betrachten z.B. Professionalität explizit als eine Grundvoraussetzung von Datenintegrität: Entwickeln Sie für sich Werte, Standards und Kriterien und fordern Sie diese auch von anderen ein. Entwickeln Sie für sich den Anspruch, jeden Aspekt Ihrer Arbeit *gegenüber sich selbst und anderen* erklären, begründen und belegen zu können. Fordern Sie diese Nachweispflicht auch von anderen ein. Zuallererst von denjenigen, die sie unterstützen sollen. Lernen Sie zu unterscheiden zwischen denjenigen, die Sie faktisch unterstützen und denjenigen, die dazu nicht in der Lage sind. Gehen Sie (nicht nur bei Ihrer wissenschaftlichen Arbeit) immer von folgendem Szenario aus: Für alles, was Sie in Ihrem Namen tun, müssen Sie die Verantwortung übernehmen können und sind auch dazu in der Lage. Andere sollten dazu ebenfalls in der Lage sein. Lassen Sie sich daher auch aus diesen Gründen nicht auf sog. Ehrenautorenschaften ein, die übrigens auch die DFG (1998) in den Empfehlungen 11 und 12 für „ausgeschlossen" erklärt hat, wenn auch aus etwas anderen Gründen. Professionelle wissenschaftliche Arbeit beruht im Allgemeinen auf mehreren Grundprinzipien (z.B. DeGEval, 2004, 2002; Deutsche Forschungsgemeinschaft, 1998). Über allen steht jedoch die Ehrlichkeit (Integrität) gegenüber sich selbst und allen anderen. Im Hinblick auf die Erhebung, Verarbeitung, Analyse und Publikation bzw. Archivierung von Daten ist somit strikte Ehrlichkeit und Transparenz zu gewährleisten, dazu gehört: Sie arbeiten nach allen Regeln der Kunst („lege artis"). Sie dokumentieren Ihre Ergebnisse und diskutieren diese kritisch. Archivieren Sie Ihre Daten und Syntaxprogramme und stellen diese ggf. Überprüfungen oder auch Metaanalysen zur Verfügung.

Erfinden von Daten oder Ergebnissen

Niederschrift, Verwendung oder Publikation von Daten oder Ergebnissen, die absichtlich frei erfunden wurden. Dazu zählt u.a. das Ersetzen „unerwünschter" Ergebnisse durch Wunschresultate. Je nach den Umständen können diese Praktiken in den Kontext des Betrugs und/oder auch die Urkundenfälschung fallen.

Datenmanipulation

Zur Datenmanipulation zählt u.a. das willkürliche Verändern, Verfälschen, Ausschließen oder auch Unterdrücken (Verschweigen/Unterschlagen, Löschen) von Daten(sätzen), Abläufen (Prozessen), der materiellen und technischen Ausstattung (z.B. Qualität, Kalibrierungen) und/oder Ergebnissen mit der Absicht, eine Studie bzw. ihre Ergebnisse anders darstellen zu wollen. Daten sind unabhängig von ihrem Format (Messungen, Fotografien, Tonbandprotokolle, usw.) in keinerlei Hinsicht zu manipulieren. Zur Datenmanipulation zählen auch ernsthafte Verstöße gegen Vorschriften bei der Durchführung von Versuchen, z.B. eine verfälschende Durchführung eines Experiments mit dem Ziel, wunschgerechte Ergebnisse herbeizuführen, *und/oder* auch die missbräuchliche Anwendung statistischer Verfahren in der Absicht, Daten auf ungerechtfertigte Weise zu interpretieren, *und/oder* die verzerrende Darstellung und Interpretation von Ergebnissen und ungerechtfertigten Schlussfolgerungen in Richtung erwünschter Ergebnisse. Je nach den Umständen können diese Praktiken in den Kontext des Betrugs, des Verstoßes gegen Datenschutzrichtlinien und/oder auch die Urkundenfälschung fallen.

Verstöße gegen den Datenschutz

Zu Verstößen gegen den Datenschutz zählen u.a. die nicht autorisierte Verwendung vertraulicher Informationen (z.B. Veröffentlichung Daten Dritter), Urkundenfälschung (z.B. Fälschung von Dokumenten oder Unterschriften), sowie die Verfälschung von Qualifikationen oder Referenzen. Je nach den Umständen können diese Praktiken in den Kontext des Betrugs (§ 263 StGB), des Verstoßes gegen Datenschutzrichtlinien (§§ 303a, 303b StGB) und/oder auch die Urkundenfälschung fallen (§ 267 StGB; vgl. auch § 268 StGB zur Fälschung technischer Aufzeichnungen, sowie § 269 StGB zur Fälschung beweiserheblicher Daten).

Plagiarismus
Plagiarismus ist im Allgemeinen die Aneignung und Verwendung des geistigen Eigentums Dritter, z.B. Gedanken, Ideen, Beobachtungen/Ergebnisse, (un)veröffentlichte Texte, Techniken/ Prozesse oder Daten anderer, als eigene Leistung ohne entsprechendes Kenntlichmachen auszugeben. Zu Praktiken der ungerechtfertigten Autorenschaft zählen u.a. das Abschreiben bzw. Übernehmen von Textpassagen anderer ohne regelgerechte Zitierung des Autors und seines Textes, das unvollständige Zitieren der Literaturquellen bei Textpassagen, die in Anlehnung an andere Autoren verfasst wurden, sowie die Nichtberücksichtigung von Mitarbeitern als Mitautoren trotz ihrer Beiträge zur Veröffentlichung. Je nach Kontext können diese Praktiken in den Kontext des Diebstahls geistigen Eigentums und/oder den Verstoß gegen das Urheberrecht fallen.

Jeder andere Verstoß gegen akzeptierte Standards
Z.B. Anstiftung zu unprofessionellem Verhalten (wissenschaftliches Fehlverhalten) einschl. Deckung oder Verschleierung, sowie Vergeltung gegenüber Dritten, die auf ein solches Verhalten aufmerksam machen.

Fehlverhalten und Konsequenzen
Das jeweilige Fehlverhalten kann je nach Land, Rechtsprechung, sowie Forschungskontext unterschiedlich definiert sein. Vor allem international arbeitende Wissenschaftler sollten sich darüber im Klaren sein, dass Fehlverhalten je nach länderspezifischer Rechtsprechung, durchaus gegen geltendes Recht verstoßen, sowie privat- sowie strafrechtliche Konsequenzen nach sich ziehen kann.
Das deutsche Strafgesetzbuch (StGB) definiert z.B. in § 263 den Betrug folgendermaßen: „Wer in der Absicht, sich oder einem Dritten einen rechtswidrigen Vermögensvorteil zu verschaffen, das Vermögen eines anderen dadurch beschädigt, dass er durch Vorspiegelung falscher oder durch Entstellung oder Unterdrückung wahrer Tatsachen einen Irrtum erregt oder unterhält, wird mit Freiheitsstrafe bis zu fünf Jahren oder mit Geldstrafe bestraft. Der Versuch ist strafbar." Das deutsche Strafgesetzbuch führte 1986 §§ 303a (Datenveränderung) und 303b (Computersabotage) ein. Gemäß § 303a StGB macht sich strafbar, wer rechtswidrig Daten löscht, unterdrückt, unbrauchbar macht oder verändert. Auch der Versuch ist strafbar. Gemäß §303b StGB macht sich strafbar, wer eine Datenverarbeitung von wesentlicher Bedeutung für einen Betrieb, ein Unternehmen oder Behörde durch die in § 303a StGB genannten Veränderungen der Daten oder durch physische Beschädigung oder Zerstörung stört. Auch hier ist der Versuch strafbar. Je nach Schweregrad und/oder krimineller Energie könnten auch ein oder mehrere Straftatbestände gegen die körperliche Unversehrtheit (§§ 223-231 StGB) gegeben sein, z.B. die der (fahrlässigen, gefährlichen) Körperverletzung aufgrund gefälschter Studienergebnisse, falscher Therapieempfehlungen usw.
Mögliche Gründe für Fehlverhalten (sei es unabsichtliches Fehlverhalten [malpractise], sei es absichtlicher Betrug [fraud]), gelten keinesfalls als Entschuldigungen, sondern als Fehler-

quellen, die es zu ändern gilt, dazu zählen u.a. (scheinbare) Unkenntnis bzw. persönliche Einstellung, (scheinbar) unklar formulierte Erwartungen bzw. nichtverbindliche Standards, (scheinbar) per conventionem geduldete Verhaltensweisen bzw. Abläufe, (scheinbar) mangelnde strafrechtliche Konsequenzen, (scheinbar) ineffektive Kontrollen (Zeitschriften, Peer Reviews / Audit Trails, Unternehmen/Universitäten usw.), (scheinbar) als unabänderlich hinzunehmende Arbeits- bzw. Wettbewerbsbedingungen (Termin- /Karrierezwänge usw.), (scheinbare) Akzeptanz bzw. Deckung des Fraud „von oben" (z.B. durch Vorgesetzte, Gremien) usw. Floskeln wie z.B. „Daten enthalten immer Fehler" oder „andere machen's genauso [falsch]" sind abzulehnende systemerhaltende Behauptungen bzw. Einstellungen, die nur dazu dienen, von den Konsequenzen des inkompetenten eigenen Tuns abzulenken bzw. verantwortungslos zu fehlerhaften Arbeiten, Daten und Ergebnissen anzustiften. Die Tragweite kann oft nicht weit genug abgeschätzt werden, sie kann von der unangenehmen Aufmerksamkeit seitens der Vorgesetzten, Konzernspitze, Sponsoren, Medien bzw. Öffentlichkeit, Arbeitsplatz-/Auftragskündigung, Schadensersatz, Vertrauensverlust in die eigene Arbeit im Allgemeinen bis hin zur scientific community im Besonderen gehen; es sei an dieser Stelle auch an die besonderen Auswirkungen (nicht nur) in der klinischen Forschung erinnert (vgl. Kapitel 1), wenn z.B. Arzneimittel auf der Grundlage falscher oder gefälschter Daten zugelassen werden.
Der harmlos klingende Begriff „Fraud" für Fehlverhalten in der Wissenschaft, der vermeintlich „nur" für Betrug steht, wird z.B. von U.S. Gerichten u.a. als Diebstahl an Fördermitteln interpretiert. Sanktionen können je nach Fehlverhalten u.a. von Protokollierung einer Dienstpflichtverletzung, Abmahnung, Aussetzen von Promotionsverfahren etc., Aberkennung von Titeln, Schadensersatzforderungen (seitens Förderern, Arbeitgebern oder Verlagen), Rückerstattung von Forschungsgeldern bzw. Fördermitteln, Ausschluss aus Gutachtergremien, Entlassung bis hin zu mehrjährigen Gefängnisstrafen reichen (z.B. Office of Research Integrity, 2006, 2; DFG, 1998). Auch muss je nach Land, Rechtssystem und Forschungsbereich damit gerechnet werden, u.a. an den Pranger gestellt zu werden. Die FDA (USA) veröffentlicht z.B. Betrugsfälle auf einem öffentlich zugänglichen „Misconduct"-Pranger. Zahlreiche Einrichtungen führen außerdem mehr oder weniger offizielle Schwarze Listen oder entsprechende Datenbanken. In Deutschland sammelt z.B. das sog. „Goldene Gedächtnis" der Deutschen Gesellschaft für Pharmazeutische Medizin e.V. Informationen über Fehlverhalten und mutmaßlichen oder tatsächlichen Betrug in der klinischen Forschung, und wird oft vor der Durchführung von klinischen Studien entsprechend konsultiert.

Jeder repräsentiert durch seine professionelle Tätigkeit in Unternehmen, öffentlichen oder akademischen Einrichtungen usw. das wissenschaftliche System. Wissenschaftliche Standards sind einzuhalten, exkulpierende bzw. pseudolegitimierende Verhaltensweisen zu unterlassen.

Einzig professionelles Arbeiten und Kommunizieren repräsentiert Wissenschaftlichkeit und ist die alleinige Grundlage für vertrauenswürdige Forschung als System.

Forschen zu dürfen ist ein *Privileg*. Forschen zu können ein *Wert*.
Verleihen Sie beidem *durch Qualität* Nachhaltigkeit.

20 Literatur

Abschlussbericht (2001). Abschlussbericht der Task-Force F.H. (Fassung vom 08.02.2001).

Albert, Hans (1968). Traktat über kritische Vernunft. Tübingen: Mohr.

Allison, Paul D. (2000). Multiple Imputation for Missing Data: A Cautionary Tale. University of Pennsylvania.

Alsleben, Christoph & Richter, Wolfram F. (2005). Deutschlands uninformierte Elite: Über das aktuelle Spiegel-Ranking. Forschung & Lehre, 2005, 2, 80–81.

American Psychological Association (2001). Publication Manual. Washington, DC: American Psychological Association (5th ed.).

Atherton , Mark (2007). Errors up as taxman seeks more power. TIMES ONLINE (Meldung vom 06.07.2007)

Bacher, Johann (2002[2]). Clusteranalyse. München Wien: R.Oldenbourg Verlag.

Bacher, Johann; Wenzig, Knut & Vogler, Melanie (2004). SPSS Two-Step Cluster – A First Evaluation. Friedrich-Alexander-Universität Erlangen-Nürnberg. Sozialwissenschaftliches Institut. Lehrstuhl für Soziologie. Arbeits- und Diskussionspapiere 2004-2 (2. Auflage).

Bange, Carsten & Schinzer, Heiko (2001). Am Anfang steht die Datenqualität. Computerwoche, 44, 56–58 (02.11.2001).

Barnett, Vic & Lewis, Toby (1994[3]). Outliers in statistical data. NewYork: John Wiley & Sons.

Batini, Carlo & Scannapieco, Monica (2006). Data Quality: Concepts, Methodologies and Techniques. New York: Springer.

BBC News (2005). S Korea cloning research was fake (Meldung vom 23.12.2005).

Beaulieu-Prévost, Dominic (2006). Confidence Intervals: From tests of statistical significance to confidence intervals, range hypotheses and substantial effects. Tutorial in Quantitative Methods for Psychology, Vol 2 (1), 11–19.

Begg, Colin B. & Berlin, Jesse A. (1988). Publication bias: A problem in interpreting medical data. Journal of the Royal Statistical Society, A, 151, (3), 419–463.

Beikler, Sabine (2005). Hartz-IV-Panne: Berlins Arbeitsämter zahlen Abschlag. Der Tagesspiegel (Meldung vom 02.01.2005)

Berry, Michael J.A. & Linoff, Gordon, S. (2000). Mastering Data Mining: The Art and Science of Custer Relationship Management. New York: John Wiley & Sons.

Best, Joel (2001). Damned Lies and Statistics: Untangling Numbers from the Media, Politicians and Activists. University of California Press.

Bettschen, Patrick (2005). Master Data Management (MDM) enables IQ at Tetra Pak, 1–31. In: (eds.) Proceedings of the Tenth International Conference on Information Quality (ICIQ 2005). Boston, MA: MIT Sloan School of Management – Total Data Quality Management Program.

Blanc, Michel; Radermacher, Walter & Körner, Thomas (2001). Qualität und Nutzer – Grundlagen und Instrumente der Nutzerorientierung in der amtlichen Statistik. Statistisches Bundesamt – Wirtschaft und Statistik, 10, 799–807.

Bock, Jürgen (1998). Bestimmung des Stichprobenumfangs. München Wien: R.Oldenbourg Verlag.

Bohannon, John (2006). Iraqi Death Estimates Called Too High; Methods Faulted. In: Science, 314, 5798, 396 – 397 (20 October 2006).

Bonanos, Alceste Z., Stanek, Kris Z.; Kudritzki, Rolf P.; Macri, Lucas M.; Sasselov, Dimitar D.; Kaluzny, Janusz; Stetson, Peter B.; Bersier, David; Bresolin, Fabio; Matheson, Tom; Mochejska, Barbara J.; Przybilla, Norbert; Szentgyorgyi, Andrew H.; Tonry, John; Torres, Guillermo (2006). The first DIRECT distance determination to a detached eclipsing binary in M33. The Astrophysical Journal, Vol. 652, 313–322.

Bortz, Jürgen & Lienert, Gustav A. (1998). Kurzgefaßte Statistik für die klinische Forschung: Ein praktischer Leitfaden für die Analyse kleiner Stichproben. Heidelberg: Springer.

Bortz, Jürgen (1993[4]). Statistik für Sozialwissenschaftler. Heidelberg: Springer.

Bortz, Jürgen & Döring, Nicola (1995[2]). Forschungsmethoden und Evaluation für Sozialwissenschaftler. Heidelberg: Springer.

Boseley, Sarah (2006). UK scientists attack Lancet study over death toll. The Guardian, Tuesday October 24, 2006.

Brackstone, Gordon (1999) Managing data quality in a statistical agency. Survey Methodology, 25, 2, 129–149.

Bredenkamp, Jürgen (1972). Der Signifikanztest in der psychologischen Forschung. Frankfurt/M.: Akademische Verlagsanstalt.

Bredenkamp, Jürgen (1969). Über Maße der praktischen Signifikanz. Zeitschrift für Psychologie, 177, 310–317.

Broad, William & Wade, Nicholas (1984). Betrug und Täuschung in der Wissenschaft. Basel: Birkhäuser.

Brockman, John (1991). Einstein, Gertrude Stein, Wittgenstein und Frankenstein: Die Geburt der Zukunft: Die Bilanz unseres naturwissenschaftlichen Weltbildes. München: Goldmann.

Bundesärztekammer, Kassenärztliche Bundesvereinigung & Arbeitsgemeinschaft der Wissenschaftlichen Medizinischen Fachgesellschaften (2003). „Curriculum Qualitätssicherung / Ärztliches Qualitätsmanagement". Reihe: Texte und Materialien der Bundesärztekammer zur Fortbildung und Weiterbildung. Band 10: Curriculum Qualitätssicherung / Ärztliches Qualitätsmanagement. 3. überarbeitete Auflage.

Burnham, Gilbert; Lafta, Riyadh; Doocy, Shannon et al. (2006). Mortality after the 2003 invasion of Iraq: A cross-sectional cluster sample survey. In: The Lancet, 368(9545), 1421–1429.

Buu, Yuh-Pey Anne (1999). Analysis of longitudinal data with missing values: A methodological comparison. Unpublished doctoral dissertation, Indiana University.

Cabena, Peter, Hadjinian, Pablo, Stadler, Rolf, Verhees, Jaap & Zanasi, Alessandro (1998): Discovering data mining – from concept to implementation. Upper Saddle River.

Calvert, William S. & Ma, Meimei J. (1996). Data Management: Concepts and Case Studies. Cary, NC: SAS Institute Inc.

Carson, Carol S. & Liuksila, Claire (2001) Further steps toward a framework for assessing data quality. International Monetary Fund (IMF): Statistics Department. Washington DC.

Carson, Carol S. (2000). What Is Data Quality? A Distillation of Experience. International Monetary Fund (IMF): Statistics Department. Washington DC.

Carver, Ronald P. (1993). The case against statistical significance testing, revisited. Journal of experimental education, 61 (4), 287–292.

Chambers, Ray (1999a). Probability sampling: Basic methods, 7–39. In: Davies, Pam & Smith, Paul (eds.). Model Quality Report in Business Statistics – Vol. 1: Theory and Methods for Quality Evaluation. UK Office for National Statistics. London.

Chambers, Ray (1999b). Probability sampling: Extensions, 40–64. In: Davies, Pam & Smith, Paul (eds.). Model Quality Report in Business Statistics – Vol. 1: Theory and Methods for Quality Evaluation. UK Office for National Statistics. London.

Chapman, Pete; Clinton, Julian; Khabaza, Thomas; Reinartz, Thomas; Wirth, Rüdiger (1999): The CRISP-DM Process Model. Discussion Paper. The CRISP-DM consortium NCR System Engineering Copenhagen (Denmark), DaimlerChrysler AG (Germany), Integral Solutions Ltd. (England) and OHRA Verzekeringen en Bank Groep B.V (The Netherlands).

Chatterjee, Samprit & Price, Bertram (1995^2). Praxis der Regressionsanalyse. München Wien: R.Oldenbourg Verlag.

Claus, Prof. Dr. Volker (2004). Spiegel Rangliste vom November. Universität Stuttgart. Email, 16.12.2004.

Cleophas, Ton J., Zwinderman, Aeilko H. & Cleophas, Toinc, F. (2002). Statistics applied to Clinical Trials. Dordrecht: Kluwer Acedmic Publisher.

Cleveland, William S. (1993). Visualizing data. Summit, NJ: Hobart Press.

Cohen, Jacob et al. (2003[3]). Applied Multiple Regression/Correlation Analysis for the Behavioral Sciences. Mahwah NJ: Lawrence Erlbaum Ass.

Cohen, Jacob (1994). The earth is round (p < .05). American Psychologist, 49, 997–1003.

Cool, Angela L. (2000). A review of methods for dealing with missing data. Paper presented at the Annual Meeting of the Southwest Educational Research Association, Dallas, TX. (ERIC Document Reproduction Service No. ED 438 311).

Copas, John B. & Li, H.G. (1997) Inference for non-random samples (with discussion). Journal of the Royal Statistical Society, Series B, **59**, 55–96.

Cumming, Geoff & Finch, Sue (2005). Inference by eye: Confidence intervals and how to read pictures of data. American Psychologist, 60, 2, 170–180.

Dar, Rueven; Serlin, Ronald C. & Omer, Haim (1994). Misuse of Statistical Tests in Three Decades of Psychotherapy Research. *Journal of Consulting and Clinical Psychology*, 62, 75–82.

Davies, Pam (1999). Processing errors, 16–24. In: Davies, Pam & Smith, Paul (eds.). Model Quality Report in Business Statistics – Vol. 1: Theory and Methods for Quality Evaluation. UK Office for National Statistics. London.

Davies, Pam & Smith, Paul (1999a) (eds.). Model Quality Report in Business Statistics – Vol. I: Theory and Methods for Quality Evaluation. UK Office for National Statistics. London.

Davies, Pam & Smith, Paul (1999b) (eds.). Model Quality Report in Business Statistics – Vol. II: Comparison of Variance Estimation Software and Methods. UK Office for National Statistics. London.

Davies, Pam & Smith, Paul (1999c) (eds.). Model Quality Report in Business Statistics – Vol. III: Model Quality Reports. UK Office for National Statistics. London.

Davies, Pam & Smith, Paul (1999d) (eds.). Model Quality Report in Business Statistics – Vol. IV: Guidelines for Implementation of Model Quality Reports. UK Office for National Statistics. London.

DeGEval (2004): Deutsche Gesellschaft für Evaluation: Empfehlungen für die Aus- und Weiterbildung in der Evaluation: Anforderungsprofile an Evaluatorinnen und Evaluatoren. Köln: Z.B.!Kunstdruck GmbH.

DeGEval (2002): Deutsche Gesellschaft für Evaluation: Standards für Evaluation. Köln: Zimmermann-Medien.

Dewdney, Alexander K. (1994). 200 Prozent von Nichts: Die geheimen Tricks der Statistik und andere Schwindeleien mit Zahlen. Basel: Birkhäuser.

DFG / Deutsche Forschungsgemeinschaft (2005): Grundsätze und Verantwortlichkeiten bei der Durchführung klinischer Studien. Bonn: Deutsche Forschungsgemeinschaft (12. Juli 2005).

DFG / Deutsche Forschungsgemeinschaft (1998): Vorschläge zur Sicherung guter wissenschaftlicher Praxis. Bonn: Deutsche Forschungsgemeinschaft.

Diehl, Joerg M. & Arbinger, Roland (2001[3]). Einführung in die Inferenzstatistik. Eschborn: Verlag Dietmar Klotz.

Diehl, Joerg M. & Kohr, Heinz U. (1999[12]). Deskriptive Statistik. Eschborn: Verlag Dietmar Klotz.

Diekmann, Andreas (2002). Diagnose von Fehlerquellen und methodische Qualität in der sozialwissenschaftlichen Forschung. Wien: Österreichische Akademie der Wissenschaften, Institut für Technikfolgen-Abschätzung (ITA) (06/2002, ITA-02-04).

Di Trocchio, Federico (1999). Der große Schwindel: Betrug und Fälschung in der Wissenschaft. Reinbek b.Hamburg: Rowohlt.

Draper, David & Bowater, Russell (1999a). Sampling errors under non-probability sampling, 65–81. In: Davies, Pam & Smith, Paul (eds.). Model Quality Report in Business Statistics – Vol. 1: Theory and Methods for Quality Evaluation. UK Office for National Statistics. London.

Draper, David & Bowater, Russell (1999b). Model assumption errors, 40–64. In: Davies, Pam & Smith, Paul (eds.). Model Quality Report in Business Statistics – Vol. 1: Theory and Methods for Quality Evaluation. UK Office for National Statistics. London.

Dravis, Frank (2004). Data Quality Strategy: A step-by-step approaach, 27–43. In: Proceedings of the Ninth International Conference on Information Quality (ICIQ 2004). Boston, MA: MIT Sloan School of Management – Total Data Quality Management Program.

Eckerson, Wayne W. (2002). Data quality and the bottom line: Achieving Business Success through a Commitment to High Quality Data. The Data Warehousing Institute: TDWI Report Series.

Elvers, Eva (1999). Frame errors, 82-5. In: Davies, Pam & Smith, Paul (eds.). Model Quality Report in Business Statistics – Vol. 1: Theory and Methods for Quality Evaluation. UK Office for National Statistics. London.

Elvers, Eva & Rosen, Bengt (1999) Quality Concept for Official Statistics, 621–629. In: Kotz, Samuel; Read, Campbell B. & Banks, David L. (eds.). Encyclopedia of Statistical Sciences, Vol. 3 – Update (John Wiley & Sons. New York.

English, Larry (2002). Process Management and Information Quality: How improving information production processes improve information (product) quality, 206–209. In: Proceedings of the Seventh International Conference on Information Quality (ICIQ 2002). Boston, MA: MIT Sloan School of Management – Total Data Quality Management Program.

English, Larry (1999). Improving Data Warehouse and Business Information Quality. NewYork: John Wiley & Sons.

Eppler, Martin J. & Helfert, Markus (2004). A classification and analysis of data quality costs, 311–325. In: Proceedings of the Ninth International Conference on Information Quality (ICIQ 2004). Boston, MA: MIT Sloan School of Management – Total Data Quality Management Program.

Eurostat (2004). European Conference on Quality and Methodology in Official Statistics (Q2004). Mainz, Germany, Castle of the Prince Elector (24–26 May 2004). Federal Statistical Office Germany / Statistisches Bundesamt, Wiesbaden).

Eurostat (2003). "How to make a quality report". Working Group "Assessment of quality in statistics". 6th meeting. Eurostat, Luxembourg. 2–3 October 2003.

Eurostat (2002). Definition of quality in statistics. Working Group "Assessment of quality in statistics". 5th meeting. Eurostat, Luxembourg. 2–3 May 2002.

Eurostat (1999). Quality work and quality assurance within statistics. Luxembourg: Eurostat.

Eurostat (1998). Qualitätsarbeit und Qualitätssicherung in der Statistik. Luxembourg: Eurostat.

Fay, Robert E. (2002). Probabilistic models for detecting census person duplication. American Statistical Association: Joint Statistical Meetings – Section on Survey Research Methods, 746, 969–974.

Fay, Robert E. (2000). Theory and application of nearest neighbour imputation in Census 2000. US Census Bureau, Decennial Statistical Studies Division, Washington DC.

Feldt, Leonard S. (1973). What size samples for methods/materials experiments? Journal of Educational Measurement, 10, 221–231.

Feyerabend, Paul (1986). Wider den Methodenzwang. Frankfurt a.M.: Suhrkamp.

Feyerabend, Paul (1980). Erkenntnis für freie Menschen. Veränderte Ausgabe. Frankfurt a.M.: Suhrkamp.

Finetti, Marco & Himmelreich, Armin (1999). Der Sündenfall: Betrug und Fälschung in der deutschen Wissenschaft. Stuttgart: Dr.Josef Raabe.

Fischer, Hannah (2006). Iraqi Civilian Deaths Estimates. CRS Report for Congress, Congressional Research Service, The Library of Congress (November 22, 2006).

Fitzmaurice, Garrett; Laird, Nan & Ware, James (2004). Applied Longitudinal Analysis. NewYork: John Wiley & Sons.

Forster, Jonathan J. & Smith, Peter W.F. (1998) Model-based inference for categorical survey data subject to non-ignorable nonresponse (with discussion). Journal of the Royal Statistical Society, Series B, 60, 57–70.

Friedmann, Jan; Hackenbroch, Veronika; Hipp, Dietmar; Klawitter, Nils; Koch, Julia; Lakotta, Beate; Mohr, Joachim; Schmitz, Christoph; Thimm, Katja & Wüst, Christian (2004). Die Elite von Morgen – Wo studieren die Besten? DER SPIEGEL, 48, 178–200.

Fugini, Maria Grazia; Mecella, Massimo; Plebani, Pierluigi; Pernici, Barbara; Scannapieco, Monica (2002). Data Quality in Cooperative Web Information Systems. Kluwer Academic Publishers.

Gackowski, Zbigniew J. (2004). Logical interdependence of data/information quality dimensions – A purpose-focused view on IQ, 126–140. In: Proceedings of the Ninth International Conference on Information Quality (ICIQ 2004). Boston, MA: MIT Sloan School of Management – Total Data Quality Management Program.

Gartner Inc. (2007). Magic Quadrant for Customer Data Mining. Gartner RAS Core Research Note. G00145685 Gareth Herschel 4 May 2007 R2297 05092008.

Garvin, David A. (1998). What does 'Product Quality' really mean? Sloan Management Review, Fall, 25–43.

Gassman Jennifer J., Owen WW, Kuntz TE, Martin JP, Amoroso WP (1995). Data quality assurance, monitoring, and reporting. Control Clin Trials, 16, 104–136 (Supplement).

Gigerenzer, Gerd (1999^5). Über den mechanischen Umgang mit statistischen Methoden, 607–618, in: Roth, Erwin, Heidenreich, Klaus, und Holling, Heinz (Hsg.). Sozialwissenschaftliche Methoden: Lehr- und Handbuch für Forschung und Praxis. München Wien: R.Oldenbourg Verlag.

Gigerenzer, Gerd (1981). Messung und Modellbildung in der Psychologie. München: UTB Reinhardt.

Goerk, Manfred (2005). Data Quality@SAP for Field Processes Excellence. First Information Quality Forum. Dublin City University (February 24th, 2005)

Goerk, Manfred (2004). Data Quality in Practice @ SAP AG – an enterprise wide approach. CAiSE Workshop on Data and Information Quality (DIQ), Riga, Latvia.

Gould, Stephen J. (2000^2). Ein Dinosaurier im Heuhaufen: Streifzüge durch die Naturgeschichte. Frankfurt a.M.: S.Fischer.

Gould, Stephen J. (1983). Der falsch vermessene Mensch. Basel: Birkhäuser.

Graham, David J; Campen, David; Hui, Rita; Spence, Michele; Cheetham, Craig; Levy, Gerald; Shoor, Stanford; Ray, Wayne A (2005). Risk of acute myocardial infarction and sudden cardiac death in patients treated with cyclo-oxygenase 2 selective and non-selective non-steroidal anti-inflammatory drugs: Nested case-control study. Lancet 2005, 365: Early Online Publication.

Green, Sam (1991). How many subjects does it take to do a regression analysis? Multivariate Behavioral Research, 26, 455–510.

Grözinger, Gerd & Matiaske, Wenzel (2005). Ein „Montags"-Ranking. Über die Spiegel/McKinsey-Umfrage unter Studenten. Forschung & Lehre, 2005, 2, 82–83.

Hager, Willi (2005). Vorgehensweisen in der deutschsprachigen psychologischen Forschung: Eine Analyse empirischer Arbeiten der Jahre 2001 und 2002. Psychologische Rundschau, 56 (3), 191–200.

Hager, Willi (1987). Grundlagen einer Versuchsplanung zur Prüfung empirischer Hypothesen in der Psychologie, 43–264, In: Lüer, Gerd (ed.). Allgemeine experimentelle Psychologie, Stuttgart: Fischer.

Haller, Heiko & Kraus, Stefan (2002). Misinterpretations of significance: A problem students share with their teachers? Methods of Psychological Research Online, 7, 1, 1–20.

Hampel, Frank R., Ronchetti, Elvezio M., Rousseeuw, Peter J. & Stahel, Werner A. (2005). Robust Statistics: The Approach Based on Influence Functions. Wiley Series in Probability and Mathematical Statistics. New York: Wiley.

Hampel, Frank R. (1985). The breakdown points of the mean combined with some rejection rules. Technometrics, 27, 95–107.

Hampel, Frank R. (1971). A general qualitative definition of robustness. Annals of Mathematical Statistics, 42, 1887–1896.

Hartung, Joachim (1999[12]). Statistik. München Wien: R.Oldenbourg Verlag.

Hartung, Joachim & Elpelt, Bärbel (1999[6]). Multivariate Statistik: Lehr- und Handbuch der angewandten Statistik. München Wien: R.Oldenbourg Verlag.

Haughton, Dominique; Robbert, Mary Ann; Senne, Linda P.; Gada, Vismay (2003). Effect of dirty data on analysis results, 64–79. In: Proceedings of the Eighth International Conference on Information Quality (ICIQ 2003). Boston, MA: MIT Sloan School of Management – Total Data Quality Management Program.

Hawking, Stephen W. (1988). Eine kurze Geschichte der Zeit: Die Suche nach der Urkraft des Universums. Reinbek b. Hamburg: Rowohlt.

Hawkins, Douglas M. (1980). Identification of outliers. Kluwer Pub. Monographs on Statistics and Applied Probability.

Hays, William L. (1988[4]). Statistics. Fort Worth: Harcout Brace Jovanovich College Publishers.

Hedeker, Donald & Gibbons, Robert D. (1997). Application of random-effects pattern-mixture models for missing data in longitudinal studies. Psychological Methods, 2(1), 64–78.

HEISE online news (2005). Falsche Storno-Meldungen an Krankenkassen durch Fehler in Hartz-IV-Software (Meldung vom 08.08.2005)

Helfert, Markus (2000). Maßnahmen und Konzepte zur Sicherung der Datenqualität. In: Jung, Reinhard & Winter, Robert (Hrsg.). Data Warehousing Strategie: Erfahrungen, Methoden, Visionen. Berlin: Springer, 61–77

Helfert, Markus; Herrmann, Clemens & Strauch, Bernhard (2001). Datenqualitätsmanagement. Universität St. Gallen – Hochschule. Institut für Wirtschaftsinformatik.

Hippel, Paul T. von (2004). Biases in SPSS 12.0 Missing Value Analysis. The American Statistician, May 2004, Vol. 58, No. 2, 160–164.

Hite, Shere (1976). The Hite Report. A nationswide study on female sexuality. New York/London, MacMillan.

Hite, Shere (1981). The Hite Report on Male Sexuality. New York: Alfred A. Knopf.

Höding, Maia; Michalke, Meik; Nass, Oliver (2005). Die Magie der Zahlen – Die Hochschulverrenkungen von AOL, McKinsey und Spiegel. Marburg: Philipps-Universität Marburg: Fachschaftsrat Psychologie.

Horton, Nicholas J. & Lipsitz, Stuart R. (2001). Multiple imputation in practice: Comparison of software packages for regression models with missing variables. The American Statistician, 55(3):244–254.

Hosmer, David W. & Lemeshow, Stanley (2000). Applied Logistic Regression. Second Edition. Wiley & Sons: New York.

Huff, Darrell (1993/1954). How to lie with statistics. New York: W.W.Norton & Company.

Iannacchione, Vincent G. (1982). Weighted sequential hot deck-imputation macros. Proceedings of the SAS Users Group International Conference, Vol. 7, 7, 759– 763.

ICH E6(R1). ICH Harmonised Tripartite Guideline: Guideline for Good Clinical Practice E6 (R1), (10 June 1996).

ICH E8. ICH Harmonised Tripartite Guideline: General Considerations for Clinical Trials E8 (17 July 1997).

ICH E9. ICH Harmonised Tripartite Guideline: Statistical Principles for Clinical Trials E9 (5 February 1998).

IMF Survey (2004). Why statistics matter: African seminars raise awareness, February 16, 1–3.

Infeld, Eric & Sebastian-Coleman, Laura (2004). Galaxy's Data Quality Program: A Case Study, 84–88. In: Proceedings of the Nineth International Conference on Information Quality (ICIQ 2004). Boston, MA: MIT Sloan School of Management – Total Data Quality Management Program.

Ioannidis, John P.A. (2005). Why most published research findings are false. PLoS Medicine (2) 8, e124, 696–701.

Jacob, Peter; Kaiser, Jan C.; Blettner, Maria; Bertelsmann, Hilke; Kutschmann, Marcus; Likhtarev, Ilya; Kovgan, Lina; Vavilov, Sergej; Tronko, Mykola D.; Bogdanova, Tetyana I. (2005). Anwendungsbereich von epidemiologischen Studien mit zusammengefassten Daten zur Bestimmung von Risikofaktoren. Bonn: Bundesministerium für Umwelt, Naturschutz und Reaktorsicherheit (ed.), Schriftenreihe: Reaktorsicherheit und Strahlenschutz.

Juran, Joseph M. & Godfrey, A. Blanton (1999^5). Juran's Quality Handbook. New York: McGraw-Hill.

Kearney, Anne T. (2002). A.C.E. Revision II: Missing DataEvaluation. US Census Bureau, Planning, Research, and Evaluation Division, Washington DC (December 31, 2002).

Keeling, Kellie B. & Pavur, Robert J. (2007). A comparative study of the reliability of nine statistical software packages. Computational Statistics & Data Analysis, 51 (8), 3811–3831.

Keppel, Geoffrey & Wickens, Thomas, D. (2004^4). Design and analysis: A researcher's handbook. Upper Saddle River, NJ: Pearson / Prentice Hall.

Kimball, Ralph & Merz, Richard (2000). The Data Webhouse Toolkit: Building the web-enabled Data Warehouse. New York: John Wiley & Sons.

Kish, Leslie (1990). Weighting: Why, when, and how? American Statistical Association, 18, 121–130.

Klimanskaya, Irina; Chung, Young; Becker, Sandy; Lu, Shi-Jiang & Lanza, Robert (2006). Human embryonic stem cell lines derived from single blastomeres. In: Nature, 444, 481–485. Zzgl. zwei Korrigenda (23.11.2006, 15.03.2007).

Klotz, Karlhorst (2005). Fehler im System: Der Traum von Software ohne Bugs. Technology Review, Juli.

Knusel, Leo (2005). On the accuracy of statistical distributions in Microsoft Excel 2003. Computational Statistics & Data Analysis, 48(3), 445–449.

Konno, Sayako (2006). The Bank of Japan's Basic Principles Toward Further Improvement of Financial and Economic Statistics. Paper presented at the European Conference on Quality in Survey Statistics in Cardiff, UK. Session 3: Improving Survey Data (24 – 26 April 2006).

Körner, Thomas & Schmidt, Jürgen (2006). Qualitätsberichte – ein neues Informationsangebot über Methoden, Definitionen und Datenqualität der Bundesstatistiken. Statistisches Bundesamt – Wirtschaft und Statistik, 2, 109–117.

Kostanich, Donna (2003). A.C.E. Revision II: Design and Methodology, Memorandum Series #PP-30. US Census Bureau, Decennial Statistical Studies Division, Washington DC (March 11, 2003).

Kostanich, Donna & Haines, Dawn E. (2003). Census 2000 Accuracy and Coverage Evaluation Revision II. American Statistical Association: Joint Statistical Meetings – Section on Survey Research Methods, 388, 2229–2235.

Krämer, Walter & Gigerenzer, Gerd (2005). How to confuse with statistics or: The use and misuse of conditional probabilities. Statistical Science, 20, 3, 223–230.

Krämer, Walter (2000). So lügt man mit Statistik. München: Piper.

Krämer, Walter (1995). Was ist faul an der Statistik-Grundausbildung an deutschsprachigen Wirtschaftsfakultäten? Allgemeines Statistisches Archiv, 79, 196–211.

Krantz, David. H. (1999). The null hypothesis testing controversy in psychology. Journal of the American Statistical Association, 44, 1372–1381.

Kriz, Jürgen (1981). Methodenkritik empirischer Sozialforschung. Stuttgart: B.G. Teuber.

Kriz, Jürgen (1973). Statistik in den Sozialwissenschaften. Reinbek b. Hamburg: Rowohlt

Kromrey, Helmut (2005). "Qualitativ" versus "quantitativ" – Ideologie oder Realität? Symposium: Qualitative und quantitative Methoden in der Sozialforschung: Differenz und/oder Einheit? 1. Berliner Methodentreffen Qualitative Forschung, 24.–25. Juni 2005.

Kromrey, Helmut (1999). Diskussion: Von den Problemen anwendungsorientierter Sozialforschung und den Gefahren methodischer Halbbildung. SuB 1/99: Anwendungsorientierte Sozialforschung – Bl.1–16.

Kuhn, Thomas S. (1976). Die Struktur wissenschaftlicher Revolutionen. Frankfurt a.M.: Suhrkamp. Zweite revidierte und um das Postskriptum von 1969 ergänzte Auflage.

Laliberté, Lucie; Grünewald, Werner & Probst, Laurent (2004). A comparison of IMF'S Data Quality Assessment Framework (DQAF) and EUROSTAT's quality definitions. International Monetary Fund (IMF): Statistics Department. Washington DC (January 2004).

Lee, Yang L.; Pipino, Leo L.; Funk, James D. & Wang, Richard D. (2006). Journey to Data Quality. Cambridge, Massachusetts: MIT Press.

Levesque, Raynald (2007[4]). SPSS Programming and Data Management. Chicago: SPSS Inc.

Liebeskind, Uta & Ludwig-Mayerhofer, Wolfgang (2005). Auf der Suche nach der Wunsch-Universität – im Stich gelassen: Anspruch und Wirklichkeit von Hochschulrankings, Soziologie, 4, 442–462.

Little, Roderick J.A. (2007). Persönliche Information, 16.04.2007.

Little, Roderick J.A. & Rubin, Donald B. (2002[2]). Statistical Analysis with Missing Data. New York: John Wiley & Sons. Second Edition.

Little, Roderick J.A. & Rubin, Donald B. (1989). The Analysis of Social Science Data with Missing Values. Sociological Methods and Research, 18, 292–326.

Litz, Hans Peter (2000). Multivariate statistische Methoden. München: Oldenbourg.

Long, Jennifer; Seko, Craig; Robertson, Chris; Morrison, Laurie J. (2004). Where to start? A preliminary data quality checklist for emergency medical services data, 197–210. In: Proceedings of the Ninth International Conference on Information Quality (ICIQ 2004). Boston, MA: MIT Sloan School of Management – Total Data Quality Management Program.

Longford, Nicholas T. (2000). Multiple imputation in an international database of social science surveys. ZA-Information, 46, 72–95.

Ludwig-Mayerhofer, Wolfgang (2003). Zur Qualität der sozialwissenschaftlichen Methodenausbildung – am Beispiel statistischer Datenanalyse. ZA-Information, 53, 144–155.

Maier-Riehle, Brigitte & Zwingmann, Christian (2000). Effektstärkevarianten beim Eingruppen-Prä-Post-Design: Eine kritische Betrachtung. Rehabilitation, 39, 189–199.

Mariotte, Henri (1999). Estimating the number of falsely active legal units in the French Business Register. Paper presented at the 13th International Roundtable on Business Survey Frames. Session No. 6, Paper No. 2. Paris, France, September 27 – October 1, 1999.

Mayring, Philip (1990). Einführung in die qualitative Sozialforschung. München: Psychologie Verlags Union.

McClellan, James E. & Dorn, Harold (1991). Werkzeuge und Wissen: Naturwissenschaft und Technik in der Weltgeschichte. Frankfurt a.M.: Rogner & Bernhard bei Zweitausendeins.

McCullough, Bruce D. (1999). Assessing the Reliability of Statistical Software: Part II. The American Statistican, May, 53, 2, 149–159.

McCullough, Bruce D. (1998). Assessing the Reliability of Statistical Software: Part I. The American Statistican, November, 52, 4, 358–366.

McCullough, Bruce D. & Wilson, Berry (2005). On the accuracy of statistical procedures in Microsoft Excel 2003. Computational Statistics & Data Analysis, 49(4), 1244–1252.

McCullough, Bruce D. & Wilson, Berry (2002). On the accuracy of statistical procedures in Microsoft Excel 2000 and Excel XP. Computational Statistics & Data Analysis, 40, 713–721.

McCullough, Bruce D. & Wilson, Berry (1999). On the accuracy of statistical procedures in Microsoft Excel 97. Computational Statistics & Data Analysis, 31, 27–37.

McFadden, Eleanor (1998). Management of Data in Clinical Trials. New York: John Wiley & Sons.

McKeon, Adrian (2003). Barclays Bank Case Study: Using Artificial Intelligence to Benchmark Organizational Data Flow Quality, 1–31. In: Proceedings of the Eighth International Conference on Information Quality (ICIQ 2003). Boston, MA: MIT Sloan School of Management – Total Data Quality Management Program.

McKinsey & Company (2004). Methodik des Studentenspiegels. http://www. studentenspiegel.de/methodik.pdf.

McNally, James W. (1997). Generating Hot-Deck Imputation Estimates: Using SAS for Simple and Multiple Imputation Allocation Routines. Brown University: Population Studies and Training Center. Working Paper Series. PSTC Working Paper #97-12 (auch: SUGI 1997, Paper 239–26).

Meinert, Curtis L. (1986). Clinical Trials: Design, Conduct and Analysis. New York: Oxford University Press.

Menard, Scott (2001²). Applied Logistic Regression Analysis (Series: Quantitative Applications in the Social Sciences). Thousand Oaks: Sage Publications.

Monmonier, Mark (1996). Eins zu einer Million: Die Tricks und Lügen der Kartographen. Basel: Birkhäuser.

Mule, Thomas (2002). A.C.E. Revision II Results: Further Study of Person Duplication. US Census Bureau, Decennial Statistical Studies Division, Washington DC (Dec 31, 2002).

Mule, Thomas (2001). Person Duplication in Census 2000. US Census Bureau, Decennial Statistical Studies Division, Executive Steering Committee on Accuracy and Coverage Evaluation Policy (ESCAP) II, Washington DC. Report Number 20 (Oct. 11, 2001).

Müller, Walter (2001). Konsequenzen für die Methodenausbildung aus dem Gutachten der Kommission zur Verbesserung der informellen Infrastruktur zwischen Wissenschaft und Statistik (KVI). ZUMA-Nachrichten, 49, Jg. 25, November, 81–99.

Müller-Ullrich, Burkhard (1998). Medienmärchen: Gesinnungstäter im Journalismus. München: Siedler / Goldmann.

Naumann, Felix & Rolker, Claudia (2000). Assessment methods for information quality criteria. In: Proceedings of the International Conference on Information Quality (ICIQ 2000). Boston, MA: MIT Sloan School of Management – Total Data Quality Management Program, October 2000, 148–162.

NCAC / National Coalition Against Censorship (2007). Political Science: A Report on Science & Censorship. The Knowledge Project At The National Coalition Against Censorship. New York, NY.

Neter, John, Wasserman, William & Whitmore, George A. (1988³). Applied Statistics. Boston: Allyn and Bacon.

Nickerson, Raymond S. (2000). Null hypothesis significance testing: A review of an old and continuing controversy. Psychological Methods, 5, (2), 241–301.

Nida-Rümelin, Julian (2005). Wider die Schmalspur-Wissenschaften. Neue Zürcher Zeitung (28.12.2005).

Nuovo, Jim, Melnikow, Joy & Chang, Denise (2002). Reporting number needed to treat and absolute risk reduction in randomized controlled trials, JAMA, 287, 2813–2814.

O'Brien, James A. & Marakas, George (2003). Introduction to Information Systems. McGraw-Hill/Irwin. Twelfth Edition.

OECD (2003). Quality framework and guidelines for OECD statistical activities. Organisation for Economic Co-operation and Development, STD/QFS, JT00151752 (17-Oct 2003).

Office of Management and Budget (2007). Draft 2007 Report to Congress on the Cossts and Benefits of Federal Regulations. Executive Office of the President of the United States: Office of Management and Budget, Washington, D.C.

Office of Management and Budget (2006a). Standards and Guidelines for Statistical Surveys. Executive Office of the President of the United States: Office of Management and Budget, Washington, D.C. (September 2006).

Office of Management and Budget (2006b). Questions and Answers When Designing Surveys for Information Collections. Executive Office of the President of the United States: Office of Management and Budget, Washington, D.C. (Januar 2006).

Office of Research Integrity (2006). Newsletter, Volume 14, No. 2, March.

Ofori-Kyei, Mark; Lister, Jimmie; Mobisson, Geoffrey (2002). Evolution of a Data Quality Strategy, 102–105. In: Proceedings of the Seventh International Conference on Information Quality (ICIQ 2002). Boston, MA: MIT Sloan School of Management – Total Data Quality Management Program.

Olejnik, Stephen & Algina, James (2003). Generalized Eta and Omega Squared Statistics: Measures of Effect Size for Some Common Research Designs. Psychological Methods, 8 (4), 434–447.

Olejnik, Stephen & Algina, James (2000). Measures of Effect Size for Comparative Studies: Applications, Interpretations and Limitations. Contemporary Educational Psychology, 25, 241–286.

Oliveira, Paulo; Rodrigues, Fátima; Henriques, Pedro (2005). A formal definition of data quality problems, 102–105. In: Proceedings of the Tenth International Conference on Information Quality (ICIQ 2005). Boston, MA: MIT Sloan School of Management – Total Data Quality Management Program.

Pedhazur, Elazar J. (1982[2]). Multiple Regression in Behavioral Research: Explanation and Prediction. Fort Worth: Holt, Rinehart and Winston Inc.

Peng, Chao-Ying Joanne; Harwell, Michael; Liou, Show-Mann & Ehman, Lee H. (2006). Advances in missing data methods and implications for educational research, 31–78. In: Sawilowsky, Shlomo S. (ed.). Real data analysis. Greenwich, CT: Information Age Publishing.

Pernici, Barbara & Scannapieco, Monica (2002). Data Quality in Web Information Systems, 397–413. In: Spaccapietra, Stefano; March, Salvatore T. & Kambayashi, Yahiko (eds.). Conceptual Modeling – ER 2002: Proceedings of the 21st International Conference on Conceptual Modeling. Tampere, Finland, October 7–11, 2002. London: Springer (Series: Lecture Notes In Computer Science, Vol. 2503).

Peterson, Tommy (2003). Data Scrubbing by the Numbers (February 10, 2003). http://www.computerworld.com/databasetopics/data/story/0,10801,78260,00.html.

Popper, Karl R. (1971^6). Logik der Forschung. Tübingen: Mohr.

Popper, Karl R. (1963). Conjectures and refutations. London: Routledge and Keagan Paul.

Popper, Karl R. (1962). Some comments on truth and the growth of knowledge, 285–292. In: Nagel, Ernest; Suppes, Patrick; Tarski, Alfred (eds). Logic, methodology, and philosophy of science. Stanford: Stanford University Press.

Pötschke, Manuela & Simonson, Julia (2003). Konträr und ungenügend? Ansprüche an Inhalt und Qualität einer sozialwissenschaftlichen Methodenausbildung. ZA-Information, 52, 72–92.

Prentice, Deborah A. & Miller, Dale T. (1992). When small effects are impressive. Psychological Bulletin, 112, 1,160–164.

Prewitt, Kenneth (2000). Accuracy and Coverage Evaluation: Statement on the feasibility of using statistical methods to improve the accuracy of Census 2000. US Bureau of the Census. Washington DC (June 2000).

Quatember, Andreas (2005). Das Signifikanz-Relevanz-Problem beim statistischen Testen von Hypothesen. ZUMA-Nachrichten, 57, Jg. 29, November, 128–150.

Radermacher, Walter & Körner, Thomas (2006). Fehlende und fehlerhafte Daten in der amtlichen Statistik. Neue Herausforderungen und Lösungsansätze. Allgemeines statistisches Archiv, 90, 4, 553–576.

Rasch, Dieter; Kubinger, Klaus D.; Schmidtke, Jörg & Häusler, Joachim (2004). The misuse of asterisks in hypothesis testing. Psychology Science, 46, 2,227–242.

Rasch, Dieter; Verdooren, Rob L. & Gowers, Jim I. (1999). Fundamentals in the design and analysis of experiments and surveys. München Wien: R.Oldenbourg Verlag.

Rasch, Dieter; Herrendörfer, Günter; Bock, Jürgen; Victor, Norbert und Guiard, Volker (Hsg.) (1996). Verfahrensbibliothek: Versuchsplanung und -auswertung. Band I. München Wien: R.Oldenbourg Verlag.

Raymond, Mark R. & Roberts, Dennis M. (1987). A comparison of methods for treating incomplete data in selection research. Educational and Psychological Measurement, 47, 13–26.

Redman, Thomas C. (2004). Data: An Unfolding Quality Disaster. DM Review Magazine, August, 57, 22–23.

Redman, Thomas C. (2001). Data Quality: The Field Guide. Woburn, MA: Butterworth-Heinemann.

Reichardt, Charles S. & Harry F. Gollob (1997). When confidence intervals should be used instead of statistical significance tests, and vice versa, 259–84; in: Harlow, Lisa L.; Mulaik,

Stanley A. & Steiger, James H. (eds.), What if there were no significance tests? Mahwah, NJ: Lawrence Erlbaum.

REPORT MAINZ (2007). Die verschwundenen Geheimdienstakten. Sendung vom 25.06.2007 (21.45 Uhr). Moderation: Fritz Frey.

Richardson, DeJuran & Chen, Shande (2001). Data quality assurance and quality control measures in large multicenter stroke trials: the African-American Antiplatelet Stroke Prevention Study experience. Current Controlled Trials in Cardiovascular Medicine, 2(3): 115–117.

Richardson, John T.E. (1996). Measures of effect size. Behavior Research: Methods, Instruments & Computers, 28, 12–22.

Rohe, Julia & Beyer, Martin (2005). Schönschrift lohnt sich. Der Hausarzt, 5, 73.

Rohwer, Götz & Pötter, Ulrich (2002). Methoden sozialwissenschaftlicher Datenkonstruktion. Weinheim und München: Juventa.

Rost, Jürgen (2005). Messen wird immer einfacher! ZA-Information, 56, Mai, 6–7.

Roth, Erwin, Heidenreich, Klaus, und Holling, Heinz (Hsg.) (1999[5]). Sozialwissenschaftliche Methoden: Lehr und Handbuch für Forschung und Praxis. München Wien: R.Oldenbourg Verlag.

Roth, Philip L. (1994). Missing data: A conceptual review for applied psychologists. Personnel Psychology, 47, 537–560.

Rothhaas, Rob (2002). American Statistical Association: Joint Statistical Meetings – Section on Survey Research Methods, 211, 2984–2989.

Rubin, Donald B. (1996). Multiple imputation after 18 years. Journal of the American Statistical Association, 91, 473–489.

Rubin, Donald B. (1988). An Overview of Multiple Imputation. Proceedings of the Survey Research Methods Section of the American Statistical Association, 79–84.

Rud, Olivia (2001). Data Mining Cookbook. New York: John Wiley & Sons.

Särndal, Carl-Erik (1992) Methods for estimating the precision of survey estimates when imputation has been used. Survey methodology, 18, 241–252.

Sarris, Viktor (1992). Methodologische Grundlagen der Experimentalpsychologie. Band 2: Versuchsplanung und Stadien des psychologischen Experiments. München: UTB Reinhardt.

Schafer, Joseph L. & Graham, John W. (2002). Missing data: Our view of the state of the art. Psychological Methods, 7, 147–177.

Schendera, Christian F.G. (2006). Analyse einer Hochschulevaluation: Der Studentenspiegel 2004 – Die Qualität von Studie, Daten und Ergebnissen. Zeitschrift für Empirische Pädagogik, 20, 4, 421–437.

Schendera, Christian F.G. (2005). Datenmanagement mit SPSS. Springer: Heidelberg.

Schendera, Christian F.G. (2004). Datenmanagement und Datenanalyse mit dem SAS System. München: Oldenbourg.

Schendera, Christian F.G., Janz, Frauke, Klauß, Theo und Wolfgang Lamers (2003). Die Umsetzung von Evaluationskriterien im Projekt „Perspektiven der schulischen Erziehungs- und Bildungsrealität von Kindern und Jugendlichen mit schwerer und mehrfacher Behinderung“ (BiSB-Projekt). Zeitschrift für Evaluation, 2/2003, 223–232.

Schendera, Christian F.G. (2001). Methodik und Technik der Forschung – Teil I: Die Geschichte der Molekularbiologie als eine Geschichte ihrer Methoden. In: klinBiol, 5, Mai, 22–28.

Schnell, Rainer (2002). Ausmaß und Ursachen des Mangels an quantitativ qualifizierten Absolventen sozialwissenschaftlicher Studiengänge, 35–44, in: Engel, Uwe (ed.). Praxisrelevanz der Methodenausbildung. Bonn: Informationszentrum Sozialwissenschaften. Reihe: Sozialwissenschaftliche Tagesberichte Band 5.

Schnell, Rainer, Hill, Paul B. und Esser, Elke (1999[6]). Methoden der empirischen Sozialforschung. München Wien: R.Oldenbourg Verlag.

Schnell, Rainer (1994). Graphisch gestützte Datenanalyse. München Wien: R.Oldenbourg Verlag.

Schulz, Felix (2007). Entwicklung der Delinquenz von Kindern, Jugendlichen und Heranwachsenden in Deutschland: Eine vergleichende Analyse von Kriminalstatistiken und Dunkelfelduntersuchungen zwischen 1950 und 2000. Berlin: LIT-Verlag Dr. W.Hopf. Reihe: Kriminalwissenschaftliche Schriften (Herausgegeber: Schöch, Heinz; Dölling, Dieter; Meier, Bernd-Dieter & Verrel, Torsten), Band 11.

Singer, Eleanor (1995). The Professional Voice 3: Comments on Hite's Women and Love, 132–136. In: Rubenstein, Sondra Miller. Surveying Public Opinion. Belmont, CA: Wadsworth Publishing.

Skinner, Chris (1999a). Nonresponse errors, 25–39. In: Davies, Pam & Smith, Paul (eds.). Model Quality Report in Business Statistics – Vol. 1: Theory and Methods for Quality Evaluation. UK Office for National Statistics. London.

Skinner, Chris (1999b). Measurement errors, 6–15. In: Davies, Pam & Smith, Paul (eds.). Model Quality Report in Business Statistics – Vol. 1: Theory and Methods for Quality Evaluation. UK Office for National Statistics. London.

Smith, Tom W. (2003). American Sexual Behavior: Trends, Socio-Demographic Differences, and Risk Behavior. University of Chicago National Opinion Research Center. GSS Topical Report No. 25 (Updated, April, 2003, Version 5.0).

Smith, Tom W. (1989). Sex Counts: A Methodological Critique of Hite's Women and Love, 537–547, in: Turner, Charles F., Miller, Heather G. & Moses, Lincoln E. (Eds.). AIDS: Sexual Behavior and Intravenous Drug Use. Washington, DC: National Academy of Sciences Press.

SPIEGEL ONLINE (2007). Falsche Statistik: Bundesagentur meldet zu geringe Arbeitslosenzahlen (31.05.2007).

SPIEGEL ONLINE (2004). Forschungsbetrüger Schön: Doktortitel futsch (Meldung vom 11.06.2004).

Spiess, Martin (2006). Wozu ein tieferes Verständnis von Statistik? Ein Kommentar zu Hager (2005). Psychologische Rundschau, 57 (1), 43–46.

SPSS (2007a). Clementine 11.1 Node Reference. Chicago: SPSS Inc.

SPSS (2007b). Clementine 11.1 Scripting, Automation, and CEMI Reference. Chicago: SPSS Inc.

SPSS (2006). SPSS 15.0 Command Syntax Reference. Chicago: SPSS Inc.

SPSS (2000). CRISP-DM 1.0. Chicago: SPSS Inc.

SPSS Technical Support (2006). Persönliche Information, 12.09.2006.

SPSS Technical Support (2004). Persönliche Information, 14.10.2004.

Statistics Canada (2003). Quality Guidelines. Statistics Canada, Methodology Branch, Ottawa, Ontario (4th ed.).

Statistics Canada (2000). Policy on Informing Users of Data Quality and Methodology. Policy Manual. Statistics Canada, Methodology Branch, Ottawa, Ontario (Approved March 31, 2000).

Statistische Ämter des Bundes und der Länder (2003) (eds.). Qualitätsstandards in der amtlichen Statistik. Erarbeitet von der Bund Länder-Arbeitsgruppe „Qualitätsleitlinien für die Produkte der amtlichen Statistik“. Herausgeber: Statistische Ämter des Bundes und der Länder. April 2003.

Statistisches Bundesamt (2004). Zensustest. Statistisches Bundesamt, Wirtschaft und Statistik, 8, 813–833.

Statistisches Bundesamt (1993) (ed.). Qualität statistischer Daten. Beiträge zum wissenschaftlichen Kolloquium am 12./13. November 1992 in Wiesbaden. Wiesbaden: Statistisches Bundesamt. Schriftreihe Forum der Bundesstatistik, Band 25.

Stelzl, Ingeborg (1982) Fehler und Fallen der Statistik für Psychologen, Pädagogen und Sozialwissenschaftler. Bern: Huber.

Stollorz, Volker (2006). Frankfurter Allgemeine Sonntagszeitung, Nr. 34, Seite 57 (27.08.2006).

Sutton, Anne (2007). Permanent Fund backup for backup fails in data glitch. The Anchorage Daily News (March 19, 2007).

Totterdell, Nigel (2005). How to make a start: DQ Health Check, 1–6. In: Proceedings of the Tenth International Conference on Information Quality (ICIQ 2005). Boston, MA: MIT Sloan School of Management – Total Data Quality Management Program.

Tufte, Edward R. (2003). The Cognitive Style of Power Point. Cheshire, Conn.: Graphics Press.

Tufte, Edward R. (2001[2]). The Visual Display of Quantitative Information. Cheshire, Conn.: Graphics Press.

Tufte, Edward R. (1997). Visual and statistical thinking: Displays of evidence for making decisions. Cheshire, Conn.: Graphics Press.

United Nations (2003). Handbook of Statistical Organization: The Operation and Organization of a Statistical Agency. United Nations, Department of Economic and Social Affairs, Statistics Division (Studies in Methods, Series F No. 88, Third Edition). New York: United Nations.

United Nations (2002). United Nations and Economic Commssion for Europe: Terminology on Statistical Metadata. Conference of European Statisticians, Statistical Standards and Studies – No. 53. Geneva: United Nations.

United Nations (1995). United Nations and Economic Commssion for Europe: Guidelines for the Modeling of Statistical Data and Metadata. Conference of European Statisticians, Methodologial Material. Geneva: United Nations.

United Nations (1983). United Nations and Economic Commssion for Europe: Guidelines for Quality Presentations that are prepared for Users of Statistics. Conference of European Statisticians. Methodologial Material. Geneva: United Nations.

US Census Bureau (2006). Census Bureau Principle: Definition of Data Quality. Census Bureau Methodology & Standards Council, Washington DC. Issued: 14 Jun 06. Version 1.3.

US Census Bureau (2000). Census 2000: A.C.E. Methodology, Volume 1. U.S. Bureau of the Census Bureau: Decennial Statistical Studies Division, Washington DC.

Velleman, Paul F. & Wilkinson, Leland (1993). Nominal, Ordinal, Interval, and Ratio Typologies are Misleading. American Statistician, 47, 1, 65–72.

Voas, David (2007). Ten million marriages: A test of astrological 'love signs'. University of Manchester: Cathie Marsh Centre for Census and Survey Research (25.03.2007).

Von der Lippe, Jürgen (1998). Mit Mikro-Daten einen Makro-Wirbel machen. Allgemeines Statistisches Archiv, 82, 380–386.

Wainer, Howard & Robinson, Daniel H. (2003). Shaping up the practice of null hypothesis significance testing. Educational Researcher, 10, 22–30

Wan, Ivy; Guess, Frank & Bates, Rodney (2002). FedEx & Information Quality, 84–88. In: Proceedings of the Seventh International Conference on Information Quality (ICIQ 2002). Boston, MA: MIT Sloan School of Management – Total Data Quality Management Program.

Wang, Richard Y. & Strong, Diane M. (1996). Beyond accuracy: What data quality means to data consumers. Journal of Management Information Systems, 12, 4, 5–33.

Wiedenbeck, Michael & Züll, Cornelia (2001). Klassifikation mit Clusteranalyse: Grundlegende Techniken hierarchischer und K-means-Verfahren, ZUMA How-to-Reihe, Nr. 10, 1–18.

Wilcox, Rand R. (1998). How many discoveries have been lost by ignoring modern statistical methods? American Psychologist, 53, 3, 300–314.

Wilcox, Rand R. (1997). Introduction to robust estimation and hypothesis testing. San Diego, Calif.: Academic Press.

Wilkinson, Leland (2005). The grammar of graphics. New York: Springer.

Wilkinson, Leland & APA Task Force on Statistical Inference (1999): Wilkinson, Leland & The Task Force on Statistical Inference, APA Board of Scientific Affairs (1999). Statistical methods in psychology journals: Guidelines and explanations. American Psychologist, 54, 8, 594–604.

Willeke, Caroline; Salou, Gérard; Ahsbahs, Catherine & Damia, Violetta (2006). Statistical Quality in the European Central Bank: Experience so Far and Way Forward. Paper presented at the European Conference on Quality in Survey Statistics in Cardiff, UK. Session 15: Quality Management (24 – 26 April 2006).

Wilson, Thomas P. (1981). Qualitative versus quantitative methods in social research, 37–69. In: ZUMA-Arbeitsbericht No. 1981/19: Integration von qualitativen und quantitativen Forschungsansätzen. Arbeitstagung 13.–17.07.1981. November 1981.

Witte, Erich H. (1980). Signifikanztest und statistische Inferenz: Analysen, Probleme, Alternativen. Stuttgart: Enke.

Wothke, Werner (1998). Longitudinal and multi-group modeling with missing data. In T.D. Little, Kai U. Schnabel, & Jürgen Baumert (Eds.) Modeling longitudinal and multiple group data: Practical issues, applied approaches and specific examples. Mahwah, NJ: Lawrence Erlbaum Associates.

Wright, Daniel B. (2003). Making friends with your data: Improving how statistics are conducted and reported. British Journal of Educational Psychology, 73, 123–136.

Yaffee, Robert & McGee, Monnie (2000). Times Series Analysis and Forecasting. Orlando/Fl.: Academic Press.

Zajac, Kevin J. (2003). Analysis of Imputation Rates for the 100 Percent Person and Housing Unit Data Items from Census 2000: Final Report. US Census Bureau: Decennial Statistical Studies Division, Washington DC (September 25, 2003).

Zumbo, Bruno D. & Jennings, Martha J. (2002). The Robustness of Validity and Efficiency of the Related Samples t-Test in the Presence of Outliers. Psicológica (2002), 23, 415–450.

21 Ihre Meinung zu diesem Buch

Das Anliegen war, dieses Buch so umfassend, verständlich, fehlerfrei und aktuell wie möglich abzufassen, dennoch kann sich sicher die eine oder andere Ungenauigkeit oder Missverständlichkeit den zahlreichen Kontrollen entzogen haben. In vielleicht zukünftigen Auflagen sollten die entdeckten Fehler und Ungenauigkeiten idealerweise behoben sein. Auch SPSS hat sicher technische oder statistisch-analytische Weiterentwicklungen durchgemacht, die vielleicht berücksichtigt werden sollten.

Ich möchte Ihnen an dieser Stelle die Möglichkeit anbieten mitzuhelfen, dieses Buch zu SPSS noch besser zu machen. Sollten Sie Vorschläge zur Ergänzung oder Verbesserung dieses Buches haben, möchte ich Sie bitten, eine *E-Mail* an folgende Adresse zu senden:

SPSS2@method-consult.de

im „Betreff" das Stichwort „Feedback SPSS-Buch" anzugeben, und unbedingt mind. folgende Angaben zu machen:

1. Auflage
2. Seite
3. Stichwort (z.B. ‚Tippfehler')
4. Beschreibung (z.B. bei statistischen Analysen)
   Programmcode bitte kommentieren.

Herzlichen Dank!
Christian FG Schendera

22 Autor

Wissen und Erkenntnis sind methodenabhängig. Um Wissen und Erkenntnis beurteilen zu können, auch um die Folgen und Qualität darauf aufbauender Entscheidungen abschätzen zu können, muss transparent sein, mit welchen (Forschungs)Methoden diese gewonnen wurden. CFG Schendera's Hauptinteresse gilt daher der rationalen (Re)Konstruktion von Wissen, also des Einflusses von (nicht)wissenschaftlichen (Forschungs)Methoden (u.a. Statistik) jeder Art auf die Konstruktion und Rezeption von Wissen.
Dipl-Psych. CFG Schendera ist wissenschaftlicher Data Analyst und Geschäftsführer von Method Consult (*www.method-consult.de*). Method Consult bietet u.a. professionelle Datenanalyse/Datamining, wissenschaftliche Methodenberatung, sowie Schulungen zu SPSS oder SAS (u.a. zu Datenqualität, Forschungsmethoden und multivariater Statistik). Zu den Auftraggebern von Method Consult gehören u.a. Unternehmen, Forschungseinrichtungen, Ministerien, sowie zahlreiche Privatpersonen aus Deutschland, Österreich und der Schweiz unabhängig von der Branche (z.B. Telekommunikation, Marketing, KliFo/Pharma). Betreuung unzähliger Forschungs- und Evaluationsprojekte. Diverse Veröffentlichungen zu Datenanalyse (inkl. Datenqualität), Forschungsmethoden, Evaluation und Statistiksystemen (SPSS, SAS). Weitere Informationen sind auf *www.method-consult.de* zu finden. CFG Schendera ist u.a. Mitglied in der Deutschen Gesellschaft für Evaluation e.V. und der Schweizerischen Gesellschaft für Gesetzgebung e.V.

Syntaxverzeichnis

Sachverzeichnis

E

F

G

J

K

P

www.ingramcontent.com/pod-product-compliance
Lightning Source LLC
LaVergne TN
LVHW080803011026
849160LV00015B/1515